Jus Internationale et Europaeum

herausgegeben von

Thilo Marauhn und Christian Walter

143

AF862395

Sophie Eßlinger

Gegenseitiges Vertrauen

Zur grenzüberschreitenden Beurteilung des Grundrechtsschutzes im Raum der Freiheit, der Sicherheit und des Rechts

Mohr Siebeck

Sophie Eßlinger, geboren 1987; Studium der Rechtswissenschaften in Gießen und Montpellier; LL.M. in International Legal Studies an der New York University School of Law; wiss. Mitarbeiterin am Lehrstuhl für Öffentliches Recht und Europarecht der Universität Gießen; Rechtsreferendariat in Frankfurt am Main.

Zugl.: Gießen, Univ., Fachbereich Rechtswissenschaft, Diss., 2018.

ISBN 978-3-16-156555-7 / eISBN 978-3-16-156556-4
DOI 10.1628/978-3-16-156556-4

ISSN 1861-1893 / eISSN 2568-8464 (Jus Internationale et Europaeum)

Die Deutsche Nationalbibliothek verzeichnet diese Publikation in der Deutschen Nationalbibliographie; detaillierte bibliographische Daten sind im Internet über *http://dnb.dnb.de* abrufbar.

© 2018 Mohr Siebeck Tübingen. www.mohrsiebeck.com

Das Werk einschließlich aller seiner Teile ist urheberrechtlich geschützt. Jede Verwertung außerhalb der engen Grenzen des Urheberrechtsgesetzes ist ohne Zustimmung des Verlags unzulässig und strafbar. Das gilt insbesondere für die Verbreitung, Vervielfältigung, Übersetzung und die Einspeicherung und Verarbeitung in elektronischen Systemen.

Das Buch wurde von Gulde Druck in Tübingen aus der Times gesetzt, auf alterungsbeständiges Werkdruckpapier gedruckt und gebunden.

Printed in Germany.

Vorwort

Die vorliegende Arbeit wurde im Sommersemester 2018 vom Fachbereich Rechtswissenschaft der Justus-Liebig-Universität Gießen als Dissertation angenommen. Nach Fertigstellung des Manuskripts im März 2017 wurden Rechtsetzung, Rechtsprechung und Kommentarliteratur für die Druckfassung bis Anfang Juli 2018 aktualisiert.

Mein herzlicher Dank gilt Frau Richterin am Bundesverfassungsgericht Prof. Dr. Gabriele Britz für die Betreuung und lehrreiche Diskussionen, die rasche Erstellung des Erstgutachtens sowie nicht zuletzt ihre Geduld, bis die Arbeit soweit gediehen war.

Großer Dank gebührt auch Herrn Prof. Dr. Steffen Augsberg für die Erstellung des Zweitgutachtens, wie zudem den Herausgebern der Schriftenreihe für die Aufnahme der Arbeit.

Herrn Prof. Dr. Franz Reimer danke ich für zahlreiche Denkanstöße und seine Unterstützung. Daneben gilt vor allem Dr. Karsten Herzmann herzlicher Dank für unermüdliche Bestärkung und regen Austausch. Unter vielen weiteren Wegbegleitern, denen ich ebenso zu Dank verpflichtet bin, möchte ich namentlich nur Carina Rüger, Katharina Weickhmann und Sabrina Dietrich hervorheben.

Schließlich danke ich meinen Eltern für ihre vorbehaltlose Unterstützung. Ihnen ist diese Arbeit gewidmet.

Frankfurt, im Juli 2018 — Sophie Eßlinger

Inhaltsübersicht

Inhaltsverzeichnis

Erster Teil

Vertrauen als Prämisse und Gebot der Kooperation im Raum der Freiheit, der Sicherheit und des Rechts

A. Einleitung

> „Bei der Durchführung des Unionsrechts können die Mitgliedstaaten somit unionsrechtlich verpflichtet sein, die Beachtung der Grundrechte durch die übrigen Mitgliedstaaten zu unterstellen,“

folgert der Europäische Gerichtshof aus dem Grundsatz des gegenseitigen Vertrauens zwischen den Mitgliedstaaten,

> „so dass sie weder die Möglichkeit haben, von einem anderen Mitgliedstaat ein höheres nationales Schutzniveau der Grundrechte zu verlangen als das durch das Unionsrecht gewährleistete, noch – von Ausnahmefällen abgesehen – prüfen können, ob dieser andere Mitgliedstaat in einem konkreten Fall die durch die Union gewährleisteten Grundrechte tatsächlich beachtet hat.“[1]

Wenn auch in ihrer Prägnanz hervorstechend, steht diese Passage aus dem zweiten Gutachten zum EMRK-Beitritt[2] doch nur beispielhaft für in der Sache ähnliche Ausführungen in einer ganzen Reihe von Entscheidungen zum Raum der Freiheit, der Sicherheit und des Rechts.[3] Obwohl sich der EuGH bereits vor geraumer Zeit mit Blick auf das mitgliedstaatliche Verhältnis begrifflich auf Vertrauen bezogen hatte, wird erst in der jüngeren Judikatur einem dogmatisch bis vor Kurzem nicht eindeutig rückgebundenen Vertrauensgrundsatz maßgebliche Bedeutung für unionsgrundrechtliche Überlegungen in der horizontalen Zusammenarbeit der Mitgliedstaaten beigemessen: Er soll grundsätzlich ausschließen, am unionsgrundrechtsgemäßen Verhalten eines anderen Mitgliedstaats und daran anknüpfend an der Zulässigkeit einer Kooperation mit diesem Staat zu zweifeln.

---

[1] EuGH, Gutachten 2/13 v. 18.12.2014, Rn. 192.
[2] Zuvor EuGH, Gutachten 2/94 v. 28.3.1996.
[3] Zur Rspr. in diesem Bereich etwa *Mitsilegas,* YEL 31 (2012), 319 (335 ff.).

Dieser Gedanke ist bereits vor dem Beitrittsgutachten etwa in der Rechtsprechung zur justiziellen Zusammenarbeit in Zivilsachen zwischen den Mitgliedstaaten zutage getreten, in der der EuGH erstmals ausdrücklich dem Ansinnen einer auf Grundrechte gestützten Versagung der Kooperation mit einer vertrauensbasierten Argumentation entgegengetreten ist. Den Rahmen hatte dort einer von mehreren Rechtsakten geboten, nach denen bestimmte Entscheidungen der Mitgliedstaaten gegenseitig unmittelbar anzuerkennen und auch im innerunionalen Ausland unmittelbar vollstreckbar sind, ohne dass noch ein *ordre public*-Vorbehalt fortbestünde, mit dem dies unterbunden werden könnte. Hat der Unionsgesetzgeber damit bereichsweise ein Instrument ausgeschlossen, das eine – ohnehin längst europäisierte – Einbruchstelle für die nationalen Grundrechte darstellt, so legt der Gerichtshof nahe, dass in solchen Fällen mit dem Vorbehalt zugleich eine Möglichkeit zur Berücksichtigung der Unionsgrundrechte weggefallen sei. Auch jenseits dieses speziellen Kontextes hat die Rechtsprechung des EuGH zu anderen Kapiteln des Raums der Freiheit, der Sicherheit und des Rechts den Mitgliedstaaten Vertrauen in die Unionsgrundrechtsbeachtung der anderen Mitgliedstaaten abverlangt. Dies betrifft die justizielle Zusammenarbeit in Strafsachen sowie das Dublin-System zur Bestimmung des zur Bearbeitung eines Asylantrags zuständigen Mitgliedstaats. In Bezug auf letzteres sah sich der Gerichtshof auch erstmals zur Klarstellung veranlasst, es könne sich hierbei nicht um ein unerschütterliches Vertrauen handeln; dies wird später im Beitrittsgutachten durch den nicht näher erörterten Verweis auf Ausnahmefälle abgebildet.

Bei der Überstellung eines Schutzsuchenden in den nach der Dublin-Verordnung zuständigen Staat geht es anders als in der justiziellen Zusammenarbeit nicht um die Anerkennung und Vollziehung einer Maßnahme jenes Staats. Außerhalb des Asylkontextes aber ist auffällig, wie häufig der Vertrauensbegriff im Zusammenhang mit der Anerkennung und Vollstreckung der Entscheidung eines anderen Mitgliedstaats verwendet wird. Dies legt zur Kontextualisierung der Vertrauensbezüge im Raum der Freiheit, der Sicherheit und des Rechts eine Erweiterung des Blickwinkels auf die marktbezogene Anerkennungsrechtsprechung nahe, da im Binnenmarkt eine Verpflichtung zu gegenseitiger Anerkennung mitgliedstaatlicher Maßnahmen – beispielsweise in Gestalt von Marktzugangskontrollen für Waren – bereits seit geraumer Zeit maßgebliche Bedeutung besitzt.

Es wird im unionsrechtlichen Teil unternommen, eine dogmatische Grundlage dafür zu rekonstruieren, dass eine Vermutung unionsgrundrechtsgemäßen Verhaltens der anderen Mitgliedstaaten, wie sie der EuGH als Inbegriff des Vertrauensgrundsatzes verlangt, geboten sein kann. Daraus sollen zugleich Anhaltspunkte für die bislang nicht abschließend bestimmten Grenzen gewonnen werden, bei deren Überschreitung unionsgrundrechtlich eine Versagung der innerunionalen Kooperation geboten sein dürfte.

Dies geschieht maßgeblich auf Grundlage und in Auseinandersetzung mit der Rechtsprechung des EuGH. Dazu werden auch die vertrauensbezogenen Entscheidungen jenseits des Raums der Freiheit, der Sicherheit und des Rechts einbezogen, umgekehrt angesichts der Allgegenwärtigkeit dieser Annahme aber nicht sämtliche Rechtsprechung, die ohne Verbindung zum Vertrauensbegriff mit einer Vermutung rechtskonformen Verhaltens arbeitet. Vielfache schlichte Verweise auf ein vorgefundenes Vertrauen ebenso wie mehrdeutiges Abstellen auf ein gefordertes Vertrauen erschweren dabei einerseits festzustellen, inwieweit der EuGH von einem normativen Gehalt ausgeht, selbst begrenzt auf den hier interessierenden Zusammenhang.[4] Andererseits aber geben sie Anhaltspunkte für eine mögliche Begründung und Konturierung eines solchen Gehaltes, auch soweit sich der EuGH dazu noch nicht verhalten hat. Dabei konzentriert sich die Arbeit auf die Rechtslage nach der Grundrechtecharta, mit deren Grundrechten der Begriff der Unionsgrundrechte hier synonym verwendet wird.[5]

Dass solche unionsrechtlichen Überlegungen im Mehrebenensystem[6] nicht isoliert zu sehen sind, ist sinnfällig: Der Schutz der Europäischen Menschenrechtskonvention wie auch, aus deutscher Sicht, der grundgesetzliche Grundrechtsschutz werden zugunsten eines an ihre Stelle tretenden unionalen Schutzes zurückgenommen – dessen Wahrung soll nun aber im mitgliedstaatlichen Verhältnis dem EuGH zufolge nicht überprüft werden dürfen.[7] Muss scheinbar ohne Raum für grundrechtliche Zweifel mit einem anderen Mitgliedstaat kooperiert werden, wirft dies Fragen zum Umgang der konventionsrechtlichen und nationalen Grundrechtsordnungen mit einer solchen Situation auf. Hier wird beispielhaft beleuchtet, wann – sozusagen ab welcher Schwelle – die EMRK bzw. das Grundgesetz eine horizontale Zusammenarbeit in Abhängigkeit von einem Verhalten des Kooperationsstaats grundrechtlich unterbinden.[8]

---

[4] Ähnlich *Kloska,* Das Prinzip der gegenseitigen Anerkennung im europäischen Strafrecht, S. 233 ff.; *Wischmeyer,* GLJ 17 (2016), 339 (357 f.).

[5] Das Verhältnis der nach Art. 6 Abs. 1 UAbs. 1, 2. Hs. EUV nun bindenden GRC zu den nach Art. 6 Abs. 3 EUV fortgeltenden ungeschriebenen Grundrechten wird ausgeklammert (hierzu aus der Rspr. nur EuGH, Urteil v. 26.2.2013, Rs. C-617/10, Åkerberg Fransson, Rn. 18).

[6] Zum Begriff insbesondere *Pernice,* VVDStRL 60 (2001), 148 (153, 173), m. w. N., wenn auch vornehmlich auf nationale und Unionsebene bezogen.

[7] Speziell aus diesem Blickwinkel etwa *Kokott/Dervisopoulos,* in: Leutheusser-Schnarrenberger (Hrsg.), Vom Recht auf Menschenwürde, *passim; Franzius,* ZaöRV 75 (2015), 383 (403 ff.); in der Sache *Brodowski,* JR 2016, 415 (431 f.).

[8] *Bach,* Grenzüberschreitende Vollstreckung in Europa, S. 364, 370 ff., wenn auch in Begründung abgelehnter Perpetuierung; *Pohl,* Vorbehalt und Anerkennung, S. 95 ff.

Dabei wird insbesondere einbezogen, inwiefern ähnliche Erwägungen, wie sie im Unionsrecht mit dem Begriff des Vertrauens verbunden werden, auch unter diesen Ordnungen eine Rolle spielen. Auf dieser Grundlage erfolgt eine Auseinandersetzung damit, wie die beiden Grundrechtsregime in ihrer Auslegung durch das jeweilige Höchstgericht einem unionsrechtlichen Verweis auf Vertrauen in die Unionsgrundrechtswahrung begegnen und bis wohin sie ihn nur mittragen. Auf die Rechtslage unter der EMRK, wie sie sich derzeit und damit vor Beitritt der Europäischen Union zu diesem Instrument darstellt, soll dabei ein Seitenblick genügen.[9] Die Rechtslage unter dem Grundgesetz hingegen wird eingehend gewürdigt.

Im zu Beginn des Zweiten Teils noch eingehender abgegrenzten Fokus stehen Konstellationen sekundärrechtlich zwingend vorgesehener Anerkennung und Vollziehung von Entscheidungen aus einem anderen Mitgliedstaat – dem Ursprungs-[10] oder hier auch sogenannten Kooperationsstaat – im Rahmen der justiziellen Zusammenarbeit. Es geht also um Situationen, in denen ein Mitgliedstaat nur noch als „Vollstrecker“[11] der Entscheidung eines anderen auftritt; in einer solchen Konstellation hatte der EuGH erstmalig den Grundsatz des gegenseitigen Vertrauens in die Grundrechtswahrung herangezogen. Immer wieder wird hier zur Veranschaulichung ein besonderes Schlaglicht auf Zivilsachen geworfen. Viele der in diesem Teil, dem Hauptteil, angestellten Erwägungen werden allerdings auch über die betrachteten „Vollstrecker“-Fälle hinaus bei der Frage einer grundrechtsgestützten Versagung der Kooperation mit einem anderen Mitgliedstaat der Europäischen Union relevant und sind damit grundsätzlich auf andere Berührungspunkte der mitgliedstaatlichen Rechtsordnungen übertragbar.

Bereits der Problemaufriss verdeutlicht, dass von der grundrechtsbezogenen Vertrauensrechtsprechung des EuGH im Raum der Freiheit, der Sicherheit und

---

[9] Zu dieser Thematik – noch zum Regime der im Gutachten 2/13 für mit dem Unionsprimärrecht unvereinbar erklärten Beitrittsübereinkunft – monographisch etwa *Engel,* Der Beitritt der Europäischen Union zur EMRK, *passim.*

[10] Wie in der justiziellen Zusammenarbeit gängig, wird hier der Staat, aus dem die Sachentscheidung stammt, als Ursprungsstaat und derjenige, in dem sie anerkannt und vollstreckt werden soll, als Vollstreckungsstaat bezeichnet, hierzu nur Art. 2 Nr. 5, 6 VO (EG) Nr. 2201/2003 (Art. 2 Nr. 5, 6 des Vorschlags für eine Neufassung KOM[2016] 411 endg.); Art. 4 Nr. 4, 5 VO (EG) Nr. 805/2004; Art. 5 Nr. 1, 2 VO (EG) Nr. 1896/2006; Art. 2 Nr. 4, 5 VO (EG) Nr. 4/2009. Alternativ werden hier die Begriffe Erst- oder Kooperationsstaat bzw. Zweit- oder ersuchter Staat (etwa Art. 2 Buchst. e VO [EU] Nr. 1215/2012) verwendet.

[11] Ähnlich etwa *Nettesheim,* EuR 2009, 24 (41) „Erfüllungsgehilfen auf eigenem Staatsgebiet“; *Engel,* Der Beitritt der Europäischen Union zur EMRK, S. 122 f.; *Reinbacher/Wendel,* EuGRZ 2016, 333 (338 mit Fn. 74), „Handlanger“; *Adolphsen,* in: Gropp/Lipp/Steiger (Hrsg.), Rechtswissenschaft im Wandel, S. 87 (97).

des Rechts verschiedene und jeweils durch eine Vielfalt an Rechtsquellen beeinflusste Materien unionaler Zusammenarbeit betroffen sind. Zu deren Erschließung müssen zudem bis in die Zeit des Gemeinsamen Markts zurückreichende Bezüge berücksichtigt werden. Die Frage einer Versagung zum Schutz der Unionsgrundrechte und ein ihr möglicherweise entgegenstehender Vertrauensgrundsatz können in unterschiedlichsten Konstellationen und Stadien horizontaler Zusammenarbeit relevant werden. Dies rührt an seit Jahrzehnten diskutierte Grundfragen der Einbindung Deutschlands in die supranationale Integration und der dabei bestehenden Grenzen. Die Reichweite der unionsgrundrechtlichen Bindung der Mitgliedstaaten und andere grundlegende Weichenstellungen zur Verschränkung des grundrechtlichen Schutzes im Mehrebenensystem spielen eine maßgebliche Rolle. Schließlich kann das hier betroffene Verhältnis zwischen den Mitgliedstaaten aus Perspektive der EMRK wie auch des Grundgesetzes kaum angemessen gewürdigt werden, ohne deren jeweilige Vorgaben für die zwischenstaatliche Zusammenarbeit jenseits unionsrechtlich zwingender Anordnung zu berücksichtigen.

Die Thematik ist in besonderem Maße durch die Rechtsprechung im europäischen Verfassungsgerichtsverbund[12] geprägt. Angesichts dieses Befundes erfolgt die Erschließung hier vornehmlich in Auseinandersetzung mit jener höchstgerichtlichen Judikatur.

B. Anwendungsgebiete gebotenen Vertrauens in die Grundrechtswahrung

Bereits eine kleine Auswahl jüngerer Entscheidungen zum Raum der Freiheit, der Sicherheit und des Rechts, Titel V im Dritten Teil des Vertrags über die Arbeitsweise der Europäischen Union, verdeutlicht, dass die Ausführungen des Europäischen Gerichtshofs zum Grundsatz des gegenseitigen Vertrauens zwischen den Mitgliedstaaten in der eingangs zitierten Passage nicht allein stehen. Sie finden Bestätigung in den Antworten des Gerichtshofs auf zahlreiche Vorlagefragen mitgliedstaatlicher Gerichte zur sekundärrechtlich vorgesehenen Zusammenarbeit: Der Vertrauensgrundsatz sei von fundamentaler Bedeutung.[13]

---

[12] Begriffsprägend zum Verfassungsgerichtsverbund *Voßkuhle,* NVwZ 2010, 1 (3); zum Verfassungsverbund insbesondere *Pernice,* VVDStRL 60 (2001), 148 (153, 163 ff.), m. w. N.; zur EU als Werteverbund *Calliess,* JZ 2004, 1033 (1041 ff.).

[13] EuGH, Gutachten 2/13 v. 18.12.2014, Rn. 191; EuGH, Urteil v. 16.7.2015, Rs. C-681/13, Diageo Brands, Rn. 40; vgl. EuGH, Urteil v. 21.12.2011, verb. Rs. C-411/10 und C-493/10, N. S. u. a., Rn. 83. Daneben nur *Mitsilegas,* YEL 31 (2012), 319 (335 ff.); *Kaufhold,* EuR 2012,

Er verlange, dass die Mitgliedstaaten, von außergewöhnlichen Umständen abgesehen, untereinander davon ausgehen, dass die anderen Mitgliedstaaten das Unionsrecht und die Unionsgrundrechte achten,[14] dass ihre Rechtsordnungen insbesondere in der Lage sind, einen gleichwertigen und wirksamen Schutz der Unionsgrundrechte zu bieten.[15] Daher dürften sie diesbezüglich einander Vertrauen entgegenbringen,[16] müssten dies grundsätzlich aber auch, d.h. dürften nicht prüfen, ob die Grundrechte in einem konkreten Fall tatsächlich gewahrt würden.[17] Der Betroffene wird stattdessen weitgehend auf Rechtsbehelfe im Ursprungsstaat verwiesen.[18] Der Gerichtshof nimmt also an, dass jenseits von Ausnahmefällen der Grundsatz des gegenseitigen Vertrauens einer unionsgrundrechtlichen Prüfung entgegenstehen kann. Dies sei im Folgenden für die justizielle Zusammenarbeit in Zivilsachen (I.), im Anschluss für die strafjustizielle Zusammenarbeit (II.) wie auch das Gemeinsame Europäische Asylsystem (III.) skizziert.

I. Schlaglicht auf die justizielle Zusammenarbeit in Zivilsachen

Der in der jüngeren Rechtsprechung verstärkt im grundrechtlichen Zusammenhang in Erscheinung tretende Vertrauensbegriff hatte in die Entscheidungen zur justiziellen Zusammenarbeit in Zivilsachen bereits zu Beginn des neuen Jahrtausends Einzug gehalten: Schon das Brüsseler Übereinkommen über die gerichtliche Zuständigkeit und die Vollstreckung gerichtlicher Entscheidungen in Zivil- und Handelssachen von 1968,[19] der maßgebliche Vorläufer der heutigen Sekundärrechtsakte, beruhe auf dem gegenseitigen Vertrauen der Mitgliedstaa-

408 (414 f.); *Glaser,* in: Weller/Althammer (Hrsg.), Mindeststandards im europäischen Zivilprozessrecht, S. 149 (164).

[14] EuGH, Urteil v. 22.12.2010, Rs. C-491/10 PPU, Aguirre Zarraga, Rn. 59; EuGH, Urteil v. 21.12.2011, verb. Rs. C-411/10 und C-493/10, N.S. u.a., Rn. 78, 80, 83; EuGH, Gutachten 2/13 v. 18.12.2014, Rn. 191.

[15] EuGH, Urteil v. 22.12.2010, Rs. C-491/10 PPU, Aguirre Zarraga, Rn. 70; EuGH, Urteil v. 30.5.2013, Rs. C-168/13, F., Rn. 50.

[16] EuGH, Urteil v. 21.12.2011, verb. Rs. C-411/10 und C-493/10, N.S. u.a., Rn. 78.

[17] EuGH, Urteil v. 21.12.2011, verb. Rs. C-411/10 und C-493/10, N.S. u.a., Rn. 80; mit Nachdruck EuGH, Gutachten 2/13 v. 18.12.2014, Rn. 192.

[18] EuGH, Urteil v. 22.12.2010, Rs. C-491/10 PPU, Aguirre Zarraga, Rn. 51, 71, auch für Grundrechtsschutz; EuGH, Urteil v. 30.5.2013, Rs. C-168/13, F., Rn. 50.

[19] Zur Zuständigkeit des EuGH für die Auslegung Art. 1 Auslegungsprotokoll zum EuGVÜ, BGBl. 1972 II S. 846. Grds. Ersetzung des EuGVÜ zwischen den Mitgliedstaaten mit Ausnahme Dänemarks durch (Brüssel I-)VO (EG) Nr. 44/2001 nach deren Art. 68 Abs. 1 (Art. 68 Abs. 1 VO [EU] Nr. 1215/2012); Fortgeltung des EuGVÜ nur noch für nach Art. 60 EuGVÜ erfasste, vom Anwendungsbereich des Sekundärrechts nach Art. 355 AEUV ausge-

ten in ihre Rechtssysteme und -pflegeorgane, führt der Gerichtshof 2003 aus.[20] Obwohl zuvor im selben Kontext bereits mehrfach erwähnt,[21] bezog sich der EuGH erst auf den Vertrauensbegriff, nachdem dieser Terminus in die politischen Vorstöße und nachfolgenden Verordnungen[22] Eingang gefunden und maßgebliche Bedeutung erlangt hatte.[23] Erst zu dieser Zeit wird in der Rechtsprechung rückblickend auch die zuvor bereits relevante Annahme, die Mitgliedstaaten seien zu gleich guter Rechtsanwendung in der Lage,[24] als „wesentlicher Bestandteil" eines Vertrauensgrundsatzes eingeordnet.[25]

---

schlossene Gebiete der Mitgliedstaaten. Übersicht zum Ganzen bei *Wagner,* IPRax 2002, 75 (78 ff.).

[20] EuGH, Urteil v. 9.12.2003, Rs. C-116/02, Gasser, Rn. 72; EuGH, Urteil v. 27.4.2004, Rs. C-159/02, Turner / Grovit, Rn. 24; EuGH, Urteil v. 15.2.2007, Rs. C-292/05, Lechouritou u. a., Rn. 44; EuGH, Urteil v. 11.7.2008, Rs. C-195/08 PPU, Rinau, Rn. 47.

[21] Zum EuGVÜ *Jenard*-Bericht, S. 1 (46); Schlussanträge GA *Darmon,* Rs. C-172/91, Sonntag / Waidmann, Nr. 71, m. w. N.; Schlussanträge GA *La Pergola,* Rs. C-267/97, Coursier, Nr. 11; Schlussanträge GA *Alber,* Rs. C-38/98, Renault / Maxicar, Nr. 61; rückblickend *Borrás*-Bericht, S. 27 (38, Rn. 32). Hervorhebung der Bezugnahme *Jenards* etwa auch bei *Adolphsen,* in: Gropp/Lipp/Steiger (Hrsg.), Rechtswissenschaft im Wandel, S. 87 (94); *Sujecki,* ZEuP 2008, 458 (467 mit Fn. 48); *Wischmeyer,* GLJ 17 (2016), 339 (351); Anlage des Vertrauensgrundsatzes im EuGVÜ, *Hess,* in: Weller/Althammer (Hrsg.), Mindeststandards im europäischen Zivilprozessrecht, S. 221 (225); *Kohler,* ZEuS 2016, 135 (139); rückblickend *Oberhammer,* JBl. 2006, 477 (480); erst Vertrauensschaffung durch *Jenard* nach *Willer,* ZZP 127 (2014), 99 (105 Fn. 30).

[22] 21. ErwG VO (EG) Nr. 2201/2003, zuvor 16. ErwG der (Vorgänger-)VO (EG) Nr. 1347/2000; beachte nunmehr 3. ErwG des Vorschlags für eine Neufassung, KOM(2016) 411 endg.; zum HKÜ *Pérez-Vera*-Bericht, Nr. 41; 16., 17. ErwG VO (EG) Nr. 44/2001 (nun 26. ErwG VO [EU] Nr. 1215/2012); 18. ErwG VO (EG) Nr. 805/2004; 27. ErwG VO (EG) Nr. 1896/2006; 22. ErwG VO (EG) Nr. 1346/2000 (nun 65. ErwG VO [EU] 2015/848).

[23] Mit diesem Hinweis etwa auch *Kaufhold,* EuR 2012, 408 (411).

[24] Noch zum EuGVÜ EuGH, Urteil v. 27.6.1991, C-351/89, Overseas Union Insurance u. a., Rn. 23; im Anschluss EuGH, Urteil v. 9.12.2003, Rs. C-116/02, Gasser, Rn. 48; EuGH, Urteil v. 27.4.2004, Rs. C-159/02, Turner / Grovit, Rn. 25; aus der jüngeren Rspr. EuGH, Urteil v. 10.2.2010, Rs. C-185/07, Allianz, Rn. 29; EuGH, Urteil v. 4.5.2010, Rs. C-533/08, TNT Express Nederland, Rn. 55.

[25] EuGH, Urteil v. 27.4.2004, Rs. C-159/02, Turner / Grovit, Rn. 25; anklingend bereits in EuGH, Urteil v. 9.12.2003, Rs. C-116/02, Gasser, Rn. 48; hierzu auch *Hess,* EuZPR, § 3 Rn. 10, § 4 Rn. 73 ff.

In der Folge hat dieser Grundsatz insbesondere in Bezug auf die Brüssel I(a)-[26] sowie die Insolvenzverordnung[27] regelmäßig Erwähnung gefunden. Dasselbe gilt im Zusammenhang der Verordnung Brüssel IIa,[28] einen der besonders stark anerkennungserleichternden Sekundärrechtsakte in der justiziellen Zusammenarbeit in Zivilsachen.

In Bezug auf letzteren trat der EuGH im Raum der Freiheit, der Sicherheit und des Rechts dann schließlich erstmals ausdrücklich Ende 2010 mit einem Verweis auf gegenseitiges Vertrauen einer auf Unionsgrundrechte gestützten Versagung der Zusammenarbeit entgegen (1.). Von dieser Entscheidung ausgehend, sei kurz ihr sekundärrechtlicher Rahmen veranschaulicht, nämlich eine bereichsweise vorbehaltlose gegenseitige Titelanerkennung in Zivilsachen (2.). Schließlich wird hierzu die Handhabung eines fortbestehenden *ordre public*-Vorbehalts kontrastiert (3.).

1. Rs. Aguirre Zarraga: Meilenstein der Bemühung gegenseitigen Vertrauens

Anlass für die Entscheidung bot eine deutsche Vorlage zur Frage nach einer ausnahmsweise bestehenden Prüfungsbefugnis des Vollstreckungsstaats unter Art. 42 Brüssel IIa-VO „in Fällen gravierender Grundrechtsverstöße" – solcher gegen die *Unions*grundrechte – wie daneben zur Frage, ob auch bei offensichtlich unzutreffender (Zirkulations-)Bescheinigung zu vollstrecken sei.[29]

---

[26] S. nur EuGH, Urteil v. 28.4.2009, Rs. C-420/07, Apostolides, Rn. 73; EuGH, Urteil v. 10.2.2010, Rs. C-185/07, Allianz, Rn. 30; EuGH, Urteil v. 13.10.2011, Rs. C-139/10, Prism Investments, Rn. 28; EuGH, Urteil v. 6.9.2012, Rs. C-619/10, Trade Agency, Rn. 40; EuGH, Urteil v. 26.9.2013, Rs. C-157/12, Salzgitter Mannesmann Handel, Rn. 31 f., 36; EuGH, Urteil v. 23.10.2014, Rs. C-302/13, flyLAL-Lithuanian Airlines, Rn. 45; EuGH, Urteil v. 16.7.2015, Rs. C-681/13, Diageo Brands, Rn. 40; EuGH, Urteil v. 25.5.2016, Rs. C-559/14, Meroni, Rn. 47; EuGH, Urteil v. 7.7.2016, Rs. C-70/15, Lebek, Rn. 36; EuGH, Urteil v. 9.3.2017, Rs. C-551/15, Pula Parking, Rn. 53 f.

[27] EuGH, Urteil v. 2.5.2006, Rs. C-341/04, Eurofood IFSC, Rn. 41 f.; EuGH, Urteil v. 21.1.2010, Rs. C-444/07, MG Probud, Rn. 27; EuGH, Urteil v. 5.7.2012, Rs. C-527/10, ERSTE Bank Hungary, Rn. 34.

[28] EuGH, Urteil v. 11.7.2008, Rs. C-195/08 PPU, Rinau, Rn. 49 f.; EuGH, Urteil v. 23.12.2009, Rs. C-403/09 PPU, Detiček, Rn. 45; EuGH, Urteil v. 1.7.2010, Rs. C211/10 PPU, Povse, Rn. 40; EuGH, Urteil v. 15.7.2010, Rs. C-256/09, Purrucker, Rn. 71; EuGH, Urteil v. 9.11.2010, Rs. C-296/10, Purrucker, Rn. 81; EuGH, Urteil v. 9.9.2015, Rs. C-4/14, Bohez, Rn. 43 f., 52; EuGH, Urteil v. 27.10.2016, Rs. C-428/15, D., Rn. 57; EuGH, Urteil v. 15.2.2017, Rs. C-499/15, W. und V. / X., Rn. 50.

[29] EuGH, Urteil v. 22.12.2010, Rs. C-491/10 PPU, Aguirre Zarraga, Rn. 37. Vgl. als Beispiel einer Versagung, die durch Bescheinigung nach Art. 42 Abs. 2 VO (EG) Nr. 2201/2003 hätte verhindert werden können, OLG Hamm, Beschluss v. 7.12.2005, 11 UF 219/05, juris JURE060026852, Rn. 20 ff., 35.

Konfrontiert war das Vorlagegericht in dieser Rechtssache *Aguirre Zarraga* mit einer spanischen Sorgerechtsentscheidung unter Anordnung der Rückführung eines widerrechtlich in Deutschland zurückgehaltenen Kindes, die mit einer Bescheinigung nach Art. 42 Abs. 2 UAbs. 1 VO (EG) Nr. 2201/2003 versehen worden war. Im Nachgang zu einer spanischen Begutachtung, die mehr als anderthalb Jahre vor der Sorgerechtsentscheidung stattgefunden hatte, war das zum Zeitpunkt dieser Entscheidung fast zehnjährige Kind in zeitlicher Nähe zur Sorgerechtsentscheidung nur in Deutschland angehört worden, dies aber allein mit Blick auf einen Antrag auf Rückführung nach Spanien unter dem Haager Kindesentführungsübereinkommen. Zu einer Anhörung in Bezug auf die Sorgerechtsentscheidung war es hingegen nicht gekommen; dies lag sowohl an der Weigerung der Mutter, mit dem Kind für die wiederholt terminierte Anhörung nach Spanien zu reisen, als auch an der Weigerung des spanischen Gerichts, auf ihren Antrag hin das Kind per Videokonferenz anzuhören. Hierfür hätte es sich vor allem der Beweisverordnung bedienen können.[30] Die Brüssel IIa-Verordnung sieht – im Gegensatz zum inzwischen unterbreiteten Vorschlag für ihre Neufassung[31] – hier nicht die Möglichkeit einer Vollstreckungsaussetzung bis zur Entscheidung über Rechtsbehelfe im Ursprungsstaat vor. Daher waren sowohl das deutsche Vorlagegericht als auch der EuGH zu einem Zeitpunkt befasst, zu dem noch nicht über alle in Spanien eingelegten Rechtsbehelfe entschieden war.[32]

Beide Vorlagefragen gemeinsam beantwortend, verneint der Gerichtshof eine Befugnis (oder gar Verpflichtung) des Gerichts im Vollstreckungsstaat zur Prüfung und Versagung wegen unterbliebener Kindesanhörung; maßgeblicher Grund ist die nach der Verordnung ausschließlich beim Ursprungsstaat liegende Zuständigkeit für die Beurteilung des Vorliegens eines derartigen Verstoßes.[33] Dieser Staat allein sei für die Überprüfung der Rechtmäßigkeit einer Rückgabeanordnung sowie für eine etwaige Berichtigung der Bescheinigung zuständig.[34] Insbesondere mit Blick auf die zweite Vorlagefrage nach einer Versagungsmöglichkeit bei offensichtlich unzutreffender Bescheinigung führt der EuGH aus, zwar dürfe die Bescheinigung im Ursprungsstaat erst nach erfolgter Vergewisserung über eine „echte und wirksame" Äußerungsmöglichkeit des Kindes aus-

---

[30] VO (EG) Nr. 1206/2001.

[31] Art. 29, 46 Abs. 1 UAbs. 1 des Vorschlags KOM(2016) 411 endg.

[32] EuGH, Urteil v. 22.12.2010, Rs. C-491/10 PPU, Aguirre Zarraga, Rn. 15 ff.

[33] EuGH, Urteil v. 22.12.2010, Rs. C-491/10 PPU, Aguirre Zarraga, Rn. 70 ff.; zur Rechtsschutzkonzentration zuvor EuGH, Urteil v. 11.7.2008, Rs. C-195/08 PPU, Rinau, Rn. 79.

[34] EuGH, Urteil v. 22.12.2010, Rs. C-491/10 PPU, Aguirre Zarraga, Rn. 50 f., mit Verweis auf EuGH, Urteil v. 1.7.2010, Rs. C-211/10 PPU, Povse, Rn. 73.

gestellt werden,[35] zur Prüfung dieser Voraussetzung sei jedoch wiederum allein der Ursprungsstaat zuständig.[36] Es seien daher die Rechtsschutzmöglichkeiten in jenem Staat zu nutzen.[37] In Bezug auf den konkreten Fall klingt dabei Kritik an dem Absehen von einer Heranziehung der Beweisverordnung an.[38] Den Gerichten des Vollstreckungsstaats falle demgegenüber lediglich zu, für die Vollstreckung zu sorgen.[39]

Maßgebliche Relevanz wird dem Umstand beigemessen, dass die Zuständigkeitsverteilung der Verordnung auf dem Grundsatz des gegenseitigen Vertrauens der Mitgliedstaaten hinsichtlich der Gewährleistung eines gleichwertigen und wirksamen Schutzes der im Unionsrecht anerkannten Grundrechte durch ihre jeweiligen Rechtsordnungen beruhe.[40] Hier taucht Vertrauen in einem grundrechtlichen Zusammenhang erstmals in dieser Deutlichkeit und mit dieser Tragweite auf.

2. Kontext: Bereichsweise Titelfreizügigkeit ohne ordre public

a) Brüssel IIa-Verordnung als Rahmen des Urteils Aguirre Zarraga

Den sekundärrechtlichen Rahmen dieser Entscheidung bildete die Verordnung (EG) Nr. 2201/2003 (Brüssel IIa-VO), nach deren Art. 41 Abs. 1 UAbs. 1, 42 Abs. 1 UAbs. 1 bestimmte gerichtliche Entscheidungen[41] aus den Mitgliedstaaten der Europäischen Union in jedem anderen teilnehmenden Mitgliedstaat[42]

---

[35] EuGH, Urteil v. 22.12.2010, Rs. C-491/10 PPU, Aguirre Zarraga, Rn. 53, 68; vorangehend EuGH, Urteil v. 11.7.2008, Rs. C-195/08 PPU, Rinau, Rn. 79. Beachte hierzu Art. 20, 53 Abs. 5 des Vorschlags KOM(2016) 411 endg. sowie die diesbezüglichen strategischen Ansätze des Rats, 9317/17, Rn. 13 ff.

[36] EuGH, Urteil v. 22.12.2010, Rs. C-491/10 PPU, Aguirre Zarraga, Rn. 69.

[37] EuGH, Urteil v. 22.12.2010, Rs. C-491/10 PPU, Aguirre Zarraga, Rn. 71.

[38] EuGH, Urteil v. 22.12.2010, Rs. C-491/10 PPU, Aguirre Zarraga, Rn. 66 f.; die Stellungnahme GA *Bot,* Rs. C-491/10 PPU, Aguirre Zarraga, Nr. 58 f. hingegen hatte eine Möglichkeit gehört zu werden bejaht, daher nur hilfsweise eine Versagungsmöglichkeit verneint, Nr. 119, 126. Zum grds. fakultativen Charakter der BeweisVO EuGH, Urteil v. 6.9.2012, Rs. C-170/11, Lippens u. a., Rn. 26 ff.; EuGH, Urteil v. 21.2.2013, Rs. C-332/11, ProRail, Rn. 42.

[39] EuGH, Urteil v. 22.12.2010, Rs. C-491/10 PPU, Aguirre Zarraga, Rn. 48 f., 56 f.

[40] EuGH, Urteil v. 22.12.2010, Rs. C-491/10 PPU, Aguirre Zarraga, Rn. 70, s. auch Rn. 59 (Stellungnahme GA *Bot,* Rs. C-491/10 PPU, Aguirre Zarraga, Nr. 128 ff., zum bewussten Verzicht auf zweite Grundrechtskontrolle, und Nr. 135 f.). Zum Urteil etwa *Mitsilegas,* YEL 31 (2012), 319 (349 ff.); kritisch *Mansel/Thorn/Wagner,* IPRax 2012, 1 (19 f.). Nachfolgend EuGH, Urteil v. 9.9.2015, Rs. C-4/14, Bohez, Rn. 58; vgl. EuGH, Urteil v. 16.7.2015, Rs. C-681/13, Diageo Brands, Rn. 40.

[41] Begrifflich Art. 2 Nr. 4 VO (EG) Nr. 2201/2003; auch behördliche nach Art. 2 Nr. 4 des Vorschlags KOM(2016) 411 endg.

[42] Nach Art. 2 Nr. 3 VO (EG) Nr. 2201/2003 außer Dänemark alle Mitgliedstaaten; Art. 2 Nr. 3 des Vorschlags KOM(2016) 411 endg.

anerkannt und dort vollstreckt werden können, ohne dass es einer Vollstreckbarerklärung bedarf und ohne dass die Anerkennung angefochten werden kann. Diesem zirkulationsfreundlichen Regime unterfallen – im Kontrast zu den übrigen Entscheidungen im Anwendungsbereich der Verordnung[43] – im Ursprungsstaat vollstreckbare und dort mit einer Bescheinigung nach Art. 41 Abs. 2 Brüssel IIa-VO versehene Entscheidungen über das Umgangsrecht; ihm unterfallen daneben, im Fall *Aguirre Zarraga* relevant, Entscheidungen über die Rückgabe eines Kindes, die infolge einer Anordnung nach Art. 11 Abs. 8 Brüssel IIa-VO (Art. 26 Abs. 4 UAbs. 2 des Vorschlags für eine Neufassung) ergangen sind.[44] Zum letztgenannten Entscheidungstyp kommt es, wenn nach widerrechtlichem Verbringen oder Zurückhalten eines Kindes[45] derjenige Staat, in den es verbracht worden ist, zunächst die Rückgabe gestützt auf Art. 13 HKÜ[46] verweigert, im Anschluss von dem Gericht des Staats, in dem es zuvor seinen gewöhnlichen Aufenthalt hatte,[47] aber eine – gleichsam insistierende – Rückgabeanord-

---

[43] Für diese nach Art. 21 Abs. 1 VO (EG) Nr. 2201/2003 automatische Anerkennung, aber Erforderlichkeit eines Vollstreckbarerklärungsverfahrens, Art. 28 Abs. 1, 46 VO (EG) Nr. 2201/2003, § 16 Abs. 1 IntFamRVG (selbst bei Dringlichkeit nicht auch in anderen Fällen als denen der Art. 41, 42 entbehrlich, EuGH, Urteil v. 26.4.2012, Rs. C-92/12 PPU, C., Rn. 118 f.), mit Versagungsmöglichkeit Art. 31 Abs. 2 VO (EG) Nr. 2201/2003. Im Vorschlag KOM(2016) 411 endg. Art. 27 Abs. 1 zur automatischen Anerkennung; Art. 30 Abs. 1 zur automatischen Vollstreckbarkeit aller Entscheidungen; weiter getrennte Regime durch *ordre public*-Vorbehalt in Art. 37 Buchst. a, 38 Abs. 1 Buchst. a gegenüber anderen als den schon bislang vereinfacht anzuerkennenden Entscheidungen (zu letzteren Art. 38 Abs. 1 Buchst. d, e, Abs. 2 des Vorschlags). Vgl. mit innerunionaler Versagung wegen unterbliebener Kindesanhörung OLG Schleswig FamRZ 2008, 1761 (1762); OLG München FamRZ 2015, 602 (603 f.).

[44] Zur akzessorischen Behandlung von Zwangsgeldentscheidungen EuGH, Urteil v. 9.9.2015, Rs. C-4/14, Bohez, Rn. 50. Vgl. allgemein EuGH, Urteil v. 10.2.2010, Rs. C-185/07, Allianz, Rn. 22.

[45] Art. 2 Nr. 11 VO (EG) Nr. 2201/2003; Art. 2 Nr. 12 des Vorschlags KOM(2016) 411 endg., jeweils im Gleichlauf mit Art. 3 HKÜ. Zur Maßgeblichkeit nationalen Rechts für die Sorgerechtsinhaberschaft EuGH, Urteil v. 5.10.2010, Rs. C400/10 PPU, McB., Rn. 43 f.

[46] Zur Behandlung von Versagungen nach Art. 12 Abs. 2, 20 HKÜ ablehnend etwa *Völker,* FamRZ 2010, 157 (159); für Analogie *Dörner,* in: Saenger, Art. 11 EheGVVO Rn. 10; ähnlich *Solomon,* FamRZ 2004, 1409 (1417). Im Vorschlag KOM(2016) 411 endg. weiter Verweis allein auf Art. 13 HKÜ, so Art. 26 Abs. 2 UAbs. 1, Abs. 4 UAbs. 1 und 2, Art. 53 Abs. 6 (beachte auch Art. 26 Abs. 1).

[47] Zu deren grds. fortbestehender Zuständigkeit Art. 10 VO (EG) Nr. 2201/2003; Art. 9 des Vorschlags KOM(2016) 411 endg. Beachte auch die innerstaatliche Zuständigkeitskonzentration in Art. 22 S. 1 des Vorschlags, zuvor in EuGH, Urteil v. 9.1.2015, Rs. C-498/14 PPU, Bradbrooke, Gegenstand einer Vorabentscheidung. Zum gewöhnlichen Aufenthalt unter Brüssel IIa nur EuGH, Urteil v. 2.4.2009, Rs. C-523/07, A., Rn. 30 ff.; EuGH, Urteil v. 22.10.2010, Rs. C-497/10 PPU, Mercredi, Rn. 41 ff.; EuGH, Urteil v. 8.6.2017, Rs. C-111/17 PPU, OL, Rn. 39 ff.

nung erlassen wird.[48] Mit einer solchen sah sich im Fall *Aguirre Zarraga* der Verbringungsstaat Deutschland konfrontiert, der die Rückführung zunächst wegen deren ausdrücklicher Ablehnung durch das Kind versagt hatte.

Mit einer Bescheinigung nach Art. 42 Abs. 2 Brüssel IIa-VO versehen, besitzt die Rückführungsanordnung Vorrang gegenüber der vorangegangenen Verweigerung:[49] Diese Rückführungsanordnung – wie auch ein mit einer entsprechenden Bescheinigung versehener Umgangstitel – ist nach dem Sekundärrecht nicht nur automatisch anzuerkennen[50] und ohne Vollstreckbarerklärung im Vollstreckungsstaat allein aufgrund einer noch im Ursprungsstaat erteilten Bescheinigung unmittelbar vollstreckbar.[51] Es ist zudem keine Prüfung mehr auf

---

[48] Dabei trotz Art. 11 Abs. 7 VO (EG) Nr. 2201/2003 Sorgerechtsentscheidung nicht zwingend, EuGH, Urteil v. 1.7.2010, Rs. C-211/10 PPU, Povse, Rn. 52 ff.; EuGH, Urteil v. 9.1.2015, Rs. C-498/14 PPU, Bradbrooke, Rn. 47. Anders nach Art. 26 Abs. 4 UAbs. 1 des Vorschlags KOM(2016) 411 endg. Beachte zur vorgängigen Verweigerung als Voraussetzung der Bescheinigungserteilung EuGH, Urteil v. 11.7.2008, Rs. C195/08 PPU, Rinau, Rn. 59, 74, spätere Zustimmung aber unschädlich, Rn. 75 ff.

[49] Art. 11 Abs. 8, 60 Buchst. c VO (EG) Nr. 2201/2003; Art. 26 Abs. 4 UAbs. 2, Art. 74 des Vorschlags KOM(2016) 411 endg.

[50] Nach autonomem Recht in Familiensachen Anerkennung auch dann nach §§ 107 ff. FamFG, wenn es sich nach deutschem Verständnis um Ehe- oder Familienstreitsachen (§ 112 FamFG) handelt, wie durch § 113 Abs. 1 S. 1 FamFG nicht ausgeschlossen und spezieller gegenüber ZPO, hierzu nur etwa *Nickel,* in: BeckOK FamFG, § 113 Rn. 7. Zu HKÜ-Verfahren § 14 Abs. 2 IntFamRVG. Dabei automatische Anerkennung von Entscheidungen in anderen als Ehesachen, § 108 Abs. 1 FamFG (s. aber auch § 107 Abs. 2 S. 2 FamFG). Zur Erfassung auch behördlicher Entscheidungen, wie unter § 107 Abs. 1 S. 2 FamFG bereits nach dem Wortlaut, *Sieghörtner,* in: BeckOK FamFG, § 108 Rn. 30, sowie Rn. 31 zur str. Behandlung gerichtlicher Vergleiche und öffentlicher Urkunden. Ohne Überlagerung durch Brüssel IIa und ohne vorangehende Sorgerechtsentscheidung stellt sich die Frage nach einer Anerkennung von Rückführungsanordnungen allein nach dem HKÜ nicht angesichts der Zuständigkeit des Verbringungsstaats mit Versagungsgründen in Art. 12, 13, 20 HKÜ; zur Vollstreckung der Rückführungsentscheidung § 44 IntFamRVG. Anerkennung und Vollstreckbarerklärung bei widerrechtlichem Verbringen vielmehr nur dann im Raum, wenn unter Verletzung zuvor ergangener vollstreckbarer Sorgerechtsentscheidung, Art. 7 ESÜ (s. bereits hierzu die Versagungsgründe in Art. 10 Abs. 1 Buchst. a, b ESÜ, Deutschland abweichend von Art. 8 Abs. 2 ESÜ wegen nach Art. 17 Abs. 1 ESÜ erklärten Vorbehalts zur Verfügung stehend). Vorangehend bereits Art. 14 Abs. 1 VO (EG) Nr. 1347/2000 (begrenzter im Anwendungsbereich, Art. 1 Abs. 1), Erleichterungen erlassend, die zuvor geplant waren mit dem nicht in Kraft getretenen Übk. aufgrund von Artikel K.3 des Vertrags über die Europäische Union über die Zuständigkeit und die Anerkennung und Vollstreckung von Entscheidungen in Ehesachen, ABl. EG Nr. C 221 v. 17.8.1998, S. 2.

[51] Art. 42 VO (EG) Nr. 2201/2003, § 16 Abs. 1 IntFamRVG (zu der die Vollstreckbarerklärung ersetzenden Funktion EuGH, Urteil v. 26.4.2012, Rs. C-92/12 PPU, C, Rn. 116); Art. 27 Abs. 1, 30 Abs. 1 des Vorschlags KOM(2016) 411 endg., zur Bescheinigung selbst dort Art. 53. Im Kontrast Art. 21 Abs. 1, 24 Abs. 1, 26 Abs. 1 der (Vorgänger-)VO (EG) Nr. 1347/2000. Übersicht bei *Solomon,* FamRZ 2004, 1409 ff., *passim.* Autonom Differenzie-

einen Widerspruch zum *ordre public* des Vollstreckungsstaats gestattet.[52] Die unionsweite Vollstreckbarkeit kann zudem unabhängig von der Einlegung von Rechtsbehelfen im Ursprungsstaat eintreten.[53]

Die Bescheinigung darf allerdings durch den Ursprungsstaat nur erteilt werden, wenn zum einen die Gründe der auf Art. 13 HKÜ gestützten vorangehenden Verweigerung der Rückführung berücksichtigt worden sind;[54] dies ist nach der Rechtsprechung maßgebliche Grundlage, um demjenigen Mitgliedstaat, der zuvor die Rückführung versagt hatte, auf Grundlage gegenseitigen Vertrauens dennoch eine Vollstreckung der Rückführungsanordnung abzuverlangen.[55] Darüber hinaus wird die Bescheinigung grundsätzlich nur ausgestellt, wenn das Kind die Möglichkeit hatte gehört zu werden (Art. 42 Abs. 2 UAbs. 1 Buchst. a).[56] Letzteres bildete den Ansatzpunkt des deutschen Vorlagegerichts, das angesichts weggefallenen *ordre public*-Vorbehalts zugunsten der *eigenen* Rechtsordnung fragte, ob sich stattdessen aus den Rechten des Kindes aus Art. 24 GRC eine *unions*grundrechtliche Befugnis zur Versagung der Vollstreckung ergeben könnte. Wie beschrieben, wurde dies vom Gerichtshof verneint.

---

rung in § 110 Abs. 2 S. 1 FamFG für Erforderlichkeit eines Exequaturs nach Vorliegen einer Verpflichtung nach § 95 Abs. 1 FamFG.

52 Art. 42 Abs. 1 VO (EG) Nr. 2201/2003; zur Anerkennung Art. 38 Abs. 2 des Vorschlags KOM(2016) 411 endg., zur Vollstreckbarkeit differenzierter Art. 40 Abs. 2, 3. Im Kontrast Art. 24 Abs. 2 VO (EG) Nr. 1347/2000. Die str. Frage der Abschaffung des Vorbehalts auch bezüglich der Anerkennung bejahend *Oberhammer,* JBl. 2006, 477 (501 f.); *Netzer,* Status quo und Konsolidierung des Europäischen Zivilverfahrensrechts, S. 187 f.; a. A. *Peiffer,* Grenzüberschreitende Titelgeltung, Rn. 1300 ff.

53 Art. 41 Abs. 1 UAbs. 2, 42 Abs. 1 UAbs. 2 VO (EG) Nr. 2201/2003; Art. 30 Abs. 2 des Vorschlags KOM(2016) 411 endg.; dies auch bereits unter der Vorgänger-VO (EG) Nr. 1347/2000, *e contrario* Art. 20 Abs. 1. Eingehender *Peiffer,* Grenzüberschreitende Titelgeltung, Rn. 1196 ff. Auch nach autonomem Recht für andere als Entscheidungen in Ehesachen formelle Rechtskraft grds. nicht vorausgesetzt, hierzu nur *Sieghörtner,* in: BeckOK FamFG, § 108 Rn. 30. Anders nach § 110 Abs. 3 S. 2 FamFG für Verpflichtungen nach § 95 Abs. 1 FamFG.

54 Art. 42 Abs. 2 UAbs. 1 Buchst. c VO (EG) Nr. 2201/2003; Art. 53 Abs. 6 UAbs. 1 des Vorschlags KOM(2016) 411 endg.

55 EuGH, Urteil v. 1.7.2010, Rs. C-211/10 PPU, Povse, Rn. 59, auf Entscheidung selbst bezogen; kritisch *Völker,* FamRZ 2010, 157 (159); zur Verletzung von Art. 8 EMRK mangels Berücksichtigung EGMR, Urteil v. 12.7.2011, Šneersone und Kampanella / Italien, Nr. 14737/09, §§ 93 ff.

56 Prüfung der Bescheinigungsvoraussetzungen betonend, EuGH, Urteil v. 11.7.2008, Rs. C-195/08 PPU, Rinau, Rn. 79; EuGH, Urteil v. 22.12.2010, Rs. C-491/10 PPU, Aguirre Zarraga, Rn. 53, 68. Zur Maßgeblichkeit ursprungsstaatlichen Rechts für die Kindesanhörung 19. ErwG VO (EG) Nr. 2201/2003; beachte aber auch KOM(2014) 225 endg., S. 12 f. und Art. 20 des Vorschlags KOM(2016) 411 endg.

b) Weitere Verordnungen ohne anerkennungsrechtlichen ordre public-Vorbehalt

Die skizzierte Anerkennung nach der Verordnung Brüssel IIa betrifft nach geltendem Recht spezielle Fälle, die zudem nur einen Teil der dieser Verordnung unterfallenden Rechtssachen ausmachen. Die Anerkennung und Vollstreckbarerklärung sonstiger Entscheidungen in Kindschaftssachen sowie Entscheidungen zu Trennung und Scheidung[57] unterliegen hingegen anderen Vorschriften.[58] Dennoch handelt es sich bei diesem Instrument nicht um das einzige derart anerkennungsfreundliche Regime. Einige weitere anerkennungserleichternde Rechtsakte in der justiziellen Zusammenarbeit in Zivilsachen[59] sehen vor, dass bestimmte Arten von Titeln zwischen den Mitgliedstaaten automatisch anerkannt werden und vollstreckbar sind, ohne dass es einer Vollstreckbarerklärung bedarf[60] oder die Anerkennung angefochten werden kann. Letzteres ist vor dem Hintergrund zu sehen, dass bereits unter vorangehenden Regelungen Versagungsgründe zum Teil nur noch auf Antrag des Betroffenen zu prüfen waren.[61] Wie in diesen früheren Regimen dürfte somit auch im geltenden Recht eine amtswegige Berücksichtigung ausgeschlossen sein.[62]

---

[57] Zum Anwendungsbereich Art. 1 VO (EG) Nr. 2201/2003.

[58] Art. 21 ff. VO (EG) Nr. 2201/2003 (optional auch für Umgangs- und HKÜ-Entscheidungen, Art. 40 Abs. 2). So trotz Abschaffung des Exequaturverfahrens in Art. 30 Abs. 1 des Vorschlags KOM(2016) 411 endg. auch bei dessen Annahme durch grds. fortbestehenden *ordre public*-Vorbehalt (Art. 37 Buchst. a, 38 Abs. 1 Buchst. a).

[59] Hierzu unten S. 57 ff.

[60] Zur Entbehrlichkeit einer Vollstreckungsklausel § 16 Abs. 1 IntFamRVG; §§ 794 Abs. 1 Nr. 6, 7, 8, 1082, 1093, 1107 ZPO; § 30 Abs. 1 AUG (für andere als gerichtliche Titel § 3 Nr. 5 AUG). Zur bereits im autonomen Recht grds. automatischen Anerkennung die Negativliste in § 328 Abs. 1 ZPO; daneben bereits RGZ 166, 367 (376); BayObLG NJW 1976, 1037 (1037); BayObLG NJW-RR 2000, 885 (885). Zur Erstreckung der Entscheidungswirkungen bei Anerkennung BGH NJW 1986, 1440 (1441); dies jedenfalls, soweit es sich dabei um der Art nach in Deutschland bekannte handelt, *Stadler,* in: Musielak/Voit, § 328 Rn. 35; kritisch hinsichtlich dieser Kumulationstheorie, für weitergehende Erstreckung *Gottwald,* in: MüKo ZPO, § 328 Rn. 5; *Peiffer,* Grenzüberschreitende Titelgeltung, Rn. 70 ff., 90, 134 ff., für Versagung bereits der Wirkungserstreckung bei *ordre public*-Verstoß, Rn. 143 ff. Dazu, dass dies die Vollstreckungswirkung nicht erfasst, sondern erst das nach § 722 Abs. 1 ZPO ergehende Urteil den Vollstreckungstitel bildet, nur BGH NJW 1986, 1440 (1440 f.); BGHZ 118, 312 (315 f.). Zur automatischen Anerkennung unter der VO (EG) Nr. 44/2001 deren Art. 33 Abs. 1 (Art. 36 Abs. 1 VO [EU] Nr. 1215/2012), Vollstreckbarerklärung nach Art. 38 Abs. 1 (Wegfall unter Art. 39 VO [EU] Nr. 1215/2012).

[61] Art. 41, 43 Abs. 1, 45 Abs. 1, Art. 34 VO (EG) Nr. 44/2001; anders nach Art. 24 Abs. 1, Abs. 2, 15 Abs. 1 Buchst. a VO (EG) Nr. 1347/2000.

[62] Etwa auch *Solomon,* FamRZ 2004, 1409 (1418 f.).

Auf einen allgemeinen *ordre public*-Vorbehalt verzichtet zum einen die Unterhaltsverordnung in Bezug auf Entscheidungen über Unterhaltspflichten.[63] Jeweils grundsätzlich allgemein in Zivil- und Handelssachen anwendbar,[64] sehen zum anderen die Verordnungen zur Einführung eines europäischen Vollstreckungstitels für unbestrittene Forderungen,[65] zur Einführung eines europäischen Mahnverfahrens[66] sowie zur Einführung eines europäischen Verfahrens für geringfügige Forderungen (Bagatellverordnung)[67] entsprechende Vereinfachungen vor. Die Vollstreckungstitelverordnung wie auch die Unterhaltsverordnung erstrecken diese automatische und vorbehaltlose Anerkennung und Vollstreckbarkeit auf gerichtliche Vergleiche und öffentliche Urkunden;[68] nach der Änderung der Bagatellverordnung erstreckt sich auch diese auf Vergleiche.[69]

Da darüber hinaus auch unter diesen Verordnungen die unionsweite Vollstreckbarkeit überwiegend[70] ungeachtet etwaiger Rechtsbehelfe im Ursprungsstaat eintreten kann,[71] sind Situationen nicht ausgeschlossen, in denen sich ein

---

[63] Art. 17 Abs. 1 VO (EG) Nr. 4/2009 für Titel aus Mitgliedstaaten, die an das HUP 2007 gebunden sind (auch vor Inkrafttreten am 1.8.2013 innerunionale Anwendbarkeit nach Art. 4 Abs. 1 Beschluss des Rates 2009/941/EG, ABl. EU Nr. L 331 v. 16.12.2009, S. 17); dies sind alle Mitgliedstaaten mit Ausnahme des Vereinigten Königreichs und Dänemarks. Zum *opt-in* Irlands zu VO und HUP 2007 s. 47. ErwG VO (EG) Nr. 4/2009; 10. ErwG Beschluss 2009/941/EG; zur Stellung Dänemarks die Mitteilung der Kommission, ABl. EU Nr. L 149 v. 12.6.2009, S. 80; *opt-in* des Vereinigten Königreichs nur bei VO (Art. 1 Entscheidung der Kommission 2009/451/EG, ABl. EU Nr. L 149 v. 12.6.2009, S. 73), nach Art. 2 Protokoll (Nr. 21), ABl. EU Nr. C 202 v. 7.6.2016, S. 295 keine Bindung an HUP 2007.

[64] Art. 2 VO (EG) Nr. 805/2004, nicht nur bei grenzüberschreitendem Bezug; anders Art. 2 Abs. 1 VO (EG) Nr. 1896/2006; Art. 2 Abs. 1 VO (EG) Nr. 861/2007.

[65] Art. 5 VO (EG) Nr. 805/2004; BGHZ 201, 22 (26, Rn. 15). Übersichtsweise etwa *Wagner,* IPRax 2005, 189 ff., *passim.*

[66] Art. 19 VO (EG) Nr. 1896/2006.

[67] Art. 20 Abs. 1 VO (EG) Nr. 861/2007, s. auch Art. 23a i. d. F. von Art. 1 Nr. 15 VO (EU) 2015/2421 (Geltung seit 14.7.2017).

[68] Art. 24 Abs. 2, 25 Abs. 2 VO (EG) Nr. 805/2004; Art. 48 Abs. 1 VO (EG) Nr. 4/2009. Hingegen nach Art. 46 VO (EG) Nr. 2201/2003 Anerkennung und Vollstreckbarerklärung öffentlicher Urkunden und Parteivereinbarungen wie von Entscheidungen (Art. 40 ff. scheiden hier aus, *Gottwald,* in: MüKo FamFG, EWG VO 2201/2003 Art. 46 Rn. 9).

[69] Art. 23a VO (EG) Nr. 861/2007 i. d. F. von Art. 1 Nr. 15 VO (EU) 2015/2421 (Geltung seit 14.7.2017).

[70] Nach Art. 18 Abs. 1 S. 1, 19 VO (EG) Nr. 1896/2006 erst nach Ende der Einspruchsfrist, aber auch hier Konfrontation mit vollstreckbarer Entscheidung trotz ursprungsstaatlichen Rechtsbehelfs (Art. 20) denkbar.

[71] Art. 41 Abs. 1, Art. 42 Abs. 1 VO (EG) Nr. 2201/2003 (Art. 25 Abs. 3, 30 Abs. 1, 2 des Vorschlags KOM[2016] 411 endg.); Art. 6 Abs. 1 Buchst. a VO (EG) Nr. 805/2004; Art. 15 Abs. 1 S. 1 VO (EG) Nr. 861/2007 (seit 14.7.2017 nach Art. 23a i. d. F. der VO [EU] 2015/2421 auch für gerichtliche Vergleiche); Art. 39 VO (EG) Nr. 4/2009; zuvor bereits Art. 38 Abs. 1 und *e contrario* Art. 37 Abs. 1 VO (EG) Nr. 44/2001; *e contrario* Art. 20 Abs. 1 VO (EG)

Mitgliedstaat einer vollstreckbaren Entscheidung gegenübersieht, während im Ursprungsstaat noch ein Rechtsbehelfsverfahren läuft. In dieser Situation ist außer unter der (noch) geltenden Brüssel IIa-Verordnung[72] allerdings grundsätzlich eine Reaktion im Vollstreckungsstaat möglich, die bis zur Aussetzung der Vollstreckung führen kann.[73]

Als einzigen Grund, der unter allen diesen Verordnungen eine Versagung der Vollstreckung ermöglicht, greifen die Rechtsakte in unterschiedlicher Weise die Unvereinbarkeit mit einer anderen Entscheidung auf.[74]

c) *Nachfrage: Stattdessen Vorbehaltsprüfung bei Vollstreckung?*

Der anerkennungsrechtliche Vorbehalt fällt in den genannten fünf Verordnungen also zumindest vordergründig weg. Hinsichtlich des Vollstreckungsverfahrens verweisen sie auf das Recht des Vollstreckungsstaats[75] und sehen eine Vollstreckung unter denselben Bedingungen wie für nationale Entscheidungen

---

Nr. 1347/2000. Hingegen nach § 723 Abs. 2 S. 1 ZPO formelle Rechtskraft jedenfalls für Vollstreckbarerklärung erforderlich; str. für die Anerkennung, Erforderlichkeit bejahend etwa *Gottwald,* in: MüKo ZPO, § 328 Rn. 66; a. A. etwa *Dörner,* in: Saenger, § 328 Rn. 18.

[72] Beachte Art. 29, 46 Abs. 1 UAbs. 1 des Vorschlags KOM(2016) 411 endg.; zum geltenden Recht EuGH, Urteil v. 1.7.2010, Rs. C-211/10 PPU, Povse, Rn. 81.

[73] Art. 23 VO (EG) Nr. 805/2004 bei Rechtsbehelf nach Art. 10, 19; Art. 23 VO (EG) Nr. 1896/2006 bei Rechtsbehelf nach Art. 20; Art. 23 VO (EG) Nr. 861/2007 bei Rechtsbehelf nach Art. 18; Art. 21 Abs. 3 UAbs. 1 VO (EG) Nr. 4/2009 bei Rechtsbehelf nach Art. 19. Dabei auch andere Rechtsbehelfe einbeziehend, Art. 23 (EG) Nr. 805/2004; Art. 23 VO (EG) Nr. 861/2007. Zum Begriff des ordentlichen Rechtsbehelfs unter dem EuGVÜ EuGH, Urteil v. 22.11.1977, Rs. 43/77, Industrial Diamond Supplies, Rn. 35/48. Vgl. im Kontext der Brüssel I-VO zur grds. gleichen Auslegung gleichlautender (Nachfolge-)Vorschriften EuGH, Urteil v. 1.10.2002, Rs. C-167/00, Henkel, Rn. 49.

[74] Art. 21 Abs. 1 VO (EG) Nr. 805/2004, Art. 22 Abs. 1 VO (EG) Nr. 1896/2006; Art. 22 Abs. 1 VO (EG) Nr. 861/2007; Art. 21 Abs. 2 UAbs. 2 VO (EG) Nr. 4/2009. In Ehe- und Kindschaftssachen Art. 22 Buchst. c, d, 23 Buchst. e, f VO (EG) Nr. 2201/2003; im vereinfachten Regime nur bei Unvereinbarkeit mit *späterer* Entscheidung, Art. 47 Abs. 2 UAbs. 2 VO (EG) Nr. 2201/2003, und zwar des Ursprungsstaats, EuGH, Urteil v. 1.7.2010, Rs. C-211/10 PPU, Povse, Rn. 76 ff. Dies erst unter Art. 38 Abs. 1 Buchst. d, e, 40 Abs. 1 des Vorschlags KOM(2016) 411 endg. auch für Entscheidungen des Vollstreckungsstaats (beachte auch Art. 36 des Vorschlags). Zum Verständnis der Unvereinbarkeit, noch zum EuGVÜ, EuGH, Urteil v. 6.6.2002, Rs. C-80/00, Italian Leather / WECO, Rn. 44. Im deutschen Recht § 328 Abs. 1 Nr. 3 ZPO; § 109 Abs. 1 Nr. 3 FamFG.

[75] Unbeschadet ihrer selbst, Art. 20 Abs. 1 UAbs. 1 VO (EG) Nr. 805/2004; Art. 21 Abs. 1 VO (EG) Nr. 1896/2006; Art. 21 Abs. 1 VO (EG) Nr. 861/2007; Art. 41 Abs. 1 S. 1 VO (EG) Nr. 4/2009; ohne solche Beschränkung Art. 47 Abs. 1, Abs. 2 UAbs. 1 VO (EG) Nr. 2201/2003. Zur Maßgeblichkeit vollstreckungsstaatlichen Rechts unter dem EuGVÜ EuGH, Urteil v. 3.10.1985, Rs. 119/84, Capelloni und Aquilini, Rn. 16; EuGH, Urteil v. 4.2.1988, Rs. 145/86, Hoffmann / Krieg, Rn. 27; zur Brüssel I-VO EuGH, Urteil v. 23.4.2009, Rs. C-167/08, Draka NK Cables u. a., Rn. 29.

vor.[76] Damit ist denkbar, dass Vorschriften des nationalen Rechts zu einer Versagung der Vollstreckung führen können,[77] wenn dies auch allein die Unterhaltsverordnung ausdrücklich zulässt.[78]

Soweit es um Aspekte geht, die nunmehr zwingend im Ursprungsstaat zu prüfen sind, dürfte sich bereits aus dem stets enthaltenen Verbot der Nachprüfung in der Sache[79] ergeben, dass eine auf ihre vermeintlich unzureichende Behandlung im Ursprungsstaat gestützte Versagung der Vollstreckung verordnungskonform grundsätzlich nicht möglich ist. Mit Sinn und Zweck der bewusst vorbehaltlosen Anerkennungsregelung dürfte darüber hinaus grundsätzlich unvereinbar sein, Bedenken, die sich nicht originär gegen die Vollstreckungsmaßnahme,[80] sondern gegen die Anerkennung richten, im Vollstreckungsstadium zu berücksichtigen.[81] Dies entspricht der Ansicht des Gerichtshofs, der, mit der Frage eines verordnungskonformen Vorgehens gegen die Vollstreckbarkeit im Vollstreckungsstaat befasst, den Verweis auf das nationale Vollstreckungsverfahren als auf dessen bloße Modalitäten begrenzt ansieht; die Frage der Vollstreckbarkeit sei hingegen als Sachfrage (allein) der Beurteilung durch den Ur-

---

[76] Art. 47 Abs. 2 UAbs. 1 VO (EG) Nr. 2201/2003 (Art. 31 Abs. 1 S. 2 des Vorschlags KOM[2016] 411 endg.); Art. 20 Abs. 1 UAbs. 2 VO (EG) Nr. 805/2004; Art. 21 Abs. 1 UAbs. 2 VO (EG) Nr. 1896/2006; Art. 21 Abs. 1 UAbs. 2 VO (EG) Nr. 861/2007; Art. 41 Abs. 1 S. 2 VO (EG) Nr. 4/2009.

[77] Beachte „insbesondere" in Art. 47 Abs. 1 VO (EG) Nr. 2201/2003; allgemein zu Rechtsschutz nach deutschem Recht bei Ermöglichung deutscher Vollstreckung BGHZ 84, 17 (24).

[78] Art. 21 Abs. 1 VO (EG) Nr. 4/2009, wenn nicht mit der VO unvereinbar.

[79] Erstrechtschluss aus Art. 26 VO (EG) Nr. 2201/2003 (deutlicher Art. 52 des Vorschlags KOM[2016] 411 endg.); Art. 21 Abs. 2 VO (EG) Nr. 805/2004; Art. 22 Abs. 3 VO (EG) Nr. 1896/2006; Art. 22 Abs. 2 VO (EG) Nr. 861/2007; Art. 42 VO (EG) Nr. 4/2009. Ebenso etwa *Oberhammer,* JBl. 2006, 477 (502); vgl. *Thoma,* Europäisierung und Vergemeinschaftung, S. 173.

[80] Im Kontext der VO (EG) Nr. 805/2004 zur Statthaftigkeit der Erinnerung nach § 766 ZPO *Wagner,* IPRax 2005, 401 (405) sowie S. 408 Fn. 96 zur Berücksichtigung von Pfändungsfreigrenzen. Vgl. allgemein BVerfGE 52, 214 (219 f.).

[81] Dies antizipierend *Helms,* FamRZ 2002, 1593 (1598); offener *Solomon,* FamRZ 2004, 1409 (1419); letztlich befürwortend *Oberhammer,* JBl. 2006, 477 (502). Ablehnend *Netzer,* Status quo und Konsolidierung des Europäischen Zivilverfahrensrechts, S. 233 f.; letztlich auch *Völker/Steinfatt,* FPR 2005, 415 (419); *Beaumont/Johnston,* IPRax 2010, 105 (108). Eingehend zur VO (EG) Nr. 805/2004 *Gerling,* Die Gleichstellung ausländischer mit inländischen Vollstreckungstiteln, S. 131 ff.; in deren Kontext auch BGHZ 201, 22 (25 ff., Rn. 13 ff.) mit Ablehnung einer *ordre public*-Prüfung im Vollstreckungsstaat. Vgl. – notwendig etwas anders gelagert – zum EuGVÜ EuGH, Urteil v. 2.7.1985, Rs. 148/84, Deutsche Genossenschaftsbank / SA Brasserie du pêcheur, Rn. 16 ff.; EuGH, Urteil v. 3.10.1985, Rs. 119/84, Capelloni und Aquilini, Rn. 21; EuGH, Urteil v. 4.2.1988, Rs. 145/86, Hoffmann / Krieg, Rn. 28 f.; EuGH, Urteil v. 21.4.1993, Rs. C-172/91, Sonntag / Waidmann, Rn. 32 f.; *Jenard*-Bericht, S. 1 (52). Vgl. auch *Adolphsen,* in: Hess (Hrsg.), Die Anerkennung im Internationalen Zivilprozessrecht, S. 1 (12 ff.).

sprungsstaat überlassen.[82] In diesem Zusammenhang sei am Rande bemerkt, dass der Kommissionsvorschlag für eine Neufassung der Brüssel IIa-Verordnung im Vergleich zur Auslegung der geltenden Fassung durch den EuGH[83] erweiterte Möglichkeiten für eine Aussetzung und Versagung aus Gründen des Kindeswohls vorsieht,[84] das auch nach autonomem Recht im Vollstreckungsverfahren zu berücksichtigen ist.[85]

Vorbehaltlich solcher Regelungen aber lässt sich zumindest als Grundsatz festhalten, dass der Wegfall des anerkennungsrechtlichen Vorbehalts nicht etwa verordnungskonform durch Abhilfe auf vollstreckungsrechtlicher Ebene gleichsam abgefangen werden kann.

3. Kontrast: Ordre public als europäisiertes Instrument auch des Grundrechtsschutzes

Mit dem Verzicht auf einen allgemeinen *ordre public*-Vorbehalt in diesen Verordnungen fällt ein Instrument weg, das das inzwischen seltener maßgebliche autonome Recht enthält, das aber auch in vielen unionsrechtlichen Anerkennungserleichterungen[86] noch vorgesehen ist (a). Auch dort, wo ein solcher Vor-

---

[82] Zur VO (EG) Nr. 2201/2003 EuGH, Urteil v. 1.7.2010, Rs. C-211/10 PPU, Povse, Rn. 75; vgl. bereits EuGH, Urteil v. 11.7.2008, Rs. C-195/08 PPU, Rinau, Rn. 91 f., 97; etwa auch *Bach,* Grenzüberschreitende Vollstreckung in Europa, S. 203.

[83] EuGH, Urteil v. 1.7.2010, Rs. C-211/10 PPU, Povse, Rn. 81; allgemein für Entscheidungsänderungen, EuGH, Urteil v. 9.9.2015, Rs. C-4/14, Bohez, Rn. 58 f.; vgl. auch EuGH, Urteil v. 23.12.2009, Rs. C-403/09 PPU, Detiček, Rn. 47.

[84] Vollstreckungsaussetzung bei sonst aufgrund vorübergehender Umstände drohender Kindeswohlgefährdung, Art. 36 Abs. 2 des Vorschlags KOM(2016) 411 endg.; vollstreckungsrechtlicher Vorbehalt (allein) bei aufgrund Umstandsänderung offensichtlicher Unvereinbarkeit der Vollstreckung mit dem Kindeswohl, Art. 40 Abs. 2, Abs. 4; Aussetzungsmöglichkeit bei Verfahren im Ursprungsstaat, Art. 46 Abs. 1 UAbs. 1.

[85] OLG Hamburg NJW 2014, 3378 (3379), jedenfalls für nach Anordnung der Rückführung eingetretene Umstände; *Helms,* FamRZ 2002, 1593 (1602); erwogen bei *Völker/Steinfatt,* FPR 2005, 415 (419). Zur Begrenzung des Zwangseinsatzes durch Kindeswohlerwägungen aus der umfangreichen Straßburger Rspr. nur EGMR, Urteil v. 25.1.2000, Ignaccolo-Zenide / Rumänien, Nr. 31679/96, § 94.

[86] Art. 45 Abs. 1 Buchst. a VO (EU) Nr. 1215/2015 (zuvor Art. 27 Nr. 1 EuGVÜ, Art. 34 Nr. 1 VO [EG] Nr. 44/2001); Art. 22 Buchst. a, 23 Buchst. a, b, d VO (EG) Nr. 2201/2003 (Art. 37 Buchst. a, Art. 38 Abs. 1 Buchst. a des Vorschlags KOM[2016] 411 endg., aber weiter nicht für Umgangs- und HKÜ-Entscheidungen, Art. 38 Abs. 2); Art. 33 VO (EU) Nr. 2015/848 (zuvor Art. 26 VO [EG] Nr. 1346/2000); Art. 40 Buchst. a VO (EU) Nr. 650/2012; Art. 13 Abs. 1 Buchst. a VO (EU) Nr. 606/2013; Art. 37 Buchst. a VO (EU) 2016/1103 (Geltung ab 29.1.2019); Art. 37 Buchst. a VO (EU) 2016/1104 (Geltung ab 29.1.2019). Aus dem Völkervertragsrecht nur etwa Art. 23 Abs. 2 Buchst. b, d KSÜ; Art. 22 Buchst. a HUÜ 2007. Vgl. BGHZ 205, 10 (20 f., Rn. 42).

behalt fortbesteht, hat er inzwischen aber in mehrerlei Hinsicht eine Europäisierung erfahren (b).

a) Anerkennungsrechtlicher Vorbehalt als Schutz deutscher Grundrechte

Nach § 328 Abs. 1 Nr. 4 ZPO bzw. § 109 Abs. 1 Nr. 4 FamFG ist die Anerkennung einer ausländischen Entscheidung in Deutschland dann ausgeschlossen, wenn eine solche Anerkennung ein mit wesentlichen Grundsätzen des deutschen Rechts offensichtlich unvereinbares Ergebnis zeitigte, insbesondere wenn sie mit den Grundrechten unvereinbar wäre.[87] In diesem Fall ist nach § 723 Abs. 2 S. 2 ZPO der Erlass eines Vollstreckungsurteils nach herrschender Meinung von Amts wegen[88] zu versagen, wie die Entscheidung dann auch nach dem FamFG nicht vollstreckbar ist.[89] Es handelt sich bei dem Vorbehalt also um ein Instrument, das jedenfalls auch Grundrechtsschutz ermöglicht.[90] Dabei wird, grundsätzlich unter Bindung an die im Ursprungsstaat getroffenen Feststellungen,[91] jeweils anhand des konkreten Ergebnisses der Rechtsanwendung[92] geprüft, ob dessen Anerkennung und Vollstreckung im Zeitpunkt der

---

[87] Zur Unterscheidung dieses anerkennungsrechtlichen vom kollisionsrechtlichen Vorbehalt etwa BGHZ 118, 312 (329). Zum Ganzen *Völker,* Zur Dogmatik des ordre public, *passim.* Versagungen im innerunionalen Verkehr insbesondere in BGHZ 123, 268 (271 f.); BGHZ 144, 390 (392). Dazu, dass Grundrechte auch für die Anerkennung streiten können, nur OLG Düsseldorf FamRZ 2015, 1638 (1639).

[88] BGHZ 189, 87 (93, Rn. 23 f.); *Dörner,* in: Saenger, § 328 Rn. 20; *Gottwald,* in: MüKo ZPO, § 328 Rn. 10, § 723 Rn. 5; *Stadler,* in: Musielak/Voit, § 328 Rn. 33; a. A. *Geimer,* in: Zöller, § 328 Rn. 229; differenzierend *Völker,* Zur Dogmatik des ordre public, S. 96 f., 230; *Bach,* in: BeckOK ZPO, § 328 Rn. 49 f.

[89] Hierzu nur *Rauscher,* in: MüKo FamFG, § 109 Rn. 9. Beachte erneut differenzierend § 110 Abs. 2 S. 1 FamFG.

[90] Aus dieser Perspektive *Hofmann,* Grundrechte und grenzüberschreitende Sachverhalte, S. 172 ff.; *Elbing,* Zur Anwendbarkeit der Grundrechte bei Sachverhalten mit Auslandsbezug, S. 300 f. Mit Blick auf die Erfassung objektivrechtlicher Erwägungen erschließt sich, weshalb die Verlagerung (erstmalig Art. 41 VO [EG] Nr. 44/2001, Prüfung erst nach Art. 43 Abs. 1, 45 Abs. 1) in eine der Initiative des Einzelnen unterworfene Prüfung Anlass zu Kritik bot, s. nur *Kohler,* in: Baur/Mansel (Hrsg.), Systemwechsel im europäischen Kollisionsrecht, S. 147 (152 f.). Verzichtbar hingegen nach *Becker,* Grundrechtsschutz, S. 124 f.

[91] Vorbehaltlich einer *ordre public*-Widrigkeit der Tatsachenfeststellungen, RGZ 72, 124 (127); RGZ 166, 367 (373); daneben nur BGH NJW 1980, 529 (531); BGHZ 118, 312 (320); BGHZ 138, 331 (339); daher Zulassung neuen Vortrags bei potenziellem Prozessbetrug, BGHZ 141, 286 (306). Aus der Kommentarliteratur nur *Bach,* in: BeckOK ZPO, § 328 Rn. 44, m. w. N.

[92] S. nur BGHZ 48, 327 (333); BGHZ 75, 167 (171); BGHZ 118, 312 (331); BGHZ 120, 29 (36); BGHZ 134, 79 (91); BGHZ 169, 240 (254, Rn. 48); BGHZ 182, 204 (213, Rn. 27); *Gottwald,* in: MüKo ZPO, § 328 Rn. 119, 50; *Rauscher,* in: MüKo FamFG, § 109 Rn. 37.

Anerkennung[93] gegen die deutsche öffentliche Ordnung verstießen.[94] Ein solcher Verstoß kann sich aus verfahrens- wie auch materiellrechtlichen Erwägungen ergeben.[95]

Wie später noch von Interesse sein wird[96] und hier kurz illustriert sei, ist die Eingriffsschwelle hoch: Der Vorbehalt wird restriktiv ausgelegt[97] und kommt insbesondere nicht bereits dann zum Tragen, wenn ein deutsches Gericht aufgrund zwingenden Rechts zu einer anderen Entscheidung gelangt sein würde.[98] Selbst im Vergleich zum kollisionsrechtlichen wirke der anerkennungsrechtliche *ordre public,* so zumindest häufig vertreten, noch einmal abgeschwächt, *atténué,* gehe es doch nicht um eine deutsche Sachentscheidung, sondern um den Umgang mit im Ausland bereits begründeten Rechtspositionen.[99]

Zu einer Versagung führt der anerkennungsrechtliche Vorbehalt nur, wenn das Ergebnis der Rechtsanwendung zu den Grundgedanken der deutschen Regelungen und den in ihnen enthaltenen Gerechtigkeitsvorstellungen in so starkem Widerspruch steht, dass es untragbar erschiene, ihm innerstaatliche Wirkung zu verschaffen.[100] Bei der Beurteilung wird zumeist der Grad des In-

---

93 Hierzu etwa BGHZ 138, 331 (335), m.w.N.; *Sieghörtner,* in: BeckOK FamFG, § 109 Rn. 34; differenzierend *Rauscher,* in: MüKo FamFG, § 109 Rn. 38ff.

94 S. nur BGHZ 118, 312 (348); BGHZ 140, 395 (397). Zu den Folgen eines Eingreifens *Völker,* Zur Dogmatik des ordre public, S. 78ff.

95 BGHZ 48, 327 (331, 333); BGH NJW 1980, 529 (531); BGHZ 118, 312 (320, 326); BGHZ 141, 286 (297, 298); BGHZ 201, 22 (25, Rn. 13); *Stadler,* in: Musielak/Voit, § 328 Rn. 25f.; *Rauscher,* in: MüKo FamFG, § 109 Rn. 37. Zur Möglichkeit des Eingreifens auch bei fehlerfreier Rechtsanwendung BGHZ 182, 204 (215ff., Rn. 34ff.); zur Möglichkeit des Eingreifens bei Anwendung deutschen Sachrechts *Geimer,* NJW 1974, 419 (420); *ders.,* ZfRV 1992, 401 (413).

96 Unten S. 185ff. sowie S. 291ff.

97 Hierzu nur BGHZ 189, 87 (94, Rn. 25); OLG Frankfurt StAZ 2012, 268 (268); BGHZ 203, 350 (358, Rn. 29); zur Verfassungsmäßigkeit einer restriktiven Auslegung auch von Art. 13, 20 HKÜ BVerfGE 99, 145 (159).

98 S. nur BGHZ 118, 312 (330); BGHZ 123, 268 (270); OLG Köln NJW-RR 2009, 1374 (1375); BGHZ 203, 350 (357f., Rn. 28); BGHZ 206, 86 (96f., Rn. 34); daneben nur *Gottwald,* in: MüKo ZPO, § 328 Rn. 118.

99 Vgl. BGHZ 118, 312 (348); BGHZ 138, 331 (334); BGH NJW 2014, 479 (480, Rn. 28); BGHZ 206, 86 (97, Rn. 34). *Geimer,* in: Zöller, § 328 Rn. 210; *Dörner,* in: Saenger, § 328 Rn. 46; zurückhaltender *Leipold,* in: FS Stoll, S. 625 (636); und *Völker,* Zur Dogmatik des ordre public, S. 53ff., 91f.; ablehnend bei grundrechtsgestütztem Eingreifen *Becker,* Grundrechtsschutz, S. 151.

100 Hierzu nur BGHZ 88, 17 (24) sowie BGHZ 118, 312 (330), jeweils unter Verweis auf die Auslegung des kollisionsrechtlichen Vorbehalts in Abkehr von der engeren reichsgerichtlichen Auffassung in BGHZ 50, 370 (375f.); BGHZ 123, 268 (270); BGHZ 138, 331 (334f.); BGHZ 203, 350 (357f., Rn. 28); BGHZ 206, 86 (97, Rn. 34); *Stadler,* in: Musielak/Voit, § 328 Rn. 23; *Völker,* Zur Dogmatik des ordre public, S. 203ff.

landsbezugs[101] berücksichtigt. Einer weitergehenden Konkretisierung dieser Grundsätze sind für die materiellrechtliche Dimension durch die potenzielle Vielfalt der von ihr erfassten Konstellationen Grenzen gesetzt. In Verzahnung materiell- und verfahrensrechtlicher Erwägungen kommt aber beispielsweise ein Verstoß in Kindschaftssachen dann in Betracht, wenn das Kindeswohl in der Entscheidung nicht hinreichend berücksichtigt wird.[102] Insbesondere bei einer unterbliebenen Anhörung kann sich damit ein Anerkennungshindernis ergeben.[103]

Die verfahrensrechtliche Ausprägung hingegen ist einer Konkretisierung weiter zugänglich: Die Schwelle des Eingreifens sei hier dann überschritten, wenn der ausländische Titel das Produkt eines Verfahrens ist, das von den Grundprinzipien des deutschen Verfahrensrechts in einem solchen Maße abweicht, dass das Ergebnis nach der deutschen Rechtsordnung nicht als in einem geordneten, rechtsstaatlichen Verfahren ergangen angesehen werden kann.[104] Damit ist oftmals die Gewährung rechtlichen Gehörs angesprochen.[105] Das ausländische Verfahren in seiner Gesamtheit in den Blick nehmend,[106] geht es um die Wahrung grundlegender rechtsstaatlicher Anforderungen und der Menschenwürde[107] als zugrunde liegende verfassungsrechtliche Positionen. Für den

---

[101] Erneut nur BGHZ 118, 312 (330, 348); BGHZ 140, 395 (398); sowie *Völker,* Zur Dogmatik des ordre public, S. 91 f., 231 ff.; *Laukemann,* IPRax 2012, 207 (210); *Gottwald,* in: MüKo ZPO, § 328 Rn. 117; *Rauscher,* in: MüKo FamFG, § 109 Rn. 37. Kritisch gegenüber der Sachgerechtigkeit des Kriteriums *Geimer,* ZfRV 1992, 401 (411); *ders.,* in: Zöller, § 328 Rn. 244; *Hess,* EuZPR, § 6 Rn. 208.

[102] OLG Karlsruhe StAZ 2011, 210 (211); vgl. allgemein auch BGHZ 205, 10 (20 f., Rn. 42); *Rauscher,* in: MüKo FamFG, § 109 Rn. 41. Zum Sonderfall der Anerkennung einer Adoption *Benicke,* in: FS v. Hoffmann, S. 545 ff., *passim.*

[103] *Rauscher,* in: MüKo FamFG, § 109 Rn. 42; *Schumann,* in: MüKo FamFG, § 159 Rn. 3; *Sieghörtner,* in: BeckOK FamFG, § 109 Rn. 37; *Völker/Steinfatt,* FPR 2005, 415 (415 f.). Zur EMRK etwa EGMR, Entscheidung v. 6.12.2005, Eskinazi und Chelouche / Türkei, Nr. 14600/05, S. 28; EGMR, Urteil v. 6.12.2007, Maumousseau und Washington / Frankreich, Nr. 39388/05, § 79 f.

[104] Hierzu nur BGHZ 48, 327 (331); BGHZ 53, 357 (359 f.); BGHZ 73, 378 (386); BGHZ 98, 70 (73); BGH NJW 1990, 2201 (2203); BGH NJW 1997, 2051 (2053); BGH NJW-RR 2012, 1013 (1014, Rn. 11); BGHZ 182, 188 (196, Rn. 25); BGHZ 182, 204 (211, Rn. 24); daneben etwa *Geimer,* in: Zöller, § 328 Rn. 216.

[105] BGHZ 48, 327 (330); BGH NJW 1980, 529 (531); BGH NJW 1997, 2051 (2052); BGHZ 118, 312 (321); BGHZ 182, 188 (196, Rn. 26); BGHZ 141, 286 (297); *Stadler,* in: Musielak/Voit, § 328 Rn. 26.

[106] Wiederum nur etwa BGHZ 48, 327 (332); BGHZ 182, 188 (197, Rn. 28).

[107] BGHZ 48, 327 (333); BGH NJW 1980, 529 (531); BGH NJW 1990, 2201 (2203); BGHZ 118, 312 (321, 324); KG FamRZ 2004, 275 (277); BGHZ 141, 286 (297); BGHZ 182, 188 (196, Rn. 26); BGHZ 182, 204 (211 f., Rn. 25); BGH NJW-RR 2012, 1013 (1014, Rn. 12); OLG Frankfurt StAZ 2012, 268 (268 f.).

verfahrensrechtlichen Vorbehalt wird damit vor allem auf einen bloßen Kernbereich des grundrechtsgleichen Rechts aus Art. 103 Abs. 1 GG abgestellt.[108] Auch im Übrigen liegt in Situationen, die sich bei Beurteilung einer deutschen Entscheidung als Grundrechtsverstoß darstellten, nicht zwingend ein Verstoß gegen die öffentliche Ordnung vor.[109] Vielmehr wird häufig[110] auf die elementaren Garantien[111] der Grundrechte, deren Kernbereich[112] abgestellt, obwohl die autonomen Vorbehalte für ein Anerkennungshindernis aus grundrechtlichen Erwägungen nicht wie im Übrigen eine *offensichtliche* Unvereinbarkeit verlangen.

Zumindest die Berufung auf den verfahrensrechtlichen[113] Vorbehalt soll ausgeschlossen sein, wenn zulässige und zumutbare Rechtsmittel im Ursprungsstaat nicht ergriffen worden sind.[114] Dies stellt sich als Ausdruck einer später eingehender betrachteten Erwartung dar, bei Ergreifung solcher Möglichkeiten noch Abhilfe schaffen zu können.[115]

---

[108] BGH NJW 1980, 529 (531); BGHZ 182, 188 (195, Rn. 23); BGHZ 182, 204 (210, Rn. 22); OLG Düsseldorf, Beschluss v. 9.4.2013, I-3 W 254/12, juris KORE400312013, Rn. 20; „Grundwerte", *Hofmann,* Grundrechte und grenzüberschreitende Sachverhalte, S. 175.

[109] BGHZ 140, 395 (398 f.); *Bach,* in: BeckOK ZPO, § 328 Rn. 38; vgl. BGHZ 169, 240 (250, Rn. 33); daneben *Papier,* HStR³ VIII, § 176 Rn. 14.

[110] Weniger deutlich OLG Saarbrücken, Beschluss v. 22.5.2001, 5 W 360/99 – 109, juris KORE705152001, Rn. 20.

[111] S. nur *Gottwald,* in: MüKo ZPO, § 328 Rn. 118; *Hofmann,* Grundrechte und grenzüberschreitende Sachverhalte, S. 177.

[112] Allgemein *Geimer,* in: Zöller, § 328 Rn. 213.

[113] Weitergehend *Bach,* in: BeckOK ZPO, § 328 Rn. 45 sowie EuGH, Urteil v. 16.7.2015, Rs. C-681/13, Diageo Brands, Rn. 64.

[114] S. zu Art. 27 Nr. 1 EuGVÜ nur BGH NJW 1990, 2201 (2203); OLG Hamm NJW-RR 1995, 189 (190); OLG Köln NJW-RR 1995, 446 (448); BGH NJW 1997, 2051 (2052); OLG Köln IPRax 2000, 528 (529); BayObLG FamRZ 2001, 1622 (1623); BayObLG FamRZ 2002, 1637 (1639); KG FamRZ 2004, 275 (277); BGHZ 182, 188 (202, Rn. 40); OLG Celle FamRZ 2014, 142 (143). In Bezug auf Art. 34 Nr. 1 VO (EG) Nr. 44/2001 OLG Saarbrücken, Beschluss v. 12.1.2011, 5 W 132/09 – 48, juris KORE202392011, Rn. 64; hierzu auch OLG Düsseldorf, Beschluss v. 9.4.2013, I-3 W 254/12, juris KORE400312013, Rn. 21, 27 sowie OLG Stuttgart, Beschluss v. 5.11.2013, 5 W 13/13, juris KORE230552013, Rn. 37, 45 ff.; zu Art. 24 Buchst. a VO (EG) Nr. 4/2009 etwa OLG Karlsruhe NJW-RR 2012, 331 (332); hierzu auch OLG Hamm, Beschluss v. 28.6.2012, II-11 UF 279/11, juris JURE120020321, Rn. 21; *Geimer,* NJW 1974, 419 (419); *Gottwald,* in: MüKo ZPO, § 328 Rn. 126; *Rauscher,* in: MüKo FamFG, § 109 Rn. 37; differenzierend *Stadler,* in: Musielak/Voit, § 328 Rn. 30; *Geimer,* in: Zöller, § 328 Rn. 227. Anders in den Fällen des § 328 Abs. 1 Nr. 2 ZPO bzw. § 109 Abs. 1 Nr. 2 FamFG, s. nur *Sieghörtner,* in: BeckOK FamFG, § 109 Rn. 25. *Geimer,* ZfRV 1992, 401 (412); *Völker,* Zur Dogmatik des ordre public, S. 219 ff.

[115] S. hierzu im Folgenden unter der EMRK S. 86 ff., unter Unionsrecht S. 128 ff., unter dem Grundgesetz S. 277 f. Anders bei Beruhen des Ergebnisses auf dem Recht und nicht

Im Vorgriff auf die späteren Ausführungen[116] sei am Rande der grundgesetzliche Fluchtpunkt dieses Umgangs mit dem Vorbehalt in den Blick genommen. So führt das Bundesverfassungsgericht im *Spanier*-Beschluss aus, es dürfe nicht zwischen tragbaren und untragbaren Grundrechtsverletzungen differenziert werden, sondern müsse vielmehr jede Verletzung zum Eingreifen des *ordre public*-Vorbehalts führen.[117] Weshalb dennoch häufig nur auf einen grundrechtlichen *Kern*bereich abgehoben wird, erhellt der Anschluss: Es sei allerdings durch Auslegung zu bestimmen, ob und wie weitreichend das jeweilige Grundrecht auch für Sachverhalte mit Auslandsbezug überhaupt Geltung beanspruche.[118]

Soweit dies aber der Fall ist, lässt sich die anerkennungsrechtliche Vorbehaltsklausel als Einbruchstelle der Grundrechte in das Privatrecht begreifen. Dies gilt zunächst für die deutschen Grundrechte.[119]

b) Europäisierung des Instruments

Auch dort, wo die Europäisierung des internationalen Zivilverfahrensrechts Vorbehalte hat fortbestehen lassen, hat sie deren materiellrechtlich wie verfahrensrechtlich motivierten Gebrauch allerdings längst erfasst.[120] Die Vorbehalte

---

seiner Anwendung, KG NJW 1977, 1016 (1018); *Völker,* Zur Dogmatik des ordre public, S. 221 f.; *Stürner,* in: FS 50 Jahre BGH, S. 677 (689); *Bach,* in: BeckOK ZPO, § 328 Rn. 45.

[116] Unten S. 185 ff.

[117] BVerfGE 31, 58 (86), ohne dass hierfür der dortige kollisionsrechtliche Kontext einen Unterschied machte (so auch *Völker,* Zur Dogmatik des ordre public, S. 122 f., m. w. N.). Die Berücksichtigung der Grundrechte im damals noch anders formulierten Art. 30 EGBGB wird dabei nur als eine Option neben einem unmittelbaren Rückgriff auf sie im Rahmen des Internationalen Privatrechts erörtert.

[118] BVerfGE 31, 58 (77, 86 f.); zuvor bereits *Wengler,* JZ 1965, 100 (101 f.) sowie *Bernstein,* NJW 1965, 2273 (2275); BGHZ 60, 68 (78); BGHZ 120, 29 (34). Mit Hinweis auf dieses Verhältnis von Offensichtlichkeit und Kerngehalten auch *Völker,* Zur Dogmatik des ordre public, S. 126; *Leipold,* in: FS Stoll, S. 625 (638 f.).

[119] Zum kollisionsrechtlichen Vorbehalt BVerfGE 31, 58 (86); vorangehend zurückhaltender *Bernstein,* NJW 1965, 2273 (2276); grundlegend zur Realisierung der mit den Grundrechten geschaffenen objektiven Wertordnung durch Generalklauseln, BVerfGE 7, 198 (206); *Völker,* Zur Dogmatik des ordre public, S. 120; zum Ganzen *Geimer,* ZfRV 1992, 401 ff.

[120] Etwa BGHZ 169, 240 (251, Rn. 37); OLG Zweibrücken IPRax 2006, 487 (488); *Völker,* Zur Dogmatik des ordre public, S. 147 ff., 286 ff.; *Hess,* IPRax 2001, 301 (303, 305); *Becker,* Grundrechtsschutz, S. 155 ff., differenzierend; *Stein,* IPRax 2004, 181 (185); *Bach,* Grenzüberschreitende Vollstreckung in Europa, S. 107 ff.; *Sujecki,* ZEuP 2008, 458 (465 f.); *Siehr,* IPRax 2012, 316 (320); *Stürner,* in: FS 50 Jahre BGH, S. 677 (688 f.); *Thoma,* Europäisierung und Vergemeinschaftung, S. 129 ff., 163 ff.; *Laukemann,* IPRax 2012, 207 (212); vgl. auch *Peiffer,* Grenzüberschreitende Titelgeltung, Rn. 143 ff.; zur Rspr. *Leipold,* in: FS Stoll, S. 625 ff.

bieten zum einen Raum für die Berücksichtigung der bei Auslegung der deutschen Grundrechte einzubeziehenden[121] Europäischen Menschenrechtskonvention in ihrer Auslegung durch den EGMR[122] sowie anderer völkerrechtlicher Vorgaben.[123]

Darüber hinaus kommt es zu einer unionsrechtlichen Anreicherung des – auch autonomen oder völkerrechtlichen[124] – Vorbehalts: Schließlich sei, so der EuGH, in der Rechtsordnung des Vollstreckungsstaats wesentlich, was wesent-

---

[121] Zur aus der Völkerrechtsfreundlichkeit des Grundgesetzes gebotenen Einbeziehung der EMRK bei Auslegung der Grundrechte und rechtsstaatlichen Grundsätze des Grundgesetzes, soweit dies nicht zu einer Schutzminderung führe, BVerfGE 111, 307 (316 ff., 323 f., 327, 329). Vgl. vorangehend bereits BVerfGE 15, 249 (255); BVerfGE 31, 58 (67 f.); BVerfGE 64, 135 (157); deutlich BVerfGE 74, 358 (370); BVerfG, Beschluss v. 22.6.1992, – 2 BvR 1901/91 –, juris KVRE218829205, Rn. 12. Nachfolgend BVerfGE 128, 326 (367 ff.), auch zur Einbeziehung der Rspr. des EGMR, zudem S. 371 f. deutlicher zur Möglichkeit einer Schutzminderung in mehrpoligen Grundrechtsverhältnissen; BVerfGE 141, 186 (218 ff., Rn. 73 ff.); BVerfG NVwZ 2016, 1079 (1080, Rn. 29); BVerfG, Beschluss v. 20.4.2016, – 2 BvR 1488/14 –, Rn. 19 f.; BVerfG, Beschluss v. 21.6.2016, – 2 BvR 637/09 –, Rn. 21; BVerfG JZ 2016, 1113 (1116, Rn. 42); BVerfG, Urteil v. 12.6.2018, – 2 BvR 1738/12, 2 BvR 1395/13, 2 BvR 1068/14, 2 BvR 646/15 –, Rn. 128 ff.; im Kontext des Art. 1 Abs. 1 GG BVerfG, Beschluss v. 18.8.2017, – 2 BvR 424/17 –, Rn. 36; vgl. auch BVerfG, Beschluss v. 26.2.2018, – 2 BvR 107/18 –, Rn. 26. Zum kohärenzsichernden Charakter dieser Berücksichtigung im Verfassungsgerichtsverbund *Voßkuhle,* NVwZ 2010, 1 (4).

[122] Zurückhaltend zum Vorbehalt im EuGVÜ BVerfGK 8, 275 (279). Aus der fachgerichtlichen Rspr. BGH NJW 1993, 2688 (2689); BGHZ 201, 22 (25 f., Rn. 13); BGHZ 203, 350 (362 ff., Rn. 41 ff.); OLG Saarbrücken, Beschluss v. 12.1.2011, 5 W 132/09 – 48, juris KORE202392011, Rn. 70; OLG Hamm NJW-RR 2013, 580 (581); OLG Bamberg, Beschluss v. 20.2.2014, 2 UF 10/12, juris JURE140007491, Rn. 22; OLG Düsseldorf, Beschluss v. 7.4.2015, II-1 UF 258/13, juris JURE150008539, Rn. 11. Auch in der *Krombach*-Vorlage an den EuGH Heranziehung der EMRK in BGH IPRax 1998, 205 (208); Hauptsacheentscheidung nach EuGH, Urteil v. 28.3.2000, Rs. C-7/98, Krombach / Bamberski allerdings allein unter dem deutschen Recht, BGHZ 144, 390 (392). Dazu, dass die EMRK auch für die Anerkennung streiten kann, EGMR, Urteil v. 28.6.2007, Wagner und J.M.W.L. / Luxemburg, Nr. 76240/01, §§ 96 ff., 135 f.; sowie OLG Düsseldorf FamRZ 2015, 1638 (1639). Daneben zur Einbeziehung des Art. 6 Abs. 1 EMRK bei der Vorbehaltsauslegung *Matscher,* in: FS Neumayer, S. 459 (476 ff.); nachfolgend etwa *Geimer,* ZfRV 1992, 401 (405, 407 ff.); später differenzierter *Matscher,* in: FS Kollhosser, S. 427 (431 ff.) sowie S. 444 f. dazu, dass die EMRK auch die Anerkennung gebieten kann. Zum Ganzen *Schilling,* IPRax 2011, 31 (32 ff.).

[123] Etwa OVG Berlin-Brandenburg, Urteil v. 23.2.2012, OVG 2 B 6.11, juris MWRE 120001404, Rn. 29; nachgehend BVerwGE 145, 172 (180, Rn. 21); statt vieler mit Abstützung der Maßgeblichkeit des Kindeswohls im Völkerrecht OLG Karlsruhe StAZ 2011, 210 (211). Beachte umgekehrt OLG Köln NJW-RR 2009, 1374 (1375 f.) mit Annahme, das Haager Übereinkommen vom 29. Mai 1993 über den Schutz von Kindern und die Zusammenarbeit auf dem Gebiet der Internationalen Adoption (BGBl. 2001 II S. 1034) zähle noch nicht zum *ordre public*; kritisch zu dieser Ansicht *Benicke,* in: FS v. Hoffmann, S. 545 (557). Zum Ganzen *Völker,* Zur Dogmatik des ordre public, S. 144 ff., 196 ff.

[124] Zu letzterem nur EuGH, Urteil v. 1.6.1999, Rs. C-126/97, Eco Swiss, Rn. 36 ff.

lich in der Unionsrechtsordnung sei.[125] Es kann also bei fortbestehendem Vorbehalt das Unionsrecht eine Versagung der Anerkennung gebieten; dies gilt auch zwischen den EU-Mitgliedstaaten. Bezüglich bloßer (Unions-)Rechtsanwendungsfehler bleibe es aber bei dem jeweils enthaltenen Verbot der *révision au fond*;[126] insofern schützten Rechtsbehelfe im Ursprungsstaat ausreichend.[127]

Von größerem Interesse, wenn umgekehrt originär *vollstreckungsstaatliche* Bedenken für eine Versagung streiten, ist aber ein anderer Aspekt. Der EuGH nimmt in seiner Auslegung unionsrechtlicher Anerkennungsregime eine Grenze an, jenseits deren die Berufung auf den Vorbehalt versagt sei: Parallel zu seiner marktbezogenen Rechtsprechung[128] beansprucht der Gerichtshof auf Grundlage einer wohl zumindest nicht trennscharf möglichen Unterscheidung die Kontrolle zwar nicht über den Inhalt der Vorbehalte, wohl aber über die

---

[125] EuGH, Urteil v. 16.7.2015, Rs. C-681/13, Diageo Brands, Rn. 48, 50; EuGH, Urteil v. 25.5.2016, Rs. C-559/14, Meroni, Rn. 46; zuvor bereits EuGH, Urteil v. 11.5.2000, Rs. C-38/98, Renault / Maxicar, Rn. 32; EuGH, Urteil v. 28.4.2009, Rs. C-420/07, Apostolides, Rn. 60. Demgegenüber reserviert zum EuGVÜ BGHZ 75, 167 (171); BGHZ 88, 17 (20); BGHZ 144, 390 (393); unter der Brüssel I-VO BGHZ 182, 188 (196, Rn. 26); BGH NJW-RR 2012, 1013 (1015, Rn. 26 f.); aufgeschlossener die Instanzgerichte, etwa OLG Frankfurt, Beschluss v. 21.6.2005, 20 W 463/04, juris KORE435482005, Rn. 10, 13; OLG Karlsruhe, Beschluss v. 8.7.2005, 9 W 8/05, juris KORE525632006, Rn. 11, 13; OLG Zweibrücken IPRax 2006, 487 (488). Verschachtelte Einbeziehung aber auch durch BGHZ 123, 268 (279 f.); schließlich Berücksichtigung unter der VO (EG) Nr. 805/2004, BGHZ 201, 22 (25 f., Rn. 13).

[126] EuGH, Urteil v. 28.3.2000, Rs. C-7/98, Krombach / Bamberski, Rn. 36; EuGH, Urteil v. 11.5.2000, Rs. C-38/98, Renault / Maxicar, Rn. 33; EuGH, Urteil v. 28.4.2009, Rs. C-420/07, Apostolides, Rn. 60; EuGH, Urteil v. 16.7.2015, Rs. C-681/13, Diageo Brands, Rn. 49; EuGH, Urteil v. 19.11.2015, Rs. C-455/15 PPU, P. / Q., Rn. 46. Daneben *Hess,* IPRax 2001, 301 (303 f.); *Laukemann,* IPRax 2012, 207 (210). Weitergehende Prüfung nach *Völker,* Zur Dogmatik des ordre public, S. 149 ff.; *Stürner,* in: FS 50 Jahre BGH, S. 677 (688).

[127] Neben der Rspr. oben Fn. 18 EuGH, Urteil v. 2.5.2006, Rs. C-341/04, Eurofood IFSC, Rn. 43; EuGH, Urteil v. 11.5.2000, Rs. C-38/98, Renault / Maxicar, Rn. 33; EuGH, Urteil v. 28.4.2009, Rs. C-420/07, Apostolides, Rn. 60; EuGH, Urteil v. 26.9.2013, Rs. C-157/12, Salzgitter Mannesmann Handel, Rn. 33; EuGH, Urteil v. 16.7.2015, Rs. C-681/13, Diageo Brands, Rn. 49, 63 f.; EuGH, Urteil v. 25.5.2016, Rs. C-559/14, Meroni, Rn. 47. Zustimmend *Hess,* IPRax 2001, 301 (304 f.); zur InsVO eingehender *Laukemann,* IPRax 2012, 207 (209 ff.). Vgl. auch Art. 40 Buchst. b VO (EU) Nr. 650/2012; Art. 45 Abs. 1 Buchst. b VO (EU) Nr. 1215/2012.

[128] Zur Rechtfertigung von Grundfreiheitsbeschränkungen nur EuGH, Urteil v. 4.12.1974, Rs. 41/74, Van Duyn, Rn. 18/19; EuGH, Urteil v. 28.10.1975, Rs. 36/75, Rutili, Rn. 26/28; EuGH, Urteil v. 27.10.1977, Rs. 30/77, Bouchereau, Rn. 33/35; EuGH, Urteil v. 15.5.1986, Rs. 222/84, Johnston, Rn. 26; EuGH, Urteil v. 14.10.2004, Rs. C-36/02, Omega, Rn. 30; in Bezug auf Art. 21 AEUV etwa EuGH, Urteil v. 22.12.2010, Rs. C-208/09, Sayn-Wittgenstein, Rn. 86 sowie EuGH, Urteil v. 2.6.2016, Rs. C-438/14, Bogendorff von Wolffersdorff, Rn. 67 f. Ebenso mit Verweis auf die Parallele etwa *Gundel,* EWS 2000, 442 (446); *Hess,* IPRax 2001, 301 (302).

Wahrung ihrer Grenzen.[129] Im Lichte der restriktiven Handhabung bereits des Vorbehalts im autonomen Recht scheint aus deutscher Sicht wenig problematisch, wenn der Gerichtshof weiter wegen des anerkennungshinderlichen Ausnahmecharakters solcher Vorbehalte[130] eine enge Auslegung verlangt; danach komme ein Eingreifen lediglich für den Ausnahmefall[131] eines nicht hinnehmbaren Gegensatzes der Anerkennung oder Vollstreckung zur vollstreckungsstaatlichen Rechtsordnung[132] in Betracht. Auch die Beschränkung der Vorbehalte auf offensichtliche Widersprüche geht unter anderem auf seine Rechtsprechung zurück.[133] Bei der Prüfung der Wahrung der Vorbehaltsgrenzen werden durch den Gerichtshof insbesondere die konventionsrechtlich beeinflussten Unionsgrundrechte berücksichtigt.[134]

---

[129] Zum EuGVÜ EuGH, Urteil v. 28.3.2000, Rs. C-7/98, Krombach / Bamberski, Rn. 22 f.; EuGH, Urteil v. 11.5.2000, Rs. C-38/98, Renault / Maxicar, Rn. 27 f. EuGH, Urteil v. 2.4.2009, Rs. C-394/07, Gambazzi, Rn. 26. Zur VO (EG) Nr. 44/2001 EuGH, Urteil v. 28.4.2009, Rs. C-420/07, Apostolides, Rn. 56 f.; EuGH, Urteil v. 6.9.2012, Rs. C-619/10, Trade Agency, Rn. 49; EuGH, Urteil v. 16.7.2015, Rs. C-681/13, Diageo Brands, Rn. 42; EuGH, Urteil v. 25.5.2016, Rs. C-559/14, Meroni, Rn. 39 f. Zur VO (EG) Nr. 2201/2003 EuGH, Urteil v. 19.11.2015, Rs. C-455/15 PPU, P. / Q., Rn. 37; vgl. in anderem Kontext jüngst EuGH, Urteil v. 26.4.2018, Rs. C-34/17, Donnellan, Rn. 49. Aus der deutschen Rspr. ablehnend BGHZ 75, 167 (171); BGHZ 88, 17 (20); offen in BGHZ 123, 268 (278 f.). Beipflichtend *Völker,* Zur Dogmatik des ordre public, S. 295 (vgl. bereits S. 289); Inhaltsbestimmung auch nach *Leipold,* in: FS Stoll, S. 625 (632); *Bach,* Grenzüberschreitende Vollstreckung in Europa, S. 115 f.

[130] S. nur EuGH, Urteil v. 2.6.1994, Rs. C-414/92, Solo Kleinmotoren, Rn. 20; EuGH, Urteil v. 28.3.2000, Rs. C-7/98, Krombach / Bamberski, Rn. 21; EuGH, Urteil v. 28.4.2009, Rs. C-420/07, Apostolides, Rn. 55; EuGH, Urteil v. 16.7.2015, Rs. C-681/13, Diageo Brands, Rn. 41; EuGH, Urteil v. 25.5.2016, Rs. C-559/14, Meroni, Rn. 38; EuGH, Urteil v. 19.11.2015, Rs. C-455/15 PPU, P. / Q., Rn. 36, 39.

[131] Grundlegend EuGH, Urteil v. 4.2.1988, Rs. 145/86, Hoffmann / Krieg, Rn. 21; EuGH, Urteil v. 10.10.1996, Rs. C-78/95, Hendrikman und Feyen, Rn. 23; daneben etwa die Rspr. oben in Fn. 130.

[132] Grundlegend EuGH, Urteil v. 28.3.2000, Rs. C-7/98, Krombach / Bamberski, Rn. 21; EuGH, Urteil v. 11.5.2000, Rs. C-38/98, Renault / Maxicar, Rn. 26; zudem wiederum die Rspr. oben in Fn. 130; Konvergenz mit autonomer Handhabung begrüßend, *Leipold,* in: FS Stoll, S. 625 (635, 637).

[133] Grundlegend zum EuGVÜ, das die Beschränkung noch nicht enthielt, EuGH, Urteil v. 28.3.2000, Rs. C-7/98, Krombach / Bamberski, Rn. 37; zur InsVO EuGH, Urteil v. 2.5.2006, Rs. C-341/04, Eurofood IFSC, Rn. 62 ff.; zur Brüssel I-VO nur EuGH, Urteil v. 16.7.2015, Rs. C-681/13, Diageo Brands, Rn. 42, s. dort auch Rn. 56; vgl. bereits OLG Saarbrücken NJW 1988, 3100 (3100). Aus den fortbestehenden Vorbehalten (oben Fn. 86) erneut nur Art. 45 Abs. 1 Buchst. a VO (EU) Nr. 1215/2012. Zur weiter zurückreichenden Verwendung des Kriteriums *Völker,* Zur Dogmatik des ordre public, S. 104, selbst skeptisch, S. 106 ff.

[134] Insbesondere EuGH, Urteil v. 28.3.2000, Rs. C-7/98, Krombach / Bamberski, Rn. 44 (hierzu EGMR, Urteil v. 13.2.2001, Krombach / Frankreich, Nr. 29731/96); EuGH, Urteil v. 2.5.2006, Rs. C-341/04, Eurofood IFSC, Rn. 67; EuGH, Urteil v. 2.4.2009, Rs. C-394/07, Gambazzi, Rn. 28. Zur EMRK als Rechtserkenntnisquelle der Gemeinschaftsgrundrechte

Der EuGH nimmt bei dieser Prüfung mittelbar das ursprungsstaatliche Verhalten im Lichte der unions(-grund-)rechtlichen Vorgaben in den Blick.[135] Die Weise, in der dies geschieht, weckt Zweifel, ob nicht bei Divergenz zwischen vollstreckungsstaatlichen Erwägungen und anerkennungsfreundlicheren unionsgrundrechtlichen letztere für maßgeblich erachtet würden.[136] Dies verdeutlicht, dass trotz des ausdrücklichen Verweises der Vorbehaltsklausel auf die vollstreckungsstaatliche Ordnung[137] auch hier die Reichweite mitgliedstaatlicher Unionsgrundrechtsbindung in Spielräumen (vgl. Art. 51 Abs. 1 S. 1 GRC)[138] und gegebenenfalls das Verhältnis zu nationalen Grundrechten (vgl. Art. 53 GRC) relevant werden können. Eine Bindung an die Unionsgrundrechte bei Anwendung des Vorbehalts hat der Gerichtshof inzwischen auch deutlicher bejaht.[139]

EuGH, Urteil v. 13.12.1979, Rs. 44/79, Hauer, Rn. 15; in der Sache bereits EuGH, Urteil v. 14.5.1974, Rs. 4/73, Nold, Rn. 13.

135 EuGH, Urteil v. 2.4.2009, Rs. C-394/07, Gambazzi, Rn. 33, 39 ff.; EuGH, Urteil v. 23.10.2014, Rs. C-302/13, flyLAL-Lithuanian Airlines, Rn. 51 ff., wo zudem unmittelbar auf das Fehlen eines *ordre public*-Verstoßes geschlossen wird; sehr deutlich EuGH, Urteil v. 25.5.2016, Rs. C-559/14, Meroni, Rn. 43 ff.; weniger klar EuGH, Urteil v. 6.9.2012, Rs. C-619/10, Trade Agency, Rn. 54 einerseits, Rn. 61 f. andererseits (hierzu die Schlussanträge GA *Kokott,* Rs. C-619/10, Trade Agency, Nr. 72).

136 Ausdrücklich mit dieser Annahme *Becker,* Grundrechtsschutz, S. 136; *Portmann,* Die Verordnung (EG) 805/2004, S. 165; in der Sache jeweils auch *Bach,* Grenzüberschreitende Vollstreckung in Europa, S. 109; *Canor,* in: FS Stein, S. 475 (489 ff.). Jeweils weniger kritisch *Gundel,* EWS 2000, 442 (446); *Laukemann,* IPRax 2012, 207 (212); *Hess,* IPRax 2001, 301 (302 f.); *Wagner,* IPRax 2002, 75 (92); *Stein,* IPRax 2004, 181 (185); *Breitenmoser/Weyeneth,* in: v. d. Groeben/Schwarze/Hatje, Vor Art. 67 AEUV Rn. 92 (s. auch Rn. 93 ff., 99); Rechtsschutz in Deutschland darüber hinaus auch nicht erforderlich, *Wettner,* in: Schmidt-Aßmann/Schöndorf-Haubold (Hrsg.), Der Europäische Verwaltungsverbund, S. 181 (209 ff.). Bereits zuvor weniger kritisch *Völker,* Zur Dogmatik des ordre public, S. 297; *Stürner,* in: FS 50 Jahre BGH, S. 677 (694). Vgl. zu Art. 34 Nr. 2 VO (EG) Nr. 44/2001 die Annahme fehlenden Spielraums in EGMR, Urteil v. 23.5.2016, Avotiņš / Lettland, Nr. 17502/07, § 106.

137 Aus stRspr. nur EuGH, Urteil v. 5.10.2010, Rs. C-400/10 PPU, McB., Rn. 41 zur unionsautonomen Auslegung bei *fehlendem* Verweis auf mitgliedstaatliches Recht.

138 Zur Frage mitgliedstaatlicher Grundrechtsbindung allgemein die Nachweise Zweiter Teil Fn. 168. Noch zum EuGVÜ EuGH, Urteil v. 28.3.2000, Rs. C-7/98, Krombach / Bamberski, Rn. 24; Bindung bei Vorbehaltsprüfung voraussetzend, *Gundel,* EWS 2000, 442 (446); *Beaumont/Johnston,* IPRax 2010, 105 (106); *Laukemann,* IPRax 2012, 207 (210); *Hess,* IPRax 2001, 301 (303), aber weniger klar *ders.,* EuZPR, § 6 Rn. 200 f., § 10 Rn. 6; in der Sache wohl *Sujecki,* ZEuP 2008, 458 (461 f., 466); sowie *Leipold,* in: FS Stoll, S. 625 (638 ff.). Kritisch *Becker,* Grundrechtsschutz, S. 101; zum kollisionsrechtlichen Vorbehalt *Siehr,* IPRax 2012, 316 (319).

139 EuGH, Beschluss v. 13.6.2012, Rs. C-156/12, GREP, Rn. 31, unter Verweis auf die verb. Rs. C-411/10 und C-493/10, mit Bejahung der Bindung im Rechtsbehelfsverfahren gegen die Vollstreckbarerklärung nach Art. 43 VO (EG) Nr. 44/2001, wenn auch ohne Ausfüh-

4. Ergebnis

Nicht die durch die umrissenen Verordnungen vorgesehene automatische Anerkennung, wohl aber die noch im Ursprungsstaat herbeigeführte nahezu unionsweite Vollstreckbarkeit stellt im Vergleich zum autonomen Recht wie auch vorangegangenen Erleichterungen der innerunionalen Anerkennung einen deutlichen Wandel dar. Dies gilt auch für den Verzicht auf den Versagungsgrund der offensichtlichen Unvereinbarkeit mit den wesentlichen Grundsätzen der vollstreckungsstaatlichen Rechtsordnung. Soweit es um den *ordre public* des Vollstreckungsstaats geht, ist ungeachtet aller Europäisierungstendenzen in der Auslegung der Vorbehalte auch sinnfällig, weshalb es nicht zu einer Verlagerung der Prüfung in den Ursprungsstaat gekommen ist oder kommen konnte.[140] In der Rechtssache *Aguirre Zarraga* legt der Gerichtshof aber weitergehend nahe, dass mit dem Vorbehalt unter diesen Verordnungen zugleich eine Einbruchstelle für die Unionsgrundrechte weggefallen sei.

Das von den fünf vorbehaltlosen Rechtsakten in der justiziellen Zusammenarbeit in Zivilsachen jeweils erzielte Ergebnis einer „einheitlichen unmittelbaren und unbedingten Urteilsgeltung"[141] lässt sich, stärker noch als das vorangehender Erleichterungen,[142] plastisch etwa auch als freier Entscheidungsverkehr,[143] Urteilsfreizügigkeit[144] oder Erstreckung des Herkunftslandprinzips[145]

---

rungen zum Vorbehaltsgebrauch; deutlicher EuGH, Urteil v. 25.5.2016, Rs. C-559/14, Meroni, Rn. 44.

[140] Statt vieler *Kohler,* ZSR 124 (2005) II, 263 (295); *Oberhammer,* JBl. 2006, 477 (496); *Adolphsen,* in: Hess (Hrsg.), Die Anerkennung im Internationalen Zivilprozessrecht, S. 1 (19); *Bach,* Grenzüberschreitende Vollstreckung in Europa, S. 308 (zur Verlagerung im Übrigen S. 256 ff.); s. auch unten S. 142 ff.

[141] *Pfeiffer,* in: FS Jayme, S. 675 (676); *Hess,* in: GHN, Art. 81 AEUV Rn. 33; vgl. *Kohler,* ZSR 124 (2005) II, 263 (280); eingehend *Peiffer,* Grenzüberschreitende Titelgeltung, Rn. 1142 ff.

[142] Zum EuGVÜ *Jenard*-Bericht, S. 1 (28, 35, 38, 42); EuGH, Urteil v. 16.6.1981, Rs. 166/80, Klomps / Michel, Rn. 7; EuGH, Urteil v. 4.2.1988, Rs. 145/86, Hoffmann / Krieg, Rn. 10; EuGH, Urteil v. 29.4.1999, Rs. C267/97, Coursier, Rn. 25; aus der Literatur nur *Hess,* IPRax 2001, 301 (302); *Wagner,* IPRax 2002, 75 (78); *Adolphsen,* in: Hess (Hrsg.), Die Anerkennung im Internationalen Zivilprozessrecht, S. 1 (4). Zur VO (EG) Nr. 44/2001 etwa EuGH, Urteil v. 14.12.2006, Rs. C-283/05, ASML, Rn. 23.

[143] Etwa KOM(2014) 225 endg., S. 2, 10 f. sowie nun KOM(2016) 411 endg., S. 2, 4, 16 sowie 2., 5., 40. ErwG des Vorschlags; Art. 1 VO (EG) Nr. 805/2004; 9. ErwG, Art. 1 Abs. 1 Buchst. b VO (EG) Nr. 1896/2006. Ähnlich *Kohler,* in: Baur/Mansel (Hrsg.), Systemwechsel im europäischen Kollisionsrecht, S. 147 (155).

[144] *Stadler,* IPRax 2004, 2 (5); *Leible,* in: Streinz, Art. 81 AEUV Rn. 15; *Beaumont/Johnston,* IPRax 2010, 105 (107); *Gsell/Netzer,* IPRax 2010, 403 (403).

[145] *Kohler,* in: Reichelt/Rechberger (Hrsg.), Europäisches Kollisionsrecht, S. 63 (75); *Hess,* EuZPR, § 3 Rn. 23.

fassen. Dies ist Ausweis einer grundlegenden Veränderung der innerunionalen Anerkennung in Zivilsachen.[146]

Der Unionsgesetzgeber nimmt dabei in den Erwägungsgründen auf den Grundsatz der gegenseitigen Anerkennung Bezug[147] (s. nunmehr auch Art. 81 Abs. 1 S. 1 AEUV) und knüpft die Vereinfachungen zudem zum Teil ausdrücklich an gegenseitiges Vertrauen zwischen den Mitgliedstaaten,[148] wie es schließlich etwa in der Rechtssache *Aguirre Zarraga* relevant geworden ist. Die Vorbehaltlosigkeit, die damit in den hier betrachteten Rechtsakten einhergeht, ist allerdings vielfach auf Kritik gestoßen,[149] könne solches Vertrauen doch nicht schlicht angeordnet, nicht verordnet werden.[150] Vielmehr wiesen die Rechtsordnungen zumindest jenseits unionsrechtlicher Vorgaben beachtliche Unterschie-

---

146 Häufig geteilt die Einschätzung als Systemwechsel bei *Kohler,* in: Baur/Mansel (Hrsg.), Systemwechsel im europäischen Kollisionsrecht, S. 147 (153 ff.); so *Sujecki,* ZEuP 2008, 458 (458); *Laukemann,* IPRax 2012, 207 (210); *Adolphsen,* in: Gropp/Lipp/Steiger (Hrsg.), Rechtswissenschaft im Wandel, S. 87 (95). Paradigmenwechsel, *Hess,* IPRax 2001, 389 (390); *Stadler,* IPRax 2004, 2 (5); *Oberhammer,* JBl. 2006, 477 (478); *Gsell/Netzer,* IPRax 2010, 403 (404); *Breitenmoser/Weyeneth,* in: v. d. Groeben/Schwarze/Hatje, Vor Art. 67 AEUV Rn. 44.

147 2. ErwG VO (EG) Nr. 2201/2003; 3. ErwG VO (EG) Nr. 805/2004; 5. ErwG VO (EG) Nr. 861/2007; 4. ErwG VO (EG) Nr. 1896/2006; 5. ErwG VO (EG) Nr. 4/2009.

148 Neben den Nachweisen oben Fn. 22 der 16., 17. ErwG VO (EU) Nr. 1215/2012; 4. ErwG VO (EU) Nr. 606/2013; 65. ErwG VO (EU) Nr. 2015/848.

149 *Bruns,* JZ 1999, 278 (278 f., 285); *Gundel,* EWS 2000, 442 (448); *Wagner,* IPRax 2002, 75 (91 f.); *Stadler,* IPRax 2004, 2 (7 ff.); *Becker,* Grundrechtsschutz, S. 162, anders zum verfahrensrechtlichen Vorbehalt, S. 155 ff.; *Kohler,* ZSR 124 (2005) II, 263 (284 f.); weiterhin *ders.,* ZEuS 2016, 135 (136, 140); *Netzer,* Status quo und Konsolidierung des Europäischen Zivilverfahrensrechts, S. 33; *Sujecki,* ZEuP 2008, 458 (469, 477 ff.); *Möstl,* CML Rev. 47 (2010), 405 (419, 422); *Wagner/Beckmann,* RIW 2011, 44 (46); *Schlosser,* IPRax 2010, 101 (104); *Suhr,* in: Calliess/Ruffert, Art. 70 AEUV Rn. 3, Art. 82 AEUV Rn. 7; vgl. *Schwarz,* Grundlinien der Anerkennung, S. 252. Für Entbehrlichkeit des Vorbehalts *Raum/Lindner,* NJW 1999, 465 (470); *Leipold,* in: FS Stoll, S. 625 (645); *Hüßtege,* in: FS Jayme, S. 371 (371 f.); in der Amtshilfe *Wettner,* in: Schmidt-Aßmann/Schöndorf-Haubold (Hrsg.), Der Europäische Verwaltungsverbund, S. 181 (209 ff.).

150 *Kohler,* in: Reichelt/Rechberger (Hrsg.), Europäisches Kollisionsrecht, S. 63 (75); *Oberhammer,* JBl. 2006, 477 (480 f., 497); *Sujecki,* ZEuP 2008, 458 (469, 479); *Kaufhold,* EuR 2012, 408 (420); *Adolphsen,* in: Hess (Hrsg.), Die Anerkennung im Internationalen Zivilprozessrecht, S. 1 (23); *Willer,* ZZP 127 (2014), 99 (106); *Labayle,* in: FS Hailbronner, S. 153 (154); *Classen,* in: FS Schwarze, S. 556 (571); *Wischmeyer,* GLJ 17 (2016), 339 (367); *Schwarz,* Grundlinien der Anerkennung, S. 350, 352 f.; vgl. *Engel,* Der Beitritt der Europäischen Union zur EMRK, S. 113. Daneben insbesondere *Luhmann,* Vertrauen, S. 55; zum Binnenmarkt *Majone,* Mutual Trust, S. 2, 18.

de auf,[151] aufgrund deren eine (bloß) vertrauensgestützte Abschaffung von Vorbehalten verfehlt sei.[152]

II. Justizielle Zusammenarbeit in Strafsachen

Wie bereits erwähnt, findet der Begriff des gegenseitigen Vertrauens aber auch in Bezug auf Strafsachen inzwischen häufige Verwendung in der Judikatur des EuGH:[153]

Dies ist zunächst im Zusammenhang mit der zur Jahrtausendwende erfolgten Einbeziehung des Schengener Besitzstands, darunter des Schengener Durchführungsübereinkommens, in den Rahmen der Europäischen Union der Fall.[154] Gerade nicht von einer Strafrechtsharmonisierung abhängig gemacht, impliziere bzw. verlange das schengenraumweite Doppelbestrafungsverbot in Art. 54 SDÜ zwingend gegenseitiges Vertrauen der Mitgliedstaaten in ihre Strafjustizsysteme,[155] wie der Gerichtshof bereits 2003 ausführt.[156] Auch in diesem Kontext geht es also um Vertrauen in Verbindung mit gegenseitiger An-

---

[151] *Hess,* IPRax 2001, 389 (395 f.) einerseits, S. 391 f. andererseits; *Schlauß,* FPR 2006, 228 (230 f.); *Pohl,* IPRax 2013, 109 (113); *Adolphsen,* in: Hess (Hrsg.), Die Anerkennung im Internationalen Zivilprozessrecht, S. 1 (19); vgl. auch *Hoppe,* Eilrechtsschutz gegen Dublin II-Überstellungen, S. 193 ff.; *Kloska,* Das Prinzip der gegenseitigen Anerkennung im europäischen Strafrecht, S. 245 einerseits sowie S. 207 andererseits.

[152] Neben den Nachweisen oben Fn. 149 kritisch gegenüber einem tatsächlich bestehenden einheitlichen Rechtsraum *Kohler,* in: Baur/Mansel (Hrsg.), Systemwechsel im europäischen Kollisionsrecht, S. 147 (156); *Pfeiffer,* in: FS Jayme, S. 675 (682 f.); weiterhin nur Vision, Simulation, *Kohler,* ZEuS 2016, 135 (135 f., 141). In Strafsachen *Satzger,* in: Streinz, Art. 82 AEUV Rn. 14 f.; letztlich auch *Kloska,* Das Prinzip der gegenseitigen Anerkennung im europäischen Strafrecht, S. 212 f.

[153] Übersichtsweise etwa *Mitsilegas,* YEL 31 (2012), 319 (336 ff.); *Kloska,* Das Prinzip der gegenseitigen Anerkennung im europäischen Strafrecht, S. 233 ff.; nicht nur zur Rspr. *Wischmeyer,* GLJ 17 (2016), 339 (350 ff.).

[154] Art. 1 Abs. 1 i. V. m. Anhang A Art. 1 Nr. 2 Beschluss des Rates 1999/435/EG, ABl. EG Nr. L 176 v. 10.7.1999, S. 1; Protokoll zur Einbeziehung des Schengen-Besitzstands, ABl. EG Nr. C 340 v. 10.11.1997, S. 93; zur Erforderlichkeit gegenseitigen Vertrauens 3., 11., 12. ErwG VO (EU) Nr. 1053/2013.

[155] EuGH, Urteil v. 11.2.2003, verb. Rs. C-187/01 und C-385/01, Gözütok und Brügge, Rn. 32 f.; EuGH, Urteil v. 11.12.2008, Rs. C-297/07, Bourquain, Rn. 37; EuGH, Urteil v. 9.3.2006, Rs. C-436/04, Van Esbroeck, Rn. 29 f.; EuGH, Urteil v. 28.9.2005, Rs. C-467/04, Gasparini u. a., Rn. 29 f. (vgl. kritisch Schlussanträge GA *Sharpston,* Rs. C-467/04, Gasparini u. a., Nr. 90, 104, 109); EuGH, Urteil v. 28.9.2006, Rs. C-150/05, Van Straaten, Rn. 43; EuGH, Urteil v. 29.6.2016, Rs. C-486/14, Kossowski, Rn. 43, 50 ff. Zum nach Art. 55 SDÜ erklärten deutschen Vorbehalt BGBl. 1994 II S. 631.

[156] Dabei allerdings Sachprüfung als Voraussetzung für die Berücksichtigung der erststaatlichen Verfolgung, grundlegend EuGH, Urteil v. 10.3.2005, Rs. C-469/03, Miraglia,

erkennung.[157] Dies wirkt sich zugunsten des anderenfalls von erneuter Strafverfolgung Bedrohten aus.[158]

Von größerem Interesse ist hier, dass der EuGH den Grundsatz des gegenseitigen Vertrauens aber ebenso zulasten des Einzelnen heranzieht. Er sieht auch bei der Anerkennung justizieller Entscheidungen in Strafsachen durch diesen Grundsatz als geboten an, von solcher unionsgrundrechtlicher Prüfung Abstand zu nehmen, die am Verhalten des Ursprungsstaats ansetzt. Auch hier knüpft er dabei an die Erwägungsgründe der Rahmenbeschlüsse und in jüngerer Zeit Richtlinien an, die gegenseitiges Vertrauen zwischen den Mitgliedstaaten vielfach als Grundlage der Anerkennung in Bezug nehmen.[159]

Geht der Gerichtshof – wie bereits vor der Supranationalisierung[160] – von einer Unionsgrundrechtsbindung bei der Durchführung von Rahmenbeschlüssen und deren Umsetzungsgesetzen aus,[161] ließe sich dennoch daran denken, dass

---

Rn. 30; daneben nur EuGH, Urteil v. 28.9.2006, Rs. C-150/05, Van Straaten, Rn. 60; EuGH, Urteil v. 29.6.2016, Rs. C-486/14, Kossowski, Rn. 42, 52 f.

157 Vgl. Maßnahmenprogramm in Zivil- und Handelssachen, ABl. EG Nr. C 12 v. 15.1.2001, S. 10 (10, 12 f.); s. auch die Festlegung von Art. 31, 34 EUV (Amsterdam) als Rechtsgrundlagen in Art. 2 i. V. m. Anhang A Art. 2 Nr. 2 Beschluss des Rates 1999/436/EG, ABl. Nr. L 176 v. 10.7.1999, S. 17.

158 Daher keine strikte Ablehnung der Übertragung gegenseitiger Anerkennung, *Vogel/Eisele,* in: GHN, Art. 82 AEUV Rn. 24 (kritisch hierzu *Meyer,* in: v. d. Groeben/Schwarze/Hatje, Art. 82 AEUV Rn. 6).

159 10. ErwG RB 2002/584/JI; 9. ErwG RB 2006/783/JI; 4., 5., 6., 8. ErwG RL 2013/48/EU; 3., 5., 6., 7., 9., 12. ErwG RL 2010/64/EU; 8. ErwG RB 2008/978/JI, seit 22.5.2017 durch RL 2014/41/EU ersetzt nach deren Art. 34 Abs. 2 UAbs. 1 S. 1, dort nunmehr 19. ErwG RL 2014/41/EU; 5. ErwG RB 2008/909/JI; 5. ErwG RL 2014/42/EU; 4. ErwG RB 2003/577/JI, seit 22.5.2017 ebenfalls ersetzt durch RL 2014/41/EU nach deren Art. 34 Abs. 2 UAbs. 1 S. 2.

160 EuGH, Urteil v. 16.6.2005, Rs. C-105/03, Pupino, Rn. 58 ff.; EuGH, Urteil v. 3.5.2007, Rs. C-303/05, Advocaten voor de Wereld, Rn. 45. Zur Verbindlichkeit von Rahmenbeschlüssen allein hinsichtlich des zu erreichenden Ziels Art. 34 Abs. 2 UAbs. 1 Buchst. b S. 2 EUV (Amsterdam).

161 EuGH, Urteil v. 30.5.2013, Rs. C-168/13, F., Rn. 40; deutlicher EuGH, Urteil v. 16.7.2015, Rs. C-237/15 PPU, Lanigan, Rn. 53; EuGH, Urteil v. 5.4.2016, verb. Rs. C-404/15 und C-659/15 PPU, Aranyosi und Căldăraru, Rn. 84; EuGH, Urteil v. 1.6.2016, Rs. C-241/15, Bob-Dogi, Rn. 34; EuGH, Urteil v. 23.1.2018, Rs. C-367/16, Piotrowski, Rn. 49 f.; sinngemäß EuGH, Urteil v. 10.11.2016, Rs. C-477/16 PPU, Kovalkovas, Rn. 37, mit Blick primär auf den ersuchenden Staat; umgekehrt früh zum ersuchten Staat EuGH, Urteil v. 28.6.2012, Rs. C-192/12, West, Rn. 68. Daneben Schlussanträge GA *Bot,* Rs. C-261/09, Mantello, Nr. 82, 86 ff.; Schlussanträge GA *Sharpston,* Rs. C-396/11, Radu, Nr. 70 ff.; Schlussanträge GA *Sharpston,* Rs. C-60/12, Baláž, Nr. 77. Zustimmend etwa *Reinbacher/Wendel,* EuGRZ 2016, 333 (337). Grundrechtsbindung impliziert auch im 8., 15. ErwG RB 2009/299/JI; 29., 48., 52., 53. sowie Art. 11 ErwG RL 2013/48/EU; 5., 32., 33. ErwG RL 2010/64/EU; 38. ErwG RL 2014/42/EU; 12., 18. ErwG RL 2014/41/EU, und vorausgesetzt in deren Art. 11 Abs. 1 Buchst. f, Art. 14 Abs. 7 sowie 19. ErwG.

die Chartagrundrechte Versagungsmöglichkeiten und -pflichten eröffnen.[162] Dies geschieht sekundärrechtlich etwa für den Fall, dass eine Anerkennung eine Verletzung des Doppelbestrafungsverbots bedeutete,[163] daneben unter bestimmten Umständen für Abwesenheitsentscheidungen.[164] Vereinzelt gibt es sogar Versagungsgründe, die explizit allgemein an eine Unionsgrundrechtsverletzung anknüpfen.[165]

Üblich ist im Sekundärrecht daneben ein Verweis darauf, die Verpflichtung der Mitgliedstaaten zur Wahrung der Unionsgrundrechte bleibe unberührt.[166] Hierin lässt sich ein Ansatzpunkt für eine mögliche Versagung sehen.[167] Insbesondere in Bezug auf den Rahmenbeschluss über den Europäischen Haftbefehl betonte der Gerichtshof allerdings zunächst wiederholt, jenseits im Rahmenbeschluss abschließend aufgezählter Versagungsgründe sei ein solcher Haftbefehl anzuerkennen.[168] Das Anerkennungsregime jenes Rahmenbeschlusses setze

---

[162] I.d.S. etwa Schlussanträge GA *Sharpston,* Rs. C-396/11, Radu, Nr. 83, 86ff.; Schlussanträge GA *Sharpston,* Rs. C-60/12, Baláž, Nr. 77; anklingend in den Schlussanträgen GA *Ruiz-Jarabo Colomer,* Rs. C-297/07, Bourquain, Nr. 48.

[163] Etwa Art. 10 Abs. 1 Buchst. g RL 2011/99/EU; Art. 15 Abs. 1 Buchst. c RB 2009/829/JI; Art. 11 Abs. 1 Buchst. c RB 2008/947/JI; Art. 7 Abs. 1 Buchst. c RB 2003/577/JI.

[164] Insbesondere Art. 4a RB 2002/584/JI; Art. 7 Abs. 2 Buchst. i RB 2005/214/JI; Art. 8 Abs. 2 Buchst. e RB 2006/783/JI; Art. 9 Abs. 1 Buchst. i RB 2008/909/JI, jeweils i. d. F. des RB 2009/299/JI.

[165] Art. 20 Abs. 3 RB 2005/214/JI; Art. 11 Abs. 1 Buchst. f RL 2014/41/EU.

[166] Art. 1 Abs. 3 RB 2002/584/JI; Art. 3 RB 2005/214/JI; Art. 1 Abs. 2 RB 2006/783/JI; Art. 1 Abs. 2 RB 2009/299/JI; Art. 1 Abs. 3 RB 2008/978/JI (nach deren Art. 34 Abs. 2 UAbs. 1 S. 1 seit 22.5.2017 ersetzt durch RL 2014/41/EU); Art. 3 Abs. 4 RB 2008/909/JI; Art. 1 Abs. 4 RL 2014/41/EU; Art. 5 RB 2009/829/JI; Art. 1 Abs. 4 RB 2008/947/JI; Art. 1 Abs. 2 RB 2008/675/JI; Art. 1 S. 2 RB 2003/577/JI (nach deren Art. 34 Abs. 2 UAbs. 1 S. 2 seit 22.5.2017 ersetzt durch RL 2014/41/EU).

[167] Aus jüngerer Zeit *Pohl,* Vorbehalt und Anerkennung, S. 125ff.; *Kloska,* Das Prinzip der gegenseitigen Anerkennung im europäischen Strafrecht, S. 203ff., m. w. N., auch bei Fehlen eines Versagungsgrundes, S. 198f., 214ff., 404ff., 528ff.; *Schwarz,* Grundlinien der Anerkennung, S. 276 mit Fn. 339; *ders.,* EuR 2016, 421 (425).

[168] EuGH, Urteil v. 26.2.2013, Rs. C-399/11, Melloni, Rn. 40ff. (dadurch keine Prüfung des Vorliegens der Rückausnahmevoraussetzungen ausgeschlossen, EuGH, Urteil v. 24.5.2016, Rs. C-108/16 PPU, Dworzecki, Rn. 47, 49); EuGH, Urteil v. 16.7.2015, Rs. C-237/15 PPU, Lanigan, Rn. 41; EuGH, Urteil v. 5.4.2016, verb. Rs. C-404/15 und C-659/15 PPU, Aranyosi und Căldăraru, Rn. 79f., beachte aber Rn. 82ff.; EuGH, Urteil v. 1.6.2016, Rs. C-241/15, Bob-Dogi, Rn. 60f., beachte hier Rn. 62ff.; EuGH, Urteil v. 10.11.2016, Rs. C-452/16 PPU, Poltorak, Rn. 27, 45, s. aber auch Rn. 28ff.; EuGH, Urteil v. 10.11.2016, Rs. C-453/16 PPU, Özçelik, Rn. 26, aber auch hier Rn. 27ff.; EuGH, Urteil v. 10.11.2016, Rs. C-477/16 PPU, Kovalkovas, Rn. 28, andererseits Rn. 29ff.; EuGH, Urteil v. 25.1.2017, Rs. C-640/15, Vilkas, Rn. 68; vgl. auch EuGH, Urteil v. 28.6.2012, Rs. C-192/12, West, Rn. 62. In Bezug auf den RB 2005/241/JI EuGH, Urteil v. 14.11.2013, Rs. C-60/12, Baláž, Rn. 29. Hierzu etwa *Mitsile-*

dabei ein hohes Maß gegenseitigen Vertrauens voraus.[169] Auch hier erfolgt somit eine Rückbindung weitreichender Anerkennungsverpflichtungen an gegenseitiges Vertrauen. Im strafrechtlichen Zusammenhang hat diese Verknüpfung ebenfalls Kritik hervorgerufen.[170] Unter Erstreckung der Argumentation aus der justiziellen Zusammenarbeit in Zivilsachen wird seit einiger Zeit auch in Strafsachen präzisiert, dass es sich um Vertrauen in die Fähigkeit der nationalen Rechtsordnungen zu gleichwertigem und wirksamem Schutz der auf Unionsebene anerkannten Grundrechte handele.[171]

Inzwischen hat der EuGH allerdings für den Fall einer echten Gefahr einer drohenden unmenschlichen oder erniedrigenden Behandlung im Kooperationsstaat deren Prüfung und gegebenenfalls eine Reaktion verlangt, wenn auch ohne bislang vollumfänglich zu klären, inwieweit eine solche jenseits systemischer Mängel geboten sein kann.[172] In der jüngeren Rechtsprechung wird den Versagungsgründen des Rahmenbeschlusses zudem verallgemeinernd eine Ausnahme für den Fall außergewöhnlicher Umstände an die Seite gestellt.[173]

---

gas, YEL 31 (2012), 319 (323 ff.); *Kloska,* Das Prinzip der gegenseitigen Anerkennung im europäischen Strafrecht, S. 305 ff., 312 ff.

169 EuGH, Urteil v. 29.1.2013, Rs. C-396/11, Radu, Rn. 34; EuGH, Urteil v. 26.2.2013, Rs. C-399/11, Melloni, Rn. 37; EuGH, Urteil v. 28.6.2012, Rs. C-192/12, West, Rn. 53; EuGH, Urteil v. 30.5.2013, Rs. C-168/13, F., Rn. 35, 50; EuGH, Urteil v. 16.7.2015, Rs. C-237/15 PPU, Lanigan, Rn. 28; EuGH, Urteil v. 5.4.2016, verb. Rs. C-404/15 und C-659/15 PPU, Aranyosi und Căldăraru, Rn. 76 f.; EuGH, Urteil v. 24.5.2016, Rs. C-108/16 PPU, Dworzecki, Rn. 27; EuGH, Urteil v. 1.6.2016, Rs. C-241/15, Bob-Dogi, Rn. 32 f.; EuGH, Urteil v. 10.11.2016, Rs. C-452/16 PPU, Poltorak, Rn. 25; EuGH, Urteil v. 10.11.2016, Rs. C-453/16 PPU, Özçelik, Rn. 23, 35; EuGH, Urteil v. 10.11.2016, Rs. C-477/16 PPU, Kovalkovas, Rn. 26; EuGH, Urteil v. 25.1.2017, Rs. C-640/15, Vilkas, Rn. 31; vgl. auch EuGH, Urteil v. 3.5.2007, Rs. C-303/05, Advocaten voor de Wereld, Rn. 57; EuGH, Urteil v. 10.8.2017, Rs. C-270/17 PPU, Tupikas, Rn. 49; EuGH, Urteil v. 22.12.2017, Rs. C-571/17, Ardic, Rn. 90. Mit Vertrauensbezügen daneben EuGH, Urteil v. 14.11.2013, Rs. C-60/12, Baláž, Rn. 30 zum RB 2005/214/JI; EuGH, Urteil v. 8.11.2016, Rs. C-554/14, Ognyanov, Rn. 47 ff. und EuGH, Urteil v. 11.1.2017, Rs. C-289/15, Grundza, Rn. 41 zum RB 2008/909/JI.

170 S. selbst Schlussanträge GA *Bot,* Rs. C-241/15, Bob-Dogi, Nr. 62; einen rechtlichen Gehalt von Vertrauen verneinend *Kloska,* Das Prinzip der gegenseitigen Anerkennung im europäischen Strafrecht, S. 244 ff.

171 EuGH, Urteil v. 30.5.2013, Rs. C-168/13, F., Rn. 50; EuGH, Urteil v. 5.4.2016, verb. Rs. C-404/15 und C-659/15 PPU, Aranyosi und Căldăraru, Rn. 77 f.; EuGH, Urteil v. 1.6.2016, Rs. C-241/15, Bob-Dogi, Rn. 33; EuGH, Urteil v. 10.11.2016, Rs. C-453/16 PPU, Özçelik, Rn. 23 f.; EuGH, Urteil v. 10.11.2016, Rs. C-477/16 PPU, Kovalkovas, Rn. 26 f.; vgl. auch EuGH, Urteil v. 10.11.2016, Rs. C-452/16 PPU, Poltorak, Rn. 26; EuGH, Urteil v. 22.12.2017, Rs. C-571/17, Ardic, Rn. 90. Noch vor der Rs. *Aguirre Zarraga* EuGH, Urteil v. 16.11.2010, Rs. C-261/09, Mantello, Rn. 44 ff.

172 EuGH, Urteil v. 5.4.2016, verb. Rs. C-404/15 und C-659/15 PPU, Aranyosi und Căldăraru, Rn. 88 ff.; zum Ganzen unten S. 160 ff.

173 EuGH, Urteil v. 29.6.2017, Rs. C-579/15, Popławski, Rn. 19, über die Andeutungen in

Der Gerichtshof greift hier also in der Formulierung auf den Vorbehalt zurück, der im zweiten EMRK-Beitrittsgutachten die Grenze gegenseitigen Vertrauens in den Grundrechtsschutz andeutet.[174]

III. Gemeinsames Europäisches Asylsystem

Schließlich spielt gegenseitiges Vertrauen im Raum der Freiheit, der Sicherheit und des Rechts auch in der Asylpolitik eine Rolle, wobei hier bislang insbesondere die Zuerkennung von Asyl nicht zwischen den Mitgliedstaaten anerkannt wird.[175]

Vertrauensbezüge sind zwar früh, aber über geraume Zeit lediglich vereinzelt in den politischen Leitlinien enthalten;[176] in den Rechtsinstrumenten aus der Zeit vor dem Vertrag von Lissabon taucht der Vertrauensbegriff nahezu nicht auf.[177] Primärrechtlich schlägt er sich auch nach der Reform nicht nieder.[178] Allein die bereits seit geraumer Zeit hervorgehobene Solidarität[179] und gerechte Aufteilung der Verantwortlichkeiten findet sich als Grundsatz in Art. 80 AEUV.

---

der jüngeren Rspr. in Fn. 168 hinausgehend, allerdings ohne Bezug zur grenzüberschreitenden Beurteilung des Grundrechtsschutzes; ebenso EuGH, Urteil v. 23.1.2018, Rs. C-367/16, Piotrowski, Rn. 49; mit solchem Bezug EuGH, Urteil v. 10.8.2017, Rs. C-270/17 PPU, Tupikas, Rn. 50 (vgl. hier auch Rn. 59 ff.).

174 EuGH, Gutachten 2/13 v. 18.12.2014, Rn. 191.

175 S. aber zum einen zu auch hier bestehenden Anerkennungselementen *Bast,* Der Staat 46 (2007), 1 (21 ff.) sowie *ders.,* in: FS Hailbronner, S. 3 (7 f.); *Breitenmoser/Weyeneth,* in: v. d. Groeben/Schwarze/Hatje, Art. 67 AEUV Rn. 106; im Kontext der Rspr. zu Vertrauen *Mitsilegas,* YEL 31 (2012), 319 (321 f., 334), m. w. N. Beachte zum anderen die Kompetenzerweiterung hin zu einer solchen für einen einheitlichen Status nach Art. 78 Abs. 2 Buchst. a, b AEUV (zuvor Mindestvorschriften, Art. 63 Nr. 1 Buchst. c, Nr. 2 Buchst. a EGV [Amsterdam]). Trotz Freizügigkeit nur innerhalb des jeweiligen Mitgliedstaats nach Art. 33 RL 2011/95/EU (s. Art. 28 f. des Vorschlags KOM[2016] 466 endg.) verstärkte gegenseitige Anerkennung ein Vorhaben der Kommission, etwa in ihrer Migrationsagenda, KOM(2015) 240 endg., S. 21.

176 Europäischer Rat, 10./11.12.1993, SN/373/1/93, S. 20; Europäischer Rat, 14./15.12.2006, 16879/06, Rn. 22; KOM(2006) 67 endg., Rn. 4 f.

177 S. aber 17. ErwG RL 2003/109/EG (vgl. *Bast,* Der Staat 46 [2007], 1 [16 ff.]), der mit dem Änderungsvorschlag KOM(2016) 466 endg. wegfiele. Von zahlreichen Maßnahmen zur Verbesserung der Zusammenarbeit Vertrauensbezug nur im 4. ErwG Entscheidung des Rates 2006/688/EG, ABl. EU Nr. L 283 v. 14.10.2006, S. 40. Übersicht zur Entwicklung vor Amsterdam bei *Bast,* in: FS Hailbronner, S. 3 (4 ff.).

178 Art. 67 Abs. 2, 78, 89 AEUV; zuvor Art. 61, 63 EGV (Amsterdam); Art. K.1 Nr. 1 EUV (Maastricht). Vor Lissabon etwa bereits Vertrauensbezüge und Forderung nach Vertrauensstärkung bei *Bast,* Der Staat 46 (2007), 1 (27 ff.).

179 Etwa KOM(1998) 459 endg., S. 6; Wiener Aktionsplan, ABl. EG Nr. C 19 v. 23.1.1999, S. 1 (8); Europäischer Rat (Tampere), 15./16.10.1999, SN 200/99, Rn. 4; Haager Programm, 14292/1/04 REV 1, S. 17; KOM(2008) 360 endg./2, S. 4, 7 ff. S. auch EuGH, Urteil v.

In den politischen Leitlinien des Stockholmer[180] wie auch des nachfolgenden Mehrjahresprogramms[181] aber erlangt gegenseitiges Vertrauen im Nachgang zur Reform von Lissabon größere Bedeutung, wird nunmehr doch ausdrücklich seine Stärkung durch Harmonisierungsmaßnahmen in Aussicht genommen. Die Erforderlichkeit einer solchen Vertrauensstärkung wird auch 2015 in der Migrationsagenda der Kommission betont,[182] und unter anderem darauf zielen einzelne der Vorschläge zur Umsetzung der 2016 von der Kommission angestoßenen Bemühungen um die Reform des Gemeinsamen Europäischen Asylsystems.[183]

Dies geht mit inzwischen maßgeblicher Relevanz in der Rechtsprechung einher. Bedeutsamkeit hat der Vertrauensterminus im Zusammenhang der Dublin-Verordnung[184] erlangt; dies geschah im Nachgang zum Stockholmer Programm, aber vor Aufnahme des Begriffs in den Rechtsakt. Wird ein Antrag auf internationalen Schutz in einem Mitgliedstaat gestellt, der nach der Dublin-Verordnung nicht für die Antragsprüfung zuständig ist, sieht das Sekundärrecht eine Überstellung in den zuständigen Mitgliedstaat vor.[185] Auch dieses Regime beruhe auf gegenseitigem Vertrauen der Mitgliedstaaten.[186] Bei der Prüfung ei-

---

21.12.2011, verb. Rs. C-411/10 und C-493/10, N. S. u. a., Rn. 93. Mit Verbindung von Vertrauen und Solidarität 22. ErwG VO (EU) Nr. 604/2013; zum Ganzen bereits *Bast,* Der Staat 46 (2007), 1 ff., *passim; Jacqué,* in: v. d. Groeben/Schwarze/Hatje, Art. 2 EUV Rn. 12.

180 Stockholmer Programm, 17024/09, S. 5, 69; zuvor KOM(2009) 262 endg., S. 30 f. Noch in der Asylstrategie KOM(2008) 360 endg. und dem europäischen Pakt für Einwanderung und Asyl des Europäischen Rates, 13440/08, Vertrauen unerwähnt.

181 Europäischer Rat, 26./27.6.2014, EUCO 79/14, Rn. 7.

182 KOM(2015) 240 endg., S. 15 f.; ohne diesen Bezug nachfolgend Europäischer Rat, 25./26.6.2015, EUCO 22/15, Rn. 2. Zuvor *Bast,* Der Staat 46 (2007), 1 (27 ff.).

183 Vorschläge für eine Neufassung der RL 2013/33/EU in KOM(2016) 465 endg., S. 3 f.; zur Änderung der RL 2003/109/EG in KOM(2016) 466 endg., S. 3; für eine Verordnung zur Einführung eines gemeinsamen Verfahrens zur Gewährung internationalen Schutzes und Aufhebung der RL 2013/32/EU, KOM(2016) 467 endg., S. 3. Kein Vertrauensbezug in KOM(2016) 197 endg. oder den übrigen vorgelegten Vorschlägen in KOM(2016) 271 endg.; KOM(2016) 272 endg.; KOM(2016) 468 endg.

184 VO (EU) Nr. 604/2013 (beachte den Vorschlag für eine weitere Neufassung, KOM[2016] 270 endg.); vorangehend VO (EG) Nr. 343/2003 und das Dubliner Übereinkommen (DÜ, BGBl. 1994 II S. 792) mit Protokoll zu den Konsequenzen des Inkrafttretens des Dubliner Übereinkommens für einige Bestimmungen des Durchführungsübereinkommens zum Schengener Übereinkommen (Bonner Protokoll), BGBl. 1995 II S. 738.

185 Abschnitt II, III VO (EU) Nr. 604/2013; begrenzt auf Asylanträge zuvor Kapitel V VO (EG) Nr. 343/2003.

186 EuGH, Urteil v. 21.12.2011, verb. Rs. C-411/10, C-493/10, N. S. u. a., Rn. 79, 83, trotz Fehlens sekundärrechtlichen Bezuges hierauf; EuGH, Urteil v. 10.12.2013, Rs. C-394/12, Abdullahi, Rn. 53; nachfolgend zu Dublin III EuGH, Urteil v. 7.6.2016, Rs. C-63/15, Ghezelbash, Rn. 55; beipflichtend *Hoppe,* Eilrechtsschutz gegen Dublin II-Überstellungen, S. 71, eingehender S. 193 ff. Derzeit Vertrauensbezug im 22. ErwG VO (EU) Nr. 604/2013, aber Streichung bei Annahme des Vorschlags für eine (erneute) Neufassung, KOM(2016) 270 endg.

ner Rückführung von Asylbewerbern in den für die Bearbeitung des Asylantrags zuständigen Staat dürfe grundsätzlich auf eine Grundrechtswahrung durch die jeweils anderen Mitgliedstaaten vertraut werden.[187] Eine Anwendung des Sekundärrechts im Sinne einer unwiderlegbaren Vermutung der Grundrechtswahrung durch die anderen Mitgliedstaaten sei umgekehrt mit deren Bindung an die Chartagrundrechte ebenso wenig wie die sekundärrechtliche Aufstellung einer solchen Vermutung zu vereinbaren.[188] Eine mitgliedstaatliche Bindung an die Unionsgrundrechte wird hier bei der Entscheidung über die Ausübung des voraussetzungslosen Selbsteintrittsrechts und damit in einem sekundärrechtlich belassenen Spielraum angenommen.[189] Wegen dieser Bindung seien die Behörden für den Fall, dass ihnen die durch systemische Mängel begründete Gefahr einer Art. 4 GRC zuwiderlaufenden Behandlung nicht unbekannt geblieben sein könne, unionsgrundrechtlich verpflichtet, von einer Überstellung an den betreffenden Staat abzusehen.[190] Umgekehrt habe aber nicht jede Grundrechtsverletzung im eigentlich zuständigen Staat Auswirkungen auf die Verpflichtungen der übrigen.[191] In der inzwischen erlassenen Neufassung des Rechtsakts wird diese Rechtsprechung ausdrücklich aufgegriffen, während daneben die Souveränitätsklausel fortbesteht.[192]

---

[187] EuGH, Urteil v. 21.12.2011, verb. Rs. C-411/10 und C-493/10, N. S. u. a., Rn. 75, 78 ff., 83, mit Verweis auch auf EMRK und GFK; EuGH, Urteil v. 10.12.2013, Rs. C-394/12, Abdullahi, Rn. 52. Übersichtsweise zur Rspr. *Mitsilegas,* YEL 31 (2012), 319 (355 ff.); eingehend *Hoppe,* Eilrechtsschutz gegen Dublin II-Überstellungen, S. 193 ff.

[188] EuGH, Urteil v. 21.12.2011, verb. Rs. C-411/10 und C-493/10, N. S. u. a., Rn. 99; EuGH, Urteil v. 16.2.2017, Rs. C-578/16 PPU, C. K. u. a., Rn. 92 f.

[189] EuGH, Urteil v. 21.12.2011, verb. Rs. C-411/10 und C-493/10, N. S. u. a., Rn. 66 ff. S. nunmehr Art. 17 Abs. 1 UAbs. 1 VO (EU) Nr. 604/2013 (beachte aber auch Art. 19 Abs. 1 UAbs. 1 des Vorschlag KOM[2016] 270 endg.); zur Dublin III-VO EuGH, Urteil v. 16.2.2017, Rs. C-578/16 PPU, C. K. u. a., Rn. 53. S. auch Art. 3 Abs. 4 UAbs. 1, 17 Abs. 2 DÜ. Gegen Verallgemeinerbarkeit der Ausführungen zur Bindung *Hailbronner/Thym,* NVwZ 2012, 406 (406); anders, auch in Bezug auf den Kooperationsstaat, *Canor,* ZaöRV 73 (2013), 249 (259 ff., 264 ff.).

[190] EuGH, Urteil v. 21.12.2011, verb. Rs. C-411/10 und C-493/10, N. S. u. a., Rn. 86, 94; EuGH, Urteil v. 14.11.2013, Rs. C-4/11, Puid, Rn. 30, 36; EuGH, Urteil v. 10.12.2013, Rs. C-394/12, Abdullahi, Rn. 60; EuGH, Urteil v. 16.2.2017, Rs. C-578/16 PPU, C. K. u. a., Rn. 60, 91 ff.; vgl. EuGH, Urteil v. 7.6.2016, Rs. C-63/15, Ghezelbash, Rn. 29 ff., 44, 55; EuGH, Urteil v. 7.6.2016, Rs. C-155/15, Karim, Rn. 19 ff.

[191] EuGH, Urteil v. 21.12.2011, verb. Rs. C-411/10 und C-493/10, N. S. u. a., Rn. 82; nachfolgend EuGH, Urteil v. 10.12.2013, Rs. C-394/12, Abdullahi, Rn. 60; beipflichtend etwa *Hoppe,* Eilrechtsschutz gegen Dublin II-Überstellungen, S. 200, 205; zu den Vertrauensgrenzen ebd., S. 195 ff.

[192] Art. 3 Abs. 2 UAbs. 2, 3 VO (EU) Nr. 604/2013 (beibehalten in Art. 3 Abs. 2 UAbs. 2, 3 des Vorschlags KOM[2016] 270 endg.), daneben weiterhin Selbsteintrittsrecht, Art. 17 Abs. 1 UAbs. 1 (modifiziert nach Art. 19 Abs. 1 UAbs. 1 des Vorschlags KOM[2016] 270

IV. Ergebnis

Der Europäische Gerichtshof ist einer Versagung der innerunionalen Zusammenarbeit aus unionsgrundrechtlichen Gründen erstmalig im Zusammenhang der justiziellen Zusammenarbeit in Zivilsachen unter Berufung auf den Grundsatz des gegenseitigen Vertrauens entgegengetreten. Seitdem hat er sich auch in anderen Kapiteln des Raums der Freiheit, der Sicherheit und des Rechts mit der Frage unionsgrundrechtlicher Prüfung einer mit anderen Mitgliedstaaten unionsrechtlich vorgesehenen Kooperation befasst. Er geht davon aus, dass der Grundsatz des gegenseitigen Vertrauens den Mitgliedstaaten bei der Zusammenarbeit untereinander in aller Regel verbiete zu prüfen, ob auch im konkreten Fall von einer Einhaltung der Unionsgrundrechte durch den Kooperationsstaat auszugehen sei. Damit wird nahegelegt, es sei dieser in der Rechtsprechung zunehmend bedeutsame Grundsatz, der sich vorbehaltlich besonderer Umstände auf die unionsgrundrechtliche Prüfung mitgliedstaatlicher Zusammenarbeit auswirke und eine solche Kontrolle dort unterbinde, wo von einer Prüfung sekundärrechtlich Abstand genommen werden sollte.

C. Herkunft und Entwicklung vertrauensgestützter Anerkennung in der justiziellen Zusammenarbeit

Bei der im Raum der Freiheit, der Sicherheit und des Rechts zu beobachtenden Rückbindung gegenseitiger Anerkennung an gegenseitiges Vertrauen sei kurz innegehalten. Es erscheint lohnenswert, die Bestrebungen nach Erleichterung jener Anerkennung zumindest mit Blick darauf nachzuvollziehen, ab welcher Phase der Vertrauensterminus zunehmende Relevanz für die justizielle Zusammenarbeit erlangt (I.). Dies bildet die Grundlage, um den Ursprung nicht nur des Anerkennungs-, sondern auch des Vertrauensbegriffs im Gemeinsamen Markt und das dortige Verhältnis von gegenseitigem Vertrauen und gegenseitiger Anerkennung zu beleuchten (II.). Schließlich wird der Kontrast der Rechtsprechung zur wachsenden Zurückhaltung in Politik und Rechtsetzung gegenüber vorbehaltloser Anerkennung aufgezeigt (III.).

endg.). Zur Aussetzung der Rückführung nach Italien und Griechenland bis Mitte 2017 auf Grundlage des Art. 78 Abs. 3 AEUV Beschluss (EU) 2015/1523 des Rates, ABl. EU Nr. L 239 v. 15.9.2015, S. 146; s. auch mit Einführung vorläufiger Maßnahmen Beschluss (EU) 2015/1601 des Rates, ABl. EU Nr. L 248 v. 24.9.2015, S. 80; daneben den Vorschlag KOM(2016) 171 endg.

I. Vertrauensfokus im Zuge der Reform von Amsterdam

1. Maßnahmenprogramm 2001 als Meilenstein in Zivilsachen

Es wurde bereits das Brüsseler Übereinkommen erwähnt, in dessen Zusammenhang der Vertrauensbegriff relevant geworden war.[193] Es wurde 1968 in Ausfüllung des damaligen Art. 220, 4. Spstr. EWGV und späteren Art. 293, 4. Spstr. EGV als völkerrechtlicher, außerhalb des Gemeinschaftsrechts stehender[194] Vertrag zwischen den Mitgliedstaaten geschlossen. Die Ursprünge für darüber hinausgehende gemeinschaftsrechtliche Erleichterungen der Urteilsanerkennung und -vollstreckung lassen sich bis zum 1975 verabschiedeten Ersten Programm für eine Politik zum Schutz und zur Unterrichtung der Verbraucher[195] zurückverfolgen. Sie beziehen sich bis etwa 1992 primär auf den Schutz der Lebensqualität.[196]

Wenngleich stets mit angesprochen,[197] rückt die Verwirklichung und Aufrechterhaltung des Binnenmarkts erst mit dem 1993 vorgelegten Grünbuch über den Zugang der Verbraucher zum Recht in den Vordergrund. Besonders klar tritt hier hervor, womit bis heute Anerkennungserleichterungen in der justiziellen Zusammenarbeit in Zivilsachen begründet werden: Die fortbestehenden Grenzen zwischen den mitgliedstaatlichen Rechtsordnungen stellten in einem zunehmend verwirklichten Binnenmarkt Hindernisse für die notwendig verstärkt auch grenzüberschreitend erfolgende Rechtsverfolgung dar.[198] Diese Hür-

---

[193] Hierzu erneut die Nachweise oben Fn. 20, 21.

[194] Dazu, dass sich aus Art. 220 EWGV, Art. 293 EGV keine Anerkennungspflicht ergebe, EuGH, Urteil v. 11.7.1985, Rs. 137/84, Mutsch, Rn. 11; EuGH, Urteil v. 10.2.1994, Rs. C-398/92, Mund & Fester, Rn. 11.

[195] ABl. EG Nr. C 92 v. 25.4.1975, S. 1, s. dort nur S. 2, Rn. 3 Buchst. c.; Ansatzpunkt zunächst unlautere Geschäftspraktiken (S. 3; Zweites Programm, ABl. EG Nr. C 133 v. 3.6.1981, S. 1); später Fokus auf Möglichkeit von Streitigkeiten aufgrund unterschiedlicher Traditionen (KOM[96] 13 endg., S. 7) und auf Komplexität grenzüberschreitender Rechtsdurchsetzung (s. nur KOM[93] 576 endg., S. 12, 66).

[196] So in diesem Ersten Programm, ABl. EG Nr. C 92 v. 25.4.1975, S. 1 (1 f.); dem Zweiten, ABl. EG Nr. C 133 v. 3.6.1981, S. 1 (1); daneben in den Entschließungen des Rates ABl. EG Nr. C 294 v. 22.11.1989, S. 1 (1); ABl. EG Nr. C 186 v. 23.7.1992, S. 1 (1); hierzu Präambel, Art. 2 EWGV. S. aber etwa auch KOM(2005) 12 endg., S. 3.

[197] Note der Kommission vom 22.10.1959, zitiert im *Jenard*-Bericht, S. 1 (3); Erstes Verbraucherschutzprogramm, ABl. EG Nr. C 92 v. 25.4.1975, S. 1 (3); Zweites Verbraucherschutzprogramm ABl. EG Nr. C 133 v. 3.6.1981, S. 1 (2); hierzu die Einordung des Markts in Art. 2 EWGV.

[198] KOM(93) 576 endg., S. 11, im Anschluss an zuvor festgestellten Verbesserungsbedarf in KOM(93) 378 endg., S. 6, Rn. 9; Stellungnahme des Wirtschafts- und Sozialausschusses, ABl. EG Nr. C 339 v. 31.12.1991, S. 16 (26).

den seien geeignet, im Einzelfall von der Rechtsdurchsetzung,[199] längerfristig aber gar von vornherein vom Grundfreiheitsgebrauch abzuhalten[200] und so den Markt zu gefährden.[201] Später wird verstärkt eine gleichlaufende Argumentation mit Blick auf den Freizügigkeitsgebrauch hinzutreten,[202] was vor dem Hintergrund der durch den Vertrag von Maastricht eingeführten Unionsbürgerschaft[203] zu sehen ist.

Wenn auch unter Beschränkung auf einen bestimmten Bereich, wird bereits zu diesem Zeitpunkt 1993 in ausdrücklicher Übertragung der Neuen Strategie[204] aus dem Markt ein Arbeiten mit gegenseitiger Anerkennung zur Erleichterung des Zugangs zum Recht erwogen.[205] Speziell die gegenseitige Anerkennung gerichtlicher Titel wird dabei noch nicht in Aussicht genommen, allerdings die Schwierigkeiten bei der grenzüberschreitenden Anerkennung und Vollstreckung hervorgehoben.[206] Verstreut nimmt das Grünbuch bereits auf Vertrauen Bezug.[207]

Eine noch deutlichere Zäsur nicht nur für die Erleichterung der Anerkennung, sondern auch deren Rückbindung an gegenseitiges Vertrauen stellen die politischen Richtungsentscheidungen des Europäischen Rats von Tampere 1999[208] und des nachfolgenden Maßnahmenprogramms[209] dar. Sie sind vor dem Hintergrund der Supranationalisierung der justiziellen Zusammenarbeit in Zivilsachen durch den Vertrag von Amsterdam[210] und der damit einhergehenden Eröff-

---

199 KOM(93) 576 endg., S. 69; KOM(96) 13 endg., S. 8; KOM(97) 609 endg., S. 7 mit Fn. 8.

200 KOM(93) 576 endg., S. 69.

201 KOM(93) 576 endg., S. 92, dabei über Verbraucher hinaus nun auch kleine und mittelständische Unternehmen im Blick (S. 66, 92); KOM(96) 13 endg., S. 9, 13. Beachte auch die kompetenzielle Rückbindung an das reibungslose Funktionieren des Binnenmarkts in Art. 65 EGV (Amsterdam), hierzu etwa *Hess,* EuZPR, § 2 Rn. 10.

202 KOM(97) 609 endg., S. 3; anklingend in der Stellungnahme des Wirtschafts- und Sozialausschusses, ABl. EG Nr. C 295 v. 22.10.1994, S. 1 (1); zudem nur etwa Wiener Aktionsplan, ABl. EG Nr. C 19 v. 23.1.1999, S. 1 (10) und die Nachweise unten Erster Teil Fn. 214. Vgl. *Bruns,* JZ 1999, 278 (285).

203 Art. B, 3. Spstr. EUV (Maastricht).

204 Hierzu unten S. 45 ff.

205 KOM(93) 576 endg., S. 89 f., mit Bezug auf Unterlassungsklagebefugnis.

206 KOM(93) 576 endg., S. 66; zuvor bereits Stellungnahme des Wirtschafts- und Sozialausschusses, ABl. EG Nr. C 339 v. 31.12.1991, S. 16 (26); sowie dessen Stellungnahme, ABl. EG Nr. C 295 v. 22.10.1994, S. 1 (5, 7, 13).

207 KOM(93) 256 endg., S. 9, 12, 21, abhängig von gegenseitiger Kenntnis der Verfahrensrechte, daneben von detaillierter (gemeinschaftsrechtlicher) Regelung, S. 14.

208 Europäischer Rat (Tampere), 15./16.10.1999, SN 200/99; Überblick bei *Kohler,* in: Baur/Mansel (Hrsg.), Systemwechsel im europäischen Kollisionsrecht, S. 147 (153 ff.).

209 Maßnahmenprogramm in Zivil- und Handelssachen, ABl. EG Nr. C 12 v. 15.1.2001, S. 1.

210 Art. 61 ff. EGV (Amsterdam); zuvor seit Aufnahme in die Zusammenarbeit in den Be-

nung der gemeinschaftsrechtlichen Handlungsformen für den Gebrauch von einer Kompetenz zur Vereinfachung der grenzüberschreitenden Anerkennung in Art. 65 Buchst. a EGV (Amsterdam) zu sehen. Zeitgleich mit der Aufnahme des Raums der Freiheit, der Sicherheit und des Rechts in das Primärrecht[211] wird hier nun an frühere Überlegungen zu einem europäischen Rechtsraum[212] angeknüpft. Ein solcher Raum, in dem die für den Gebrauch von Rechten notwendige Durchsetzung auch in den anderen Mitgliedstaaten so einfach sei wie im Heimatland, sei Bedingung der Inanspruchnahme von Freiheit,[213] insbesondere der Freizügigkeit.[214] Deshalb wird unter Hinweis auf die Bedeutung dieser Fragen für den Alltag der Bürger[215] die Beseitigung derjenigen Schwierigkeiten gefordert, die sich für die Rechtsdurchsetzung aus dem Fortbestehen innergemeinschaftlicher Rechtsgrenzen ergäben.[216] Als maßgebliches Instrument hier-

---

reichen Justiz und Inneres mit Vertrag von Maastricht (intergouvernementale) Angelegenheit von gemeinsamem Interesse, Art. K.I Nr. 6 EUV (Maastricht).

[211] S. insbesondere Präambel und Art. 2, 4. Spstr. EUV (Amsterdam), daneben Art. 61 EGV; abweichende, der heutigen entsprechende Formulierung in Art. 29 EUV (Amsterdam). Zum hier ausgesparten Teil des Raums der Freiheit, der Sicherheit und des Rechts *Schöndorf-Haubold,* Europäisches Sicherheitsverwaltungsrecht, *passim.*

[212] S. nur KOM(93) 256 endg., S. 1; KOM(93) 576 endg., S. 4; Raumbegriff zuvor in der Stellungnahme des Wirtschafts- und Sozialausschusses, ABl. EG Nr. C 339 v. 31.12.1991, S. 16 (26); KOM(97) 609 endg., S. 5. Zum EuGVÜ etwa *Jenard*-Bericht, S. 1 (13); vgl. EuGH, Urteil v. 10.2.1994, Rs. C-398/92, Mund & Fester, Rn. 19. Zur Entwicklung supranationaler Territorialität im Unionsrecht übergreifend *Bast,* VVDStRL 76 (2016), 277 (294 ff.).

[213] Europäischer Rat (Tampere), 15./16.10.1999, SN 200/99, Rn. 2, 28; Wiener Aktionsplan, ABl. EG Nr. C 19 v. 23.1.1999, S. 1 (4 f.); KOM(2000) 167 endg., S. 13.

[214] S. nur Europäischer Rat (Tampere), 15./16.10.1999, SN 200/99, Rn. 2; Wiener Aktionsplan, ABl. EG Nr. C 19 v. 23.1.1999, S. 1 (3); Stellungnahme des Wirtschafts- und Sozialausschusses, ABl. EU Nr. C 220 v. 16.9.2003, S. 5 (6, Nr. 1.3); KOM(2009) 154 endg., S. 2. Daneben aus dem jüngeren Sekundärrecht 3., 4. ErwG VO (EU) 2015/2421; 43. ErwG VO (EU) 2016/1103; 42. ErwG VO (EU) 2016/1104. Aus der Wissenschaft zum Freizügigkeitsbezug des Zugangs zum Recht nur *Herrnfeld,* in: Schwarze/Becker/Hatje/Schoo, Art. 67 AEUV Rn. 7. Vgl. im Kontext der strafjustiziellen Zusammenarbeit 10. ErwG RL (EU) 2016/343; 2. ErwG RL (EU) 2016/800; zu Art. 54 SDÜ EuGH, Urteil v. 29.6.2016, Rs. C-486/14, Kossowski, Rn. 44, m. w. N.

[215] Statt vieler weiterer Maßnahmenprogramm in Zivil- und Handelssachen, ABl. EG Nr. C 12 v. 15.1.2001, S. 1 (2, 4); Haager Programm, 14292/1/04 REV 1, S. 12, 35, 39; Europäischer Rat (Brüssel), 19./20.6.2008, 11017/08, Rn. 19; KOM(2009) 262 endg., S. 10 f.; nach der Reform von Lissabon etwa Stockholmer Programm, 17024/09, S. 31; Europäischer Rat, 26./27.6.2014, EUCO 79/14, S. 1.

[216] Europäischer Rat (Tampere), 15./16.10.1999, SN 200/99, Rn. 28; daneben exemplarisch Stellungnahme des Wirtschafts- und Sozialausschusses, ABl. EG Nr. C 117 v. 26.4.2000, S. 5 (6, Nr. 1.1.1); Europäischer Rat (Laeken), 14./15.12.2001, SN 300/1/01 REV 1, S. 13; KOM(2004) 401 endg., S. 11; Haager Programm, 14292/1/04 REV 1, S. 39. Vgl. *Labayle,* in: FS Hailbronner, S. 153 (160 ff.).

für wird, bis heute richtungsweisend, der Grundsatz der gegenseitigen Anerkennung bestimmt, der zum Eckstein der justiziellen Zusammenarbeit werden sollte.[217] Noch weitergehend wird er nunmehr sogar rückblickend als Fluchtpunkt bereits der Erleichterungen durch das Brüsseler Übereinkommen ausgemacht.[218]

Bereits vor Inkrafttreten des Vertrags von Amsterdam war nicht allein eine weitergehende Erleichterung der grenzüberschreitenden Anerkennung gefordert,[219] sondern auch der Versagungsgrund der öffentlichen Ordnung wegen seiner „Schieflage im Verhältnis zum europäischen Integrationsprozeß" infrage gestellt worden.[220] Dies erfolgte nicht ohne Sensibilität für die Verteidigungsrechte;[221] stärker im Fokus stand aber der zahlungsunwillige, sogar aussichtslose Rechtsbehelfe bemühende Vollstreckungsgegner.[222] In Tampere werden konkret der Abbau und schließlich die Abschaffung aller Zwischenmaßnahmen bei der grenzüberschreitenden Urteilsanerkennung und eine automatische Anerkennung ohne Versagungsgründe in Aussicht genommen.[223]

Die bis heute einzigen vorbehaltlosen Rechtsakte in der justiziellen Zusammenarbeit in Zivilsachen sollten vor diesem Hintergrund lediglich Vorreiter darstellen, welche an die in Zivil- und Handelssachen einerseits sowie in Ehesachen und Streitigkeiten über die elterliche Verantwortung andererseits mit den noch 2000 erlassenen Verordnungen Brüssel I und II bereits vorgenommenen Vereinfachungen anknüpfen.[224] Für welche Titel innerhalb dieser Materien eine unmittelbare Anerkennung und Vollstreckbarkeit erstrebt wird, speist sich aus

---

217 Europäischer Rat (Tampere), 15./16.10.1999, SN 200/99, Rn. 33; KOM(2000) 167 endg., S. 14.

218 Maßnahmenprogramm in Zivil- und Handelssachen, ABl. EG Nr. C 12 v. 15.1.2001, S. 1 (1 f.).

219 KOM(97) 609 endg., S. 12 ff.; Wiener Aktionsplan, ABl. EG Nr. C 19 v. 23.1.1999, S. 1 (4).

220 KOM(97) 609 endg., S. 14. S. auch KOM(1998) 459 endg., S. 9.

221 KOM(97) 609 endg., S. 19; Maßnahmenprogramm in Zivil- und Handelssachen, ABl. EG Nr. C 12 v. 15.1.2001, S. 1 (5).

222 KOM(97) 609 endg., S. 7, 14 f.; Stellungnahme des Wirtschafts- und Sozialausschusses, ABl. EU Nr. C 61 v. 14.3.2003, S. 76 (79, Nr. 5.2.8); *Jenard*-Bericht, S. 1 (52); vgl. EuGH, Urteil v. 11.7.2008, Rs. C195/08 PPU, Rinau, Rn. 85; *Raum/Lindner,* NJW 1999, 465 (469); statt vieler kritisch *Stadler,* RIW 2004, 801 (803).

223 Europäischer Rat (Tampere), 15./16.10.1999, SN 200/99, Rn. 5, 34 (noch zurückhaltender Wiener Aktionsplan, ABl. EG Nr. C 19 v. 23.1.1999, S. 1 [10]); Maßnahmenprogramm in Zivil- und Handelssachen, ABl. EG Nr. C 12 v. 15.1.2001, S. 1 (5); nachfolgend weniger deutlich KOM(2001) 628 endg., S. 5, 11; Europäischer Rat (Laeken), 14./15.12.2001, SN 300/1/01 REV 1, S. 13; KOM(2004) 401 endg., S. 11; Haager Programm, 14292/1/04 REV 1, S. 35, 39.

224 Maßnahmenprogramm in Zivil- und Handelssachen, ABl. EG Nr. C 12 v. 15.1.2001, S. 1 (3 ff.).

verschiedenen Erwägungen: So bildet mit Blick auf die Vollstreckungstitel-, Mahn- und Bagatellverordnung jeweils ein als besonders eklatant empfundener Widerspruch grenzüberschreitender Rechtsdurchsetzungsprobleme zum Binnenmarkt die Hauptmotivation;[225] im Falle der Brüssel IIa- und Unterhaltsverordnung tritt die unmittelbare Rückwirkung solcher Probleme auf das tägliche Leben der Betroffenen hinzu.[226]

Nachdem der Begriff noch in den Schlussfolgerungen von Tampere unerwähnt geblieben war, ist es das nachfolgende Maßnahmenprogramm aus dem Jahr 2001,[227] ab dem zunehmend die Bedeutung gegenseitigen Vertrauens für eine erleichterte Anerkennung betont wird.[228] Und doch ist von einem Grundsatz gegenseitigen Vertrauens mit normativem Gehalt hier nicht die Rede.

2. Maßnahmenprogramm 2001 als Meilenstein in Strafsachen

Argumentativer Ansatzpunkt für Anerkennungserleichterungen sind auch in der justiziellen Zusammenarbeit in Strafsachen vor allem die Erschwernisse, die fortbestehende Rechtsgrenzen zwischen den Mitgliedstaaten für die Rechtsverfolgung darstellen. Hier aber geht es dabei um die Rechtsverfolgung durch den Staat: Der Straftäter solle nicht davon profitieren, dass zwar er selbst nicht mehr, wohl aber seine Verfolgung noch durch innerunionale Grenzen behindert werde.[229]

---

[225] Maßnahmenprogramm in Zivil- und Handelssachen, ABl. EG Nr. C 12 v. 15.1.2001, S. 1 (4); vorangehend Zweites Verbraucherschutzprogramm, ABl. EG Nr. C 133 v. 3.6.1981, S. 1 (10); Entschließung, ABl. EG Nr. C 294 v. 22.11.1989, S. 1 (3); KOM(93) 378 endg., S. 6, Rn. 9; S. 27, Rn. 38; KOM(96) 13 endg., S. 8; Entschließung des Rates, ABl. EG Nr. C 319 v. 26.10.1996, S. 1 (2); KOM(97) 609 endg., S. 19 ff. Vgl. zu geringfügigen Forderungen die nunmehr umgekehrte Argumentation in den Schlussanträgen GA *Kokott,* Rs. C-70/15, Lebek, Nr. 27 (nicht gefolgt von EuGH, Urteil v. 7.7.2016, Rs. C-70/15, Lebek, Rn. 42 ff.).

[226] Maßnahmenprogramm in Zivil- und Handelssachen, ABl. EG Nr. C 12 v. 15.1.2001, S. 1 (4), in Bezug auf Brüssel IIa in Zusammenschau mit 3., 5., 13. ErwG der Initiative der Französischen Republik, ABl. EG Nr. C 234 v. 15.8.2000, S. 7 (7 f.); vgl. in Bezug auf HKÜ-Rückführungen bereits *Pérez-Vera*-Bericht, Nr. 22.

[227] Maßnahmenprogramm in Zivil- und Handelssachen, ABl. EG Nr. C 12 v. 15.1.2001, S. 1 (6); Hinweis hierauf etwa auch bei *Kaufhold,* EuR 2012, 408 (411).

[228] S. erneut die ErwG oben in Fn. 22; zudem etwa KOM(2003) 291 endg., S. 4 f.; KOM(2004) 401 endg., S. 6, 10 f.; Haager Programm, 14292/1/04 REV 1, S. 36; Aktionsplan zur Umsetzung des Haager Programms, ABl. EU Nr. C 198 v. 12.8.2005, S. 1(17); KOM(2006) 331 endg., S. 7; Art. 2 Abs. 1 Buchst. a des Beschlusses Nr. 1149/2007/EG, ABl. EU Nr. L 257 v. 3.10.2007, S. 16 (hierzu der bezeichnende Bezug in KOM[2017] 59 endg., S. 14 auf den „Rechtsraum [...], der auf [...] Vertrauens*bildung* aufbaut", ohne Hervorhebung im Original); KOM(2008) 373 endg., S. 11.

[229] Vgl. etwa Wiener Aktionsplan, ABl. EG Nr. C 19 v. 23.1.1999 S. 1 (12); Maßnahmenprogramm in Strafsachen, ABl. EG Nr. C 12 v. 15.1.2001, S. 10 (13 f.); KOM(2009) 262 endg.,

An vorangehende Übereinkommen[230] und die mit dem Vertrag von Maastricht bereits erfolgte Aufnahme auch der justiziellen Zusammenarbeit in Strafsachen als Angelegenheit von gemeinsamem Interesse[231] anknüpfend, sind es auch in diesem Bereich die Schlussfolgerungen des Europäischen Rats von Tampere[232] und das anschließende – hier auf Strafsachen bezogene – Maßnahmenprogramm,[233] von denen nach Inkrafttreten des Vertrags von Amsterdam maßgebliche Impulse ausgehen.[234] Wenngleich angesichts des vorläufigen Verbleibs der polizeilichen und justiziellen Zusammenarbeit in Strafsachen in der intergouvernementalen dritten Säule bis zur Reform von Lissabon zunächst ohne Möglichkeit des Rückgriffs auf die Handlungsformen des damaligen Gemeinschaftsrechts,[235] wurden auch in der justiziellen Zusammenarbeit in Straf-

S. 13. Statt vieler kritisch *Braum,* GA 2005, 681 (688 ff.); *Leutheusser-Schnarrenberger,* StraFo 2007, 268 (269); *Nettesheim,* EuR 2009, 24 (39 ff.); differenzierter *Vogel/Eisele,* in: GHN, Art. 82 AEUV Rn. 10, 24.

230 Mit deutscher Beteiligung insbesondere das Europäische Auslieferungsübereinkommen, BGBl. 1964 II S. 1371 (zum Inkrafttreten BGBl. 1976 II S. 1778), von dessen Zusatzprotokollen Deutschland lediglich das zweite unterzeichnet und ratifiziert hat (BGBl. 1990 II S. 119, zum Inkrafttreten BGBl. 1991 II S. 874); Europäisches Übk. über die Rechtshilfe in Strafsachen (BGBl. 1964 II S. 1386; zum Inkrafttreten BGBl. 1976 II S. 1799) mit Zusatzprotokollen (BGBl. 1990 II S. 125, zum Inkrafttreten BGBl. 1991 II S. 909; BGBl. 2014 II S. 1039, zum Inkrafttreten BGBl. 2015 II S. 520); Übk. über die Überstellung verurteilter Personen (BGBl. 1991 II S. 1007), mit Zusatzprotokoll (BGBl. 2002 II S. 2867); daneben jenseits des Europarats das SDÜ. Vgl. noch weiter zurückreichend *Braum,* GA 2005, 681 (683 ff.); zur Entwicklung *Meyer,* in: v. d. Groeben/Schwarze/Hatje, Vor Art. 82 AEUV Rn. 4 f.

231 Art. K.1. Nr. 7 EUV (Maastricht). Übk. aufgrund von Artikel K.3 des Vertrags über die Europäische Union über das vereinfachte Auslieferungsverfahren zwischen den Mitgliedstaaten der Europäischen Union, ABl. EG Nr. C 78 v. 30.3.1995, S. 2; Übk. aufgrund von Artikel K.3 des Vertrags über die Europäische Union über die Auslieferung zwischen den Mitgliedstaaten der Europäischen Union, ABl. EG Nr. C 313 v. 23.10.1996, S. 12; s. vor Vertrag von Maastricht bereits Übk. zwischen den Mitgliedstaaten über das Verbot der doppelten Strafverfolgung, BGBl. 1998 II S. 2227 sowie Übk. zwischen den Mitgliedstaaten über die Vollstreckung ausländischer strafrechtlicher Verurteilungen, BGBl. 1997 II S. 1351; vgl. Übk. über den Entzug der Fahrerlaubnis, ABl. EG Nr. C 216 v. 10.7.1998, S. 2 (nicht in Kraft getreten).

232 Europäischer Rat (Tampere), 15./16.10.1999, SN 200/99, Rn. 35 f.; im Anschluss Haager Programm, 14292/1/04 REV 1, S. 37; s. zuvor bereits Europäischer Rat (Cardiff), 15./16.6.1998, SN 150/1/98 REV 1, Rn. 39; Wiener Aktionsplan, ABl. EG Nr. C 19 v. 23.1.1999 S. 1 (12).

233 Maßnahmenprogramm in Strafsachen, ABl. EG Nr. C 12 v. 15.1.2001, S. 10.

234 Zum Ganzen *Kloska,* Das Prinzip der gegenseitigen Anerkennung im europäischen Strafrecht, S. 143 ff., zum Maßnahmenprogramm auf S. 230.

235 Zu diesen Art. 249 EGV (Amsterdam); zum Rahmenbeschluss Art. 34 Abs. 2 S. 2 Buchst. b EUV (Amsterdam); EuGH, Urteil v. 16.6.2005, Rs. C-105/03, Pupino; nach Reform

sachen in der Handlungsform des Rahmenbeschlusses zahlreiche Regelungen zur gegenseitigen Anerkennung erlassen.[236] Insbesondere mit ihrer Erstreckung auf grundsätzlich zu vollstreckende[237] Europäische Haftbefehle zur Strafverfolgung und -vollstreckung anstelle der klassischen Auslieferung[238] kommt es auch hier zu einer grundlegenden Änderung in der grenzüberschreitenden Rechtshilfe.[239] Dabei sind vergleichsweise mehr Vorbehalte erhalten geblieben,[240] die zudem zum Teil auch weiterhin ausdrücklich auf nationales Recht abstellen,[241] teilweise aber auch explizit europäisiert wurden.[242]

Obwohl es auch in diesem Bereich zuvor erwähnt worden war,[243] bildet wie in der justiziellen Zusammenarbeit in Zivilsachen die Zeit nach Inkrafttreten des Vertrags von Amsterdam auch mit Blick auf die Rolle gegenseitigen Vertrauens

---

Art. 9 S. 1 Protokoll (Nr. 36) über die Übergangsbestimmungen, ABl. EU Nr. C 202 v. 7.6.2016, S. 321.

[236] Übk. über die Rechtshilfe in Strafsachen zwischen den Mitgliedstaaten, ABl. EG Nr. C 197 v. 12.7.2000, S. 3, mit Protokoll, ABl. EG Nr. C 326 v. 21.11.2001, S. 2; Art. 1 Abs. 2 RB 2002/584/JI; Art. 6 RB 2005/214/JI; Art. 7 Abs. 1 RB 2006/783/JI; Art. 1 Abs. 2, 11 Abs. 1 RB 2008/978/JI (nach deren Art. 34 Abs. 2 UAbs. 1 S. 1 seit 22.5.2017 ersetzt durch RL 2014/41/EU, daher aufgehoben durch Art. 1 VO [EU] 2016/95); Art. 8 Abs. 1 RB 2008/909/JI; Art. 12 Abs. 1 RB 2009/829/JI; Art. 8 Abs. 1 RB 2008/947/JI; Art. 3 Abs. 1 RB 2008/675/JI; Art. 5 Abs. 1 UAbs. 1 RB 2003/577/JI (nach deren Art. 34 Abs. 2 UAbs. 1 S. 2 seit 22.5.2017 ersetzt durch RL 2014/41/EU).

[237] Hierzu erneut die Rspr. oben Fn. 168 sowie die Nachweise oben Fn. 169 zum vorausgesetzten hohen Maß gegenseitigen Vertrauens.

[238] S. nur EuGH, Urteil v. 3.5.2007, Rs. C-303/05, Advocaten voor de Wereld, Rn. 28. Monographisch etwa *Pohl,* Vorbehalt und Anerkennung, *passim* sowie S. 27 ff.

[239] „Kopernikanische Wende", Schlussanträge GA *Ruiz-Jarabo Colomer,* Rs. C-303/05, Advocaaten voor de Wereld, Nr. 41, 45; daneben nur *Meyer,* in: v. d. Groeben/Schwarze/Hatje, Art. 82 AEUV Rn. 20.

[240] Jeweils i. d. F. des RB 2009/299/JI Art. 3 ff. RB 2002/584/JI; Art. 7, 20 Abs. 3 RB 2005/214/JI; Art. 8 RB 2006/783/JI; Art. 9 RB 2008/909/JI (vgl. auch Art. 8 Abs. 2, 3). Daneben Art. 11 RL 2014/41/EU (s. auch Art. 9 Abs. 2, 4, Art. 10 Abs. 5); Art. 10 RL 2011/99/EU; Art. 11 RB 2008/947/JI; Art. 7 RB 2003/577/JI (nach deren Art. 34 Abs. 2 UAbs. 1 S. 2 seit 22.5.2017 ersetzt durch RL 2014/41/EU).

[241] Art. 9 Abs. 2, Abs. 4, 24 Abs. 2 Buchst. b, Abs. 5 Buchst. a, 29 Abs. 3 Buchst. a, 30 Abs. 5 S. 1 RL 2014/41/EU; vgl. auch die Anpassung nach Art. 13 Abs. 1 S. 1 RB 2009/829/JI; Art. 9 Abs. 1 S. 1 RB 2008/947/JI.

[242] Hierzu erneut die Nachweise oben Fn. 163 bis 165 (sowie für die übrigen offenen Verweise wie in Art. 1 Abs. 3 RB 2002/584/JI die Nachweise oben in Fn. 166).

[243] 5. ErwG Übk. über die Auslieferung zwischen den Mitgliedstaaten, ABl. EG Nr. C 313 v. 23.10.1996, S. 12; anklingend in KOM(1998) 459 endg., S. 10, aufgegriffen im Wiener Aktionsplan, ABl. EG Nr. C 19 v. 23.1.1999, S. 1 (5); 4. ErwG Übk. – gemäß Artikel 34 des Vertrags über die Europäische Union vom Rat erstellt – über die Rechtshilfe in Strafsachen zwischen den Mitgliedstaaten der Europäischen Union, ABl. EG Nr. C 197 v. 12.7.2000, S. 3; KOM(2000) 495 endg., S. 4, 14, 18.

in Strafsachen eine Zäsur. Die Bedeutung dieses Vertrauens wie auch die seiner Stärkung werden in politischen Leitlinien und übrigen Äußerungen,[244] daneben in Rechtsakten[245] zunehmend hervorgehoben. In ihrer Deutlichkeit sticht dabei die im Rahmen der Arbeiten im Verfassungskonvent vorgenommene Einordnung gegenseitigen Vertrauens als Grundvoraussetzung für gegenseitige Anerkennung und weitergehend für den Raum der Freiheit, der Sicherheit und des Rechts[246] heraus. Wie mit Blick auf Zivilsachen, ist dieser Bedeutungszuwachs somit auch hier an die Bestrebungen nach Anerkennungserleichterungen geknüpft.

II. Rückblende: Vertrauensbezüge am Marktursprung gegenseitiger Anerkennung

Bei diesem Befund scheint zumindest ein kurzer Blick auf den Binnen-, vielmehr sogar zurück auf den Gemeinsamen Markt unerlässlich. Zutreffend und doch missverständlich ist insoweit davon zu sprechen, die Argumentation mit gegenseitigem Vertrauen habe *wie* gegenseitige Anerkennung dort ihren Ursprung:[247]

1. Sukzessive Begriffsdifferenzierung in der Rechtsprechung

Inzwischen ist europarechtliches Gemeingut, dass im Binnenmarkt bei der Behandlung zirkulierender Güter und Personen im Herkunftsstaat durchgeführte Kontrollen und Qualifikationen in den anderen Mitgliedstaaten zu berücksich-

---

244 S. insbesondere Maßnahmenprogramm in Strafsachen, ABl. EG Nr. C 12 v. 15.1.2001, S. 10 (10); Europäischer Rat (Laeken), 14./15.12.2001, SN 300/1/01 REV 1, Nr. 43; Europäischer Konvent, Bericht CONV 426/02, S. 10; KOM(2002) 261 endg., S. 8; KOM(2004) 328 endg., Nr. 28 ff.; KOM(2004) 401 endg., S. 12; Haager Programm, 14292/1/04 REV 1, S. 36; Europäischer Rat (Brüssel), 21./22. Juni 2007, 11177/07, Rn. 27; 4., 5., 7., 14. ErwG Entschließung des Rates und der im Rat vereinigten Vertreter der Regierungen der Mitgliedstaaten, ABl. EU Nr. C 299 v. 22.11.2008, S. 1 (1); KOM(2009) 262 endg., S. 12, 19; KOM(2011) 327 endg., S. 2. Hierzu auch *Pohl,* Vorbehalt und Anerkennung, S. 62 ff.

245 Von den Nachweisen oben in Fn. 159 nur erneut etwa 10. ErwG RB 2002/584/JI.

246 Europäischer Konvent, Bericht CONV 426/02, S. 21.

247 Vertrauen mit Anerkennung verknüpft, *Kaufhold,* EuR 2012, 408 (410); Vertrauensursprung im *Cassis de Dijon*-Prinzip, *Glaser,* in: Weller/Althammer (Hrsg.), Mindeststandards im europäischen Zivilprozessrecht, S. 149 (163 f.); vgl. den Hinweis auf scheinbar synonyme Verwendung noch in frühen Urteilen zum Raum der Freiheit, der Sicherheit und des Rechts bei *Wischmeyer,* GLJ 17 (2016), 339 (356).

tigen sind,[248] da an der Erforderlichkeit[249] solcher Marktbeschränkungen gezweifelt werden kann, die bereits mit vergleichbarem Schutzziel und -niveau vorgenommene Prüfungen wiederholen und insoweit zu einer Doppelbelastung führen.[250]

Begrifflich rückgebunden wird dieser Anerkennungsgedanke in der frühen Rechtsprechung aber alternativ an Vertrauen zwischen den Mitgliedstaaten. Dies geschieht erstmalig 1977 in Bezug auf ein harmonisiertes Kontrollniveau,[251] bevor er – ohne begrifflichen Vertrauens- *oder* Anerkennungsbezug – maßgeblich mit der Rechtssache *Cassis de Dijon*[252] auch auf den nichtharmonisierten Bereich erstreckt wird. Ebenfalls auf letzteren Bereich bezogen stellt der Gerichtshof deutlich eine aus Verhältnismäßigkeitserwägungen gebotene Anerkennung 1989 als „besondere Ausprägung des allgemeineren Grundsatzes des gegenseitigen Vertrauens zwischen den Behörden der Mitgliedstaaten" heraus.[253]

---

248 Grundlegend EuGH, Urteil v. 20.2.1979, Rs. 120/78, REWE-Zentral, *„Cassis de Dijon"*, Rn. 14 zur Warenverkehrsfreiheit; zur Dienstleistungsfreiheit EuGH, Urteil v. 17.12.1981, Rs. 279/80, Webb, Rn. 17, 19 f.; zur Niederlassungsfreiheit EuGH, Urteil v. 28.4.1977, Rs. 71/76, Thieffry, Rn. 19; EuGH, Urteil v. 7.5.1991, Rs. C-340/89, Vlassopoulou, Rn. 19; EuGH, Urteil v. 9.2.1994, Rs. C-319/92, Haim, Rn. 28; EuGH, Urteil v. 22.9.2016, Rs. C-525/14, Kommission / Tschechien, Rn. 58 ff.; daneben nur *Kingreen*, in: Calliess/Ruffert, Art. 34–36 AEUV Rn. 96; *Müller-Graff*, in: v. d. Groeben/Schwarze/Hatje, Art. 36 AEUV Rn. 140.

249 In unionsrechtlicher Terminologie mitunter auch „Notwendigkeit", etwa EuGH, Urteil v. 20.5.1976, Rs. 104/75, de Peijper, Rn. 14/18; EuGH, Urteil v. 20.2.1979, Rs. 120/78, REWE-Zentral, *„Cassis de Dijon"*, Rn. 8; hingegen „Erforderlichkeit" in EuGH, Urteil v. 8.11.1979, Rs. 251/78, Denkavit, Rn. 21, 28; EuGH, Urteil v. 7.4.1981, Rs. 132/80, United Foods und van den Abeele, Rn. 31.

250 EuGH, Urteil v. 20.5.1976, Rs. 104/75, de Peijper, Rn. 14/18, 26/27; EuGH, Urteil v. 15.12.1976, Rs. 35/76, Simmenthal I, Rn. 18/19, 34/36; EuGH, Urteil v. 28.4.1977, Rs. 71/76, Thieffry, Rn. 19; EuGH, Urteil v. 20.2.1979, Rs. 120/78, REWE-Zentral, *„Cassis de Dijon"*, Rn. 14; im Anschluss etwa EuGH, Urteil v. 8.11.1979, Rs. 251/78, Denkavit, Rn. 23; EuGH, Urteil v. 17.12.1981, Rs. 272/80, Biologische Producten, Rn. 13 f.; EuGH, Urteil v. 11.5.1989, Rs. 25/88, Wurmser, Rn. 13 ff., insb. Rn. 18; EuGH, Urteil v. 7.5.1991, Rs. C-340/89, Vlassopoulou, Rn. 19; EuGH, Urteil v. 9.2.1994, Rs. C-319/92, Haim, Rn. 26 ff.; deutlich EuGH, Urteil v. 22.9.2016, Rs. C-525/14, Kommission / Tschechien, Rn. 51, 58. Aus der Literatur etwa *Happe*, Die grenzüberschreitende Wirkung von nationalen Verwaltungsakten, S. 81 ff.; *Neßler*, Europäisches Richtlinienrecht wandelt deutsches Verwaltungsrecht, S. 5 ff.; *Schwarz*, Grundlinien der Anerkennung, S. 153 ff., insbesondere S. 174 ff.

251 EuGH, Urteil v. 25.1.1977, Rs. 46/76, Bauhuis, Rn. 22/25, 37/39; EuGH, Urteil v. 17.12.1981, Rs. 272/80, Biologische Producten, Rn. 14 f.; EuGH, Urteil v. 11.5.1989, Rs. 25/88, Wurmser, Rn. 18; EuGH, Urteil v. 23.5.1996, Rs. C-5/94, Hedley Lomas, Rn. 20; EuGH, Urteil v. 10.9.1996, Rs. C-11/95, Kommission / Belgien, Rn. 88.

252 EuGH, Urteil v. 20.2.1979, Rs. 120/78, REWE-Zentral, *„Cassis de Dijon"*, Rn. 14.

253 EuGH, Urteil v. 11.5.1989, Rs. 25/88, Wurmser, Rn. 18, im nichtharmonisierten Be-

Dabei ist es die Rechtsprechung zur Warenverkehrsfreiheit, in der der Vertrauensbegriff erstmals mit Bezug auf die Berücksichtigung ausländischer Warenzulassungsprüfungen Erwähnung findet.[254] Darüber hinaus spricht der EuGH im Binnenmarkt von Vertrauen aber auch im Kontext von Fernsehdienstleistungen,[255] Hochschulabschlüssen und anderen Berufsqualifikationen,[256] der Erstattung der in einem anderen Mitgliedstaat geleisteten Vorsteuer[257] und Bescheinigungen über die Eingliederung von Wanderarbeitnehmern in das Sozialversicherungssystem des Entsendestaats[258] sowie der Amtshilfe bei der Beitreibung von (staatlichen) Forderungen;[259] daneben im Kontext der Verkehrspolitik in Bezug auf die Führerscheinanerkennung[260] sowie über das mitgliedstaatliche Verhältnis hinaus hinsichtlich Ursprungsbescheinigungen aus Drittstaaten.[261]

---

reich; vgl. Schlussanträge GA *La Pergola,* Rs. C-184/96, Kommission / Frankreich, Nr. 28, 31, m. w. N., wobei die synonyme Verwendung gegenseitiger Anerkennung und gegenseitigen Vertrauens hier ebenso wenig vom EuGH übernommen wird wie aus den Schlussanträgen GA *Darmon,* Rs. 130/88, C.C. van de Bijl, Nr. 15; GA *Van Gerven,* Rs. C-169/89, Gourmetterie Van Den Burg BV, Nr. 9; GA *Van Gerven,* Rs. C-205/89, Kommission / Griechenland, Nr. 11.

[254] EuGH, Urteil v. 25.1.1977, Rs. 46/76, Bauhuis, Rn. 37/39 (Vertrauensbezug später vom EuGH zur selben RL nicht übernommen aus Schlussanträgen GA *Mischo,* Rs. 116/86, Kommission / Italien, Nr. 39); EuGH, Urteil v. 23.5.1996, Rs. C-5/94, Hedley Lomas, Rn. 20; EuGH, Urteil v. 17.12.1981, Rs. 272/80, Biologische Producten, Rn. 14f.

[255] EuGH, Urteil v. 10.9.1996, Rs. C-11/95, Kommission / Belgien, Rn. 88.

[256] EuGH, Urteil v. 11.5.1989, Rs. 25/88, Wurmser, Rn. 18; EuGH, Urteil v. 19.6.2003, Rs. C-110/01, Tennah-Durez, Rn. 30; EuGH, Urteil v. 23.10.2008, Rs. C274/05, Kommission / Griechenland, Rn. 30; EuGH, Urteil v. 23.10.2008, Rs. C286/06, Kommission / Spanien, Rn. 65.

[257] EuGH, Urteil v. 28.6.2007, Rs. C-73/06, Planzer Luxembourg, Rn. 38; ohne Anerkennungsbezug im Kontext steuerbehördlicher Zusammenarbeit EuGH, Urteil v. 16.5.2017, Rs. C-682/15, Berlioz Investment, Rn. 77.

[258] EuGH, Urteil v. 10.2.2000, Rs. C-202/97, FTS, Rn. 51; EuGH, Urteil v. 30.3.2000, Rs. C-178/97, Banks u.a., Rn. 38; EuGH, Urteil v. 26.1.2006, Rs. C-2/05, Herbosch Kiere, Rn. 22f., 30; EuGH, Urteil v. 27.4.2017, Rs. C-620/15, A-Rosa Flussschiff GmbH, Rn. 39, 47; EuGH, Urteil v. 6.2.2018, Rs. C-359/16, Altun u. a., Rn. 39f.; vgl. in anderem Kontext EuGH, Urteil v. 3.3.2016, Rs. C-12/14, Kommission / Malta, Rn. 37.

[259] EuGH, Urteil v. 26.4.2018, Rs. C-34/17, Donnellan, Rn. 40f.

[260] EuGH, Urteil v. 20.11.2008, Rs. C-1/07, Weber, Rn. 39; EuGH, Urteil v. 21.5.2015, Rs. C-339/14, Wittmann, Rn. 30; Schlussanträge GA *Bot,* Rs. C-184/10, Grasser, Nr. 44.

[261] Jeweils im Kontext der für Zollpräferenzbehandlung erforderlichen Ursprungsbescheinigungen EuGH, Urteil v. 12.7.1984, Rs. 218/83, Les Rapides Savoyards, Rn. 29; EuGH, Urteil v. 7.12.1993, Rs. C-12/92, Huygen u. a., Rn. 25; EuGH, Urteil v. 5.7.1994, Rs. C-432/92, Anastasiou u. a., Rn. 38f.; EuGH, Urteil v. 18.5.2000, Rs. C-230/98, Schiavon, Rn. 53; EuGH, Urteil v. 9.2.2006, verb. Rs. C-23/04 bis C-25/04, Sfakianakis, Rn. 21; EuGH, Urteil v. 1.7.2010, Rs. C-442/08, Kommission / Deutschland, Rn. 70; EuGH, Urteil v. 15.11.2011, Rs. C-409/10, Afasia Knits Deutschland, Rn. 28; EuGH, Urteil v. 24.10.2013, Rs. C-175/12, Sandler, Rn. 49. Von den Rechtsakten, zu denen die betrachtete Rspr. ergangen ist, enthielten

Erst in der jüngeren Rechtsprechung unterscheidet der Europäische Gerichtshof begrifflich zwischen gegenseitiger Anerkennung und gegenseitigem Vertrauen,[262] auf dem die Anerkennung beruhe und das sie rechtfertige.[263] Nun erst bezeichnet auch der EuGH die Argumentation der Rechtsprechungslinie *Cassis de Dijon* rückblickend als Grundsatz der gegenseitigen Anerkennung.[264] Am Rande sei bemerkt, dass die Kommission demgegenüber bereits in ihrem Weißbuch zur Vollendung des Binnenmarkts 1985 zwischen der gegenseitigen Anerkennung – dort impulsgebend auch als solche bezeichnet – als wesentlichem Element der Neuen Strategie einerseits[265] und einem Grundsatz des gegenseiti-

---

einen Vertrauensbezug im Binnenmarkt allein die RL 77/93/EWG (nicht mehr in Ersetzung durch die RL 2000/29/EG); RL 89/662/EWG; RL 90/531/EWG (auch noch in Aufhebung durch RL 93/38/EWG; nicht mehr in deren Aufhebung durch RL 2004/17/EG).

262 Soweit ersichtlich, in dieser Deutlichkeit erstmals EuGH, Urteil v. 19.6.2003, Rs. C-110/01, Tennah-Durez, Rn. 30, zu einer sekundärrechtlichen Anerkennungsregelung, in der Vertrauen unerwähnt ist; EuGH, Urteil v. 3.5.2007, Rs. C-303/05, Advocaten voor de Wereld, Rn. 57; aus der jüngeren Rspr. etwa EuGH, Urteil v. 5.4.2016, verb. Rs. C-404/15 und C-659/15 PPU, Aranyosi und Căldăraru, Rn. 78; EuGH, Urteil v. 9.3.2017, Rs. C-551/15, Pula Parking, Rn. 51.

263 In unterschiedlichsten Kontexten EuGH, Urteil v. 19.6.2003, Rs. C-110/01, Tennah-Durez, Rn. 30; EuGH, Urteil v. 9.12.2003, Rs. C-116/02, Gasser, Rn. 72; EuGH, Urteil v. 27.4.2004, Rs. C-159/02, Turner / Grovit, Rn. 24; EuGH, Gutachten 1/03 v. 7.2.2006, Rn. 163; EuGH, Urteil v. 2.5.2006, Rs. C-341/04, Eurofood IFSC, Rn. 39 f.; EuGH, Urteil v. 23.10.2008, Rs. C-274/05, Kommission / Griechenland, Rn. 30; EuGH, Urteil v. 23.10.2008, Rs. C-286/06, Kommission / Spanien, Rn. 65; EuGH, Urteil v. 20.11.2008, Rs. C-1/07, Weber, Rn. 39; EuGH, Urteil v. 21.1.2010, Rs. C-444/07, MG Probud, Rn. 27 ff.; EuGH, Urteil v. 28.4.2009, Rs. C-420/07, Apostolides, Rn. 73; EuGH, Urteil v. 23.12.2009, Rs. C-403/09 PPU, Detiček, Rn. 45; EuGH, Urteil v. 1.7.2010, Rs. C-211/10 PPU, Povse, Rn. 40; EuGH, Urteil v. 15.7.2010, Rs. C-256/09, Purrucker, Rn. 72; EuGH, Urteil v. 26.4.2012, Rs. C-92/12 PPU, C, Rn. 103; EuGH, Urteil v. 5.7.2012, Rs. C-527/10, ERSTE Bank Hungary, Rn. 34; EuGH, Urteil v. 26.9.2013, Rs. C-157/12, Salzgitter Mannesmann Handel, Rn. 31 f.; EuGH, Urteil v. 15.11.2012, Rs. C-456/11, Gothaer Allgemeine Versicherung u. a., Rn. 35; EuGH, Urteil v. 21.5.2015, Rs. C-339/14, Wittmann, Rn. 30; EuGH, Urteil v. 7.7.2016, Rs. C-70/15, Lebek, Rn. 36; EuGH, Urteil v. 9.3.2017, Rs. C-551/15, Pula Parking, Rn. 50; EuGH, Urteil v. 9.3.2017, Rs. C-484/15, Zulfikarpašić, Rn. 40. Zu Strafsachen vor allem die Rspr. oben Fn. 169 (sowie oben Fn. 155 zum SDÜ).

264 Im nichtharmonisierten Bereich zur Warenverkehrsfreiheit grundlegend EuGH, Urteil v. 10.2.2009, Rs. C-110/05, Kommission / Italienische Republik, Rn. 34 (zuvor etwa Schlussanträge GA *van Gerven,* verb. Rs. C-401/92, C-402/92, Tankstation 't Heukske und Boermans, Nr. 20); EuGH, Urteil v. 2.12.2010, Rs. C-108/09, Ker-Optika, Rn. 48; EuGH, Urteil v. 26.4.2012, Rs. C-456/10, ANETT, Rn. 33; sinngemäß EuGH, Urteil v. 22.9.2016, Rs. C-525/14, Kommission / Tschechien, Rn. 39, 48, 51 ff. Mit Hinweis später begrifflicher Übernahme etwa auch *Schwarz,* Grundlinien der Anerkennung, S. 161 mit Fn. 46.

265 KOM(85) 310 endg., Rn. 58, 63 ff., 77, 79 (kritisch gegenüber der dortigen Bezeichnung als Grundsatz *Schwarz,* Grundlinien der Anerkennung, S. 172 mit Fn. 108); daneben etwa Entschließung des Rates, ABl. EG 1985 Nr. C 136 v. 4.6.1985, S. 1 (2); zur Niederlas-

gen Vertrauens andererseits unterschieden hatte. Dieser, führte die Kommission im Kontext der Niederlassungsfreiheit aus, liege wie etwa auch die Vergleichbarkeit der Studienabschlüsse dem Anerkennungselement der Strategie zugrunde.[266]

2. *Nicht stets Prüfungsausschluss durch Vertrauenspostulat*

An eine solche gegenseitige Anerkennung auf Grundlage gegenseitigen Vertrauens wird also in der justiziellen Zusammenarbeit insbesondere mit den Schlussfolgerungen von Tampere und den nachfolgenden Maßnahmenprogrammen angeknüpft. Das in der Rechtsprechung vielfach bemühte Vertrauen allerdings schließt an seinem Marktursprung eine erneute Prüfung nicht schlechthin aus.[267] Es sei vielmehr daran erinnert, dass im nichtharmonisierten Bereich des Binnenmarkts ein Verzicht auf nationale Kontrollen zugunsten einer Anerkennung nur in dem Maße geboten ist, in dem hinsichtlich stärker grundfreiheitsbeschränkender Maßnahmen zur Verfolgung desselben legitimen Zwecks eine Rechtfertigung ausscheidet.[268]

---

sungsfreiheit Bericht des (*Adonnino-*)Ad-hoc-Ausschusses für das Europa der Bürger, SN/848/7/85, EG-Bulletin, Beilage 7/85, S. 9 (14). Vgl. Art. 100b Abs. 1 UAbs. 2 EGV (Maastricht).

266 KOM(85) 310 endg., Rn. 93; zuvor bereits Vertrauen im Mehrjahresprogramm zur Verwirklichung der Zollunion, ABl. EG Nr. C 84 v. 31.3.1979, S. 2 (6); daneben im Bericht des Ad-hoc-Ausschusses für das Europa der Bürger, SN/848/7/85, EG-Bulletin, Beilage 7/85, S. 9 (14); hierzu *Bruha,* ZaöRV 46 (1986), 1 (11); *Kaufhold,* EuR 2012, 408 (411); *Wischmeyer,* GLJ 17 (2016), 339 (351); zur Gleichwertigkeitsannahme des Binnenmarktweißbuchs *Schwarz,* Grundlinien der Anerkennung, S. 168 f.; vgl. erneut im Kontext der Warenverkehrsfreiheit KOM(2017) 796 endg., etwa S. 6 unten.

267 Zu Warenkontrollen EuGH, Urteil v. 25.1.1977, Rs. 46/76, Bauhuis, Rn. 20/21; EuGH, Urteil v. 17.12.1981, Rs. 272/80, Biologische Producten, Rn. 14 f.; EuGH, Urteil v. 11.5.1989, Rs. 25/88, Wurmser, Rn. 18; EuGH, Urteil v. 22.9.2016, Rs. C-525/14, Kommission / Tschechien, Rn. 47 ff. Zu Diplomen EuGH, Urteil v. 7.5.1991, Rs. C-340/89, Vlassopoulou, Rn. 15 ff.; EuGH, Urteil v. 9.2.1994, Rs. C-319/92, Haim, Rn. 27 f.; EuGH, Urteil v. 14.9.2000, Rs. C-238/98, Hocsman, Rn. 23 f., 34 ff. (hierzu auch *Majone,* Mutual Trust, S. 15); im nichtharmonisierten Bereich EuGH, Urteil v. 13.11.2003, Rs. C-313/01, Morgenbesser, Rn. 57 f. Zu Angaben in einer Steuerbescheinigung EuGH, Urteil v. 28.6.2007, Rs. C-73/06, Planzer Luxembourg, Rn. 41 f., 49; vgl. EuGH, Urteil v. 16.5.2017, Rs. C-682/15, Berlioz Investment, Rn. 74, 78. Aus der Wissenschaft nur etwa *Happe,* Die grenzüberschreitende Wirkung von nationalen Verwaltungsakten, S. 143 ff., 152 ff.; *Neßler,* Europäisches Richtlinienrecht wandelt deutsches Verwaltungsrecht, S. 40 ff., trotz Zuständigkeit des Ursprungsstaats für etwaige Aufhebung und laufende Kontrolle, S. 32 ff.; *Möstl,* CML Rev. 47 (2010), 405 (411 f.); vgl. *Schwarz,* Grundlinien der Anerkennung, S. 172 f., 188 ff., besonders deutlich S. 190.

268 Im hiesigen Kontext mit diesem Hinweis etwa *Kohler,* IPRax 2003, 401 (407); *ders.,* in: Reichelt/Rechberger (Hrsg.), Europäisches Kollisionsrecht, S. 63 (75 mit Fn. 33); *Sujecki,* ZEuP 2008, 458 (473 f.); *Pohl,* Vorbehalt und Anerkennung, S. 70 f.; *Herrnfeld,* in: Schwarze/

Auch wenn bezüglich sekundärrechtlicher Vorgaben deutlich hervortritt, dass die an den Ursprungsstaat gestellten Anforderungen verfehlt worden sind, geht der Gerichtshof daneben zumindest bereichsweise davon aus, bei einer ausnahmsweisen Versagung werde das betroffene Anerkennungsregime als solches nicht infrage gestellt.[269] Inzwischen führt er auch hinsichtlich des Raums der Freiheit, der Sicherheit und des Rechts aus, umgekehrt riskiere unter anderem das gegenseitige Vertrauen bei einem Zwang zu Anerkennung Schaden zu nehmen, wenn die Voraussetzungen nicht erfüllt seien, unter denen das Sekundärrecht (nur) eine Zirkulation vorsieht.[270]

3. Nachfrage: Gleichwertigkeitsannahme als alleinige Anerkennungsbasis?

Dabei ist ein Aspekt bisher nur gestreift worden, der mit Blick darauf, dass der Gerichtshof einer grundrechtlichen Prüfung entgegentritt, von Interesse ist:[271] In Bezug auf den Binnenmarkt tritt immer wieder die Bedeutung einer Gleichwertigkeit mitgliedstaatlicher Lösungen für die Anerkennung hervor;[272] dies

---

Becker/Hatje/Schoo, Art. 67, Rn. 22; hierzu auch *Schwarz,* Grundlinien der Anerkennung, S. 179 ff.; deshalb mit Zweifeln am Beitrag zur Marktvollendung *Bruha,* ZaöRV 46 (1986), 1 (21 ff., 27 f.). Mit Annahme einer bloßen Vermutung der Erfüllung zweitstaatlicher Anforderungen EuGH, Urteil v. 20.5.1976, Rs. 104/75, de Peijper, Rn. 28; EuGH, Urteil v. 8.11.1979, Rs. 251/78, Denkavit, Rn. 23; etwas anders gelagert EuGH, Urteil v. 7.4.1981, Rs. 132/80, United Foods und van den Abeele, Rn. 29; ohne Vertrauensbezug im nichtharmonisierten Bereich zurückhaltend EuGH, Urteil v. 21.9.2017, Rs. C-125/16, MDTA, Rn. 55 ff.

269 Zwar grds. keine Ablehnung der Führerscheinanerkennung (etwa EuGH, Urteil v. 26.6.2008, verb. Rs. C-329/06 und C-343/06, C-334/06 bis C-336/06, Wiedemann u. a., Rn. 55); anders aber, wenn sich aus den Angaben in der Fahrerlaubnis selbst oder den vom Ursprungsstaat herrührenden unbestreitbaren Informationen ergebe, dass das Wohnsitzerfordernis offensichtlich nicht beachtet worden sei, ebd., Rn. 72, sowie EuGH, Urteil v. 19.5.2011, Rs. C-184/10, Grasser, Rn. 22 ff.; vgl. zudem jüngst unter Hervorhebung der Gegenseitigkeit EuGH, Urteil v. 26.4.2018, Rs. C-34/17, Donnellan, Rn. 61. Hingegen nicht aufgegriffen für Ausbildungsnachweise aus den Schlussanträgen GA *Darmon,* Rs. 130/88, C. C. van de Bijl, Nr. 15 ff.; ebenso wenig für Bescheinigungen über Arbeitsunfähigkeit aus den Schlussanträgen GA *Mischo,* Rs. C-45/90, Paletta u. a., Nr. 27. Zum Ganzen knapp *Kahl,* in: Calliess/Ruffert, Art. 4 EUV Rn. 120.

270 Differenzierend nach Handeln einer Justizbehörde unter RB 2002/584/JI, EuGH, Urteil v. 10.11.2016, Rs. C-452/16 PPU, Poltorak, Rn. 28, 43 ff.; EuGH, Urteil v. 10.11.2016, Rs. C-477/16 PPU, Kovalkovas, Rn. 40 ff. Ähnlich auf Vorlage des Ursprungsstaats zur VO (EU) Nr. 1215/2012 EuGH, Urteil v. 9.3.2017, Rs. C-551/15, Pula Parking, Rn. 53 f. sowie zur VO (EG) Nr. 805/2004 EuGH, Urteil v. 9.3.2017, Rs. C-484/15, Zulfikarpašić, Rn. 43.

271 Dies etwa auch das Augenmerk bei *Schwarz,* Grundlinien der Anerkennung, S. 253, 255 sowie S. 264 ff., 369.

272 EuGH, Urteil v. 20.5.1976, Rs. 104/75, de Peijper, Rn. 28; EuGH, Urteil v. 25.1.1977, Rs. 46/76, Bauhuis, Rn. 16/19 ff., 37/39 (s. auch Rn. 20/21 dazu, dass auf dieser Grundlage die Harmonisierung beruhe; so bereits EuGH, Urteil v. 15.12.1976, Rs. 35/76, Simmenthal I,

gilt auch für die Anerkennung im nichtharmonisierten Bereich.[273] Gerade dort soll sie seit der Neuen Strategie in Reaktion auf die damaligen Schwierigkeiten in der Rechtsetzung schließlich ein Stück weit von der Notwendigkeit vorangehender Harmonisierung entbinden.[274]

Eine Gleichwertigkeitsannahme – und zwar als Bezugspunkt gegenseitigen Vertrauens – klingt letztlich auch in der Rechtsprechung zur vereinfachten Anerkennung in der justiziellen Zusammenarbeit an, wenn der Gerichtshof von Vertrauen in die Rechtspflege und Rechtssysteme der Mitgliedstaaten spricht.[275]

Rn. 34/36); EuGH, Urteil v. 8.11.1979, Rs. 251/78, Denkavit, Rn. 23; EuGH, Urteil v. 7.4.1981, Rs. 132/80, United Foods und van den Abeele, Rn. 29; EuGH, Urteil v. 17.12.1981, Rs. 272/80, Biologische Producten, Rn. 14; EuGH, Urteil v. 7.5.1991, Rs. C-340/89, Vlassopoulou, Rn. 16ff.; im Anschluss EuGH, Urteil v. 9.2.1994, Rs. C-319/92, Haim, Rn. 27; EuGH, Urteil v. 14.9.2000, Rs. C-238/98, Hocsman, Rn. 23; EuGH, Urteil v. 19.6.2003, Rs. C-110/01, Tennah-Durez, Rn. 30; EuGH, Urteil v. 14.11.2013, Rs. C-60/12, Baláž, Rn. 30. Aus der Wissenschaft nur *Bleckmann,* JZ 1985, 1072 (1076); *Odersky,* in: FS Everling, S. 1001 (1012f.); *Happe,* Die grenzüberschreitende Wirkung von nationalen Verwaltungsakten, S. 83ff., 106f.; *Neßler,* Europäisches Richtlinienrecht wandelt deutsches Verwaltungsrecht, S. 5f., 17f., 29f. m. Vertrauensbezug in Fn. 115, S. 38; *ders.,* NVwZ 1995, 863 (864f.); *Ruffert,* Die Verwaltung 34 (2001), 453 (464); *Glaser,* in: Weller/Althammer (Hrsg.), Mindeststandards im europäischen Zivilprozessrecht, S. 149 (163). Vgl. auch *Schmidt-Aßmann,* Das allgemeine Verwaltungsrecht als Ordnungsidee, Kap. 7 Rn. 2.

[273] S. nur EuGH, Urteil v. 20.2.1979, Rs. 120/78, REWE-Zentral, *„Cassis de Dijon“,* Rn. 14; EuGH, Urteil v. 11.5.1989, Rs. 25/88, Wurmser, Rn. 18. Daneben nur *Happe,* Die grenzüberschreitende Wirkung von nationalen Verwaltungsakten, S. 126; *Sujecki,* ZEuP 2008, 458 (473f.); *Hess,* EuZPR, § 3 Rn. 19 mit Fn. 93; implizit, *Hoppe,* Eilrechtsschutz gegen Dublin II-Überstellungen, S. 186; insbesondere *Schwarz,* Grundlinien der Anerkennung, S. 181ff., 188ff.

[274] S. nur KOM(85) 310 endg., Rn. 58, 63ff., 77, 79. *Neßler,* Europäisches Richtlinienrecht wandelt deutsches Verwaltungsrecht, S. 28; *ders.,* NVwZ 1995, 863 (864); Vertrauen solle von Harmonisierung entbinden, *Majone,* Mutual Trust, S. 15; zum Ganzen *Bruha,* ZaöRV 46 (1986), 1ff., *passim.*

[275] Hierzu erneut die Nachweise oben Fn. 20; daneben in Bezug auf die VO (EG) Nr. 44/2001 EuGH, Urteil v. 28.4.2009, Rs. C-420/07, Apostolides, Rn. 73; EuGH, Urteil v. 10.2.2010, Rs. C-185/07, Allianz, Rn. 29f.; EuGH, Urteil v. 13.5.2015, Rs. C-536/13, Gazprom OAO, Rn. 37; EuGH, Urteil v. 13.10.2011, Rs. C-139/10, Prism Investments, Rn. 28, 31; EuGH, Urteil v. 19.12.2013, Rs. C-452/12, Nipponkoa Insurance Co., Rn. 36; EuGH, Urteil v. 4.9.2014, Rs. C-157/13, Nickel & Goeldner, Rn. 38; EuGH, Urteil v. 16.7.2015, Rs. C-681/13, Diageo Brands, Rn. 63; EuGH, Urteil v. 25.5.2016, Rs. C-559/14, Meroni, Rn. 47. Zur VO (EU) Nr. 1215/2012 EuGH, Urteil v. 9.3.2017, Rs. C-551/15, Pula Parking, Rn. 54. Zur VO (EG) Nr. 805/2004 EuGH, Urteil v. 9.3.2017, Rs. C-484/15, Zulfikarpašić, Rn. 40. Zur VO (EG) Nr. 2201/2003 EuGH, Urteil v. 22.12.2010, Rs. C-491/10 PPU, Aguirre Zarraga, Rn. 59. S. aber auch *neben* Vertrauen die Gleichwertigkeit der Gerichte der Vertragsstaaten als Grundlage des EuGVÜ nennend, EuGH, Urteil v. 9.12.2003, Rs. C-116/02, Gasser, Rn. 67. In Strafsachen erneut die Rspr. zum SDÜ oben Fn. 155. Plastisch zur Einordnung der Rspr. *Britz,* JZ 2013, 105 (105, 108), „Solange-II-Annahme der justiziellen Zusammenarbeit“; deut-

Noch stärker tritt dies in den Ausführungen einiger Generalanwälte zutage.[276] Im Schrifttum ist alternativ vom Vertrauen in den rechtsstaatlichen Verfahrenscharakter die Rede,[277] was stärker herausstellt, in Bezug worauf es um Gleichwertigkeit geht. Gerade dies ist aber auch vielfach Ansatzpunkt für Kritik an den vorgenommenen Vereinfachungen.[278]

Auch der Gerichtshof betont die Notwendigkeit eines Gleichgewichts zwischen (insbesondere) Verteidigungsrechten und der Vereinfachung der Anerkennung,[279] die nur gegen gewisse Garantien im Ursprungsverfahren vorge-

---

lich auch *Kaufhold,* EuR 2012, 408 (425 f., 429); daneben etwa *Hess,* IPRax 2001, 389 (395 f.); *ders.,* EuZPR, § 3 Rn. 17, 23, § 4 Rn. 75; *Schlauß,* FPR 2006, 228 (230 f.); *Thoma,* Europäisierung und Vergemeinschaftung, S. 138, 217; *Portmann,* Die Verordnung (EG) 805/2004, S. 173 f.; *Sujecki,* ZEuP 2008, 458 (473, 475); *Laukemann,* IPRax 2012, 207 (208 mit Fn. 16); *Kokott/Dervisopoulos,* in: Leutheusser-Schnarrenberger (Hrsg.), Vom Recht auf Menschenwürde, S. 123 (125); *Labayle,* in: FS Hailbronner, S. 153 (153 f.); *Kloska,* Das Prinzip der gegenseitigen Anerkennung im europäischen Strafrecht, S. 245; *Schwarz,* Grundlinien der Anerkennung, S. 367 f. Vgl. *Kohler,* ZEuS 2016, 135 (141).

[276] So in den Schlussanträgen des GA *Ruiz-Jarabo Colomer,* verb. Rs. C-187/01 und C-385/01, Gözütok und Brügge, Nr. 124; GA *Ruiz-Jarabo Colomer,* Rs. C-150/05, Van Straaten, Nr. 62; GA *Ruiz-Jarabo Colomer,* Rs. C-303/05, Advocaaten voor de Wereld, Nr. 44, 49, m. w. N.; GA *Bot,* Rs. C-452/06, Synthon, Nr. 65 ff.; GA *Mengozzi,* Rs. C-46/08, Carmen Media Group, Nr. 36; GA *Trstenjak,* Rs. C-118/09, Koller, Nr. 47; GA *Bot,* Rs. C-184/10, Grasser, Nr. 44; anklingend in den Schlussanträgen des GA *Jääskinen,* Rs. C-4/11, Puid, Nr. 54; GA *Bot,* C-399/11, Melloni, Nr. 114 ff.; GA *Bot,* C-456/11, Gothaer Allgemeine Versicherung u. a., Nr. 72; GA *Bot,* Rs. C-216/14, Covaci, Nr. 30. Angesichts zweifelhafter Vergleichbarkeit daher im Kontext von Art. 54 SDÜ kritisch Schlussanträge GA *Sharpston,* Rs. C-467/04, Gasparini u. a., Nr. 109 f.; anders auch hierzu die Schlussanträge GA *Ruiz-Jarabo Colomer,* Rs. C-297/07, Bourquain, Nr. 43 f.

[277] *Becker,* Grundrechtsschutz, S. 126; *Kahl,* in: Calliess/Ruffert, Art. 4 EUV Rn. 119; *Rossi,* in: Calliess/Ruffert, Art. 81 AEUV Rn. 6; *Mansel/Thorn/Wagner,* IPRax 2012, 1 (19 f.); *Hoppe,* Eilrechtsschutz gegen Dublin II-Überstellungen, S. 191, s. auch S. 71.

[278] *Kohler,* in: Baur/Mansel (Hrsg.), Systemwechsel im europäischen Kollisionsrecht, S. 147 (156); *Oberhammer,* JBl. 2006, 477 (497 f.); *Kretschmer,* in: Vedder/Heintschel v. Heinegg, EVV, Art. III-260 Rn. 3, Art. III-269 Rn. 6 f., Art. III-270 Rn. 12, 25, bereits zu Kapitel IV über den Raum der Freiheit, der Sicherheit und des Rechts im EVV; *Willer,* ZZP 127 (2014), 99 (103 f.); *Leutheusser-Schnarrenberger,* StraFo 2007, 268 (269); *Vogel/Eisele,* in: GHN, Art. 82 AEUV Rn. 18; zum Ganzen etwa *Möstl,* CML Rev. 47 (2010), 405 ff., *passim* sowie S. 422; mit Nachdruck *Nettesheim,* EuR 2009, 24 (39 ff.). Mit Betonung ergänzender Harmonisierung in der Sache auch *Suhr,* in: Calliess/Ruffert, Art. 82 AEUV Rn. 7; *Hess,* in: GHN, Art. 81 AEUV Rn. 32 ff.; *Leible,* in: Streinz, Art. 81 AEUV Rn. 17.

[279] EuGH, Urteil v. 28.4.2009, Rs. C-420/07, Apostolides, Rn. 73; EuGH, Urteil v. 15.3.2012, Rs. C-292/10, de Visser, Rn. 47; EuGH, Urteil v. 17.11.2011, Rs. C-327/10, Hypoteční banka, Rn. 48; EuGH, Urteil v. 11.9.2014, Rs. C-112/13, A., Rn. 51; EuGH, Urteil v. 26.2.2013, Rs. C-399/11, Melloni, Rn. 51; vgl. zur MahnVO EuGH, Urteil v. 4.9.2014, verb. Rs. C-119/13 und C-120/13, eco cosmetics und Raiffeisenbank St. Georgen, Rn. 37. Plastisch zudem die vielfach wiederholte Formel, es gehe nicht um Vereinfachungen um den Preis von

nommen werden könne.[280] In den Äußerungen der übrigen Organe tritt allerdings von vornherein deutlich stärker hervor, dass für die Wahrung dieser Balance[281] unionsgesetzgeberischer Handlungsbedarf gesehen wird:

Noch im Maßnahmenprogramm wird zwar eine Kollisionsrechtsvereinheitlichung als der Erleichterung gegenseitiger Anerkennung (lediglich) dienlich erachtet,[282] verfahrensrechtliche Mindestgarantien werden aber bereits zu diesem Zeitpunkt deutlich stärker mit Anerkennungserleichterungen verknüpft.[283] Hier

---

Beeinträchtigungen rechtlichen Gehörs, wie etwa in EuGH, Urteil v. 11.6.1985, Rs. 49/84, Debaecker und Plouvier, Rn. 10; EuGH, Urteil v. 3.7.1990, Rs. C-305/88, Lancray, Rn. 21; EuGH, Urteil v. 13.7.1995, Rs. C-474/93, Hengst Import, Rn. 16; EuGH, Urteil v. 28.3.2000, Rs. C-7/98, Krombach / Bamberski, Rn. 43; EuGH, Urteil v. 13.10.2005, Rs. C-522/03, Scania Finance, Rn. 15, 23; EuGH, Urteil v. 14.12.2006, Rs. C-283/05, ASML, Rn. 24; EuGH, Urteil v. 6.9.2012, Rs. C-619/10, Trade Agency, Rn. 42 f.; EuGH, Beschluss v. 13.6.2012, Rs. C-156/12, GREP, Rn. 32 f.; EuGH, Urteil v. 16.9.2015, Rs. C-519/13, Alpha Bank Cyprus, Rn. 31, 33; EuGH, Beschluss v. 28.4.2016, Rs. C-384/14, Alta Realitat, Rn. 49 ff.; EuGH, Urteil v. 7.7.2016, Rs. C-70/15, Lebek, Rn. 33 f.; EuGH, Urteil v. 9.3.2017, Rs. C-484/15, Zulfikarpašić, Rn. 39.

[280] Grundlegend zum EuGVÜ EuGH, Urteil v. 21.5.1980, Rs. 125/79, Denilauler, Rn. 13 f.; zuvor bereits *Jenard*-Bericht, S. 1 (39, 42, 47). In Strafsachen EuGH, Urteil v. 10.11.2016, Rs. C-452/16 PPU, Poltorak, Rn. 39, 45; EuGH, Urteil v. 10.11.2016, Rs. C-453/16 PPU, Özçelik, Rn. 36; EuGH, Urteil v. 10.11.2016, Rs. C-477/16 PPU, Kovalkovas, Rn. 37, 44. Mit dem Gedanken des Gewährleistens und Garantierens in anderem Kontext EuGH, Urteil v. 15.12.1976, Rs. 35/76, Simmenthal I, Rn. 27/29, 34/36; EuGH, Urteil v. 25.1.1977, Rs. 46/76, Bauhuis, Rn. 16/19, 22/25.

[281] Deren Erforderlichkeit betont in 11., 13., 14. ErwG der VO (EG) Nr. 805/2004; KOM(2002) 746 endg., S. 68, 75; Stellungnahme des Europäischen Wirtschafts- und Sozialausschusses, ABl. EU Nr. C 220 v. 16.9.2003, S. 5 (6, Nr. 1.4; S. 11, Nr. 4.1.3, 4.1.9); sinngemäß auch KOM(2010) 748 endg., S. 6 f.; 29. ErwG der VO (EU) Nr. 1215/2012; sinngemäß KOM(2011) 276 endg., S. 5 f., 8, Art. 4; zum dortigen Vorschlag *ordre public*-vorbehaltloser Anerkennung von Schutzmaßnahmen die Stellungnahme des Ausschusses der Regionen, ABl. EU Nr. C 113 v. 18.4.2012, S. 56 (57, Nr. 6). S. daneben die Nachweise Zweiter Teil Fn. 260. Im strafrechtlichen Kontext nur etwa 10. ErwG und Anhang des Fahrplans zur Stärkung der Verfahrensrechte, ABl. EU Nr. C 295 v. 4.12.2009, S. 1; sehr viel früher 4. ErwG Übk. über das vereinfachte Auslieferungsverfahren zwischen den Mitgliedstaaten, ABl. EG Nr. C 78 v. 30.3.1995, S. 2; 4., 5. ErwG Übk. über die Auslieferung zwischen den Mitgliedstaaten, ABl. EG Nr. C 313 v. 23.10.1996, S. 12; 2., 3., 4. ErwG Übk. über die Rechtshilfe in Strafsachen zwischen den Mitgliedstaaten, ABl. EG Nr. C 197 v. 12.7.2000, S. 3; anklingend später auch im 4. ErwG RB 2009/299/JI; 33. ErwG RL 2014/42/EU.

[282] Maßnahmenprogramm in Zivil- und Handelssachen, ABl. EG Nr. C 12 v. 15.1.2001, S. 1 (6) – „empfindlichste Schwachstelle" nach *Kohler,* IPRax 2003, 401 (406); unverbunden im Wiener Aktionsplan, ABl. EG Nr. C 19 v. 23.1.1999, S. 1 (10); anders dann KOM(2009) 262 endg., S. 11.

[283] Maßnahmenprogramm in Zivil- und Handelssachen, ABl. EG Nr. C 12 v. 15.1.2001, S. 1 (5 f.); weniger deutlich Europäischer Rat (Tampere), 15./16.10.1999, SN 200/99, Rn. 33 f.; anklingend in KOM(1998) 459 endg., S. 10, aufgegriffen im Wiener Aktionsplan, ABl. EG

und im Folgenden wird also an ein sekundärrechtlich abgesichertes Niveau angeknüpft.[284] Vor allem mit Blick auf Vorhersehbarkeitserwägungen wird dies später auch für das Kollisionsrecht stärker betont[285] und hatte für eine vereinheitlichte internationale Zuständigkeit bereits viel früher im Fokus gestanden.[286]

Auch in der justiziellen Zusammenarbeit in Strafsachen wird eine vertrauensgestützte Anerkennungserleichterung in Zusammenhang insbesondere mit verfahrensrechtlichen Mindeststandards gebracht.[287] Dies spiegelt sich auch in den

---

Nr. C 19 v. 23.1.1999, S. 1 (5); vorgängige Harmonisierung etwa nach *Hess,* EuZPR, § 3 Rn. 31 nötig, daher kritisch § 7 Rn. 88.

[284] S. etwa KOM(2004) 401 endg., S. 10f.; Haager Programm, 14292/1/04 REV 1, S. 38, 40; Empfehlung des Europäischen Parlaments, P6_TA(2004)0022, S. 3. Stellungnahme des Wirtschafts- und Sozialausschusses, ABl. EU 2006 Nr. C 65 v. 17.3.2006, S. 120 (129, Nr. 4.3.2). Daneben zur Relevanz von Mindestvorschriften nur *Breitenmoser/Weyeneth,* in: v. d. Groeben/Schwarze/Hatje, Art. 67 AEUV Rn. 126; *Suhr,* in: Calliess/Ruffert, Art. 82 AEUV Rn. 7; *Herrnfeld,* in: Schwarze/Becker/Hatje/Schoo, Art. 67 AEUV Rn. 26; *Stadler,* IPRax 2004, 2 (9f.); *Kohler,* IPRax 2003, 401 (406f.); *Laukemann,* IPRax 2012, 207 (210, 214).

[285] „Unabdingbar", KOM(2003) 427 endg., S. 2; KOM(2006) 399 endg., S. 2, 4; 3. ErwG Beschluss des Rates 2009/941/EG; Stockholmer Programm, 17024/09, S. 24, 30; sowie 6. ErwG VO (EG) Nr. 864/2007; 6. ErwG VO (EG) Nr. 593/2008; 9. 24. ErwG VO (EG) Nr. 4/2009; ErwG VO (EU) Nr. 1259/2010; 6. ErwG VO (EG) Nr. 864/2007; 6. ErwG VO (EG) Nr. 593/2008; s. aber auch KOM(2005) 65 endg., S. 10; KOM(2016) 106 endg., S. 11 f.; KOM(2016) 107 endg., S. 11 f. Mit Nachdruck *Kohler,* in: Baur/Mansel (Hrsg.), Systemwechsel im europäischen Kollisionsrecht, S. 147 (157 f.); *Gerling,* Die Gleichstellung ausländischer mit inländischen Vollstreckungstiteln, S. 204ff.; s. auch *Beaumont/Johnston,* IPRax 2010, 105 (107); daneben bereits *Jenard*-Bericht, S. 1 (10).

[286] Mit Betonung für Anerkennungserleichterungen erneut bereits *Jenard*-Bericht, S. 1 (7); *Borrás*-Bericht, S. 27 (33, Nr. 13.A); KOM(2006) 400 endg., S. 9; KOM(2005) 65 endg., S. 10. Aus zahlreichen Verweisen in der Rspr. etwa EuGH, Urteil v. 16.6.1981, Rs. 166/80, Klomps / Michel, Rn. 7; EuGH, Urteil v. 9.12.2003, Rs. C-116/02, Gasser, Rn. 72; EuGH, Gutachten 1/03 v. 7.2.2006, Rn. 163; EuGH, Urteil v. 21.6.2012, Rs. C-514/10, Wolf Naturprodukte, Rn. 25; EuGH, Urteil v. 15.11.2012, Rs. C-456/11, Gothaer Allgemeine Versicherung u. a., Rn. 35; EuGH, Urteil v. 15.7.2010, Rs. C-256/09, Purrucker, Rn. 72. Aus dem Schrifttum statt vieler *Helms,* FamRZ 2002, 1593 (1598); *Stadler,* IPRax 2004, 2 (7).

[287] Auch hier nur exemplarisch Maßnahmenprogramm in Strafsachen, ABl. EG Nr. C 12 v. 15.1.2001, S. 10 (11 f.); vorangehend KOM(2000) 495 endg., S. 18; daneben KOM(2002) 261 endg., S. 8; Europäischer Konvent, Bericht CONV 426/02, S. 10; KOM(2003) 291 endg., S. 11; KOM(2004) 328 endg., etwa Nr. 30, 46; KOM(2004) 401 endg., S. 12; Haager Programm, 14292/1/04 REV 1, S. 38; Stockholmer Programm, 17024/09, S. 17, 21 ff., 28 ff.; anklingend auch beim Europäischen Rat, 26./27.6.2014, EUCO 79/14, Rn. 11. Vgl. auch Schlussanträge GA *Bot,* C-399/11, Melloni, Nr. 114, 116; Schlussanträge GA *Sharpston,* Rs. C-60/12, Baláž, Nr. 46, 68. S. daneben nur *Kretschmer,* in: Vedder/Heintschel v. Heinegg, EVV, Art. III-270 Rn. 12, 25, noch zum EVV; *Leutheusser-Schnarrenberger,* StraFo 2007, 268 (269, 274); *Möstl,* CML Rev. 47 (2010), 405 (418 ff.).

inzwischen ergänzend erlassenen Rechtsakten deutlich wider,[288] die allerdings nunmehr einzeln in sukzessiver Umsetzung eines Ende 2009 erstellten Fahrplans[289] verabschiedet werden, nachdem es bis zum Inkrafttreten des Vertrags von Lissabon nicht zur Annahme eines bereits 2004 unterbreiteten, umfassender angelegten Vorschlags gekommen war.[290]

In der stark vereinfachten Anerkennung in Zivil- wie in Strafsachen wird bei mitgliedstaatlicher Zusammenarbeit ein ausreichendes Schutzniveau somit nicht bereits für gegeben erachtet, obwohl dies die Gleichwertigkeitsbezüge suggerieren mögen.[291]

III. Zunehmende Vorbehalte gegenüber der Vorbehaltlosigkeit

Vor allen Dingen an diese Überlegungen knüpfen das geltende Primär- (1.) und jüngere Sekundärrecht (2.) sowie die politischen Leitlinien (3.) an, wie mit Fokus auf die justizielle Zusammenarbeit in Zivilsachen skizziert sei. Dies steht in Kontrast nicht allein zum zwischenzeitlichen Vorhaben einer vollumfänglichen Abschaffung von Versagungsgründen in der justiziellen Zusammenarbeit, sondern auch zur Bedeutung, die dem Grundsatz des gegenseitigen Vertrauens durch den EuGH für ein Absehen von unionsgrundrechtlichen Erwägungen beigemessen wird.

1. Ausstehender primärrechtlicher Niederschlag gegenseitigen Vertrauens

Nach dem Vertrag von Lissabon wird das Anliegen eines Abbaus der sich aus den innerunionalen Rechtsgrenzen für die Rechtsdurchsetzung ergebenden Schwierigkeiten noch deutlicher primärrechtlich widergespiegelt. Dies geschieht, indem Art. 3 Abs. 2 EUV die mit der Einheitlichen Europäischen Akte eingeführte, aber vor der jüngsten Reform ausschließlich marktbezogene Formulierung eines Raums ohne Binnengrenzen nun ausdrücklich mit Blick auf

---

[288] 3., 7., 9. ErwG RL 2010/64/EU; 3., 4., 8., 10., 14. ErwG RL 2012/13/EU; 4., 6., 8. ErwG RL 2013/48/EU; 5., 33. ErwG RL 2014/42/EU; 2., 3. ErwG RL (EU) 2016/800; 2., 3. ErwG RL (EU) 2016/1919; über die mit dem Fahrplan ins Auge gefassten Maßnahmen hinausgehend RL (EU) 2016/343 (insbesondere 4., 5., 10. ErwG); anknüpfend an Stockholmer Programm, 17024/09, S. 17 f.

[289] Entschließung über einen Fahrplan zur Stärkung der Verfahrensrechte von Verdächtigen oder Beschuldigten in Strafverfahren, ABl. EU Nr. C 295 v. 4.12.2009, S. 1, insbesondere 10. ErwG und Anhang.

[290] KOM(2004) 328 endg., Nr. 24, zurückgezogen mit KOM(2009) 665 endg.

[291] Früher Hinweis bei *Kohler,* ZSR 124 (2005) II, 263 (283 f.); Identifizierung unterschiedlicher Sekundärrechtsgenerationen mit Blick auf Vertrauen bei *Kaufhold,* EuR 2012, 408 (412 ff.).

den Raum der Freiheit, der Sicherheit und des Rechts aufgreift.[292] Dass dennoch in den Verträgen keine Nivellierung jedweder Unterschiede zwischen den Rechtsordnungen erstrebt wird, ergibt sich aus der schon zuvor betonten,[293] nun ebenfalls aufgenommenen Achtung der verschiedenen Rechtsordnungen und -traditionen der Mitgliedstaaten in Art. 67 Abs. 1 AEUV.[294] Dort wird nun auch die ebenso bereits zuvor in ihrer Relevanz für den Raum der Freiheit, der Sicherheit und des Rechts unterstrichene Achtung der Grundrechte[295] hervorgehoben.

Im Nachgang zum Europäischen Rat von Tampere zu einem Instrument von zentraler Bedeutung für die justizielle Zusammenarbeit, ja weitergehend für den gesamten Raum der Freiheit, der Sicherheit und des Rechts avanciert,[296] wird der Grundsatz der gegenseitigen Anerkennung mit dem Vertrag von Lissabon nun im Primärrecht verankert: Er wird in Art. 67 Abs. 4 AEUV als Mittel zur Erleichterung des ebenfalls erstmalig aufgenommenen Zugangs zum Recht[297] sowie in Art. 81 Abs. 1 S. 1 AEUV als Grundlage der justiziellen Zusammenarbeit in Zivilsachen niedergelegt. In Art. 82 Abs. 1 UAbs. 1 AEUV

---

[292] Zum sinnstiftenden Charakter des Raums bei zunehmender Verwirklichung des Markts *Weiß/Satzger,* in: Streinz, Art. 67 AEUV Rn. 10ff.; ähnlich *Breitenmoser/Weyeneth,* in: v. d. Groeben/Schwarze/Hatje, Vor Art. 67 AEUV Rn. 39.

[293] Anklingend im Wiener Aktionsplan, ABl. EG Nr. C 19 v. 23.1.1999, S. 1 (4); ausdrücklich etwa KOM(2004) 401 endg., S. 10; Haager Programm, 14292/1/04 REV 1, S. 13; nach der Reform Europäischer Rat, 26./27.6.2014, EUCO 79/14, S. 5.

[294] Regelmäßig *ordre public*-Vorbehalt verlangt, *Röben,* in: GHN, Art. 67 AEUV Rn. 92 (vgl. auch *Wagner/Beckmann,* RIW 2011, 44 [52f.]); Grundsatz der Wahrung nationaler Identität aufgegriffen, Schranke der Rechtsetzung, *Breitenmoser/Weyeneth,* in: v. d. Groeben/ Schwarze/Hatje, Art. 67 AEUV Rn. 79; anders, über Identität hinausreichend, *Meyer,* in: v. d. Groeben/Schwarze/Hatje, Art. 82 AEUV Rn. 41.

[295] Etwa KOM(2002) 261 endg., S. 8; zuvor bereits KOM(2005) 12 endg., S. 11. Daneben hier nur *Nettesheim,* EuR 2009, 24 (36ff.); *Suhr,* in: Calliess/Ruffert, Art. 67 AEUV Rn. 78; *Breitenmoser/Weyeneth,* in: v. d. Groeben/Schwarze/Hatje, Art. 67 AEUV Rn. 30; in anderem Kontext *Schöndorf-Haubold,* Europäisches Sicherheitsverwaltungsrecht, Rn. 128ff., 156ff.; mit Gedanken gemeinsamen Grundrechtsraums *Weiß/Satzger,* in: Streinz, Art. 67 AEUV Rn. 27; in der Sache auch *Röben,* in: GHN, Art. 67 AEUV Rn. 20, 75, 80f., 124, Art. 70 AEUV Rn. 11. Ursprünglich Einschätzung als weniger grundrechtssensibel in BVerfGE 89, 155 (175). Zum Ganzen *Brummund,* Kohärenter Grundrechtsschutz, *passim.*

[296] S. nur erneut die ErwG oben in Fn. 147, 159.

[297] Mit gleichem Wortlaut zuvor bereits der nicht in Kraft getretene Art. III-257 Abs. 4 EVV. Zum Zugang zum Recht vorangehend nur etwa *Jenard*-Bericht, S. 1 (42); Entschließung des Rates, ABl. EG Nr. C 176 v. 4.7.1984, S. 2; KOM(93) 256 endg., S. 1e; KOM(93) 576 endg., S. 4; KOM(2005) 12 endg., S. 12; KOM(2009) 262 endg., S. 6; Titelfreizügigkeit als ungeschriebenes Grundrecht, *Hess,* IPRax 2001, 301 (302). Nach ursprünglicher Einordnung von Vollstreckungserleichterungen als Element des Zugangs zum Recht (KOM[93] 256 endg., S. 16) später nebeneinander, Europäischer Rat (Tampere), 15./16.10.1999, SN 200/99, Rn. 29ff.; zum Verhältnis der beiden nur *Leible,* in: Streinz, Art. 81 AEUV Rn. 15; *Hess,* in: GHN, Art. 81 AEUV Rn. 31.

wird er auch als Grundlage der nunmehr supranationalisierten[298] Zusammenarbeit in Strafsachen genannt (s. auch Art. 67 Abs. 3, Art. 82 Abs. 1 UAbs. 2 Buchst. a AEUV).[299] In Strafsachen wurde erst mit dieser Reform[300] ausdrücklich eine Kompetenz zum Erlass von Mindestvorschriften aufgenommen (Art. 82 Abs. 2 UAbs. 1, 2 AEUV).

Der vielfach im Anerkennungskontext stehende Vertrauensbegriff hingegen findet weiterhin keinen primärrechtlichen Niederschlag,[301] obwohl seine Aufnahme zwischenzeitlich durch den nicht in Kraft getretenen Vertrag über eine Verfassung für Europa in Aussicht genommen worden war.[302] Wohl aber ist in diesem Kontext auf die in Art. 70 S. 1 AEUV vorgesehene objektive und unparteiische Bewertung der Durchführung der Politik durch die Behörden der Mitgliedstaaten hinzuweisen, deren erhoffte anerkennungsfördernde Wirkung auch mit einer Vertrauensstärkung zusammenhängt.[303]

2. Sekundärrechtlicher Kurswechsel: Schlaglicht auf Zivilsachen

Vor diesem Hintergrund wirken anerkennungserleichternd in der justiziellen Zusammenarbeit in Zivilsachen heute neben den fünf vorbehaltlosen und der inzwischen novellierten Brüssel I-Verordnung eine Reihe weiterer Rechtsakte, von denen die meisten auf den Grundsatz der gegenseitigen Anerkennung,[304]

---

[298] S. aber etwa Art. 76 AEUV abweichend von Art. 17 Abs. 2 S. 1 EUV; Art. 72 AEUV; Art. 82 Abs. 3, Art. 83 Abs. 3 AEUV abweichend von Art. 16 Abs. 4 EUV sowie von Art. 329 Abs. 1 AEUV.

[299] Vgl. BVerfGE 123, 267 (414 f.); *Schwarz,* Grundlinien der Anerkennung, S. 251 ff.

[300] S. zuvor Art. 29 Abs. 2, 3. Spstr., 31 Buchst. e EUV (Amsterdam); anders, Angleichungskompetenz auch vor Lissabon, nach KOM(2004) 328 endg., Nr. 50.

[301] Hervorhebung etwa auch bei *Kloska,* Das Prinzip der gegenseitigen Anerkennung im europäischen Strafrecht, S. 253.

[302] Art. I-42 Abs. 1 Buchst. b EVV; mit Bezug hierauf und Hervorhebung der Relevanz von Vertrauen bereits 2007 *Adolphsen,* in: Gropp/Lipp/Steiger (Hrsg.), Rechtswissenschaft im Wandel, S. 87 (94, 97); Hinweis auf EVV und Fehlen im geltenden Primärrecht, *Labayle,* in: FS Hailbronner, S. 153 (155 f.); Art. 67, 81 AEUV Vertrauensgrundsatz voraussetzend, *Hess,* in: Weller/Althammer (Hrsg.), Mindeststandards im europäischen Zivilprozessrecht, S. 221 (228).

[303] S. 3., 11., 12. ErwG VO (EU) Nr. 1053/2013 als auf dieser Grundlage erlassener Rechtsakt; Europäischer Konvent, Bericht CONV 426/02, S. 21; KOM(2004) 328 endg., Nr. 30, 46 f.; KOM(2005) 195 endg., Nr. 6; *Herrnfeld,* in: Schwarze/Becker/Hatje/Schoo, Art. 70 AEUV Rn. 3; *Weiß,* in: Streinz, Art. 70 AEUV Rn. 6; *Röben,* in: GHN, Art. 70 AEUV Rn. 12; *Breitenmoser/Weyeneth,* in: v. d. Groeben/Schwarze/Hatje, Art. 70 AEUV Rn. 6, 17; *Mitsilegas,* YEL 31 (2012), 319 (368 f.); bereits zum EVV *Kretschmer,* in: Vedder/Heintschel v. Heinegg, EVV, Art. III-260 Rn. 3 sowie Art. III-269 Rn. 7.

[304] 14., 15. ErwG VO (EU) Nr. 606/2013; 3. ErwG der VO (EU) Nr. 1215/2012; 3.-6. ErwG der VO (EU) Nr. 650/2012; 2. ErwG VO (EU) Nr. 655/2014; 3., 4., 7. ErwG VO (EU)

daneben nur einige auf gegenseitiges Vertrauen[305] Bezug nehmen. In einigen weiteren,[306] wenn auch nicht allen[307] jüngeren Verordnungen fällt selbst ein vereinfachtes Exequaturverfahren weg.

Seitens der Kommission waren Vorstöße zu beobachten, mit diesem Verfahren auch auf einen allgemeinen anerkennungsrechtlichen *ordre public*-Vorbehalt zu verzichten. Dies wurde in den Grünbüchern zum Erbrecht[308] wie auch zum Güterrecht[309] angedacht. Daneben waren noch die konkreten Vorschläge für eine Verordnung über die gegenseitige Anerkennung von Schutzmaßnahmen in Zivilsachen[310] sowie zur Einführung eines Verfahrens für einen Europäischen Beschluss zur vorläufigen Kontenpfändung[311] vorbehaltlos. Für die Novellierung der praxisrelevanten Brüssel I-Verordnung wurde keine vollumfängliche Abschaffung des Vorbehalts, wohl aber dessen Einschränkung auf seine verfahrensrechtliche Dimension vorgeschlagen.[312]

Zu einer tatsächlichen Abschaffung bzw. Einengung des Vorbehalts kam es allerdings in keiner der jüngeren Verordnungen.[313] Nicht einmal mehr von der

---

2016/1103; 3., 4., 7. ErwG VO (EU) 2016/1104; zudem die Nachweise oben Fn. 147; 65., 67. ErwG VO (EU) Nr. 2015/848 sowie im Kollisionsrecht 3., 4. ErwG der VO (EG) Nr. 864/2007; 3., 4. ErwG der VO (EG) Nr. 593/2008.

305 S. erneut 16., 17. ErwG VO (EU) Nr. 1215/2012; 4. ErwG VO (EU) Nr. 606/2013; 65. ErwG VO (EU) Nr. 2015/848.

306 Art. 4 Abs. 1 VO (EU) Nr. 606/2013; Art. 39, 58 Abs. 1 VO (EU) Nr. 1215/2012; Art. 22 VO (EU) Nr. 655/2014.

307 Art. 43 VO (EU) Nr. 650/2012; Art. 42 VO (EU) 2016/1103; Art. 42 VO (EU) 2016/1104.

308 KOM(2005) 65 endg., S. 10 mit Frage 25; vgl. im Anschluss Empfehlung 10 Entschließung des Europäischen Parlaments, P6_TA(2006)0496.

309 KOM(2006) 400 endg., S. 9 mit Frage 15.

310 Art. 4 des Vorschlags KOM(2011) 276 endg. mit Erläuterung S. 5; Wiedereinfügung des Vorbehalts in der Legislativen Entschließung des Europäischen Parlaments, P7_TA(2013)0210 mit Standpunkt EP-PE_TC1-COD(2011)0130, 32. ErwG und Art. 13 Abs. 1 Buchst. a.

311 Art. 23 des Vorschlag KOM(2011) 445 endg.; Wiedereinfügung des Vorbehalts in der Legislativen Entschließung des Europäischen Parlaments, P7_TA(2014)0367 mit Standpunkt P7_TC1-COD(2011)0204, Art. 34 Abs. 2.

312 Art. 46 Abs. 1 des Vorschlags KOM(2010) 748 endg.; KOM(2009) 175 endg., S. 3 f. mit Frage 1; Erweiterung um materiellrechtliche Vorbehaltsdimension, Legislative Entschließung des Europäischen Parlaments, P7_TA(2012)0412 mit Standpunkt EP-PE_TC1-COD (2010)0383, Art. 45 Abs. 1 Buchst. a.

313 S. erneut Art. 40 Buchst. a VO (EU) Nr. 650/2012 sowie zuvor bereits Art. 30 Buchst. a des Vorschlags KOM(2009) 154 endg.; Art. 45 Abs. 1 Buchst. a VO (EU) 1215/2012 (dort auch in Buchst. b Beibehaltung des doppelten Beklagtenschutzes aus Art. 34 Nr. 2 VO [EG] Nr. 44/2001); Art. 4 Abs. 1, 13 Abs. 1 Buchst. a VO (EU) Nr. 606/2013; Art. 34 Abs. 2 VO (EU) Nr. 655/2014; jeweils Art. 37 Buchst. a, 58 Abs. 1, 60 Abs. 3 VO (EU) 2016/1103 und VO (EU) 2016/1104 (Geltung ab 29.1.2019) nach Ermächtigung in Art. 1 Beschluss (EU) 2016/954 des Rates. Hier ebenso bereits in Art. 27 Buchst. a des Vorschlags KOM(2011) 126 endg.

Kommission vorgeschlagen wurde eine Abschaffung des Vorbehalts in Bezug auf die Neufassung der Insolvenzverordnung.[314]

So kommt es potenziell zu einer zahlenmäßigen Erweiterung vorbehaltloser Anerkennung seit Mitte 2017 allein durch Erhöhung der Streitwertgrenze der Bagatellverordnung, wie auch durch Erfassung von in Verfahren nach dieser Verordnung geschlossenen Vergleichen und durch die Möglichkeit der Überleitung eines europäischen Mahnverfahrens in ein europäisches Verfahren für geringfügige Forderungen.[315]

Aus den jüngeren Vorhaben verfolgt insbesondere der inzwischen unterbreitete Vorschlag für eine Neufassung der Brüssel IIa-Verordnung, auf die sich die eingangs betrachtete Rechtssache *Aguirre Zarraga* bezogen hatte, keine weitergehende Vorbehaltlosigkeit. Nach diesem Vorschlag würde zwar auch in den bislang davon nicht betroffenen Bereichen das Exequaturverfahren abgeschafft,[316] anknüpfend an ein inzwischen weiter gewachsenes Vertrauen.[317] Dabei würde aber für diejenigen Entscheidungen, die nicht ohnehin bereits vorbehaltlos anzuerkennen und zu vollstrecken sind, ein allgemeiner anerkennungsrechtlicher *ordre public*-Vorbehalt beibehalten.[318] Darüber hinaus würden ein vollstreckungsrechtlicher Vorbehalt[319] und eine Möglichkeit zur Aussetzung des Vollstreckungsverfahrens[320] neu eingefügt. Bei Annahme bestünden somit weitergehende Versagungsmöglichkeiten als bislang.

(später in Art. 37 Buchst. a KOM[2016] 106 endg.) sowie Art. 22 Buchst. a des Vorschlags KOM(2011) 127 endg. (später Art. 37 Buchst. a KOM[2016] 107 endg.) wieder Vorbehalte. Statt vieler begrüßend zur Brüssel Ia-VO *Pohl,* IPRax 2013, 109 (113).

314 KOM(2012) 744 endg.; nun Art. 33 VO (EU) 2015/848; zuvor Art. 26 VO (EG) Nr. 1346/2000.

315 Art. 2 Abs. 1, 23a VO (EG) Nr. 861/2007 sowie Art. 17 Abs. 1 Buchst. a VO (EG) Nr. 1896/2006, jeweils i. d. F. von VO (EU) 2015/2421 (Geltung seit 14.7.2017). Beachte die ursprünglich vorgeschlagene Erhöhung auf €10.000 in Art. 1 KOM(2013) 794 endg. statt der nun angenommenen €5.000.

316 Art. 30 Abs. 1 des Vorschlags KOM(2016) 411 endg., daneben Art. 48, 55, 57.

317 KOM(2016) 411 endg., S. 16 sowie 31. ErwG des Vorschlags.

318 Art. 37 Buchst. a, 38 Abs. 1 Buchst. a des Vorschlags KOM(2016) 411 endg., wie im geltenden Recht Art. 22 Buchst. a, 23 Buchst. a VO (EG) Nr. 2201/2003; etwas anderes würde nach Art. 38 Abs. 2 des Vorschlags nur für die bereits bislang nach Art. 41 Abs. 1 UAbs. 1, 42 Abs. 1 UAbs. 1 VO (EG) Nr. 2201/2003 ohne allgemeinen Vorbehalt anzuerkennenden Entscheidungstypen gelten.

319 Art. 40 Abs. 1 UAbs. 1 des Vorschlags KOM(2016) 411 endg. unter Verweis auf die Anerkennungsversagungsgründe, der nach UAbs. 2 nicht für Umgangs- und Rückführungsentscheidungen nach Art. 26 Abs. 4 UAbs. 2 des Vorschlags gilt. Auch für solche aber Vorbehalt zur Vollstreckungsversagung aus Kindeswohlerwägungen, Art. 40 Abs. 2 Buchst. a und b des Vorschlags, unter Ausschluss anderer Gründe, Art. 40 Abs. 4.

320 Bei starker Gefährdung des Kindeswohls aufgrund vorübergehender Umstände, Art. 36 Abs. 2 S. 1 des Vorschlags KOM(2016) 411 endg.

Der erstrebte freie Titelverkehr ist vor diesem Hintergrund also weiterhin mit einem Abbau des Exequaturverfahrens, aber nicht mehr zwingend mit einer vorbehaltlosen Anerkennung zu assoziieren.[321]

3. Politisches Streben nach Vertrauensstärkung

Diese Entwicklung in den sekundärrechtlichen Vorhaben ist zu sehen und erklärlich vor dem Hintergrund einer wachsenden politischen Zurückhaltung, die sich besonders deutlich ab dem Stockholmer Programm des Europäischen Rats von 2009 herauskristallisiert. Sie prägt auch die Schlussfolgerungen des Europäischen Rats aus dem Sommer 2014 („Post-Stockholm"-Programm), anknüpfend an die im Frühjahr 2014 von der Kommission vorgelegte Justizagenda für 2020.

Eine erleichterte grenzüberschreitende Anerkennung wird weiterhin verfolgt,[322] zugleich aber bereits im Stockholmer Programm eine weitergehende Abschaffung von Anerkennungshindernissen nicht mehr in gleicher Deutlichkeit in Aussicht genommen: Dort ist von einer Ausweitung des Grundsatzes gegenseitiger Anerkennung unter Berücksichtigung der mitgliedstaatlichen „Rechtssysteme einschließlich der öffentlichen Ordnung"[323] die Rede. Somit bereits bei Inkrafttreten der Reform von Lissabon anklingend,[324] erfolgte später auch ausdrücklich der Eintritt in eine Konsolidierungsphase hinsichtlich des bisher Erreichten.[325]

Die noch stärker hervorgehobene Relevanz von Vertrauen für die gegenseitige Anerkennung[326] erhellt, warum als Konsolidierungsanliegen neben der Stär-

[321] Kritisch gegenüber unterschiedlich weitgehenden Vereinfachungen trotz gegenseitigen Vertrauens etwa *Oberhammer,* JBl. 2006, 477 (493 f., 499); *Kohler,* ZSR 124 (2005) II, 263 (285) und weiterhin *ders.,* ZEuS 2016, 135 (140); der Sache nach auch *Adolphsen,* in: FS Kaissis, S. 1 (8 ff.), speziell für die Vollstreckbarerklärung.

[322] Stockholmer Programm, 17024/09, S. 24; KOM(2011) 551 endg., S. 3; Europäischer Rat, 26./27.6.2014, EUCO 79/14, S. 6; s. auch S. 19.

[323] Stockholmer Programm, 17024/09, S. 24; ähnlich KOM(2010) 171 endg., S. 5 sowie KOM(2014) 225 endg., S. 12.

[324] Stockholmer Programm, 17024/09, S. 4, 30; vgl. KOM(2009) 262 endg., S. 11.

[325] Europäischer Rat, 26./27.6.2014, EUCO 79/14, S. 2, im Anschluss an die Forderung in der Justizagenda für 2020, KOM(2014) 144 endg., S. 6; zu sehen vor dem Hintergrund des Geltungsbeginns der Brüssel I-Novelle (10.1.2015, Art. 81 VO [EU] Nr. 1215/2012), die mit Abschaffung des Exequaturs in Zivil- und Handelssachen ein wesentliches der seit dem Rat von Tampere verfolgten Anliegen umsetzt (s. erneut Art. 39 VO [EU] Nr. 1215/2012). Hierzu monographisch *Netzer,* Status quo und Konsolidierung des Europäischen Zivilverfahrensrechts, *passim,* mit Vorschlag eines Rechtsbehelfs zur Geltendmachung eines europäischen *ordre public,* S. 253 ff.; mit Nachdruck für Konsolidierung auch *Adolphsen,* in: FS Kaissis, S. 1 ff., *passim.*

[326] Neben weiteren nur KOM(2009) 262 endg., S. 11 f.; KOM(2009) 263 endg., S. 13;

kung von Freizügigkeit die des Vertrauens verfolgt wird.[327] Aufgegriffen werden so die in der Justizagenda der Kommission identifizierten Herausforderungen,[328] die bereits 2009 maßgebliche Elemente des Stockholmer Programms[329] gebildet hatten.

Unter dem Aspekt der Vertrauensstärkung wird zur Schaffung einer europäischen Rechtskultur die Notwendigkeit des Austauschs und einer Aus- und Fortbildung sowohl im Europarecht als auch bezüglich der Rechtssysteme und -anwendung in den anderen Mitgliedstaaten betont,[330] was unter dem Stichwort der Rechtskultur bereits zuvor verstärkt ab dem Haager Programm geschehen war.[331] Diese Rechtskultur sei gekennzeichnet durch die Vielfalt mitgliedstaat-

---

KOM(2010) 171 endg., S. 4, 9; ErwG N Entschließung des Europäischen Parlaments, ABl. EU Nr. 285 E v. 21.10.2010, S. 12; ErwG B Entschließung des Europäischen Parlaments, ABl. EU Nr. C 99 E v. 3.4.2012, S. 19; Justizagenda für 2020, KOM(2014) 144 endg., S. 4.

327 Europäischer Rat, 26./27.6.2014, EUCO 79/14, S. 5 f.; s. erneut die Bewertung des Programms Ziviljustiz, KOM(2017) 59 endg., S. 14 („Rechtsraum [...], der auf [...] Vertrauens*bildung* aufbaut", ohne Hervorhebung im Original); zuvor das Stockholmer Programm, 17024/09, S. 21; vgl. auch KOM(2011) 551 endg., S. 3. Hierzu *Kaufhold,* EuR 2012, 408 (416 f.); *Wischmeyer,* GLJ 17 (2016), 339 (363 ff.).

328 KOM(2014) 144 endg., S. 3 f.; insbesondere hinsichtlich Vertrauensstärkung befürwortend Europäischer Wirtschafts- und Sozialausschuss, ABl. EU Nr. C 451 v. 16.12.2014, S. 104 (104, Nr. 1.2; 107, 3.2.1.1); s. auch bereits Art. 4 Abs. 1 Buchst. a, Abs. 2 Buchst. d VO (EU) Nr. 1382/2013, zu Vertrauensstärkung als Maßnahme zur Erleichterung justizieller Zusammenarbeit.

329 Stockholmer Programm, 17024/09, S. 13, 25; zuvor Hinweis auf Vertrauensmangel, ErwG F, H Europäisches Parlament, ABl. EU Nr. C 124 E v. 25.5.2006, S. 398; Stellungnahme des Europäischen Wirtschafts- und Sozialausschusses, ABl. EU Nr. C 65 v. 17.3.2006, S. 120 (129, Nr. 4.3.2); ErwG E Entschließung des Europäischen Parlaments, ABl. EU Nr. C 8 E v. 14.1.2010, S. 79 (80); KOM(2009) 262 endg., S. 12, 16; Stockholm nachgehend der Aktionsplan KOM(2010) 171 endg., S. 4, aber auch wegen Inkongruenz mit dem Stockholmer Programm nur Kenntnisnahme durch den Rat, 9935/10, S. 3 (s. auch Dokument 10118/10).

330 Statt vieler weiterer Stockholmer Programm, 17024/09, S. 5, 8 f.; KOM(2010) 171 endg., S. 4, 9; KOM(2011) 551 endg., S. 2 f., 6; KOM(2014) 144 endg., S. 8; Schlussfolgerungen des Rates, ABl. EU Nr. C 443 v. 11.12.2014, S. 7; Bewertung des Programms Ziviljustiz, KOM(2017) 59 endg., S. 27. Vgl. Art. 81 Abs. 2 Buchst. h, Art. 82 Abs. 1 UAbs. 2 Buchst. c AEUV. Aus der Literatur in unterschiedlichsten Kontexten etwa *Odersky,* in: FS Everling, S. 1001 (1014 f.), bereits zu europäischer Rechtskultur; *Majone,* Mutual Trust, S. 22 ff.; *Neßler,* Europäisches Richtlinienrecht wandelt deutsches Verwaltungsrecht, S. 62; *Sujecki,* ZEuP 2008, 458 (470); *Kretschmer,* in: Vedder/Heintschel v. Heinegg, EVV, Art. III-269 Rn. 7, Art. III-270 Rn. 12, bereits zum EVV; *Bast,* Der Staat 46 (2007), 1 (29 f.); *Franzius,* HFR 2010, 159 (161); *Kaufhold,* EuR 2012, 408 (420 f.); *Schwarz,* Grundlinien der Anerkennung, S. 316, 352 f., 369 f.; *Wischmeyer,* GLJ 17 (2016), 339 (364); *Schöndorf-Haubold,* Europäisches Sicherheitsverwaltungsrecht, Rn. 75. Vgl. *Röhl,* Akkreditierung und Zertifizierung im Produktsicherheitsrecht, S. 49; zur Notwendigkeit vorheriger Information für Vertrauen *Luhmann,* Vertrauen, S. 40.

331 Wiederum nur exemplarisch Haager Programm, 14292/1/04 REV 1, S. 32, 36;

licher Rechtssysteme und Einheitlichkeit durch Europarecht.[332] Der Schaffung dieser Kultur wird maßgebliche Bedeutung für die Bewältigung der Herausforderungen beigemessen, die sich aus fortbestehender (Rechts-)Vielfalt für grenzüberschreitende Verfahren und Anerkennung ergeben.[333] Dies ist ein Gedanke, der bereits die Errichtung des Europäischen Justiziellen Netzes in Zivil- und Handelssachen motiviert hatte.[334]

Die schon im Zusammenhang mit dem Haager Programm 2004 festgestellte besondere Bedeutung des Grundrechtsschutzes im Raum der Freiheit, der Sicherheit und des Rechts[335] wird betont.[336] In diesem Zusammenhang wird für eine Vertrauensstärkung weiterhin die Relevanz verfahrensrechtlicher Mindeststandards unterstrichen.[337] Der Bezug zwischen der Wahrung der Grundrechte und dem Vertrauensbegriff tritt also noch deutlicher hervor.[338] Vor diesem Hintergrund ist auch die vermehrte Bezugnahme auf die grundlegende Bedeutung gegenseitigen Vertrauens für den Raum der Freiheit, der Sicherheit und des

---

KOM(2006) 333 endg., S. 10; KOM(2006) 356 endg., S. 4, Rn. 11; KOM(2007) 373 endg., S. 13; 7., 14. ErwG Entschließung des Rates und der im Rat vereinigten Vertreter der Regierungen der Mitgliedstaaten zur Weiterbildung, ABl. EU Nr. C 299 v. 22.11.2008, S. 1; KOM(2014) 225 endg., S. 14; s. früher bereits *Schlosser*-Bericht, S. 71 (80, Rn. 16); Europäischer Rat (Laeken), 14./15.12.2001, SN 300/1/01 REV 1, S. 12, Nr. 36, 43; KOM(2002) 738 endg., S. 53; KOM(2004) 401 endg., S. 12. In der Sache damit Anknüpfung insbesondere an Gemeinsame Maßnahme Nr. 96/636/JI zur Festlegung eines Förder- und Austauschprogramms für die Rechtsberufe („GROTIUS"), ABl. EG Nr. L 287 v. 8.11.1996, S. 3.

[332] S. erneut nur Haager Programm, 14292/1/04 REV 1, S. 32, 36.

[333] ErwG I Entschließung des Europäischen Parlaments, ABl. EU Nr. C 99 E v. 3.4.2012, S. 19 (21); Schlussfolgerungen des Rates, ABl. EU Nr. C 443 v. 11.12.2014, S. 7.

[334] Maßnahmenprogramm in Zivil- und Handelssachen, ABl. EG Nr. C 12 v. 15.1.2001, S. 1 (6); nachfolgend Einrichtung mit Entscheidung des Rates 2001/470/EG, ABl. EG Nr. L 174 v. 27.6.2001, S. 25; Änderung durch Entscheidung des Europäischen Parlaments und des Rates Nr. 568/2009/EG, ABl. EU Nr. L 168 v. 30.6.2009, S. 35 (dort Vertrauensbezug im 18. ErwG); KOM(2016) 129 endg., S. 5 f.; in Reaktion darauf Schlussfolgerungen des Rates vom 8.12.2016, 15349/16, S. 3.

[335] Hierzu erneut nur Haager Programm, 14292/1/04 REV 1, S. 4, 12.

[336] Bereits vor Inkrafttreten der Reform, KOM(2009) 262 endg., S. 5, 19; Stockholmer Programm, 17024/09, S. 17; KOM(2010) 171 endg., S. 2; KOM(2010) 573 endg., S. 4, 10; 1. ErwG VO (EU) Nr. 1382/2013; KOM(2014) 144 endg., S. 6; vgl. KOM(2014) 225 endg., S. 10; ErwG Q Entschließung des Europäischen Parlaments, P8_TA(2015)0286.

[337] Exemplarisch KOM(2009) 262 endg., S. 11, 13; Stockholmer Programm, 17024/09, S. 24 f., 28, 30; 2., 8. ErwG Fahrplan zur Stärkung der Verfahrensrechte von Verdächtigen, ABl. EU Nr. C 295 v. 4.12.2009, S. 1; KOM(2010) 171 endg., S. 4, 9; KOM(2014) 224 endg., S. 6; KOM(2014) 225 endg., S. 12 f.; Europäischer Rat, 26./27.6.2014, EUCO 79/14, Rn. 11; vgl. auch das Arbeitsprogramm, KOM(2015) 610 endg., S. 12 f. Zum Sekundärrechtsrahmen vorbehaltloser Anerkennung in Zivilsachen S. 121 ff.

[338] KOM(2010) 573 endg., S. 4; KOM(2014) 144 endg., S. 10; ErwG N-O, Nr. 105 Entschließung des Europäischen Parlaments, P7_TA(2009)0090; KOM(2009) 262 endg., S. 30 f.

Rechts,[339] wie auch darüber hinaus auf Vertrauen als Grundlage der Europäischen Union zu sehen.[340]

IV. Ergebnis

Mit der Erstreckung gegenseitiger Anerkennung auf die justizielle Zusammenarbeit hat der Vertrauensterminus in den Raum der Freiheit, der Sicherheit und des Rechts Einzug gehalten. Einen Meilenstein für die verstärkte Bezugnahme auf gegenseitiges Vertrauen bilden jeweils die dem Europäischen Rat von Tampere nachfolgenden Maßnahmenprogramme in Zivil- und Strafsachen aus dem Jahr 2001. Auch am Binnenmarktursprung gegenseitiger Anerkennung ist mit dieser der Vertrauensbegriff eng verknüpft und wurde sogar zunächst vereinzelt vom EuGH zur Umschreibung des heute von ihm so genannten Grundsatzes der gegenseitigen Anerkennung gebraucht. Der Bezugspunkt des Vertrauens im Binnenmarkt ist dabei eine Gleichwertigkeit mitgliedstaatlicher Lösungen. Jenseits von Harmonisierungen schließt dies aber eine Prüfung nicht aus, inwieweit tatsächlich Gleichwertigkeit besteht. Im Raum der Freiheit, der Sicherheit und des Rechts klingt ebenfalls ein vorgefundenes Vertrauen auf die Gleichwertigkeit, hier vor allem der mitgliedstaatlichen Rechtssysteme an. Dennoch wurden durch den Unionsgesetzgeber von vornherein flankierend zu Anerkennungserleichterungen unter anderem Mindeststandards verfahrensrechtlicher Art in Aussicht genommen. Die Sensibilität für die Erforderlichkeit vertrauensstärkender Maßnahmen ist inzwischen weiter gewachsen. Damit wird eingestanden, dass das zunächst lediglich vorausgesetzte Vertrauen ohne unionsrechtliche Absicherung gerade nicht beliebig weitgehende Anerkennungserleichterungen zu tragen vermag.

D. Politikübergreifend: Gegenseitige Anerkennung in gegenseitigem Vertrauen

In der Rechtsprechung zum Raum der Freiheit, der Sicherheit und des Rechts findet sich der Begriff des gegenseitigen Vertrauens verstärkt erst im Anschluss an dessen Verwendung in politischen Leitlinien und sekundärrechtlichen Be-

---

339 Stockholmer Programm, 17024/09, S. 5; Aktionsplan KOM(2010) 171 endg., S. 4, 9; KOM(2011) 551 endg., S. 6; Art. 3 VO (EU) Nr. 1382/2013; KOM(2014) 144 endg., S. 3 f.; Europäischer Rat, 26./27.6.2014, EUCO 79/14, S. 5; sowie die Arbeitsprogramme KOM(2014) 910 endg., S. 10; KOM(2015) 610 endg., S. 12 f.; KOM(2016) 710 endg., S. 13 f. Vgl. EuGH, Gutachten 2/13 v. 18.12.2014, Rn. 191.

340 KOM(2003) 606 endg., S. 5; KOM(2010) 573 endg., S. 10; KOM(2014) 158 endg., S. 2.

strebungen. Konkret geht es bei diesen Bestrebungen in der justiziellen Zusammenarbeit um die Vereinfachung der Überwindung innerunional fortbestehender Rechtsgrenzen durch gegenseitige Anerkennung, in deren Kontext bereits im Binnenmarkt Vertrauen Bedeutung erlangt hatte. Dass mit diesem Vertrauen im Raum der Freiheit, der Sicherheit und des Rechts auch eine Vermutung der Grundrechtswahrung angesprochen wird, ist in der justiziellen Zusammenarbeit in engem Zusammenhang mit dem zwischenzeitlich angestrebten Verzicht auf *ordre public*-Vorbehalte zu sehen: Wird die Abschaffung eines Instruments in Aussicht genommen, das bei der Anerkennung ausländischer Entscheidungen typischerweise dem Grundrechtsschutz dient, wird den Mitgliedstaaten Vertrauen auf das anderweitige Bestehen hinreichenden Schutzes abverlangt. Die Heranziehung gegenseitigen Vertrauens durch den Gerichtshof in Bezug auf das Dublin-System illustriert aber, dass derselbe Gedanke auch an anderen Berührungspunkten der mitgliedstaatlichen Rechtsordnungen relevant werden kann.

Trotz Gleichwertigkeitspostulats wurden in der justiziellen Zusammenarbeit durch den Unionsgesetzgeber von vornherein Mindeststandards zur Ergänzung der Anerkennungserleichterung angestrebt, gegenseitiges Vertrauen allein also nicht für ausreichend erachtet. Die Notwendigkeit ergänzender Maßnahmen steht nunmehr deutlich stärker im Fokus, während ein Abbau sämtlicher Anerkennungshindernisse in den Hintergrund gerückt ist. Angesichts dieser zunehmenden Vorbehalte gegenüber der Vorbehaltlosigkeit bei der Rechtsetzung ist umso bemerkenswerter, dass der EuGH den Mitgliedstaaten untereinander Vertrauen in die Grundrechtswahrung auch bei nur fragmentarischer Determinierung ihres jeweiligen Verhaltens abverlangt. Im Einzelfall soll eine Überprüfung auf die tatsächliche Grundrechtseinhaltung nicht mehr zulässig sein – abgesehen von bislang nicht abschließend ausgeleuchteten Ausnahmefällen.

Zweiter Teil

Mitgliedstaatliche Zusammenarbeit und ihre ausnahmsweise Versagung im grundrechtlichen Mehrebenensystem

Dieses Vertrauen in die Wahrung der Unionsgrundrechte durch die anderen Mitgliedstaaten wird hier nun eingehender betrachtet: Es wird nachvollzogen, auf welcher Grundlage zumindest unter bestimmten Umständen ein Gebot wie das vom EuGH angenommene begründet werden kann, von unionsgrundrechtlicher Überprüfung des Verhaltens eines anderen Mitgliedstaats grundsätzlich Abstand zu nehmen. Präziser ausgedrückt, geht es um ein Gebot, die grundrechtliche Zulässigkeit des eigenen Verhaltens nicht aufgrund vermeintlich unzureichenden Schutzes in einem anderen Staat anzuzweifeln. Erst hierauf aufbauend sind Erwägungen zum Verlauf der von der Rechtsprechung bislang nicht vollumfänglich geklärten Grenzen des gegenseitigen Vertrauens in unionsgrundrechtskonformes Verhalten anderer Mitgliedstaaten möglich.

Wie eingangs angedeutet, kann eine unionsrechtliche Betrachtung aber kaum allein stehen, da neben den Unionsgrundrechten auch die EMRK, wie bei Anerkennung und Vollstreckung in Deutschland das Grundgesetz eine Versagung der Zusammenarbeit mit einem anderen EU-Mitgliedstaat gebieten können. Der in der jüngeren Rechtsprechung verstärkte Rückgriff des EuGH auf einen Grundsatz des gegenseitigen Vertrauens lässt in den Fokus rücken, inwieweit die beiden anderen Grundrechtsebenen eine Versagung möglicherweise dort gebieten können, wo das Unionsrecht eine solche nicht zulässt. Auch dies soll hier einbezogen werden, zumal im Lichte der Reaktionen auf den unionsrechtlichen Vertrauensgrundsatz in der Rechtsprechung von EGMR und Bundesverfassungsgericht. Die Grundlage hierfür bietet jeweils ein exemplarischer Blick darauf, wo jenseits unionsrechtlich zwingender Vorgaben unter diesen beiden Grundrechtsordnungen in der Praxis die Grenze gezogen wird, bei deren Überschreitung eine Versagung der Zusammenarbeit geboten ist. Interessant ist dabei, inwiefern auch in der Rechtsprechung des EGMR und des Bundesverfassungsgerichts bei innerunionaler Kooperation die unter Umständen vielfältigen Bindungen des anderen Mitgliedstaats in Rechnung gestellt werden.

Betrachtet werden Konstellationen wie diejenige, in der der EuGH erstmals explizit den Grundsatz des gegenseitigen Vertrauens zur Begründung einer Abstandnahme von unionsgrundrechtlicher Überprüfung herangezogen hat: Es wird der Fall in den Blick genommen, dass Deutschland in der justiziellen Zusammenarbeit aufgrund zwingenden Sekundärrechts zur Anerkennung und Vollziehung der Entscheidung aus einem anderen Mitgliedstaat verpflichtet ist, ohne sekundärrechtlich die Möglichkeit zu einer Versagung mit Blick auf ein schon erfolgtes oder noch befürchtetes Verhalten des Ursprungsstaats zu besitzen. Es interessiert also die Konstellation, in der Deutschland über eine Anerkennung hinaus gleichsam als „Vollstrecker" berufen ist. Sie zeichnet sich nicht allein durch die Einwirkung einer ausländischen Entscheidung in die grundgesetzliche Rechtsordnung, sondern auch dadurch aus, dass die deutsche Gewalt quasi auf fremdes Geheiß in ihrer eigenen Ordnung dem Einzelnen, unter Umständen mit hoheitlichem Zwang, gegenübertritt, um die Entscheidung aus einem anderen Mitgliedstaat zu vollziehen. Sie wird weiter dadurch charakterisiert, dass das Unionsrecht die Kooperation zwingend vorsieht und zu regeln beansprucht, ob von ihr abgesehen werden darf.

Dabei wird die Funktion des „Vollstreckers" weit verstanden; sie umfasst hier alle Fälle der Rechtshilfe im weitesten Sinne bei der Umsetzung einer Entscheidung mit vollzugsfähigem und -bedürftigem Inhalt; dies muss nicht notwendig eine gerichtliche[1] oder verfahrensabschließende Entscheidung betreffen. Es muss nicht wie nach den vorbehaltlosen Verordnungen der justiziellen Zusammenarbeit in Zivilsachen um die Vollstreckung einer unmittelbar anzuerkennenden und vollstreckbaren Entscheidung gehen; ausreichend ist vielmehr, wenn es noch einer formal deutschen Anerkennung und gegebenenfalls Vollstreckbarerklärung bedarf, damit im konkreten Fall aber keine sekundärrechtliche Möglichkeit zur Versagung der Kooperation in Anknüpfung an das Verhalten des anderen Mitgliedstaats einhergeht. Betrachtet werden allerdings nur Fälle, in denen die Vollzugshandlung in der deutschen Rechtsordnung durch die formal deutsche Gewalt vorgenommen wird. Diese Vollziehung kann zu einer Verbringung des Einzelnen aus der deutschen in die Rechtsordnung eines anderen Mitgliedstaats führen, wie etwa bei der Vollstreckung Europäischer Haftbefehle oder nach der Brüssel IIa-Verordnung bestätigter Kindesrückführungs- oder Umgangsentscheidungen;[2] dies muss aber nicht die Folge sein.

---

[1] Zur Justizbehörde im RB 2002/584/JI EuGH, Urteil v. 10.11.2016, Rs. C-452/16 PPU, Poltorak, Rn. 33; EuGH, Urteil v. 10.11.2016, Rs. C-477/16 PPU, Kovalkovas, Rn. 34.

[2] Bei der HKÜ-Rückführung ungeachtet des Umstands, dass das Kind nicht etwa auf staatliches Ersuchen überstellt wird, BVerfG NJW 1996, 3145 (3145 f.).

Die hier erörterten Fragen können über die betrachteten „Vollstrecker"-Konstellationen hinaus immer dort relevant werden, wo das Unionsrecht ein grundsätzliches Ineinandergreifen mitgliedstaatlicher Beiträge vorsieht und die Unionsgrundrechte Bindung und Vorrang in der Frage etwaiger Ausnahmen hiervon beanspruchen. Ein solcher Fall liegt insbesondere bei anderen Formen sekundärrechtlich zwingend vorgesehener Zusammenarbeit ohne eröffneten Versagungsspielraum vor. Er liegt auch dort vor, wo Versagungsvorbehalte spezifisch an eine bei Kooperation drohende *Unions*grundrechtsverletzung anknüpfen.[3] Je nach Vornahme der Weichenstellungen im grundrechtlichen Mehrebenensystem besitzt die Problematik sogar in sekundärrechtlich belassenen Spielräumen Relevanz: Dies gilt zunächst, wenn mit dem Europäischen Gerichtshof auch in solchen Spielräumen eine Durchführung des Unionsrechts i. S. d. Art. 51 Abs. 1 S. 1 GRC und damit eine mitgliedstaatliche Bindung an die Unionsgrundrechte für möglich gehalten,[4] zugleich aber der Rückgriff über Art. 53 GRC auf einen der Zusammenarbeit kritischer gegenüberstehenden nationalen Grundrechtsschutz versagt wird.[5] Sogar wo das Sekundärrecht nicht nur einen Spielraum belässt, sondern in diesem ausdrücklich auf die mitgliedstaatliche öffentliche Ordnung verweist, mag die Bestimmung der Grenzen eines solchen Vorbehalts durch den EuGH dazu führen, dass eine Versagung unions(-grund-)rechtskonform nicht vorgenommen werden können soll, obwohl sie nach nationalem Recht geboten wäre.[6] Auch dann erlangen die folgenden Überlegungen jeweils Relevanz, auch wenn sich die Betrachtung im Rahmen dieser Arbeit auf „Vollstrecker"-Konstellationen im oben beschriebenen Sinne beschränkt. Obwohl hier verschiedentlich Spezifika innerunional grenzüberschreitender Anerkennung und Vollstreckung in den Blick genommen werden, sind die angestellten Überlegungen daher zumindest in ihren Grundstrukturen übertragbar.

Die Erschließung der Thematik wird hier mit einem Seitenblick auf die Europäische Menschenrechtskonvention begonnen (A.), bevor auf die unionsrechtliche Lage eingegangen (B.) und schließlich das deutsche Verfassungsrecht eingehend gewürdigt wird (C.).

---

[3] Hierzu erneut die Nachweise Erster Teil Fn. 165; zum unter Umständen verpflichtenden Gebrauch von fakultativen Versagungsgründen in RB 2002/584/JI EuGH, Urteil v. 28.6.2012, Rs. C-192/12, West, Rn. 68; vgl. *Wischmeyer,* GLJ 17 (2016), 339 (377 ff.).

[4] Hierzu erneut die Nachweise oben Erster Teil Fn. 189 und S. 104 ff.

[5] Skizziert unten S. 150 ff.

[6] Zu den Vorbehalten in der justiziellen Zusammenarbeit in Zivilsachen erneut die Nachweise oben Erster Teil Fn. 86, zu ihrer Europäisierung S. 23 ff.

A. Seitenblick: Innerunionale Zusammenarbeit aus Perspektive der EMRK

Zunächst sei beleuchtet, welche Vorgaben und Grenzen sich unter der Europäischen Menschenrechtskonvention für die unionsrechtlich angeordnete Vollziehung der Entscheidung eines anderen Mitgliedstaats der Europäischen Union ergeben. Hierzu wird eingangs veranschaulicht, wann unter der Konvention in Abhängigkeit vom Grundrechtsschutz im Kooperationsstaat von einer Zusammenarbeit abzusehen sein kann (I.). Sodann wird der Frage nachgegangen, inwiefern auch unter der EMRK Erwägungen Bedeutung besitzen, wie sie durch den Gerichtshof der Europäischen Union für den unionsrechtlichen Vertrauensgrundsatz impliziert werden (II.). Erst auf dieser Grundlage kann schließlich beurteilt werden, welche Grenzen sich aus dem Konventionsrecht für die innerunional zwingende Zusammenarbeit ergeben (III.).

I. Illustration hoher Versagungsschwelle bei zwischenstaatlicher Zusammenarbeit

Den Ausgangspunkt für eine Betrachtung unter der Konvention bietet ein Verständnis von Art. 1 EMRK in Sachverhalten mit Auslandsberührung, nach dem weder die inländische Vollziehung einer ausländischen Entscheidung[7] noch ein Verhalten mit Wirkungen außerhalb des eigenen Hoheitsgebiets von dem Begriff der vertragsstaatlichen Hoheitsgewalt im Sinne dieser Norm ausgeschlossen sind.[8]

Unter den Rechten der Konvention kann vielmehr sowohl die Anerkennung und Vollstreckung ausländischer Urteile eine Verletzung darstellen[9] als auch die Entfernung aus dem eigenen Hoheitsgebiet;[10] letzteres knüpft an eine grundrechtsgefährdende Beitragsleistung zu der in einer anderen Rechtsordnung dro-

---

[7] Vgl. EGMR, Urteil v. 20.7.2004, K. / Italien, Nr. 38805/97, § 21.

[8] EGMR, Urteil v. 7.7.1989, Soering / Vereinigtes Königreich, Nr. 14038/88, § 86; EGMR, Urteil v. 26.6.1992, Drozd und Janousek / Frankreich und Spanien, Nr. 12747/87, § 91; in anderem Kontext EGMR, Urteil v. 20.11.2014, Jaloud / Niederlande, Nr. 47708/08, § 139.

[9] EGMR, Urteil v. 20.7.2001, Pellegrini / Italien, Nr. 30882/96, §§ 47 f.; im konkreten Fall verneint in EGMR, Urteil v. 26.6.1992, Drozd und Janousek / Frankreich und Spanien, Nr. 12747/87, §§ 110 f.; offener hingegen EGMR, Entscheidung v. 15.1.2004, Lindberg / Schweden, Nr. 48198/99, S. 12 f. S. umgekehrt aber auch EGMR, Urteil v. 28.6.2007, Wagner und J.M.W.L. / Luxemburg, Nr. 76240/01, §§ 97 f., 135 f.

[10] Hierzu nur EGMR, Urteil v. 7.7.1989, Soering / Vereinigtes Königreich, Nr. 14038/88, §§ 85, 88; EGMR, Urteil v. 4.2.2005, Mamatkulov und Askarov / Türkei, Nr. 46827/99 und 46951/99, § 67; EGMR, Urteil v. 28.2.2008, Saadi / Italien, Nr. 37201/06, § 126; EGMR, Urteil v. 11.10.2011, Auad / Bulgarien, Nr. 46390/10, §§ 68, 96; EGMR, Urteil v. 23.2.2016, Nasr

henden Behandlung an. Jeweils geht es um eine insofern indirekte Wirkung der Konventionsrechte, als sich die Verantwortlichkeit in Anknüpfung an das Verhalten einer ausländischen Gewalt jenseits des eigenen Hoheitsgebiets ergibt, der zu bestimmten Verhaltensweisen nicht die Hand gereicht werden dürfe[11] – hierbei handelt es sich um eine Übersetzung der vom EGMR gebrauchten Formulierung, die auch in die Rechtsprechung des Bundesverfassungsgerichts Eingang gefunden hat.[12] Das Konventionsrecht kann jeweils also eine Versagung in Abhängigkeit vom Grundrechtsschutzniveau im Ausland gebieten,[13] hinsichtlich dessen sich die Vertragsstaaten damit zu vergewissern haben.[14] In Bezug auf zukünftige Sachverhalte ist dies notwendig mit einer prognostischen Bewertung verbunden.[15]

Obwohl es eine Verantwortlichkeit nicht schlechthin ausschließt, spielt das solchen Sachverhalten gemeinsame grenzüberschreitende Element allerdings durchaus eine Rolle:

---

und Ghali / Italien, Nr. 44883/09, § 245; sowie etwa EGMR, Urteil v. 1.3.2016, Kholmurodov / Russland, Nr. 58923/14, § 59.

[11] Zu dieser indirekten Verantwortlichkeit (im Kontrast zu direkter bei extraterritorialem Verhalten) insbesondere *Matscher,* in: FS Kollhosser, S. 427 ff., etwa auch bereits mit Fassung der Formel aus EGMR, Urteil v. 26.6.1992, Drozd und Janousek / Frankreich und Spanien, Nr. 12747/87, § 110 („doivent toutefois se garder d'apporter leur concours", hierzu im zustimmenden Sondervotum des Richters *Matscher,* S. 31 f.) als ein Verbot, Konventionsverletzungen durch andere Staaten „die Hand zu reichen", S. 429 f.; zuvor in der Sache bereits *Matscher,* in: FS Neumayer, S. 459 (476 f.); *Geimer,* ZfRV 1992, 401 (407 ff.); zum Exequatur *Schilling,* IPRax 2011, 31 (33).

[12] Unten S. 185 ff. und S. 262 ff.

[13] S. nur EGMR, Urteil v. 26.6.1992, Drozd und Janousek / Frankreich und Spanien, Nr. 12747/87, § 110; EGMR, Urteil v. 21.1.2011, M.S.S. / Belgien und Griechenland, Nr. 30696/09, § 340; EGMR, Urteil v. 4.11.2014, Tarakhel / Schweiz, Nr. 29217/12, § 90; EGMR, Entscheidung v. 4.5.2010, Stapleton / Irland, Nr. 56588/07, §§ 23 ff.; EGMR, Entscheidung v. 1.2.2011, Mann / Portugal und Vereinigtes Königreich, Nr. 360/10, S. 9 f.

[14] Wiederum EGMR, Urteil v. 26.6.1992, Drozd und Janousek / Frankreich und Spanien, Nr. 12747/87, § 110; daneben etwa EGMR, Urteil v. 20.7.2001, Pellegrini / Italien, Nr. 30882/96, § 40; EGMR, Entscheidung v. 5.7.2007, Saccoccia / Österreich, Nr. 69917/01, S. 17; Urteil v. 6.6.2013, Mohammed / Österreich, Nr. 2283/12, § 93; EGMR, Urteil v. 5.12.2013, Sharifi / Österreich, Nr. 60104/08, § 30; EGMR, Urteil v. 7.5.2014, Safaii / Österreich, Nr. 44689/09, § 41; EGMR, Entscheidung v. 18.3.2014, Ignaoua u. a. / Vereinigtes Königreich, Nr. 46706/08, §§ 52 ff.

[15] Vgl. zu den sich unter Art. 3 EMRK ergebenden Beurteilungsschwierigkeiten EGMR, Urteil v. 17.1.2012, Harkins und Edwards / Vereinigtes Königreich, Nr. 9146/07 und 32650/07, §§ 122, 130; EGMR, Urteil v. 10.4.2012, Babar Ahmad u. a. / Vereinigtes Königreich, Nr. 24027/07, 11949/08, 36742/08/66911/09 und 67543/09, §§ 170, 178. Zur Zukunftsbezogenheit von Vertrauen *Luhmann,* Vertrauen, etwa S. 9, 19, 23 f., 27; vgl. zum Unionsrecht *Schwarz,* Grundlinien der Anerkennung, S. 349 f.

Dies ist zunächst insofern der Fall, als bei Auslegung der Konventionsverpflichtungen andere völkervertragliche Regelungen zwischen den betroffenen Staaten einzubeziehen sind, zwischen den Mitgliedstaaten der Europäischen Union auch das Unionsrecht.[16] Es ist bei einem Auslandsbezug nach der Rechtsprechung aber auch der Inhalt des konventionsrechtlich Gebotenen modifiziert, denn eine Versagung zwischenstaatlicher Kooperation wird nicht stets bereits dann als erforderlich erachtet, wenn jenseits des eigenen Hoheitsgebiets eine Behandlung erfolgt ist oder droht, die bei innerstaatlicher Vornahme durch den Vertragsstaat gegen die Konvention verstieße.[17] Trotz des als absolut hervorgehobenen Schutzanspruchs[18] wird dies auch für das Recht aus Art. 3 EMRK angenommen.[19]

Im Falle einer Kooperation mit Nichtvertragsstaaten steht im Hintergrund einer modifizierten Wirkung von Konventionsrechten die Erwägung, eine im Grundsatz wünschenswerte und mitunter im wohlverstandenen Interesse des Betroffenen liegende Zusammenarbeit, die durch die Konvention auch nicht habe unterbunden werden sollen, würde anderenfalls zu sehr erschwert.[20] Die

[16] So in stRspr. Einbeziehung des HKÜ bei Auslegung von Art. 8 EMRK, etwa in EGMR, Urteil v. 25.1.2000, Ignaccolo-Zenide / Rumänien, Nr. 31679/96, § 95; EGMR, Urteil v. 6.7.2010, Neulinger und Shuruk / Schweiz, Nr. 41615/07, § 132; EGMR, Urteil v. 26.11.2013, X. / Lettland, Nr. 27853/09, §§ 92 f.; EGMR, Urteil v. 21.7.2015, Frisancho Perea / Slowakei, Nr. 383/13, § 61; zu anderen völkerrechtlichen Bindungen etwa EGMR, Urteil v. 21.6.2016, Al-Dulimi und Montana Management Inc. / Schweiz, Nr. 5809/08, § 134, m.w.N. Mit Berücksichtigung der Brüssel IIa-VO EGMR, Urteil v. 26.7.2011, Shaw / Ungarn, Nr. 6459/09, § 68; EGMR, Urteil v. 28.10.2014, Cavani / Ungarn, Nr. 5493/13, § 53; vgl. auch EGMR, Entscheidung v. 20.10.2015, K.H. / Polen, Nr. 6809/14, § 32. Vgl. auch Art. 31 Abs. 3 Buchst. c WVK.

[17] S. nur EGMR, Urteil v. 7.7.1989, Soering / Vereinigtes Königreich, Nr. 14038/88, § 86; EGMR, Urteil v. 26.6.1992, Drozd und Janousek / Frankreich und Spanien, Nr. 12747/87, § 110; EGMR, Urteil v. 24.10.1995, Iribarne Pérez / Frankreich, Nr. 16462/90, § 29; EGMR, Urteil v. 17.1.2012, Othman (Abu Qatada) / Vereinigtes Königreich, Nr. 8139/09, § 260; EGMR, Entscheidung v. 8.1.2013, Willcox und Hurford / Vereinigtes Königreich, Nr. 43759/10 und 43771/12, § 95.

[18] EGMR, Urteil v. 7.7.1989, Soering / Vereinigtes Königreich, Nr. 14038/88, § 88; EGMR, Urteil v. 15.11.1996, Chahal / Vereinigtes Königreich, Nr. 22414/03, § 79 f.; EGMR, Urteil v. 28.2.2008, Saadi / Italien, Nr. 37201/06, §§ 127, 138; EGMR, Urteil v. 15.12.2016, Khlaifia / Italien, Nr. 16483/12, § 185, auch § 158 zum Würdebezug des Rechts aus Art. 3 EMRK, wie zuvor EGMR, Urteil v. 28.9.2015, Bouyid / Belgien, Nr. 23380/09, §§ 81, 90. Zum Ganzen *Meyer-Ladewig/Lehnert,* in: Meyer-Ladewig/Nettesheim/v. Raumer, Art. 3 Rn. 1, 67.

[19] EGMR, Urteil v. 17.1.2012, Harkins und Edwards / Vereinigtes Königreich, Nr. 9146/07 und 32650/07, § 129; EGMR, Urteil v. 10.4.2012, Babar Ahmad u. a. / Vereinigtes Königreich, Nr. 24027/07, 11949/08, 36742/08/66911/09 und 67543/09, § 177; allerdings keine Abwägung gegen Gemeinschaftsinteressen, EGMR, Urteil v. 28.2.2008, Saadi / Italien, Nr. 37201/06, § 138.

[20] EGMR, Urteil v. 26.6.1992, Drozd und Janousek / Frankreich und Spanien, Nr. 12747/87,

EMRK zwinge daher nicht, Drittstaaten gegenüber Konventionsmaßstäbe anzulegen.[21]

Erfolgt die Zusammenarbeit demgegenüber, wie hier, ausschließlich unter EMRK-Vertragsstaaten, greift diese Erwägung nicht; in diesem Fall würde der ebenfalls konventionsgebundene Kooperationspartner nur an seinen Verpflichtungen gemessen. Auch hier wird an die Zusammenarbeit aber nicht der Maßstab angelegt, der für die Konventionsstaaten in rein internen Sachverhalten gilt.[22]

Bevor darauf eingegangen wird, inwiefern der Umstand innerunionaler Kooperation Berücksichtigung in der Straßburger Rechtsprechung findet,[23] seien hier die konventionsrechtlichen Erwägungen illustriert, die bislang bei der Frage einer Kooperationsversagung im Vordergrund standen. Dazu wird zunächst skizziert, wann aus materiellrechtlichen Erwägungen die Entfernung vom Hoheitsgebiet mit Art. 3 EMRK unvereinbar sein kann (1.). Daneben wird betrachtet, inwiefern einer solchen Verbringung verfahrensrechtliche Erwägungen entgegenstehen können; ebenfalls aus verfahrensrechtlichen Gründen kann Art. 6 Abs. 1 EMRK der Vollstreckung einer ausländischen Entscheidung in Abhängigkeit von der Gestaltung des ausländischen Verfahrens entgegenstehen (beides unter 2.). Auch wenn es in den hier betrachteten Fällen nicht stets zu einer Entfernung aus dem eigenen Hoheitsgebiet kommt, verspricht der konventionsrechtliche Umgang mit einer solchen Entfernung insofern Erkenntnisse, als es dabei um eine in die Zukunft gerichtete Betrachtung ausländischen Schutzes geht, wie sie auch bei unionsrechtlich vermittelter Zirkulationsfähigkeit von Entscheidungen unterschiedlicher Verfahrensstadien relevant werden kann.

---

§ 110; EGMR, Entscheidung v. 6.12.2005, Eskinazi und Chelouche / Türkei, Nr. 14600/05, S. 32; EGMR, Entscheidung v. 8.1.2013, Willcox und Hurford / Vereinigtes Königreich, Nr. 43759/10 und 43771/12, §§ 76, 79, 94. Vgl. EGMR, Urteil v. 7.7.1989, Soering / Vereinigtes Königreich, Nr. 14038/88, § 86.

[21] Wiederum EGMR, Urteil v. 26.6.1992, Drozd und Janousek / Frankreich und Spanien, Nr. 12747/87, § 110; EGMR, Entscheidung v. 8.1.2013, Willcox und Hurford / Vereinigtes Königreich, Nr. 43759/10 und 43771/12, § 94; daneben nur EGMR, Urteil v. 17.1.2012, Harkins und Edwards / Vereinigtes Königreich, Nr. 9146/07 und 32650/07, § 129; EGMR, Urteil v. 10.4.2012, Babar Ahmad u. a. / Vereinigtes Königreich, Nr. 24027/07, 11949/08, 36742/08/66911/09 und 67543/09, § 177. Mit Hinweis auf Unzulässigkeit eines *déni de justice flagrant* unabhängig von der EMRK-Bindung, EGMR, Entscheidung v. 6.12.2005, Eskinazi und Chelouche / Türkei, Nr. 14600/05, S. 32; EGMR, Urteil v. 6.12.2007, Maumousseau und Washington / Frankreich, Nr. 39388/05, § 99. Zu Art. 3 EMRK vgl. Art. 2 Antifolterkonvention.

[22] Zu Abstufungen bei verfahrensrechtlichen Vorgaben sogleich S. 73 ff.

[23] Zur Berücksichtigung (insbesondere konventions- und unions-)rechtlicher Bindungen des Kooperationsstaats unten S. 79 ff.

1. Versagung bei drohender Folter, unmenschlicher oder erniedrigender Behandlung oder Strafe bei Entfernung aus dem Hoheitsgebiet

Wenngleich weder die Konvention noch ihre Protokolle ein Verbot der Auslieferung[24] oder ein Recht auf Asyl[25] enthalten, kann eine Entfernung vom eigenen Hoheitsgebiet in materiellrechtlicher Hinsicht insbesondere gegen Art. 3 EMRK verstoßen,[26] und zwar auch bei der Zusammenarbeit mit anderen Unionsmitgliedstaaten.[27]

Dies ist dann der Fall, wenn substanzielle Gründe für die Annahme bestehen, dass dem Betroffenen nach Überstellung im Ausland eine echte Gefahr unmenschlicher oder erniedrigender Behandlung droht.[28] Für deren Einschätzung sind die vorhersehbaren Folgen einer Entfernung im Lichte der allgemeinen Si-

---

[24] S. nur EGMR, Urteil v. 7.7.1989, Soering / Vereinigtes Königreich, Nr. 14038/88, § 85; EGMR, Entscheidung v. 17.2.2009, Gasayev / Spanien, Nr. 48514/06, S. 8.

[25] Hierzu nur EGMR, Urteil v. 15.11.1996, Chahal / Vereinigtes Königreich, Nr. 22414/03, § 73; EGMR, Urteil v. 4.2.2005, Mamatkulov und Askarov / Türkei, Nr. 46827/99 und 46951/99, § 66; EGMR, Urteil v. 14.2.17, Allanazarova / Russland, Nr. 46721/15, § 67.

[26] Daneben EGMR, Entscheidung v. 17.2.2009, Gasayev / Spanien, Nr. 48514/06, S. 7 zum möglichen Verstoß gegen Art. 2 EMRK; EGMR, Urteil v. 17.1.2012, Othman (Abu Qatada) / Vereinigtes Königreich, Nr. 8139/09, §§ 231 ff. zum möglichen Verstoß gegen Art. 5 EMRK (offen in EGMR, Entscheidung v. 14.10.2003, Tomic / Vereinigtes Königreich, Nr. 17837/03, S. 11); zu Art. 3 und 5 EMRK EGMR, Urteil v. 23.2.2016, Nasr und Ghali / Italien, Nr. 44883/09, § 244; zu Art. 2 und 3 EMRK EGMR, Urteil v. 23.3.2016, F.G. / Schweden, Nr. 43611/11, § 110.

[27] Hierzu vor allem EGMR, Urteil v. 21.1.2011, M.S.S. / Belgien und Griechenland, Nr. 30696/09, §§ 338 ff. Unter Art. 3 EMRK zur Überstellung in Vertragsstaaten *Hoppe,* Eilrechtsschutz gegen Dublin II-Überstellungen, S. 100 ff.; speziell zum Dublin-System, S. 107 ff.

[28] Grundlegend EGMR, Urteil v. 7.7.1989, Soering / Vereinigtes Königreich, Nr. 14038/88, §§ 88, 91 (vgl. aber zuvor bereits EKMR, Entscheidung v. 2.12.1986, K. und F. / Niederlande, Nr. 12543/86, Nr. 1); daneben aus stRspr. nur EGMR, Urteil v. 15.11.1996, Chahal / Vereinigtes Königreich, Nr. 22414/03, § 74; EGMR, Urteil v. 28.2.2008, Saadi / Italien, Nr. 37201/06, §§ 125, 140; EGMR, Urteil v. 21.1.2011, M.S.S. / Belgien und Griechenland, Nr. 30696/09, § 365 (dort §§ 252 ff., 368 f. dazu, dass ein Verstoß auch in den Lebensbedingungen begründet sein kann); EGMR, Urteil v. 4.11.2014, Tarakhel / Schweiz, Nr. 29217/12, § 93, mit §§ 65 ff. zu den Lebensbedingungen; EGMR, Urteil v. 23.3.2016, F.G. / Schweden, Nr. 43611/11, § 111; EGMR, Urteil v. 14.2.17, Allanazarova / Russland, Nr. 46721/15, § 67. Dazu, dass dies bei jeder Art der Entfernung und jeder unmenschlichen Behandlung gilt, EGMR, Urteil v. 17.1.2012, Harkins und Edwards / Vereinigtes Königreich, Nr. 9146/07 und 32650/07, §§ 119 ff. sowie EGMR, Urteil v. 10.4.2012, Babar Ahmad u.a. / Vereinigtes Königreich, Nr. 24027/07, 11949/08, 36742/08/66911/09 und 67543/09, §§ 167 ff. Dazu, dass dies auch bei drohender Weiterschiebung gilt, nur etwa EGMR, Entscheidung v. 7.3.2000, T.I. / Vereinigtes Königreich, Nr. 43844/98, S. 15 und EGMR, Urteil v. 7.5.2014, Safaii / Österreich, Nr. 44689/09, § 41. Zum Ganzen knapp *Meyer-Ladewig/Lehnert,* in: Meyer-Ladewig/Nettesheim/v. Raumer, Art. 3 Rn. 64 f.; vgl. Art. 3 der Antifolterkonvention.

tuation im jeweiligen Ausland, aber auch der besonderen Umstände des Betroffenen relevant.[29] Trotz Betonung des Gerichtshofs, nicht alle Vorgaben aus Art. 3 EMRK seien im grenzüberschreitenden Verkehr durchzusetzen,[30] schlägt sich eine etwaige Modifizierung nicht bereits in der abstrakt gefassten Versagungsschwelle nieder.

Dabei kommt vergangenen Misshandlungen, die der Betroffene erlitten zu haben angibt und die mit glaubhaften Informationen über den Staat in Einklang stehen, Indizcharakter zu.[31] Die Person trägt hinsichtlich einer echten Gefahr der befürchteten Rechtsverletzung im Ausland grundsätzlich die Darlegungslast, bei deren Erfüllung es daraufhin am Vertragsstaat ist, die dadurch begründeten Zweifel an der Zulässigkeit der Kooperation zu entkräften.[32]

2. Versagung jedenfalls bei ausländischem déni de justice flagrant

Eine Entfernung aus dem eigenen Hoheitsgebiet und auch die innerstaatliche Anerkennung, Vollstreckbarerklärung und Vollstreckung eines ausländischen Titels durch einen Konventionsstaat können daneben aus Erwägungen mit der EMRK unvereinbar sein, die im ausländischen Verfahren begründet liegen. Eine Kooperation stellt sich zumindest bei einem im Ausland erlittenen oder zu be-

---

[29] Hierzu nur EGMR, Urteil v. 28.2.2008, Saadi / Italien, Nr. 37201/06, § 130; EGMR, Entscheidung v. 4.5.2010, Stapleton / Irland, Nr. 56588/07, § 25; EGMR, Urteil v. 11.10.2011, Auad / Bulgarien, Nr. 46390/10, § 99; EGMR, Urteil v. 6.6.2013, Mohammed / Österreich, Nr. 2283/12, § 95; EGMR, Urteil v. 25.3.2014, M.G. / Bulgarien, Nr. 59297/12, § 79; EGMR, Urteil v. 3.7.2014, Mohammadi / Österreich, Nr. 71932/12, § 62; EGMR, Urteil v. 23.3.2016, F.G. / Schweden, Nr. 43611/11, § 114; EGMR, Entscheidung v. 16.10.2001, Einhorn / Frankreich, Nr. 71555/01, § 26. Zusammenfassend zu den Kriterien unter Art. 3 EMRK EGMR, Urteil v. 23.8.2016, J.K. / Schweden, Nr. 59166/12, §§ 77 ff.; EGMR, Urteil v. 13.10.2016, B.A.C. / Griechenland, Nr. 11981/15, § 60.

[30] S. erneut die Nachweise oben Zweiter Teil Fn. 19.

[31] In Fällen außerhalb des Konventionsgebiets drohender Gefahr, EGMR, Urteil v. 23.8.2016, J.K. / Schweden, Nr. 59166/12, §§ 99 ff. m. w. N. (s. hierzu aber auch das insoweit abweichende Sondervotum des Richters *Ranzoni,* S. 62 ff.); nachfolgend EGMR, Urteil v. 13.10.2016, B.A.C. / Griechenland, Nr. 11981/15, § 63.

[32] EKMR, Entscheidung v. 11.11.1995, Popescu und Cucu / Frankreich, Nr. 18152/95, 28153/95, S. 4; EGMR, Urteil v. 28.2.2008, Saadi / Italien, Nr. 37201/06, § 129 (hingegen „shadow of a doubt" ausreichend nach dem zustimmenden Sondervotum des Richters *Zupančič,* S. 48 f.); EGMR, Urteil v. 11.10.2011, Auad / Bulgarien, Nr. 46390/10, § 96; EGMR, Urteil v. 25.3.2014, M.G. / Bulgarien, Nr. 59297/12, § 78; EGMR, Urteil v. 1.3.2016, Kholmurodov / Russland, Nr. 58923/14, § 62; EGMR, Urteil v. 23.8.2016, J.K. / Schweden, Nr. 59166/12, §§ 91 ff.; EGMR, Urteil v. 14.2.17, Allanazarova / Russland, Nr. 46721/15, § 71; vgl. EGMR, Urteil v. 7.12.2017, D.L. / Österreich, Nr. 34999/16, §§ 63 ff. zu den Schwierigkeiten einer solchen Darlegung in Ermangelung bestätigender, unabhängiger Berichte. Zur ausnahmsweise von Amts wegen gebotenen Prüfung unten Zweiter Teil bei Fn. 82, 83.

fürchtenden *déni de justice flagrant*, einer offensichtlichen Justizverweigerung, als unzulässig dar.[33] Dabei ist die Wahrung der so bezeichneten grundlegenden Anforderungen an ein faires Verfahren nicht nur im Anwendungsbereich von Art. 6 Abs. 1 EMRK erforderlich. Obwohl die Norm zwar auf die Anerkennung und Vollstreckbarerklärung ausländischer zivilgerichtlicher Urteile,[34] nicht aber auf die Auslieferung oder Ausweisung anwendbar ist,[35] muss der (Vollstre-

[33] Für die Auslieferung etwa EGMR, Urteil v. 7.7.1989, Soering / Vereinigtes Königreich, Nr. 14038/88, § 113; EGMR, Entscheidung v. 16.10.2001, Einhorn / Frankreich, Nr. 71555/01, §§ 32, 34; EGMR, Urteil v. 4.2.2005, Mamatkulov und Askarov / Türkei, Nr. 46827/99 und 46951/99, § 88; für die Ausweisung EGMR, Entscheidung v. 14.10.2003, Tomic / Vereinigtes Königreich, Nr. 17837/03, S. 11. Erst in jüngerer Rspr. geht der EGMR dabei über die Feststellung hinaus, eine solche Verantwortlichkeit sei lediglich nicht ausgeschlossen, wie nun in EGMR, Entscheidung v. 15.12.2009, Kaplan / Deutschland, Nr. 43212/05, S. 8; EGMR, Entscheidung v. 4.5.2010, Stapleton / Irland, Nr. 56588/07, § 25; insb. EGMR, Urteil v. 17.1.2012, Othman (Abu Qatada) / Vereinigtes Königreich, Nr. 8139/09, § 258; EGMR, Entscheidung v. 1.3.2016, A.Y. / Slowakei, Nr. 37146/12, § 75. Auch bei HKÜ-Rückführung Beschränkung der Prüfung auf drohenden *déni de justice flagrant* in EGMR, Entscheidung v. 6.12.2005, Eskinazi und Chelouche / Türkei, Nr. 14600/05, S. 31 f.; später eingehendere Prüfung nicht ausschließend, EGMR, Urteil v. 6.12.2007, Maumousseau und Washington / Frankreich, Nr. 39388/05, §§ 96 ff. Vgl. in Bezug auf die Urteilsanerkennung und -vollstreckung zu Art. 5 Abs. 1 EMRK etwa EGMR, Urteil v. 26.6.1992, Drozd und Janousek / Frankreich und Spanien, Nr. 12747/87, § 110; EGMR, Urteil v. 24.10.1995, Iribarne Pérez / Frankreich, Nr. 16462/90, § 29; EGMR, Entscheidung v. 8.1.2013, Willcox und Hurford / Vereinigtes Königreich, Nr. 43759/10 und 43771/12, §§ 94 f.; vgl. auch EGMR, Urteil v. 12.7.2001, Prinz Hans-Adam II von Liechtenstein / Deutschland, Nr. 42527/98, § 64. Aus der Wissenschaft zu möglicher Verletzung nur *Matscher,* in: FS Kollhosser, S. 427 (431 ff.); *Meyer-Ladewig/Harrendorf,* in: Meyer-Ladewig/Nettesheim/v. Raumer, Art. 6 Rn. 87, 166. Hingegen Rechts- und Amtshilfe *de lege lata* nicht unter Art. 6 EMRK nach *Breitenmoser/Weyeneth,* in: v. d. Groeben/Schwarze/Hatje, Vor Art. 67 AEUV Rn. 55 f., unter Bezug auf EGMR, Urteil v. 15.10.2009, Micallef / Malta, Nr. 17056/06, §§ 74 f. wo allerdings die Anwendbarkeit der Norm auf einstweiligen Rechtsschutz in einem rein innerstaatlichen Sachverhalt infrage stand.

[34] Nach zunächst unkommentierter Heranziehung von Art. 6 Abs. 1 EMRK in EGMR, Urteil v. 20.7.2001, Pellegrini / Italien, Nr. 30882/96, §§ 33 ff. nachfolgend deutlicher zur Anwendbarkeit auf das Exequaturverfahren und die anschließende Vollstreckung einer ausländischen Entscheidung EGMR, Entscheidung v. 9.10.2003, Sylvester / Österreich, Nr. 54640/00, S. 6; EGMR, Entscheidung v. 29.4.2008, McDonald / Frankreich, Nr. 18648/04, S. 8 f.; EGMR, Urteil v. 27.5.2010, Hohenzollern (von Rumänien) / Rumänien, Nr. 18811/02, § 35; EGMR, Urteil v. 3.5.2011, Negrepontis-Giannisis / Griechenland, Nr. 56759/08, § 89; EGMR, Urteil v. 23.5.2016, Avotiņš / Lettland, Nr. 17502/07, § 96. S. in jüngerer Rspr. auch die Formel, die zivilrechtliche Ausprägung von Art. 6 Abs. 1 EMRK umfasse die Vollstreckung von Urteilen gleich welcher Gerichtsbarkeit, EGMR, Urteil v. 18.11.2010, Romańczyk / Frankreich, Nr. 7618/05, § 53, m. w. N.; EGMR, Urteil v. 10.4.2014, Terebus / Portugal, Nr. 5238/10, § 47. Vgl. grundlegend zur Anwendbarkeit auf die Vollstreckung in rein innerstaatlichen Sachverhalten EGMR, Urteil v. 19.3.1997, Hornsby / Griechenland, Nr. 18357/91.

[35] Zur Auslieferung nur EKMR, Entscheidung v. 5.7.1994, H.P.L. / Österreich, Nr. 24132/94, Nr. 1; EGMR, Entscheidung v. 26.5.2005, Parlanti / Deutschland, Nr. 45097/04,

ckungs-)Konventionsstaat bei zwischenstaatlicher Zusammenarbeit jedenfalls den grundlegenden Gehalt schützen.

Von einem *déni de justice flagrant* ist erst dann auszugehen, wenn das infrage stehende ausländische Verfahren offenkundig[36] den Vorgaben des Art. 6 Abs. 1 EMRK oder den darin verkörperten Prinzipien widerspricht.[37] Mit der Anforderung

> „[w]hat is required is a breach of the principles of fair trial guaranteed by Article 6 which is so fundamental as to amount to a nullification, or destruction of the very essence, of the right guaranteed by that Article"[38]

wählt der Gerichtshof diesbezüglich eine Formulierung, die sich ins Deutsche mit einer drohenden Verletzung des Wesensgehalts des Rechts auf ein faires Verfahren übersetzen ließe. In Bezug auf eine Abwesenheitsverurteilung beispielsweise sei eine Versagung geboten, wenn keine erneute Entscheidung über Tat- und Rechtsfragen unter erneuter Beweisaufnahme stattfinde, es sei denn, es lasse sich ein Verzicht auf die eigene Anwesenheit eindeutig feststellen.[39]

S. 10; EGMR, Entscheidung v. 7.10.2008, Monedero Angora / Spanien, Nr. 41138/05, S. 5 f., auch zum RB 2002/584/JI; EGMR, Entscheidung v. 7.6.2016, Findikoglu / Deutschland, Nr. 20672/15, § 44. Zu Ausweisungen EGMR, Urteil v. 4.2.2005, Mamatkulov und Askarov / Türkei, Nr. 46827/99 und 46951/99, § 82; EGMR, Urteil v. 5.12.2013, Sharifi / Österreich, Nr. 60104/08, § 41, m. w. N.

[36] Hierzu vor allem EGMR, Entscheidung v. 16.10.2001, Einhorn / Frankreich, Nr. 71555/01, §§ 33 f.; EGMR, Entscheidung v. 26.5.2005, Parlanti / Deutschland, Nr. 45097/04, S. 10.

[37] Etwa EGMR, Urteil v. 24.3.2005, Stoichkov / Bulgarien, Nr. 9808/02, § 51; offener EGMR, Urteil v. 24.10.1995, Iribarne Pérez / Frankreich, Nr. 16462/90, § 32.

[38] EGMR, Urteil v. 17.1.2012, Othman (Abu Qatada) / Vereinigtes Königreich, Nr. 8139/09, §§ 259 f., m. w. N. und Beispielen (hieran anknüpfend BVerfG, Beschluss v. 26.2.2018, – 2 BvR 107/18 –, Rn. 31); EGMR, Entscheidung v. 8.1.2013, Willcox und Hurford / Vereinigtes Königreich, Nr. 43759/10 und 43771/12, § 95; EGMR, Urteil v. 17.3.2016, Hammerton / Vereinigtes Königreich, Nr. 6287/10, § 99; vgl. zum gebotenen Schutz des Wesensgehalts von Art. 6 Abs. 1 EMRK EGMR, Urteil v. 21.6.2016, Al-Dulimi und Montana Management Inc. / Schweiz, Nr. 5809/08, § 129. Vgl. zudem EKMR, Entscheidung v. 2.12.1986, K. und F. / Niederlande, Nr. 12543/86, Nr. 2, offenlassend, ob ein *déni de justice flagrant* gegen Art. 3 verstoßen könnte, was in Richtung eines Menschenwürdekerns weisen mag; ausdrücklich i.d.S. der Vortrag der Beschwerdeführerin in EGMR, Entscheidung v. 15.12.2009, Kaplan / Deutschland, Nr. 43212/05, S. 7; nicht aufgegriffen, vielmehr auf S. 8 ff. Prüfung an Art. 6 EMRK.

[39] S. nur EGMR, Urteil v. 13.2.2001, Krombach / Frankreich, Nr. 29731/96, §§ 82 ff.; EGMR, Entscheidung v. 16.10.2001, Einhorn / Frankreich, Nr. 71555/01, § 33; EGMR, Urteil v. 24.3.2005, Stoichkov / Bulgarien, Nr. 9808/02, §§ 54 ff.; EGMR, Urteil v. 17.1.2012, Othman (Abu Qatada) / Vereinigtes Königreich, Nr. 8139/09, § 259. Zum Ganzen *Meyer-Ladewig/Harrendorf,* in: Meyer-Ladewig/Nettesheim/v. Raumer, Art. 6 Rn. 112 ff.; s. auch Art. 9 RL (EU) 2016/343.

Geht es um eine prognostische Beurteilung, wird wie bei Art. 3 EMRK mit der Risikoschwelle einer echten Gefahr[40] einer solchen Justizverweigerung gearbeitet. Auch für die Darlegungslast gilt das in Bezug auf Art. 3 EMRK Gesagte.[41] Am Rande sei bemerkt, dass der Gerichtshof auch in anderem Zusammenhang an einen Wesensgehalt des infrage stehenden Rechts und dieselbe Risikoschwelle anzuknüpfen scheint: So sei in Bezug auf einen möglichen Verstoß gegen das Recht aus Art. 5 EMRK durch Entfernung vom eigenen Staatsgebiet die echte Gefahr eines offenkundigen – beschrieben als Risiko eines nicht nur eindeutigen, sondern auch schwerwiegenden – Verstoßes im Verbringungsstaat maßgeblich, insofern müsse die Schwelle wie bezüglich Art. 6 EMRK eine hohe sein.[42]

Dabei werden in der bisherigen Rechtsprechung drei Aspekte nicht eingehender erörtert, die für die hier interessierenden Fälle relevant sind: Dies betrifft zum einen die Frage, ob sich Unterschiede im Maßstab für eine in die Zukunft blickende Risikoeinschätzung einerseits und den Umgang mit einem im Ausland bereits abgeschlossenen Sachverhalt andererseits ergeben. Der EGMR deutet zumindest an, dass sich der Umstand einer im Ausland noch ausstehenden Sachprüfung in einer geringeren Prüfungsdichte als bei der Befassung mit der Urteilsanerkennung niederschlagen könnte.[43] Soweit erkennbar, vertieft er dies bislang aber nicht.

Mit dieser ersten Unsicherheit zum Teil verbunden, ist zum anderen die Frage betroffen, ob und inwiefern eine eingehendere Prüfung als am Maßstab der offenkundigen Justizverweigerung geboten sein kann. Dies scheint bei Befassung mit zukünftigen ausländischen Verfahren bislang nicht der Fall zu sein. Bei der Anerkennung zivilgerichtlicher Urteile hingegen hatte der EGMR, soweit ersichtlich, zunächst lediglich in einem Urteil eine höhere, nämlich vollumfänglich an Art. 6 EMRK orientierte Prüfungsdichte im Vollstreckungsstaat ver-

---

[40] EGMR, Entscheidung v. 4.5.2010, Stapleton / Irland, Nr. 56588/07, § 26, „substantial grounds for believing that there would be a real risk"; im Französischen zuvor EGMR, Entscheidung v. 15.12.2009, Kaplan / Deutschland, Nr. 43212/05, S. 8; EGMR, Urteil v. 17.1.2012, Othman (Abu Qatada) / Vereinigtes Königreich, Nr. 8139/09, § 261; vgl. EGMR, Entscheidung v. 16.10.2001, Einhorn / Frankreich, Nr. 71555/01, §§ 33 f.

[41] EGMR, Urteil v. 17.1.2012, Othman (Abu Qatada) / Vereinigtes Königreich, Nr. 8139/09, § 261.

[42] EGMR, Urteil v. 17.1.2012, Othman (Abu Qatada) / Vereinigtes Königreich, Nr. 8139/09, § 233; sowie etwa EGMR, Urteil v. 23.2.2016, Nasr und Ghali / Italien, Nr. 44883/09, § 244; vgl. zudem erneut bereits EGMR, Urteil v. 26.6.1992, Drozd und Janousek / Frankreich und Spanien, Nr. 12747/87, § 110.

[43] Für HKÜ-Verfahren EGMR, Urteil v. 6.12.2007, Maumousseau und Washington / Frankreich, Nr. 39388/05, § 97.

langt.[44] In der späteren Rechtsprechung wird mitunter impliziert, auch dort sei entscheidender Maßstab ein *déni de justice flagrant* gewesen, dies nur nicht ausdrücklich benannt worden.[45] An anderer Stelle aber wiederholt der Gerichtshof mehrfach und auch in jüngerer Zeit wieder die Anforderung einer vollumfänglichen Prüfung bei Anerkennung zivilgerichtlicher Entscheidungen.[46] Festhalten lässt sich damit allein, dass der Maßstab für die Zulässigkeit der zwischenstaatlichen Zusammenarbeit nicht stets dem in rein innerstaatlichen Sachverhalten Verlangten entspricht, sondern vielmehr deutlich zurückgenommen sein kann.

Schließlich war zunächst auch die Frage nach einer Auswirkung der Konventionsbindung des Kooperationsstaats auf die Prüfungsdichte offen. Soweit der EGMR im Rahmen der Urteilsanerkennung eine eingehendere Prüfung als auf einen *déni de justice flagrant* verlangt oder erwogen hat, wird impliziert, einer genaueren Kontrolle bedürfe es gerade wegen fehlender Konventionsbindung der Ursprungsgerichtsbarkeit.[47] Für eine Urteilsanerkennung zwischen Konventionsstaaten hatte er den Maßstab später zunächst ausdrücklich offengelassen[48] und nachfolgend in anderem Zusammenhang – bei Vollstreckung eines Europä-

---

44 EGMR, Urteil v. 20.7.2001, Pellegrini / Italien, Nr. 30882/96, § 40.

45 EGMR, Entscheidung v. 15.1.2004, Lindberg / Schweden, Nr. 48198/99, S. 12.

46 Zur Anerkennung einer Einziehung Maßstab offenlassend EGMR, Entscheidung v. 5.7.2007, Saccoccia / Österreich, Nr. 69917/01, S. 17; vorangehend und nachfolgend hingegen Wiederholung des (nur wegen HKÜ-Kontextes nicht einschlägigen) Maßstabs aus *Pellegrini* in EGMR, Entscheidung v. 6.12.2005, Eskinazi und Chelouche / Türkei, Nr. 14600/05, S. 31 f.; deutlicher EGMR, Urteil v. 6.12.2007, Maumousseau und Washington / Frankreich, Nr. 39388/05, § 96; EGMR, Urteil v. 23.5.2016, Avotiņš / Lettland, Nr. 17502/07, § 98.

47 EGMR, Urteil v. 20.7.2001, Pellegrini / Italien, Nr. 30882/96, § 40; auch insoweit wiederholt in EGMR, Entscheidung v. 6.12.2005, Eskinazi und Chelouche / Türkei, Nr. 14600/05, S. 31; EGMR, Entscheidung v. 5.7.2007, Saccoccia / Österreich, Nr. 69917/01, S. 17; EGMR, Urteil v. 6.12.2007, Maumousseau und Washington / Frankreich, Nr. 39388/05, § 96. Aus der deutschsprachigen Wissenschaft früh und unabhängig von Konventionsbindung des Ursprungsstaats für Versagung bei dortiger Verletzung rechtlichen Gehörs, *Matscher,* in: FS Neumayer, S. 459 (477); später mit deutlich höherer Schwelle, die in *Pellegrini* wegen Schwere des Verstoßes keiner Erörterung bedurft habe, *ders.,* in: FS Kollhosser, S. 427 (431, 434 ff., 440), auf S. 438 erneut dezidiert unabhängig von Konventionsbindung; zustimmend *Schilling,* IPRax 2011, 31 (32 ff.). Zudem *Becker,* Grundrechtsschutz, S. 132 ff.; *Thoma,* Europäisierung und Vergemeinschaftung, S. 102 ff., *Pellegrini* als Abkehr von bloßer Prüfung auf *déni de justice flagrant* einordnend; Versagung bei Verletzung grundlegender Verfahrensrechte, *Kohler,* ZEuS 2016, 135 (143); nicht ausgeschlossen bei *Bruns,* JZ 1999, 278 (286); *Canor,* ZaöRV 73 (2013), 249 (284). Ambivalent *Leipold,* in: FS Stoll, S. 625 (639 f.) einerseits, S. 645 f. andererseits. Hingegen mit Verständnis der Rspr. als bei Konventionsbindung des Ursprungsstaats keine Kontrolle erfordernd *Stein,* IPRax 2004, 181 (187); *Bach,* Grenzüberschreitende Vollstreckung in Europa, S. 371; *Wagner,* IPRax 2002, 75 (87).

48 EGMR, Entscheidung v. 15.1.2004, Lindberg / Schweden, Nr. 48198/99, S. 12.

ischen Haftbefehls – zumindest eine eingehendere Prüfung als auf einen *déni de justice flagrant* abgelehnt.[49]

Erst 2016 erhielt diese Rechtsprechung etwas klarere Konturen. So hielt die Große Kammer des EGMR fest, Anerkennung und Vollstreckbarerklärung seien mit Art. 6 Abs. 1 EMRK unvereinbar, wenn der Vollstreckungsgegner keine(-rlei) Möglichkeit hatte, entweder im Ursprungs oder im Vollstreckungsstaat einen Rechtsbehelf zur Rüge eines unfairen Erkenntnisverfahrens einzulegen.[50] Nach ständiger Rechtsprechung sei daher bei Anerkennung und Vollstreckbarerklärung ein gewisses Maß an Kontrolle auf Wahrung der Grundsätze eines fairen Verfahrens erforderlich.[51]

Obwohl im Verfahren aufgeworfen, ist im Urteil von einer möglichen Auswirkung der Konventionsbindung auf die Prüfungsdichte keine Rede.[52] Die Prüfungsdichte könne je nach Natur des Falls variieren, führt der Gerichtshof unter Verweis auf zwei Urteile zur Anerkennung von Entscheidungen aus Gerichtsbarkeiten aus, die keiner Konventionsbindung unterlagen.[53] Zur Bestimmung der Prüfungsintensität wird an späterer Stelle losgelöst vom Recht aus Art. 6 Abs. 1 EMRK präzisiert, nach der Konvention sei eine der Schwere der ernsthaft behaupteten Grundrechtsverletzung angemessene Prüfung im Vollstreckungsstaat erforderlich, um sicherzustellen, dass der Grundrechtsschutz nicht offensichtlich unzureichend sei.[54] Damit findet Bestätigung, dass eine Versagung auch unter Konventionsstaaten geboten sein kann, und zwar im Grundsatz nach denselben Kriterien wie gegenüber Drittstaaten.

---

49 EGMR, Entscheidung v. 4.5.2010, Stapleton / Irland, Nr. 56588/07, §§ 27 ff.

50 EGMR, Urteil v. 23.5.2016, Avotiņš / Lettland, Nr. 17502/07, § 98; hierzu *Reith,* ZfRV 2016, 218 ff., *passim,* insoweit zustimmend, S. 222. Vgl. zur früheren Rspr. *Kohler,* in: Baur/Mansel (Hrsg.), Systemwechsel im europäischen Kollisionsrecht, S. 147 (152 f.). Zu den somit bezeichneten Vorgaben nur *Meyer-Ladewig/Harrendorf,* in: Meyer-Ladewig/Nettesheim/v. Raumer, Art. 6 Rn. 96 ff.

51 EGMR, Urteil v. 23.5.2016, Avotiņš / Lettland, Nr. 17502/07, § 98.

52 EGMR, Urteil v. 23.5.2016, Avotiņš / Lettland, Nr. 17502/07, §§ 96 ff., anders im Vorbringen des Drittintervenienten Estland, § 87.

53 EGMR, Urteil v. 23.5.2016, Avotiņš / Lettland, Nr. 17502/07, § 98, mit Verweis auf EGMR, Urteil v. 26.6.1992, Drozd und Janousek / Frankreich und Spanien, Nr. 12747/87, § 110, zur Vollstreckung einer (vor EMRK-Beitritt verhängten) andorranischen Strafe und auf EGMR, Urteil v. 20.7.2001, Pellegrini / Italien, Nr. 30882/96, § 40, zur Anerkennung eines vatikanischen Scheidungsurteils.

54 EGMR, Urteil v. 23.5.2016, Avotiņš / Lettland, Nr. 17502/07, § 114, „manifestly deficient“; vgl. EGMR, Urteil v. 17.4.2018, Pirozzi / Belgien, Nr. 21055/11, §§ 63 f. Eingehender unten S. 99 ff.

3. Ergebnis

Besteht eine Bindung also auch in grenzüberschreitenden Sachverhalten, so sind die exemplarisch beleuchteten konventionsrechtlichen Anforderungen verglichen mit rein innerstaatlichen Fällen modifiziert. Die Schwelle für eine grundrechtlich gebotene Versagung der Zusammenarbeit kann zumindest sehr deutlich erhöht sein. Trotz vereinzelter Andeutungen in einem entgegengesetzten Sinne kommt bei Konventionsbindung des Kooperationspartners nach der jüngeren Rechtsprechung kein grundsätzlich anderer Maßstab zum Einsatz als bezüglich der Zusammenarbeit mit Drittstaaten.

Umgekehrt lässt sich festhalten, dass jedenfalls Kernanforderungen des Rechts aus Art. 3 EMRK wie auch des Rechts auf ein faires Verfahren auch in der grenzüberschreitenden und auch in der unionalen Zusammenarbeit durchzusetzen sind. Die Rechtsprechung impliziert zudem, dass dies auch für andere Konventionsrechte gelten könnte.

II. Berücksichtigung rechtlicher Bindungen des innerunionalen Kooperationspartners

Obwohl die EMRK grundsätzlich in Abhängigkeit vom ausländischen Schutzniveau eine Versagung der Kooperation gebieten kann, verdient die grenzüberschreitende Beurteilung dieses Schutzniveaus eingehendere Aufmerksamkeit. Der Kooperationsstaat in der hier interessierenden innerunionalen Zusammenarbeit unterliegt nicht allein seinen nationalen und unter Umständen spezifischen völkerrechtlichen Bindungen. Soweit er Unionsrecht durchführt, ist er nach Art. 51 Abs. 1 S. 1 GRC auch die Unionsgrundrechte einzuhalten verpflichtet, jedenfalls aber die EMRK.

1. Vermutung rechtskonformen Verhaltens

Mit der EMRK ist er an dieselbe Grundrechtsordnung gebunden, aus der sich bei Betrachtung aus konventionsrechtlicher Perspektive für den Vollstreckungsstaat ein Versagungsbedürfnis ergeben kann. Diesen Umstand bezieht der Europäische Gerichtshof für Menschenrechte in ständiger Rechtsprechung ein, wenn es um die Beurteilung des Grundrechtsschutzes im Kooperationsstaat geht, wie dies im Übrigen bereits die Europäische Kommission für Menschenrechte in Rechnung gestellt hatte.[55]

---

[55] EKMR, Entscheidung v. 2.12.1986, K. und F. / Niederlande, Nr. 12543/86, Nr. 1, 2; EKMR, Entscheidung v. 17.3.1989, G.D. / Schweiz, Nr. 14514/89, Nr. 1; EKMR, Entscheidung v. 12.12.1991, R.A. / Niederlande, Nr. 15564/89, Nr. 1; EKMR, Entscheidung v. 5.7.1994,

a) Schutzbeitrag der Konventionsbindung des Ursprungsstaats

Seit geraumer Zeit impliziert, wird die zugrunde liegende Annahme in der jüngeren Rechtsprechung zuweilen auch ausdrücklich benannt: Es wird durch den Gerichtshof mit einer Vermutung der Einhaltung der EMRK-Bindung durch die Vertragsstaaten gearbeitet[56] und diese Annahme auch den Konventionsstaaten zugestanden.[57] Bei Einschätzung des Schutzes im Kooperationsstaat kommt somit die Vermutung zum Einsatz, der normativ verpflichtende Grundrechtsschutz werde dort auch wirksam. Der Straßburger Gerichtshof selbst hat diesbezüglich in einer jüngeren Entscheidung eine Verbindung zum unionsrechtlichen Vertrauensgrundsatz hergestellt.[58]

Diese Annahme ist nicht auf die Einhaltung der EMRK beschränkt; die diesbezügliche Vermutung wird vielmehr auch durch den EGMR nur als Ausprägung einer allgemeineren Vermutung völkerrechtskonformen Verhaltens gesehen.[59] Ebenfalls Ausprägung dieser Vermutung ist die Berücksichtigung völ-

---

H.P.L. / Österreich, Nr. 24132/94, Nr. 2, 3; EKMR, Entscheidung v. 11.11.1995, Popescu und Cucu / Frankreich, Nr. 18152/95, 28153/95, S. 4; EGMR, Entscheidung v. 14.10.2003, Tomic / Vereinigtes Königreich, Nr. 17837/03, S. 10, 12; EGMR, Entscheidung v. 27.9.2005, Hukić / Schweden, Nr. 17416/05, S. 7; EGMR, Entscheidung v. 1.6.2006, Jeltsujeva / Niederlande, Nr. 39858/04, S. 9; EGMR, Entscheidung v. 4.10.2007, Limoni u. a. / Schweden, Nr. 6576/05, § 90; EGMR, Entscheidung v. 4.10.2007, Cenaj / Griechenland und Albanien, Nr. 12049/06, S. 8; EGMR, Entscheidung v. 17.2.2009, Gasayev / Spanien, Nr. 48514/06, S. 8; EGMR, Entscheidung v. 4.5.2010, Stapleton / Irland, Nr. 56588/07, §§ 26, 30; EGMR, Urteil v. 13.10.2016, B.A.C. / Griechenland, Nr. 11981/15, § 62. In der Sache durch Hinweis auf Bindung an dieselbe Grundrechtsordnung auch *Wagner,* IPRax 2002, 75 (87); *Stein,* IPRax 2004, 181 (185 ff.); *Völker/Steinfatt,* FPR 2005, 415 (417); *Netzer,* Status quo und Konsolidierung des Europäischen Zivilverfahrensrechts, S. 205, schon Eingriff verneinend; vgl. *Thoma,* Europäisierung und Vergemeinschaftung, S. 102; *Weber,* Europäisches Zivilprozessrecht und Demokratieprinzip, S. 49 ff.

[56] EGMR, Entscheidung v. 2.12.2008, K.R.S. / Vereinigtes Königreich, Nr. 32733/08, S. 17 f. (vgl. auch bereits EKMR, Entscheidung v. 17.1.1996, Sommer / Italien, Nr. 25336/94, Nr. 3; EGMR, Entscheidung v. 7.3.2000, T.I. / Vereinigtes Königreich, Nr. 43844/98, S. 17); EGMR, Urteil v. 4.11.2014, Tarakhel / Schweiz, Nr. 29217/12, § 103; mit solcher Vermutung auch *Matscher,* in: FS Kollhosser, S. 427 (430, 438), mit Vertrauensbezug; zurückhaltender *Schilling,* IPRax 2011, 31 (34). Hinweis auf das Vorgehen des EGMR auch bei *Hoppe,* Eilrechtsschutz gegen Dublin II-Überstellungen, S. 100 f., 115; als Vermutung ausreichenden Grundrechtsschutzes bezeichnet bei *Callewaert,* ZEuS 2014, 79 (88); *Müller,* ZeuS 2016, 345 (358).

[57] S. nur EGMR, Entscheidung v. 18.3.2014, Ignaoua u. a. / Vereinigtes Königreich, Nr. 46706/08, §§ 52 ff.

[58] EGMR, Entscheidung v. 18.3.2014, Ignaoua u. a. / Vereinigtes Königreich, Nr. 46706/08, § 55; vgl. den Hinweis bei *Hailbronner/Thym,* NVwZ 2012, 406 (408).

[59] Ausdrücklich EGMR, Urteil v. 21.1.2011, M.S.S. / Belgien und Griechenland, Nr. 30696/09, § 345, mit Verständnis bereits von EGMR, Entscheidung v. 2.12.2008, K.R.S. / Vereinigtes Königreich, Nr. 32733/08, S. 17 f. in diesem Sinne; EGMR, Entscheidung v.

kerrechtlich verbindlicher Zusicherungen bei Einschätzung des zu erwartenden Geschehensablaufs.[60] Dies illustriert, dass durch verstärkte Kooperation der beteiligten Staaten eine sonst möglicherweise gebotene Versagung abgewendet werden kann.

b) Schutzbeitrag nationalen Rechts

Eine entsprechende Vermutung bezüglich der Einhaltung nationalen Rechts steht bislang nicht im Vordergrund. Auch eine solche findet sich in der Rechtsprechung aber gelegentlich.[61] Ebenso wird mit der wiederholten Beobachtung, bestimmte Verhaltensweisen träten bei rechtsstaatlicher, demokratischer und menschenrechtlicher Tradition des Kooperationspartners nur selten auf,[62] zumindest unter anderem die innerstaatliche Rechtslage und -einhaltung in den Blick genommen. Dies kommt zum Teil auch deutlich zum Ausdruck.[63]

c) Schutzbeitrag unionalen Rechts

Auf Grundlage des bisher Gesagten gibt es unter der EMRK daneben keine Veranlassung, bei Beurteilung EU-mitgliedstaatlichen Verhaltens mit derselben Vermutung nicht ebenso hinsichtlich unionsrechtlicher Bindungen zu arbeiten. Genau dies geschieht in der Rechtsprechung des EGMR.[64] Da die Vermutung

---

18.3.2014, Ignaoua u.a. / Vereinigtes Königreich, Nr. 46706/08, § 51; vgl. EGMR, Urteil v. 1.3.2016, Kholmurodov / Russland, Nr. 58923/14, § 67.

[60] Aus stRspr. nur EGMR, Entscheidung v. 16.10.2001, Einhorn / Frankreich, Nr. 71555/01, § 26; EGMR, Urteil v. 17.1.2012, Othman (Abu Qatada) / Vereinigtes Königreich, Nr. 8139/09, §§ 187 ff., m.w.N. und Kriterien; hierzu auch EGMR, Entscheidung v. 1.3.2016, A.Y. / Slowakei, Nr. 37146/12, § 62; Berücksichtigung fehlender Zusicherungen, EGMR, Urteil v. 28.2.2008, Saadi / Italien, Nr. 37201/06, § 147; zu den Grenzen deren Belastbarkeit EGMR, Urteil v. 1.3.2016, Kholmurodov / Russland, Nr. 58923/14, § 66; EGMR, Entscheidung v. 28.6.2016, N.A. u.a. / Dänemark, Nr. 15636/16, §§ 29 ff.; EGMR, Urteil v. 14.2.17, Allanazarova / Russland, Nr. 46721/15, §§ 78 ff.

[61] EGMR, Entscheidung v. 16.10.2001, Einhorn / Frankreich, Nr. 71555/01, § 33; EGMR, Urteil v. 21.4.2009, Stephens / Malta (Nr. 1), Nr. 11956/07, § 52; EGMR, Entscheidung v. 15.12.2009, Kaplan / Deutschland, Nr. 43212/05, S. 9 f.; EGMR, Entscheidung v. 18.6.2013, Povse / Österreich, Nr. 3890/11, § 86; EGMR, Urteil v. 23.5.2016, Avotiņš / Lettland, Nr. 17502/07, §§ 118, 122 ff.

[62] Zu Verstößen gegen Art. 3 EMRK bei Ausklammerung der Todesstrafe EGMR, Urteil v. 17.1.2012, Harkins und Edwards / Vereinigtes Königreich, Nr. 9146/07 und 32650/07, § 131; EGMR, Urteil v. 10.4.2012, Babar Ahmad u.a. / Vereinigtes Königreich, Nr. 24027/07, 11949/08, 36742/08, 66911/09 und 67543/09, § 179; EGMR, Entscheidung v. 7.6.2016, Findikoglu / Deutschland, Nr. 20672/15, § 32.

[63] EGMR, Entscheidung v. 6.12.2005, Eskinazi und Chelouche / Türkei, Nr. 14600/05, S. 34 f.

[64] EGMR, Entscheidung v. 2.12.2008, K.R.S. / Vereinigtes Königreich, Nr. 32733/08,

vom Gerichtshof explizit auf die sekundärrechtlichen Bindungen erstreckt wird,[65] sind auch diese relevant, wie daneben die unionsrechtlichen Durchsetzungsmechanismen. In diesem Seitenblick aber sei die Ebene des abgeleiteten Rechts[66] vorerst ausgeklammert und lediglich festgehalten, dass im Umfang des Bestehens unionsrechtlicher Vorgaben auch deren Wahrung vermutet wird.

aa) Bei Unionsgrundrechtsbindung Vermutung ihrer Einhaltung

Wenn und weil es sich auf Konventionsebene ausdrücklich (nur) um eine Vermutung rechtskonformen Verhaltens handelt, besteht nach der Rechtsprechung keine Veranlassung, die Einhaltung der Unionsgrundrechtsordnung auch insoweit zu vermuten, als der Kooperationsstaat nicht in Durchführung des Unionsrechts i. S. d. Art. 51 Abs. 1 S. 1 GRC handelt und daher nicht an diese Grundrechte gebunden ist.

bb) Hinreichender Schutz auch jenseits Unionsgrundrechtsbindung

Ungeachtet dieser Einschränkung dürfte es auf das Bestehen einer Unionsgrundrechtsbindung neben der EMRK-Bindung für die Niveaueinschätzung im Ergebnis aber nicht ankommen.[67] Es wurde bei Beurteilung des unionalen Grundrechtsschutzes durch den EGMR stärker als in der Karlsruher *Solange*-Rechtsprechung[68] von vornherein der Schutz gegen die Hoheitsgewalt der Mitgliedstaaten mit in den Blick genommen: Neben offen gehaltenen Verweisen auf den *durch* die Union (nicht aber *gegenüber* einer bestimmten Gewalt) gewährten Schutz[69] finden sich zwar zuweilen ausdrücklich auf den Schutz gegen Unionsmaßnahmen bezogene Formulierungen.[70] Insbesondere der Betrachtung des Vorabentscheidungsverfahrens des heutigen Art. 267 AEUV durch den

S. 17; EGMR, Urteil v. 21.1.2011, M.S.S. / Belgien und Griechenland, Nr. 30696/09, §§ 343 ff. und durch Verweis hierauf inbegriffen in der allgemeinen Vermutung in EGMR, Entscheidung v. 18.3.2014, Ignaoua u. a. / Vereinigtes Königreich, Nr. 46706/08, § 51; implizit EGMR, Entscheidung v. 18.6.2013, Povse / Österreich, Nr. 3890/11, §§ 80, 85. Mit Hinweis hierauf *Hoppe,* Eilrechtsschutz gegen Dublin II-Überstellungen, S. 116, s. aber auch die Kritik, S. 107 ff.; *Müller,* ZeuS 2016, 345 (358); erneut zudem *Matscher,* in: FS Kollhosser, S. 427 (430).

[65] Hierzu nur EGMR, Urteil v. 21.1.2011, M.S.S. / Belgien und Griechenland, Nr. 30696/09, §§ 343 ff.; implizit etwa auch EGMR, Entscheidung v. 18.6.2013, Povse / Österreich, Nr. 3890/11, §§ 80, 85.

[66] Eingehender unten S. 121 ff.

[67] Vgl. *Callewaert,* ZEuS 2014, 79 (88); zurückhaltend *Reith,* ZfRV 2016, 218 (223).

[68] Unten S. 247 ff. und S. 258 ff.

[69] EGMR, Urteil v. 30.6.2005, Bosphorus Hava Yolları Turizm ve Ticaret Anonim Şirketi / Irland, Nr. 45036/98, §§ 155 f., 165 (nachfolgend Bosphorus / Irland).

[70] S. nur EGMR, Urteil v. 6.12.2012, Michaud / Frankreich, Nr. 12323/11, §§ 105 f., 111.

EGMR ist jedoch zu entnehmen, dass diesem Verfahren auch deshalb für die Durchsetzbarkeit der Unionsgrundrechte besondere Bedeutung beigemessen wird, weil damit neben den übrigen unionsrechtlichen Verpflichtungen der Mitgliedstaaten ihrer Bindung an die Unionsgrundrechte Wirksamkeit verschafft werden kann.[71] Es liegt also nahe, dass sich die Beurteilung des unionalen Grundrechtsschutzes durch den EGMR auch auf den durch das Unionsrecht gegenüber *mitgliedstaatlicher* Hoheitsgewalt gewährten Grundrechtsschutz bezieht, nicht allein auf die Einschätzung des Schutzes gegenüber Maßnahmen der EU. Das scheint zunächst nahezulegen, dass eine mitgliedstaatliche Bindung an die Unionsgrundrechte Relevanz besitzt.

Entweder aber es besteht eine zwingende unionsrechtliche Vorgabe mit der Folge, dass der Ursprungsstaat an die Unionsgrundrechte gebunden ist, oder die EMRK steht von vornherein nicht zurück. Mit anderen Worten ist aufgrund des Ineinandergreifens der beiden Ebenen entweder – im Umfang unionsrechtlicher Vorgaben ohne Spielraum – von einem gleichwertigen Grundrechtsschutz gegenüber dem Kooperationsstaat (durch die Unionsgrundrechte) auszugehen oder sogar von einem identischen Schutzniveau (durch die EMRK).

2. *Widerlegbarkeit im Einzelfall*

Spielt also bei Beurteilung zwischenstaatlicher Zusammenarbeit unter der EMRK Vertrauen begrifflich keine Rolle, so besitzt eine Vermutung rechtskonformen Verhaltens für die Beurteilung eines im Kooperationsstaat bestehenden Schutzes durchaus Relevanz. Im Konventionsrecht handelt es sich aber nicht um eine unwiderlegbare Vermutung, die eine eigene Verantwortlichkeit ausschließt, wenn nur der Vertragspartner seinerseits konventionsgebunden ist.[72]

---

[71] EGMR, Urteil v. 30.6.2005, Bosphorus / Irland, Nr. 45036/98, § 164; EGMR, Urteil v. 6.12.2012, Michaud / Frankreich, Nr. 12323/11, §§ 110, 114f.; EGMR, Urteil v. 23.5.2016, Avotiņš / Lettland, Nr. 17502/07, § 104.

[72] Zu Art. 3 EMRK EGMR, Entscheidung v. 7.3.2000, T.I. / Vereinigtes Königreich, Nr. 43844/98, S. 15; EGMR, Entscheidung v. 2.12.2008, K.R.S. / Vereinigtes Königreich, Nr. 32733/08, S. 16; EGMR, Urteil v. 6.6.2013, Mohammed / Österreich, Nr. 2283/12, § 93; EGMR, Urteil v. 5.12.2013, Sharifi / Österreich, Nr. 60104/08, § 30; EGMR, Urteil v. 3.7.2014, Mohammadi / Österreich, Nr. 71932/12, § 60; EGMR, Urteil v. 13.10.2016, B.A.C. / Griechenland, Nr. 11981/15, §§ 59ff., mit Feststellung einer Verletzung von Art. 3 i.V.m. Art. 13 EMRK; EGMR, Urteil v. 13.12.2016, Paposhvili / Belgien, Nr. 41738/10, § 193. Allgemeiner EGMR, Entscheidung v. 15.12.2009, Kaplan / Deutschland, Nr. 43212/05, S. 9. Daneben nur *Weinzierl,* ZAR 2010, 260 (266f.); *Müller,* ZeuS 2016, 345 (358); *Meyer-Ladewig/Lehnert,* in: Meyer-Ladewig/Nettesheim/v. Raumer, Art. 3 Rn. 69, mit Rn. 65 zur Einzelfallprüfung unabhängig von EMRK-Bindung des Zielstaats; differenzierend *Schilling,* IPRax 2011, 31 (34); erneut bereits *Matscher,* in: FS Kollhosser, S. 427 (438).

Bereits die frühen Bezugnahmen auf die EMRK-Bindung des Kooperationspartners waren in Fällen erfolgt, in denen zudem jeweils festgestellt wurde, es seien keine hinreichenden Anhaltspunkte dafür vorgetragen, dass dieser Bindung zuwidergehandelt werden könnte.[73] Auch in der jüngeren Rechtsprechung wird eine solche Einhaltung nur in Ermangelung hinreichender entgegenstehender Anhaltspunkte vermutet.[74] Sie entbindet umgekehrt nicht von der Würdigung solcher Anhaltspunkte.[75] Auch wo der EGMR seine eigene Vermutung rechtskonformen Verhaltens im unionsrechtlichen Vertrauen widergespiegelt sieht, geht er davon aus, diesem gegenseitigen Vertrauen müsse zwar ein gewisses Gewicht zukommen, prüft aber dennoch eine Widerlegung im konkreten Fall.[76]

Wegen der Vermutung ist es am Betroffenen, Anhaltspunkte für eine Widerlegung vorzutragen.[77] Bezogen auf das Recht aus Art. 3 EMRK bedeutet dies, dass ernsthafte Gründe für die Annahme dargetan werden müssen, bei Entfernung aus dem Hoheitsgebiet drohe die echte Gefahr einer unmenschlichen oder erniedrigenden Behandlung.[78]

Im Falle eines solchen Vortrages bedürfe es dann einer gründlichen und individualisierten Prüfung durch den befassten Vertragsstaat.[79] Mit Blick auf die hier interessierende Behandlung von Einzelfällen und im Vorgriff auf die uni-

---

[73] Hierzu erneut die Rspr. oben Zweiter Teil Fn. 55, daraus etwas offener allein EGMR, Entscheidung v. 4.10.2007, Cenaj / Griechenland und Albanien, Nr. 12049/06, S. 8; EGMR, Entscheidung v. 17.2.2009, Gasayev / Spanien, Nr. 48514/06, S. 8; EGMR, Urteil v. 13.10.2016, B.A.C. / Griechenland, Nr. 11981/15, § 62.

[74] EGMR, Entscheidung v. 16.10.2001, Einhorn / Frankreich, Nr. 71555/01, § 33; EGMR, Urteil v. 28.2.2008, Saadi / Italien, Nr. 37201/06, § 147; EGMR, Entscheidung v. 15.12.2009, Kaplan / Deutschland, Nr. 43212/05, S. 9 f.; EGMR, Urteil v. 21.1.2011, M.S.S. / Belgien und Griechenland, Nr. 30696/09, § 353; EGMR, Urteil v. 1.3.2016, Kholmurodov / Russland, Nr. 58923/14, § 67; EGMR, Urteil v. 13.10.2016, B.A.C. / Griechenland, Nr. 11981/15, § 62. Vgl. auch *Hoppe,* Eilrechtsschutz gegen Dublin II-Überstellungen, S. 101, sowie S. 113 ff. auch in Bezug auf Unionsmitgliedstaaten.

[75] Hierzu nur EGMR, Entscheidung v. 7.3.2000, T.I. / Vereinigtes Königreich, Nr. 43844/98, S. 17; EGMR, Entscheidung v. 2.12.2008, K.R.S. / Vereinigtes Königreich, Nr. 32733/08, S. 17 f.; EGMR, Urteil v. 4.11.2014, Tarakhel / Schweiz, Nr. 29217/12, §§ 103 f.

[76] EGMR, Entscheidung v. 18.3.2014, Ignaoua u. a. / Vereinigtes Königreich, Nr. 46706/08, § 55 („must be accorded some weight").

[77] EGMR, Entscheidung v. 18.3.2014, Ignaoua u. a. / Vereinigtes Königreich, Nr. 46706/08, § 51.

[78] EGMR, Urteil v. 4.11.2014, Tarakhel / Schweiz, Nr. 29217/12, § 104; vgl. EGMR, Urteil v. 3.7.2014, Mohammadi / Österreich, Nr. 71932/12, § 70 mit Erfordernis eines „real and individual risk". Hierzu etwa *Hoppe,* Eilrechtsschutz gegen Dublin II-Überstellungen, S. 116 ff.

[79] EGMR, Urteil v. 4.11.2014, Tarakhel / Schweiz, Nr. 29217/12, § 104; *Meyer-Ladewig/Lehnert,* in: Meyer-Ladewig/Nettesheim/v. Raumer, Art. 3 Rn. 69 f.

onsrechtliche Betrachtung[80] sei angemerkt, dass nicht dargelegt werden muss, der bestehenden Bindung werde im Allgemeinen nicht mehr genügt. Es muss mit anderen Worten kein systemisches Defizit bestehen.[81] Wird wie in der Asylrechtssache *M.S.S.* vom EGMR darauf abgestellt, ein sich aus allgemeinen Umständen im Kooperationsstaat ergebendes Risiko könne den nationalen Stellen nicht unbekannt geblieben sein,[82] ist dies vielmehr lediglich Ausweis dessen, dass sogar bei Fehlen von konkreten, auf den Betroffenen bezogenen Anhaltspunkten die Begründung eines hinreichend hohen Risikos über die allgemeine Situation nicht ausgeschlossen ist. Wusste der handelnde Staat, dass im Kooperationsstaat eine solche Behandlung droht, oder hätte er es wissen müssen, sei es nicht am Betroffenen die Gefahr zu individualisieren, sondern der befasste Vertragsstaat zu einer Vergewisserung vielmehr von sich aus veranlasst.[83] Ebenso Ausweis der Maßgeblichkeit des im Einzelfall zu Erwartenden ist, dass trotz erhöhter Relevanz von Zusicherungen für den Fall systemischer Defizite bei hinreichenden entgegenstehenden Anhaltspunkten solche Erklärungen nicht maßgeblich sind.[84] Umgekehrt genügen vereinzelte Verstöße in der Vergangenheit aber nicht, um für sich genommen eine hinreichende Gefahr zu begründen.[85] Im Ergebnis wird so für eine Widerlegung der Vermutung der Wahrung von Art. 3 EMRK keine deutlich höhere Schwelle gesetzt als die, deren Überschreitung bereits im Verhältnis zu Nichtvertragsstaaten zur Versagung der Kooperation zwingt.

---

[80] Unten S. 160 ff.

[81] Ebenfalls mit diesem Verständnis der Rspr. *Lübbe,* ZAR 2014, 105 (106); vgl. auch *Meyer-Ladewig/Lehnert,* in: Meyer-Ladewig/Nettesheim/v. Raumer, Art. 3 Rn. 70 ff.; a. A. *Thym,* ZAR 2013, 331 (332 f.).

[82] EGMR, Urteil v. 21.1.2011, M.S.S. / Belgien und Griechenland, Nr. 30696/09, §§ 345 ff.; vgl. EGMR, Urteil v. 3.7.2014, Mohammadi / Österreich, Nr. 71932/12, § 74; EGMR, Urteil v. 23.3.2016, F.G. / Schweden, Nr. 43611/11, § 126.

[83] EGMR, Urteil v. 21.1.2011, M.S.S. / Belgien und Griechenland, Nr. 30696/09, §§ 358 f.; EGMR, Urteil v. 21.10.2014, Sharifi u. a. / Italien und Griechenland, Nr. 16643/09, § 234; EGMR, Urteil v. 14.3.2017, Ilias und Ahmed / Ungarn, Nr. 47287/15, § 115.

[84] Hierzu erneut die Nachweise oben Zweiter Teil Fn. 60; zu den Grenzen der Belastbarkeit bei entgegenstehenden Anhaltspunkten auch EGMR, Urteil v. 25.3.2014, M.G. / Bulgarien, Nr. 59297/12, § 93; EGMR, Urteil v. 1.3.2016, Kholmurodov / Russland, Nr. 58923/14, § 66; nicht ausreichend in EGMR, Urteil v. 21.1.2011, M.S.S. / Belgien und Griechenland, Nr. 30696/09, § 354; bei Entfernung in Drittstaat EGMR, Urteil v. 14.2.17, Allanazarova / Russland, Nr. 46721/15, §§ 80 ff. S. auch *Meyer-Ladewig/Lehnert,* in: Meyer-Ladewig/Nettesheim/v. Raumer, Art. 3 Rn. 74.

[85] EGMR, Entscheidung v. 18.3.2014, Ignaoua u. a. / Vereinigtes Königreich, Nr. 46706/08, § 55, dies in kein Verhältnis zu der in jüngeren Entscheidungen angenommenen Indizwirkung (oben Zweiter Teil Fn. 31) setzend.

In Bezug auf Fälle, in denen eine verfahrensrechtlich begründete Versagung der Zusammenarbeit zwischen Konventionsstaaten infrage stand, ist in der Rechtsprechung des EGMR, soweit ersichtlich, noch nicht geklärt, wann eine Widerlegung bei prognostischer Einschätzung des künftig zu erwartenden Geschehens möglich ist. Insoweit erfolgt der Verweis auf die Konventionsbindung des anderen Staats wiederum in Fällen, in denen zugleich keine Anhaltspunkte für einen Konventionsverstoß gesehen wurden. Impliziert wird aber, dass auch zwischen Vertragsstaaten eine Widerlegung bei Darlegung der ernstzunehmenden Gefahr eines *déni de justice flagrant* möglich ist.[86] In diesem Fall käme wiederum eine Widerlegung zum Schutz des auch im Verkehr mit Drittstaaten durchzusetzenden Gehalts in Betracht.

3. Einbeziehung von Abhilfe im Ursprungsstaat

Auch im Falle einer Widerlegung der Einhaltung der Sachbindung ist vor einem Rückschluss auf die Unzulässigkeit der Kooperation allerdings ein weiterer Aspekt zu berücksichtigen, der nicht unbedingt im selben Maße bei der Zusammenarbeit mit Drittstaaten in Erscheinung tritt: Mit der EMRK-Bindung und EU-Mitgliedschaft des Kooperationspartners gehen in den betrachteten „Vollstrecker"-Konstellationen jeweils Durchsetzungsmechanismen hinsichtlich der aufgestellten normativen Bindungen einher. Auch die Bedeutung solcher Durchsetzungsmöglichkeiten für das Schutzniveau hebt der Gerichtshof regelmäßig hervor.[87] Wenn man dies in Rechnung stellt, ist nicht ersichtlich, weshalb sich die Vermutung rechtskonformen Verhaltens nicht auch auf die Wirksamkeit solcher Rechtsbehelfe beziehen und damit erlauben sollte, im Falle eines ursprünglich der sachlichen Grundrechtsbindung widersprechenden Verhaltens noch von einer Abhilfe im Kooperationsstaat auszugehen.

a) Vermutete Funktionsfähigkeit von Durchsetzungsmechanismen

Vor diesem Hintergrund sind insbesondere Art. 6 Abs. 1 bzw. 13 EMRK zu berücksichtigen, die die Vertragsstaaten zur Eröffnung eines wirksamen

---

[86] EKMR, Entscheidung v. 5.7.1994, H.P.L. / Österreich, Nr. 24132/94, Nr. 2; EKMR, Entscheidung v. 17.1.1996, Sommer / Italien, Nr. 25336/94, Nr. 3; EGMR, Entscheidung v. 4.5.2010, Stapleton / Irland, Nr. 56588/07, §§ 27 ff. Zur insbesondere im letztgenannten Fall nahegelegten Berücksichtigung von Abhilfe im Kooperationsstaat sogleich S. 86 ff.

[87] S. nur EGMR, Urteil v. 30.6.2005, Bosphorus / Irland, Nr. 45036/98, §§ 155, 160; zur Bedeutung speziell der Individualbeschwerde EGMR, Urteil v. 4.2.2005, Mamatkulov und Askarov / Türkei, Nr. 46827/99 und 46951/99, §§ 100, 122; vgl. mit Berücksichtigung des Fehlens jedweder Kontrollmöglichkeit EGMR, Urteil v. 1.3.2016, Kholmurodov / Russland, Nr. 58923/14, § 66.

Rechtsbehelfs für die Geltendmachung (auch) von Konventionsverletzungen verpflichten.[88] Dass Bezugspunkt der Konventionswahrung neben deren übrigen Vorschriften Art. 34 EMRK[89] ist, wird nunmehr auch vom Gerichtshof präzisiert; implizit kommt dies ebenso im Verweis auf die Konventionsdurchsetzung durch eine Individualbeschwerde gegen den Kooperationsstaat[90] zum Ausdruck. Wird einstweiligen Maßnahmen nach Regel 39 der Verfahrensordnung mit dem Gerichtshof[91] bindende Wirkung beigemessen, dürfte sich die Vermutung grundsätzlich auch auf solche Maßnahmen erstrecken.[92] Ungeachtet des Feststellungscharakters seiner Urteile (vgl. Art. 41 EMRK) wird man davon ausgehen können, dass der EGMR dies auch auf die Befolgung der Entscheidung nach Art. 46 Abs. 1 EMRK im Nachgang zu einer etwaigen Verurteilung erstreckt sieht.[93]

---

[88] Zu Art. 6 Abs. 1 als *lex specialis* gegenüber Art. 13 EMRK EGMR, Urteil v. 20.9.2011, Ullens de Schooten und Rezabek / Belgien, Nr. 3989/07 und 38353/07, § 52; EGMR, Urteil v. 25.6.2013, Anghel / Italien, Nr. 5968/09, § 44, sowie § 50 dazu, dass kein Instanzenzug geboten ist; hierzu bereits EGMR, Urteil v. 17.1.1970, Delcourt / Belgien, Nr. 2689/65, § 25; daneben *Meyer-Ladewig/Harrendorf,* in: Meyer-Ladewig/Nettesheim/v. Raumer, Art. 6 Rn. 59, 253.

[89] Ausdrücklich EGMR, Entscheidung v. 2.12.2008, K.R.S. / Vereinigtes Königreich, Nr. 32733/08, S. 18; zuvor *Matscher,* in: FS Kollhosser, S. 427 (438).

[90] So jeweils in der Rspr. oben Zweiter Teil Fn. 55 (unerwähnt nur in *Hukić, Limoni u. a., Gasayev*); daneben EGMR, Entscheidung v. 18.6.2013, Povse / Österreich, Nr. 3890/11, § 86. Hinweis hierauf auch weiterhin, seit abstrakt Einhaltung der Konventionsbindung vermutet wird, EGMR, Entscheidung v. 2.12.2008, K.R.S. / Vereinigtes Königreich, Nr. 32733/08, S. 17 f.; EGMR, Entscheidung v. 15.12.2009, Kaplan / Deutschland, Nr. 43212/05, S. 9 f.; EGMR, Entscheidung v. 18.6.2013, Povse / Österreich, Nr. 3890/11, §§ 85 f.; in EGMR, Urteil v. 21.1.2011, M.S.S. / Belgien und Griechenland, Nr. 30696/09, § 357 hingegen angenommen, auch die Beschwerde sei nicht wirksam möglich; so auch in EGMR, Urteil v. 13.10.2016, B.A.C. / Griechenland, Nr. 11981/15, §§ 62 ff. Mit Einbeziehung der Individualbeschwerde etwa auch *Wagner,* IPRax 2002, 75 (87); *Stein,* IPRax 2004, 181 (186 f.); *Portmann,* Die Verordnung (EG) 805/2004, S. 219; *Thoma,* Europäisierung und Vergemeinschaftung, S. 102; *Weber,* Europäisches Zivilprozessrecht und Demokratieprinzip, S. 54; *Netzer,* Status quo und Konsolidierung des Europäischen Zivilverfahrensrechts, S. 205. Kritischer *Kohler,* in: Reichelt/Rechberger (Hrsg.), Europäisches Kollisionsrecht, S. 63 (77 f. mit Fn. 42); *Hess,* in: FS Jayme, S. 339 (357 f.); *Leutheusser-Schnarrenberger,* StraFo 2007, 268 (275); *Hoppe,* Eilrechtsschutz gegen Dublin II-Überstellungen, S. 114 f.

[91] Implizit EGMR, Urteil v. 4.2.2005, Mamatkulov und Askarov / Türkei, Nr. 46827/99 und 46951/99, § 128; EGMR, Urteil v. 10.3.2009, Paladi / Moldau, Nr. 39806/05, §§ 86 ff.; ausdrücklich EGMR, Urteil v. 27.11.2014, Amirov / Russland, Nr. 51857/13, §§ 65 ff.; nachfolgend etwa EGMR, Urteil v. 1.3.2016, Andrey Lavrov / Russland, Nr. 66252/14, §§ 32 ff. Hierzu *Meyer-Ladewig/Kulick,* in: Meyer-Ladewig/Nettesheim/v. Raumer, Art. 34 Rn. 55 f.

[92] Implizit in EGMR, Entscheidung v. 4.5.2010, Stapleton / Irland, Nr. 56588/07, § 30; EGMR, Entscheidung v. 18.3.2014, Ignaoua u. a. / Vereinigtes Königreich, Nr. 46706/08, § 55; vgl. EGMR, Entscheidung v. 15.12.2009, Kaplan / Deutschland, Nr. 43212/05, S. 9 f.

[93] Grundlegend zur fehlenden Beschränkung der Urteilswirkungen auf den konkreten

Auch hinsichtlich nationaler Rechtsbehelfe im Ursprungsstaat kommt die Annahme einer wirksamen Abhilfemöglichkeit zum Ausdruck.[94] Obwohl bislang in der Rechtsprechung des EGMR nicht im Vordergrund, ist nicht ersichtlich, weshalb dies nicht auch für unionsrechtlich im Ursprungsstaat vorgesehene Rechtsbehelfe gelten sollte,[95] wie auch für dessen Verpflichtung zur Vorlage an den Gerichtshof der Europäischen Union aus Art. 267 AEUV.

Damit wird nahegelegt, dass bereits unter der EMRK innerhalb des Konventionsgebiets Rechtsschutz gegenüber dem sachnäheren Staat[96] – in diesen Fällen gegen den Kooperationspartner, unter dessen Gerichtsbarkeit eine Gefahr originär droht – nicht nur durch dessen Bindungen geboten, sondern grundsätzlich auch zu erwarten ist.[97] Dann aber muss nicht von einem anderen befassten Konventionsstaat die Zusammenarbeit versagt werden.[98] Ist nach dem Unionsrecht Rechtsschutz im Ursprungsstaat konzentriert, vollzieht das Konventionsrecht in

---

Fall EGMR, Urteil v. 13.7.2000, Scozzari und Giunta / Italien, Nr. 39221/98 und 41963/98, §§ 249 f., insoweit über das dort genannte EGMR, Urteil v. 31.10.1995, Papamichalopoulos u. a. / Griechenland (Art. 50), Nr. 14556/89, § 34 hinausgehend; seinerseits noch weitergehend EGMR, Urteil v. 17.2.2004, Maestri / Italien, Nr. 39748/98, § 47; vgl. auch EGMR, Urteil v. 8.4.2004, Assanidze / Georgien, Nr. 71503/01, §§ 198 ff.; im hier interessierenden Kontext *Portmann,* Die Verordnung (EG) 805/2004, S. 178 ff.; knapp *Weber,* Europäisches Zivilprozessrecht und Demokratieprinzip, S. 174 f.; vgl. *Neßler,* Europäisches Richtlinienrecht wandelt deutsches Verwaltungsrecht, S. 91, m. w. N.; zum Ganzen *Meyer-Ladewig/Brunozzi,* in: Meyer-Ladewig/Nettesheim/v. Raumer, Art. 41 Rn. 18 ff., Art. 46 Rn. 21 ff.

[94] EGMR, Entscheidung v. 18.6.2013, Povse / Österreich, Nr. 3890/11, § 86; deutlich EGMR, Urteil v. 23.5.2016, Avotiņš / Lettland, Nr. 17502/07, §§ 118, 122.

[95] Implizit in EGMR, Entscheidung v. 18.6.2013, Povse / Österreich, Nr. 3890/11, § 85.

[96] Deutlich EGMR, Urteil v. 13.12.2016, Paposhvili / Belgien, Nr. 41738/10, § 193, „most natural remedy under the Convention system"; zuvor EGMR, Entscheidung v. 4.5.2010, Stapleton / Irland, Nr. 56588/07, § 29; EGMR, Entscheidung v. 15.1.2004, Lindberg / Schweden, Nr. 48198/99, S. 11 f. sowie EGMR, Urteil v. 21.1.2011, M.S.S. / Belgien und Griechenland, Nr. 30696/09, § 357; EGMR, Entscheidung v. 15.12.2009, Kaplan / Deutschland, Nr. 43212/05, S. 9 f.; vgl. die Einbeziehung des von der Betroffenen hergestellten Auslandsbezugs in EGMR, Entscheidung v. 6.12.2005, Eskinazi und Chelouche / Türkei, Nr. 14600/05, S. 34.

[97] Exemplarisch für gewährten Konventionsrechtsschutz gegen den Ursprungsstaat EGMR, Urteil v. 12.7.2011, Šneersone und Kampanella / Italien, Nr. 14737/09, § 98; EGMR, Urteil v. 8.11.2016, Pönkä / Estland, Nr. 64160/11, §§ 35 ff.; vgl. EGMR, Urteil v. 21.4.2009, Stephens / Malta (Nr. 1), Nr. 11956/07, §§ 51 f.; EGMR, Urteil v. 27.4.2017, Schmidt / Lettland, Nr. 22493/05, §§ 91 ff.; s. allerdings auch EGMR, Urteil v. 21.9.2017, Sévère / Österreich, Nr. 53661/15, §§ 103 ff., wonach aus Art. 46 Abs. 1 EMRK nicht notwendig eine Pflicht zur bislang unterlassenen Kindesrückführung folge.

[98] Vgl. EGMR, Entscheidung v. 4.5.2010, Stapleton / Irland, Nr. 56588/07, §§ 26, 30. In diesem Sinne auch *Wagner,* IPRax 2002, 75 (87), trotz unter Umständen zu späten Individualbeschwerdeurteils, S. 92; *Stein,* IPRax 2004, 181 (187); vgl. *Schilling,* IPRax 2011, 31 (35, 39); a. A. jedenfalls in Ermangelung gemeinsamen Höchstgerichts, *Kohler,* in: Reichelt/Rechberger (Hrsg.), Europäisches Kollisionsrecht, S. 63 (77 f. mit Fn. 42).

seiner Auslegung durch den EGMR dies somit zumindest im Grundsatz ohne Weiteres nach.[99]

b) Grenze des Verweises auf Rechtsschutz im Ursprungsstaat?

In den meisten Fällen allerdings, in denen die Möglichkeit einer Individualbeschwerde gegen den Kooperationsstaat hervorgehoben wurde, wurde bereits nicht vom Drohen einer Verletzung der sachlichen Verpflichtung ausgegangen. Demgegenüber geht aus der Rechtsprechung weniger klar hervor, bis zu welchem Punkt ein Verweis auf Schutz im Ursprungsstaat in solchen Fällen hinnehmbar ist,[100] in denen die Vermutung konventionsgemäßen Verhaltens in der Sache widerlegt ist.

Dabei scheint es zuweilen, als sei eine Kooperation nur dann unzulässig, wenn zugleich Anhaltspunkte bestehen, die zusätzlich die unzureichende Wirksamkeit einer Individualbeschwerde befürchten lassen.[101] Ist in die Risikoeinschätzung aber nach der Rechtsprechung neben der Natur und Schwere der befürchteten Konventionsverletzungen die Möglichkeit ihrer Korrektur im Wege des Rechtsschutzes im Kooperationsstaat einzubeziehen,[102] erscheint dies nicht zwingend. Es erlaubt vielmehr, die Grenze konventionsrechtlicher Zulässigkeit einer Konzentration von Rechtsschutz im Ursprungsstaat im Einzelfall in Abhängigkeit davon zu bestimmen, inwieweit dadurch effektive Abhilfe zu erwarten ist. Dies dürfte, wie in der Rechtsprechung anklingt,[103] etwa dann nicht der

---

[99] Insbesondere EGMR, Entscheidung v. 18.6.2013, Povse / Österreich, Nr. 3890/11, §§ 85 f.; EGMR, Urteil v. 15.1.2015, M.A. / Österreich, Nr. 4097/13, § 114; EGMR, Urteil v. 23.5.2016, Avotiņš / Lettland, Nr. 17502/07, § 118 (kritisch *Reith,* ZfRV 2016, 218 [222 f.]); EGMR, Urteil v. 17.4.2018, Pirozzi / Belgien, Nr. 21055/11, § 60; vgl. umgekehrt die Zuständigkeitskonzentration für die Vollstreckung nach Art. 20 Abs. 5 VO (EG) Nr. 44/2001 nachvollziehend EGMR, Urteil v. 10.4.2014, Terebus / Portugal, Nr. 5238/10, § 52; s. aber auch EGMR, Urteil v. 1.3.2016, Arlewin / Schweden, Nr. 22302/10, §§ 63 ff., zur möglichen Verletzung von Art. 6 Abs. 1 EMRK bei unionsrechtlicher internationaler Zuständigkeit mehrerer Staaten, wenn einer von ihnen unter Verweis auf den anderen keinen Rechtsweg eröffnet. Offen bei *Völker/Steinfatt,* FPR 2005, 415 (417); s. erneut auch die kritischen Stimmen aus dem Schrifttum oben Zweiter Teil Fn. 90.

[100] Demgegenüber keine Ausnahme hiervon bei *Stein,* IPRax 2004, 181 (187).

[101] EGMR, Entscheidung v. 2.12.2008, K.R.S. / Vereinigtes Königreich, Nr. 32733/08, S. 17 f.; vgl. auch EGMR, Entscheidung v. 6.12.2005, Eskinazi und Chelouche / Türkei, Nr. 14600/05, S. 34; EGMR, Entscheidung v. 4.5.2010, Stapleton / Irland, Nr. 56588/07, § 30; EGMR, Urteil v. 21.1.2011, M.S.S. / Belgien und Griechenland, Nr. 30696/09, §§ 356 f.

[102] EGMR, Entscheidung v. 15.12.2009, Kaplan / Deutschland, Nr. 43212/05, S. 9.

[103] EGMR, Urteil v. 7.7.1989, Soering / Vereinigtes Königreich, Nr. 14038/88, § 90; EGMR, Entscheidung v. 4.10.2007, Cenaj / Griechenland und Albanien, Nr. 12049/06, S. 8; Vgl. auch EGMR, Urteil v. 21.1.2011, M.S.S. / Belgien und Griechenland, Nr. 30696/09, §§ 362 ff.; vgl. EGMR, Urteil v. 4.11.2014, Tarakhel / Schweiz, Nr. 29217/12, § 104; festge-

Fall sein, wenn eine irreparable Verletzung droht. Aber auch darüber hinaus bestünde Raum, um zu berücksichtigen, inwieweit Rechtsbehelfe im Ursprungsstaat im Lichte der Natur der infrage stehenden Verletzung nur einen unzureichenden Rechtsschutz zu gewähren geeignet sind. Ein solch unzureichender Schutz wäre etwa wegen der Verfahrensdauer[104] selbst bis zu etwaigen einstweiligen Maßnahmen gegen den Ursprungsstaat, geschweige denn bis zur Hauptsacheentscheidung denkbar; er kommt auch bei einem an der Natur der Verletzung gemessen inadäquaten Rechtsschutz, im Wege einer Entschädigung nach Art. 41 EMRK ebenfalls nur unzulänglichen Ausgleich in Betracht. Daher könnte auch jenseits von Fällen einer regelrechten Vereitelung der Individualbeschwerde oder Missachtung einstweiliger Maßnahmen eine Versagung der Kooperation geboten sein.[105]

4. Besonderheiten bei rückblickender Beurteilung?

Damit ist für die Beurteilung des Grundrechtsschutzes in einem abgeschlossenen Sachverhalt keine Aussage getroffen. Ein solcher Fall läge etwa bei der Urteilsanerkennung nach der Zivilprozessordnung vor, für die das Urteil des anderen Staats formell rechtskräftig (§ 723 Abs. 2 S. 1 ZPO), und damit das Erkenntnis- einschließlich eines etwaigen Rechtsbehelfsverfahrens im Ursprungsstaat abgeschlossen sein muss. Wird hier der Schutz im Ursprungsstaat aus Perspektive des Vollstreckungsstaats relevant, geht es nicht um eine Prognose, sondern eine rückblickende Einschätzung. Bei dieser findet sich, soweit ersichtlich, in der Rechtsprechung keine Vermutung der Konventionsrechtswahrung, wenn es um die sachliche Bindung und nicht deren Durchsetzung geht. Wenn auch seitens der beteiligten Vertragsstaaten unterschiedliche Ansichten darüber beste-

---

stellte Verletzung in EGMR, Urteil v. 11.2.2016, R.T. / Griechenland, Nr. 5124/11, §§ 67 ff.; EGMR, Urteil v. 13.10.2016, B.A.C. / Griechenland, Nr. 11981/15, §§ 59 ff.; EGMR, Urteil v. 13.12.2016, Paposhvili / Belgien, Nr. 41738/10, § 193. Vgl. hierzu auch den gebotenen Suspensiveffekt bei Rüge einer Verletzung von Art. 3 EMRK EGMR, Urteil v. 6.6.2013, Mohammed / Österreich, Nr. 2283/12, § 72, m.w.N.; EGMR, Urteil v. 14.2.17, Allanazarova / Russland, Nr. 46721/15, § 97; hierzu *Hoppe,* Eilrechtsschutz gegen Dublin II-Überstellungen, S. 128 ff.; *Meyer-Ladewig/Renger,* in: Meyer-Ladewig/Nettesheim/v. Raumer, Art. 13 Rn. 32; vgl. EGMR, Urteil v. 15.1.2015, Kuppinger / Deutschland, Nr. 62198/11, § 137 zu effektiven Rechtsbehelfen.

104 Hinweis hierauf etwa bei *Oberhammer,* JBl. 2006, 477 (498); *Portmann,* Die Verordnung (EG) 805/2004, S. 178; *Netzer,* Status quo und Konsolidierung des Europäischen Zivilverfahrensrechts, S. 212.

105 Vgl. auch *Hoppe,* Eilrechtsschutz gegen Dublin II-Überstellungen, S. 114 ff., allerdings bereits kritisch gegenüber dem Verweis auf die Individualbeschwerde.

hen mögen, ob die Konvention eingehalten wurde, so liegt doch zumindest objektiv keine Unsicherheit mehr über den Geschehensverlauf vor.[106]

Dennoch dürften insbesondere die Bindung des Ursprungsstaats an Art. 6 Abs. 1, 13 EMRK sowie das Individualbeschwerderecht aus Art. 34 EMRK zu berücksichtigen sein: Ist eine Sachentscheidung über eine zulässige Individualbeschwerde ergangen und sieht der Gerichtshof keine Verletzung, wird ungeachtet der Beteiligung allein des Ursprungsstaats am Verfahren kein Raum für den Vollstreckungsstaat bestehen, dennoch wegen einer – vom EGMR verneinten – Konventionsverletzung die Kooperation zu versagen. Stellt der Gerichtshof hingegen eine Verletzung fest, dürfte auch dies vom Vollstreckungsstaat im umgekehrten Sinne zu berücksichtigen sein.[107]

Steht das Urteil über eine zulässige Individualbeschwerde demgegenüber noch aus, geht es in der Sache wiederum zumindest insoweit noch um eine prognostische und keine rückblickende Beurteilung, so dass das soeben zur Einbeziehung von Rechtsbehelfen Gesagte[108] gelten dürfte.

Raum für eine Vermutung der Wirksamkeit bestehender Durchsetzungsmechanismen besteht aber auch dann, wenn rückblickend Rechtbehelfe im oder gegen den Ursprungsstaat bestanden, von diesen aber kein Gebrauch gemacht wurde. Wenn und weil davon auszugehen ist, dass Rechtsschutz im Ursprungsstaat hätte erlangt werden können, dürfte auch hier wegen dieses verletzungsnäheren Schutzes solcher im Vollstreckungsstaat nicht stets erforderlich sein.[109] In der Sache kommt zumindest dies auch in der bislang überschaubaren Rechtsprechung zur Anerkennung zwischen Konventionsstaaten zum Ausdruck. Diesbezüglich hat der Gerichtshof dem Betroffenen eine Berufung auf die vermeintlich verletzte sachliche Gewährleistung gegenüber dem Vollstreckungsstaat versagt, nachdem die Frist für eine Individualbeschwerde gegen den Urteilsstaat ungenutzt verstrichen war.[110] Dies kommt ebenso zum Ausdruck, wenn der EGMR bereits unabhängig von einer Individualbeschwerde annimmt, dass ein Rechtsbehelf im nationalen Recht des Ursprungsstaats Abhilfe geschaffen hätte;[111] hier war also bereits eine Vermutung der Funktionsfähigkeit der nationalen Durchsetzungsmechanismen ausschlaggebend.

---

[106] Vgl. bereits zum Prüfungsmaßstab mit Kontrastierung von HKÜ-Rückführung und Exequaturerteilung für Titel aus im Ausland abgeschlossenen Verfahren EGMR, Entscheidung v. 6.12.2005, Eskinazi und Chelouche / Türkei, Nr. 14600/05, S. 31 f.

[107] Gegen Zulässigkeit einer Vollstreckung in einem solchen Fall etwa bereits *Matscher,* in: FS Kollhosser, S. 427 (442).

[108] Oben S. 86 ff.

[109] Wohl a. A. *Matscher,* in: FS Kollhosser, S. 427 (441 f.), m. w. N.

[110] EGMR, Entscheidung v. 15.1.2004, Lindberg / Schweden, Nr. 48198/99, S. 11 f.

[111] EGMR, Urteil v. 23.5.2016, Avotiņš / Lettland, Nr. 17502/07, §§ 122 ff. (mit Kritik *Reith,* ZfRV 2016, 218 [222 f.]), zudem auch dort die Individualbeschwerdefrist verstrichen;

Auch bei rückblickender Betrachtung abgeschlossener Sachverhalte ist unter der EMRK damit ein Verweis auf Rechtsbehelfe im Ursprungsstaat zu beobachten, während bei deren Unterlassen eine Durchsetzung der Konventionsrechte im Vollstreckungsstaat nicht zwingend verlangt wird. Auch insoweit klingt aber an, dass Zumutbarkeitserwägungen eine Rolle spielen mögen.[112]

5. Ergebnis

Geht es darum, ob die Kooperation mit einem anderen Konventionsstaat zu versagen ist, ist der Umstand, dass die EMRK auch für das Verhalten des Kooperationspartners maßstäblich ist, zu berücksichtigen. Anknüpfend daran, dass dieser andere Staat in normativer Hinsicht den Anforderungen der Konvention – daneben unter Umständen den als gleichwertig erachteten unionsgrundrechtlichen Vorgaben – seinerseits unmittelbar unterliegt, sieht der Europäische Gerichtshof für Menschenrechte nur im Ausnahmefall Veranlassung für eine Versagung der Zusammenarbeit.

Dem liegt zugrunde, dass in der Rechtsprechung des EGMR bei vorausschauender Einschätzung der tatsächlichen Wirksamkeit normativ bestehender Schutzvorgaben eine Vermutung rechtskonformen Verhaltens zum Einsatz kommt. Dies wird durch den EGMR als konventionsrechtliches Spiegelbild des unionsrechtlichen Vertrauens erachtet. Ist der Ursprungsstaat seinerseits zumindest an die EMRK, unter Umständen zudem an die Unionsgrundrechte gebunden, erlaubt dies grundsätzlich die Annahme, ein hinreichender Schutz werde auch in diesem Staat gewährleistet. Konventionsbindung und Unionsmitgliedschaft sind über die materiellrechtlichen Anforderungen hinaus aber auch insofern relevant, als damit eine inzwischen verpflichtende Unterwerfung unter das Individualbeschwerdeverfahren zum EGMR wie auch unter unionsrechtliche Rechtsbehelfe samt des Vorlageverfahrens zum EuGH einhergeht. Die Bezugnahme der Vermutung auch auf diese Durchsetzungsmechanismen erlaubt in Fällen, die hinsichtlich der sachlichen Bindung kritisch zu beurteilen wären, eine Abhilfe im Rechtsbehelfswege zu vermuten. Bei einem Sachverhalt, der sich auf verschiedene Staaten des Geltungsgebiets der Konvention erstreckt, kann (Konventions-)Rechtsschutz demnach grundsätzlich im Staat der originären Verletzung gewährt werden.

---

für noch mögliche, aber nicht ergriffene Rechtsbehelfe in EGMR, Entscheidung v. 18.6.2013, Povse / Österreich, Nr. 3890/11, § 86 impliziert; ähnlich im Verhältnis zu einem Drittstaat EGMR, Entscheidung v. 29.4.2008, McDonald / Frankreich, Nr. 18648/04, S. 9f. So etwa auch *Netzer,* Status quo und Konsolidierung des Europäischen Zivilverfahrensrechts, S. 205.

[112] EGMR, Urteil v. 23.5.2016, Avotiņš / Lettland, Nr. 17502/07, §124 mit Hinweis auf die Geschäftserfahrenheit des Betroffenen; zu deren möglicherweise maßgeblicher Relevanz Schlussanträge GA *Kokott,* Rs. C-70/15, Lebek, Nr. 29.

Eine Widerlegung dieser Vermutung ist aber im Einzelfall möglich. Wann danach eine Versagung der Zusammenarbeit trotz Einbeziehung der im Ausland bestehenden Durchsetzungsmechanismen geboten ist, ist in der Rechtsprechung noch nicht endgültig geklärt. Ebenso wenig hat sich der Gerichtshof bislang eingehender damit befasst, was bei rückblickender Betrachtung eines bereits abgeschlossenen Sachverhalts gilt. Wie naheliegend, ist er allerdings auch diesbezüglich in der Kooperation mit anderen Konventionsstaaten zumindest davon ausgegangen, dass unterlassene Rechtsbehelfe grundsätzlich Abhilfe unmittelbar gegenüber dem Ursprungsstaat hätten schaffen können und die Konvention daher nicht unbedingt Durchsetzung im Zweitstaat erfordert.

III. Relevanz offensichtlich unzureichenden Schutzes auch bei zwingender mitgliedstaatlicher Zusammenarbeit

Beschreibt das bisher Gesagte allgemein die originär konventionsrechtliche Versagungsschwelle, zeichnen sich die hier betrachteten „Vollstrecker"-Konstellationen zudem dadurch aus, dass der Sachverhalt nicht nur eine Berührung mit der Rechtsordnung eines anderen Konventions- und EU-Mitgliedstaats aufweist, sondern das „Ob" der Anerkennung und Vollstreckbarkeit durch Unionsrecht determiniert ist. Zwar wird grundsätzlich die Rechtfertigung unionsrechtlich determinierter Eingriffe in Konventionsrechte vermutet (1.), wobei für das Eingreifen dieser Vermutung ein Vorlageverfahren nach Art. 267 AEUV anzustrengen sein kann (2.). Bei Heranziehung der Vermutung aber bedarf es einer Auseinandersetzung mit ihren Grenzen auch in Fällen innerunionaler Zusammenarbeit (3.).

1. Bosphorus-Vermutung zugunsten des Vollstreckungsstaats

In der gebotenen Kürze sei zum Verhältnis der EMRK zur supranationalen Zusammenarbeit rekapituliert, was für die Beurteilung innerunionaler Kooperation unerlässlich ist. Eine unionsrechtlich zwingende Vorgabe ändert nichts an der Konventionsbindung des Vollstreckungsstaats, da die EMRK zwar nicht an einer Übertragung von Hoheitsrechten auf internationale Organisationen hindert,[113] aber auch keine beliebige Modifikation der Konventionsverpflichtungen

[113] In Bezug auf die EWG EKMR, Entscheidung über die Zulässigkeit, M. & Co. / Deutschland, Nr. 13258/87, S. 7, hier ein der EMRK äquivalenter Grundrechtsschutz bereits als Bedingung der Hoheitsrechtsübertragung angesehen, angesichts deren Erfüllung die gegen einen Mitgliedstaat gerichtete Beschwerde unvereinbar *ratione materiae* mit der Konvention sei; so zur EPO EKMR, Entscheidung über die Zulässigkeit v. 10.1.1994, Heinz / Vertragsstaaten des EPÜ soweit sie Vertragsstaaten der EMRK sind, Nr. 21090/92, S. 3;

durch erst nachfolgend eingegangene Bindungen gestattet.[114] Die Verpflichtung der Vertragsstaaten zur Wahrung der EMRK besteht somit wie bei Erfüllung (anderer) völkerrechtlicher,[115] so auch bei Erfüllung unionsrechtlicher[116] Verpflichtungen fort.

Zugleich aber genügt nicht nur unmittelbar anwendbares Unionsrecht grundsätzlich den Gesetzesvorbehalten der EMRK[117] und kann, wie die Erfüllung (anderer) völkerrechtlicher Verpflichtungen,[118] ein Verhalten entsprechend unionsrechtlicher Bindungen einen legitimen Eingriffszweck bilden.[119] Vielmehr besteht nach dem *Bosphorus*-Urteil des EGMR die Vermutung, konventions-

---

ebenso mit Bezugnahme auf äquivalenten Schutz EKMR, Entscheidung über die Zulässigkeit v. 9.9.1998, Lenzing AG / Vereinigtes Königreich, Nr. 38817/97, S. 8, aber in Verhältnismäßigkeitsprüfung berücksichtigt; ähnlich in der Sache EGMR, Urteil v. 18.2.1999, Beer und Regan / Deutschland, Nr. 18934/95, § 58; EGMR, Urteil v. 18.2.1999, Matthews / Vereinigtes Königreich, Nr. 24833/94, § 32; EGMR, Urteil v. 30.6.2005, Bosphorus / Irland, Nr. 45036/98, § 152; vgl. auch EGMR, Urteil v. 18.2.1999, Waite und Kennedy / Deutschland, Nr. 26084/94, § 67.

114 Grundlegend EKMR, Entscheidung über die Zulässigkeit v. 10.6.1958, X. / Deutschland, Nr. 235/56, S. 25; EKMR, Entscheidung über die Zulässigkeit v. 10.1.1994, Heinz / Vertragsstaaten des EPÜ soweit sie Vertragsstaaten der EMRK sind, Nr. 21090/92, S. 3; EGMR, Urteil v. 18.2.1999, Beer und Regan / Deutschland, Nr. 18934/95, § 57. Vgl. auch Art. 351 Abs. 1 AEUV.

115 Zum HKÜ nur EGMR, Urteil v. 6.7.2010, Neulinger und Shuruk / Schweiz, Nr. 41615/07, §§ 133, 137; EGMR, Urteil v. 12.7.2011, Šneersone und Kampanella / Italien, Nr. 14737/09, § 85; EGMR, Urteil v. 26.11.2013, X. / Lettland, Nr. 27853/09, §§ 102, 106. Zum DÜ EGMR, Entscheidung v. 7.3.2000, T.I. / Vereinigtes Königreich, Nr. 43844/98, S. 15. Daneben EGMR, Urteil v. 18.2.1999, Waite und Kennedy / Deutschland, Nr. 26084/94, § 67; EGMR, Urteil v. 12.7.2001, Prinz Hans-Adam II von Liechtenstein / Deutschland, Nr. 42527/98, §§ 47 f.; EGMR, Urteil v. 21.6.2016, Al-Dulimi und Montana Management Inc. / Schweiz, Nr. 5809/08, § 95. S. aber erneut die Rspr. oben Zweiter Teil Fn. 16 zur Berücksichtigung der übrigen zwischen den Vertragsstaaten bestehenden Bindungen bei EMRK-Auslegung.

116 Hierzu nur EGMR, Urteil v. 30.6.2005, Bosphorus / Irland, Nr. 45036/98, § 153; EGMR, Urteil v. 6.12.2012, Michaud / Frankreich, Nr. 12323/11, § 102 (zuvor bereits EGMR, Urteil v. 11.11.1996, Cantoni / Frankreich, Nr. 17862/91, § 30); EGMR, Urteil v. 23.5.2016, Avotiņš / Lettland, Nr. 17502/07, § 101.

117 EGMR, Urteil v. 30.6.2005, Bosphorus / Irland, Nr. 45036/98, § 145; EGMR, Entscheidung v. 18.6.2013, Povse / Österreich, Nr. 3890/11, § 72.

118 Vgl. EGMR, Urteil v. 18.2.1999, Waite und Kennedy / Deutschland, Nr. 26084/94, § 63; EGMR, Urteil v. 21.6.2016, Al-Dulimi und Montana Management Inc. / Schweiz, Nr. 5809/08, §§ 132 f.

119 Hierzu nur EGMR, Urteil v. 30.6.2005, Bosphorus / Irland, Nr. 45036/98, § 150; EGMR, Urteil v. 6.12.2012, Michaud / Frankreich, Nr. 12323/11, § 100; EGMR, Entscheidung v. 18.6.2013, Povse / Österreich, Nr. 3890/11, § 73; vgl. speziell zu Einschränkungen nationaler Gerichtsbarkeit EKMR, Entscheidung über die Zulässigkeit v. 9.9.1998, Lenzing AG / Vereinigtes Königreich, Nr. 38817/97, S. 7; EGMR, Urteil v. 18.2.1999, Beer und Regan / Deutschland, Nr. 18934/95, § 53.

staatliches Handeln in Erfüllung[120] zwingender und keinen Spielraum belassender[121] rechtlicher Verpflichtungen aus der Mitgliedschaft in einer internationalen Organisation sei konventionskonform, weil verhältnismäßig,[122] solange die Organisation gleichwertigen Grundrechtsschutz in normativem Niveau und Durchsetzbarkeit gewährleiste.[123] Ein solches Niveau wird jedenfalls für die supranationale Zusammenarbeit in der Europäischen Union bejaht.[124] Angesichts des Wegfalls der Zuständigkeitseinschränkung des EuGH aus Art. 68 EGV mit dem Vertrag von Lissabon ist auch nicht davon auszugehen, dass etwas grundsätzlich anderes in der justiziellen Zusammenarbeit gälte.[125] Soweit es um ein unter der Konvention absolut geschütztes Recht geht, dürfte dabei genaugenommen zu vermuten sein, dass in das Recht bereits nicht eingegriffen wurde.

---

[120] Hingegen Vermutung nicht erörtert bei Annahme, das Verhalten sei mit zwingendem Unionsrecht unvereinbar, so jeweils zur justiziellen Zusammenarbeit in Zivilsachen EGMR, Urteil v. 13.1.2015, Manic / Litauen, Nr. 46600/11, §§ 99 ff.; EGMR, Urteil v. 15.1.2015, M.A. / Österreich, Nr. 4097/13, §§ 103 ff.; EGMR, Urteil v. 12.7.2011, Šneersone und Kampanella / Italien, Nr. 14737/09, §§ 87 ff.; EGMR, Urteil v. 7.3.2013, Raw u.a. / Frankreich, Nr. 10131/11, §§ 76 ff.; EGMR, Urteil v. 19.7.2016, E.S. / Rumänien und Bulgarien, Nr. 60281/11, §§ 74 ff.; EGMR, Urteil v. 8.11.2016, Pönkä / Estland, Nr. 64160/11, §§ 30 ff.; EGMR, Urteil v. 21.11.2017, Mansour / Slowakei, Nr. 60399/15, §§ 52 ff.; EGMR, Urteil v. 18.1.2018, Oller Kamińska / Polen, Nr. 28481/12, §§ 87 ff.; vgl. auch EGMR, Urteil v. 21.9.2017, Sévère / Österreich, Nr. 53661/15, §§ 103 ff.; sehr wohl aber in EGMR, Urteil v. 23.5.2016, Avotiņš / Lettland, Nr. 17502/07, §§ 101 ff.

[121] EGMR, Urteil v. 30.6.2005, Bosphorus / Irland, Nr. 45036/98, § 157; noch deutlicher EGMR, Urteil v. 6.12.2012, Michaud / Frankreich, Nr. 12323/11, §§ 103, 113; anders bei frei eingegangener Vertragsänderung, EGMR, Urteil v. 18.2.1999, Matthews / Vereinigtes Königreich, Nr. 24833/94, §§ 33 f.; differenziert bei beschränktem Verhandlungsspielraum, EGMR, Urteil v. 12.7.2001, Prinz Hans-Adam II von Liechtenstein / Deutschland, Nr. 42527/98, §§ 55 ff. Beachte zu schwarzen Listen in Durchführung von UN-Sicherheitsratsbeschlüssen die Verneinung eines Konflikts im Wege der Auslegung der *Resolutionen* EGMR, Urteil v. 21.6.2016, Al-Dulimi und Montana Management Inc. / Schweiz, Nr. 5809/08, §§ 137 ff. (Kritik etwa im abweichenden Sondervotum der Richterin *Nußberger,* S. 140 f.) mit Folge fehlenden Anlasses zur Prüfung äquivalenten Schutzes, § 149.

[122] Konkretisierung in EGMR, Urteil v. 6.12.2012, Michaud / Frankreich, Nr. 12323/11, § 101.

[123] EGMR, Urteil v. 30.6.2005, Bosphorus / Irland, Nr. 45036/98, § 155; nachfolgend EGMR, Urteil v. 6.12.2012, Michaud / Frankreich, Nr. 12323/11, § 103; EGMR, Urteil v. 4.11.2014, Tarakhel / Schweiz, Nr. 29217/12, § 88.

[124] EGMR, Urteil v. 30.6.2005, Bosphorus / Irland, Nr. 45036/98, § 165 (zur damaligen ersten Säule § 72); nach Reform von Lissabon EGMR, Urteil v. 6.12.2012, Michaud / Frankreich, Nr. 12323/11, etwa §§ 105 f. Vgl. bereits EKMR, Entscheidung über die Zulässigkeit, M. & Co. / Bundesrepublik Deutschland, Nr. 13258/87, S. 7.

[125] In diesem Sinne, bezogen auf den Dritten Teil Titel V AEUV, auch *Brummund,* Kohärenter Grundrechtsschutz, S. 97 f., vor Reform differenzierend, S. 93 ff.

Dass diese Vermutung auch im Falle der unionsrechtlich zwingend vorgesehenen Anerkennung und Vollziehung der Entscheidung aus einem anderen Unionsmitgliedstaat gilt, hat der EGMR bereits 2013 in Bezug auf die Vollstreckung einer nach Art. 42 Abs. 2 Brüssel IIa-VO bestätigten HKÜ-Rückführungsanordnung in der Rechtssache *Povse* angenommen.[126] Dabei erfuhr das Moment der horizontalen Zusammenarbeit zwischen zwei Konventions- und EU-Mitgliedstaaten zunächst keine besondere Aufmerksamkeit. Inzwischen wurde aber ausdrücklich bestätigt, die *Bosphorus*-Vermutung sei dort anwendbar, wo die Mitgliedstaaten in einem System gegenseitiger Anerkennung unter dem Unionsrecht gezwungen seien, sich gegenseitig Vertrauen mit Blick auf die Grundrechtswahrung entgegenzubringen.[127]

Auch in der jüngeren Rechtsprechung unterbleibt in diesem Zusammenhang eine Auseinandersetzung damit, ob nicht nur der Vollstreckungsstaat, sondern auch dessen Kooperationspartner – an den der Einzelne schließlich für Rechtsschutz verwiesen wird – an die Unionsgrundrechte gebunden ist oder wegen lediglich fragmentarischer Vorgaben des Sekundärrechts nicht vollumfänglich in Durchführung des Unionsrechts handelt.[128] Hierauf dürfte es allerdings wiederum nicht ankommen:[129] Entweder der Ursprungsstaat ist angesichts zwingender unionsrechtlicher Vorgaben an die der EMRK als gleichwertig erachteten Unionsgrundrechte gebunden. Dann kann die *Bosphorus*-Vermutung auch zu seinen Gunsten eingreifen. Besteht hingegen keine unionsrechtlich zwingende Vorgabe für den Ursprungsstaat, gibt es wegen dessen Bindung an die Konvention aber ebenso keine Veranlassung, den Vollstreckungsstaat nicht zumindest seinerseits von der *Bosphorus*-Vermutung profitieren zu lassen.

Es sei präzisiert, dass die Vermutung der Rechtfertigung auch über die Individualbeschwerdeprüfung durch den EGMR hinaus Bedeutung besitzt. Ihr Zweck liegt zumindest auch darin, Dilemmata zu vermeiden, die sich für die Vertragsstaaten im Falle (zumindest scheinbar) konfligierender Verpflichtungen aus der EMRK einerseits und der Mitgliedschaft in einer internationalen Orga-

---

126 EGMR, Entscheidung v. 18.6.2013, Povse / Österreich, Nr. 3890/11, § 78; im interessierenden Kontext mit Verweis hierauf auch *Classen,* in: FS Schwarze, S. 556 (575); zuvor *Schilling,* IPRax 2011, 31 (34 f., 39); offen bei *Kokott/Dervisopoulos,* in: Leutheusser-Schnarrenberger (Hrsg.), Vom Recht auf Menschenwürde, S. 123 (130 f.).

127 EGMR, Urteil v. 23.5.2016, Avotiņš / Lettland, Nr. 17502/07, § 115; EGMR, Urteil v. 17.4.2018, Pirozzi / Belgien, Nr. 21055/11, § 62.

128 Dass EGMR, Entscheidung v. 18.6.2013, Povse / Österreich, Nr. 3890/11, § 85 aber von einer Bindung ausgeht, liegt nahe angesichts des nachvollzogenen Verweises durch EuGH, Urteil v. 1.7.2010, Rs. C-211/10 PPU, Povse auf den Ursprungsstaat und Kontrastierung zu EuGH, Urteil v. 30.7.1996, Rs. C-84/95, Bosphorus.

129 S. erneut bereits S. 82 f.

nisation andererseits ergeben können.[130] Dies geschieht durch die Annahme, es bestehe zwischen dem durch die jeweilige Bindung Gebotenen kein Konflikt. Solche Situationen werden aber nur dann wirklich vermieden, wenn auch die Mitgliedstaaten im Grundsatz davon ausgehen dürfen, ihr unionsrechtlich zwingend gebotenes Verhalten laufe ebenso wenig wie das anderen Mitgliedstaaten ohne Spielraum vorgegebene Verhalten der EMRK zuwider. Dies setzt auch der EGMR voraus, wenn er annimmt, wegen des Zusammentreffens unionsrechtlichen gegenseitigen Vertrauens und der *Bosphorus*-Vermutung bestehe bei zwingender gegenseitiger Anerkennung eine zweifache Einschränkung der Prüfung durch die nationalen (!) Gerichte.[131]

Einer Berücksichtigung von EMRK-Rechten durch den Vollstreckungsstaat steht in den hier betrachteten Fällen also grundsätzlich die Vermutung entgegen, er wahre die Konventionsrechte. Die dafür erforderliche unionsrechtlich zwingende Anordnung hat der EGMR zu Recht etwa hinsichtlich der HKÜ-Rückführung bei Vorliegen einer Bescheinigung nach Art. 42 Abs. 2 Brüssel IIa-VO angenommen,[132] d. h. in der Situation, in der sich das Vorlagegericht in der eingangs des Ersten Teils skizzierten Rechtssache *Aguirre Zarraga*[133] befand.

2. Relevanz des Verfahrens nach Art. 267 AEUV

Wenngleich die EMRK kein Recht darauf enthält, dass einem anderen nationalen oder internationalen Gericht eine Frage zur Vorabentscheidung vorgelegt wird,[134] kann Voraussetzung für das Eingreifen der *Bosphorus*-Vermutung sein, dass eine Vorabentscheidung des EuGH eingeholt wurde: Angesichts der Beschränkung der Vermutung auf unionsrechtlich zwingend determiniertes Verhalten[135] sowie auf Fälle, in denen das „volle Potenzial“ des unionalen Schutzes zum Tragen gekommen ist,[136] besitzt das Vorlageverfahren nach Art. 267 AEUV

[130] EGMR, Urteil v. 6.12.2012, Michaud / Frankreich, Nr. 12323/11, § 104; EGMR, Entscheidung v. 18.6.2013, Povse / Österreich, Nr. 3890/11, § 76.

[131] EGMR, Urteil v. 23.5.2016, Avotiņš / Lettland, Nr. 17502/07, § 115; vgl. EGMR, Urteil v. 17.4.2018, Pirozzi / Belgien, Nr. 21055/11, § 62.

[132] EGMR, Entscheidung v. 18.6.2013, Povse / Österreich, Nr. 3890/11, § 83; bejaht für Art. 34 Nr. 2 Brüssel I-VO, EGMR, Urteil v. 23.5.2016, Avotiņš / Lettland, Nr. 17502/07, § 106 (ohne Klärung für allgemeinen *ordre public*-Vorbehalt, § 108).

[133] Oben S. 8 ff.

[134] Etwa EGMR, Urteil v. 20.9.2011, Ullens de Schooten und Rezabek / Belgien, Nr. 3989/07 und 38353/07, § 57.

[135] S. erneut die Nachweise oben Zweiter Teil Fn. 121.

[136] EGMR, Urteil v. 23.5.2016, Avotiņš / Lettland, Nr. 17502/07, §§ 105, 109 ff.; EGMR, Urteil v. 6.12.2012, Michaud / Frankreich, Nr. 12323/11, §§ 107 ff., 113 ff.

doppelte Relevanz.[137] Es dient sowohl der Klärung etwaiger Spielräume[138] als auch der Durchsetzung des unionalen Grundrechtsschutzes.[139]

Für das Eingreifen der *Bosphorus*-Vermutung ist eine solche Vorlage allerdings nicht ausnahmslos und insbesondere dann nicht erforderlich, wenn sich unter dem Unionsrecht keine Grundrechtsfragen stellen oder der EuGH bereits geklärt hat, welche Auslegung die Unionsgrundrechte hinsichtlich einer bestimmten sekundärrechtlichen Vorgabe gebieten.[140] Die für eine Vorlage beanspruchte Verfahrensdauer wurde selbst in besonders zeitsensiblen Angelegenheiten nicht beanstandet.[141]

Lediglich hingewiesen sei darauf, dass unabhängig hiervon die Entscheidung gegen eine Vorlage zum EuGH mit Blick auf das Recht auf ein faires Verfahren aus Art. 6 Abs. 1 EMRK relevant sein kann, so dass aus diesem – seine Anwendbarkeit vorausgesetzt – die Verpflichtung folgt, eine solche Weigerung zu begründen.[142] Geht ein Gericht also davon aus, dass das (Nicht-)Bestehen eines Spielraums nach der *C.I.L.F.I.T.*-Rechtsprechung des EuGH[143] nicht vorlagepflichtig ist, ist nach Art. 6 Abs. 1 EMRK eine Begründung der Entbehrlichkeit anhand der Kriterien dieser Rechtsprechungslinie des EuGH erforderlich. Ob sich eine solche Begründungspflicht jenseits des Anwendungsbereichs von Art. 6 Abs. 1 EMRK auch aus anderen Konventionsrechten ergeben kann, wurde in einem Fall der Übergabe unter dem Rahmenbeschluss zum Europäischen Haftbefehl für Art. 5 Abs. 4 EMRK aufgeworfen, aber offengelassen.[144]

---

[137] Beachte die separate Prüfung in EGMR, Urteil v. 23.5.2016, Avotiņš / Lettland, Nr. 17502/07, § 106 einerseits, §§ 109 ff. andererseits.

[138] Vgl. EGMR, Urteil v. 30.6.2005, Bosphorus / Irland, Nr. 45036/98, §§ 147, 166; EGMR, Entscheidung v. 18.6.2013, Povse / Österreich, Nr. 3890/11, §§ 81 ff.

[139] Neben der Rspr. oben Zweiter Teil Fn. 71 insbesondere EGMR, Urteil v. 15.1.2015, M.A. / Österreich, Nr. 4097/13, § 127.

[140] EGMR, Urteil v. 23.5.2016, Avotiņš / Lettland, Nr. 17502/07, § 109 (dazu, dass der geschäftserfahrene Betroffene keinen Klärungsbedarf aufgezeigt habe, § 111).

[141] EGMR, Urteil v. 15.1.2015, M.A. / Österreich, Nr. 4097/13, § 128.

[142] EGMR, Urteil v. 20.9.2011, Ullens de Schooten und Rezabek / Belgien, Nr. 3989/07 und 38353/07, §§ 59 f.; sowie etwa EGMR, Urteil v. 8.4.2014, Dhahbi / Italien, Nr. 17120/09, § 31; EGMR, Urteil v. 21.7.2015, Schipani u. a. / Italien, Nr. 38369/09, § 69.

[143] Grundlegend EuGH, Urteil v. 6.10.1982, Rs. 283/81, C.I.L.F.I.T., Rn. 10 ff.; zuvor bereits EuGH, Urteil v. 27.3.1963, verb. Rs. 28 bis 30/62, Da Costa, Slg. 1963, 69 (80 f.); daneben etwa EuGH, Urteil v. 4.11.1997, Rs. C-337/95, Parfums Christian Dior, Rn. 29; EuGH, Urteil v. 30.9.2003, Rs. C-224/01, Köbler, Rn. 118; EuGH, Urteil v. 9.9.2015, Rs. C-160/14, Ferreira da Silva e Brito u. a., Rn. 38; EuGH, Urteil v. 1.10.2015, Rs. C-452/14, Doc Generici, Rn. 43.

[144] EGMR, Entscheidung v. 24.1.2015, Chylinski / Niederlande, Nr. 38044/12, §§ 41 f., 48.

3. Widerlegbarkeit auch bei innerunionaler Kooperation

Bei im konkreten Einzelfall offensichtlich unzureichendem Schutz ist eine Widerlegung der Rechtfertigungsvermutung aber möglich.[145] In einer solchen Situation setzen sich die Anforderungen der Konvention als Instrument des europäischen *ordre public*[146] durch. Es gibt keinen Grund dafür, weshalb sich dies bei unionsrechtlich zwingend vorgegebener Anerkennung und Vollziehung der Entscheidung aus einem anderen Mitgliedstaat anders verhalten sollte.[147]

a) Möglichkeit „durchschlagenden" Schutzdefizits

Die „Vollstrecker"-Fälle zeichnen sich dadurch aus, dass der (Unionsgrund-) Rechtsschutz sekundärrechtlich im Ursprungsstaat konzentriert ist. Dies wirft die Frage auf, ob sich die Einschätzung eines im Staat dieser Konzentration offensichtlich unzureichenden Schutzes auch zulasten des Vollstreckungsstaats auswirken kann.[148] Gegebenenfalls läge nahe, dass dies nur dann der Fall ist, wenn nicht das Unionsprimärrecht – unter Umständen entgegen sekundärrechtlicher Vorgaben – eine Abhilfe erlaubt.[149]

Diese Erwägungen finden sich auch in der jüngeren Rechtsprechung des EGMR. In seiner ersten eingehenderen Auseinandersetzung mit vertrauensgestützter gegenseitiger Anerkennung zwischen den EU-Mitgliedstaaten führt er aus, trotz deren Notwendigkeit für das legitime Ziel der Schaffung des Raums der Freiheit, der Sicherheit und des Rechts[150] dürften die dabei verwendeten

---

[145] EGMR, Urteil v. 30.6.2005, Bosphorus / Irland, Nr. 45036/98, § 156; EGMR, Urteil v. 6.12.2012, Michaud / Frankreich, Nr. 12323/11, § 103; EGMR, Urteil v. 23.5.2016, Avotiņš / Lettland, Nr. 17502/07, § 112.

[146] Grundlegend EGMR, Urteil v. 23.3.1995, Loizidou / Türkei, Nr. 15318/89, § 75 (vgl. EGMR, Urteil v. 18.1.1978, Irland / Vereinigtes Königreich, Nr. 5310/71, § 239); EGMR, Urteil v. 23.5.2016, Avotiņš / Lettland, Nr. 17502/07, §§ 112, 116; EGMR, Urteil v. 17.4.2018, Pirozzi / Belgien, Nr. 21055/11, §§ 62 ff.

[147] Erörtert im Ausgangspunkt bei *Schilling,* IPRax 2011, 31 (34 f.), allerdings ohne generell angenommene Vereinbarkeit der „Vollstrecker"-Fälle auf den Einzelfall herunterzubrechen (s. auch S. 39). Vorausgesetzt bei *Kokott/Dervisopoulos,* in: Leutheusser-Schnarrenberger (Hrsg.), Vom Recht auf Menschenwürde, S. 123 (131); *Classen,* in: FS Schwarze, S. 556 (575); *Kohler,* ZEuS 2016, 135 (146 f.).

[148] Ausdrücklich auch *Schilling,* IPRax 2011, 31 (35); *Meyer,* in: v. d. Groeben/Schwarze/Hatje, Art. 82 AEUV Rn. 13; implizit *Classen,* in: FS Schwarze, S. 556 (575); *Franzius,* ZaöRV 75 (2015), 383 (408 f.); vgl. *Brodowski,* JR 2016, 415 (431).

[149] Nur angedeutet bei *Schilling,* IPRax 2011, 31 (35).

[150] EGMR, Urteil v. 23.5.2016, Avotiņš / Lettland, Nr. 17502/07, § 113; EGMR, Urteil v. 17.4.2018, Pirozzi / Belgien, Nr. 21055/11, § 60.

Methoden Grundrechte nicht verletzen.[151] Genau dies sei aber bei einer Beschränkung zwischenmitgliedstaatlicher Versagung auf außergewöhnliche Fälle nach der Rechtsprechung des EuGH nicht ausgeschlossen, sei damit doch nicht unbedingt gewährleistet, dass dem Vollstreckungsstaat die von der Konvention verlangte Möglichkeit einer der Schwere der behaupteten Verletzung angemessenen Prüfung verbleibe.[152] Die mitgliedstaatlichen Gerichte müssten dem jeweiligen unionsrechtlichen Mechanismus gegenseitiger Anerkennung daher volle Wirksamkeit verschaffen, wenn dabei nicht der Schutz der Konventionsrechte als offensichtlich unzureichend angesehen werden könne; werde aber ernsthaft und substanziiert vorgetragen, dass der Schutz der Konventionsrechte – gemeint ist: im Ursprungsstaat – offensichtlich unzureichend gewesen und unionsrechtlich keine Abhilfe möglich sei, könnten die Staaten auch bei Anwendung zwingenden Unionsrechts nicht von jedweder Prüfung absehen.[153]

Damit wird bestätigt, dass die *Bosphorus*-Vermutung nicht allein bei Prüfung durch den EGMR, sondern auch in der Befassung durch die Mitgliedstaaten zum Einsatz kommt und sie bei zwingend unionsrechtlich vorgegebener horizontaler Zusammenarbeit ebenso wie sonst widerlegbar ist.[154] Zugleich wird anerkannt, dass sich dann, wenn der Schutz im Ursprungsstaat offensichtlich unzureichend war, auch der unionsrechtliche Schutz im Vollstreckungsstaat als ebenso offensichtlich unzureichend darstellen kann,[155] wenn nicht das Unionsrecht Abhilfe schafft.

Unter der EMRK findet die Akzeptanz einer unionsrechtlichen Konzentration von Rechtsschutz im Ursprungsstaat also darin eine Grenze, dass das Urteil dessen offensichtlicher Unzulänglichkeit gleichsam zulasten des Vollstreckungsstaats „durchschlagen“ kann. Dies gilt auch dann, wenn der Vollstreckungsstaat lediglich zwingende unionsrechtliche Vorgaben befolgt. Ein offensichtlich unzureichender Schutz im Vollstreckungsstaat kann sich somit dann ergeben, wenn das Unionsrecht die Vollstreckung von Entscheidungen anderer

---

[151] EGMR, Urteil v. 23.5.2016, Avotiņš / Lettland, Nr. 17502/07, § 114; EGMR, Urteil v. 17.4.2018, Pirozzi / Belgien, Nr. 21055/11, § 61.

[152] EGMR, Urteil v. 23.5.2016, Avotiņš / Lettland, Nr. 17502/07, § 114.

[153] EGMR, Urteil v. 23.5.2016, Avotiņš / Lettland, Nr. 17502/07, § 116; daher unter Art. 34 Nr. 2 VO (EG) Nr. 44/2001 bei Geltendmachung unterbliebener Zustellung Klärung der Verfügbarkeit ursprungsstaatlichen Rechtsbehelfs, § 121 (zur Unbedenklichkeit des grds. Verweises dort § 118 sowie oben bei Zweiter Teil Fn. 96, 99); EGMR, Urteil v. 6.3.2018, Royer / Ungarn, Nr. 9114/16, § 50; EGMR, Urteil v. 17.4.2018, Pirozzi / Belgien, Nr. 21055/11, §§ 63 f.

[154] Anders vor *Bosphorus Becker,* Grundrechtsschutz, S. 93 f.; Widerlegung nicht erörtert bei *Engel,* Der Beitritt der Europäischen Union zur EMRK, S. 113, 119, 123, der Abhilfe durch den EGMR nur bei einem Spielraum für möglich hält.

[155] Implizit bereits in EGMR, Entscheidung v. 18.6.2013, Povse / Österreich, Nr. 3890/11, §§ 80, 85 f. Hierzu auch *Meyer,* in: v. d. Groeben/Schwarze/Hatje, Art. 82 AEUV Rn. 13.

Mitgliedstaaten ohne Möglichkeit zu einer ausnahmsweisen Prüfung und Versagung auch dort erzwingt, wo diese ausländischen Entscheidungen ihrerseits offensichtlich hinter dem erforderlichen Maß an Grundrechtsschutz zurückbleiben. Der defizitäre Schutz gegenüber dem Verhalten jenes anderen Staats kann sich folglich dergestalt auswirken, dass nicht mehr von der Rechtfertigung des eigenen unionsrechtlich determinierten Verhaltens ausgegangen werden kann.

b) Besonderheiten bei Beurteilung des Schutzes

Hier seien drei Präzisierungen dazu angebracht, was bei der Beurteilung zu berücksichtigen sein dürfte, ob auch entgegen unionsrechtlicher Determinierung durch den Vollstreckungsstaat in eine Prüfung einzutreten ist.

Zunächst ist in Erinnerung zu rufen, dass nach der Rechtsprechung des EGMR durch den Vollstreckungsstaat im grenzüberschreitenden Verkehr nicht eine Durchsetzung sämtlicher innerstaatlich verpflichtender Konventionsvorgaben geboten ist. Auf dieser Grundlage dürfte grundsätzlich unkritisch sein, wenn auch das Unionsrecht nur eine eingeschränkte Prüfungsdichte in diesem Staat vorsehen sollte.

In Bezug auf das Schutzniveau im Ursprungsstaat ist, wiederum in Anknüpfung an das oben Gesagte,[156] hervorzuheben, dass angesichts dessen fortbestehender Konventionsbindung das dortige normative Schutzniveau nicht deswegen offensichtlich unzureichend sein dürfte, wenn und weil nicht zugleich eine Bindung an die Unionsgrundrechte besteht.[157] Aus der Erwägung, dass jedenfalls eine Individualbeschwerde zum EGMR gegen den Ursprungsstaat und eine Vorlage an den EuGH auch durch den Vollstreckungsstaat möglich ist, dürfte zudem für einen offensichtlich unzureichenden Schutz im Ursprungsstaat nicht entscheidend sein, ob dieser Staat seiner etwaigen Vorlagepflicht zum EuGH nachgekommen ist. Wiederum dürfte auch eine Beurteilung des ursprungsstaatlichen Schutzes als offensichtlich unzureichend nicht ohne Weiteres möglich sein, wenn der Betroffene von vorhandenen (effektiven) Rechtsbehelfen keinen Gebrauch gemacht hat.[158]

Soweit mit der vom EGMR einbezogenen Möglichkeit unionsrechtlicher Abhilfe solche in Form einer Reaktion durch den Vollstreckungsstaat angesprochen ist, dürfte schließlich Folgendes erneut zu berücksichtigen sein: Die *Bosphorus*-Vermutung greift lediglich dann ein, wenn das vollstreckungsstaatliche

---

[156] S. 82 f. und S. 93 ff.

[157] Beachte die fehlende Differenzierung hiernach in EGMR, Entscheidung v. 18.6.2013, Povse / Österreich, Nr. 3890/11, § 85; EGMR, Urteil v. 23.5.2016, Avotiņš / Lettland, Nr. 17502/07, §§ 112 ff.; erneut auch oben S. 82 f.

[158] EGMR, Urteil v. 23.5.2016, Avotiņš / Lettland, Nr. 17502/07, §§ 122 ff.

Verhalten ohne Spielraum geboten ist und – bei entsprechender Veranlassung – das volle Potenzial unions(-grund-)rechtlichen Schutzes zur Entfaltung gelangt ist.[159] Im Ergebnis dürfte dies bedeuten, dass sich die Frage einer Widerlegung der *Bosphorus*-Vermutung wegen offenkundig unzureichenden Schutzes praktisch nur dann stellt, wenn bereits geklärt ist, dass im konkreten Fall keine (hinreichende) unionsgrundrechtliche Prüfung und gegebenenfalls Versagung durch diesen Staat in Betracht kommt.

c) Nähe zur Versagungsschwelle bei offensichtlich unzureichendem Schutz im Ursprungsstaat

Wird ernsthaft und begründet vorgetragen, der Schutz im Ursprungsmitgliedstaat sei offenkundig unzureichend gewesen und eine unionsrechtliche Abhilfe nicht möglich, verlangt die EMRK sonach entgegen zwingender unionsrechtlicher Vorgaben einen Prüfungseintritt durch den Vollstreckungsstaat.[160]

Dies ist von der Frage zu trennen, ob die – gegebenenfalls sehr deutlich zurückgenommenen – Vorgaben der EMRK auch tatsächlich eine Versagung der Kooperation gebieten. Es kommt das oben zu den originären Konventionsanforderungen Gesagte[161] zum Tragen, in Bezug auf das hier lediglich hervorgehoben sei: Wird in eine Prüfung an der Konvention überhaupt nur eingetreten, weil das Unionsrecht den Rechtsschutz im Ursprungsstaat konzentriert hat, ist der Schutz dort tatsächlich aber offensichtlich unzureichend, liegt nicht fern, dass unter der EMRK von einer Widerlegung der konventionseigenen Vermutung ihrer Wahrung auszugehen und die Kooperation zu versagen ist.[162]

IV. Ergebnis

Unter der EMRK kann eine zwischenstaatliche Zusammenarbeit in Abhängigkeit von der im Ausland erfolgten oder zu erwartenden Behandlung des Betroffenen unzulässig sein. Sie ist dies nicht bereits dann, wenn dasjenige Schutzniveau verfehlt wird, an das die Vertragsstaaten in rein innerstaatlichen Sachverhalten gebunden sind; der im Verkehr mit dem Ausland durchzusetzende Grundrechtsschutz kann vielmehr deutlich zurückgenommen sein. Die jüngere Rechtsprechung legt zwar nahe, dass bei Zusammenarbeit mit einem anderen

---

[159] Oben S. 97 f.

[160] EGMR, Urteil v. 23.5.2016, Avotiņš / Lettland, Nr. 17502/07, § 116; EGMR, Urteil v. 17.4.2018, Pirozzi / Belgien, Nr. 21055/11, § 64.

[161] Oben S. 68 ff. und S. 79 ff.

[162] Vgl. umgekehrt EGMR, Urteil v. 17.4.2018, Pirozzi / Belgien, Nr. 21055/11, § 71. Auch hier zur Durchsetzungsebene die Fragen oben auf S. 86 ff., 90 ff.

Konventionsstaat nicht bereits ein anderer Maßstab eingreift. Bedeutung besitzt aber, dass der in einem solchen Fall bestehende ausländische Schutz angesichts der Konventionsbindung des Ursprungsstaats in normativer Hinsicht dem des Vollstreckungsstaats entspricht. Besteht außerdem eine Unionsgrundrechtsbindung des Kooperationspartners, liegt eine Verpflichtung auf ein Grundrechtsschutzniveau vor, das dem der EMRK als gleichwertig angesehen wird. Beide (Grundrechts-)Regime enthalten zudem Durchsetzungsmechanismen. Zwar spielt Vertrauen unter der EMRK begrifflich keine Rolle; es findet sich hier aber eine Vermutung der tatsächlichen Einhaltung der bestehenden rechtlichen Bindungen durch den Kooperationsstaat, die der EGMR im unionsrechtlichen Vertrauensgrundsatz reflektiert sieht. Diese Vermutung insbesondere der Völkerrechtswahrung erlaubt sogar dort, wo der sachlichen Bindung zunächst nicht genügt werden sollte, grundsätzlich von einer Abhilfe im Ursprungsstaat auszugehen. Kann eine solche vom verletzungsnäheren Staat grundsätzlich erwartet werden, bedarf das Konventionsrecht nicht einer Durchsetzung im Vollstreckungsstaat. Zugleich allerdings ist eine Widerlegung der aufgestellten Vermutung auch im Einzelfall grundsätzlich möglich, wobei noch nicht vollumfänglich geklärt ist, inwieweit ein Verweis auf Rechtsschutz im anderen Konventionsstaat zulässig ist. Zumindest aber lässt sich festhalten, dass bereits unter der Europäischen Menschenrechtskonvention eine Versagung der innerunionalen Zusammenarbeit wegen im Ursprungsstaat unzureichenden Grundrechtsschutzes unter Einbeziehung der dortigen Rechtsdurchsetzungsmechanismen nur ausnahmsweise geboten ist.

Handelt der Vollstreckungsstaat bei dem Vollzug der Entscheidung aus einem anderen Mitgliedstaat wie in den hier interessierenden Fällen in Vollzug zwingender unionsrechtlicher Vorgaben, kommt grundsätzlich zu seinen Gunsten die *Bosphorus*-Vermutung eines konventionsgemäßen Verhaltens zum Tragen. Die Widerlegung dieser Vermutung ist aber ebenso wenig wie sonst ausgeschlossen. Bei der Zusammenarbeit zwischen Unionsmitgliedstaaten wird daher relevant, ob der Grundrechtsschutz im Ursprungsstaat offensichtlich unzureichend ist und inwieweit in einem solchen Fall das Unionsrecht Abhilfe zulässt. Auch bei Widerlegung der *Bosphorus*-Vermutung bedeutet dies zunächst nur eine Prüfung unmittelbar an der Konvention; nahe liegt allerdings, dass bei offensichtlich unzureichendem Schutz im Ursprungsstaat ein Fall vorliegt, in dem die EMRK einen Verweis auf den dortigen Schutz nicht zulässt, sondern vielmehr eine Versagung der Kooperation gebietet.

Im Ergebnis kann somit auch bei Handeln in Vollzug zwingender Vorgaben des Unionsrechts bei hinreichenden Anhaltspunkten nicht beliebig von einer grenzüberschreitenden Beurteilung des Schutzes im Ursprungsstaat der zu vollstreckenden Entscheidung und gegebenenfalls einer Reaktion auf die Unzulänglichkeit dieses Schutzes abgesehen werden. Bei solch zwingender Kooperation ist eine Versagung zur Durchsetzung grundlegender EMRK-Gewährleistungen vielmehr ebenso wenig ausgeschlossen wie im unionsrechtlichen Spielraum. Dies kommt im Einzelfall, jedoch unter Einbeziehung zumutbaren Rechtsschutzes im Kooperationsstaat nur ausnahmsweise in Betracht.

B. Innerunionale Zusammenarbeit aus Perspektive der Unionsgrundrechte

Die unionsrechtliche Ebene verdient im Lichte der verstärkt vertrauensbezogenen (Grund-)Rechtsprechung des EuGH eingehendere Betrachtung. Ist der Vollstreckungsstaat an die Unionsgrundrechte gebunden (I.), können, wie der Luxemburger Gerichtshof inzwischen ausdrücklich anerkennt, auch diese in Abhängigkeit vom Verhalten eines anderen Mitgliedstaats eine Versagung der innerunionalen Kooperation gebieten (II.). Vor diesem Hintergrund sei gewürdigt, inwieweit sich das von der Rechtsprechung angenommene Gebot begründen lässt, von grundrechtlichen Erwägungen zum Verhalten des Kooperationsstaats grundsätzlich Abstand zu nehmen (III.), und was hieraus für ein Vorgehen in Zweifelsfällen folgt (IV.).

I. Unionsgrundrechtsbindung des Vollstreckungsstaats als Ausgangspunkt

Zunächst sei hervorgehoben, dass sich für den Vollstreckungsstaat eine Pflicht zur Versagung der Kooperation aus der Grundrechtecharta überhaupt nur ergeben kann, soweit er an deren Bestimmungen gebunden ist, also nach Art. 51 Abs. 1 S. 1 GRC in Durchführung des Unionsrechts handelt.[163] In den hier interessierenden Fällen sieht er sich einer sekundärrechtlichen Verpflichtung zur Anerkennung und Vollziehung gegenüber. Hinsichtlich des „Ob“ hat er keinen Spielraum;[164] wenn sich das „Wie“ der Vollstreckung, deren Modalitäten, nach seinem nationalen Recht richten, ändert das hieran nichts.[165] Selbst nach einem engen Durchführungsverständnis ist dieser Staat somit zur Wahrung der in der

[163] Aus stRspr. mit angenommener Bindung bei Anwendung des Umsetzungsrechts zum RB 2002/584/JI EuGH, Urteil v. 5.4.2016, verb. Rs. C-404/15 und C-659/15 PPU, Aranyosi und Căldăraru, Rn. 84. Vgl. EuGH, Gutachten 2/13 v. 18.12.2014, Rn. 192.

[164] *Becker,* Grundrechtsschutz, S. 125, 131 f.; *Schwarz,* EuR 2016, 421 (425); vgl. *Vogel/Eisele,* in: GHN, Art. 82 AEUV Rn. 40; *Breitenmoser/Weyeneth,* in: v. d. Groeben/Schwarze/Hatje, Vor Art. 67 AEUV Rn. 51, 86.

[165] Zur ziviljustiziellen Zusammenarbeit erneut S. 10 ff.

Grundrechtecharta niedergelegten Rechte verpflichtet. Möglicherweise kontraintuitiv dort, wo sekundärrechtlich mit dem *ordre public* auf ein Instrument verzichtet wird, das typischerweise die Berücksichtigung grundrechtlicher Erwägungen erlaubt, ist der Vollstreckungsstaat also jedenfalls bei einem solchen Verzicht an die Unionsgrundrechte gebunden.

Es geht hier im Umfang der Bindung des Vollstreckungsstaats an die Unionsgrundrechte um eine etwaige Versagung der innerunionalen Kooperation zum Schutz einer unionsrechtlichen Position, nicht um eine Prüfung des ausländischen Verhaltens am Maßstab des vollstreckungsstaatlichen (Verfassungs-) Rechts.[166] Mit anderen Worten steht nicht die Durchsetzung des rein nationalen oder lediglich europäisierten, sondern originär unions(-grund-)rechtlichen *ordre public* in Rede.[167] In Ermangelung einer sekundärrechtlichen Versagungsmöglichkeit in den betrachteten Fällen wird hingegen nicht relevant, inwieweit von einer Durchführung des Unionsrechts auch bei Vorhandensein eines Spielraums oder, weitergehend, auf die nationale Rechtsordnung des Vollstreckungsstaats verweisenden *ordre public*-Vorbehalts auszugehen ist.[168]

II. Mittelbare Relevanz grundrechtlichen Schutzes im Kooperationsstaat

Ist der Vollstreckungsstaat an die Chartagrundrechte gebunden, erscheint nicht ausgeschlossen, dass unter diesen die Vollstreckung der Entscheidung eines anderen Mitgliedstaats dort kritisch ist, wo ein vermeintlich im anderen Staat bereits erfolgter Grundrechtsverstoß perpetuiert oder ein zukünftig drohender durch eigene Beitragsleistung vorhersehbar ermöglicht wird.[169]

---

[166] Sehr deutlich bei *Kloska,* Das Prinzip der gegenseitigen Anerkennung im europäischen Strafrecht, S. 205 f. mit Fn. 847, S. 208 f., 629; *Schwarz,* Grundlinien der Anerkennung, S. 315 ff.; dies vorbehaltlich Art. 53 GRC.

[167] Betont bei *Leipold,* in: FS Stoll, S. 625 (638 ff.); *Franzius,* ZaöRV 75 (2015), 383 (407); *Wischmeyer,* GLJ 17 (2016), 339 (379); *Reinbacher/Wendel,* EuGRZ 2016, 333 (338); vgl. *Laukemann,* IPRax 2012, 207 (210).

[168] S. aus der Rspr. oben Erster Teil Fn. 135 bis 139 erneut die Annahme einer Bindung im Rechtsbehelfsverfahren gegen die Vollstreckbarerklärung nach Art. 43 VO (EG) Nr. 44/2001 (Art. 45 Abs. 1 Buchst. a VO [EU] Nr. 1215/2012) in EuGH, Beschluss v. 13.6.2012, Rs. C-156/12, GREP, Rn. 31; implizit bei Anwendung des *ordre public*-Vorbehalts, EuGH, Urteil v. 25.5.2016, Rs. C-559/14, Meroni, Rn. 43 f. Beachte aus dem jüngeren Sekundärrecht die Absicherung einer Bindung im 54. ErwG, Art. 38 VO (EU) 2016/1103; 53. ErwG, Art. 38 VO (EU) 2016/1104; speziell zum Dublin-System, enger im Zuschnitt Art. 3 Abs. 2 UAbs. 2, 3 VO (EU) Nr. 604/2013.

[169] Perpetuierungsgedanke bei *Vogel/Eisele,* in: GHN, Art. 82 AEUV Rn. 40; umgekehrt Ermöglichung hervorhebend *Breitenmoser/Weyeneth,* in: v. d. Groeben/Schwarze/Hatje, Vor Art. 67 AEUV Rn. 93 (vgl. auch Art. 67 Rn. 44 ff.); in der Sache früh *Kohler,* in: Baur/Mansel (Hrsg.), Systemwechsel im europäischen Kollisionsrecht, S. 147 (152 f.); eingehender *Kohler,*

Der Gerichtshof hat diesen Fragenkreis vor allem in Bezug auf das Recht auf ein faires Verfahren in denjenigen Entscheidungen bereits gestreift, die oben unter dem Stichwort der Europäisierung und insbesondere der unionsrechtlichen Grenzziehung des Vorbehalts angesprochen wurden.[170] Dies ist allerdings unter Anerkennungsregimen mit *fortbestehendem ordre public*-Vorbehalt aus dem Blickwinkel der Zulässigkeit eines Rückgriffs auf diesen erfolgt, während der EuGH in seinen Ausführungen zum Vertrauensgrundsatz dem unionsgesetzgeberischen Verzicht auf derartige Instrumente Bedeutung beimisst.[171] Seine Grundrechtsprechung mit Blick darauf, was die Unionsgrundrechte unter Umständen auch entgegen gesetzgeberischen Wertungen im innerunionalen Rechtsverkehr gebieten, ist demgegenüber noch wenig entfaltet.[172]

Soweit sich nicht aus dem Vertrauensgrundsatz etwas anderes ergibt,[173] spricht Art. 52 Abs. 3 S. 1 GRC dafür, dass auch bei Fehlen eines Vorbehalts eine Einzelfallversagung nicht von vornherein ausscheidet. Dies gilt in dem Umfang, in dem eine Versagung nach der EMRK aus einem Recht heraus zu erwägen ist, das in der Grundrechtecharta eine Entsprechung findet.[174] Insbesondere das absolute Recht aus Art. 3 EMRK, dem in der Charta Art. 4 ent-

---

ZSR 124 (2005) II, 263 (294 f.); in der Sache wohl auch *Sujecki,* ZEuP 2008, 458 (465 f.) und *Hess,* EuZPR, § 4 Rn. 76; *Völker/Steinfatt,* FPR 2005, 415 (417); *Peiffer,* Grenzüberschreitende Titelgeltung, Rn. 143 ff., als Begrenzung bereits der Wirkungserstreckung; *Söhne,* Die Rechtshilfe in der Europäischen Union, S. 175. Hingegen Perpetuierung ablehnend, aber zur Begründung Erwägungen zum Schutzniveau, *Bach,* Grenzüberschreitende Vollstreckung in Europa, S. 370 ff.

[170] Aus der Rspr. vor allem EuGH, Urteil v. 28.3.2000, Rs. C-7/98, Krombach / Bamberski, Rn. 25 ff.; EuGH, Urteil v. 2.4.2009, Rs. C-394/07, Gambazzi, Rn. 33, 28 ff.; dadurch Übernahme indirekter Verantwortlichkeit aus dem Konventionsrecht nach *Matscher,* in: FS Kollhosser, S. 427 (432, 443 f.), eingehender zu dieser Rspr. *Kohler,* ZSR 124 (2005) II, 263 (293 ff.); vgl. EuGH, Urteil v. 16.2.2017, Rs. C-578/16 PPU, C. K. u. a., Rn. 95, wenngleich der dort infrage stehende indirekte Effekt auch umgekehrt einträte. Zum Ganzen oben S. 23 ff.

[171] Etwa EuGH, Urteil v. 22.12.2010, Rs. C-491/10 PPU, Aguirre Zarraga, Rn. 59.

[172] Zum Grundrechtsschutz bei Kooperation mit Stellen jenseits der EU insbesondere EuGH, Urteil v. 3.9.2008, verb. Rs. C-402/05 P und C-415/05 P, Kadi und Al Barakaat, Rn. 322; EuGH, Urteil v. 6.10.2015, Rs. C-362/14, Schrems, Rn. 73 f.; EuGH, Gutachten 1/15 v. 26.7.2017, Rn. 93, 134, 214.

[173] Vgl. hierzu EuGH, Gutachten 2/13 v. 18.12.2014, Rn. 193 f.

[174] Hierzu EuGH, Urteil v. 16.2.2017, Rs. C-578/16 PPU, C.K. u.a., Rn. 67. Zur selben Bedeutung und Tragweite auch hinsichtlich der Beschränkungen und zur Berücksichtigung der EGMR-Rspr. die Erläuterung zu Art. 52 GRC, ABl. EU Nr. C 303 v. 14.12.2007, S. 17 (33); zur Einbeziehung der EGMR-Rspr. auch EuGH, Urteil v. 22.12.2010, Rs. C-279/09, DEB, Rn. 35, 37, 45 ff.; EuGH, Urteil v. 18.12.2014, Rs. C-562/13, Abdida, Rn. 47. Zum dennoch (vorerst) fortbestehenden Charakter als bloße Rechtserkenntnisquelle EuGH, Gutachten 2/13 v. 18.12.2014, Rn. 179; EuGH, Urteil v. 6.10.2016, Rs. C-218/15, Paoletti u. a., Rn. 21.

spricht,[175] verlangt unter der Konvention auch im grenzüberschreitenden Verkehr Durchsetzung. Bereits damit liegt nahe, dass auch die Grundrechtecharta zumindest im Grundsatz eine Versagung gebieten kann.[176] Dies hat inzwischen auch der Europäische Gerichtshof ausdrücklich festgehalten,[177] bislang allerdings primär zum Schutz vor unmenschlicher oder erniedrigender Behandlung und in Befassung mit Fällen systemischer Schutzdefizite;[178] im Übrigen wurde solchen Erwägungen mit dem unten noch eingehender zu betrachtenden gegenseitigen Vertrauen begegnet.[179] An dieser Stelle aber soll vorerst genügen festzuhalten, dass zumindest im Grundsatz auch in der unionsrechtlichen Ordnung eine Vollziehung der Entscheidungen eines anderen Mitgliedstaats in Abhängigkeit von dem dort unzulänglichen Schutz zu versagen sein kann.

III. Effet utile als Grund und Grenze gegenseitigen Vertrauens bei loyaler Zusammenarbeit

Der Europäische Gerichtshof erkennt somit an, dass dem Vollstreckungsstaat unionsgrundrechtlich geboten sein mag, die Rechtshilfe zu versagen. Dem soll aber dort, wo das Sekundärrecht eine solche Versagung nicht mehr vorsieht,

---

175 Zur Entsprechung von Art. 4 GRC und Art. 3 EMRK die Erläuterungen zu Art. 4, 52 GRC, ABl. EU Nr. C 303 v. 14.12.2007, S. 17 (18, 33); EuGH, Urteil v. 5.4.2016, verb. Rs. C-404/15 und C-659/15 PPU, Aranyosi und Căldăraru, Rn. 86; zu Würdenähe und absolutem Charakter auch EuGH, Urteil v. 16.2.2017, Rs. C-578/16 PPU, C.K. u.a., Rn. 59, 69 (aus der Straßburger Rspr. erneut zum engen Würdebezug des Rechts aus Art. 3 EMRK EGMR, Urteil v. 28.9.2015, Bouyid / Belgien, Nr. 23380/09, §§ 81, 90; EGMR, Urteil v. 15.12.2016, Khlaifia / Italien, Nr. 16483/12, § 158). Zur Entsprechung von Art. 7 GRC und Art. 8 Abs. 1 EMRK die Erläuterungen zu Art. 7, 52 GRC, ABl. EU Nr. C 303 v. 14.12.2007, S. 17 (20, 33); EuGH, Urteil v. 5.10.2010, Rs. C-400/10 PPU, McB., Rn. 53; EuGH, Urteil v. 15.11.2011, Rs. C-256/11, Dereci u.a., Rn. 70.

176 Mit dieser Annahme auch BVerfGE 140, 317 (361 ff., Rn. 98 ff.); zum Ganzen *Canor,* ZaöRV 73 (2013), 249 ff., *passim.*

177 EuGH, Urteil v. 21.12.2011, verb. Rs. C-411/10 und C-493/10, N.S. u.a., Rn. 86 ff.; EuGH, Urteil v. 5.4.2016, verb. Rs. C-404/15 und C-659/15 PPU, Aranyosi und Căldăraru, Rn. 82 ff.; vgl. EuGH, Urteil v. 16.2.2017, Rs. C-578/16 PPU, C.K. u.a., Rn. 65 ff., 91 ff.; vorausgesetzt in Art. 11 Abs. 1 Buchst. f RL 2014/41/EU.

178 EuGH, Urteil v. 21.12.2011, verb. Rs. C-411/10 und C-493/10, N.S. u.a., Rn. 86, 106; EuGH, Urteil v. 5.4.2016, verb. Rs. C-404/15 und C-659/15 PPU, Aranyosi und Căldăraru, Rn. 84 ff.; vgl. zur Auslieferung in einen Drittstaat für einen Einzelfall EuGH, Urteil v. 6.9.2016, Rs. C-182/15, Petruhhin; Rn. 51 ff. Zur Menschenwürde als Grundsatz des Gemeinschaftsrechts EuGH, Urteil v. 14.10.2004, Rs. C-36/02, Omega, Rn. 34. Zum Charakter als subjektives Recht *Augsberg,* in: v. d. Groeben/Schwarze/Hatje, Art. 1 GRC Rn. 3 sowie *Calliess,* in: ders./Ruffert, Art. 1 GRCh Rn. 4; Erläuterung zu Art. 1 GRC, ABl. EU Nr. C 303 v. 14.12.2007, S. 17 (17).

179 Etwa EuGH, Urteil v. 22.12.2010, Rs. C-491/10 PPU, Aguirre Zarraga, Rn. 70.

eine aus dem Grundsatz des gegenseitigen Vertrauens gefolgerte Vermutung grundrechtskonformen Verhaltens entgegenstehen. Dies sei in Grund (1.) und Grenze (2.) nachvollzogen.

1. Rekonstruktion: effet utile-orientierter Prüfungsverzicht aus Loyalität

Eine Betrachtung der begrifflich vertrauensbezogenen Rechtsprechung offenbart, dass dort weder von Beginn an noch später durchgängig von einem Grundsatz mit normativem Gehalt die Rede ist. Eine solche Bezugnahme findet sich im Binnenmarktkontext erstmalig und, soweit ersichtlich, in dessen nichtharmonisiertem Bereich einmalig[180] 1989, dort in Umschreibung einer (Anerkennungs-)*Verpflichtung.*[181] Eine verstärkte Argumentation mit einem Vertrauensgrundsatz erfolgt im Raum der Freiheit, der Sicherheit und des Rechts erst zeitlich im Nachgang und inhaltlich im Anschluss zur zunehmenden Bemühung gegenseitigen Vertrauens in den politischen Leitlinien und sekundärrechtlichen Erwägungsgründen.[182]

Auch unabhängig von der Einordnung als Grundsatz tritt ein normativer Gehalt im Zusammenhang solcher Vertrauensbezüge keinesfalls stets zutage. Zwar finden sich Ausführungen dazu, dass Vertrauen zu einem – je nach Regelungskontext bestimmten – Verhalten zumindest grundsätzlich verpflichte.[183] Daneben sind aber zahlreiche eher empirische Bezugnahmen festzustellen, und zwar auf ein – wie impliziert wird – ohnehin bereits bestehendes, vorgefundenes Vertrauen als Grundlage einer Regelung,[184] häufig vor allem einer Anerkennungs-

---

[180] S. aber erneut die Rspr. oben Erster Teil Fn. 155 zu Art. 54 SDÜ.

[181] EuGH, Urteil v. 11.5.1989, Rs. 25/88, Wurmser, Rn. 18, ohne Hervorhebung im Original; vgl. zuvor für das Verhältnis zwischen Mitgliedstaaten und Kommission EuGH, Urteil v. 27.1.1988, Rs. 349/85, Dänemark / Kommission, Rn. 19.

[182] Hierzu erneut die Nachweise oben Erster Teil Fn. 20, 22 sowie 169.

[183] Zu Art. 54 SDÜ EuGH, Urteil v. 9.3.2006, Rs. C-436/04, Van Esbroeck, Rn. 30; EuGH, Urteil v. 28.9.2005, Rs. C-467/04, Gasparini u. a., Rn. 30; EuGH, Urteil v. 28.9.2006, Rs. C-150/05, Van Straaten, Rn. 43; EuGH, Urteil v. 29.6.2016, Rs. C486/14, Kossowski, Rn. 51. Zum RB 2002/584/JI EuGH, Urteil v. 10.11.2016, Rs. C-452/16 PPU, Poltorak, Rn. 25 f.; EuGH, Urteil v. 10.11.2016, Rs. C-453/16 PPU, Özçelik, Rn. 24 (s. aber auch Rn. 35 f.); EuGH, Urteil v. 10.11.2016, Rs. C-477/16 PPU, Kovalkovas, Rn. 27, ambivalent Rn. 44. In anderen Kontexten EuGH, Urteil v. 23.5.1996, Rs. C-5/94, Hedley Lomas, Rn. 19; EuGH, Urteil v. 10.2.2000, Rs. C202/97, FTS, Rn. 51; EuGH, Urteil v. 19.6.2003, Rs. C-110/01, Tennah-Durez, Rn. 30, 56; EuGH, Urteil v. 29.4.2004, Rs. C-476/01, Kapper, Rn. 46; vgl. EuGH, Urteil v. 9.12.2003, Rs. C-116/02, Gasser, Rn. 72; EuGH, Urteil v. 28.6.2012, Rs. C192/12, West, Rn. 77; EuGH, Urteil v. 26.2.2013, Rs. C-399/11, Melloni, Rn. 37; EuGH, Urteil v. 26.9.2013, Rs. C-157/12, Salzgitter Mannesmann Handel, Rn. 31 f.

[184] Zur VO (EG) Nr. 44/2001 EuGH, Urteil v. 10.2.2010, Rs. C-185/07, Allianz, Rn. 30; vgl. EuGH, Urteil v. 13.5.2015, Rs. C-536/13, Gazprom OAO, Rn. 37. Zur VO (EG) Nr. 2201/2003 EuGH, Urteil v. 15.2.2017, Rs. C-499/15, W. und V. / X., Rn. 50. Zur Prioritäts-

erleichterung, die durch dieses Vertrauen erlaubt und gerechtfertigt werde.[185] Umgekehrt sei aber auch darauf hingewiesen, dass der Gerichtshof bereits in seiner ersten Bezugnahme auf den Begriff im mitgliedstaatlichen Verhältnis von einem Vertrauen spricht, das sich die Mitgliedstaaten entgegenbringen *müssten*.[186] Die grundlegende Relevanz dieses somit nicht durchgängig überhaupt mit rechtlichen Verpflichtungen in Verbindung gebrachten Vertrauens(-grundsatzes) schließlich wird erst in der jüngeren Rechtsprechung zum Raum der Freiheit, der Sicherheit und des Rechts hervorgehoben.[187]

Die in dieser jüngeren Judikatur dem Vertrauensgrundsatz entnommene Abstandnahme von grenzüberschreitender unionsgrundrechtlicher Beurteilung sei hier in ihrem Ansatz (a) und ihrer Prämisse (b) beleuchtet. Sodann erfolgt eine Annäherung an einen normativen Gehalt dieses Grundsatzes (c). Auf dieser Grundlage wird schließlich nachvollzogen, inwiefern ein Unterlassen grundrechtlicher Prüfung als geboten angesehen werden kann (d).

---

regel der InsVO EuGH, Urteil v. 2.5.2006, Rs. C-341/04, Eurofood IFSC, Rn. 39; EuGH, Urteil v. 21.1.2010, Rs. C-444/07, MG Probud, Rn. 27. Durch Art. 54 SDÜ Vertrauen impliziert, EuGH, Urteil v. 11.2.2003, verb. Rs. C187/01 und C-385/01, Gözütok und Brügge, Rn. 33; EuGH, Urteil v. 11.12.2008, Rs. C-297/07, Bourquain, Rn. 37; s. zum RB 2002/584/JI EuGH, Urteil v. 3.5.2007, Rs. C303/05, Advocaten voor de Wereld, Rn. 57. Sekundärrecht zur Warenzulassung auf Vertrauen beruhend, EuGH, Urteil v. 25.1.1977, Rs. 46/76, Bauhuis, Rn. 22/25.

185 S. aus der Rspr. Erster Teil Fn. 169, 263 nur EuGH, Gutachten 1/03 v. 7.2.2006, Rn. 163.

186 EuGH, Urteil v. 25.1.1977, Rs. 46/76, Bauhuis, Rn. 37/39, im Original ohne Hervorhebung (aber Prüfungs-/Versagungsmöglichkeit vorausgesetzt in Rn. 20/21); im Anschluss EuGH, Urteil v. 23.5.1996, Rs. C-5/94, Hedley Lomas, Rn. 20.

187 EuGH, Gutachten 2/13 v. 18.12.2014, Rn. 191; EuGH, Urteil v. 16.7.2015, Rs. C-681/13, Diageo Brands, Rn. 40; EuGH, Urteil v. 5.4.2016, verb. Rs. C-404/15 und C-659/15 PPU, Aranyosi und Căldăraru, Rn. 78; EuGH, Urteil v. 10.11.2016, Rs. C-452/16 PPU, Poltorak, Rn. 26; EuGH, Urteil v. 10.11.2016, Rs. C-453/16 PPU, Özçelik, Rn. 24; EuGH, Urteil v. 10.11.2016, Rs. C-477/16 PPU, Kovalkovas, Rn. 27; EuGH, Urteil v. 9.3.2017, Rs. C-551/15, Pula Parking, Rn. 51; EuGH, Urteil v. 9.3.2017, Rs. C-484/15, Zulfikarpašić, Rn. 41. Zum Beruhen der ziviljustiziellen Zusammenarbeit auf Vertrauen etwa EuGH, Urteil v. 4.5.2010, Rs. C-533/08, TNT Express Nederland, Rn. 49 f., auch zur Bedeutung für den Markt; EuGH, Urteil v. 19.12.2013, Rs. C-452/12, Nipponkoa Insurance Co., Rn. 36. S. daneben Schlussanträge GA *Ruiz-Jarabo Colomer,* Rs. C-150/05, Van Straaten, Nr. 61 f., 73 zur Bedeutung gegenseitigen Vertrauens in einem einheitlichen Grundrechtsraum. Aus dem Schrifttum bereits 2007 zur maßgeblichen Bedeutung *Adolphsen,* in: Gropp/Lipp/Steiger (Hrsg.), Rechtswissenschaft im Wandel, S. 87 (94 f.); daneben etwa *Suhr,* in: Calliess/Ruffert, Art. 82 AEUV Rn. 7; „principe quasiment constitutionnel“, *Labayle,* in: FS Hailbronner, S. 153 (154); vgl. bereits *Odersky,* in: FS Everling, S. 1001 (1003).

a) Beitrag horizontaler Loyalität zu praktischer Wirksamkeit

Eine unionsgrundrechtlich motivierte Versagung der Kooperation könnte der Vertrauensgrundsatz nur unterbinden, wenn sich ihm, unter Umständen in Verbindung mit den konkreten sekundärrechtlichen Vorschriften, ein rechtlicher Gehalt entnehmen ließe, wie dies vom Gerichtshof angenommen wird. Woraus genau sich ein solcher Gehalt ergeben sollte, wird in der bisherigen Rechtsprechung nicht eingehender betrachtet. Mit Blick hierauf sei folgende mögliche Rekonstruktion eines grundsätzlichen unionsrechtlichen Gebots zum Verzicht auf eine an das Verhalten des Kooperationsstaats anknüpfende grundrechtliche Prüfung angeboten.

Ausgangspunkt hierfür ist, dass die Unionsgrundrechtsordnung, um deren Durchsetzung es für den Vollstreckungsstaat bei der Frage einer Kooperationsversagung geht, Teil einer umfassenderen Rechtsordnung ist; aus dieser entspringen die zwingende sekundärrechtliche Anerkennungs- und Vollziehungsverpflichtung des Vollstreckungs- wie auch Bindungen des Ursprungsstaats.

Bei Auslegung der für beide Staaten bestehenden Verpflichtungen ist zu berücksichtigen, dass der EuGH in ständiger Rechtsprechung die Bedeutung einer an der Funktionsfähigkeit der supranationalen Gemeinschaft und ihrer Rechtsordnung orientierten Auslegung hervorhebt, wonach das Unionsrecht insbesondere mit Blick auf seinen *effet utile*, seine praktische Wirksamkeit, auszulegen sei.[188] Bei Betroffenheit mehrerer Verpflichtungen dürfte dies ein Streben nach bestmöglicher Wirksamkeit *aller* in ihrem Zusammenspiel gebieten.[189]

Zudem wurde die primärrechtliche Regelung des Loyalitätsgrundsatzes, die sich zuvor auf die heute in Art. 4 Abs. 3 UAbs. 2 und 3 EUV enthaltenen Aspekte beschränkte, durch die Reform von Lissabon um die Vorschrift des UAbs. 1 ergänzt, die nun ausdrücklich gegenseitige Unterstützung bei der Erfüllung unionsrechtlicher Verpflichtungen vorsieht.[190] Jedenfalls nach der Supranationali-

---

188 Hierzu nur EuGH, Urteil v. 29.11.1956, Rs. 8/55, Fédération Charbonnière de Belgique, Slg. 1955, 297 (312); EuGH, Urteil v. 4.12.1974, Rs. 41/74, Van Duyn, Rn. 12; EuGH, Urteil v. 8.4.1976, Rs. 48/75, Royer, Rn. 69/73 f.

189 Sehr ähnlich *Canor,* ZaöRV 73 (2013), 249 (253 f.); zu Prinzipien als Optimierungsgeboten nur *Alexy,* Theorie der Grundrechte, S. 75 f. (zumindest zwingende Verknüpfung des Optimierungsgebots mit [Verfassungs]Prinzipienbegriff ablehnend *Reimer,* Verfassungsprinzipien, S. 175, 179 ff., 282, 329 ff.); vgl. zur Erschließung von Loyalitätspflichten aus dem Rechtsverhältnis *Hatje,* Loyalität, S. 46 f.

190 Begrifflich früh zu „loyale[r] Zusammenarbeit", die sich auch als Gemeinschaftstreue bezeichnen lasse, *Pescatore,* EuR 1970, 303 (322 f.); zum Ganzen, ohne Loyalitätsbezug, aber ebenfalls bereits mit Nachdruck für Gemeinschaftstreue, die über die Kodifikation in Art. 5 EWGV hinausgehe, *Bleckmann,* DVBl. 1976, 483 ff. *passim,* sowie S. 486 f. Zum Ganzen auch *Hatje,* Loyalität, *passim.* Zur Verankerung des Loyalitätsgrundsatzes in Art. 5 EWGV nur EuGH, Urteil v. 10.2.1983, Rs. 230/81, Luxemburg / Europäisches Parlament,

sierung der ehemaligen dritten Säule bezieht sich der Loyalitätsgrundsatz auch auf deren Materien.[191]

Wie vor allem im Verwaltungsrecht im Kontext horizontaler Verbundstrukturen thematisiert,[192] ist von der Loyalitätsverpflichtung das Verhältnis unter den Mitgliedstaaten jedenfalls insoweit erfasst, als auch dieses für die praktische Wirksamkeit des Unionsrechts relevant ist.[193] Hiervon lässt sich ausgehen, wo diese praktische Wirksamkeit an Berührungspunkten zwischen den Staaten vom Ineinandergreifen ihrer jeweiligen Beiträge abhängt.[194] Dies ist bei Konstellationen mit innerunionalem Auslandsbezug der Fall. Dann sind zwei oder mehr Mitgliedstaaten mit demselben Lebenssachverhalt befasst, unter Umstän-

---

Rn. 37; EuGH, Urteil v. 15.1.1986, Rs. 52/84, Kommission / Belgien, Rn. 16. S. Art. 13 Abs. 2 S. 2 EUV zu den EU-Organen.

[191] Erstreckung bereits mit EuGH, Urteil v. 16.6.2005, Rs. C-105/03, Pupino, Rn. 42 auf die damalige dritte Säule; s. insbesondere bereits *Hatje,* Loyalität, S. 39 f.

[192] Zur Bedeutung der Kooperation s. nur *Schmidt-Aßmann,* in: ders./Schöndorf-Haubold (Hrsg.), Der Europäische Verwaltungsverbund, S. 1 (5 f.), zum Europäischen Verwaltungsverbund aber auch die übrigen Beiträge dort.

[193] Aus der umfangreichen Literatur *Bleckmann,* DVBl. 1976, 483 (486); *Hess,* EuZPR, § 8 Rn. 79, 81; mit Vertrauensbezug vor allem *Kahl,* in: Calliess/Ruffert, Art. 4 EUV Rn. 46, 116 ff.; dazu, dass „sich zur Verarbeitung der Vertrauensdimension im materiellen Recht das Loyalitätsprinzip anbietet", *Franzius,* HFR 2010, 159 (169), daneben S. 161; *Labayle,* in: FS Hailbronner, S. 153 (161), ebenso ausdrücklich mit Vertrauensrückbindung im Loyalitätsgrundsatz; *Marauhn,* in: Schulze/Zuleeg/Kadelbach, § 7 Rn. 48; *v. Bogdandy/Schill,* in: GHN, Art. 4 EUV Rn. 52, 92; *Obwexer,* in: v. d. Groeben/Schwarze/Hatje, Art. 4 EUV Rn. 65, 150 ff., *Breitenmoser/Weyeneth,* in: v. d. Groeben/Schwarze/Hatje, Vor Art. 67 AEUV Rn. 47 f., 96, 99 f.; *Schwarz,* Grundlinien der Anerkennung, S. 125 f., 352 f.; *Söhne,* Die Rechtshilfe in der Europäischen Union, S. 120 ff.; *Müller,* ZeuS 2016, 345 (368). Zum Ganzen *Hatje,* Loyalität, S. 36 ff., 59 ff., 68. Im Kontext transnationaler Verwaltung neben der Loyalitätspflicht stärker das solidarische Moment – wie auch Vertrauen – betonend *Bast,* Der Staat 46 (2007), 1 (1, 9 f., 12, 15), hierzu auch 22. ErwG VO (EU) Nr. 604/2013, wobei ein Vertrauensbezug mit Annahme des Vorschlags KOM(2016) 270 endg. wegfiele.

[194] Insbesondere *Kahl,* in: Calliess/Ruffert, Art. 4 EUV Rn. 117, 119, sowie erneut Rn. 35, 42. Mit Betonung der Zusammenarbeit für das Funktionieren des jeweiligen Regimes *Pérez-Vera*-Bericht, Nr. 35 ff.; *Neßler,* Europäisches Richtlinienrecht wandelt deutsches Verwaltungsrecht, S. 60 ff.; *Laukemann,* IPRax 2012, 207 (209); *Glaser,* in: Weller/Althammer (Hrsg.), Mindeststandards im europäischen Zivilprozessrecht, S. 149 (163 f.), allerdings für das Verwaltungsverfahren mit Rückbindung in Art. 197 Abs. 1 AEUV; *Kloska,* Das Prinzip der gegenseitigen Anerkennung im europäischen Strafrecht, S. 244 ff. Zur Bedeutung von Vertrauen für die Wirksamkeit von Recht nur *Luhmann,* Vertrauen, S. 44, 46; *Kaufhold,* EuR 2012, 408 (417 ff.); dies als „Vertrauen *in* Recht", im hier betrachteten Kontext *dies.,* in: Baberowski (Hrsg.), Was ist Vertrauen?, S. 101 (113, 115 ff.), wie zuvor begrifflich bereits *Schmidt-Aßmann/Dimitropoulos,* in: Weingardt (Hrsg.), Vertrauen in der Krise, S. 129 (130 f.); s. daneben *Wischmeyer,* GLJ 17 (2016), 339 (350 ff., insb. 354 ff.).

den zu unterschiedlichen Zeitpunkten und Stadien,[195] wie in den hier betrachteten „Vollstrecker"-Fällen.

In der Rechtsprechung steht bei Erörterung der Loyalitätsverpflichtung zumeist die vertikale Beziehung der Mitgliedstaaten zur Union im Vordergrund,[196] und zwar vereinzelt mit begrifflichem Vertrauensbezug.[197] Wenngleich über lange Zeit nicht mit so deutlicher Verbindung von Vertrauen und Loyalität wie zuweilen die Generalanwälte,[198] geht auch der Europäische Gerichtshof von der Erforderlichkeit einer Unterstützung und Zusammenarbeit der Mitgliedstaaten untereinander zur Verwirklichung des Unionsrechts aus.[199] Wie im Rahmen dieser Arbeit in vielen Zusammenhängen aufgezeigt, geschieht dies – wie im vertikalen, so im horizontalen Verhältnis – unter Rückbindung an den Vertrauensbegriff. Nunmehr sieht der Gerichtshof den Grundsatz des gegenseitigen

---

[195] Mit Herausarbeitung verschiedener Stadien *Schwarz,* Grundlinien der Anerkennung, S. 295 ff., 301, 352 f.

[196] S. nur EuGH, Urteil v. 10.2.1983, Rs. 230/81, Luxemburg / Europäisches Parlament, Rn. 37; EuGH, Beschluss v. 13.7.1990, Rs. C-2/88 Zwartveld u. a., Rn. 17; EuGH, Urteil v. 10.9.2015, Rs. C-408/14, Wojciechowski, Rn. 40, 45.

[197] EuGH, Gutachten 1/75 v. 11.11.1975, Slg. 1975, 1355 (1364); EuGH, Urteil v. 18.2.1986, Rs. 174/84, Bulk Oil / Sun International, Rn. 30, jeweils auch im Englischen und Französischen.

[198] Schlussanträge GA *Gulmann,* Rs. C-45/90, Alberto Paletta u. a., Nr. 9, 12; Schlussanträge GA *La Pergola,* Rs. C-336/94, Dafeki, Nr. 9; Schlussanträge GA *Ruiz-Jarabo Colomer,* verb. Rs. C-338/04, C-359/04 und C-360/04, Placanica u. a., Nr. 9; GA *Bot,* C-325/11, Alder, Nr. 62; Schlussanträge GA *Sharpston,* Rs. C-73/08, Bressol u. a., Nr. 154, Vertrauensbezug nach Sprachfassung variierend; so auch in Schlussanträgen GA *Mazák,* Rs. C-115/11, Format Urządzenia i Montaże Przemysłowe, Nr. 62. Nachdrücklich Schlussanträge GA *Ruiz-Jarabo Colomer,* Rs. C-297/07, Bourquain, Nr. 45, wonach gegenseitiges Vertrauen in der (damaligen) dritten Säule „wie ein normativer Grundsatz" gelte und ähnlich wirke wie der Loyalitätsgrundsatz, m. w. N.; vgl. auch Stellungnahme GA *Sharpston,* Rs. C-195/08 PPU, Rinau, Nr. 18; Schlussanträge GA *Sharpston,* Rs. C-256/09, Purrucker, Nr. 112, 144; Stellungnahme GA *Bot,* Rs. C-491/10 PPU, Aguirre Zarraga, Nr. 96 f.; Schlussanträge GA *Ruiz-Jarabo Colomer,* Rs. C-150/05, Van Straaten, Nr. 61; Schlussanträge GA *Bobek,* Rs. C-108/16 PPU, Dworzecki, Nr. 28.

[199] S. nur EuGH, Urteil v. 4.10.1979, Rs. 141/78, Frankreich / Vereinigtes Königreich Großbritannien und Nordirland, Rn. 9, 12; EuGH, Urteil v. 22.3.1983, Rs. 42/82, Kommission / Frankreich, Rn. 36; EuGH, Urteil v. 27.9.1988, Rs. 235/87, Matteucci u. a., Rn. 19; EuGH, Urteil v. 11.6.1991, Rs. C-251/89, Athanasopoulos u. a., Rn. 57; EuGH, Urteil v. 26.1.2006, Rs. C-2/05, Herbosch Kiere, Rn. 22 f., 30; EuGH, Urteil v. 4.9.2014, Rs. C-327/13, Burgo Group, Rn. 66; EuGH, Urteil v. 9.11.2010, Rs. C-296/10, Purrucker, Rn. 81; EuGH, Gutachten 2/13 v. 18.12.2014, Rn. 202; EuGH, Urteil v. 5.4.2016, verb. Rs. C-404/15 und C-659/15 PPU, Aranyosi und Căldăraru, Rn. 95 ff. S. aber auch EuGH, Urteil v. 27.10.2009, C-115/08, ČEZ, Rn. 138 ohne Antwort auf die Frage zur horizontalen Geltung des Loyalitätsgrundsatzes (Rn. 54); im horizontalen Verhältnis herangezogen in EuGH, Urteil v. 16.1.2018, Rs. C-240/17, E., Rn. 53; vgl. auch EuGH, Urteil v. 27.2.2018, Rs. C-64/16, Associação Sindical dos Juízes Portugueses, Rn. 30; EuGH, Urteil v. 6.3.2018, Rs. C-284/16, Achmea, Rn. 58.

Vertrauens auch ausdrücklich als vom Grundsatz der loyalen Zusammenarbeit impliziert an.[200] In der deutschen Urteilsversion war bereits zuvor zum Teil von einer Verpflichtung zu vertrauensvoller Zusammenarbeit die Rede,[201] wo andere Sprachfassungen den Loyalitätsgrundsatz in Bezug nahmen.

Zwar diente eine Prüfung durch den Vollstreckungsstaat, die an ein Verhalten des Kooperationspartners anknüpfte, dem Schutz der Unionsgrundrechte; bei sekundärrechtlich zwingend vorgesehener Anerkennung und Vollstreckbarkeit ginge sie aber mit der Modifikation oder sogar Aussetzung jener Verpflichtungen einher. Dies ist unabhängig davon der Fall, ob die ausländische Entscheidung unmittelbar anzuerkennen und vollstreckbar ist oder es hierfür noch einer vollstreckungsstaatlichen Entscheidung bedarf.

Zumindest in *unbedingter, vorbehaltloser* Form besteht die Anerkennungsverpflichtung zwar nur sekundärrechtlich[202] und hängt daher in ihrer Rechtswirksamkeit ihrerseits (auch) von der Wahrung der Unionsgrundrechte ab.[203]

---

200 EuGH, Urteil v. 6.2.2018, Rs. C-359/16, Altun u. a., Rn. 40, 42.

201 Jeweils noch zu Art. 10 EGV EuGH, Urteil v. 10.2.2000, Rs. C-202/97, FTS, Rn. 51; EuGH, Urteil v. 30.3.2000, Rs. C-178/97, Banks u. a., Rn. 38; EuGH, Urteil v. 26.1.2006, Rs. C-2/05, Herbosch Kiere, Rn. 22 f., 30. Die englische und französische Version entsprechen mit *sincere cooperation* bzw. *coopération loyale* der jeweiligen Vertragsfassung; im selben Kontext auch im Deutschen zu loyaler Zusammenarbeit EuGH, Urteil v. 3.3.2016, Rs. C-12/14, Kommission / Malta, Rn. 37; hingegen wieder mit Vertrauensbezug EuGH, Urteil v. 27.4.2017, Rs. C-620/15, A-Rosa Flussschiff GmbH, Rn. 39, 47. Daneben nur *Franzius,* HFR 2010, 159 (169) zu Art. 4 Abs. 3 EUV; *Labayle,* in: FS Hailbronner, S. 153 (161); gegenseitiges Vertrauen mit Art. 5 EWGV, Art. 86 EGKSV, Art. 192 EAGV verknüpft bei *Majone,* Mutual Trust, S. 1 f.

202 Zur Frage nach Bestehen eines primärrechtlichen Anerkennungsgrundsatzes *Röben,* in: GHN, Art. 70 AEUV Rn. 9 (s. auch Art. 67 AEUV Rn. 65), Art. 70 AEUV setze unmittelbar anwendbaren Grundsatz der gegenseitigen Anerkennung voraus, nur meist, nicht stets sekundärrechtlich konkretisiert. Zur Zusammenarbeit in Zivilsachen ambivalent *Hess,* in: GHN, Art. 81 AEUV Rn. 32; hierzu ablehnend *Rossi,* in: Calliess/Ruffert, Art. 81 AEUV Rn. 4, 6. Zur Zusammenarbeit in Strafsachen bejahend *Satzger,* in: Streinz, Art. 82 AEUV Rn. 10; mit Betonung des Konkretisierungsbedarfs *Vogel/Eisele,* in: GHN, Art. 82 AEUV Rn. 20 ff.; *Meyer,* in: v. d. Groeben/Schwarze/Hatje, Art. 82 AEUV Rn. 5 f.; zum Ganzen *Kloska,* Das Prinzip der gegenseitigen Anerkennung im europäischen Strafrecht, *passim.* Vor dem Reformvertrag ablehnend *Bast,* Der Staat 46 (2007), 1 (15 f.). Zu dem (von Art. 81 Abs. 1 AEUV abweichenden) Art. 82 Abs. 1 UAbs. 1 AEUV EuGH, Urteil v. 9.6.2016, Rs. C-25/15, Balogh, Rn. 54, EuGH, Urteil v. 21.9.2017, Rs. C-171/16, Beshkov, Rn. 36 und EuGH, Urteil v. 5.7.2018, Rs. C-390/16, Lada, Rn. 38. Zum Ganzen *Schwarz,* Grundlinien der Anerkennung, S. 203 ff.

203 Dennoch nur im Wesentlichen mit Verweis auf die ErwG EuGH, Urteil v. 22.12.2010, Rs. C-491/10 PPU, Aguirre Zarraga, Rn. 61 (vgl. die Kritik an derartiger „Banalisierung", KOM[2010] 573 endg., S. 8). Zweifel an der Grundrechtskonformität etwa bei *Hess,* in: FS Jayme, S. 339 (355 ff.); *Kohler,* ZSR 124 (2005) II, 263 (295); *Nettesheim,* EuR 2009, 24 (42); *Meyer,* in: v. d. Groeben/Schwarze/Hatje, Vor Art. 82 AEUV Rn. 35, Art. 82 Rn. 12 f., 21;

Der EuGH orientiert sich allerdings, wie vielfach kritisiert,[204] in seiner grundrechtlichen Argumentation zuweilen sehr eng an den unionsgesetzgeberischen Wertungen.[205] Hier sei bewusst der Versuch unternommen, den Ansatz der Rechtsprechung zum Vertrauensgrundsatz aus sich heraus zu erschließen; dazu wird das Ineinandergreifen sämtlicher Bindungen, auch unterschiedlicher normhierarchischer Ebenen, in den Blick genommen und die Geltung dieser Verpflichtungen jeweils unterstellt.[206]

Eine Prüfung durch den Vollstreckungsstaat dürfte insoweit nicht veranlasst sein, als sie für den Schutz der fraglichen Rechtsposition nicht erforderlich ist, diese Kontrolle zugleich aber die praktische Wirksamkeit einer anderen, und sei es rangniederen Verpflichtung beeinträchtigte.[207] Aus dieser Erwägung erscheint eine Prüfung in Anknüpfung an ein Verhalten einer anderen Stelle in der Unionsrechtsordnung insbesondere dann verzichtbar, wenn diese Rechtsordnung bereits die Stelle, durch die vermeintlich die Verletzungsgefahr droht, zur Wahrung der infrage stehenden Rechtsposition verpflichtet. Daran dürfte für den Gerichtshof nichts ändern, wenn die Einschränkung der praktischen Wirksamkeit (lediglich) einer sekundärrechtlichen Bindung zugunsten der Einhaltung einer primärrechtlichen erfolgte, soweit die Wahrung letzterer anderweitig gewährleistet ist.

Franzius, ZaöRV 75 (2015), 383 (400); mit Nachdruck *Gaede,* NJW 2013, 1279 (1280 f.); vgl. *Callewaert,* ZEuS 2014, 79 (80); *Schwarz,* Grundlinien der Anerkennung, S. 304 ff.

[204] Statt vieler *Nettesheim,* EuR 2009, 24 (42); *Gaede,* NJW 2013, 1279 (1280 f.); *Meyer,* in: v. d. Groeben/Schwarze/Hatje, Vor Art. 82 AEUV Rn. 35, Art. 82 AEUV Rn. 12; vgl. beschreibend *Canor,* ZaöRV 73 (2013), 249 (257 ff., 262 f., 283 f.).

[205] So etwa EuGH, Urteil v. 3.5.2007, Rs. C-303/05, Advocaten voor de Wereld, Rn. 45 ff.; EuGH, Urteil v. 22.12.2010, Rs. C-491/10 PPU, Aguirre Zarraga, Rn. 46 ff.; EuGH, Urteil v. 21.12.2011, verb. Rs. C-411/10 und C-493/10, N. S. u. a., Rn. 100 ff.; EuGH, Urteil v. 29.1.2013, Rs. C-396/11, Radu, Rn. 32 ff.; EuGH, Urteil v. 26.2.2013, Rs. C-399/11, Melloni, Rn. 62 (zum bemerkenswerten Umgang des Vorlagegerichts mit dieser Entscheidung *Herzmann,* EuGRZ 2015, 445 ff., *passim*).

[206] Mit diesem Ansatz auch *Canor,* ZaöRV 73 (2013), 249 (253 f.); *Franzius,* ZaöRV 75 (2015), 383 (406 ff.). Bei Annahme primärrechtlichen Grundsatzes der Anerkennung (erneut Zweiter Teil Fn. 202) sind Zulässigkeit und Notwendigkeit eines solchen Ausgleichs weniger problematisch, vgl. aus dem jüngeren Schrifttum mit Prüfung eines Abwägungsfehlers im Umgang mit der Prinzipienkollision zwischen Anerkennungsgrundsatz und Unionsgrundrechten *Kloska,* Das Prinzip der gegenseitigen Anerkennung im europäischen Strafrecht, S. 626 ff.

[207] Vgl. *Schwarz,* Grundlinien der Anerkennung, S. 174 ff.; *Pohl,* Vorbehalt und Anerkennung, S. 72 f.; zur Nähe des dort jeweils betonten Grundsatzes der Verhältnismäßigkeit zu Prinzipien *Alexy,* Theorie der Grundrechte, S. 100 f. Daneben *Hailbronner/Thym,* NVwZ 2012, 406 (407 f.); *Wischmeyer,* GLJ 17 (2016), 339 (375).

Die Unionsgrundrechte kann aber bereits der Ursprungsstaat – an dessen Verhalten hier angeknüpft würde – zu schützen verpflichtet sein, wie eine Erweiterung des Blickwinkels auch auf dessen Bindungen ergibt.[208]

b) Rechtsprechungsprämisse (grund-)rechtskonformen Verhaltens

Prämisse, um mit einer derartigen Argumentation eine auch nur grundsätzliche Abstandnahme von grundrechtlicher Prüfung begründen zu können, ist freilich eine Annahme rechtskonformen Verhaltens,[209] wie sie bereits in der Rechtsprechung des EGMR aufgezeigt worden ist.[210] Zwar geht auch der EuGH davon aus, dass vom bloßen Bestehen einer normativen Bindung nicht immer auf deren tatsächliche Beachtung geschlossen werden kann.[211] Eine Vermutung rechtskonformen Verhaltens aber hält er ausdrücklich grundsätzlich für gestattet.[212] Gerade unter diesem Blickwinkel sei hier noch einmal seine Vertrauensrecht-

---

208 So auch *Classen,* in: FS Schwarze, S. 556 (574); gemeinsamer Grundrechtsraum sehr klar bei *Leipold,* in: FS Stoll, S. 625 (645) sowie *Weiß/Satzger,* in: Streinz, Art. 67 AEUV Rn. 27; in der Sache *Röben,* in: GHN, Art. 67 AEUV Rn. 20, 75, 80 f., 124, Art. 70 AEUV Rn. 12; zu Art. 54 SDÜ Schlussanträge GA *Ruiz-Jarabo Colomer,* Rs. C-150/05, Van Straaten, Nr. 61 f., 73; zum Asylsystem Schlussanträge GA *Cruz Villalón,* Rs. C-394/12, Abdullahi, Nr. 41; KOM(2016) 411 endg., S. 2. S. daneben *Meyer,* in: v. d. Groeben/Schwarze/Hatje, Art. 82 AEUV Rn. 13; *Pfeiffer,* in: FS Jayme, S. 675 (683 f.); *Portmann,* Die Verordnung (EG) 805/2004, S. 174; *Bach,* Grenzüberschreitende Vollstreckung in Europa, S. 110, 384, 388 (hierfür bereits an die EMRK anknüpfend, S. 374 ff., 385); *Hess,* IPRax 2001, 301 (304) und später *ders.,* EuZPR, § 3 Rn. 26; *Callewaert,* ZEuS 2014, 79 (79 f., 85); anklingend bei *Pohl,* Vorbehalt und Anerkennung, S. 126; *Breitenmoser/Weyeneth,* in: v. d. Groeben/Schwarze/Hatje, Vor Art. 67 AEUV Rn. 99 f.; *Schwarz,* Grundlinien der Anerkennung, S. 253 ff., 293, 301, 308 f.; *Kohler,* ZEuS 2016, 135 (142); *Kloska,* Das Prinzip der gegenseitigen Anerkennung im europäischen Strafrecht, S. 209; vgl. *Sydow,* Verwaltungskooperation in der Europäischen Union, S. 275 f.

209 Sehr deutlich EuGH, Urteil v. 22.12.2010, Rs. C-491/10 PPU, Aguirre Zarraga, Rn. 59. Zudem nur *Hess,* EuZPR, § 3 Rn. 26 f.; *Hüßtege,* in: FS Jayme, S. 371 (371 f., 383 f.); *Möstl,* CML Rev. 47 (2010), 405 (429); *Mitsilegas,* YEL 31 (2012), 319 (322, 329, 332, 353, 356 f.); *Hoppe,* Eilrechtsschutz gegen Dublin II-Überstellungen, S. 188; *Kloska,* Das Prinzip der gegenseitigen Anerkennung im europäischen Strafrecht, S. 212. Vgl. die an Vertrauen gebundenen Hinweise bei *Bleckmann,* JZ 1985, 1072 (1074) und *Happe,* Die grenzüberschreitende Wirkung von nationalen Verwaltungsakten, S. 111.

210 Oben S. 79 ff.

211 EuGH, Urteil v. 21.12.2011, verb. Rs. C-411/10 und C-493/10, N. S. u. a., Rn. 81, 102 f.; vgl. zudem etwa EuGH, Urteil v. 14.12.2006, Rs. C-283/05, ASML, Rn. 29; EuGH, Urteil v. 19.5.2011, Rs. C-184/10, Grasser, Rn. 22 ff.; differenzierend EuGH, Urteil v. 6.10.2015, Rs. C-362/14, Schrems, Rn. 75, zu Drittstaaten; dazu auch EuGH, Urteil v. 6.9.2016, Rs. C-182/15, Petruhhin, Rn. 57.

212 EuGH, Urteil v. 15.11.2011, Rs. C-409/10, Afasia Knits Deutschland, Rn. 37, selbst im Verhältnis zu Drittstaaten; EuGH, Urteil v. 21.12.2011, verb. Rs. C-411/10 und C-493/10, N. S. u. a., Rn. 78; EuGH, Urteil v. 10.12.2013, Rs. C-394/12, Abdullahi, Rn. 52; EuGH, Urteil v.

sprechung in den Blick genommen (aa) und aufgezeigt, was bei spezifisch grundrechtlicher Beurteilung zu beachten ist (bb).

aa) Vermutung rechtskonformen Verhaltens in stetem Kontext des Vertrauensbegriffs

Eine Vermutung rechtskonformen Verhaltens tritt in der vertrauensbezogenen Rechtsprechung des EuGH vielfach zutage. Besonders plastisch wird dies, wenn er im Bereich der heutigen justiziellen Zusammenarbeit in Zivilsachen ausführt, es seien alle Mitgliedstaaten zu gleichermaßen kompetenter Rechtsanwendung in der Lage.[213] Im Bereich der Titelanerkennung in Zivilsachen finden sich Vertrauensbezüge oftmals hinsichtlich der Anwendung völkervertraglicher bzw. inzwischen sekundärrechtlicher Vorschriften über die direkte internationale Zuständigkeit.[214] Im selben Zusammenhang sei darauf hingewiesen, dass auch das Verbot der *révision au fond*, der Nachprüfung in der Sache, mit Vertrauen begründet wird.[215]

Auch weiter zurück- und über den Raum der Freiheit, der Sicherheit und des Rechts hinausblickend, wird nicht nur mit einer solchen Vermutung gearbeitet, sondern dies erfolgt im Kontext von Vertrauensbezügen: so neben anderen Zu-

---

25.5.2016, Rs. C-559/14, Meroni, Rn. 47; sinngemäß EuGH, Urteil v. 3.3.2016, Rs. C-12/14, Kommission / Malta, Rn. 37.

[213] EuGH, Urteil v. 10.2.2010, Rs. C-185/07, Allianz, Rn. 29; EuGH, Urteil v. 4.5.2010, Rs. C-533/08, TNT Express Nederland, Rn. 55; EuGH, Urteil v. 27.6.1991, C-351/89, Overseas Union Insurance u.a., Rn. 23; EuGH, Urteil v. 9.12.2003, Rs. C-116/02, Gasser, Rn. 48; EuGH, Urteil v. 27.4.2004, Rs. C-159/02, Turner / Grovit, Rn. 25; so auch, mit Vertrauensbezug *Borrás*-Bericht, S. 27 (55, Rn. 88 zu Art. 23); grds. beipflichtend *Hess,* in: GHN, Art. 81 AEUV Rn. 34; vgl. *Bach,* Grenzüberschreitende Vollstreckung in Europa, S. 110; *Kaufhold,* EuR 2012, 408 (426); *Schwarz,* Grundlinien der Anerkennung, S. 368 (begrifflich zu Vertrauen in Recht bereits zuvor *Schmidt-Aßmann/Dimitropoulos,* in: Weingardt [Hrsg.], Vertrauen in der Krise, S. 129 [130 f.]). Vgl. *Verdross/Simma,* Universelles Völkerrecht, §§ 60, 459 ff. zur Bedeutung der Pflichterfüllung nach Treu und Glauben im Völkerrecht.

[214] Zur Brüssel I-VO EuGH, Gutachten 1/03 v. 7.2.2006, Rn. 163; EuGH, Urteil v. 21.6.2012, Rs. C-514/10, Wolf Naturprodukte, Rn. 25, 27; EuGH, Urteil v. 15.11.2012, Rs. C-456/11, Gothaer Allgemeine Versicherung u.a., Rn. 35. Zur InsVO EuGH, Urteil v. 2.5.2006, Rs. C-341/04, Eurofood IFSC, Rn. 40; EuGH, Urteil v. 21.1.2010, Rs. C-444/07, MG Probud, Rn. 28 f. Zur Brüssel IIa-VO EuGH, Urteil v. 15.7.2010, Rs. C-256/09, Purrucker, Rn. 72 ff.; EuGH, Urteil v. 26.4.2012, Rs. C-92/12 PPU, C, Rn. 103; allgemeiner EuGH, Urteil v. 22.12.2010, Rs. C-491/10 PPU, Aguirre Zarraga, Rn. 59.

[215] EuGH, Urteil v. 9.9.2015, Rs. C-4/14, Bohez, Rn. 44; zuvor *Borrás*-Bericht, S. 27 (63, Rn. 129 zu Art. 46); daneben nur *Thoma,* Europäisierung und Vergemeinschaftung, S. 173, 217; *Beaumont/Johnston,* IPRax 2010, 105 (106); *Laukemann,* IPRax 2012, 207 (208, 210); *Kohler,* ZEuS 2016, 135 (139). Vgl. EuGH, Urteil v. 8.11.2016, Rs. C-554/14, Ognyanov Rn. 48 f.

sammenhängen[216] etwa hinsichtlich (Warenzulassungs-)Kontrollen zur Gewährleistung eines materiell harmonisierten Schutzniveaus[217] oder hinsichtlich eines dem Sekundärrecht entsprechenden Anschlusses von Wanderarbeitnehmern an das nationale Sozialversicherungssystem.[218] Aber auch jenseits des Verhältnisses zwischen den Mitgliedstaaten wird eine Vermutung rechtskonformen Verhaltens mit Vertrauen in Verbindung gebracht; dies geschieht in Bezug auf das Verhältnis nationaler Gerichte zum EuGH,[219] mitgliedstaatlicher Stellen zur Kommission[220] oder auch das Verhältnis der EU-Organe untereinander.[221] Diese Nähe ist daneben auch bei der Befassung mit dem Verhalten von Staaten außerhalb der Europäischen Union zu beobachten.[222] In Bezug auf die Mitgliedstaaten kommt neben der im Raum der Freiheit, der Sicherheit und des Rechts häufigen Bezugnahme auf die Rechtspflegeorgane oder Justiz[223] dieser Zusam-

---

216 Etwa EuGH, Urteil v. 10.9.1996, Rs. C-11/95, Kommission / Belgien, Rn. 88; EuGH, Urteil v. 14.1.1997, Rs. C-124/95, Centro-Com, Rn. 49; EuGH, Urteil v. 19.6.2003, Rs. C-110/01, Tennah-Durez, Rn. 30.

217 EuGH, Urteil v. 25.1.1977, Rs. 46/76, Bauhuis, Rn. 37/39 (s. auch Rn. 16/19; zuvor bereits EuGH, Urteil v. 15.12.1976, Rs. 35/76, Simmenthal I, Rn. 27/29); EuGH, Urteil v. 23.5.1996, Rs. C-5/94, Hedley Lomas, Rn. 19 f.; EuGH, Urteil v. 10.9.1996, Rs. C-11/95, Kommission / Belgien, Rn. 88; EuGH, Urteil v. 14.1.1997, Rs. C-124/95, Centro-Com, Rn. 49; EuGH, Urteil v. 19.3.1998, Rs. C-1/96, Compassion in World Farming, Rn. 47; EuGH, Urteil v. 12.11.1998, Rs. C-102/96, Kommission / Deutschland, Rn. 22.

218 So jeweils in der Rspr. oben Erster Teil Fn. 258.

219 In der Sache durch Vermutung der Entscheidungserheblichkeit von Vorlagen nach Art. 267 AEUV, aus stRspr. EuGH, Urteil v. 26.2.2013, Rs. C-399/11, Melloni, Rn. 28 f.; mit Vertrauensbezug Schlussanträge GA *Léger,* Rs. C-432/93, SISRO, Nr. 18; mit einem solchen auch Schlussanträge GA *Cruz Villalón,* Rs. C-62/14, Gauweiler, Nr. 66 f. im Hinblick auf den Umgang mit der Antwort auf die OMT-Vorlage in BVerfGE 134, 366; mit Vertrauensbezug umgekehrt BVerfGE 123, 267 (399).

220 EuGH, Urteil v. 27.1.1988, Rs. 349/85, Dänemark / Kommission, Rn. 19; EuGH, Urteil v. 10.11.1993, Rs. C-48/91, Niederlande / Kommission, Rn. 11; Schlussanträge GA *Sharpston,* Rs. C-599/14 P, Rat / LTTE, Nr. 63 f.

221 Zur Mehrdimensionalität des Loyalitätsgrundsatzes nur *Marauhn,* in: Schulze/Zuleeg/Kadelbach, § 7 Rn. 26.

222 Zu drittstaatlichen Warenursprungsbescheinigungen erneut die Nachweise oben Erster Teil Fn. 261; daneben EuGH, Urteil v. 22.12.2017, Rs. C-571/17, Ardic, Rn. 69, 90 zu dem zwischen den Mitgliedstaaten lediglich *erhöhten* Maß an Vertrauen; s. auch Schlussanträge GA *Bot,* verb. Rs. C-584/10 P, C-593/10 P, C-595/10 P, Kommission u. a. / Kadi, Nr. 85 zu gegenseitigem Vertrauen zwischen EU und Vereinten Nationen; unionsrechtliches nur als Verstärkung völkerrechtlichen Vertrauensprinzips, *Breitenmoser/Weyeneth,* in: v. d. Groeben/Schwarze/Hatje, Vor Art. 67 AEUV Rn. 100. Vgl. *Verdross/Simma,* Universelles Völkerrecht, § 912 zum Vertrauen auf loyale Einhaltung der Pflichten im diplomatischen Verkehr.

223 Hierzu erneut die Rspr. Erster Teil Fn. 20, 275 zu Zivilsachen, in Strafsachen vor allem in der Rspr. zum SDÜ in Erster Teil Fn. 155. Aus dem Sekundärrecht etwa 3., 10. ErwG RL

menhang zwischen Vertrauen und einer Vermutung rechtskonformen Verhaltens auch mit Blick auf behördliches Handeln[224] zum Ausdruck. Ein Verweis auf Vertrauen in die mitgliedstaatlichen Rechtssysteme[225] hingegen wäre geeignet, über eine bloße Vermutung rechtskonformen Verhaltens hinauszuweisen. Hierauf wird zurückzukommen sein.[226]

Eine Prämisse rechtskonformen Verhaltens schwingt ebenso mit, wenn in den Äußerungen des Unionsgesetzgebers und den politischen Richtungsentscheidungen größere Sicherheit hinsichtlich des Schutzniveaus durch unionsrechtliche Mindeststandards erwartet und mit einer Vertrauensstärkung verbunden wird.[227]

bb) Anwendungsfall Grundrechtsschutz: Vermutung des Wirksamwerdens des im Ursprungsstaat normativ Gebotenen

Bei Fokus auf den grundrechtlichen Schutz im Kooperationsmitgliedstaat lassen sich Schutzbeiträge aus unterschiedlichen Rechtsquellen ausmachen.

(1) Schutzbeitrag unionalen Rechts

Dabei kann es sich insbesondere um Beiträge des Unionsrechts handeln, das neben Vorgaben an den Ursprungsstaat vom Abstraktionsgrad einer unions*grund*rechtlichen Bindung (a) auch sehr viel konkretere Verpflichtungen (b) und Durchsetzungsmechanismen (c) enthält.

(a) Unionsgrundrechtsbindung nach Art. 51 Abs. 1 S. 1 GRC

Der Ursprungsstaat kann zunächst an die Unionsgrundrechte gebunden sein. Bereits die eingangs des Ersten Teils skizzierte Rechtsprechung[228] hat gezeigt, dass der Gerichtshof von einer Vermutung der Beachtung der Unionsgrund-

2012/13/EU; 4. ErwG RL (EU) 2016/343; 2. ErwG RL (EU) 2016/800; 26. ErwG VO (EU) Nr. 1215/2012; 4. ErwG VO (EU) Nr. 606/2013.

224 Hierzu erneut die Nachweise oben Erster Teil Fn. 254, 257, 258.

225 S. nur EuGH, Urteil v. 9.12.2003, Rs. C-116/02, Gasser, Rn. 72; EuGH, Urteil v. 10.2.2010, Rs. C-185/07, Allianz, Rn. 30; EuGH, Urteil v. 22.12.2010, Rs. C491/10 PPU, Aguirre Zarraga, Rn. 70; EuGH, Urteil v. 16.7.2015, Rs. C-681/13, Diageo Brands, Rn. 49, 63, zum Rechtsbehelfssystem; EuGH, Urteil v. 9.9.2015, Rs. C-4/14, Bohez, Rn. 59; vgl. EuGH, Urteil v. 23.1.2018, Rs. C-367/16, Piotrowski, Rn. 52.

226 Unten S. 150 ff.

227 S. erneut die Nachweise oben Erster Teil Fn. 337; sinngemäß 9. ErwG RB 2006/783/JI.

228 Oben S. 5 ff.

rechte ausgeht und dies mit Vertrauen verbindet,[229] wie auch vom EGMR angemerkt.[230]

Der Ursprungsstaat ist an die Chartagrundrechte allerdings nach Art. 51 Abs. 1 S. 1 GRC nur gebunden, soweit auch er[231] Unionsrecht durchführt.[232] Hinsichtlich des Ursprungsstaats könnte daher ebenfalls die kontrovers beurteilte Frage relevant werden, wann von einer solchen Durchführungskonstellation auszugehen ist.[233] Auch auf diesen Aspekt wird noch zurückzukommen

---

229 EuGH, Urteil v. 22.12.2010, Rs. C-491/10 PPU, Aguirre Zarraga, Rn. 70; EuGH, Urteil v. 21.12.2011, verb. Rs. C-411/10 und C-493/10, N.S. u.a., Rn. 80, 83; EuGH, Urteil v. 30.5.2013, Rs. C-168/13, F., Rn. 50; EuGH, Urteil v. 10.12.2013, Rs. C-394/12, Abdullahi, Rn. 52; EuGH, Gutachten 2/13 v. 18.12.2014, Rn. 191 f.; EuGH, Urteil v. 16.7.2015, Rs. C-681/13, Diageo Brands, Rn. 40; EuGH, Urteil v. 9.9.2015, Rs. C-4/14, Bohez, Rn. 58; EuGH, Urteil v. 5.4.2016, verb. Rs. C-404/15 und C-659/15 PPU, Aranyosi und Căldăraru, Rn. 78; sinngemäß EuGH, Urteil v. 25.5.2016, Rs. C-559/14, Meroni, Rn. 44 ff.; EuGH, Urteil v. 1.6.2016, Rs. C-241/15, Bob-Dogi, Rn. 33; EuGH, Urteil v. 10.11.2016, Rs. C-452/16 PPU, Poltorak, Rn. 26; EuGH, Urteil v. 10.11.2016, Rs. C-453/16 PPU, Özçelik, Rn. 23; EuGH, Urteil v. 10.11.2016, Rs. C-477/16 PPU, Kovalkovas, Rn. 27; im Bezugspunkt weniger deutlich EuGH, Urteil v. 16.2.2017, Rs. C-578/16 PPU, C.K. u.a., Rn. 90. Aus dem Schrifttum nur *Callewaert,* ZEuS 2014, 79 (80 f.); *Hess,* EuZPR, § 10 Rn. 8, mit Bedenken; deutlicher nach Bindung an Unionsgrundrechte unterscheidend *ders.,* in: Weller/Althammer (Hrsg.), Mindeststandards im europäischen Zivilprozessrecht, S. 221 (227 f.); *Labayle,* in: FS Hailbronner, S. 153 (163); *Engel,* Der Beitritt der Europäischen Union zur EMRK, S. 118; *Reinbacher/Wendel,* EuGRZ 2016, 333 (340 f.).

230 S. erneut EGMR, Entscheidung v. 18.3.2014, Ignaoua u.a. / Vereinigtes Königreich, Nr. 46706/08, § 55.

231 Nur bei Bindung des Vollstreckungsstaats stellt sich die Frage einer Versagung durch diesen, hierzu oben S. 104 f.

232 Betont auch bei *Britz,* JZ 2013, 105 (107); *Bach,* Grenzüberschreitende Vollstreckung in Europa, S. 373 f.; differenzierend, aber Bindung nicht stets maßgebliche Relevanz beimessend *Classen,* in: FS Schwarze, S. 556 (574); klar differenzierend *Röben,* in: GHN, Art. 67 AEUV Rn. 80, aber Bindung bei Handeln im Anwendungsbereich des Loyalitätsgrundsatzes und letztlich ohnehin bereits EMRK ausreichend, Rn. 81; *Breitenmoser/Weyeneth,* in: v. d. Groeben/Schwarze/Hatje, Vor Art. 67 AEUV Rn. 99 f., dennoch im Ergebnis auch jenseits dessen vermutete Wahrung europäischen *ordre publics,* daneben Art. 67 AEUV Rn. 35, 123. Vgl. stets Bindung an Wesensgehalt über Art. 2 EUV bei *v. Bogdandy u. a.,* ZaöRV 72 (2012), 45 (68 f.).

233 Eine solche vorausgesetzt in EuGH, Urteil v. 21.12.2011, verb. Rs. C-411/10 und C-493/10, N.S. u.a., Rn. 71, 82 und EuGH, Urteil v. 16.2.2017, Rs. C-578/16 PPU, C.K. u.a., Rn. 70 (s. auch Rn. 63); EuGH, Urteil v. 22.12.2010, Rs. C-491/10 PPU, Aguirre Zarraga, Rn. 59. Noch vor Inkrafttreten der GRC eine Bindung (auch) des Ursprungsstaats implizierend EuGH, Urteil v. 28.3.2000, Rs. C-7/98, Krombach / Bamberski, Rn. 42 ff., m.w.N.; EuGH, Urteil v. 2.4.2009, Rs. C-394/07, Gambazzi, Rn. 28 f.; so auch nach deren Inkrafttreten EuGH, Urteil v. 6.9.2012, Rs. C-619/10, Trade Agency, Rn. 52 ff. (hierzu Schlussanträge GA *Kokott,* Rs. C-619/10, Trade Agency, Nr. 72); EuGH, Urteil v. 23.10.2014, Rs. C-302/13, flyLAL-Lithuanian Airlines, Rn. 50 f. Impliziert in EuGH, Urteil v. 2.3.2017, Rs. C-354/15, Henderson, Rn. 51 sowie in EuGH, Urteil v. 17.11.2011, Rs. C-327/10, Hypoteční banka,

sein.[234] Hier sei in Bezug auf die Bestimmung der Durchführung des Unionsrechts i. S. d. Art. 51 Abs. 1 S. 1 GRC nur darauf hingewiesen, dass der Gerichtshof auch in der justiziellen Zusammenarbeit in einer zumindest scheinbar nicht immer konsistenten Rechtsprechung von einer Bindung des Ursprungsstaats an die Unionsgrundrechte ausgeht, die über den Vollzug zwingender Verpflichtungen hinausreicht.[235] Wie weit sie hierüber hinausreicht, tritt aber nicht klar zutage, weil diesbezügliche Erwägungen häufig auf Anerkennungsregime mit bestehendem allgemeinen *ordre public*-Vorbehalt bezogen sind; sie werden damit in einem Kontext angestellt, in dem unionsgrundrechtliche Erörterungen lediglich im Rahmen einer hypothetischen Betrachtung zur Ermittlung der Grenzen eines zulässigen *ordre public*-Gebrauchs erfolgen könnten.[236]

Rn. 48 f.; EuGH, Urteil v. 15.3.2012, Rs. 292/10, G. / de Visser, Rn. 47; EuGH, Beschluss v. 13.6.2012, Rs. C-156/12, GREP, Rn. 33; EuGH, Urteil v. 11.9.2014, Rs. C-112/13, A., Rn. 51; EuGH, Urteil v. 25.5.2016, Rs. C-559/14, Meroni, Rn. 45 (s. auch Rn. 50) (unter dem EuGVÜ EuGH, Urteil v. 21.5.1980, Rs. 125/79, Denilauler, Rn. 13). Vgl. dazu, dass Anwendung und Auslegung der Brüssel IIa-VO nicht Art. 24 GRC widersprechen dürften, EuGH, Urteil v. 23.12.2009, Rs. C-403/09 PPU, Detiček, Rn. 34; EuGH, Urteil v. 26.4.2012, Rs. C-92/12 PPU, C, Rn. 127. In Strafsachen bejaht die Rspr. zum RB 2002/584/JI (Erster Teil Fn. 161), darunter deutlich EuGH, Urteil v. 10.11.2016, Rs. C-477/16 PPU, Kovalkovas, Rn. 37, eine Bindung auch des ersuchenden Staats; für diesen bereits EuGH, Urteil v. 3.5.2007, Rs. C-303/05, Advocaten voor de Wereld, Rn. 53. Vgl. materienübergreifend EuGH, Gutachten 2/13 v. 18.12.2014, Rn. 191 f. Aus der Wissenschaft setzen eine Bindung etwa *Meyer,* in: v. d. Groeben/Schwarze/Hatje, Vor Art. 82 AEUV Rn. 35; *Völker/Steinfatt,* FPR 2005, 415 (417); *Beaumont/Johnston,* IPRax 2010, 105 (106 ff.) voraus; nach *Canor,* ZaöRV 73 (2013), 249 (264 ff.) wirke *N. S. u. a.* bindungserweiternd. In der ziviljustiziellen Zusammenarbeit deutlich zurückhaltender mit Blick auf den Ursprungsstaat *Britz,* JZ 2013, 105 (107); vgl. auch *dies.,* EuGRZ 2015, 275 (278 f.).

[234] Unten S. 150 ff.

[235] So implizit im Verweis auf das unionsgesetzgeberische Streben danach, dass „die Verfahren, die zum Erlass gerichtlicher Entscheidungen führen, unter Wahrung der in Art. 47 der Charta verankerten Verteidigungsrechte durchgeführt werden", trotz nur fragmentarischer Verfahrensregelung, wie etwa in EuGH, Urteil v. 11.9.2014, Rs. C-112/13, A., Rn. 51; in anderem Kontext EuGH, Urteil v. 9.1.2015, Rs. C-498/14 PPU, Bradbrooke, Rn. 52. Mehrdeutig EuGH, Urteil v. 5.10.2010, Rs. C-400/10 PPU, McB., Rn. 52 mit klarer Betonung, die fragliche nationale Regelung sei nicht an der GRC zu messen. Im Folgenden Prüfung, ob die Grundrechte einer Auslegung der Verordnung entgegenstünden, nach der das Sorgerecht in der Weise bestimmt wird, wie dies im betroffenen nationalen Recht erfolgt (Rn. 53 ff.), um zu schließen, die Verordnung verwehre eine Zuweisung wie die im nationalen Recht vorgenommene nicht (Rn. 64). Letztlich liegt darin implizit die Annahme, der Verweis der Verordnung auf das nationale Recht sei deshalb nicht einschränkend auszulegen, weil sich das im konkreten Fall betroffene nationale Recht seinerseits in den Grenzen des unionsgrundrechtlich Zulässigen halte; im Anschluss *Siehr,* IPRax 2012, 316 (320); kompetenziell rückgebunden stärker die Ausführungen im Urteil hervorhebend, wonach die nationale Regelung kein Durchführungsrecht darstelle, *Britz,* JZ 2013, 105 (107).

[236] Oben S. 23 ff. und dort die Nachweise Erster Teil Fn. 129, 135.

(b) Bindung an konkretisierendes Sekundärrecht: Schlaglicht auf Zivilsachen

Auch vor diesem Hintergrund sind sekundärrechtliche Vorgaben an den Ursprungsstaat zu sehen: Der Unionsgesetzgeber kann Verpflichtungen schaffen, die ihrerseits zum Schutzniveau im Ursprungsstaat beitragen, seien sie unmittelbar und im Konfliktfalle vorrangig anwendbar oder lediglich in ihrem Ziel verpflichtend. Mit dem Sekundärrecht vermag der Unionsgesetzgeber in den Kompetenz- und Kompetenzausübungsgrenzen[237] eine Durchführungskonstellation und somit Chartagrundrechtsbindung des Ursprungsstaats auszulösen.[238]

Zudem ist die im Sekundärrecht erhöhte Regelungsdichte[239] um ihrer selbst willen relevant: Wird wie in der Rechtsprechung des Europäischen Gerichtshofs auch die Einhaltung des Sekundärrechts vermutet,[240] vermittelt eine höhere Regelungsdichte eine genauere Vorstellung davon, welcher Behandlung der Betroffene im Ursprungsstaat unterliegen sollte. Bereits hier sei klargestellt, dass bei Verfehlung der (bloß) sekundärrechtlichen Anforderungen nicht stets zugleich von einem unzureichenden Grundrechtsschutz auszugehen sein muss,[241] wie er hier im Fokus steht.

---

[237] Hierzu nur *Bast,* in: GHN, Art. 5 EUV Rn. 13 ff., 50 ff., 69 ff. und sogleich bei Zweiter Teil Fn. 275. Vgl. zur Brisanz transnationaler Wirkung ohne kompetenzielle Möglichkeit zur Bindung an die Unionsgrundrechte *Britz,* JZ 2013, 105 (107) sowie *Schwarz,* Grundlinien der Anerkennung, S. 299 ff.

[238] Exemplarisch mit Annahme einer Bindung des Ursprungsstaats bei Vollzug zwingender Vorgaben EuGH, Urteil v. 2.5.2006, Rs. C-341/04, Eurofood IFSC, Rn. 41; EuGH, Urteil v. 4.9.2014, verb. Rs. C-119/13 und C-120/13, eco cosmetics und Raiffeisenbank St. Georgen, Rn. 42. Mit Hervorhebung der Konsequenz fehlenden Sekundärrechts *Classen,* in: FS Schwarze, S. 556 (569).

[239] Hervorhebung durch den Gesetzgeber im 7. ErwG RL 2010/64/EU; 8. ErwG RL 2012/13/EU; 6. ErwG RL 2013/48/EU; *Becker,* Grundrechtsschutz, S. 156; *Gsell/Netzer,* IPRax 2010, 403 (408); i.d.S. wohl auch *Sujecki,* ZEuP 2008, 458 (471); vgl. *Laukemann,* IPRax 2012, 207 (210); Hervorhebung der Konkretisierung unter Aspekten demokratischer Legitimation GA *Sharpston,* Rs. C-467/04, Gasparini u. a., Nr. 109 mit Fn. 90.

[240] Neben der Rspr. oben Erster Teil Fn. 258, Zweiter Teil Fn. 214, 216, 217 nur etwa EuGH, Urteil v. 1.6.2016, Rs. C-241/15, Bob-Dogi, Rn. 52 f. Aus der Literatur *Hess,* IPRax 2001, 301 (304) wie weiterhin *ders.,* in: GHN, Art. 81 AEUV Rn. 34; *Portmann,* Die Verordnung (EG) 805/2004, S. 182, 189; *Sujecki,* ZEuP 2008, 458 (474 f., 477 f.); implizit *Netzer,* Status quo und Konsolidierung des Europäischen Zivilverfahrensrechts, S. 209; wohl auch *Hüßtege,* in: FS Jayme, S. 371 (371 f., 383 f.); in Bezug auf das EuGVÜ, nicht aufgegriffen für die Brüssel I- und die Vollstreckungstitel-VO, *Wagner,* IPRax 2002, 75 (80); kritisch, aber mit diesem Bezugspunkt *Stadler,* IPRax 2004, 2 (7); in anderem Kontext *Ruffert,* Die Verwaltung 34 (2001), 453 (464); *Leitmeier,* NZV 2010, 377 (379); vgl. *Schmidt-Aßmann/Dimitropoulos,* in: Weingardt (Hrsg.), Vertrauen in der Krise, S. 129 (144 f.). Zu detaillierten Verpflichtungen als Ausdruck des Misstrauens *Majone,* Mutual Trust, S. 12; im Anschluss etwa *Kaufhold,* EuR 2012, 408 (422 f.).

[241] Betont auch bei *Hoppe,* Eilrechtsschutz gegen Dublin II-Überstellungen, S. 200, 205.

Vor dem Hintergrund des sekundärrechtlichen Schutzbeitrags wird deutlich, welche Relevanz der früh hervorgehobenen[242] Determinierung von Aspekten des ursprungsstaatlichen Erkenntnis- und Rechtsbehelfsverfahrens zukommt: Durch – ihrerseits grundrechtskonforme – sekundärrechtliche Regelungen, die für alle am System beteiligten Mitgliedstaaten gelten, werden zumindest bestimmte Rahmenbedingungen der Entscheidungsfindung im Sinne einer Erhöhung von Vorhersehbarkeit und damit (Rechts-)Sicherheit beeinflusst.[243]

Beispielhaft herausgegriffen, ist die bereichsweise vorbehaltlose Anerkennung in der justiziellen Zusammenarbeit in Zivilsachen im Zusammenhang mit den im Folgenden skizzierten Anforderungen an den Ursprungsstaat zu sehen:

Die Vorschriften über die internationale Zuständigkeit, die seit geraumer Zeit in ihrer Relevanz für Anerkennungsvereinfachungen hervorgehoben werden,[244] haben inzwischen unionsrechtliche Vereinheitlichung erfahren: Die Verordnungen enthalten diesbezüglich entweder selbst Regelungen[245] oder verweisen zum Teil ausdrücklich auf das Zuständigkeitsregime der reformierten Brüssel I-Verordnung.[246] Auch in Ermangelung eines solchen Verweises kommen die Zuständigkeitsvorschriften dieser Verordnung zur Anwendung.[247] Fehlt dem ursprungsstaatlichen Gericht danach die Zuständigkeit, so hat es sich zum Teil von Amts wegen für unzuständig zu erklären,[248] zum Teil darf zumindest die Bestätigungserteilung nur bei Einhaltung bestimmter Zuständigkeits-

[242] Oben S. 50 ff.

[243] Deutlich bereits *Jenard*-Bericht, S. 1 (7); EuGH, Urteil v. 21.5.1980, Rs. 125/79, Denilauler, Rn. 14; vgl. EuGH, Urteil v. 25.1.1977, Rs. 46/76, Bauhuis, Rn. 16/19 mit Bezug auf die durch Untersuchungen im Ursprungsstaat gegebene *Gewährleistung*. Beitrag des Sekundärrechts klar hervortretend etwa im 6. ErwG RL 2010/64/EU; 7. ErwG RL 2012/13/EU; 5., 6. ErwG RL 2013/48/EU; 5. ErwG RL (EU) 2016/343; 3. ErwG RL (EU) 2016/800; 3. ErwG RL (EU) 2016/1919. Daneben *Hess,* EuZPR, § 3 Rn. 25; *Willer,* ZZP 127 (2014), 99 (105); vgl. *Classen,* in: FS Schwarze, S. 556 (565); vgl. *Meyer,* in: v. d. Groeben/Schwarze/Hatje, Art. 82 AEUV Rn. 12; s. auch *Schmidt-Aßmann/Dimitropoulos,* in: Weingardt (Hrsg.), Vertrauen in der Krise, S. 129 (131).

[244] S. erneut die Nachweise oben Erster Teil Fn. 286.

[245] Jeweils Kapitel II VO (EG) Nr. 2201/2003 und VO (EG) Nr. 4/2009; Art. 6 Abs. 2 VO (EG) Nr. 1896/2006; Kompetenz nun in Art. 81 Abs. 2 Buchst. c AEUV.

[246] Art. 6 Abs. 1 VO (EG) Nr. 1896/2006, soweit nicht Abs. 2 eingreift.

[247] So für VO (EG) Nr. 861/2007 sowie VO (EG) Nr. 805/2004.

[248] Art. 17 VO (EG) Nr. 2201/2003 (Art. 17 des Vorschlags KOM[2016] 411 endg.); Art. 10 VO (EG) Nr. 4/2009. Zu VO (EG) Nr. 805/2004, VO (EG) Nr. 1896/2006, VO (EG) Nr. 861/2007 daneben Art. 27, 28 Abs. 1 VO (EU) Nr. 1215/2012.

vorschriften erfolgen.[249] Im Gegenzug ist eine Überprüfung im Zweitstaat ausgeschlossen.[250]

Auch für das Internationale Privatrecht besteht nunmehr mit Art. 81 Abs. 2 Buchst. c AEUV eine Unionskompetenz; die frühe Betonung der Notwendigkeit seiner Vereinheitlichung[251] wurde also inzwischen primärrechtlich aufgegriffen. Im Anwendungsbereich der Vollstreckungstitel-, Mahn- und Bagatellverordnung bestehen mit den Rom-Verordnungen über das auf vertragliche[252] und außervertragliche[253] Schuldverhältnisse anzuwendende Recht Unionsregelungen. Mit Blick auf die unmittelbar und ohne *ordre public*-Vorbehalt vollstreckbaren Entscheidungen unter der Brüssel IIa-Verordnung bestimmt diese Verordnung, gleichlaufend mit dem HKÜ, in Fällen der Kindesentführung einheitlich das Recht des Staats des gewöhnlichen Aufenthalts für die Frage der Verletzung eines Sorgerechts für maßgeblich.[254] Für Umgangsentscheidungen bestehen durch die Verschränkung des Sekundärrechts mit Kapitel III des KSÜ 1996 Vorschriften über das anwendbare Recht.[255] Für die unter der Unterhaltsverordnung unmittelbar anzuerkennenden und vorbehaltlos vollstreckbaren

---

249 Art. 6 Abs. 1 Buchst. b VO (EG) Nr. 805/2004; insoweit Möglichkeit der Überprüfung unter Art. 10 Abs. 1 Buchst. b VO (EG) Nr. 805/2004 befürwortet bei *Stein,* IPRax 2004, 181 (190); *Wagner,* IPRax 2005, 189 (197). Beachte zu nach Art. 3 Abs. 1 Buchst. b, c unbestritten gebliebenen Forderungen gegen Verbraucher daneben Art. 6 Abs. 1 Buchst. d VO (EG) Nr. 805/2004. In VO (EG) Nr. 1896/2006 Art. 8, 11 Abs. 1, jeweils mit Bezug auf Art. 6, der vorbehaltlich Abs. 2 auf die reformierte Brüssel I-VO verweist. Beachte aber EuGH, Urteil v. 22.10.2015, Rs. C-245/14, Thomas Cook Belgium, Rn. 39, 41 dazu, dass mit Rechtsbehelf nach Art. 20 Abs. 2 die Unzuständigkeit des Gerichts nicht geltend gemacht werden könne.

250 Art. 24 VO (EG) Nr. 2201/2003 (EuGH, Urteil v. 19.11.2015, Rs. C-455/15 PPU, P. / Q., Rn. 45 dazu, dass dies auch die Prüfung auf einen Verstoß gegen Art. 15 unterbinde, aufgegriffen in Art. 50 des Vorschlags KOM[2016] 411 endg.); s. erneut Art. 5 VO (EG) Nr. 805/2004, aber auch Art. 22; Art. 19 VO (EG) Nr. 1896/2006; Art. 20 Abs. 1 VO (EG) Nr. 861/2007; Art. 17 Abs. 1 VO (EG) Nr. 4/2009.

251 S. erneut die Nachweise oben Erster Teil Fn. 285.

252 VO (EG) Nr. 593/2008.

253 VO (EG) Nr. 864/2007.

254 Art. 2 Nr. 11 Buchst. a VO (EG) 2201/2003; Art. 3 Abs. 1 Buchst. a HKÜ.

255 Dadurch Ersetzung des MSA zwischen den Vertragsstaaten, Art. 51 KSÜ. Trotz Vorrangs der Verordnung nach Art. 61 VO (EG) Nr. 2201/2003 (Art. 75 des Vorschlags KOM[2016] 411 endg.) gegenüber dem KSÜ bleibt es in Ermangelung von Vorschriften über das anwendbare Recht insoweit beim KSÜ. Beachte im übrigen Anwendungsbereich der Brüssel IIa-VO die VO (EU) Nr. 1259/2010 nach Ermächtigung durch Beschluss des Rates 2010/405/EU, ABl. EU Nr. L 189 v. 22.7.2010, S. 12. Inzwischen Teilnahme Litauens (Beschluss der Kommission 2012/714/EU, ABl. EU Nr. L 323 v. 22.11.2012, S. 18), Griechenlands (Beschluss der Kommission 2014/39/EU, ABl. EU Nr. L 23 v. 28.1.2014, S. 41), seit 11.2.2018 Estlands (Beschluss der Kommission [EU] 2016/1366, ABl. EU Nr. L 216 v. 11.8.2016, S. 23). Zur innerunionalen „variablen Territorialität“ *Bast,* VVDStRL 76 (2016), 277 (299 ff.).

Entscheidungen enthält das Haager Unterhaltsprotokoll 2007[256] ein einheitliches Kollisionsrecht.

Das Unionsrecht verpflichtet den Ursprungsstaat zudem zur Kontrolle, ob der säumige Beklagte das verfahrenseinleitende Schriftstück rechtzeitig für eine Verteidigung erhalten hat.[257]

Auch darüber hinaus existieren verfahrensrechtliche Regelungen, deren Relevanz nicht nur in Strafsachen,[258] sondern auch in Zivilsachen vielfach hervorgehoben[259] und mit einer vertrauensgestützten Zusammenarbeit in Verbindung gebracht wird.[260] Insoweit enthält die Vollstreckungstitelverordnung allerdings keine für das ursprungsstaatliche Erkenntnisverfahren zwingenden Vorgaben, sondern normiert nur, welchen Mindeststandards genügt worden sein muss, damit eine Bestätigung als europäischer Vollstreckungstitel erfolgen darf.[261] Dies

[256] Art. 16 Abs. 2 VO (EG) Nr. 4/2009.

[257] Aussetzung und Klärung, Art. 18 Abs. 1, 2 VO (EG) Nr. 2201/2003, für Umgangssachen zudem Art. 41 Abs. 2 UAbs. 1 Buchst. a (Art. 18 Abs. 1, 2, Art. 53 Abs. 4 Buchst. b des Vorschlags KOM[2016] 411 endg.); Art. 11 Abs. 1, 2 VO (EG) Nr. 4/2009. Der jeweilige Abs. 2 verweist dabei auf VO (EG) Nr. 1393/2007; s. daneben Art. 28 Abs. 2 VO (EU) Nr. 1215/2012. Die Mahn-, Bagatell- und UntVO sehen jeweils unmittelbar eine Überprüfung vor, Art. 20 Abs. 1 VO (EG) Nr. 1896/2006 nach Ablauf der Einspruchsfrist; Art. 18 Abs. 1 VO (EG) Nr. 861/2007 i. d. F. von Art. 1 Nr. 11 VO (EU) 2015/2421 (Geltung seit 14.7.2017); Art. 19 Abs. 1 VO (EG) Nr. 4/2009. Unter der VTVO hindert eine Überprüfungsmöglichkeit nur an Bestätigung als Europäischer Vollstreckungstitel, Art. 19 Abs. 1 VO (EG) Nr. 805/2004 sowie EuGH, Urteil v. 17.12.2015, Rs. C-300/14, Imtech Marine Belgium, Rn. 29 f.

[258] S. erneut die Nachweise oben Erster Teil Fn. 287, 288.

[259] S. erneut die Nachweise Erster Teil Fn. 283, 284, 337 sowie statt vieler aus dem Schrifttum *Hess,* IPRax 2001, 389 (391 f.); *Becker,* Grundrechtsschutz, S. 156 f.; *Gsell/Netzer,* IPRax 2010, 403 (408); anklingend bei *Wagner/Beckmann,* RIW 2011, 44 (46 f.); *Leible,* in: Streinz, Art. 81 AEUV Rn. 17; *Willer,* ZZP 127 (2014), 99 (105 f.); trotz für möglich gehaltener Abschaffung *Wagner,* IPRax 2002, 75 (92 mit Fn. 296); mit Hervorhebung nachteiligen Auslandsprozesses *Stadler,* RIW 2004, 801 (803).

[260] Darunter nur 11. ErwG der Initiative der Französischen Republik, ABl. EG Nr. C 234 v. 15.8.2000, S. 7; Rat, 9845/03, S. 21; 10., 19. ErwG der VO (EG) Nr. 805/2004; KOM(2002) 746 endg., S. 48 f. mit Frage 31; Rat, 7721/05, S. 6; 9. ErwG sowie Art. 1 Abs. 1 Buchst. b der VO (EG) Nr. 1896/2006; 18. ErwG des Vorschlags für die UntVO KOM(2005) 649 endg.; *Herrnfeld,* in: Schwarze/Becker/Hatje/Schoo, Art. 67 AEUV Rn. 31. Vgl. aus der Rspr. BGHZ 201, 22 (28, Rn. 23) zur VO (EG) Nr. 805/2004; zur VO (EG) Nr. 1896/2006, EuGH, Urteil v. 4.9.2014, verb. Rs. C-119/13, C-120/13, eco cosmetics und Raiffeisenbank St. Georgen, Rn. 37, 42; Schlussanträge GA *Bot,* Rs. C-216/14, Covaci, Nr. 30. Aus dem Schrifttum nur *Sujecki,* ZEuP 2008, 458 (470 ff.); *Hess,* EuZPR, § 3 Rn. 25, 31; *Mitsilegas,* YEL 31 (2012), 319 (363 ff.); vgl. *Meyer,* in: v. d. Groeben/Schwarze/Hatje, Art. 82 AEUV Rn. 7; nicht dasselbe Gewicht bei *Canor,* in: FS Stein, S. 475 (481, 487, 497).

[261] 19. ErwG, Art. 6, 12 ff. VO (EG) Nr. 805/2004; hierzu die Betonung der Ausstellung der Bescheinigung durch einen Richter zum Schutz der Verteidigungsrechte, EuGH, Urteil v. 17.12.2015, Rs. C-300/14, Imtech Marine Belgium, Rn. 46 f. sowie EuGH, Urteil v. 9.3.2017, Rs. C-484/15, Zulfikarpašić, Rn. 43; die Bedeutung der Mindeststandards für die Verteidi-

gilt im Wesentlichen auch für die Brüssel IIa-Verordnung;[262] der Vorschlag für eine Neufassung[263] macht einige weitergehende Vorgaben. Die Mahn- und Bagatellverordnungen gehen durch die Einführung zwingender Verfahrensvorschriften über ein solches Anreizsystem[264] hinaus.[265] Die auch ohne grenzüberschreitenden Bezug anwendbare Unterhaltsverordnung schließlich sieht außer Prozesskostenhilferegelungen[266] keine Mindestvorschriften vor.[267]

---

gungsrechte betonend etwa EuGH, Urteil v. 16.6.2016, Rs. C-511/14, Pebros Servizi, Rn. 44. Aus der Literatur kritisch zur Ausgestaltung etwa *Stadler,* IPRax 2004, 2 (9 f.) sowie *dies.,* RIW 2004, 801 (805 ff.); *Oberhammer,* JBl. 2006, 477 (480 f., 488 ff.); *Gerling,* Die Gleichstellung ausländischer mit inländischen Vollstreckungstiteln, S. 99 ff.

262 Jenseits Prüfung des Erhalts des verfahrenseinleitenden Schriftstücks nach Art. 18 VO Verfahrensvorgabe allein in Art. 11 Abs. 7 (EG) Nr. 2201/2003. Nach dem Vorschlag KOM(2016) 411 endg. Aufgreifen der Gelegenheit aller Parteien und des Kindes gehört zu werden (Art. 41 Abs. 2 UAbs. 1 Buchst. b, c, Art. 42 Abs. 2 UAbs. 1 Buchst. a, b VO [EG] Nr. 2201/2003, Art. 53 Abs. 4 Buchst. a, Abs. 5 des Vorschlags, nur für das Kind gefasst als „tatsächliche und wirksame" Äußerungsmöglichkeit), wie auch der bislang nur für Umgangstitel enthaltenen Anforderung rechtzeitiger Zustellung oder des Einverständnisses mit Entscheidung im Säumnisverfahren (Art. 41 Abs. 1 UAbs. 1 Buchst. a VO [EG] Nr. 2201/2003; Art. 53 Abs. 4 Buchst. b des Vorschlags) als Anforderungen der Bescheinigungserteilung. Für unmittelbar vollstreckbare HKÜ-Rückführungsanordnungen weiter Bescheinigung nur bei Entscheidung unter Berücksichtigung der der Verweigerung zugrunde liegenden Gründe (Art. 42 Abs. 2 UAbs. 1 Buchst. c VO [EG] Nr. 2201/2003; Art. 53 Abs. 6 UAbs. 1 des Vorschlags; vgl. EuGH, Urteil v. 1.7.2010, Rs. C-211/10 PPU, Povse, Rn. 59; mit Feststellung einer Verletzung EGMR, Urteil v. 12.7.2011, Šneersone und Kampanella / Italien, Nr. 14737/09, §§ 93 ff.). Hierzu auch EuGH, Urteil v. 11.7.2008, Rs. C-195/08 PPU, Rinau, Rn. 79; EuGH, Urteil v. 22.12.2010, Rs. C-491/10 PPU, Aguirre Zarraga, Rn. 53, 68.

263 Art. 20 des Vorschlags KOM(2016) 411 endg. zur oftmals für Friktionen sorgenden (vgl. KOM[2014] 225 endg., S. 12 f., 16) Anforderung einer Äußerungsmöglichkeit des Kindes, deren Modalitäten aber wie bislang dem Recht des Ursprungsstaats unterlägen, 23. ErwG. S. daneben Art. 26 Abs. 4 UAbs. 1, 2 des Vorschlags.

264 Mit dieser Einordnung etwa *Wagner,* IPRax 2005, 401 (402); zuvor bereits aus kompetenziellen Gründen befürwortet von *ders.,* IPRax 2002, 75 (92 f.).

265 Art. 4 ff. VO (EG) Nr. 861/2007; Art. 7 ff. VO (EG) Nr. 1896/2006, wobei der bislang zur Überleitung in ein ordentliches Zivilverfahren führende Einspruch (Art. 17 Abs. 1 UAbs. 1 VO [EG] Nr. 1896/2006) seit Mitte 2017 auch in ein Europäisches Verfahren über geringfügige Forderungen überleiten kann, Art. 17 Abs. 1 S. 2 Buchst. b VO (EG) Nr. 1896/2006 i. d. F. von Art. 2 Nr. 2 VO (EU) 2015/2421. S. kritisch aus der Erwägung, dass es hier selbst an der Bestätigungserteilung fehlt, *Adolphsen,* in: Hess (Hrsg.), Die Anerkennung im Internationalen Zivilprozessrecht, S. 1 (22 f.).

266 Art. 44 ff. VO (EG) Nr. 4/2009.

267 S. die Begrenzung auf grenzüberschreitende Bezüge in Art. 81 Abs. 1 AEUV.

Daneben ist auf die Zustellverordnung[268] sowie die – für sich genommen lediglich fakultative[269] – Beweisverordnung[270] hinzuweisen. Beide Rechtsakte flankieren, soweit es um die innerunional grenzüberschreitende Zustellung bzw. Beweiserhebung geht, diejenigen, die eine unmittelbare Anerkennung und Vollstreckbarkeit vorsehen.[271] Allgemeiner mit Blick auf die Zielsetzung einer Verbesserung des Zugangs zum Recht[272] seien zudem die Richtlinien über Prozesskostenhilfe[273] und Mediation[274] erwähnt.

Für eine Sachrechtsharmonisierung fehlt es in Art. 81 AEUV demgegenüber zumindest für das (materielle) Zivilrecht bereits an einem Kompetenztitel der EU.[275] Jenseits Art. 83 Abs. 1 AEUV gilt dies auch im Strafrecht.[276]

Eine weitergehende Harmonisierung oder Vereinheitlichung als Stützung (nahezu) unbedingter Anerkennung[277] dürfte die Rechtssicherheit hinsichtlich

---

[268] VO (EG) Nr. 1393/2007; zum Anwendungsbereich Art. 1 Abs. 1, 3; vgl. auch BGHZ 191, 9 (14, Rn. 12).

[269] EuGH, Urteil v. 6.9.2012, Rs. C-170/11, Lippens u.a., Rn. 26 ff.; EuGH, Urteil v. 21.2.2013, Rs. C-332/11, ProRail, Rn. 42. Dies dürfte die Gebotenheit eines Rückgriffs auf sie zur praktischen Wirksamkeit anderer Sekundärrechtsakte nicht ausschließen, wie anklingend in EuGH, Urteil v. 22.12.2010, Rs. C-491/10 PPU, Aguirre Zarraga, Rn. 67; 20. ErwG VO (EG) Nr. 2201/2003; ihre Heranziehung ausdrücklich vorgesehen seit 14.7.2017 in Art. 8 Abs. 1 UAbs. 2 VO (EG) Nr. 861/2007 i. d. F. von Art. 1 Nr. 5 VO (EU) 2015/2421.

[270] Art. 1 Abs. 1 VO (EG) Nr. 1206/2001 zu deren Anwendungsbereich.

[271] Verweise auf die ZustellVO im 15. ErwG VO (EG) Nr. 2201/2003; Art. 28 VO (EG) Nr. 805/2004. Sonderregelungen enthalten Art. 13 f. der VO (EG) Nr. 1896/2006, deren Art. 27 allerdings die Anwendung der ZustellVO im Übrigen unberührt lässt. Das Verhältnis der Bagatell- zur ZustellVO ist weiterhin nicht ausdrücklich geregelt, wohl aber seit 14.7.2017 die Verordnung selbst präzisiert, Art. 13 VO (EG) Nr. 861/2007 i. d. F. von Art. 1 Nr. 8 VO (EU) 2015/2421 und im Übrigen auf Art. 13, 14 der VO (EG) Nr. 1896/2006 verwiesen. Zum Zusammenspiel der ZustellVO mit den vorbehaltlosen Rechtsakten *Netzer,* Status quo und Konsolidierung des Europäischen Zivilverfahrensrechts, S. 93 ff., mit Reformvorschlägen S. 120 ff.; kritisch angesichts der Uneinheitlichkeit der Regelungen *Adolphsen,* in: FS Kaissis, S. 1 (5 f.).

[272] S. nur 3., 8., 12. ErwG VO (EG) Nr. 1896/2006; 7. ErwG VO (EG) Nr. 861/2007; 2. ErwG RL 2008/52/EG; 3. ErwG VO (EU) Nr. 1215/2012; KOM(93) 576 endg., S. 4 ff.

[273] RL 2002/8/EG.

[274] RL 2008/52/EG.

[275] *Rossi,* in: Calliess/Ruffert, Art. 81 AEUV Rn. 15, 34; *Herrnfeld,* in: Schwarze/Becker/Hatje/Schoo, Art. 81 AEUV Rn. 2, aber auch Rn. 3 zur Grauzone eng materiell- und verfahrensrechtlich verflochtener Bereiche; *Leible,* in: Streinz, Art. 81 AEUV Rn. 7 f., 44, 52; *Hess,* in: GHN, Art. 81 AEUV Rn. 2; hinsichtlich materiellen Familienrechts auch KOM(2010) 747 endg., S. 13. In der Asylpolitik hingegen mit Art. 78 Abs. 2 Buchst. a bis c AEUV Kompetenz zu materieller Harmonisierung.

[276] Vgl. BVerfGE 123, 267 (406 ff.); mit Betonung der Brisanz fehlender Kompetenz für transnationale Wirkung *Schwarz,* Grundlinien der Anerkennung, S. 299 ff., am Beispiel des inzwischen ersetzten RB 2008/978/JI zur Beweisanordnung.

[277] Statt vieler früh *Gundel,* EWS 2000, 442 (447).

der in anderen Mitgliedstaaten zu erwartenden Behandlung erhöhen, wenn auch, soweit sich solche Vorschläge allein auf das Verfahrensrecht beziehen, nur in verfahrensrechtlicher Hinsicht.[278] Bei zunehmender Eliminierung von Unsicherheit – zum Teil auch begrifflich mit Garantien in Verbindung gebracht[279] – mag dabei die Angemessenheit des an Unsicherheit anknüpfenden Vertrauensbegriffs in Zweifel zu ziehen sein.[280] Im Lichte der Verbindung von Vertrauen mit einer Vermutung rechtskonformen Verhaltens ist zumindest die Erwartung einer Vertrauensstärkung durch Mindestvorschriften[281] aber nachvollziehbar und jedenfalls hinsichtlich der Rechtsanwendungsebene Vertrauen auch bei unionsrechtlichen Vorgaben weiterhin erforderlich.[282]

Hiervon unabhängig sei mit Blick auf die Forderung nach weitergehenden Vorgaben des Unionsrechts in Erinnerung gerufen, dass der Subsidiaritäts- und Verhältnismäßigkeitsgrundsatz jeweils als Schranke der Ausübung der nach Art. 4 Abs. 2 Buchst. j AEUV geteilten Kompetenz für den Raum der Freiheit, der Sicherheit und des Rechts Beachtung finden müssen.[283] Eine nahezu unbe-

---

278 Zu Recht betont bei *Netzer,* Status quo und Konsolidierung des Europäischen Zivilverfahrensrechts, S. 35.

279 S. erneut die Nachweise oben Erster Teil Fn. 280 sowie Zweiter Teil Fn. 243.

280 Zu der Vertrauen notwendig anhaftenden Unsicherheit *Luhmann,* Vertrauen, S. 19, 23f., 87, 116f., s. aber auch S. 28f. dazu, dass trotz Erforderlichkeit kritischer Alternative Vertrauen auch ein eher unbedachtes sein kann; *Schmidt-Aßmann/Dimitropoulos,* in: Weingardt (Hrsg.), Vertrauen in der Krise, S. 129 (139, 144ff.); *Kaufhold,* EuR 2012, 408 (419f.); sowie *dies.,* in: Baberowski (Hrsg.), Was ist Vertrauen?, S. 101 (118); im Anschluss etwa *Kloska,* Das Prinzip der gegenseitigen Anerkennung im europäischen Strafrecht, S. 245; s. auch *Schwarz,* Grundlinien der Anerkennung, S. 350, 367; kritisch früher wie heute *Kohler,* ZSR 124 (2005) II, 263 (284f.); *ders.,* ZEuS 2016, 135 (139f.).

281 Etwa KOM(2004) 328 endg., Nr. 19; KOM(2005) 195 endg., Nr. 19; Stockholmer Programm, 17024/09, S. 22. Daneben die Nachweise oben Zweiter Teil Fn. 260 und *Bast,* Der Staat 46 (2007), 1 (28); *Willer,* ZZP 127 (2014), 99 (105f.); *Wischmeyer,* GLJ 17 (2016), 339 (364f.), m. w. N.; *Hoppe,* Eilrechtsschutz gegen Dublin II-Überstellungen, S. 71f., 191ff.; *Schwarz,* Grundlinien der Anerkennung, S. 367; Ergänzungsverhältnis, *Suhr,* in: Calliess/Ruffert, Art. 82 AEUV Rn. 7; vgl. *Weber,* Europäisches Zivilprozessrecht und Demokratieprinzip, S. 224f.

282 Mit diesem Hinweis auch *Kloska,* Das Prinzip der gegenseitigen Anerkennung im europäischen Strafrecht, S. 246; vgl. *Schwarz,* Grundlinien der Anerkennung, S. 353ff., hier Systemvertrauen ausmachend, S. 366ff.; dazu nur *Luhmann,* Vertrauen, S. 40 (zu Systemvertrauen S. 27, 60ff.); für Anwendungsebene trotz Kritik konzediert bei *Kaufhold,* EuR 2012, 408 (420 Fn. 72, 426); vgl. *Schmidt-Aßmann,* Das allgemeine Verwaltungsrecht als Ordnungsidee, Kap. 7 Rn. 25, mit Formulierungspendant zur Literatur in Erster Teil Fn. 150, auch die „entsprechenden Standards lassen sich nicht dekretieren".

283 Erforderlichkeit in Art. 82 Abs. 2 UAbs. 1 EUV mehr als nur verschärfte Subsidiarität, *Meyer,* in: v. d. Groeben/Schwarze/Hatje, Art. 82 AEUV Rn. 40, s. auch Rn. 46 mit Hinweis auf Gefahr einer Kompetenzüberschreitung bei Rechtfertigung jeder Annäherung über Vertrauensstärkung; s. auch *Schwarz,* Grundlinien der Anerkennung, S. 256ff. vgl. zum Ganzen

dingte Anerkennungspflicht, die von diversen flankierenden Regelungen begleitet ist, scheint diesbezüglich ihrerseits geeignet, im Vergleich zu einem ausnahmsweise eingreifenden, zumal europäisierten,[284] Versagungsvorbehalt ein Problem aufzuwerfen.[285]

Wenn auch in ihrem Ineinandergreifen komplex ausgestaltet,[286] bestehen damit zumindest bereichsweise sekundärrechtliche Vorgaben, die eine konkretere Vorstellung von der im Kooperationsstaat gebotenen Behandlung vermitteln. Die anzuerkennende Entscheidung ist allerdings bei weitem nicht umfassend durch das Sekundärrecht determiniert.

(c) Funktionsfähigkeit unionsrechtlicher Durchsetzungsmechanismen

Gleichsam an der Grenze zwischen normativen Bindungen und deren tatsächlicher Anwendung besitzen Rechtsdurchsetzungsmöglichkeiten Relevanz für den im Kooperationsstaat bestehenden Schutz des Betroffenen. Einer allgemeinen Vermutung rechtskonformen Verhaltens entspricht auch hier, diese zugleich auf die Wirksamkeit derartiger Durchsetzungsmechanismen zu beziehen. Dies erfolgt letztlich implizit durch den Verweis auf Rechtsbehelfe im Ursprungsstaat[287] und wird in der jüngeren Rechtsprechung auch ausdrücklich

---

BVerfGE 123, 267 (358 f., 410 ff.); früh zum Schutz nationaler Identität durch kompetenzielle Verhältnismäßigkeit BVerfGE 89, 155 (212). Zu geringeren Anforderungen im Asylbereich angesichts Zielsetzung gemeinsamer Politik im Kontrast *Thym,* in: GHN, Art. 78 AEUV Rn. 15, 21.

[284] Oben S. 23 ff.; Hinweis auf Anreizfunktion europäisierter Vorbehalte bei *Schlosser,* IPRax 2010, 101 (104).

[285] Zu Anerkennung als souveränitätsschonenderer Harmonisierungsalternative *Rossi,* in: Calliess/Ruffert, Art. 81 AEUV Rn. 6; s. aber auch *Sydow,* Verwaltungskooperation in der Europäischen Union, S. 49 ff. mit Fn. 112 dazu, dass eine Verlagerung im mitgliedstaatlichen Verhältnis unter dem Subsidiaritätsprinzip problematisch sein kann; zu den Kompetenzausübungsgrenzen erneut *Bast,* in: GHN, Art. 5 EUV Rn. 50 ff.; im hiesigen Kontext *Möstl,* CML Rev. 47 (2010), 405 (420 f.); *Schwarz,* Grundlinien der Anerkennung, S. 306 f., 309 ff.; anklingend bei *Bruns,* JZ 1999, 278 (287 mit Fn. 106); *Kaufhold,* EuR 2012, 408 (422); *Gerling,* Die Gleichstellung ausländischer mit inländischen Vollstreckungstiteln, S. 163 f. Vgl. auch die abweichende Meinung des Richters *Broß* in BVerfGE 113, 273 (323). Zu erneut veränderten Vorzeichen im Migrationsrecht *Bast,* in: FS Hailbronner, S. 3 (8).

[286] Für mehr Einheitlichkeit im Regelungsansatz *Adolphsen,* in: Hess (Hrsg.), Die Anerkennung im Internationalen Zivilprozessrecht, S. 1 (23 f.); *ders.,* in: FS Kaissis, S. 1 (5 ff.).

[287] Hierzu erneut die Rspr. Erster Teil Fn. 18, 127. Annahme dortiger Abhilfe teilend *Hess,* IPRax 2001, 301 (304 f.); *Laukemann,* IPRax 2012, 207 (208, 210 f., 213); *Breitenmoser/Weyeneth,* in: v. d. Groeben/Schwarze/Hatje, Vor Art. 67 AEUV Rn. 95; vgl. *Stein,* IPRax 2004, 181 (186); *Portmann,* Die Verordnung (EG) 805/2004, S. 195, für den Fall von Prozessbetrug; *Classen,* in: FS Schwarze, S. 556 (562); *Wagner,* IPRax 2005, 189 (199); vgl. *Meyer,* in: v. d. Groeben/Schwarze/Hatje, Art. 82 AEUV Rn. 12 f., dies aber entgegen dortiger Ansicht kein Wechsel des Vertrauensbezugspunkts in der Rspr.; Kritik bei *Bruns,* JZ 1999, 278

mit Vertrauen auf „ausreichende Garantien“ für eine Abhilfe in Verbindung gebracht.[288]

Insoweit sind insbesondere Rechtsbehelfe zu berücksichtigen, die das Sekundärrecht im Ursprungsstaat zwingend vorsieht,[289] wofür wiederum der Blick auf Zivilsachen gerichtet sei.

Hier ist erneut hervorzuheben, dass mit Ausnahme der Verordnung Brüssel IIa die vorbehaltlosen Rechtsakte in der justiziellen Zusammenarbeit in Zivilsachen (in unterschiedlichen Variationen) die eine Überprüfbarkeit zumindest auf für die Verteidigung hinreichend rechtzeitige Zustellung des verfahrenseinleitenden Schriftstücks vorsehen.[290] Ebenso sei daran erinnert, dass bei Einlegung eines Rechtsbehelfs zum Zwecke dieser Überprüfung, wiederum bislang mit Ausnahme der Verordnung Brüssel IIa, im Vollstreckungsstaat die Vollstreckung eingeschränkt oder ausgesetzt werden kann.[291]

Daneben sei hinsichtlich der vorbehaltlosen Rechtsakte auf Folgendes hingewiesen: Die Brüssel IIa-Verordnung sieht lediglich eine Berichtigung der Bescheinigung vor, die sich nach dem Recht des Ursprungsmitgliedstaats richtet,[292] während Rechtsbehelfe gegen die Bescheinigung im Übrigen selbst dort ausdrücklich ausgeschlossen sind.[293] Ebenso wenig wie der Vorschlag für ihre Neufassung sieht die Verordnung eine Regelung über Rechtsbehelfe gegen die Entscheidung vor.

Über solche Rechtsbehelfe trifft auch die Vollstreckungstitelverordnung keine Vorgabe. Neben einer Berichtigung kann nach diesem Rechtsakt allein bei hinsichtlich der Voraussetzungen der Verordnung eindeutig zu Unrecht erfolg-

---

(285); insbesondere bei Säumnis, *Stadler,* RIW 2004, 801 (803 ff.); kritisch, aber deutlicher dies als Vertrauensbezugspunkt, *dies.,* IPRax 2004, 2 (8); *Oberhammer,* JBl. 2006, 477 (498).

[288] EuGH, Urteil v. 16.7.2015, Rs. C-681/13, Diageo Brands, Rn. 49, 63; EuGH, Urteil v. 25.5.2016, Rs. C-559/14, Meroni, Rn. 47.

[289] Anklingend etwa bei *Schwarz,* Grundlinien der Anerkennung, S. 354.

[290] Im Vorschlag für die Brüssel IIa-Neufassung Art. 25 Abs. 4, Art. 44 Abs. 1 KOM(2016) 411 endg.; zum Ganzen *Netzer,* Status quo und Konsolidierung des Europäischen Zivilverfahrensrechts, S. 145 ff., 200 ff.

[291] Hierzu erneut die Nachweise oben Erster Teil Fn. 72, 73.

[292] Art. 43 Abs. 1 VO (EG) Nr. 2201/2003; Art. 54 Abs. 3 des Vorschlags KOM(2016) 411 endg. (beachte dort auch Art. 54 Abs. 1, 2). Zum Schutz der praktischen Wirksamkeit gegen Verfahrensmissbrauch durch diesen Rechtsbehelfsausschluss EuGH, Urteil v. 11.7.2008, Rs. C-195/08 PPU, Rinau, Rn. 85; EuGH, Urteil v. 22.12.2010, Rs. C-491/10 PPU, Aguirre Zarraga, Rn. 50.

[293] Art. 43 Abs. 2 VO (EG) Nr. 2201/2003; Art. 54 Abs. 4 des Vorschlags KOM(2016) 411 endg.; EuGH, Urteil v. 11.7.2008, Rs. C-195/08 PPU, Rinau, Rn. 85, 88; EuGH, Urteil v. 1.7.2010, Rs. C-211/10 PPU, Povse, Rn. 73.

ter Erteilung der Bestätigung ein Widerruf beantragt werden,[294] während gegen die Bestätigung im Übrigen kein Rechtsbehelf möglich ist.[295]

Nach der Mahnverordnung führte ein fristgerechter Einspruch gegen einen Europäischen Zahlungsbefehl zunächst zur Überleitung des Mahn- in ein ordentliches Zivilverfahren; seit Mitte Juli 2017 kann alternativ in ein Verfahren nach der Bagatellverordnung übergegangen werden.[296] Eine Überprüfung des ohne einen solchen Einspruch ergehenden Zahlungsbefehls kann auch hier dann beantragt werden, wenn der Titel hinsichtlich der Verordnungsvoraussetzungen oder aufgrund anderer außergewöhnlicher Umstände offensichtlich zu Unrecht erlassen wurde.[297] Schließlich hat das nationale Recht einen Rechtsbehelf für Fälle zur Verfügung zu stellen, in denen eine Zustellung nicht erfolgt ist oder aus anderen Gründen den Mindestvorschriften nicht genügt wurde.[298]

Neben der bereits aufgezeigten ausnahmsweisen und beschränkten Überprüfbarkeit der Zustellung des verfahrenseinleitenden Schriftstücks ist unter der Bagatellverordnung den Mitgliedstaaten hingegen grundsätzlich freigestellt, ein Rechtsmittel vorzusehen (Art. 17 Abs. 1 VO [EG] Nr. 861/2007). Dasselbe gilt für die Unterhaltsverordnung.

So beschränkt sie sein mögen, zeichnen sich diese Vorgaben doch dadurch aus, dass sie unmittelbar auf Beseitigung oder Berichtigung der jeweiligen Zirkulationsbestätigung bzw. ausnahmsweise auch der Entscheidung zielen. Hinsichtlich solcher zwingend vorgesehener Überprüfungsmöglichkeiten dürfte zudem zumindest der Gerichtshof eine Durchführung des Unionsrechts annehmen, die eine Bindung des Ursprungsstaats an die Unionsgrundrechte auslöst.[299]

---

294 Art. 10 Abs. 1 Buchst. a, b VO (EG) Nr. 805/2004. Statt vieler kritisch und dazu, dass dies jedes Zurückbleiben hinter den Voraussetzungen erfasse, *Oberhammer,* JBl. 2006, 477 (491 f.); *Netzer,* Status quo und Konsolidierung des Europäischen Zivilverfahrensrechts, S. 200, m. w. N., entsprechend (S. 203) zur Mahn-, analog (S. 204) zur Bagatell- und UntVO, mit Klarstellungsvorschlag, S. 216, 220.

295 Art. 10 Abs. 4 VO (EG) Nr. 805/2004. Kritisch daher zum Kontrollverzicht im Vollstreckungsstaat *Stadler,* IPRax 2004, 2 (7 f.).

296 Art. 17 Abs. 1 UAbs. 1 VO (EG) Nr. 1896/2006 sowie Art. 17 i. d. F. von Art. 2 Nr. 2 VO (EU) 2015/2421.

297 Art. 20 Abs. 2 VO (EG) Nr. 1896/2006. Zur engen Auslegung, die keine Geltendmachung der Unzuständigkeit erlaube, EuGH, Urteil v. 22.10.2015, Rs. C-245/14, Thomas Cook Belgium, Rn. 31, 39, 41.

298 EuGH, Urteil v. 4.9.2014, verb. Rs. C-119/13, C-120/13, eco cosmetics und Raiffeisenbank St. Georgen, Rn. 45 ff., auf Vorlage von AG Wedding, Beschluss v. 7.1.2013, 70b C 4/11, juris KORE720212013. In einem solchen Fall seien Art. 15–20 VO (EG) Nr. 1896/2006 auf den dann ungültigerweise für vollstreckbar erklärten Zahlungsbefehl unanwendbar. Nachgehend in AG Wedding, Beschluss v. 22.10.2014, 70b C 17/14, juris KORE226262014, Rn. 33 ff. Analogie zur Klauselerinnerung nach § 11 Abs. 1 RPflG, § 732 ZPO gewählt.

299 Vorausgesetzt etwa in EuGH, Urteil v. 22.12.2010, Rs. C-491/10 PPU, Aguirre Zarra-

Soweit solche Rechtsbehelfe im Ursprungsstaat nicht sekundärrechtlich vorgesehen sind, sei angesichts der hier zumeist infrage stehenden richterlichen Tätigkeit zunächst auf Folgendes hingewiesen: Zwar ergibt sich in ständiger Rechtsprechung bereits aus den Art. 4 Abs. 3 UAbs. 2 EUV vorangehenden Fassungen des Loyalitätsgrundsatzes eine Mitwirkungspflicht der mitgliedstaatlichen Gerichte zum Schutz unionsrechtlich eingeräumter subjektiver Rechte;[300] dies greift bei Durchführung des Unionsrechts Art. 47 GRC auf.[301] Auch in der Rechtsprechung des EuGH umfasst dies aber grundsätzlich keine zweite Instanz.[302] Dennoch klingt in der Judikatur zur justiziellen Zusammenarbeit an, dass zumindest gewisse Verstöße, zu denen es im Rahmen des ursprungs*gerichtlichen* Verfahrens gekommen ist, auch jenseits der Einschlägigkeit sekundärrechtlicher Rechtsbehelfe beanstandet werden können müssen.[303]

Darüber hinaus sind unionsrechtliche Vorgaben zu beachten, die eine Befassung des EuGH mit den an den Ursprungsstaat gestellten Anforderungen oder mit dessen Verhalten erlauben, auch wenn das Unionsrecht weiterhin gegen mitgliedstaatliche Akte keine Nichtigkeitsklage nach Art. 263 AEUV eröffnet. Hier wird zugleich relevant, dass eine gemeinsame Auslegungsinstanz zur Klärung des normativ Gebotenen existiert.[304]

---

ga, Rn. 69; vgl. anders gelagert EuGH, Urteil v. 17.12.2015, Rs. C-300/14, Imtech Marine Belgium NV, Rn. 38. Bei effektivitätsorientierter Bindungskonzeption (erneut *Britz,* EuGRZ 2015, 275 [278 f.]) bleibt die Bindung zumindest lückenhaft.

[300] S. nur EuGH, Urteil v. 19.12.1968, Rs. 13/68, Salgoil, Slg. 1968, 680 (693); EuGH, Urteil v. 16.12.1976, Rs. 33/76, Rewe, Rn. 5; EuGH, Urteil v. 16.12.1976, Rs. 45/76, Comet, Rn. 11/18; EuGH, Urteil v. 9.7.1985, Rs. 179/84, Bozzetti, Rn. 17, Rechtsschutz in jedem Einzelfall betonend; EuGH, Urteil v. 19.6.1990, Rs. C-213/89, Factortame, Rn. 19; zu behördlicher Überprüfung behördlichen Verhaltens etwa EuGH, Urteil v. 19.6.2003, Rs. C-110/01, Tennah-Durez, Rn. 80. Daneben nur *Bleckmann,* DVBl. 1976, 483 (483, 486); *v. Bogdandy/Schill,* in: GHN, Art. 4 EUV Rn. 64; *Breitenmoser/Weyeneth,* in: v. d. Groeben/Schwarze/Hatje, Art. 67 AEUV Rn. 72.

[301] Vgl. EuGH, Urteil v. 13.3.2007, Rs. C-432/05, Unibet, Rn. 37 zur Bekräftigung des allgemeinen Rechtsgrundsatzes durch die GRC; nach Inkrafttreten EuGH, Urteil v. 22.12.2010, Rs. C-279/09, DEB, Rn. 27 ff., insb. Rn. 33 zur Übernahme der Rspr.

[302] EuGH, Urteil v. 28.7.2011, Rs. C-69/10, Samba Diouf, Rn. 69 sowie *Jarass,* GRC, Art. 47 Rn. 28; *Blanke,* in: Calliess/Ruffert, Art. 47 GRCh Rn. 9 (zur Lage unter der EMRK erneut EGMR, Urteil v. 17.1.1970, Delcourt / Belgien, Nr. 2689/65, § 25; zum Grundgesetz grds. ebensò etwa BVerfGE 107, 395 [402]).

[303] EuGH, Urteil v. 4.9.2014, verb. Rs. C-119/13 und C-120/13, eco cosmetics und Raiffeisenbank St. Georgen, Rn. 49 bei Zustellung entgegen Art. 13–15 VO (EG) Nr. 1896/2006; vgl. mit Nachdruck Stellungnahme GA *Bot,* Rs. C-491/10 PPU, Aguirre Zarraga, Nr. 135, auf die sich EuGH, Urteil v. 22.12.2010, Rs. C-491/10 PPU, Aguirre Zarraga, Rn. 71 hier bezieht, aber zur Gebotenheit solcher Rechtsbehelfe nicht verhält; vgl. auch EuGH, Urteil v. 27.2.2018, Rs. C-64/16, Associação Sindical dos Juízes Portugueses, Rn. 29, 31.

[304] Betont etwa bei *Stürner,* in: FS 50 Jahre BGH, S. 677 (687 f.); *Hess,* EuZPR, § 3 Rn. 26;

In diesem Zusammenhang sei insbesondere auf die primärrechtliche Vorlageverpflichtung der ursprungsstaatlichen Gerichte nach Art. 267 Abs. 3 AEUV und Vorlagemöglichkeit nach Abs. 2 zur Klärung des unionsrechtlich Gebotenen hingewiesen;[305] daneben ist die Abschaffung der vormals in Art. 68 EGV enthaltenen Zuständigkeitsbegrenzung des EuGH zu erwähnen.[306] Das Vorlageverfahren stellt auch der Gerichtshof bei Verweisen auf Rechtsschutz im Ursprungsstaat in Rechnung.[307] Da umgekehrt weiterhin zumindest das Unionsrecht keine Möglichkeit für den Betroffenen vorsieht, eine solche Vorlage zu erzwingen,[308] hängt die Befassung des Gerichtshofs in diesem Verfahren von einer Einleitung durch das ursprungsstaatliche Gericht ab;[309] wie gesehen, wird allerdings durch konventionsrechtliche Rückwirkungen zumindest der Anreiz für ein solches Verfahren erhöht.[310] Auf diese Weise stärkt die konventionsrechtliche Bindung des Ursprungsstaats die Durchsetzbarkeit seiner unionsrechtlichen Verpflichtungen.

Daneben ist die Vorlagemöglichkeit des vollstreckungsstaatlichen Gerichts zu berücksichtigen. Indem sie eine Klärung erlaubt, inwieweit eine Versagung der Zusammenarbeit unionsgrundrechtlich geboten sein kann, stellt sie zumin-

---

Dutta/Schulz, ZEuP 2012, 526 (527 f.); in anderem Kontext *Happe,* Die grenzüberschreitende Wirkung von nationalen Verwaltungsakten, S. 89 ff.; *Hoppe,* Eilrechtsschutz gegen Dublin II-Überstellungen, S. 194. Dies freilich zurückbleibend hinter gemeinsamem Höchstgericht für transnationale Fälle, wie gefordert bei *Kohler,* in: Baur/Mansel (Hrsg.), Systemwechsel im europäischen Kollisionsrecht, S. 147 (159, 161); *Kaufhold,* EuR 2012, 408 (422); *Wischmeyer,* GLJ 17 (2016), 339 (365); vgl. unter legitimatorischen Aspekten *Weber,* Europäisches Zivilprozessrecht und Demokratieprinzip, S. 230 ff.

305 Zur herausragenden Relevanz des Verfahrens nur EuGH, Gutachten 2/13 v. 18.12.2014, Rn. 176; EuGH, Urteil v. 5.7.2016, Rs. C-614/14, Ognyanov, Rn. 15.

306 Überblick zu Einschränkungen vor Lissabon bei *Brummund,* Kohärenter Grundrechtsschutz, S. 40 ff., danach S. 50 ff.; zur Relevanz der Veränderungen auch *Dutta/Schulz,* ZEuP 2012, 526 (529); zu den Veränderungen des Rechtsschutzes mit der Reform allgemein *Bast,* in: v. Bogdandy/Bast (Hrsg.), Europäisches Verfassungsrecht, S. 489 (554 ff.); zuvor kritisch zu Art. 68 EGV etwa *Gundel,* EWS 2000, 442 (447 mit Fn. 74), m.w.N. Beachte weiterhin Art. 72, 276 AEUV.

307 S. erneut die Rspr. Erster Teil Fn. 18, 127, Zweiter Teil Fn. 288.

308 Vgl. auch *Netzer,* Status quo und Konsolidierung des Europäischen Zivilverfahrensrechts, S. 254 f. In Deutschland in stRspr. seit BVerfGE 73, 339 (366 ff.) EuGH als gesetzlicher Richter i. S. d. Art. 101 Abs. 1 S. 2 GG (s. zur jüngeren Rspr. zudem *Britz,* NJW 2012, 1313 ff., *passim*); in BVerfGK 8, 275 (277) offengelassen für das EuGVÜ (auch insoweit befürwortet etwa bei *Geimer,* ZfRV 1992, 321 [328]).

309 Vgl. *Bach,* Grenzüberschreitende Vollstreckung in Europa, S. 385 f.; *Weber,* Europäisches Zivilprozessrecht und Demokratieprinzip, S. 175; zu systemischem Vorlagedefizit *Hoppe,* Eilrechtsschutz gegen Dublin II-Überstellungen, S. 200.

310 Oben S. 97 f.

dest eine indirekte Reaktionsmöglichkeit auf etwaige Verstöße des Kooperationspartners dar.

Die darüber hinaus bestehenden Möglichkeiten eines Vertragsverletzungsverfahrens nach Art. 259 AEUV[311] sowie des Verfahrens nach Art. 7 EUV[312] sind zwar zu berücksichtigen, aber für den Einzelnen ebenfalls weder zugänglich noch erzwingbar,[313] und ihre Einleitung ist auch von politischen Erwägungen abhängig.[314] Damit besitzen sie geringere Relevanz für die Durchsetzung unionsrechtlicher Verpflichtungen im konkreten Einzelfall, zumal sie ohnehin nicht auf die Klärung zielen, was aus etwaigen Defiziten für die Reaktionsmöglichkeiten eines anderen Staats folgt.

Schließlich mögen sekundärrechtlich vorgesehene Mitteilungen über Schwierigkeiten, die trotz Konsultationsversuchen bei der Kooperation auftauchen, zur praktischen Wirksamkeit rechtlicher Vorgaben beitragen.[315]

(2) Schutzbeitrag nationalen Rechts

Zum Schutzniveau im Ursprungsstaat tragen über das Unionsrecht hinaus aber selbstverständlich die in diesem Staat bestehenden normativen Bindungen aus dem nationalen Recht bei. Die Vermutung ihrer Einhaltung steht in der Recht-

---

[311] In verschiedenen Kontexten mit Verweis hierauf EuGH, Urteil v. 10.9.1996, Rs. C-11/95, Kommission / Belgien, Rn. 89; EuGH, Urteil v. 10.2.2000, Rs. C-202/97, FTS, Rn. 58; EuGH, Urteil v. 3.3.2016, Rs. C-12/14, Kommission / Malta, Rn. 41; EuGH, Urteil v. 27.4.2017, Rs. C-620/15, A-Rosa Flussschiff GmbH, Rn. 46; EuGH, Urteil v. 6.2.2018, Rs. C-359/16, Altun u. a., Rn. 45; EuGH, Urteil v. 29.4.2004, Rs. C-476/01, Kapper, Rn. 48. Vgl. in der Migrationsagenda KOM(2015) 240 endg., S. 15. Daneben *Weber,* Europäisches Zivilprozessrecht und Demokratieprinzip, S. 175; *Hess,* EuZPR, § 3 Rn. 26 mit Fn. 129.

[312] 5. ErwG Protokoll (Nr. 24), ABl. EU Nr. C 202 v. 7.6.2016, S. 304, zuvor bereits 4. ErwG Protokoll über die Gewährung von Asyl für Staatsangehörige von Mitgliedstaaten der Europäischen Union, ABl. EG Nr. C 340 v. 10.11.1997, S. 103. Mit Hinweis hierauf auch Stellungnahme GA *Bot,* Rs. C-66/08, Kozłowski, Nr. 108; Schlussanträge GA *Bot,* Rs. C-123/08, Wolzenburg, Nr. 150. Vgl. KOM(2017) 835 endg.

[313] StRspr., grundlegend EuGH, Urteil v. 1.3.1966, Rs. 48–65, Lütticke u. a. / Kommission, Slg. 1966, 28 (39 f.); daneben nur EuGH, Urteil v. 14.2.1989, Rs. 247/87, Star Fruit / Kommission, Rn. 11 ff.; EuGH, Beschluss v. 12.6.1992, Rs. C-29/92, Asia Motor France / Kommission, Rn. 21; EuGH, Beschluss v. 22.9.2016, Rs. C-130/16 P, Gaki / Kommission, Rn. 18.

[314] Hierzu und zu ergänzenden Möglichkeiten bei systemischen Defiziten der Rechtsstaatlichkeit *v. Bogdandy/Ioannidis,* ZaöRV 74 (2014), 283 (286 f., 312 ff.); vgl. zudem KOM(2010) 573 endg., S. 12, auf S. 11 aber mit Absicht, das Verfahren auch bei Chartaverstößen einzusetzen; vgl. auch EGMR, Urteil v. 12.7.2011, Šneersone und Kampanella / Italien, Nr. 14737/09, §§ 39 ff., nicht weiter verfolgt.

[315] Art. 20 Abs. 7 RB 2005/214/JI; Art. 22 Abs. 4 RB 2006/783/JI; Art. 29 Abs. 4 RB 2008/909/JI; Art. 17 Abs. 7 RB 2005/214/JI und hierzu aus der jüngeren Rspr. EuGH, Urteil v. 5.4.2016, verb. Rs. C-404/15 und C-659/15 PPU, Aranyosi und Căldăraru, Rn. 99.

sprechung des EuGH ebenso wie in der des EGMR nicht im Vordergrund, findet sich aber immer wieder.[316] Wenn man dem Bekenntnis unter anderem zur Rechtsstaatlichkeit in Art. 2 EUV einen für die Mitgliedstaaten verpflichtenden Charakter beimisst,[317] lässt sich zudem auch ein unionsrechtlicher Anhaltspunkt für eine solche Vermutung der Wahrung innerstaatlichen Rechts finden.

Die im Vergleich zu anderen Bindungen geringere Relevanz in der Rechtsprechung mag sich nicht nur dadurch erklären, dass die fraglichen Vorgaben grundsätzlich der Disposition des Ursprungsstaats unterliegen. Darüber hinaus dürfte sich für den Gerichtshof die Frage nach dem Schutzbeitrag mitgliedstaatlicher Gewährleistungen angesichts häufig bejahter Bindung des Ursprungsstaats an die Unionsgrundrechte nicht maßgeblich stellen.

(3) Schutzbeitrag individualbeschwerdebewehrter EMRK

Schließlich besitzen völkerrechtliche Verpflichtungen, darunter insbesondere die EMRK-Bindung aller Mitgliedstaaten Relevanz für die Frage des Schutzes im Ursprungsstaat.[318] Auch in der Rechtsprechung des Europäischen Gerichts-

---

316 So in der Rspr. zu Rechtsbehelfen im Ursprungsstaat Erster Teil Fn. 18, 127, Zweiter Teil Fn. 288; implizit auch EuGH, Urteil v. 30.5.2013, Rs. C-168/13, F., Rn. 48 f.; EuGH, Urteil v. 1.6.2016, Rs. C-241/15, Bob-Dogi, Rn. 56; deutlicher Schlussanträge GA *Bot,* Rs. C-241/15, Bob-Dogi, Nr. 52 ff.; ausdrücklich EuGH, Urteil v. 16.5.2017, Rs. C-682/15, Berlioz Investment, Rn. 77; daneben etwa *Beaumont/Johnston,* IPRax 2010, 105 (107).

317 *Calliess,* in: ders./Ruffert, Art. 2 EUV Rn. 10 (sowie Rn. 8, 12 zu deren Verständnis als Optimierungsgeboten; Rn. 32 zur Verknüpfung mit Art. 7, 49 EUV); *Hilf/Schorkopf,* in: GHN, Art. 2 EUV Rn. 18, 40; bereits für den in diesem Wortlaut gefassten Art. I-2 EVV *Calliess,* JZ 2004, 1033 (1038, 1040); *v. Bogdandy u. a.,* ZaöRV 72 (2012), 45 (67), m. w. N.; *Franzius,* ZaöRV 75 (2015), 383 (405 mit Fn. 86); ambivalent *Pfeiffer,* in: FS Jayme, S. 675 (683); speziell zur Rechtstaatlichkeit *v. Bogdandy/Ioannidis,* ZaöRV 74 (2014), 283 (287 ff.), sowie S. 292 zu Art. 7 EUV; s. auch BVerfGE 113, 273 (299).

318 Wiener Aktionsplan, ABl. EG Nr. C 19 v. 23.1.1999, S. 1 (5); KOM(2004) 328 endg., Nr. 9, 16, 28 (s. aber auch Rn. 22); 1., 2. ErwG Fahrplan zur Stärkung der Verfahrensrechte von Verdächtigen, ABl. EU Nr. C 295 v. 4.12.2009, S. 1; vgl. auch KOM(2011) 327 endg., S. 3 f. Einbeziehung auch bei *Stein,* IPRax 2004, 181 (185 f.); *Völker/Steinfatt,* FPR 2005, 415 (417); *Portmann,* Die Verordnung (EG) 805/2004, S. 164; *Sujecki,* ZEuP 2008, 458 (468, 476 f.); *Beaumont/Johnston,* IPRax 2010, 105 (107); insbesondere *Röben,* in: GHN, Art. 67 AEUV Rn. 81; *Breitenmoser/Weyeneth,* in: v. d. Groeben/Schwarze/Hatje, Vor Art. 67 AEUV Rn. 99, Art. 67 Rn. 36, 41; *Engel,* Der Beitritt der Europäischen Union zur EMRK, S. 100, 113 f., 298; *Hoppe,* Eilrechtsschutz gegen Dublin II-Überstellungen, S. 193. Jeweils zurückhaltender *Hess,* IPRax 2001, 389 (392); *ders.,* EuZPR, § 6 Rn. 203; *Kohler,* ZSR 124 (2005) II, 263 (283); *Oberhammer,* JBl. 2006, 477 (498); *Leutheusser-Schnarrenberger,* StraFo 2007, 268 (274 f.); *Labayle,* in: FS Hailbronner, S. 153 (163); *Wagner/Beckmann,* RIW 2011, 44 (46); *Willer,* ZZP 127 (2014), 99 (104); *Pfeiffer,* in: FS Jayme, S. 675 (684); ambivalent *Classen,* in: FS Schwarze, S. 556 (569, 475 f.). Vgl. *Reinbacher/Wendel,* EuGRZ 2016, 333 (341).

hofs ist von Vertrauen in die Wahrung der EMRK und etwa der Genfer Flüchtlingskonvention die Rede.[319] Um die Einhaltung des Völkervertragsrechts ging es auch, als die Vereinbarkeit mitgliedstaatlichen Verhaltens mit den Zuständigkeitsvorschriften des Brüsseler Übereinkommens vermutet wurde.[320]

Wie bislang nur in umgekehrter Richtung angesprochen,[321] können Verschränkungen der Bindungen aus unterschiedlichen Rechtsquellen auch zu einer *unionsrechtlichen* „Verstärkung" der *völkerrechtlichen* Bindung führen: Insoweit sei zum einen allgemein auf Art. 216 Abs. 2 AEUV und zum anderen mit Blick auf die Genfer Flüchtlingskonvention auf Art. 78 Abs. 1 AEUV[322] und sekundärrechtliche Verstärkungen[323] hingewiesen.

Vor allem aber ist die EMRK hervorzuheben. Sie ist zwar nach Art. 6 Abs. 3 UAbs. 3 EUV vor Beitritt der EU weiterhin lediglich Rechtserkenntnisquelle für die Unionsgrundrechte. Mit dem bereits erwähnten Art. 52 Abs. 3 S. 1 GRC ist es aber zu einer Verschränkung auch mit der Grundrechtecharta gekommen, die im Umfang der mitgliedstaatlichen Unionsgrundrechtsbindung relevant wird. Bedeutung besitzt die EMRK als Mindestniveau, soweit der Ursprungsstaat nicht Unionsrecht durchführt. Vor allem dann ist zudem zu berücksichtigen, dass die Konvention mit Art. 6 Abs. 1, 13 EMRK auch Durchsetzungsmechanismen verlangt und daneben nach Ausschöpfung nationaler Rechtsbehelfe die Individualbeschwerde zum EGMR ermöglicht.[324]

---

[319] Insbesondere EuGH, Urteil v. 21.12.2011, verb. Rs. C-411/10 und C-493/10, N. S. u. a., Rn. 75 ff.; EuGH, Urteil v. 10.12.2013, Rs. C-394/12, Abdullahi, Rn. 52; implizit EuGH, Urteil v. 30.5.2013, Rs. C-168/13, F., Rn. 50; vgl. auch EuGH, Urteil v. 6.9.2016, Rs. C-182/15, Petruhhin, Rn. 57. Umgekehrt lässt auch der Gesetzgeber erkennen, dass hierdurch allein nicht ausreichend Vertrauen geschaffen werde, etwa in 5. ErwG RL (EU) 2016/343; 3. ErwG RL (EU) 2016/800.

[320] EuGH, Urteil v. 16.6.1981, Rs. 166/80, Klomps / Michel, Rn. 7; EuGH, Urteil v. 9.12.2003, Rs. C-116/02, Gasser, Rn. 72; EuGH, Urteil v. 27.4.2004, Rs. C-159/02, Turner / Grovit, Rn. 24; hierzu auch *Jenard*-Bericht, S. 1 (46) sowie dort S. 13 zum Gedanken des einheitlichen Rechtsraums, aufgegriffen durch EuGH, Urteil v. 10.2.1994, Rs. C-398/92, Mund & Fester, Rn. 19.

[321] Oben S. 97 f., sowie soeben S. 132.

[322] Zur für die EU konstitutiven Verpflichtung auf dieses Instrument in Art. 78 Abs. 1 AEUV (vgl. Art. 39 Abs. 2 GFK), die zum innerstaatlichen Vorrang führe, *Thym,* in: GHN, Art. 78 AEUV Rn. 16 ff., 20. Zuvor bereits Art. 63 Nr. 1 EGV (Amsterdam); Art. K.2 Abs. 1 EUV (Maastricht); Art. 28 SDÜ; Art. 2 DÜ. Mit Berücksichtigung des Schutzbeitrags etwa auch *Hoppe,* Eilrechtsschutz gegen Dublin II-Überstellungen, S. 193.

[323] Etwa für das *non-refoulement* Art. 21 Abs. 1 RL 2011/95/EU (Art. 23 Abs. 1 des Vorschlags KOM[2016] 466 endg.).

[324] *Wagner,* IPRax 2002, 75 (87); *Stein,* IPRax 2004, 181 (185 f.), sehr weitgehend; *Portmann,* Die Verordnung (EG) 805/2004, S. 166, 178 ff.; *Bach,* Grenzüberschreitende Vollstreckung in Europa, S. 377, 386 f.; *Engel,* Der Beitritt der Europäischen Union zur EMRK, S. 116, 119 f., 122; *Breitenmoser/Weyeneth,* in: v. d. Groeben/Schwarze/Hatje, Art. 67 AEUV

Der Einbeziehung der Individualbeschwerde als Durchsetzungsmechanismus der konventionsrechtlichen Bindung dürfte auch nicht von vornherein entgegenzuhalten sein, der EGMR erachte die Behandlung im Ursprungsstaat ohnehin in Anwendung der *Bosphorus*-Vermutung als gerechtfertigt, soweit jener Staat unionsrechtlich zwingenden Vorgaben unterliegt: Zum einen zieht der Straßburger Gerichtshof die Vermutung dann nicht heran, wenn ein Vertragsstaat zwar in Vollzug zwingenden Unionsrechts, diesem aber zuwiderhandelt, und der EGMR prüft in diesem Zusammenhang (auch) die Wahrung einzelner Vorgaben des *unionalen* Rechts.[325] Zum anderen findet die *Bosphorus*-Vermutung der Konventionskonformität ihre Grenze in einem im Einzelfall offenkundig unzureichenden Schutz.

Schließlich führt das Feststellungsurteil des EGMR in Kombination mit der durch ihn Art. 46 Abs. 1 EMRK entnommenen Verpflichtung zur Befolgung der Urteile im Grundsatz zu einer inzwischen weitreichenden Korrekturpflicht,[326] wenngleich der EGMR ebenso wenig wie der EuGH unmittelbar die rechtliche Wirksamkeit mitgliedstaatlichen Verhaltens beseitigen kann.

cc) Ergebnis

In zahlreichen Zusammenhängen lässt sich feststellen, dass der EuGH von der Annahme einer gleichermaßen fähigen Rechtsanwendung in den Mitgliedstaaten, einer Annahme rechtskonformen Verhaltens ausgeht. Gerade in diesem Kontext findet sich häufig der Vertrauensbegriff. Für die Frage des bei horizontaler Zusammenarbeit im Ursprungsstaat bestehenden (Grund-)Rechtsschutzes bedeutet dies, dass auch bezüglich der vielfältigen grundrechtlich relevanten Bindungen nach Ansicht des Gerichtshofs jeweils die Annahme gestattet ist, sie würden eingehalten, seien zumindest aber mit funktionsfähigen Durchsetzungsmechanismen bewehrt. Eine Bindung an die Unionsgrundrechte ist aber, wie stets, nach Art. 51 Abs. 1 S. 1 GRC an die Durchführung des Unionsrechts geknüpft.

c) Gebotenheit grundsätzlicher Vermutung rechtskonformen Verhaltens

Soweit man eine solche Vermutung mit dem EuGH für grundsätzlich gestattet hält,[327] dürfte aus dem oben Gesagten zur Bedeutung horizontaler Loyalität für

---

Rn. 123. Erneut zurückhaltender *Pfeiffer,* in: FS Jayme, S. 675 (684); *Oberhammer,* JBl. 2006, 477 (498); *Hess,* in: FS Jayme, S. 339 (357 f.); *Leutheusser-Schnarrenberger,* StraFo 2007, 268 (275).

[325] Hierzu erneut die Rspr. oben Zweiter Teil Fn. 120.

[326] Hierzu erneut die Rspr. oben Zweiter Teil Fn. 93.

[327] So etwa *Callewaert,* ZEuS 2014, 79 (83). Mit Bedenken statt vieler weiterer *Bleck-*

die praktische Wirksamkeit des Unionsrechts auch die Gebotenheit dieser Annahme folgen.

aa) Loyalitätsverankerter, effet utile-orientierter Vertrauensgrundsatz als Grundlage des Gebots

Von einem solchen Gebot geht der EuGH seit dem EMRK-Beitrittsgutachten von 2014 ausdrücklich bezogen auf das Unionsrecht allgemein aus,[328] nicht mehr nur wie zuvor seit der oben betrachteten Rechtssache *Aguirre Zarraga* auf die Grundrechte beschränkt.[329] Er entnimmt dies jeweils dem Grundsatz des gegenseitigen Vertrauens. An das oben Gesagte anknüpfend und das Ineinandergreifen verschiedener Verpflichtungen in den Blick nehmend, dürfte sich auch sagen lassen, dass bereits der Grundsatz der loyalen Zusammenarbeit zur Gewährleistung des *effet utile* gebietet, dass die Mitgliedstaaten bei Ausfüllung ihrer eigenen unionsrechtlichen Rechtsstellung grundsätzlich davon ausgehen,

mann, JZ 1985, 1072 (1074); *Hess,* EuZPR, § 3 Rn. 27; *Mitsilegas,* YEL 31 (2012), 319 (335, 368); früh *Kohler,* in: Baur/Mansel (Hrsg.), Systemwechsel im europäischen Kollisionsrecht, S. 147 (156) und weiterhin *Kohler,* ZEuS 2016, 135 (146); *Meyer,* in: v. d. Groeben/Schwarze/Hatje, Art. 82 AEUV Rn. 8; *Schwarz,* Grundlinien der Anerkennung, S. 301, 316; *Kloska,* Das Prinzip der gegenseitigen Anerkennung im europäischen Strafrecht, S. 210 ff. S. daneben aber *Luhmann,* Vertrauen, S. 84 zu der grds. in Dauerbeziehungen gegenüber dem Vertrauensbruch einfacheren Vertrauensrechtfertigung; zur dennoch nötigen Stärkung verlässlichen Arbeitens im Verwaltungsverbund *Schmidt-Aßmann,* Das allgemeine Verwaltungsrecht als Ordnungsidee, Kap. 7 Rn. 25.

[328] EuGH, Gutachten 2/13 v. 18.12.2014, Rn. 191 f.; zuvor anklingend in EuGH, Urteil v. 21.12.2011, verb. Rs. C-411/10 und C-493/10, N. S. u. a., Rn. 83; aus der jüngeren Rspr. EuGH, Urteil v. 16.7.2015, Rs. C-681/13, Diageo Brands, Rn. 40; EuGH, Urteil v. 5.4.2016, verb. Rs. C-404/15 und C-659/15 PPU, Aranyosi und Căldăraru, Rn. 78; EuGH, Urteil v. 10.11.2016, Rs. C-452/16 PPU, Poltorak, Rn. 26; EuGH, Urteil v. 10.11.2016, Rs. C-453/16 PPU, Özçelik, Rn. 23 f.; EuGH, Urteil v. 10.11.2016, Rs. C-477/16 PPU, Kovalkovas, Rn. 27; EuGH, Urteil v. 23.1.2018, Rs. C-367/16, Piotrowski, Rn. 50; EuGH, Urteil v. 26.4.2018, Rs. C-34/17, Donnellan, Rn. 40; weniger deutlich EuGH, Urteil v. 1.6.2016, Rs. C-241/15, Bob-Dogi, Rn. 52 f.; vgl. EuGH, Urteil v. 3.3.2016, Rs. C-12/14, Kommission / Malta, Rn. 37. Knapp *Breitenmoser/Weyeneth,* in: v. d. Groeben/Schwarze/Hatje, Vor Art. 67 AEUV Rn. 100.

[329] EuGH, Urteil v. 22.12.2010, Rs. C-491/10 PPU, Aguirre Zarraga, Rn. 70 (hierzu oben S. 8 ff.); EuGH, Urteil v. 21.12.2011, verb. Rs. C-411/10 und C-493/10, N. S. u. a., Rn. 78 ff., 83; EuGH, Urteil v. 30.5.2013, Rs. C-168/13, F., Rn. 49 f.; EuGH, Urteil v. 10.12.2013, Rs. C-394/12, Abdullahi, Rn. 52; EuGH, Urteil v. 9.9.2015, Rs. C-4/14, Bohez, Rn. 58; EuGH, Urteil v. 1.6.2016, Rs. C-241/15, Bob-Dogi, Rn. 33; daneben auch in der Rspr. in Zweiter Teil Fn. 328. Zuvor bereits Schlussanträge GA *Ruiz-Jarabo Colomer,* verb. Rs. C-187/01 und C-385/01, Gözütok und Brügge, Nr. 124; Schlussanträge GA *Ruiz-Jarabo Colomer,* Rs. C-150/05, Van Straaten, Nr. 61, 73; Stellungnahme GA *Bot,* Rs. C-66/08, Kozłowski, Nr. 98, 105; Schlussanträge GA *Bot,* Rs. C-123/08, Wolzenburg, Nr. 136, 145, 147. Aus dem Schrifttum etwa *Schmahl,* JZ 2016, 921 (924); *Schwarz,* EuR 2016, 421 (422); vgl. *Breitenmoser/Weyeneth,* in: v. d. Groeben/Schwarze/Hatje, Vor Art. 67 AEUV Rn. 100.

die anderen Mitgliedstaaten verhielten sich ebenfalls rechts-, insbesondere unionsrechtskonform.[330] Dies stellt eine Bestätigung der in der Rechtsprechung engen Verknüpfung mit dem konkret infrage stehenden Sekundärrecht dar.[331]

Die Zuständigkeitsverteilung stärker hervorhebend,[332] ließe sich formulieren: Die Mitgliedstaaten achten bei Ausübung ihrer eigenen unionsrechtlichen Zuständigkeiten die unionsrechtlichen Zuständigkeiten der anderen Mitgliedstaaten in der Annahme der Einhaltung aller mit deren Wahrnehmung einhergehenden Bindungen.

Den Aspekt eines möglichen Prüfungsverzichts betonend, ließe sich schließlich sagen: In der Annahme, die anderen Mitgliedstaaten erfüllten ihre Verpflichtungen, nehmen die Mitgliedstaaten bei Fehlen einer unionsrechtlichen Verpflichtung zu einer (doppelten) Kontrolle Abstand von einer Überprüfung des ausländischen Verhaltens. Konzentriert das Sekundärrecht also die Prüfung bestimmter Voraussetzungen in einem der Mitgliedstaaten und koppelt es hieran einen Prüfungsverzicht anderer Staaten, ist bei loyaler Zusammenarbeit auch dieser Prüfungsverzicht zu beachten.[333] Für den hier interessierenden Fall eines

---

[330] Vgl. nun auch EuGH, Urteil v. 6.2.2018, Rs. C-359/16, Altun u. a., Rn. 42. Bereits zuvor *Breitenmoser/Weyeneth,* in: v. d. Groeben/Schwarze/Hatje, Vor Art. 67 AEUV Rn. 100; *Meyer,* in: v. d. Groeben/Schwarze/Hatje, Art. 82 AEUV Rn. 13, unter Rückbindung an Art. 4 Abs. 3 EUV; *Meyer,* JZ 2016, 621 (621); *Schwarz,* Grundlinien der Anerkennung, S. 308 f., 349; *Hess,* EuZPR, § 4 Rn. 75; deutlicher *ders.,* in: Weller/Althammer (Hrsg.), Mindeststandards im europäischen Zivilprozessrecht, S. 221 (225); *Oberhammer,* JBl. 2006, 477 (502); *Bach,* Grenzüberschreitende Vollstreckung in Europa, S. 110; *Hailbronner/Thym,* NVwZ 2012, 406 (408); vgl. auch *Classen,* in: FS Schwarze, S. 556 (557 f.); nur auf Grundrechte bezogen *Schmahl,* JZ 2016, 921 (924); in der Sache wohl auch *Kohler,* ZSR 124 (2005) II, 263 (283); *ders.,* ZEuS 2016, 135 (141, 150); s. erneut auch die Einordnung des Vertrauensgrundsatzes als Auslegungsregel, Schlussanträge GA *Bot,* Rs. C-241/15, Bob-Dogi, Nr. 63, m. w. N.

[331] Zu Recht daher Ausgestaltungsbedürftigkeit und damit Abhängigkeit des konkret Gebotenen vom Sekundärrecht betonend insbesondere *Kaufhold,* EuR 2012, 408 (428 f.); *Wischmeyer,* GLJ 17 (2016), 339 (370 f.); vgl. *Hoppe,* Eilrechtsschutz gegen Dublin II-Überstellungen, S. 185, 191 ff.; *Willer,* ZZP 127 (2014), 99 (103, 105).

[332] S. nur EuGH, Urteil v. 27.4.2004, Rs. C-159/02, Turner / Grovit, Rn. 27 f.; EuGH, Urteil v. 10.2.2010, Rs. C-185/07, Allianz, Rn. 30 (im Kontrast EuGH, Urteil v. 13.5.2015, Rs. C-536/13, Gazprom OAO, Rn. 37 ff. zu einer schiedsgerichtlichen *anti-suit injunction*); EuGH, Urteil v. 15.7.2010, Rs. C-256/09, Purrucker, Rn. 73 f.; EuGH, Urteil v. 4.5.2010, Rs. C-533/08, TNT Express Nederland, Rn. 55. Zum Zuständigkeitsaspekt deutlich *Labayle,* in: FS Hailbronner, S. 153 (161); *Callewaert,* ZEuS 2014, 79 (86); implizit etwa *Vogel/Eisele,* in: GHN, Art. 82 AEUV Rn. 33; *Breitenmoser/Weyeneth,* in: v. d. Groeben/Schwarze/Hatje, Vor Art. 67 AEUV Rn. 95.

[333] So auch *Labayle,* in: FS Hailbronner, S. 153 (161); in der Sache *Breitenmoser/Weyeneth,* in: v. d. Groeben/Schwarze/Hatje, Vor Art. 67 AEUV Rn. 99 f.; *Meyer,* in: v. d. Groeben/Schwarze/Hatje, Art. 82 AEUV Rn. 7, 13, ausdrücklich mit Rückbindung an Loyalität; umgekehrt vor allem für ausnahmsweise Prüfung und Versagung am Loyalitätsgrundsatz

Verzichts auf grundrechtliche Überprüfung wird dies sogleich eingehender betrachtet (unten d).

Hier sei zunächst festgehalten, dass es somit zwar nicht zwingend ausschließlich, *jedenfalls* aber das Gebot einer Vermutung unionsrechtskonformen Verhaltens ist, das der Rechtsprechung als normativer Gehalt des Grundsatzes des gegenseitigen Vertrauens entnommen werden kann.[334] Dieser normative Gehalt lässt sich als Ausprägung des Loyalitätsgrundsatzes zur Gewährleistung des *effet utile* auch begründen.[335] Als durch den Vertrauensgrundsatz geboten angesehen wird in der Rechtsprechung folglich zumindest die Vermutung der seitens aller Mitgliedstaaten gleichermaßen bestehenden Befähigung zu ordnungsgemäßer Rechtsanwendung.[336] Das Unsicherheitsmoment, für dessen Überbrü-

---

ansetzend *Canor,* ZaöRV 73 (2013), 249 (268). Jeweils mit Betonung der hier geteilten Einordnung des Vertrauensgrundsatzes als Optimierungsgebot *Hess,* EuZPR, § 4 Rn. 83, 85 (vgl. auch § 3 Rn. 26, § 4 Rn. 73); so und Hervorhebung des Strebens nach Kontrollverzicht vor allem *Kaufhold,* EuR 2012, 408 (427 ff.); etwas zurückhaltender zum Kontrollverzicht *Wischmeyer,* GLJ 17 (2016), 339 (368, 374 ff.); *Hoppe,* Eilrechtsschutz gegen Dublin II-Überstellungen, S. 192 f.

[334] *Breitenmoser/Weyeneth,* in: v. d. Groeben/Schwarze/Hatje, Vor Art. 67 AEUV Rn. 100; *Meyer,* in: v. d. Groeben/Schwarze/Hatje, Art. 82 AEUV Rn. 7; *Schwarz,* EuR 2016, 421 (422), auf Grundrechte bezogen; *Meyer,* JZ 2016, 621 (621); vgl. *Schwarz,* Grundlinien der Anerkennung, S. 349 f., 365, aus anderer Perspektive. Weitergehend sieht *Kaufhold,* EuR 2012, 408 (419 f., 426 ff.) ein Streben nach Kontrollverzicht unabhängig von vorgängiger Harmonisierung, wenngleich die Wirkung des Vertrauensgrundsatzes (für den Vollstreckungsstaat) erst sekundärrechtlich entfaltet werde, S. 428 f. (hier „Vertrauen *als* Recht", *dies.,* in: Baberowski [Hrsg.], Was ist Vertrauen?, S. 101 [114, 120 f.]); ähnlich *Wischmeyer,* GLJ 17 (2016), 339 (355, 368 ff.); in der Sache auch *Mitsilegas,* YEL 31 (2012), 319 (322, 354). Kritischer gegenüber normativem Gehalt *Kohler,* ZSR 124 (2005) II, 263 (283); und noch *ders.,* ZEuS 2016, 135 (141); *Pohl,* Vorbehalt und Anerkennung, S. 65 f.; *Kloska,* Das Prinzip der gegenseitigen Anerkennung im europäischen Strafrecht, S. 225 ff., 249 ff. zu Strafsachen (zu Zivilsachen aber S. 233 mit Fn. 974, 236 f.). Zum Ganzen trotz betonter Bedeutung von Vertrauen für Recht mit Warnung vor nivellierender Vetrauensargumentation im Recht *Luhmann,* Vertrauen, S. 43 f.

[335] S. erneut EuGH, Urteil v. 6.2.2018, Rs. C-359/16, Altun u. a., Rn. 39 ff. Ähnlich zuvor bereits *Labayle,* in: FS Hailbronner, S. 153 (161); *Kahl,* in: Calliess/Ruffert, Art. 4 EUV Rn. 117, 119; *Breitenmoser/Weyeneth,* in: v. d. Groeben/Schwarze/Hatje, Vor Art. 67 AEUV Rn. 99 f.; vgl. *Meyer,* EuR 2017, 163 (177 ff.).

[336] S. erneut die Nachweise oben Zweiter Teil Fn. 213. Vgl. BVerfG, Beschluss v. 17.1.2017, – 2 BvR 2013/16 –, Rn. 19; daneben *Sujecki,* ZEuP 2008, 458 (474); *Bast,* Der Staat 46 (2007), 1 (27); *Bach,* Grenzüberschreitende Vollstreckung in Europa, S. 374; *Hess,* EuZPR, § 4 Rn. 75, § 3 Rn. 20; wohl auch *Kohler,* ZEuS 2016, 135 (141), aber normativen Gehalt verneinend, S. 150 (wie bereits *ders.,* ZSR 124 [2005] II, 263 [283]); *Willer,* ZZP 127 (2014), 99 (104 ff.); *Labayle,* in: FS Hailbronner, S. 153 (161).

ckung der Gerichtshof den Grundsatz des gegenseitigen Vertrauens heranzieht, ist hiernach das der praktischen Einhaltung des normativ Verpflichtenden.[337]

Wie gesehen, ist der Rechtsprechung zwar zu entnehmen, dass auch hinsichtlich Bindungen aus anderer als unionsrechtlicher Quelle angenommen wird, es könne grundsätzlich von ihrer Einhaltung ausgegangen werden. Soweit ersichtlich, hat sich der Gerichtshof bislang allerdings nicht mit ähnlicher Deutlichkeit dazu geäußert, ob die Annahme der Einhaltung solcher Bindungen ebenso grundsätzlich geboten ist. Bei einer Erschließung über die loyale Zusammenarbeit zur Gewährleistung des *effet utile* dürfte nichts von vornherein dagegen sprechen.[338] Dies bedeutet aber nicht, dass die unter Umständen geringere Durchsetzbarkeit solcher Verpflichtungen nicht ebenso zumindest bei der Frage der Widerlegung in Rechnung gestellt werden könnte.[339]

bb) Keine kategorische Begrenzung auf den Raum der Freiheit, der Sicherheit und des Rechts

Mit Blick auf einen allgemeinen Grundsatz des gegenseitigen Vertrauens auch über die hier interessierenden grundrechtlichen Fragen im Raum der Freiheit, der Sicherheit und des Rechts hinaus sei Folgendes angemerkt. In der Tat bildet Titel V im Dritten Teil des Vertrags über die Arbeitsweise der Europäischen Union mit zahlreichen Vertrauensbezügen in den Erwägungsgründen der Rechtsakte[340] besonders häufig den Rahmen für Ausführungen des Gerichtshofs zu gegenseitigem Vertrauen.[341] Solche finden sich jenseits dieses Kontextes zwar ebenfalls,[342] aber bislang ist dort nur selten von einem Vertrauensgrundsatz die Rede.[343] Dennoch ist nicht ersichtlich, weshalb Überlegungen wie die

---

337 Formuliert in den Worten *Luhmanns* (Vertrauen, S. 27).

338 Ohne eingehendere Erörterung auch *Classen,* in: FS Schwarze, S. 556 (574); *Engel,* Der Beitritt der Europäischen Union zur EMRK, S. 113.

339 Zu den Vertrauensgrenzen sogleich S. 160 ff.

340 Hierzu erneut die Nachweise oben Erster Teil Fn. 22, 148, 159.

341 So für die Rspr. in Zweiter Teil Fn. 328, 329 wie auch für EuGH, Urteil v. 14.11.2013, Rs. C-60/12, Baláž, Rn. 30; EuGH, Urteil v. 15.2.2017, Rs. C-499/15, W. und V. / X., Rn. 50. Zur Vertrauensrelevanz im Dritten Teil Titel V AEUV *Labayle,* in: FS Hailbronner, S. 153 (160 ff.); *Kaufhold,* in: Baberowski (Hrsg.), Was ist Vertrauen?, S. 101 (115).

342 EuGH, Urteil v. 10.9.1996, Rs. C-11/95, Kommission / Belgien, Rn. 88; EuGH, Urteil v. 19.6.2003, Rs. C-110/01, Tennah-Durez, Rn. 30; EuGH, Urteil v. 28.6.2007, Rs. C-73/06, Planzer Luxembourg, Rn. 38; EuGH, Urteil v. 23.10.2008, Rs. C-274/05, Kommission / Griechenland, Rn. 30; EuGH, Urteil v. 23.10.2008, Rs. C-286/06, Kommission / Spanien, Rn. 65; EuGH, Urteil v. 20.11.2008, Rs. C-1/07, Weber, Rn. 39; EuGH, Urteil v. 21.5.2015, Rs. C-339/14, Wittmann, Rn. 30; EuGH, Urteil v. 16.5.2017, Rs. C-682/15, Berlioz Investment, Rn. 77.

343 So aber EuGH, Urteil v. 19.6.2003, Rs. C-110/01, Tennah-Durez, Rn. 80; und die ver-

hier angestellten von vornherein auf den Raum der Freiheit, der Sicherheit und des Rechts beschränkt sein sollten,[344] zumal der Gerichtshof inzwischen allgemein von einem Vertrauen in die Wahrung des Unionsrechts spricht.[345] Eine Bezugnahme auf den Beitrag zur Schaffung eines Raums ohne Binnengrenzen[346] legt eine Relevanz ebenso für den Binnenmarkt nahe,[347] in dessen Kontext nunmehr auch die ausdrückliche Rückbindung des Grundsatzes des gegenseitigen Vertrauens an den Loyalitätsgrundsatz erfolgte.[348] Die Annahme, aus dem Vertrauensgrundsatz erwüchsen gleichwohl „namentlich" für den Raum der Freiheit, der Sicherheit und des Rechts Verpflichtungen,[349] dürfte dem Umstand geschuldet sein, dass in den hier betroffenen Sachverhalten mitunter ein sinnfälliges Interesse an einer Anerkennungs*versagung* besteht.[350]

---

einzelte Fassung des Loyalitätsgrundsatzes als Grundsatz der vertrauensvollen Zusammenarbeit in der deutschen Fassung der Rspr. oben Zweiter Teil Fn. 201; s. erneut zum vertikalen Verhältnis der Staaten zur Kommission EuGH, Urteil v. 10.11.1993, Rs. C-48/91, Niederlande / Kommission, Rn. 11. Unter zahlreichen nicht übernommenen Verweisen nur Schlussanträge GA *Mischo,* Rs. 116/86, Kommission / Italien, Nr. 39; Schlussanträge GA *Poiares Maduro,* Rs. C-347/04, Rewe Zentralfinanz, Nr. 46.

344 A. A. wohl Schlussanträge GA *Ruiz-Jarabo Colomer,* Rs. C-297/07, Bourquain, Nr. 45, Vertrauen als Bündelung an Auslegungsregeln in der (ehemaligen) dritten Säule; zweifelnd *Hess,* in: Weller/Althammer (Hrsg.), Mindeststandards im europäischen Zivilprozessrecht, S. 221 (224), wobei die Grundlage in Loyalitätsgrundsatz und *effet utile* eine Differenzierung nach Abhängigkeit von Regelungsbereich und -modell ebd., S. 224 ff. zwanglos trägt; trotz Verankerung des Vertrauensgrundsatzes im Loyalitätsgrundsatz primär für den Dritten Teil Titel V AEUV erörtert bei *Meyer,* EuR 2017, 163 (174 ff.).

345 S. erneut die Nachweise oben Zweiter Teil Fn. 328.

346 S. aus der Rspr. eingangs Zweiter Teil Fn. 187 nur EuGH, Gutachten 2/13 v. 18.12.2014, Rn. 191; EuGH, Urteil v. 9.3.2017, Rs. C-551/15, Pula Parking, Rn. 51.

347 Deutlich EuGH, Urteil v. 4.5.2010, Rs. C-533/08, TNT Express Nederland, Rn. 49 f.; vgl. auch EuGH, Urteil v. 26.4.2018, Rs. C-34/17, Donnellan, Rn. 41. Zwar Bezugnahme des Raums ohne Binnengrenzen in Art. 3 Abs. 2 EUV auch auf den Raum der Freiheit, der Sicherheit und des Rechts; nach Einfügung in Art. 8a EWG bis zur Reform von Lissabon aber ausschließlich und in Art. 26 Abs. 2 AEUV auch weiterhin Verwendung mit Marktbezug. Übergreifend zur Frage einer Neu-Territorialisierung im Unionsrecht *Bast,* VVDStRL 76 (2016), 277 (294 ff.).

348 EuGH, Urteil v. 6.2.2018, Rs. C-359/16, Altun u. a., Rn. 40.

349 EuGH, Gutachten 2/13 v. 18.12.2014, Rn. 191; EuGH, Urteil v. 16.7.2015, Rs. C-681/13, Diageo Brands, Rn. 40; daneben nur EuGH, Urteil v. 5.4.2016, verb. Rs. C-404/15 und C-659/15 PPU, Aranyosi und Căldăraru, Rn. 78; EuGH, Urteil v. 26.4.2018, Rs. C-34/17, Donnellan, Rn. 40. In anderen Fassungen hier etwa „particularly", „notamment".

350 Vgl. hierzu mit Einordnung der Anerkennung als freiheitserweiternd im Binnenmarkt, freiheitsbeschränkend in der (straf-)justiziellen Zusammenarbeit *Braum,* GA 2005, 681 (688); *Nettesheim,* EuR 2009, 24 (25 f., 36, 40 f.); *Möstl,* CML Rev. 47 (2010), 405 (409); differenzierend etwa *Meyer,* in: v. d. Groeben/Schwarze/Hatje, Art. 82 AEUV Rn. 10; *Classen,* in: FS Schwarze, S. 556 (558). Mit Hinweis auf neutralen Charakter der Anerkennung *Vogel/Eisele,* in: GHN, Art. 82 AEUV Rn. 24.

cc) Ergebnis

Aus der Loyalitätsverpflichtung der Mitgliedstaaten lässt sich im Streben nach praktischer Wirksamkeit des Unionsrechts eine grundsätzliche Vermutung rechtskonformen Verhaltens der anderen Mitgliedstaaten begründen. Zumindest dies lässt sich der Rechtsprechung als normativer Gehalt des Grundsatzes des gegenseitigen Vertrauens entnehmen. Jedenfalls in einem solchermaßen begrenzten Gehalt dürfte der Vertrauensgrundsatz auch über den Raum der Freiheit, der Sicherheit und des Rechts hinaus bedeutsam sein.

d) Effet utile-orientierte Begründung grundsätzlichen Absehens von unionsgrundrechtlicher Überprüfung

Mit Blick auf die weitergehende Frage eines aus diesem Grundsatz gebotenen Prüfungsverzichts sei hier zunächst in einer Vorüberlegung auf die vielfach zutage tretende Verknüpfung zwischen gegenseitiger Anerkennung und gegenseitigem Vertrauen zurückgekommen (aa). Sodann wird eine Verpflichtung zum Verzicht auf unionsgrundrechtliche Prüfung näher betrachtet (bb) sowie cc).

aa) „Paradebeispiel" des Prüfungsverzichts: Gegenseitige Anerkennung aufgrund gegenseitigen Vertrauens

Wie bereits angedeutet wurde, ergibt sich aus dem Vorstehenden, weshalb der Gerichtshof dort, wo unionsrechtliche Vorgaben einem Mitgliedstaat zur Prüfung überantwortet wurden, nicht nur davon ausgeht, dieser Staat habe den Sachverhalt anhand unionsrechtlicher Vorgaben ordnungsgemäß zu prüfen; auch wird deutlich, weshalb der EuGH annimmt, ein anderer befasster Mitgliedstaat sei an die im Rahmen dieser Prüfung vorgenommene Einschätzung im Vertrauen auf deren ordnungsgemäße Durchführung gebunden, dürfte also zumindest nicht systematisch eine erneute Kontrolle vornehmen.[351] Ebenso erhellt, weshalb der Gerichtshof bei derartiger Verschränkung mitgliedstaatlicher Beiträge die praktische Wirksamkeit des Sekundärrechts in engem Zusammen-

[351] EuGH, Urteil v. 10.9.1996, Rs. C-11/95, Kommission / Belgien, Rn. 34, 88; EuGH, Urteil v. 19.6.2003, Rs. C-110/01, Tennah-Durez, Rn. 30, 56, 75; EuGH, Urteil v. 2.5.2006, Rs. C-341/04, Eurofood IFSC, Rn. 41; EuGH, Urteil v. 15.7.2010, Rs. C-256/09, Purrucker, Rn. 73 (nachdrücklich Schlussanträge GA *Sharpston,* Rs. C-256/09, Purrucker, Nr. 92, 128, 140); sinngemäß die im Deutschen vertrauensbezogene Rspr. in Zweiter Teil Fn. 201. Beachte die Kontrastierung systematischer Kontrollen zu einem Vertrauensgrundsatz im Verhältnis zur Kommission, EuGH, Urteil v. 10.11.1993, Rs. C-48/91, Niederlande / Kommission, Rn. 11. Vgl. *Kaufhold,* EuR 2012, 408 (420, 426); *Hess,* in: GHN, Art. 81 AEUV Rn. 34; *Leitmeier,* NZV 2010, 377 (379).

hang mit der Konzentration von Rechtsbehelfen im (sachnäheren[352]) Ursprungsstaat unter grundsätzlichem Ausschluss einer erneuten Prüfung im Vollstreckungsstaat[353] sieht.[354]

Auch ein Verzicht auf Gründe für die Anerkennungsversagung in den vorbehaltlosen Verordnungen der justiziellen Zusammenarbeit in Zivilsachen ist in seiner Verschränkung mit Anforderungen an den Ursprungsstaat zu sehen:[355]

Der Hervorhebung vereinheitlichter Vorschriften über die internationale Zuständigkeit für die Anerkennungserleichterung[356] entsprechend, formuliert der Gerichtshof auch diesbezüglich, vom Ursprungsstaat werde eine ordnungsgemäße Prüfung daraufhin verlangt, ob er nach dem Sekundärrecht international zuständig sei.[357] Die Entscheidung hinsichtlich dieser Zuständigkeit dürfe der zweite beteiligte Mitgliedstaat im Gegenzug allerdings nicht mehr überprüfen.[358] Hier ist sinnfällig, dass es zu einer Verlagerung der Prüfung anhand ver-

---

352 Etwa 12. ErwG VO (EG) Nr. 2201/2003 (15. ErwG des Vorschlags KOM[2016] 411 endg.) sowie EuGH, Urteil v. 23.12.2009, Rs. C-403/09 PPU, Detiček, Rn. 35 ff.; EuGH, Urteil v. 15.2.2017, Rs. C-499/15, W. und V. / X., Rn. 51, 60 ff. Zu unterschiedlichen Vorschriften der VO (EG) Nr. 44/2001 EuGH, Urteil v. 17.12.2015, Rs. C-605/14, Komu u. a., Rn. 25, 31; EuGH, Urteil v. 16.6.2016, Rs. C-12/15, Universal Music International Holding, Rn. 26 f., jeweils m. w. N. Zum Wohnsitzerfordernis für die Führerscheinausstellung etwa EuGH, Urteil v. 19.5.2011, Rs. C-184/10, Grasser, Rn. 31. Zu Warenursprungsbescheinigungen nur EuGH, Urteil v. 12.7.1984, Rs. 218/83, Les Rapides Savoyards, Rn. 26. Zu Warenkontrollen nur EuGH, Urteil v. 15.12.1976, Rs. 35/76, Simmenthal I, Rn. 34/36; EuGH, Urteil v. 25.1.1977, Rs. 46/76, Bauhuis, Rn. 20/21.

353 Anders bei ausdrücklich vorgesehener zweiter Kontrolle, wie vormals in Art. 34 Nr. 2 VO (EG) Nr. 44/2001 nun Art. 45 Abs. 1 Buchst. b VO (EU) Nr. 1215/2012; neben den Nachweisen Zweiter Teil Fn. 366 deutlich Schlussanträge GA *Kokott,* Rs. C-619/10, Trade Agency, Nr. 46 f.

354 Jeweils exemplarisch zur InsVO EuGH, Urteil v. 2.5.2006, Rs. C-341/04, Eurofood IFSC, Rn. 43. Zur Brüssel I-VO EuGH, Urteil v. 16.7.2015, Rs. C-681/13, Diageo Brands, Rn. 63 f.; EuGH, Urteil v. 25.5.2016, Rs. C-559/14, Meroni, Rn. 47 f. (vgl. zum EuGVÜ EuGH, Urteil v. 11.5.2000, Rs. C-38/98, Renault / Maxicar, Rn. 33; *Jenard*-Bericht, S. 1 [47]). Zur Brüssel IIa-VO EuGH, Urteil v. 11.7.2008, Rs. C-195/08 PPU, Rinau, Rn. 51; EuGH, Urteil v. 1.7.2010, Rs. C-211/10 PPU, Povse, Rn. 73 f.; EuGH, Urteil v. 9.9.2015, Rs. C-4/14, Bohez, Rn. 59 f. Vgl. aus der Literatur *Neßler,* Europäisches Richtlinienrecht wandelt deutsches Verwaltungsrecht, S. 31 ff.; *Sydow,* Verwaltungskooperation in der Europäischen Union, S. 280; *Ruffert,* Die Verwaltung 34 (2001), 453 (474, 476); *Hess,* IPRax 2001, 389 (391); *Mitsilegas,* YEL 31 (2012), 319 (353); *Kloska,* Das Prinzip der gegenseitigen Anerkennung im europäischen Strafrecht, S. 244 ff.; *Meyer,* in: v. d. Groeben/Schwarze/Hatje, Art. 82 AEUV Rn. 13.

355 Statt vieler *Oberhammer,* JBl. 2006, 477 (480); *Sujecki,* ZEuP 2008, 458 (474 f.); *Hess,* IPRax 2001, 389 (391), eingehender *ders.,* EuZPR, § 3 Rn. 19 ff.

356 Hierzu erneut die Nachweise oben Erster Teil Fn. 286.

357 Zu dieser Komponente etwa auch *Wischmeyer,* GLJ 17 (2016), 339 (375 f.).

358 Jeweils zur InsVO EuGH, Urteil v. 2.5.2006, Rs. C-341/04, Eurofood IFSC, Rn. 41 f.; EuGH, Urteil v. 21.1.2010, Rs. C-444/07, MG Probud, Rn. 29; zur Brüssel IIa-VO EuGH,

einheitlichter Vorschriften in den Ursprungsstaat kommt, deren Kehrseite die Anerkennungserleichterung ist, denn nach autonomem Recht[359] handelt es sich um eine Voraussetzung, die einen Grund für die Versagung der Anerkennung darstellt, wenn auch bereits unter vorangegangenen Erleichterungen nur noch bedingt.[360] Eine Vereinheitlichung der Vorschriften über die internationale Zuständigkeit erlaubt dem EuGH zufolge aufgrund gegenseitigen Vertrauens den Verzicht auf eine erneute Prüfung.[361]

Dasselbe gilt für die in den Ursprungsstaat verlagerte Kontrolle, ob der säumige Beklagte das verfahrenseinleitende Schriftstück rechtzeitig für eine Verteidigung erhalten hat.[362] Dieser Aspekt findet ebenfalls nach autonomem Recht[363] und in abgeschwächter Form unter vorangehenden Vereinfachungen[364] in einem Versagungsgrund Niederschlag.[365] Dabei handelt es sich um eine in

---

Urteil v. 15.7.2010, Rs. C-256/09, Purrucker, Rn. 73 f. (im Anschluss BGHZ 188, 270 [276 f., Rn. 22]); BGHZ 205, 10 (15, Rn. 19); OLG Stuttgart FamRZ 2014, 1567 (1569). Zur Brüssel I-VO EuGH, Urteil v. 21.6.2012, Rs. C-514/10, Wolf Naturprodukte, Rn. 25; EuGH, Urteil v. 15.11.2012, Rs. C-456/11, Gothaer Allgemeine Versicherung u. a., Rn. 29.

359 § 328 Abs. 1 Nr. 1 ZPO; § 109 Abs. 1 Nr. 1 FamFG vorbehaltlich Abs. 2, 3. Bestimmung dieser indirekten (Anerkennungs-)Zuständigkeit in spiegelbildlicher Anwendung deutscher Zuständigkeitsregeln, BGHZ 30, 1 (3); BGHZ 120, 334 (337); *Stadler,* in: Musielak/Voit, § 328 Rn. 9 f., mit Einbeziehung unionsrechtlicher Zuständigkeiten (dies ablehnend etwa *Dörner,* in: Saenger, § 328 Rn. 22).

360 Mit Verschränkung der Prüfung im Ursprungs- und (teilweisem) Kontrollverzicht im Vollstreckungsstaat Art. 25, 35 VO (EG) Nr. 44/2001, nun Art. 45 Abs. 1 Buchst. e, Abs. 2, 3 VO (EU) Nr. 1215/2012; Art. 9, 17 VO (EG) Nr. 1347/2000; Art. 17, 24 VO (EG) Nr. 2201/2003 (weitergehend Art. 50 des Vorschlags KOM[2016] 411 endg.).

361 EuGH, Urteil v. 9.12.2003, Rs. C-116/02, Gasser, Rn. 72; EuGH, Urteil v. 27.4.2004, Rs. C-159/02, Turner / Grovit, Rn. 24; EuGH, Urteil v. 15.2.2007, Rs. C-292/05, Lechouritou u. a., Rn. 44. Kritisch *Kohler,* ZSR 124 (2005) II, 263 (288 f.); *Becker,* Grundrechtsschutz, S. 232 ff., 271 f.; *Gerling,* Die Gleichstellung ausländischer mit inländischen Vollstreckungstiteln, S. 88 ff.; *Weber,* Europäisches Zivilprozessrecht und Demokratieprinzip, S. 224 f.; weniger kritisch *Oberhammer,* JBl. 2006, 477 (494); mit Vertrauensbezug *Willer,* ZZP 127 (2014), 99 (105 f.).

362 Hierzu erneut oben S. 124.

363 § 328 Abs. 1 Nr. 2 ZPO, leicht modifiziert § 109 Abs. 1 Nr. 2 FamFG. Insoweit Rechtsbehelf im Ursprungsstaat nicht verlangt, BGHZ 120, 305 (314); zu § 109 Abs. 1 Nr. 2 FamFG etwa OLG Bremen FamRZ 2013, 808 (808).

364 In Ehe- und Kindschaftssachen Art. 10 Abs. 1, 15 Abs. 1 Buchst. b, Abs. 2 Buchst. c VO (EG) Nr. 1347/2000; nun Art. 18 Abs. 1, 22 Buchst. b, 23 Buchst. c VO (EG) Nr. 2201/2003; Art. 18 Abs. 1, 53 Abs. 4 Buchst. b (i), 37 Buchst. b, 38 Abs. 1 Buchst. b des Vorschlags KOM(2016) 411 endg. In Zivil- und Handelssachen Art. 26 Abs. 2, 34 Nr. 2 VO (EG) Nr. 44/2001, nun Art. 45 Abs. 1 Buchst. b VO (EU) Nr. 1215/2012. Eingehender und kritisch *Becker,* Grundrechtsschutz, S. 179 ff., zum damaligen Vorschlag der VTVO; zum Ganzen *Bach,* Grenzüberschreitende Vollstreckung in Europa, S. 126 ff., 170 ff., 288 ff.

365 Etwa auch *Oberhammer,* JBl. 2006, 477 (481).

anderen Rechtsakten noch enthaltene doppelte Sicherung,[366] die auch in der jüngeren Vergangenheit verhältnismäßig häufig zu einer Versagung zwischen den Mitgliedstaaten geführt hat.[367]

Die Verlagerung der Prüfung unionsrechtlicher Anforderungen in einen Mitgliedstaat und die durchgängig zu beobachtende Bezugnahme von Vertrauen (jedenfalls) auf eine gleichermaßen fähige Umsetzung und Anwendung des unionsrechtlich Gebotenen bilden somit den Hintergrund, vor dem die häufige Annahme zu sehen ist, gegenseitige Anerkennung beruhe auf gegenseitigem Vertrauen.[368] Wenngleich diese Verknüpfung nicht immer ähnlich deutlich hervortritt, findet sich der Gedanke, teils ohne Vertrauensbezug unter Fokussierung auf die sekundärrechtlich angeordnete Anerkennung,[369] teils unter Hervorhebung des den anderen Mitgliedstaaten entgegengebrachten Vertrauens,[370] in

---

366 S. nur EuGH, Urteil v. 16.6.1981, Rs. 166/80, Klomps / Michel, Rn. 12; EuGH, Urteil v. 11.6.1985, Rs. 49/84, Debaecker und Plouvier, Rn. 10; EuGH, Urteil v. 3.7.1990, Rs. C-305/88, Lancray, Rn. 28; EuGH, Urteil v. 6.9.2012, Rs. C-619/10, Trade Agency, Rn. 32; EuGH, Urteil v. 7.7.2016, Rs. C-70/15, Lebek, Rn. 39.

367 Gestützt auf § 328 Abs. 1 Nr. 2 ZPO BayObLG FamRZ 2000, 1170 (1170); BayObLG FamRZ 2005, 638 (638); BayObLG FamRZ 2005, 923 (924); vgl. auch OLG Hamm NJW-RR 2007, 1722 (1723). Unter Art. 27 Nr. 2 EuGVÜ BGH NJW 1993, 2688; OLG Düsseldorf IPRax 2000, 527 (528); OLG Hamburg, Beschluss v. 9.5.2000, 6 W 22/00, juris KORE571772000, Rn. 7; OLG Köln NJW-RR 2001, 1576 (1577). Unter Art. 34 Nr. 2 VO (EG) Nr. 44/2001 OLG Zweibrücken IPRax 2006, 487 (488); OLG Düsseldorf, Beschluss v. 26.5.2008, 3 W 64/08, juris KORE406782008, Rn. 13; OLG Stuttgart, Beschluss v. 31.3.2010, 5 W 62/09, juris KORE212482010, Rn. 15; OLG Düsseldorf IPRspr. 2012, Nr. 271, S. 610; OLG Nürnberg FamRZ 2015, 79 (79 f.), zudem auf Art. 34 Nr. 1 gestützt. Unter Art. 23 Buchst. c, d VO (EG) Nr. 2201/2003 etwa AG Pankow/Weißensee IPRspr. 2009, Nr. 251, S. 654.

368 Neben der Rspr. oben Erster Teil Fn. 169, 263 und den in Erster Teil Fn. 22, 148, 159 ausgewiesenen ErwG aus der umfangreichen Literatur nur *Schwarz,* Grundlinien der Anerkennung, S. 366; *Kaufhold,* EuR 2012, 408 (418 f.); *Wischmeyer,* GLJ 17 (2016), 339 (350 ff., insb. 354 ff.); aus anderer Perspektive *Franzius,* HFR 2010, 159 (161, 164); zu Wechselbezüglichkeiten *Labayle,* in: FS Hailbronner, S. 153 (160 ff.). Jeweils zum Verwaltungsrecht *Neßler,* Europäisches Richtlinienrecht wandelt deutsches Verwaltungsrecht, S. 62; *Majone,* Mutual Trust, S. 13; *Schmidt-Aßmann,* Das allgemeine Verwaltungsrecht als Ordnungsidee, Kap. 7 Rn. 2, 25. Zum Dritten Teil Titel V AEUV *Rossi,* in: Calliess/Ruffert, Art. 81 AEUV Rn. 6; *Breitenmoser/Weyeneth,* in: v. d. Groeben/Schwarze/Hatje, Art. 67 AEUV Rn. 123; *Willer,* ZZP 127 (2014), 99 (106). Es ist damit hier die Handlungsmöglichkeit (erleichterter) Anerkennung, die durch Vertrauen eröffnet werden kann, vgl. *Luhmann,* Vertrauen, S. 30.

369 Noch vor Vertrauensbezug etwa EuGH, Urteil v. 15.12.1976, Rs. 35/76, Simmenthal I, Rn. 27/29, 34/36, 37/40; EuGH, Urteil v. 27.9.1989, Rs. 130/88, C.C. van de Bijl, Rn. 17, 21 f.; EuGH, Urteil v. 29.4.2004, Rs. C-476/01, Kapper, Rn. 46; EuGH, Urteil v. 19.5.2011, Rs. C-184/10, Grasser, Rn. 20 f.; EuGH, Urteil v. 16.10.2008, Rs. C-452/06, Synthon, Rn. 32.

370 Hierzu nur EuGH, Urteil v. 25.1.1977, Rs. 46/76, Bauhuis, Rn. 16/19, 22/25, 37/39; EuGH, Urteil v. 23.5.1996, Rs. C-5/94, Hedley Lomas, Rn. 19; EuGH, Urteil v. 10.9.1996, Rs. C-11/95, Kommission / Belgien, Rn. 88; EuGH, Urteil v. 14.1.1997, Rs. C-124/95, Cen-

der Rechtsprechung in vielfacher Ausführung. Nimmt der Gerichtshof in Bezug auf die Urteilsanerkennung weitergehend an, gegenseitiges Vertrauen verlange eine Anerkennung von Rechts wegen,[371] dürfte dies allerdings nur gelten, soweit eine unmittelbare Anerkennung ausdrücklich sekundärrechtlich geboten ist.[372] Dies ist bei einer Rückbindung an loyale Zusammenarbeit und *effet utile* unproblematisch.

Bei einer solchen Rückbindung ergibt sich umgekehrt ebenso zwanglos, dass selbst in Ermangelung sekundärrechtlicher Vorgaben für Ursprungs- *oder* Zweitstaat für die praktische Wirksamkeit solchen Primärrechts, das eine Zirkulation bezweckt, zumindest die Berücksichtigung von Rechtslage und -anwendung im Ursprungsstaat geboten ist.[373] Dass sich im nichtharmonisierten Bereich an eine Gleichwertigkeitsprüfung nicht unbedingt eine weitergehende Anerkennung anschließen muss,[374] fügt sich ebenso hierein.

---

tro-Com, Rn. 49; EuGH, Urteil v. 19.3.1998, Rs. C-1/96, Compassion in World Farming, Rn. 47. Vgl. in Strafsachen die Rechtsprechung in Erster Teil Fn. 168.

[371] S. nur EuGH, Urteil v. 28.4.2009, Rs. C-420/07, Apostolides, Rn. 73; EuGH, Urteil v. 13.10.2011, Rs. C-139/10, Prism Investments, Rn. 28; EuGH, Urteil v. 16.7.2015, Rs. C-681/13, Diageo Brands, Rn. 40; EuGH, Urteil v. 15.2.2017, Rs. C-499/15, W. und V. / X., Rn. 50.

[372] Im Kontext der Urteile soeben Zweiter Teil Fn. 371 durch VO (EG) Nr. 44/2001, VO (EG) Nr. 2201/2003. Vgl. *Jenard*-Bericht, S. 1 (43, 47). Eine sekundärrechtliche Anordnung liegt in Strafsachen etwa mit Art. 1 Abs. 2 RB 2002/584/JI vor (zur daraus folgenden Anerkennungspflicht die Rspr. oben Erster Teil Fn. 168). Beachte umgekehrt auch EuGH, Urteil v. 9.6.2016, Rs. C-25/15, Balogh, Rn. 54, EuGH, Urteil v. 21.9.2017, Rs. C-171/16, Beshkov, Rn. 36 sowie EuGH, Urteil v. 5.7.2018, Rs. C-390/16, Lada, Rn. 38. Aus der übrigen Rspr. mit zugrunde liegender sekundärrechtlicher Pflicht etwa EuGH, Urteil v. 19.6.2003, Rs. C-110/01, Tennah-Durez, Rn. 30; EuGH, Urteil v. 21.5.2015, Rs. C-339/14, Wittmann, Rn. 23. Aus dem Schrifttum nur *Vogel/Eisele,* in: GHN, Art. 82 AEUV Rn. 21, 27 f.; *Happe,* Die grenzüberschreitende Wirkung von nationalen Verwaltungsakten, S. 108, 140; *Neßler,* Europäisches Richtlinienrecht wandelt deutsches Verwaltungsrecht, S. 121 f.; *Möstl,* CML Rev. 47 (2010), 405 (408 ff.); *Pohl,* Vorbehalt und Anerkennung, S. 77; *Schwarz,* Grundlinien der Anerkennung, S. 199 f.

[373] Hierzu nur *Kahl,* in: Calliess/Ruffert, Art. 4 EUV Rn. 117, 119; *Marauhn,* in: Schulze/Zuleeg/Kadelbach, § 7 Rn. 48; *Bleckmann,* JZ 1985, 1072 (1074), bei gänzlich anderem Ausgangspunkt; *Happe,* Die grenzüberschreitende Wirkung von nationalen Verwaltungsakten, S. 81, 106; *Neßler,* NVwZ 1995, 863 (864); *Schwarz,* Grundlinien der Anerkennung, S. 181 ff. Anders gefasster Anerkennungsgrundsatz bei *Kaufhold,* EuR 2012, 408 (430). Zu einem primärrechtlichen Anerkennungsgrundsatz in der justiziellen Zusammenarbeit erneut die Nachweise oben Zweiter Teil Fn. 202.

[374] Aus der Rspr. oben Erster Teil Fn. 267 deutlich EuGH, Urteil v. 13.11.2003, Rs. C-313/01, Morgenbesser, Rn. 57 f. Zum Beitrag einer Harmonisierung zum Vertrauen etwa EuGH, Urteil v. 19.6.2003, Rs. C-110/01, Tennah-Durez, Rn. 30. S. zudem erneut zu der unter Art. 54 SDÜ möglichen Vergewisserung über eine Sachprüfung im Erststaat EuGH, Urteil v. 29.6.2016, Rs. C-486/14, Kossowski, Rn. 42, 52 f. Aus dem Schrifttum deutlich *Streinz,* in:

Angesichts des außerhalb der Rechtsprechung zum Teil synonymen Gebrauchs sei festgehalten, dass der nun auch vom EuGH so genannte Grundsatz der gegenseitigen Anerkennung[375] danach nicht identisch ist mit dem, was der Gerichtshof in jüngerer Zeit als normativen Gehalt eines Grundsatzes des gegenseitigen Vertrauens herausgearbeitet hat;[376] dies gilt, obwohl jeweils eine Rückbindung an *effet utile* und loyale Zusammenarbeit möglich ist.[377]

bb) Grundsätzlicher Prüfungsverzicht bei Unionsgrundrechtsbindung des Ursprungsstaats

Für die Frage eines Verzicht auf Überprüfung unionsgrundrechtlicher Anforderungen ergibt sich daraus folgendes Bild: Soweit der Ursprungsstaat Unionsrecht durchführt und daher nach Art. 51 Abs. 1 S. 1 GRC an die Unionsgrundrechte gebunden ist, besteht eine Vermutung, dass der Grundrechtsordnung, unter der sich hier die Frage einer Versagung stellt, bereits durch diesen Staat zu praktischer Wirksamkeit verholfen wird.[378]

Bei gleich guter Befähigung zu ordnungsgemäßer Rechtsanwendung dürfte eine Kontrolle durch den Vollstreckungsstaat, die die sekundärrechtlichen Zuständigkeiten überspielte, damit sogar zum Grundrechtsschutz nicht zulässig, weil zu diesem Schutz nicht erforderlich sein.[379] Ohne grundsätzlichen Prüfungsverzicht des Vollstreckungsstaats würde nur eine Ersetzung der Beurteilung des Ursprungsstaats durch die des Vollstreckungsstaats eröffnet.[380] Ver-

---

ders., Art. 4 EUV Rn. 6. Vgl. *Kahl,* in: Calliess/Ruffert, Art. 4 EUV Rn. 119; *Schwarz,* Grundlinien der Anerkennung, S. 195.

375 Aus der Rspr. oben Erster Teil Fn. 264 erneut vor allem EuGH, Urteil v. 10.2.2009, Rs. C-110/05, Kommission / Italienische Republik, Rn. 34.

376 Differenzierend auch *Kaufhold,* EuR 2012, 408 (429); *Wischmeyer,* GLJ 17 (2016), 339 (356); Schlussanträge GA *Ruiz-Jarabo Colomer,* Rs. C-150/05, Van Straaten, Nr. 61; Schlussanträge GA *Ruiz-Jarabo Colomer,* Rs. C-297/07, Bourquain, Nr. 39. Schlussanträge GA *Bobek,* Rs. C-108/16 PPU, Dworzecki, Nr. 38. Demgegenüber synonyme Verwendung Schlussanträge GA *Sharpston,* Rs. C-467/04, Gasparini u. a., Nr. 107 mit Fn. 87; Stellungnahme GA *Jääskinen,* Rs. C-296/10, Purrucker, Nr. 127; wohl auch in KOM(2011) 327 endg., S. 3.

377 In der Sache auch *Kahl,* in: Calliess/Ruffert, Art. 4 EUV Rn. 117, 119.

378 S. erneut *Classen,* in: FS Schwarze, S. 556 (574).

379 Vgl. *Hess,* EuZPR, § 3 Rn. 26; *Callewaert,* ZEuS 2014, 79 (80, 85); *v. Bogdandy/Ioannidis,* ZaöRV 74 (2014), 283 (319, 321 f.); *Reinbacher/Wendel,* EuGRZ 2016, 333 (341); *Schmahl,* JZ 2016, 921 (924 f.). Anklingend bei *Pohl,* Vorbehalt und Anerkennung, S. 126 f.; *Wischmeyer,* GLJ 17 (2016), 339 (375). Bei Drohen genereller Aussetzung gilt dies auch für belassene Spielräume, vgl. zum Dublin-System nur *Weinzierl,* ZAR 2010, 260 (267 f.); *Lübbe,* ZAR 2014, 105 (110). Zur Nähe von Prinzipien und Verhältnismäßigkeit erneut *Alexy,* Theorie der Grundrechte, S. 100 f.

380 In der Sache *Meyer,* in: v. d. Groeben/Schwarze/Hatje, Art. 82 AEUV Rn. 7, 13; Stel-

pflichtet das Sekundärrecht – wie Ausgangspunkt der hiesigen Betrachtungen ist – ohne einschlägigen Prüfungsvorbehalt zur Zusammenarbeit, lässt sich ein Abrücken von dieser Kooperationsverpflichtung trotz ihres normhierarchisch niederen Ranges gegenüber der unionsgrundrechtlichen Bindung dann nicht begründen. Der größtmöglichen praktischen Wirksamkeit sämtlicher betroffener Verpflichtungen der Mitgliedstaaten dient vielmehr ein grundsätzlicher Prüfungsverzicht.[381]

Konkret auf die grundrechtliche Ebene bezogen, handelt es sich bei einem vertrauensgestützten Verzicht auf eine grenzüberschreitende Beurteilung des Schutzes danach jedenfalls um ein Instrument zum Umgang mit der Bindung beider Partner an dieselbe Grundrechtsordnung bei Durchführung des Unionsrechts,[382] wenngleich der Gerichtshof bislang den Gedanken eines gemeinsamen Grundrechtsraums nicht aufgreift.[383] In einer für alle beteiligten staatlichen Akteure gleichermaßen verbindlichen Unionsrechtsordnung dient dies dazu, den aus dieser Rechtsordnung entspringenden Verpflichtungen möglichst durch die Stelle zu praktischer Wirksamkeit zu verhelfen, an der ihnen originär Gefahr droht.[384] Die damit einhergehende Stärkung der sekundärrechtlichen Zuständigkeitsordnung erscheint dort im Grundsatz sinnvoll, wo diese von vornherein in Abhängigkeit von der Sachnähe zum betroffenen Lebenssachverhalt geregelt worden ist.[385]

Auch das grundsätzliche Absehen von einer grenzüberschreitenden Schutzbeurteilung bei der Anerkennung, die der Gerichtshof fordert,[386] kann damit aus dem Grundsatz des gegenseitigen Vertrauens als horizontaler, *effet utile*-orientierter Ausprägung des Loyalitätsgrundsatzes geboten sein.

---

lungnahme GA *Bot,* Rs. C-491/10 PPU, Aguirre Zarraga, Nr. 76; anklingend bei *Hoppe,* Eilrechtsschutz gegen Dublin II-Überstellungen, S. 200.

[381] S. erneut die Nachweise oben Zweiter Teil Fn. 333.

[382] S. insbesondere *Meyer,* in: v. d. Groeben/Schwarze/Hatje, Vor Art. 82 AEUV Rn. 35, 37 sowie Art. 82 AEUV Rn. 7; *Reinbacher/Wendel,* EuGRZ 2016, 333 (337); *Stein,* IPRax 2004, 181 (184 ff.); *Laukemann,* IPRax 2012, 207 (210, 213 f.); vgl. auch *Völker/Steinfatt,* FPR 2005, 415 (417). Weitergehend *Canor,* ZaöRV 73 (2013), 249 (264 ff.); *Franzius,* ZaöRV 75 (2015), 383 (408 f.).

[383] Hierzu erneut die Nachweise oben Zweiter Teil Fn. 208.

[384] Deutlich *Meyer,* in: v. d. Groeben/Schwarze/Hatje, Art. 82 AEUV Rn. 13; *Callewaert,* ZEuS 2014, 79 (80, 83, 85); *Vogel/Eisele,* in: GHN, Art. 82 AEUV Rn. 33; *Breitenmoser/Weyeneth,* in: v. d. Groeben/Schwarze/Hatje, Vor Art. 67 AEUV Rn. 100; kritisch *Kohler,* ZSR 124 (2005) II, 263 (285).

[385] S. erneut die Nachweise oben Zweiter Teil Fn. 352; *Classen,* in: FS Schwarze, S. 556 (562).

[386] Ausdrücklich EuGH, Gutachten 2/13 v. 18.12.2014, Rn. 191 f.; sinngemäß zuvor EuGH, Urteil v. 21.12.2011, verb. Rs. C-411/10 und C-493/10, N. S. u. a., Rn. 83 ff. Zu den Vertrauensgrenzen sogleich S. 160 ff.

Auf diese Weise rekonstruiert, stellt sich der Prüfungsverzicht nicht als Verzicht auf die vollumfängliche Durchsetzung der Unionsgrundrechte dar. Vielmehr ist bei Bindung auch des Kooperationspartners an diese Grundrechte selbst zur ihrer vollumfänglichen Entfaltung ein eigenes Tätigwerden grundsätzlich schlicht nicht erforderlich.[387] Dies steht im Kontrast zur Beurteilung zwischenstaatlicher Zusammenarbeit nach nationalem Verfassungsrecht[388] und der EMRK; dort spielt jeweils auch das Anliegen eine Rolle, die eigenen Grundrechte nicht in kooperationsgefährdender Weise zum Maßstab ausländischen Verhaltens zu machen.

Auf Grundlage des bisher Gesagten ergibt sich dies ohne Weiteres aber nur in dem Umfang, in dem der Ursprungsstaat seinerseits an die Unionsgrundrechte gebunden ist.[389] Dies dürfte er zumindest nach Ansicht des EuGH vielfach sein: Der Gerichtshof geht weiterhin davon aus, bereits mit dem Anwendungsbereich des Unionsrechts sei auch die Bindung an die Unionsgrundrechte eröffnet, auch wenn von dem sehr weiten Durchführungsverständnis aus der Rechtssache *Åkerberg Fransson* inzwischen bereichsweise abgerückt wurde.[390]

---

387 *Callewaert,* ZEuS 2014, 79 (83, 85); *Classen,* in: FS Schwarze, S. 556 (574); es gehe um das „Wo", nicht das „Ob", *Reinbacher/Wendel,* EuGRZ 2016, 333 (337). Vgl. EuGH, Urteil v. 26.4.2018, Rs. C-34/17, Donnellan, Rn. 45.

388 Hierzu unten S. 185 ff.

389 Mit Augenmerk hierauf auch *Schwarz,* Grundlinien der Anerkennung, S. 303. Daneben jeweils im Ausgangspunkt differenzierend, aber im Ergebnis mit Annahme grds. hinreichenden Schutzes auch jenseits GRC-Bindung *Röben,* in: GHN, Art. 67 AEUV Rn. 80 f. (zudem Rn. 20, 75 und Art. 70 Rn. 9, 12); *Breitenmoser/Weyeneth,* in: v. d. Groeben/Schwarze/Hatje, Vor Art. 67 AEUV Rn. 99 f. sowie Art. 67 Rn. 35, 123. Ohne solche Differenzierung *Labayle,* in: FS Hailbronner, S. 153 (163, 165); *Mitsilegas,* YEL 31 (2012), 319 (322, 329, 332, 353, 356 f.); *Kloska,* Das Prinzip der gegenseitigen Anerkennung im europäischen Strafrecht, S. 209; *Schmahl,* JZ 2016, 921 (924); *Wischmeyer,* GLJ 17 (2016), 339 (380).

390 EuGH, Urteil v. 26.2.2013, Rs. C-617/10, Åkerberg Fransson, Rn. 18 ff. (aber auch EuGH, Urteil v. 20.3.2018, Rs. C-524/15, Menci, Rn. 21); nachfolgend etwa EuGH, Urteil v. 6.3.2014, Rs. C-206/13, Siragusa, Rn. 22, 25; EuGH, Urteil v. 10.7.2014, Rs. C-198/13, Hernández u.a., Rn. 33, 37; im hiesigen Kontext EuGH, Beschluss v. 17.7.2017, verb. Rs. C-177/17 und C-178/17, Sas und Garavaldi, Rn. 16 ff. Aus der Wissenschaft mit großzügigem Bindungsverständnis etwa *Meyer,* in: v. d. Groeben/Schwarze/Hatje, Vor Art. 82 AEUV Rn. 35; Bindung (bereits) im Anwendungsbereich, *Franzius,* ZaöRV 75 (2015), 383 (393 f.); zumindest aufgeschlossen gegenüber Bindung in Spielräumen *Brummund,* Kohärenter Grundrechtsschutz, S. 67 f., m. w. N.; *Jarass,* GRC, Art. 51 Rn. 20a; *Terhechte,* in: v. d. Groeben/Schwarze/Hatje, Art. 51 GRC Rn. 10 ff.; *Thym,* NVwZ 2013, 889 (894); *Ohler,* NVwZ 2013, 1433 (1434). Kritisch *Kingreen,* in: Calliess/Ruffert, Art. 51 GRCh Rn. 14; kritisch, mit streng effektivitätsorientiertem Ansatz *Britz,* EuGRZ 2015, 275 (278 f.). Angesichts *McB.* an ursprungsstaatlicher Bindung zweifelnd *dies.,* JZ 2013, 105 (107); ambivalent in Zusammenschau mit *Åkerberg Fransson Classen,* in: FS Schwarze, S. 556 (569).

cc) Zweifel an Prüfungsverzicht ohne Unionsgrundrechtsbindung des Ursprungsstaats

Soweit der Ursprungsstaat nicht an die Unionsgrundrechte gebunden ist, können allein seine übrigen Verpflichtungen für einen hinreichenden Schutz sorgen. Ein Gebot des Verzichts auf unionsgrundrechtliche Prüfung im Zweitstaat dürfte in diesem Fall bei *effet utile*-orientierter Betrachtung jedoch nur begründbar sein, wenn eine solche Prüfung auch dann nicht zum Schutz der Unionsgrundrechte erforderlich ist. Es müsste zu einer Vermutung gleichermaßen fähiger Rechtsanwendung also eine – vorgelagerte, die normativen Bindungen betreffende – Vermutung hinzukommen, dass das durch die Unionsgrundrechte Gebotene hinreichend anderweitig geschützt ist.[391] Einen Anhaltspunkt dafür, dass der EuGH hiervon ausgeht, scheint zu bieten, dass der Gerichtshof jedenfalls nicht explizit nach dem Bestehen einer Bindung des Ursprungsstaats an die Unionsgrundrechte unterschieden hat.[392]

Nach einer Vorüberlegung zum einschlägigen Vergleichsmaßstab wird die Vertrauensrechtsprechung unter diesem Aspekt beleuchtet und anschließend auf zwei naheliegende Ansatzpunkte für eine Vermutung der Unionsgrundrechtswahrung auch jenseits ursprungsstaatlicher Bindung eingegangen.

(1) Vergleichsmaßstab: Unionsgrundrechte

Zunächst mögen zahllose Bezugnahmen im Binnenmarkt auf Vertrauen in die jeweiligen behördlichen Warenkontrollen[393] oder Qualifikationen[394] und auch Bezugnahmen im Raum der Freiheit, der Sicherheit und des Rechts auf Vertrauen in die (Zivil-)Rechtssysteme und Rechtspflegeorgane,[395] daneben in die Strafjustizsysteme[396] in die Richtung eines allgemeinen Vertrauens auf Gleichwertigkeit weisen.[397] Oftmals geht es bei solch scheinbar generellen Gleichwertigkeitsannahmen tatsächlich wiederum lediglich um die Befähigung zur Einhaltung sekundärrechtlicher Vorgaben.[398] Jenseits dessen ist der Aussagegehalt

---

[391] In der Sache *Röben,* in: GHN, Art. 67 AEUV Rn. 81; *Breitenmoser/Weyeneth,* in: v. d. Groeben/Schwarze/Hatje, Vor Art. 67 AEUV Rn. 100, Art. 67 Rn. 123.

[392] Betont bei *Canor,* ZaöRV 73 (2013), 249 (266).

[393] Hierzu die Rspr. oben Erster Teil Fn. 254.

[394] Hierzu die Rspr. oben Erster Teil Fn. 256.

[395] Hierzu erneut die Rspr. oben Erster Teil Fn. 20 zum EuGVÜ sowie Erster Teil Fn. 275. Daneben etwa 4., 5., 8. ErwG RL 2013/48/EU; 26. ErwG VO (EU) Nr. 1215/2012.

[396] Hierzu die Rspr. oben Erster Teil Fn. 155; EuGH, Urteil v. 8.11.2016, Rs. C-554/14, Ognyanov, Rn. 47 ff.; EuGH, Urteil v. 11.1.2017, Rs. C-289/15, Grundza, Rn. 41.

[397] Vgl. EuGH, Urteil v. 9.12.2003, Gasser, Rs. C-116/02, Rn. 67; EuGH, Urteil v. 16.2.2017, Rs. C-578/16 PPU, C. K. u. a., Rn. 70.

[398] Hierzu neben der Rspr. oben Zweiter Teil Fn. 214, 217 EuGH, Urteil v. 11.7.2008, Rs.

derartiger Ausführungen für die hier interessierende Frage hingegen wenig ergiebig. Selbst in der Rechtsprechung zur justiziellen Zusammenarbeit ist mit solchen Bezügen lediglich ein Vergleich der (einfachrechtlichen) mitgliedstaatlichen Lösungen untereinander angesprochen.[399] Angesichts der Maßstäblichkeit der Unionsgrundrechte für den Vollstreckungsstaat sind hier aber *diese* Grundrechte Vergleichsmaßstab für den im Ursprungsstaat bestehenden Schutz.[400]

Etwas anderes wäre zwar bei Gestattung eines Rückgriffs des Vollstreckungsstaats auf seine nationalen Grundrechte über Art. 53 GRC der Fall. Mit der Bejahung der Möglichkeit paralleler Anwendbarkeit der Grundrechtsordnungen scheint dies auch zunächst nach der Rechtsprechung nicht ausgeschlossen.[401] Zugleich aber wird betont, dass eine Anwendung nationaler Grundrechte nach Art. 53 GRC nur dann zulässig sei, wenn es hierdurch weder zu einer Beeinträchtigung des Schutzniveaus der Charta noch zur Beeinträchtigung von Vorrang, Einheitlichkeit oder Wirksamkeit des übrigen Unionsrechts komme.[402] Dies bekräftigend, wurde im zweiten EMRK-Beitrittsgutachten ein Rückgriff auf Grundrechte aus anderer als unionaler Quelle bei mitgliedstaatlicher Zusammenarbeit ausdrücklich als Gefährdung der Unionsrechtsautonomie angesehen.[403] Die Zulässigkeit eines Rückgriffs auf nationale Grundrechte wurde

C-195/08 PPU, Rinau, Rn. 79; EuGH, Urteil v. 22.12.2010, Rs. C-491/10 PPU, Aguirre Zarraga, Rn. 59.

[399] Deutlich in EuGH, Urteil v. 27.10.2016, Rs. C-428/15, D., Rn. 57.

[400] EuGH, Gutachten 2/13 v. 18.12.2014, Rn. 192; *Franzius,* ZaöRV 75 (2015), 383 (407); *Kloska,* Das Prinzip der gegenseitigen Anerkennung im europäischen Strafrecht, S. 205 f. mit Fn. 847, 208 f., 629. Weniger deutlich bei *Wischmeyer,* GLJ 17 (2016), 339 (355) einerseits, S. 379 andererseits; ebenso wenig bei *Kaufhold,* in: Baberowski (Hrsg.), Was ist Vertrauen?, S. 101 (102); *Hoppe,* Eilrechtsschutz gegen Dublin II-Überstellungen, S. 191; *Engel,* Der Beitritt der Europäischen Union zur EMRK, S. 122 (mit Fn. 339); *Buchholtz,* NVwZ 2016, 1353 (1358); *Oberhammer,* JBl. 2006, 477 (487, 497 f.).

[401] EuGH, Urteil v. 26.2.2013, Rs. C-399/11, Melloni, Rn. 60; EuGH, Urteil v. 26.2.2013, Rs. C-617/10, Åkerberg Fransson, Rn. 29; EuGH, Urteil v. 11.9.2014, Rs. C-112/13, A., Rn. 44.

[402] Auch hierzu die Rspr. in Zweiter Teil Fn. 401. Statt vieler kritisch zum Umgang mit Art. 53 GRC *Gaede,* NJW 2013, 1279 (1281), jedenfalls jenseits mehrpoliger Verhältnisse; *Franzius,* ZaöRV 75 (2015), 383 (398 ff.); offener bereits *Kingreen,* in: Calliess/Ruffert, Art. 53 GRCh Rn. 6 f. Aufgeschlossener insbesondere *Meyer,* in: v. d. Groeben/Schwarze/Hatje, Vor Art. 82 AEUV Rn. 35; *Terhechte,* in: v. d. Groeben/Schwarze/Hatje, Art. 53 GRC Rn. 4, 9; *Thym,* NVwZ 2013, 889 (892); *Masing,* JZ 2015, 477 (486); *Hess,* in: Weller/Althammer (Hrsg.), Mindeststandards im europäischen Zivilprozessrecht, S. 221 (227 f.); nur aufgrund effektivitätsorientiertem Bindungsverständnis *Britz,* EuGRZ 2015, 275 (280). Vgl. *Wischmeyer,* GLJ 17 (2016), 339 (379); bei kompetenziell unerreichbarer größerer Einheit mit Frage nach funktioneller Äquivalenz (nur) aus Perspektive des Vollstreckungsstaats *Schwarz,* Grundlinien der Anerkennung, S. 289, 293 f., 312 ff.

[403] EuGH, Gutachten 2/13 v. 18.12.2014, Rn. 188, 193 ff.

zudem im Kontext anerkennungserleichternden Sekundärrechts verneint, wenn dadurch die Anerkennung behindert würde.[404] Zumindest nach der Rechtsprechung des EuGH bleibt es somit dabei, dass maßgeblich für die Beurteilung der Zusammenarbeit auf ihre Zulässigkeit allein die Unionsgrundrechte sind.

(2) In der Rechtsprechung implizierte Unionsgrundrechtsbindung

In Bezug auf den Schutz im Ursprungsstaat ist nach inzwischen gefestigter Rechtsprechung Vertrauen in „einen gleichwertigen und wirksamen Schutz der auf Unionsebene und insbesondere in der Charta der Grundrechte anerkannten Grundrechte"[405] geboten. Damit aber ist, wie jenseits grundrechtlicher Betrachtung,[406] genau genommen allein eine Vermutung gleichermaßen kompetenter Einhaltung des unionsgrundrechtlichen Schutzes ausgedrückt, *soweit dieser reicht*. Die Vermutung wird zudem in einer Weise formuliert, die mit Äquivalenz und Effektivität des Schutzes Erfordernisse hervorhebt, die sich für den Ursprungsstaat aus dem Loyalitätsgrundsatz nur ergeben, soweit er an die Unionsgrundrechte gebunden ist.[407] Von einer Vermutung der Wahrung eines dem unionsgrundrechtlichen gleichwertigen Schutzes ist demgegenüber nicht die Rede. Im Gegensatz zur *Bosphorus*- und *Solange*-Rechtsprechung wird mit dieser Formulierung daher nicht zugleich ein Urteil über die Gleichwertigkeit des aus anderer als unionsrechtlicher Quelle fließenden Schutzes ausgedrückt. Spricht der EuGH aber lediglich von einer Vermutung der Wahrung der Unionsgrundrechte im Umfang ihrer Maßstäblichkeit, wird darüber hinaus auch kein Prüfungsverzicht verlangt.

---

[404] EuGH, Urteil v. 26.2.2013, Rs. C-399/11, Melloni, Rn. 62 f., wegen drohender Verletzung der Grundsätze des gegenseitigen Vertrauens und der gegenseitigen Anerkennung (zum anschließenden Umgang des Vorlagegerichts hiermit erneut *Herzmann*, EuGRZ 2015, 445 [448 ff.)]; s. auch EuGH, Urteil v. 30.5.2013, Rs. C-168/13, F., Rn. 53. I.S.d. Rs. *Melloni* etwa 67. ErwG, Art. 23 RL (EU) 2016/800; umgekehrt Verweis (nur) auf grds. Zulässigkeit eines höheren Schutzniveaus in Art. 13 RL (EU) 2016/343. In „Vollstrecker"-Fällen dürfte auch eine Abstufung in der Verhältnismäßigkeit (*Ohler*, NVwZ 2013, 1433 [1437]) unionsrechtlich orientiert sein.

[405] Außer in EuGH, Urteil v. 22.12.2010, Rs. C-491/10 PPU, Aguirre Zarraga, Rn. 70 überwiegend auch in der übrigen Rspr. oben Zweiter Teil Fn. 328, 329; vgl. BGHZ 205, 10 (17, Rn. 28).

[406] EuGH, Urteil v. 27.6.1991, C-351/89, Overseas Union Insurance u. a., Rn. 23.

[407] EuGH, Urteil v. 22.12.2010, Rs. C-491/10 PPU, Aguirre Zarraga, Rn. 59. Allgemein zu Äquivalenz- und Effektivitätsgrundsatz aus der Rspr. oben Zweiter Teil Fn. 300 in der Sache grundlegend EuGH, Urteil v. 16.12.1976, Rs. 33/76, Rewe, Rn. 5; EuGH, Urteil v. 16.12.1976, Rs. 45/76, Comet, Rn. 11/18; begrifflich EuGH, Urteil v. 8.11.2005, Rs. C-443/03, Leffler, Rn. 49; EuGH, Urteil v. 30.6.2016, Rs. C-205/15, DGRFP, Rn. 34.

Trotz aller Vorsicht gegenüber Rückschlüssen aus einzelnen Sprachfassungen[408] dürfte zudem nur bei bestehender Bindung davon ausgegangen werden können, dass die anderen Mitgliedstaaten die Unionsgrundrechte *beachten*, wie auch in der englischen und französischen Version der Gebrauch von *to comply* und *to observe* bzw. *respecter* das Bestehen einer Verpflichtung impliziert.[409] Noch deutlicher wird diese vorausgesetzte Bindung, wenn der EuGH in jüngerer Rechtsprechung den Blickwinkel über die Grundrechte hinaus erweitert und allgemein von Vertrauen in die Beachtung des Unionsrechts spricht.[410]

Ungeachtet dieser Überlegungen ergibt sich aber zumeist auch aus dem Entscheidungskontext, dass der Gerichtshof dort, wo er einen Verzicht auf grundrechtliche Prüfung für geboten erachtet, eine Bindung des Ursprungsstaats an die Grundrechtecharta voraussetzt.[411] Dass er hingegen einem Mitgliedstaat Vertrauen abverlangt hätte, zugleich aber ausdrücklich vom Fehlen der Bindung des Ursprungsstaats ausgegangen wäre, ist nicht ersichtlich.

Am Rande sei schließlich erwähnt, dass auch dort, wo Erwägungsgründe des Sekundärrechts im Vertrauen auf die Gleichwertigkeit justizbehördlicher Entscheidungen ausdrücklich solches auf die Angemessenheit der nationalen Vorschriften inbegriffen sehen,[412] neben der Bindung an die EMRK auch die Chartabindung vorausgesetzt und daneben detailliertere Vorgaben für eine Vertrauensstärkung für nötig gehalten werden.[413]

(3) Jenseits Unionsgrundrechten Art. 2 EUV als Ansatzpunkt?

Hier seien dennoch einige Überlegungen zu möglichen Ansatzpunkten eines hinreichenden Schutzes und daran gekoppelten Prüfungsverzichts auch jenseits ursprungsstaatlicher Chartabindung angestellt. Zunächst ließe sich erwägen, ob

---

[408] Vgl. EuGH, Urteil v. 12.11.1969, Rs. 29/69, Stauder, Rn. 3.

[409] Etwa EuGH, Urteil v. 21.12.2011, verb. Rs. C-411/10 und C-493/10, N.S. u.a., Rn. 71, 78; Hervorhebung nicht im Original.

[410] Aus der Rspr. in Zweiter Teil Fn. 328 nur EuGH, Gutachten 2/13 v. 18.12.2014, Rn. 191.

[411] Hierzu erneut die Rspr. oben Zweiter Teil Fn. 233 (vgl. auch die Nachweise in Zweiter Teil Fn. 235).

[412] So in 4. ErwG RL 2010/64/EU; 4. ErwG RL 2012/13/EU; 6. ErwG RL 2013/48/EU; kritisch hierzu *Mitsilegas,* YEL 31 (2012), 319 (366). Umgekehrt *Kaufhold,* EuR 2012, 408 (425) mit Gesetzgebung als Bezugspunkt von Vertrauen. Im jüngeren Sekundärrecht jeweils nur gegenseitiges Vertrauen in die Strafrechtspflege, 4., 10. ErwG RL (EU) 2016/343; 2., 3. ErwG RL (EU) 2016/800.

[413] 5., 6., 7., 9. ErwG RL 2010/64/EU; 8., 10., 41. ErwG RL 2012/13/EU; 6. ErwG RL 2013/48/EU; vgl. Maßnahmenprogramm in Zivil- und Handelssachen, ABl. EG Nr. C 12 v. 15.1.2001, S. 1 (5); vgl. aus der Rspr. EuGH, Urteil v. 23.1.2018, Rs. C-367/16, Piotrowski, Rn. 49 f., 52.

nicht das Bekenntnis in Art. 2 EUV – und damit wiederum eine unionsrechtliche Verpflichtung – einen solchen Anknüpfungspunkt bietet.[414]

Im hier interessierenden Zusammenhang sind aus dem Wertekatalog der Norm insbesondere die Rechtsstaatlichkeit, Menschenwürde und die Menschenrechte hervorzuheben.[415] Misst man diesem Bekenntnis verpflichtenden Gehalt gegenüber den Mitgliedstaaten bei,[416] ist auch dieses Bezugspunkt der gebotenen Vermutung rechtskonformen Verhaltens. Insoweit fügte sich in das oben Gesagte, von Vertrauen in die Rechtsstaatlichkeit, Menschenrechts- und Menschenwürdewahrung durch den Ursprungsstaat jenseits unionsgrundrechtlicher Bindung auszugehen.[417]

Wenn auch nicht originär auf das horizontale Verhältnis bezogen, liegt eine solche Vermutung hinsichtlich des unionsgrundrechtlichen Wesensgehalts, an den über Art. 2 EUV eine Bindung bestehe, dem Vorschlag des „umgekehrten *Solange*"[418] zugrunde. Hiervon zu trennen, bezieht sich die Charakterisierung der Rechtsprechung als „*Solange* horizontal" namensgebend zum einen von vornherein auf das mitgliedstaatliche Verhältnis.[419] Zudem steht eine Vermu-

---

[414] Vgl. *v. Bogdandy u. a.*, ZaöRV 72 (2012), 45 (70); *v. Bogdandy/Ioannidis*, ZaöRV 74 (2014), 283 (284, 319); anklingend bei *Franzius*, ZaöRV 75 (2015), 383 (405); *Beaumont/ Johnston*, IPRax 2010, 105 (109); zu Art. 2 EUV als Homogenitätsgebot *Calliess*, in: ders./ Ruffert, Art. 2 EUV Rn. 7, m. w. N.

[415] Im hier interessierenden Kontext *Britz*, JZ 2013, 105 (107); zum Grundrechtsschutz als materiellem Element der Rechtsstaatlichkeit etwa *Calliess*, in: ders./Ruffert, Art. 2 EUV Rn. 25. Zum Ganzen auch *Calliess*, JZ 2004, 1033 ff.

[416] Vgl. EuGH, Urteil v. 27.2.2018, Rs. C-64/16, Associação Sindical dos Juízes Portugueses, Rn. 29 ff. S. erneut die Stellungnahmen oben Zweiter Teil Fn. 317; Schutz eines „harten Kern[s] der Menschenrechte und Grundfreiheiten" umfassend nach *Hilf/Schorkopf*, in: GHN, Art. 2 EUV Rn. 36 f.; weniger deutlich *Rossi*, in: Calliess/Ruffert, Art. 81 AEUV Rn. 6.

[417] So etwa *Meyer*, in: v. d. Groeben/Schwarze/Hatje, Art. 82 AEUV Rn. 13; wohl auch bei *Wischmeyer*, GLJ 17 (2016), 339 (380), aber Differenzierung nach Einhaltung von Mindestanforderungen andenkend, S. 375; *Mitsilegas*, YEL 31 (2012), 319 (322). Daneben ohne Unterscheidung nach GRC-Bindung *Labayle*, in: FS Hailbronner, S. 153 (165); *Engel*, Der Beitritt der Europäischen Union zur EMRK, S. 100; *Reinbacher/Wendel*, EuGRZ 2016, 333 (341); vgl. *Kokott/Dervisopoulos*, in: Leutheusser-Schnarrenberger (Hrsg.), Vom Recht auf Menschenwürde, S. 123 (125); zurückhaltender *Hoppe*, Eilrechtsschutz gegen Dublin II-Überstellungen, S. 191 f. S. schließlich die Anknüpfung für besonderes Vertrauen in BVerfGE 113, 273 (299, 316).

[418] *v. Bogdandy u. a.*, ZaöRV 72 (2012), 45 (68 ff.), wobei bei systemischer Enttäuschung dieser Vermutung der umgekehrte *Solange*-Vorbehalt eingriffe und der Wesensgehalt über die Unionsbürgerschaft aus Art. 20 AEUV justiziabel würde (S. 66), ausweislich S. 72 nicht auf das horizontale Verhältnis bezogen (kritisch zum Ansatz etwa *Klein*, in: FS Magiera, S. 59 [72 f.]; zumindest offene Fragen, *Franzius*, ZaöRV 75 (2015), 383 [405]); explizit mit Vermutung der Rechtsstaatlichkeit aus Art. 2 EUV *v. Bogdandy/Ioannidis*, ZaöRV 74 (2014), 283 (284, 319), potenzielle horizontale Relevanz hervorhebend, S. 322.

[419] *Canor*, ZaöRV 73 (2013), 249 (264 ff., 271).

tung der Wahrung der Unionsgrundrechte, nicht allein deren Wesensgehalts in Rede.[420] Anders als nach der hiesigen Einordnung der bisherigen Rechtsprechung, komme diese Vermutung auch bei mitgliedstaatlichem Verhalten außerhalb des Anwendungsbereichs des Unionsrechts zum Einsatz.[421] Die Vermutung und bei Widerlegung die Versagungspflicht werden aber ebenfalls an den Loyalitätsgrundsatz, nicht an Art. 2 EUV rückgebunden.[422]

Den Blick zunächst zurück zum Wertebekenntnis gewandt, dürfte einem allein an Art. 2 EUV ansetzenden grundsätzlichen Prüfungsverzicht bei effektivitätsorientierter Erschließung zumindest mit Vorsicht zu begegnen sein. Eine Verpflichtung dieses Abstraktionsgrads vermag allenfalls eine grobe Vorstellung davon zu vermitteln, welcher Behandlung der Einzelne konkret ausgesetzt ist.[423] Dabei wäre wohl missverständlich, von einem schwächeren Vertrauen auf die Einhaltung der Werte dieses Bekenntnisses zu sprechen; bei näherer Betrachtung ist es vielmehr bereits der Charakter der Bindung, der im Falle des Art. 2 EUV nur begrenzte Vorstellungen vom Schutzniveau erlaubt.[424]

Der EuGH führt zwar unter Bezugnahme auf diese Werte aus, es sei die Prämisse ihrer Gemeinsamkeit, die gegenseitiges Vertrauen gestatte.[425] Geht es dabei aber, wie er präzisiert, um Vertrauen „bei der Beachtung des Unionsrechts, mit dem sie umgesetzt werden“, dürfte die somit angesprochene Konkretisierung aufseiten des einen wie des anderen beteiligten Mitgliedstaats relevant sein.

420 *Canor,* ZaöRV 73 (2013), 249 (272).

421 *Canor,* ZaöRV 73 (2013), 249 (264, 266, 272), ohne Differenzierung nach Durchführung des Unionsrechts von Grundrechtsverletzung im Ursprungsstaat sprechend und dessen mögliches Handeln jenseits des Anwendungsbereichs des Unionsrechts etwa auf S. 266 einbeziehend. Der auf S. 265 ausgemachte Ansatz des EuGH, „elegant Art. 51 der Charta zu umgehen“, dürfte sich so gleichermaßen auf den Ursprungsstaat beziehen; dieser Anwendungsbereich der Vermutung nachfolgend auch bei *Franzius,* ZaöRV 75 (2015), 383 (408 f.); vgl. *Schwarz,* Grundlinien der Anerkennung, S. 291 ff. zur Verknüpfung der „Grundrechtliche[n] Sollbruchstellen“ (S. 264) mit der Beurteilung mitgliedstaatlicher Grundrechtsbindung in Spielräumen.

422 *Canor,* ZaöRV 73 (2013), 249 (268); vgl. *Röben,* in: GHN, Art. 67 AEUV Rn. 80.

423 Vgl. *Hilf/Schorkopf,* in: GHN, Art. 2 EUV Rn. 22; *Calliess,* in: ders./Ruffert, Art. 2 EUV Rn. 12; bereits zum EVV *Calliess,* JZ 2004, 1033 (1040).

424 Vgl. *Pfeiffer,* in: FS Jayme, S. 675 (683); *Sujecki,* ZEuP 2008, 458 (468); *Britz,* JZ 2013, 105 (107).

425 EuGH, Gutachten 2/13 v. 18.12.2014, Rn. 168; EuGH, Urteil v. 27.2.2018, Rs. C-64/16, Associação Sindical dos Juízes Portugueses, Rn. 30; EuGH, Urteil v. 6.3.2018, Rs. C-284/16, Achmea, Rn. 34. Vgl. Schlussanträge GA *Ruiz-Jarabo Colomer,* verb. Rs. C-187/01 und C-385/01, Gözütok und Brügge, Nr. 124; Schlussanträge GA *Ruiz-Jarabo Colomer,* Rs. C-150/05, Van Straaten, Nr. 62; Schlussanträge GA *Ruiz-Jarabo Colomer,* Rs. C-303/05, Advocaaten voor de Wereld, Nr. 44; vgl. Maßnahmenprogramm in Zivil- und Handelssachen, ABl. EG Nr. C 12 v. 15.1.2001, S. 10 (10).

(4) Jenseits Unionsgrundrechten EMRK und nationale Grundrechte als Ansatzpunkt?

Mit der EMRK und den nationalen Grundrechten fließen allerdings zumindest aus anderer als unionsrechtlicher Quelle solch konkretere Bindungen als das Wertebekenntnis. Im Lichte ihrer Bedeutung als Rechtserkenntnisquellen für die ungeschriebenen Unionsgrundrechte[426] und die Grundrechtecharta (Art. 52 Abs. 3 S. 1, Abs. 4 GRC) mögen diese Grundrechtsordnungen im konkreten Fall den unionsgrundrechtlichen gleichwertige Anforderungen stellen.[427] Damit besteht ein Ansatzpunkt für die Annahme, ein hinreichender Schutz sei anderweitig gewährleistet.[428]

Wiederum hebt auch der EuGH hervor, die Bindung an diese anderen Verpflichtungen „unterstreicht gerade den hohen Grad des Vertrauens zwischen den Mitgliedstaaten", und zwar auch jenseits unionsgrundrechtlicher Bindung.[429]

Über den Schutzumfang der EMRK wie der nationalen Grundrechte kann unionsrechtlich allerdings hinausgegangen werden (Art. 52 Abs. 3 S. 2 GRC). Bei mehreren Betroffenen ist ein solch höheres Niveau zugunsten des Einen vielfach nur um den Preis eines geringeren Schutzes für einen anderen Betroffenen zu erreichen.[430] Dennoch könnte ein Prüfungsverzicht geboten sein: Ein

---

[426] S. die Rspr. Erster Teil Fn. 134; EuGH, Urteil v. 17.12.1970, Rs. 11/70, Internationale Handelsgesellschaft, Rn. 4; EuGH, Urteil v. 14.5.1974, Rs. 4/73, Nold, Rn. 13.

[427] Kritisch *Kloska,* Das Prinzip der gegenseitigen Anerkennung im europäischen Strafrecht, S. 210 ff.; vgl. nicht klar im Bezugspunkt *Engel,* Der Beitritt der Europäischen Union zur EMRK, S. 100, 113, 118.

[428] Mit dieser etwa *Stein,* IPRax 2004, 181 (185 f.); *Portmann,* Die Verordnung (EG) 805/2004, S. 162 f., 167 ff.; *Sujecki,* ZEuP 2008, 458 (467); *Bach,* Grenzüberschreitende Vollstreckung in Europa, S. 374 ff., 385; *Röben,* in: GHN, Art. 67 AEUV Rn. 81 (wobei es angesichts Rn. 80, 92 darauf nicht ankommen dürfte); *Breitenmoser/Weyeneth,* in: v. d. Groeben/Schwarze/Hatje, Vor Art. 67 AEUV Rn. 100 sowie Art. 67 Rn. 123; *Labayle,* in: FS Hailbronner, S. 153 (163 ff.); angedacht, bei vorausgesetzter GRC-Bindung aber mit Relevanz nur für Kontrolldimension bei *Masing,* JZ 2015, 477 (486). Ambivalent *Classen,* in: FS Schwarze, S. 556 (569 f., 574). Kritischer *Schwarz,* Grundlinien der Anerkennung, S. 287 (aber auch S. 299 mit Fn. 440, S. 303, 367 f.). Ablehnend *Willer,* ZZP 127 (2014), 99 (104); *Hess,* in: FS Jayme, S. 339 (357 f.); *Gsell/Netzer,* IPRax 2010, 403 (408); *Wagner/Beckmann,* RIW 2011, 44 (46).

[429] EuGH, Urteil v. 30.5.2013, Rs. C-168/13, F., Rn. 49; Schlussanträge GA *Bot,* verb. Rs. C-404/15 und C-659/15 PPU, Aranyosi und Căldăraru, Nr. 113; vgl. auch EuGH, Urteil v. 6.9.2016, Rs. C-182/15, Petruhhin, Rn. 57.

[430] Betont in der deutschen Rspr. mit dem Rezeptionshindernis (gegenüber der EMRK in Auslegung durch den EGMR, hierzu Erster Teil Fn. 122) der potenziellen Beschränkung des Schutzes in mehrpolaren Verhältnissen, in denen ein „Mehr" für einen Betroffenen mit einem „Weniger" für einen anderen einhergehen kann, BVerfGE 128, 326 (371), m. w. N. (dazu, dass die Individualbeschwerde nicht alle betroffenen Positionen angemessen abzubilden vermag, BVerfGE 111, 307 [328]; s. auch BVerfG, Beschluss v. 20.4.2016, – 2 BvR 1488/14 –,

dem unionsgrundrechtlichen gleichwertiger Schutz mag bereits dann bestehen, wenn die anderweitigen grundrechtlichen Bindungen lediglich einen anderen Ausgleich zwischen den betroffenen Rechtspositionen herstellen als das Unionsrecht.[431]

Wie weitgehend dies einen Kontrollverzicht zu tragen vermag, dürfte aber zweifelhaft bleiben, wenn der EuGH hier auf Widerspruchsfreiheit bedacht ist:

Eingangs wurde unter dem Aspekt des Vergleichsmaßstabs die Zulässigkeit eines Rückriffs des Vollstreckungsstaats auf seine nationalen Grundrechte beleuchtet; es wurde dabei herausgestellt, dass der Gerichtshof einen solchen Rückgriff in den hier interessierenden Konstellationen für ausgeschlossen erachtet. Die bei dieser Auslegung von Art. 53 GRC betonte Einheitlichkeit des Unionsrechts[432] aber kann bereits bei einem etwas anders gewichtenden Ausgleich der betroffenen Rechtspositionen beeinträchtigt sein; dies gilt unabhängig davon, ob es sich dabei um eine andere Gewichtung des Vollstreckungsstaats handelt oder eine solche des Ursprungsstaats. Die vollstreckungsstaatliche Grundrechtsordnung hat dem EuGH zufolge gegenüber der Grundrechtecharta zurückzustehen, wie er gerade mit Blick auf den Grundrechtsschutz bei innerunionaler Zusammenarbeit betont.[433] Nicht ohne Weiteres hiermit in Einklang zu bringen wäre aber die Annahme, ein einheitlicher Schutz der Chartarechte sei bei Maßgeblichkeit der *ursprungs*staatlichen Grundrechtsordnung nicht ebenso infrage gestellt. Dieser ursprungsstaatliche Schutz wäre aber maßgeblich, wenn dem Vollstreckungsstaat eine Prüfung anhand der eigenen wie auch

---

Rn. 21). Mit Hinweis des „Mehr" um den Preis des „Weniger" etwa auch *Schwarz,* Grundlinien der Anerkennung, S. 250, 294.

431 Vgl. *Sujecki,* ZEuP 2008, 458 (469); *Hess,* EuZPR, § 3 Rn. 31; *Kischel,* Der Staat 39 (2000), 523 (529 f.). Zu Beurteilungsschwierigkeiten *Schwarz,* Grundlinien der Anerkennung, S. 250 f., 294 f., m. w. N.; zum Ganzen *Brummund,* Kohärenter Grundrechtsschutz, S. 115 ff.

432 EuGH, Urteil v. 26.2.2013, Rs. C-399/11, Melloni, Rn. 60, 63 (mit Kritik in BVerfGE 140, 317 [353, Rn. 78]); EuGH, Urteil v. 26.2.2013, Rs. C-617/10, Åkerberg Fransson, Rn. 29; EuGH, Urteil v. 11.9.2014, Rs. C-112/13, A., Rn. 44 (vgl. die in der Kooperation mit Drittstaaten genügende Gleichwertigkeit des Schutzes, EuGH, Urteil v. 6.10.2015, Rs. C-362/14, Schrems, Rn. 73 f.; EuGH, Gutachten 1/15 v. 26.7.2017, Rn. 93, 134, 214). Aus der Literatur erneut die Nachweise oben Zweiter Teil Fn. 402. Ohne Grundrechtsbezug zu mitunter beträchtlichen Unterschieden zwischen den Mitgliedstaaten EuGH, Urteil v. 28.11.1978, Rs. 16/78, Choquet, Rn. 7; EuGH, Urteil v. 2.12.1997, Rs. C-336/94, Dafeki, Rn. 16; EuGH, Urteil v. 15.9.2011, Rs. C-347/09, Dickinger und Ömer, Rn. 96; daneben Schlussanträge GA *Mengozzi,* verb. Rs. C-316/07, C-358/07, C-359/07, C-360/07, C-409/07 und C-410/07, Stoß u. a., Nr. 100 f.; Schlussanträge GA *Bot,* Rs. C-216/14, Covaci, Nr. 30.

433 EuGH, Gutachten 2/13 v. 18.12.2014, Rn. 192; ablehnend etwa *Kirchhof,* NVwZ 2014, 1537 (1540 f.).

der Unionsgrundrechte verwehrt würde, obwohl der Ursprungsstaat seinerseits gar nicht an die Charta gebunden ist.

Festhalten lässt sich also, dass auf Grundlage der Argumentation des EuGH nicht zwingend ist, dass er eine Vermutung der Wahrung der Unionsgrundrechte auch in Ermangelung einer Bindung an diese als geboten erachten sollte.

e) Ergebnis

Der *effet utile* des Unionsrechts kann von der loyalen Zusammenarbeit der Mitgliedstaaten untereinander abhängen, die von Art. 4 Abs. 3 UAbs. 1 EUV umfasst ist. Bei einer Orientierung an größtmöglicher Wirksamkeit aller in „Vollstrecker"-Konstellationen betroffenen Verpflichtungen ist die Einschränkung selbst einer sekundärrechtlichen Anerkennungsverpflichtung zum Schutz der Grundrechte nicht veranlasst, wenn davon ausgegangen werden kann, dass die Unionsgrundrechte bereits im Ursprungsstaat wirksamen Schutz erfahren. Prämisse für die Annahme, dass dies der Fall ist, ist auch bei Unionsgrundrechtsbindung des Ursprungsstaats eine Vermutung dessen rechtskonformen Verhaltens. Diese Vermutung findet sich vielfach in der Rechtsprechung, und zwar im Kontext des Vertrauensbegriffs. Im Kontext des Grundrechtsschutzes herangezogen, führt eine solche Vermutung zur Annahme, auch diese, aus einer Mehrzahl an Rechtsquellen fließenden Bindungen würden eingehalten. Daraus folgt weiter die Annahme der Funktionsfähigkeit der vorgesehenen Rechtsbehelfe.

Kann, wie der EuGH annimmt, von einer Vermutung rechtskonformen Verhaltens ausgegangen werden, dürfte dies zur *effet utile*-orientierten loyalen Zusammenarbeit auch geboten sein. Es ist letztlich diese Ausprägung des Loyalitätsgrundsatzes, die der EuGH als Grundsatz des gegenseitigen Vertrauens bezeichnet. Dieser Grundsatz gebietet jedenfalls, dass die Mitgliedstaaten bei Ausfüllung ihrer eigenen Rechtsstellung davon ausgehen, auch die anderen würden den an sie gestellten Verpflichtungen gerecht – umgekehrt ausgedrückt: er gebietet, dass sie das Verhalten der anderen Staaten nicht systematisch einer erneuten Kontrolle unterziehen. Das Absehen von einer unionsgrundrechtlichen Prüfung lässt sich auf dieser Grundlage ohne Weiteres in dem Umfang begründen, in dem der Ursprungsstaat in Durchführung des Unionsrechts handelt.

Inwiefern die Prüfung auch in Ermangelung einer solchen ursprungsstaatlichen Bindung untersagt ist, hat der Gerichtshof bislang nicht ausdrücklich thematisiert. Bereits dieser Umstand mag sich als Anhaltspunkt für einen Kontrollverzicht verstehen lassen. Es gibt auch durchaus Gründe für die Annahme, ein dem unionsgrundrechtlichen gleichwertiger Schutz bestehe im Ursprungsstaat selbst jenseits der Durchführung des Unionsrechts.

Gleichwohl deutet in der Formulierung der Vermutung der Grundrechtswahrung wie auch in den Zusammenhängen ihrer Heranziehung einiges darauf hin, dass der EuGH eine Bindung des Ursprungsstaats an die Unionsgrundrechte jeweils voraussetzt. Trotz der Bedeutung auch anderer als unionsrechtlicher Bindungen für das Schutzniveau sind zudem zumindest Zweifel daran angebracht, dass die die Einheitlichkeit der Unionsrechtsordnung betonende Rechtsprechung einen Verzicht insoweit als ähnlich eindeutig geboten ansieht. Erneut sei jedoch darauf hingewiesen, dass diese Fragen auf Grundlage der EuGH-Rechtsprechung zur Reichweite mitgliedstaatlicher Bindung an die Unionsgrundrechte seltener relevant werden als bei einer restriktiveren Bestimmung der Durchführung unter Art. 51 Abs. 1 S. 1 GRC.

Diese scheinbare Dichotomie im Prüfungsverzicht in Abhängigkeit von der Bindung des Ursprungsstaats an die Unionsgrundrechte soll allerdings nicht darüber hinwegtäuschen, dass es bei einer *effet utile*-orientierten Betrachtung um eine graduell zunehmend gebotene Abstandnahme von unionsgrundrechtlicher Prüfung gehen dürfte; eine gewichtige Rolle spielt hier, dass mit höherer Bindungsdichte die Vorstellung von der im Ursprungsstaat erfolgenden Behandlung konkreter wird.[434]

In diesem Zusammenhang sei in Erinnerung gerufen, dass der Gerichtshof auch in Bezug auf Nichtmitgliedstaaten von Vertrauen spricht[435] und ihnen gegenüber von einem – immerhin – abgeschwächten Vertrauen[436] bzw. umgekehrt im Verhältnis der Mitgliedstaaten von einem – lediglich – besonders hohen Maß an Vertrauen ausgeht.[437] Eine solche Abstufung tritt auch zutage, wenn er eine unionsweite Zirkulation an das Tätigwerden einer Justizbehörde wegen der damit verbundenen besonderen Kontrolle und das daher diesen Stellen gegenüber erhöhte Maß an Vertrauen geknüpft sieht.[438]

---

434 S. erneut *Alexy,* Theorie der Grundrechte, S. 75 f., 87 f., 92; vgl. auch *Hoppe,* Eilrechtsschutz gegen Dublin II-Überstellungen, S. 192.

435 Zu Ursprungsbescheinigungen für Zollpräferenzbehandlungen erneut Erster Teil Fn. 261; in anderem Kontext EuGH, Urteil v. 27.4.2017, Rs. C-620/15, A-Rosa Flussschiff GmbH, Rn. 39, 47.

436 Abstufung etwa in EuGH, Urteil v. 22.1.1980, Rs. 30/79, Wigei, Rn. 14, mit Vertrauensbezug; EuGH, Urteil v. 22.9.2016, Rs. C-525/14, Kommission / Tschechien, Rn. 55; deutlich Schlussanträge GA *Sharpston,* Rs. C-599/14 P, Rat / LTTE, Nr. 62 ff.

437 Erneut EuGH, Urteil v. 22.1.1980, Rs. 30/79, Wigei, Rn. 14; daneben EuGH, Urteil v. 10.11.2016, Rs. C-452/16 PPU, Poltorak, Rn. 25; EuGH, Urteil v. 10.11.2016, Rs. C-453/16 PPU, Özçelik, Rn. 35; EuGH, Urteil v. 10.11.2016, Rs. C-477/16 PPU, Kovalkovas, Rn. 26.

438 Auch hierzu, jeweils zu RB 2002/584/JI EuGH, Urteil v. 10.11.2016, Rs. C452/16 PPU, Poltorak, Rn. 35, 39 f., 45; EuGH, Urteil v. 10.11.2016, Rs. C-477/16 PPU, Kovalkovas, Rn. 37, 44; EuGH, Urteil v. 10.11.2016, Rs. C-453/16 PPU, Özçelik, Rn. 32 ff.; in Zivilsachen EuGH, Urteil v. 9.3.2017, Rs. C-551/15, Pula Parking, Rn. 54; EuGH, Urteil v. 9.3.2017, Rs. C-484/15, Zulfikarpašić, Rn. 43. Daneben *Vogel/Eisele,* in: GHN, Art. 82 AEUV Rn. 42; *Satzger,* in:

2. Grenzen des Vertrauens in die Wahrung der Unionsgrundrechte

Über mögliche Grenzen einer Vermutung der Grundrechtswahrung im Ursprungsstaat ist damit noch nichts gesagt. Betrachtet wurde, wann ein Vertrauen auf die Einhaltung der Unionsgrundrechte grundsätzlich geboten sein kann, umgekehrt aber nicht, ob es sich dabei um ein unwiderlegbares, unbedingtes Vertrauen handelt.

Natürlich muss nicht jedes Zurückbleiben hinter rechtlichen Vorgaben eine Verletzung der Unionsgrundrechte bedeuten. Wenn nicht zugleich eine solche im Raum steht, begegnet die sekundärrechtliche Zuständigkeit des Erststaats für die Korrektur von Rechtsanwendungsfehlern keinen Bedenken.[439] Geht es hingegen darum, ob (zugleich) ein Verstoß gegen die Unionsgrundrechte vorliegt, muss nicht dasselbe gelten. Nach einigen Vorüberlegungen zur Frage der Vertrauensgrenzen (a) sei hier herausgestellt, wie sich die grundsätzliche Vermutung der Wirksamkeit eröffneter Rechtsbehelfe diesbezüglich auswirkt (b). Sodann werden die Grenzen gegenseitigen Vertrauens in die Grundrechtswahrung näher betrachtet (c) und schließlich ein Aspekt der Rechtsprechung aufgezeigt, zu dem es solche Überlegungen bei Streben nach einem kohärenten Ansatz ins Verhältnis zu setzen gilt (d).

a) Vorüberlegung: Effet utile-Beeinflussung auch der Vertrauensgrenze

Hier wurde angenommen, dass der Vertrauensgrundsatz eine Ausprägung des Loyalitätsgrundsatzes ist und bei mitgliedstaatlicher Zusammenarbeit der größtmöglichen praktischen Wirksamkeit aller betroffenen Verpflichtungen des Unionsrechts dient. Dann ist denkbar, dass sich für die Verhaltenspflichten des Vollstreckungsstaats Konsequenzen ergeben, wenn der Ursprungsstaat seinen Bindungen nicht genügt. In einem solchen Fall ist die Wirksamkeit der Unionsgrundrechte nicht gewährleistet, deren vermeintlich anderweitiger Schutz von vornherein erst die Grundlage für einen Prüfungsverzicht bot. Bereits dies spricht gegen die Unwiderlegbarkeit der Vermutung.[440]

Streinz, Art. 82 AEUV Rn. 9. Vgl. in unterschiedlichen Kontexten *Schmidt-Aßmann/Dimitropoulos,* in: Weingardt (Hrsg.), Vertrauen in der Krise, S. 129 (136 f.); *Majone,* Mutual Trust, S. 19.

[439] Dies hervorhebend etwa auch *Hoppe,* Eilrechtsschutz gegen Dublin II-Überstellungen, S. 200, 205. Zu *fortbestehendem* Vorbehalt erneut die Rspr. in Erster Teil Fn. 126 sowie zum Verweis auf Rechtsschutz im Ursprungsstaat Erster Teil Fn. 18, 127 und S. 128 ff.

[440] Ausdrücklich in diesem Sinne *Callewaert,* ZEuS 2014, 79 (83), m. w. N.; zuvor sinngemäß *Canor,* ZaöRV 73 (2013), 249 (262 f.); daneben *Hoppe,* Eilrechtsschutz gegen Dublin II-Überstellungen, S. 195, 199 ff.; *Breitenmoser/Weyeneth,* in: v. d. Groeben/Schwarze/Hatje, Art. 67 AEUV Rn. 123; *Meyer,* in: v. d. Groeben/Schwarze/Hatje, Art. 82 AEUV Rn. 7, 13; *Schwarz,* Grundlinien der Anerkennung, S. 308 f. A. A. wohl *Bach,* Grenzüber-

Zwar beseitigt das Unionsrecht grundsätzlich die Möglichkeit, die Erfüllung eigener Verpflichtungen unter Berufung auf Rechtsverstöße anderer Mitgliedstaaten über Reziprozitätserwägungen auszusetzen.[441] Hier jedoch ginge es um die Modifikation der in vorbehaltloser Form nur sekundärrechtlichen Verpflichtung zugunsten einer primärrechtlichen Rechtsposition des Einzelnen.[442] Kann

schreitende Vollstreckung in Europa, S. 370 ff.; *v. Bogdandy/Ioannidis,* ZaöRV 74 (2014), 283 (300, 319 ff.). Bei Verständnis von Prinzipien als Optimierungsgeboten spricht auch die Qualifizierung als Vertrauensgrundsatz oder -prinzip (strebend etwa nach Kontrollverzicht, Zweiter Teil Fn. 333) gegen Unwiderlegbarkeit, hierzu erneut *Alexy,* Theorie der Grundrechte, S. 75 ff., und S. 87 f. zum bloßen *prima facie*-Charakter von Prinzipien. Bei Charakterisierung von (Verfassungs-)Prinzipien durch Offenheit der Rechtsfolge (*Reimer,* Verfassungsprinzipien, S. 181, 257 ff.) ergibt sich dies ebenfalls. Selbst bei *Anerkennungs*grundsatz im Primärrechtsrang daher Abwägung, wie bei *Kloska,* Das Prinzip der gegenseitigen Anerkennung im europäischen Strafrecht, S. 626 ff. S. daneben Schlussanträge GA *Bot,* verb. Rs. C-119/13 bis C-121/13, eco cosmetics und Raiffeisenbank St. Georgen, Nr. 42, 48, 51 (im Ergebnis bestätigt in EuGH, Urteil v. 4.9.2014, verb. Rs. C-119/13 und C-120/13, eco cosmetics und Raiffeisenbank St. Georgen, Rn. 48 f.); Schlussanträge GA *Bot,* Rs. C-486/14, Kossowski, Nr. 80.

[441] Erneut EuGH, Urteil v. 21.12.2011, verb. Rs. C-411/10 und C-493/10, N. S. u. a., Rn. 82. Grundlegend zur Beschränkung unilateraler Reaktion EuGH, Urteil v. 15.7.1964, Rs. 6/64, Costa / E.N.E.L., Slg. 1964, 1253 (1270); EuGH, Urteil v. 23.5.1996, Rs. C-5/94, Hedley Lomas, Rn. 20; EuGH, Urteil v. 10.9.1996, Rs. C-11/95, Kommission / Belgien, Rn. 37, 88 f.; EuGH, Urteil v. 3.3.2016, Rs. C-12/14, Kommission / Malta, Rn. 41; EuGH, Urteil v. 27.4.2017, Rs. C-620/15, A-Rosa Flussschiff GmbH, Rn. 40 ff.; EuGH, Urteil v. 6.2.2018, Rs. C-359/16, Altun u. a., Rn. 46. Vgl. auch Art. 344 AEUV.

[442] Vgl. in diesem Kontext EuGH, Urteil v. 12.6.2003, Rs. C-112/00, Schmidberger, Rn. 74 ff.; EuGH, Urteil v. 14.10.2004, Rs. C-36/02, Omega, Rn. 35; deutlich EuGH, Urteil v. 16.2.2017, Rs. C-578/16 PPU, C.K. u. a., Rn. 61 ff., 91 ff.; EuGH, Urteil v. 10.8.2017, Rs. C-270/17 PPU, Tupikas, Rn. 59 f. Mit pointierter Kritik daher *Hess,* in: FS Jayme, S. 339 (356 f.); *Oberhammer,* JBl. 2006, 477 (497); daneben *Labayle,* in: FS Hailbronner, S. 153 (162); *Callewaert,* ZEuS 2014, 79 (82 f.); *Lübbe,* ZAR 2014, 105 (106); *Breitenmoser/Weyeneth,* in: v. d. Groeben/Schwarze/Hatje, Vor Art. 67 AEUV Rn. 96. Jeweils zu treuhänderischer Qualität mitgliedstaatlichen Vertrauens, die sich bei Enttäuschung zulasten des Einzelnen auswirke, *Schwarz,* Grundlinien der Anerkennung, S. 349, 357 (s. auch S. 301); vgl. auch *Hoppe,* Eilrechtsschutz gegen Dublin II-Überstellungen, S. 192, 195, 199 f.; in der Sache *Netzer,* Status quo und Konsolidierung des Europäischen Zivilverfahrensrechts, S. 255; *Gärditz,* JZ 2016, 1116 (1118). Jeweils mit Fokus auf Prinzipienausgleich *Meyer,* in: v. d. Groeben/Schwarze/Hatje, Vor Art. 82 AEUV Rn. 26, 35 (s. aber auch Art. 82 Rn. 37 und die Kritik in Rn. 6 f., 12 f., 21) sowie *Meyer,* EuR 2017, 163 (181); *Röben,* in: GHN, Art. 67 AEUV Rn. 65, Art. 70 AEUV Rn. 9 (s. auch Art. 67 AEUV Rn. 75, 80 f.); *Vogel/Eisele,* in: GHN, Art. 82 AEUV Rn. 22 (auch Rn. 40). In der Terminologie *Alexys* (Theorie der Grundrechte, S. 89 f.) ist erwägenswert, ob der *prima facie*-Charakter der Unionsgrundrechte als Prinzipien ein gestärkter ist, wie namentlich erfolgt bei *Kloska,* Das Prinzip der gegenseitigen Anerkennung im europäischen Strafrecht, S. 595 ff., 628 (s. daneben S. 404 ff., 528 ff.). Zum Ganzen jeweils *passim, Mitsilegas,* YEL 31 (2012), 319 ff.; *Canor,* ZaöRV 73 (2013), 249 ff.; *Schwarz,* EuR 2016, 421 ff.; zudem *Wischmeyer,* GLJ 17 (2016), 339 (376 ff.).

von einem anderweitig bestehenden Schutz im konkreten Fall nicht ausgegangen werden, sind es im Wesentlichen Erwägungen der Rechtssicherheit, mit denen sich ein Festhalten des Vollstreckungsstaats an der sekundärrechtlich vorbehaltlosen Pflicht (nur) noch begründen lässt.[443] Mit Blick auf die von Unionsgesetzgeber und EuGH betonte Erforderlichkeit eines Ausgleichs der betroffenen Interessen und Rechtspositionen[444] lässt sich auch plastischer festhalten: In einem solchen Fall kann zwar noch die einheitliche Anwendung des Sekundärrechts erreicht werden, nicht aber das grundrechtliche Gleichgewicht, das dieses Sekundärrecht herstellen sollte.[445] Dabei geht es hier nicht um die „Intervention“ eines mit der Angelegenheit gar nicht befassten Mitgliedstaats, sondern vielmehr das Verhalten desjenigen Staats, der ohnehin und seinerseits grundrechtsgebunden für die Vollstreckung zuständig ist.

b) Einbeziehung von Abhilfe im Ursprungsstaat

Vor dem Hintergrund der Verschränkung unterschiedlicher Bindungen und Durchsetzungsmechanismen sei dabei erneut folgende, bereits unter der EMRK[446] erörterte Differenzierung angebracht. Der Vollstreckungsstaat kann zu einem Zeitpunkt befasst sein, in dem er einen im Ursprungsstaat – auch in der rechtlichen Überprüfung – bereits vollständig abgeschlossenen Sachverhalt vorfindet; der Zweitstaat kann aber auch mit einem Sachverhalt befasst sein, der oder dessen rechtliche Beurteilung zumindest teilweise in der Zukunft liegt.[447]

Ist der Sachverhalt noch nicht abgeschlossen, kann sich die vollstreckungsstaatliche Annahme einer Grundrechtsverletzung zum einen als bloße Prognose

---

[443] Vgl. jeweils zur entscheidenden Relevanz der Grundrechtsbindung für die Legitimation des Raums der Freiheit, der Sicherheit und des Rechts Schlussanträge GA *Cruz Villalón,* Rs. C-306/09, I.B., Nr. 43; Schlussanträge GA *Sharpston,* Rs. C-396/11, Radu, Nr. 73; Vgl. aus dem Schrifttum *Hoppe,* Eilrechtsschutz gegen Dublin II-Überstellungen, S. 195, 199 ff.; *Canor,* ZaöRV 73 (2013), 249 (271 f.).

[444] Neben den Nachweisen oben Erster Teil Fn. 279 bis 281 Schlussanträge GA *Bot,* Rs. C-216/14, Covaci, Nr. 33.

[445] Vgl. auch EuGH, Urteil v. 11.6.1985, Rs. 49/84, Debaecker und Plouvier, Rn. 31; EuGH, Urteil v. 4.9.2014, verb. Rs. C-119/13 und C-120/13, eco cosmetics und Raiffeisenbank St. Georgen, Rn. 37, 48, 42; EuGH, Urteil v. 1.6.2016, Rs. C-241/15, Bob-Dogi, Rn. 52 f.; Schlussanträge GA *Bot,* Rs. C-184/10, Grasser, Nr. 45; *Beaumont/Johnston,* IPRax 2010, 105 (106, 110).

[446] Oben S. 90 ff.

[447] Mit derartiger Unterscheidung auch Schlussanträge GA *Sharpston,* Rs. C-396/11, Radu, Nr. 86 f.; anklingend in den Schlussanträgen GA *Bot,* verb. Rs. C-119/13 bis C-121/13, eco cosmetics und Raiffeisenbank St. Georgen, Nr. 42, 48, 51; aus dem Schrifttum etwa *Meyer,* in: v. d. Groeben/Schwarze/Hatje, Art. 82 AEUV Rn. 13.

darstellen.[448] Sogar bei objektivem Vorliegen einer Verletzung können zum anderen noch Rechtsbehelfe im oder gegen den Ursprungsstaat offenstehen.[449] Dann aber arbeitet der EuGH mit der Vermutung, es werde noch eine Korrektur vorgenommen, soweit Rechtsbehelfe für eine solche zur Verfügung stehen.[450] Auf dieser Grundlage erscheint stimmig, eine Versagung der Zusammenarbeit dann nicht zuzulassen, wenn noch Abhilfe im Ursprungsstaat möglich ist und erwartet werden kann, da dann wiederum die Unionsgrundrechte auch ohne vollstreckungsstaatliche Versagung geschützt werden.[451]

Selbst wenn nicht zugleich Zweifel an der effektiven Bereitstellung gebotener Rechtsbehelfe im Ursprungsstaat bestehen,[452] dürfte bei Rückbindung an den *effet utile* aber auch hier zu berücksichtigen sein, inwieweit der jeweilige Rechtsbehelf im Erfolgsfalle Abhilfe zu schaffen vermag.[453] Insoweit dürften die zur EMRK angestellten Erwägungen[454] an dieser Stelle erneut relevant und daher insbesondere in Rechnung zu stellen sein, ob Rechtsbehelfe im Ursprungsstaat aufgrund Natur oder Schwere der Verletzung nur unzureichenden Rechtsschutz ermöglichen.[455] So erscheint insbesondere naheliegend, den Betroffenen bei einer (drohenden) Verletzung seiner Menschenwürde nicht auf Rechtsbehelfe im Ursprungsstaat zu verweisen.[456] Wiederum mögen im Übrigen Zumutbarkeitserwägungen gegen einen solchen Verweis sprechen, wie dies auch der EuGH andeutet.[457]

---

[448] Hervorhebung damit verbundener Unsicherheit bei *Hailbronner/Thym,* NVwZ 2012, 406 (407 f.); *Schwarz,* Grundlinien der Anerkennung, S. 349 f.

[449] Prognostische Situation in Abhängigkeit von Rechtsbehelfen im Ergebnis auch in Schlussanträgen GA *Sharpston,* Rs. C-396/11, Radu, Nr. 86 ff.; anders *Meyer,* in: v. d. Groeben/Schwarze/Hatje, Art. 82 AEUV Rn. 13.

[450] S. erneut die Nachweise oben Erster Teil Fn. 18, 127 sowie Zweiter Teil Fn. 288.

[451] So wiederum auch *Meyer,* in: v. d. Groeben/Schwarze/Hatje, Art. 82 AEUV Rn. 13; *Reinbacher/Wendel,* EuGRZ 2016, 333 (341); vgl. *Hoppe,* Eilrechtsschutz gegen Dublin II-Überstellungen, S. 200; *Classen,* in: FS Schwarze, S. 556 (562); a. A. *Kohler,* ZSR 124 (2005) II, 263 (295).

[452] *Hoppe,* Eilrechtsschutz gegen Dublin II-Überstellungen, S. 200, Möglichkeit systemischen Defizits in Vorlagebereitschaft aufwerfend; *Breitenmoser/Weyeneth,* in: v. d. Groeben/Schwarze/Hatje, Vor Art. 67 AEUV Rn. 95.

[453] Vgl. *Wagner,* IPRax 2005, 189 (200 mit Fn. 188); *Kohler,* ZSR 124 (2005) II, 263 (285).

[454] Oben S. 89 f.

[455] Hierzu jenseits einer „Vollstrecker"-Konstellation EuGH, Urteil v. 16.2.2017, Rs. C-578/16 PPU, C. K. u. a., Rn. 65 ff., 75. Auch erscheint Anlehnung an EGMR, Entscheidung v. 15.12.2009, Kaplan / Deutschland, Nr. 43212/05, S. 9 möglich (Schwere und Intensität der Verletzung, Abhilfemöglichkeiten).

[456] Vgl. EuGH, Beschluss v. 28.11.2013, Rs. C-390/13 P(R), EMA / Intermune UK u. a., Rn. 43; daneben die Rspr. Zweiter Teil Fn. 103.

[457] EuGH, Urteil v. 16.7.2015, Rs. C-681/13, Diageo Brands, Rn. 64; EuGH, Urteil v. 25.5.2016, Rs. C-559/14, Meroni, Rn. 48, je zur Auslegung fortbestehenden Vorbehalts. Zu-

Die Beurteilung eines noch nicht abgeschlossenen Individualbeschwerdeverfahrens nach Art. 34 EMRK stellt sich als schwierig dar. Wie bereits dargelegt, ergibt sich zumindest aus der *Bosphorus*-Vermutung des EGMR kein Anlass, die Individualbeschwerde als Durchsetzungsmechanismus von vornherein in Zweifel zu ziehen.[458] Bei laufendem Individualbeschwerdeverfahren ist damit auch die durch dieses Verfahren eröffnete Aussicht auf Abhilfe zu berücksichtigen. Es bedarf aber genauer Betrachtung, inwiefern diese Beschwerde einen effektiven Schutz der fraglichen Rechtsposition bewirken kann. Eine prognostische Beurteilung ist hingegen nicht erforderlich, wenn unionsrechtlich eine Möglichkeit zur Vollstreckungsaussetzung besteht und der Ausgang des Verfahrens vor dem EGMR daher abgewartet werden kann.[459]

Sind umgekehrt alle Abhilfe versprechenden Rechtsbehelfsverfahren durchlaufen oder die Fristen hierfür verstrichen, steht fest, dass im Ursprungsstaat keine Korrektur erfolgen wird.[460] Hier ist der Sachverhalt abgeschlossen und der Vollstreckungsstaat rückblickend mit ihm befasst.

Wurden Rechtsbehelfe schlicht nicht ergriffen, dürfte auch hier grundsätzlich geboten sein zu vermuten, dass ihr Gebrauch zu einer Abhilfe geführt haben würde. Damit erscheint in einem solchen Fall auch zum Schutz der Unionsgrundrechte eine Versagung der Zusammenarbeit nicht unbedingt angezeigt. Wiederum wird allerdings einzubeziehen sein, inwieweit im Erfolgsfall Abhilfe möglich gewesen wäre, und damit insbesondere die Natur der infrage stehenden Verletzung zu berücksichtigen sein, was (andere) Zumutbarkeitserwägungen nicht ausschließt.

Wurden hingegen Rechtsbehelfe ergriffen, ist, soweit die ursprüngliche Entscheidung darin Bestätigung gefunden hat, der Ursprungsstaat damit zumindest implizit ein zweites Mal davon ausgegangen, es sei keine andere Beurteilung geboten. Dies schließt nicht aus, dass es im Einzelfall dennoch zu einer Verletzung der Unionsgrundrechte gekommen sein mag. In dieser Konstellation aber

---

mutbarkeitserwägungen bei *Becker,* Grundrechtsschutz, S. 166 f.; *Hoppe,* Eilrechtsschutz gegen Dublin II-Überstellungen, S. 201.

458 Oben S. 136.

459 Ablehnend unter Art. 23 VO (EG) Nr. 805/2004 *Wagner,* IPRax 2005, 189 (198), wie zuvor zu EuGVÜ und Brüssel I-VO *ders.,* IPRax 2002, 75 (92); *Bach,* Grenzüberschreitende Vollstreckung in Europa, S. 200 f. Befürwortend unter VO (EG) Nr. 805/2004 *Oberhammer,* JBl. 2006, 477 (502), m. w. N.; *Netzer,* Status quo und Konsolidierung des Europäischen Zivilverfahrensrechts, S. 204 f., 240 ff., wie unter VO (EG) Nr. 1896/2006 (S. 243) und VO (EG) Nr. 861/2007 (S. 244 f.); auch *Gerling,* Die Gleichstellung ausländischer mit inländischen Vollstreckungstiteln, S. 129. Für Aussetzungsmöglichkeit unter VO (EG) Nr. 2201/2003 etwa *Britz,* JZ 2013, 105 (110).

460 Nach *Meyer,* in: v. d. Groeben/Schwarze/Hatje, Art. 82 AEUV Rn. 13 daher jedenfalls dann keine Beschränkung der Reaktion auf systemische Defizite.

wird sinnfällig, dass unter Umständen eine zwischen den Mitgliedstaaten divergierende Beurteilung der Grundrechtswahrung vorliegt. Dem wird man allenfalls vordergründig entgegenhalten können, der Beurteilungsgegenstand sei mit dem jeweils eigenen Verhalten ein formal unterschiedlicher.

c) Konturierung grundrechtlicher Grenzen durch den EuGH

Vor diesem Hintergrund wird deutlich: Inwiefern von einer Prüfung im Vollstreckungsstaat abgesehen werden muss, lässt sich zwar als Grenze gegenseitigen Vertrauens begreifen; es lässt sich fragen, ob dieses etwa zwingt, zumindest subjektive Unsicherheit über das Vorliegen oder Drohen einer Verletzung aufrechtzuerhalten.[461] Letztlich geht es aber in der Sache darum, welche Grundrechtsgehalte bei zwingender Zusammenarbeit zwischen den Mitgliedstaaten Prüfung und Durchsetzung beanspruchen, und zwar möglicherweise auch entgegen anderslautender Einschätzung eines anderen Mitgliedstaats im Einzelfall.[462] Bislang ist diese Frage in der Rechtsprechung nicht umfassend geklärt.

aa) Würdeschutz gegenüber systemischen Mängeln

Fest steht zunächst auch für den Europäischen Gerichtshof, dass unwiderlegliches Vertrauen seinerseits mit der Bindung der Mitgliedstaaten an die Unionsgrundrechte unvereinbar wäre.[463] Der Vorbehalt einer Widerlegung liegt bereits bei einer Einordnung als (bloßer) Vertrauensgrundsatz nahe;[464] er wird seit dem zweiten Gutachten zum EMRK-Beitritt auch abstrakt in die Vertrauensformel der Rechtsprechung einbezogen: zu vertrauen sei (nur) „abgesehen von außergewöhnlichen Umständen".[465] Wann solche aber vorliegen, ist noch nicht vollumfänglich entfaltet.

---

[461] Hierzu *Kaufhold,* EuR 2012, 408 (419 f.); nachfolgend *Schwarz,* Grundlinien der Anerkennung, S. 350; sowie *Kloska,* Das Prinzip der gegenseitigen Anerkennung im europäischen Strafrecht, S. 244 f.; vgl. *Gärditz,* JZ 2016, 1116 (1118). Damit ließe sich trotz grds. zukunftsgerichteten Vertrauenscharakters (*Luhmann,* Vertrauen, S. 9, 19, 23 f., 27) ein Unsicherheitsmoment aufrechterhalten (s. aber auch ebd., S. 96 zur Relevanz von Schwellen zur Abschichtung zwischen Ver- und Misstrauen).

[462] Hierzu erneut die Literaturnachweise oben Zweiter Teil Fn. 380; vgl. BVerfG, Beschluss v. 19.12.2017, – 2 BvR 424/17 –, Rn. 46, 48.

[463] EuGH, Urteil v. 21.12.2011, verb. Rs. C-411/10 und C-493/10, N. S. u. a., Rn. 86, 99 ff.; EuGH, Urteil v. 5.4.2016, verb. Rs. C-404/15 und C-659/15 PPU, Aranyosi und Căldăraru, Rn. 82 ff. (hierzu etwa *Reinbacher/Wendel,* EuGRZ 2016, 333 [341]); EuGH, Urteil v. 16.2.2017, Rs. C-578/16 PPU, C. K. u. a., Rn. 92 f.

[464] Aus Zweiter Teil Fn. 440 erneut nur *Alexy,* Theorie der Grundrechte, S. 75 f., 87 f.

[465] EuGH, Gutachten 2/13 v. 18.12.2014, Rn. 191; EuGH, Urteil v. 16.7.2015, Rs. C-681/13, Diageo Brands, Rn. 40; EuGH, Urteil v. 5.4.2016, verb. Rs. C-404/15 und C-659/15 PPU, Aranyosi und Căldăraru, Rn. 78, 82 ff.; EuGH, Urteil v. 10.11.2016, Rs. C-477/16 PPU, Koval-

Bislang wurden sie in der Rechtssache *N. S. u. a.* angenommen für die prognostische Einschätzung der bei einer Dublin-Rückführung zu erwartenden Behandlung des Betroffenen im zuständigen Staat; dies geschah für den Fall, dass den anderen Mitgliedstaaten nicht unbekannt sein könne, dass angesichts systemischer Mängel in jenem Staat die ernstzunehmende Gefahr einer Art. 4 GRC zuwiderlaufenden, menschenunwürdigen Behandlung drohe.[466] Der Zusatz, umgekehrt könne nicht jeder Grundrechtsverstoß eines anderen Mitglieds zur Loslösung von den eigenen sekundärrechtlichen Bindungen hinreichen,[467] wird zuweilen als Absage an eine Widerlegung in bloßen Einzelfällen sogar bei (drohender) Verletzung absoluter Rechte aufgefasst.[468] Dies erscheint nicht zwingend, da in der Rechtssache *N.S. u. a.* nicht zur Entscheidung stand, welche Situation sich bei Bestehen einer konkreten in Abwesenheit einer systemischen Gefahr ergäbe.[469]

Zumindest in der Anschlussrechtsprechung zur Dublin *II*-Verordnung schien der Gerichtshof in Befassung mit deren Rechtsschutzvorschriften eine Begrenzung auf systemische Mängel vorzunehmen, bei denen allein der Betroffene

---

kovas, Rn. 27; EuGH, Urteil v. 16.2.2017, Rs. C-578/16 PPU, C. K. u. a., Rn. 92, 95. Nicht ersichtlich, dass dies eine zweite Ausnahme *neben* der Versagung zum Grundrechtsschutz darstellt (so *Dietz,* NVwZ 2016, 1383 [1384]).

466 EuGH, Urteil v. 21.12.2011, verb. Rs. C-411/10 und C-493/10, N. S. u. a., Rn. 86, 94, 106; EuGH, Urteil v. 14.11.2013, Rs. C-4/11, Puid, Rn. 30; EuGH, Urteil v. 10.12.2013, Rs. C-394/12, Abdullahi, Rn. 60; EuGH, Urteil v. 16.2.2017, Rs. C-578/16 PPU, C. K. u. a., Rn. 59 f. Der im Dublin-System bestehende Spielraum ändert angesichts bejahter Grundrechtsbindung durch den EuGH an der Relevanz für den hiesigen Kontext nichts. Zur Bedeutung von Art. 4 GRC für den Würdeschutz erneut EuGH, Urteil v. 6.9.2016, Rs. C-182/15, Petruhhin, Rn. 56 f. Mit Verständnis der Rs. *N. S. u. a.* als horizontaler *Solange*-Test *Canor,* ZaöRV 73 (2013), 249 (253 f., 271 ff.); im Anschluss *Franzius,* ZaöRV 75 (2015), 383 (406); zu *Solange*-Vorbehalten als Vertrauensvorschüssen daneben *ders.,* HFR 2010, 159 (174).

467 EuGH, Urteil v. 21.12.2011, verb. Rs. C-411/10 und C-493/10, N. S. u. a., Rn. 82; EuGH, Gutachten 2/13 v. 18.12.2014, Rn. 192.

468 Mit diesem Verständnis *Hailbronner/Thym,* NVwZ 2012, 406 (407 f.); weniger deutlich *Thym,* ZAR 2013, 331 (332 f.); *Hoppe,* Eilrechtsschutz gegen Dublin II-Überstellungen, S. 197; wohl auch *Meyer,* in: v. d. Groeben/Schwarze/Hatje, Art. 82 AEUV Rn. 7, 12 f. Nach *N. S. u. a.* Einzelfallversagung nicht ausgeschlossen, *Canor,* ZaöRV 73 (2013), 249 (274 ff.), wohl aber nach *Aguirre Zarraga,* ebd., S. 281 ff.; so auch *Engel,* Der Beitritt der Europäischen Union zur EMRK, S. 118, 121. Hingegen *Kokott/Dervisopoulos,* in: Leutheusser-Schnarrenberger (Hrsg.), Vom Recht auf Menschenwürde, S. 123 (128 f.) der Ansicht, eine Versagung im Einzelfall werde durch den EuGH nicht ausgeschlossen; so auch *Franzius,* ZaöRV 75 (2015), 383 (407 f.). Ambivalent *Mitsilegas,* YEL 31 (2012), 319 (354) einerseits, S. 359 andererseits; *Wischmeyer,* GLJ 17 (2016), 339 (379 f. mit Fn. 212); *Breitenmoser/Weyeneth,* in: v. d. Groeben/Schwarze/Hatje, Vor Art. 67 AEUV Rn. 95 sowie Art. 67 Rn. 114. Differenzierend *Labayle,* in: FS Hailbronner, S. 153 (165); *Lübbe,* ZAR 2014, 105 (106 ff.).

469 Vgl. auch den Hinweis bei *Marx,* NVwZ 2012, 409 (412); *Kohler,* ZEuS 2016, 135 (148 f.); *Schwarz,* EuR 2016, 421 (428).

seiner Überstellung entgegentreten könne.[470] Nach Änderung des Sekundärrechts wird hiervon in der Rechtsprechung zur Dublin *III*-Verordnung abgerückt;[471] dies geschieht aber anknüpfend an nunmehr veränderte *unionsgesetzgeberische* Wertungen. Damit ist weder sicher, dass dies ein Abrücken des Gerichtshofs vom Erfordernis systemischer Mängel auch dort bedeutet, wo der Gesetzgeber eine Prüfung hat unterbinden wollen,[472] noch scheint dies zwingend auf Sekundärrecht übertragbar, in das der Unionsgesetzgeber nur einen Verweis auf die unberührte Bindung der Mitgliedstaaten an die Unionsgrundrechte aufgenommen hat.[473] Letzteres wird vom Gerichtshof bislang gerade nicht als zusätzlicher Versagungsgrund zu den speziell normierten aufgefasst.

Dass *jedenfalls* bei systemischen Defiziten eine Reaktion zum Schutz der Menschenwürde in Betracht kommt, bestätigt der Gerichtshof in der jüngeren Entscheidung in den verbundenen Rechtssachen *Aranyosi* und *Căldăraru* (dazu auch sogleich bb). Lägen solche Mängel vor, veranlasse dies zu einer genaueren Prüfung[474] auf ernste und durch Tatsachen begründete Anhaltspunkte, dass (auch) der konkret Betroffene im Falle der Überstellung einer echten Gefahr unmenschlicher oder erniedrigender Behandlung ausgesetzt sei, und gegebenenfalls sei eine Reaktion verlangt.[475] Die nun betonte Prüfung auch auf das Vorliegen einer konkreten Gefahr dürfte sich als bloße Präzisierung gegenüber *N. S. u. a.* darstellen; auch unter Art. 3 EMRK ist die allgemeine Lage im Staat nur in Ermangelung von Angaben über eine dem Betroffenen drohende oder in Bezug auf ihn ausgeräumte[476] Gefahr maßgeblich.[477]

---

[470] EuGH, Urteil v. 10.12.2013, Rs. C-394/12, Abdullahi, Rn. 60.

[471] EuGH, Urteil v. 7.6.2016, Rs. C-63/15, Ghezelbash, Rn. 34; EuGH, Urteil v. 7.6.2016, Rs. C-155/15, Karim, Rn. 19 ff.; vgl. EuGH, Urteil v. 16.2.2017, Rs. C-578/16 PPU, C.K. u.a., Rn. 61 ff., 91 ff. sowie EuGH, Urteil v. 26.7.2017, Rs. C646/16, Jafari, Rn. 101.

[472] S. erneut oben S. 10 ff.

[473] Hierzu erneut die Nachweise oben Erster Teil Fn. 166.

[474] EuGH, Urteil v. 5.4.2016, verb. Rs. C-404/15 und C-659/15 PPU, Aranyosi und Căldăraru, Rn. 92, 94.

[475] EuGH, Urteil v. 5.4.2016, verb. Rs. C-404/15 und C-659/15 PPU, Aranyosi und Căldăraru, Rn. 91 ff.; vgl. im Verhältnis zu Drittstaaten EuGH, Urteil v. 6.9.2016, Rs. C-182/15, Petruhhin, Rn. 58 sowie EuGH, Urteil v. 6.9.2017, Rs. C-473/15, Schotthöfer & Steiner, Rn. 24.

[476] EuGH, Urteil v. 5.4.2016, verb. Rs. C-404/15 und C-659/15 PPU, Aranyosi und Căldăraru, Rn. 91 ff. Zur EMRK erneut die Rspr. oben Zweiter Teil Fn. 79.

[477] Ebenfalls mit Hinweis auf die darin liegende bloße Aufspaltung einer in *N. S. u. a.* verkürzt beschriebenen Prüfung *Müller,* ZeuS 2016, 345 (354); zuvor i.d.S. bereits zu *N. S. u. a. Lübbe,* ZAR 2014, 105 (109), auch S. 106 zum Konventionsrecht; zumindest konsequente Fortentwicklung, *Schwarz,* EuR 2016, 421 (427 f.); s. auch *Kokott/Dervisopoulos,* in: Leutheusser-Schnarrenberger (Hrsg.), Vom Recht auf Menschenwürde, S. 123 (129). Hinge-

Dass eine Versagung der Kooperation, wie der Gerichtshof annimmt, zum Würdeschutz zumindest bei Defiziten geboten sein kann, die den Mitgliedstaaten nicht unbekannt sein können, ergibt sich bei einem effektivitätsgestützten Ansatz zwanglos. Dasselbe gilt für das Ausscheiden einer Versagung bei einer im Einzelfall ausgeräumten Gefahr.

bb) Einzelfallschutz als Voraussetzung absoluten Würdeschutzes

Der wiederholt betonte absolute Charakter des Rechts aus Art. 4 GRC[478] spricht allerdings dafür, dass eine Versagung der Zusammenarbeit auch in einem bloßen Einzelfall geboten sein kann, nämlich bei hinreichenden Anhaltspunkten für eine echte Gefahr unmenschlicher oder erniedrigender Behandlung im innerunionalen Ausland.[479] Im Lichte der Auslegung von Art. 3 EMRK durch den EGMR spricht hierfür auch Art. 52 Abs. 3 S. 1 GRC.[480] Bejaht der EuGH die Grundrechtsqualität des in Art. 1 GRC niedergelegten Würdeschutzes,[481] erscheint eine Versagung auch über Art. 4 GRC hinausgehend zum Schutz der Menschenwürde nicht ausgeschlossen, ebenso wenig wie zum Schutz etwaiger Menschenwürdegehalte anderer Grundrechte.[482] Soweit ersichtlich, hat der

---

gen Divergenz von *N. S. u. a.* und EGMR nach *Reinbacher/Wendel,* EuGRZ 2016, 333 (338, 341 f.).

[478] EuGH, Urteil v. 5.4.2016, verb. Rs. C-404/15 und C-659/15 PPU, Aranyosi und Căldăraru, Rn. 85 f.; EuGH, Urteil v. 6.9.2016, Rs. C-182/15, Petruhhin, Rn. 56; EuGH, Urteil v. 16.2.2017, Rs. C-578/16 PPU, C. K. u. a., Rn. 59, 69, 93; daneben nur *Augsberg,* in: v. d. Groeben/Schwarze/Hatje, Art. 1 GRC Rn. 12, Art. 4 GRC Rn. 12 (zum so begründeten Abschiebehindernis Art. 4 GRC Rn. 8, m. w. N.); *Jarass,* GRC, Art. 4 Rn. 12; *Calliess,* in: ders./Ruffert, Art. 1 GRCh Rn. 34 ff., Art. 4 GRCh Rn. 19, 22.

[479] Aus dem Schrifttum etwa *Marx,* NVwZ 2012, 409 (412); *Hoppe,* Eilrechtsschutz gegen Dublin II-Überstellungen, S. 199 (s. auch S. 114 ff.); *Franzius,* ZaöRV 75 (2015), 383 (407 f.); im Ergebnis auch *Lübbe,* ZAR 2014, 105 (107 ff.), solange Einzelfall nicht lediglich aus „Verkettung unglücklicher Umstände"; *Schwarz,* EuR 2016, 421 (429); *Dietz,* NVwZ 2016, 1383 (1384); *Breitenmoser/Weyeneth,* in: v. d. Groeben/Schwarze/Hatje, Art. 67 AEUV Rn. 58, wobei das Verhältnis zu Art. 67 Rn. 114 nicht recht deutlich wird; KOM(2011) 327 endg., S. 4 ff. Vgl. BVerfG, Beschluss v. 19.12.2017, – 2 BvR 424/17 –, Rn. 58.

[480] Mit Verweis auf diese Norm EuGH, Urteil v. 16.2.2017, Rs. C-578/16 PPU, C. K. u. a., Rn. 67 (zur fehlenden Einbeziehung in *N. S. u. a. Hailbronner/Thym,* NVwZ 2012, 406 [407]); EuGH, Urteil v. 24.4.2018, Rs. C-353/16, MP, Rn. 37. So auch bereits *Schwarz,* EuR 2016, 421 (425); *Meyer,* in: v. d. Groeben/Schwarze/Hatje, Art. 82 AEUV Rn. 13; anklingend bei *Labayle,* in: FS Hailbronner, S. 153 (164). Vgl. BVerfGE 140, 317 (361 f., Rn. 98 f.); a. A. *Schmahl,* JZ 2016, 921 (924).

[481] EuGH, Urteil v. 2.12.2014, verb. Rs. C-148/13 bis C-150/13, A. u. a., Rn. 53; vgl. vorangehend EuGH, Urteil v. 27.2.2014, Rs. C-79/13, Saciri u. a., Rn. 35.

[482] Ausdrücklich *Dietz,* NVwZ 2016, 1383 (1385). Ein solcher Gehalt wohl in der Erläuterung zu Art. 1 GRC, ABl. EU Nr. C 303 v. 14.12.2007, S. 17 (17) vorausgesetzt; mit diesem Verständnis auch *Augsberg,* in: v. d. Groeben/Schwarze/Hatje, Art. 1 Rn. 12; *Jarass,* GRC,

EuGH das Verhältnis von Art. 1 zu Art. 4 GRC oder den übrigen Grundrechten allerdings bislang nicht eingehender bestimmt und auch nicht die in Art. 1 GRC niedergelegte Unantastbarkeit erörtert.

Eine Versagung zum Schutz vor unmenschlicher oder erniedrigender Behandlung im Einzelfall ist inzwischen für die hier nicht betrachtete Konstellation als geboten erachtet worden, in der Gefahr *nicht* durch das Verhalten des Kooperationspartners, sondern unabhängig davon droht. Konkret war es die besondere Situation der psychisch labilen Betroffenen,[483] aufgrund deren sich unabhängig von der Lage im Zielstaat ein zumindest temporäres Hindernis für die Rückführung dorthin ergeben könne.[484] Den Rahmen bot wiederum die Dublin III-VO, hinsichtlich deren der Gerichtshof die beabsichtigte Verbesserung der Rechtsstellung des Einzelnen durch den Unionsgesetzgeber hervorhebt.[485] Dennoch betont der Gerichtshof hier in bemerkenswerter Deutlichkeit und Ausführlichkeit, dass es unvereinbar mit dem absoluten Charakter des Rechts aus Art. 4 GRC sei, wenn eine konkrete Gefahr unter dem Vorwand übergangen werden könne, sie ergebe sich nicht aus einem systemischen Defizit.[486]

Für den Fall, dass der Schutz im Kooperationsstaat Anlass zu Zweifeln bietet, ist eine solche Versagung im bloßen Einzelfall zum Schutz des Rechts aus Art. 4 GRC bislang nicht explizit erörtert worden. Eine Versagungspflicht auch in solchen Fällen fügte sich bruchlos in die bisherige Rechtsprechung bei einem Verständnis systemischer Mängel, das diesen Ausdruck nicht in kategorischen Gegensatz zu Einzelfällen setzt.[487] Ob dies der Sinn ist, in dem der EuGH den Begriff verwendet, muss aber bezweifelt werden.

In der jüngeren Rechtsprechung, nämlich der schon erwähnten Vorabentscheidung in den verbundenen Rechtssachen *Aranyosi* und *Căldăraru* zum Rahmenbeschluss über den Europäischen Haftbefehl nähert sich der EuGH aber dennoch einer Versagung im bloßen Einzelfall an. Die Pflicht aus Art. 1, 4 GRC

Art. 52 Rn. 29. Vgl. die Rückbindung in EuGH, Urteil v. 5.4.2016, verb. Rs. C-404/15 und C-659/15 PPU, Aranyosi und Căldăraru, Rn. 85. Zum GG unten S. 244 ff.

483 EuGH, Urteil v. 16.2.2017, Rs. C-578/16 PPU, C. K. u. a., Rn. 66 ff.

484 EuGH, Urteil v. 16.2.2017, Rs. C-578/16 PPU, C. K. u. a., Rn. 73, 91 ff.

485 Hierzu erneut die Rspr. oben Zweiter Teil Fn. 471.

486 EuGH, Urteil v. 16.2.2017, Rs. C-578/16 PPU, C. K. u. a., Rn. 93, daneben Rn. 65, 92, und die Antwort, Rn. 96, 1. Spstr.

487 Mit einem solchen *Lübbe,* ZAR 2014, 105 (107), „Rechtsverletzung aufgrund einer Verkettung unglücklicher Umstände" als Gegenbegriff; kritisch angesichts Niederschwelligkeit, allerdings in anderem Kontext *v. Bogdandy/Ioannidis,* ZaöRV 74 (2014), 283 (293); skeptisch gegenüber Verallgemeinerbarkeit über Dublin hinaus auch *Franzius,* ZaöRV 75 (2015), 383 (407 f. mit Fn. 93); ebenso mit anderem Verständnis der Rspr. *Kohler,* ZEuS 2016, 135 (149); *Canor,* ZaöRV 73 (2013), 249 (277 f., 281).

zur Würdigung von Anhaltspunkten für eine menschenunwürdige oder erniedrigende Behandlung – vor näherer Entfaltung des zweitstaatlichen Prüfprogramms ohnehin ohne Einschränkung auf systemische Mängel formuliert[488] – soll sich nämlich nicht nur im Falle solcher Mängel ergeben. Ausgangspunkt für die Prüfung ist vielmehr:

„Dabei muss sich die vollstreckende Justizbehörde zunächst auf objektive, zuverlässige, genaue und gebührend aktualisierte Angaben über die Haftbedingungen im Ausstellungsmitgliedstaat stützen, die das Vorliegen systemischer oder allgemeiner, bestimmte Personengruppen oder bestimmte Haftanstalten betreffender Mängel belegen."[489]

Mit dem von systemischen Defiziten abgegrenzten („oder") Zusatz, dass sogar Mängel (lediglich) in bestimmten Haftanstalten für eine Überstellung kritisch sein können, wird maßgebliche Bedeutung hier nicht systemischen Mängeln im Sinne eines zahlenmäßig häufig oder gar landesweit unzureichenden Schutzes beigemessen.[490] Hervorgehoben werden vielmehr die Belastbarkeit und Eindeutigkeit der Beurteilungsgrundlage, auf der die Unzulänglichkeit dieses Schutzes angenommen wird.[491]

---

[488] EuGH, Urteil v. 5.4.2016, verb. Rs. C-404/15 und C-659/15 PPU, Aranyosi und Căldăraru, Rn. 88; im Verhältnis zu Drittstaaten EuGH, Urteil v. 6.9.2016, Rs. C-182/15, Petruhhin, Rn. 55.

[489] EuGH, Urteil v. 5.4.2016, verb. Rs. C-404/15 und C-659/15 PPU, Aranyosi und Căldăraru, Rn. 89 (s. auch Rn. 93); Alternativität noch deutlicher im Französischen „défaillances *soit* systémiques ou généralisées, *soit* touchant certains groupes de personnes, *soit encore* certains centres de détention" (ohne Hervorhebung im Original), wie im Englischen mit wiederholtem „or which".

[490] Betont auch bei *Müller,* ZeuS 2016, 345 (357 f.); Versagung im Einzelfall eröffnet, *Meyer,* JZ 2016, 621 (622); *Dietz,* NVwZ 2016, 1383 (1384).

[491] I.d.S. auch *Meyer,* JZ 2016, 621 (622). Dazu, dass hier die EGMR-Rspr. einen Anhaltspunkt biete, EuGH, Urteil v. 21.12.2011, verb. Rs. C-411/10 und C-493/10, N. S. u. a., Rn. 88 f.; *N. S. u. a.* ebenfalls unter diesem Aspekt Relevanz beimessend *Schwarz,* Grundlinien der Anerkennung, S. 304 mit Fn. 458; Betonung als Erkenntnismittel *Hoppe,* Eilrechtsschutz gegen Dublin II-Überstellungen, S. 197, aber auch mit Hinweis auf Problem divergierender Einschätzung durch die Staaten, S. 201. In diesem Kontext im Nachgang zu EGMR, Urteil v. 21.1.2011, M.S.S. / Belgien und Griechenland, Nr. 30696/09 im Asylbereich mit Feststellung weiterer Verletzungen durch Griechenland etwa EGMR, Urteil v. 11.2.2016, R.T. / Griechenland, Nr. 5124/11, §§ 67 ff.; EGMR, Urteil v. 13.10.2016, B.A.C. / Griechenland, Nr. 11981/15, §§ 59 ff.; s. umgekehrt aber trotz bestehender Defizite mit anderer Einschätzung italienischen Schutzes etwa in EGMR, Entscheidung v. 4.6.2013, Daytbegova und Magomedova / Österreich, Nr. 6198/12, § 66; EGMR, Urteil v. 4.11.2014, Tarakhel / Schweiz, Nr. 29217/12, §§ 114 f.; EGMR, Entscheidung v. 17.5.2016, S.M.H. / Niederlande, Nr. 5868/13, § 46; daneben aber, anders gelagert, Verurteilung in EGMR, Urteil v. 15.12.2016, Khlaifia / Italien, Nr. 16483/12, §§ 88 ff., 117 ff., 132 ff., 269 ff. Erneut Verurteilung Italiens wegen unzureichender Überprüfungsmöglichkeit eines Abwesenheitsurteils in EGMR, Urteil v. 1.9.2016, Huzuneanu / Italien, Nr. 36043/08, §§ 40 ff. (vgl. zu einem solchen auch BVerfGE 140, 317).

Das Abheben auf Angaben aus (verschiedenen) verlässlichen Quellen erscheint eingängig zur Abschichtung, wann ein Prüfungseintritt geboten sein kann: Informationen aus unabhängiger dritter Hand können die unter Umständen zwischen den Mitgliedstaaten „lediglich" divergierende Beurteilung der Grundrechtswahrung zugunsten einer dieser Einschätzungen[492] auflösen und dem Betroffenen die Darlegung erleichtern.[493] Auch das Abstellen auf das deutliche Zutagetreten der Gefahr erlaubt eine Abschichtung, wann ein Prüfungseintritt veranlasst ist. Ein Blick auf die übrige Rechtsprechung zeigt, dass auch zuvor bereits der erwiesene Charakter systemischer Mängel eine Rolle gespielt hat.[494] Auch bei der erwähnten Versagung aus der besonderen Situation des Betroffenen heraus sind es Anhaltspunkte, die den Vortrag objektiv deutlich untermauern, denen für die Verpflichtung zum Einstieg in eine eingehendere Prüfung Bedeutung beigemessen wird.[495]

Wie im jüngeren Schrifttum zu Recht betont,[496] lenkt dies den Blick darauf, welchen Gewichts, auch welcher Quelle solche Anhaltspunkte sein müssen und welcher Darlegungslast der Betroffene unterliegt. Hier aber soll genügen festzuhalten, dass bei hinreichend deutlichen und belastbaren Anhaltspunkten eine Versagung jedenfalls zum Schutz des Rechts aus Art. 4 GRC auch im bloßen Einzelfall naheliegt.[497]

cc) Unsicherheit im Übrigen: Wesensgehaltsschutz im Einzelfall?

Wegen der absoluten Natur des Rechts aus Art. 4 GRC kann hiervon aber nicht ohne Weiteres auf andere Grundrechte gefolgert werden.[498] Es sei erneut daran

---

492 S. erneut auch die Nachweise oben Zweiter Teil Fn. 380.

493 Mit Hinweis auf letzteres etwa *Hailbronner/Thym,* NVwZ 2012, 406 (408).

494 EuGH, Urteil v. 21.12.2011, verb. Rs. C-411/10 und C-493/10, N. S. u. a., Rn. 90, s. auch Rn. 106; Relevanz mehrerer Quellen nachfolgend anklingend in EuGH, Urteil v. 6.9.2016, Rs. C-182/15, Petruhhin, Rn. 57 sowie EuGH, Urteil v. 6.9.2017, Rs. C-473/15, Schotthöfer & Steiner, Rn. 24; so auch bei *Franzius,* ZaöRV 75 (2015), 383 (409). Vgl. Schlussanträge GA *Sharpston,* Rs. C-396/11, Radu, Nr. 41.

495 EuGH, Urteil v. 16.2.2017, Rs. C-578/16 PPU, C.K. u.a., Rn. 75, dann Ausräumung jedes ernsthaften Zweifels, Rn. 76; vgl. unter der EMRK erneut EGMR, Urteil v. 7.12.2017, D.L. / Österreich, Nr. 34999/16, §§ 63 ff. zur schwierigen Darlegung in Ermangelung objektiver Berichte.

496 *Hailbronner/Thym,* NVwZ 2012, 406 (408); *Hoppe,* Eilrechtsschutz gegen Dublin II-Überstellungen, S. 201; *Gärditz,* JZ 2016, 1116 (1118); *Meyer,* JZ 2016, 621 (622); *Reinbacher/Wendel,* EuGRZ 2016, 333 (341); vgl. *Mitsilegas,* YEL 31 (2012), 319 (362).

497 So etwa auch *Müller,* ZeuS 2016, 345 (357 f.); *Meyer,* JZ 2016, 621 (622); *Dietz,* NVwZ 2016, 1383 (1384). Mit einem solchen Verständnis der Rs. *Aranyosi* und *Căldăraru* wohl auch KOM(2017) 239 endg., S. 13 sowie BVerfG, Beschluss v. 14.12.2017, – 2 BvR 1872/17 –, Rn. 25 f.

498 Vgl. *Engel,* Der Beitritt der Europäischen Union zur EMRK, S. 115.

erinnert, dass der EuGH davon ausgeht, nicht jede Grundrechtsverletzung verlange oder gestatte die Versagung der Kooperation.[499] Dennoch schließt zumindest das Bundesverfassungsgericht eine Versagung in bloßen Einzelfällen auch zum Schutz anderer Unionsgrundrechte nicht aus: Es sei nach Art. 6 Abs. 1 EUV untersagt, anderen Mitgliedstaaten die Hand zu Menschenrechtsverstößen zu reichen,[500] wie in sprachlicher Anleihe beim EGMR ausgeführt wird.

In der Tat wirft mit Blick darauf, dass Art. 47 Abs. 2 GRC dem Konventionsrecht aus Art. 6 Abs. 1 EMRK entspricht,[501] wiederum bereits Art. 52 Abs. 3 S. 1 GRC die Frage einer Durchsetzung zumindest grundlegender Anforderungen an ein faires Verfahren durch den Vollstreckungsstaat auf.[502] Auch im Übrigen könnte eine Versagung jedenfalls zum Schutz des jeweiligen Wesensgehalts geboten sein, der nach Art. 52 Abs. 1 S. 1 GRC bei jeder Einschränkung zu achten ist.[503] Ein bloßer Einzelfall stellt sich insoweit allerdings nur als proble-

---

499 EuGH, Urteil v. 21.12.2011, verb. Rs. C-411/10 und C-493/10, N. S. u. a., Rn. 82; EuGH, Gutachten 2/13 v. 18.12.2014, Rn. 192; vgl. aber auch EuGH, Urteil v. 10.8.2017, Rs. C- 271/17 PPU, Zdziaszek, Rn. 105; *Hailbronner/Thym,* NVwZ 2012, 406 (407), in Fn. 21 nach Verankerung des *non-refoulement* im Grundrecht differenzierend.

500 BVerfGE 140, 317 (359, Rn. 92), s. auch S. 361, Rn. 97 (zur Formulierung erneut EGMR, Urteil v. 26.6.1992, Drozd und Janousek / Frankreich und Spanien, Nr. 12747/87, § 110, „doivent toutefois se garder d'apporter leur concours" und bereits die Übersetzung bei *Matscher,* in: FS Kollhosser, S. 427 [429 f.]); vgl. BVerfG, Beschluss v. 23.1.2017, – 2 BvR 2584/12 –, Rn. 17 sowie im nicht determinierten Bereich BVerfG, Beschluss v. 26.2.2018, – 2 BvR 107/18 –, Rn. 26, 31. Aus der Literatur grds. für Einzelfallrelevanz *Schwarz,* Grundlinien der Anerkennung, S. 302; *Vogel/Eisele,* in: GHN, Art. 82 AEUV Rn. 40; *Gärditz,* JZ 2016, 1116 (1118); *Meyer,* in: v. d. Groeben/Schwarze/Hatje, Art. 82 AEUV Rn. 13; a. A. *Schmahl,* JZ 2016, 921 (924). Vgl. aus Perspektive des GG *Britz,* JZ 2013, 105 (109).

501 Hierzu und zu mangels Beschränkung auf zivilrechtliche Ansprüche und Verpflichtungen weiterer Tragweite die Erläuterung zu Art. 47 GRC, ABl. EU Nr. C 303 v. 14.12.2007, S. 17 (30, 34); s. auch EuGH, Urteil v. 18.6.2015, Rs. C-583/13 P, Deutsche Bahn AG u. a. / Kommission, Rn. 47, m. w. N.; EuGH, Urteil v. 6.11.2012, Rs. C-199/11, Otis u. a., Rn. 47. Zum umfassenderen Schutz aus Art. 47 Abs. 1 GRC gegenüber Art. 13 EMRK die Erläuterung zu Art. 47 GRC, ABl. EU Nr. C 303 v. 14.12.2007, S. 17 (29); EuGH, Urteil v. 18.12.2014, Rs. C-562/13, Abdida, Rn. 51.

502 S. erneut nur EuGH, Urteil v. 28.3.2000, Rs. C-7/98, Krombach / Bamberski, Rn. 25 ff.; EuGH, Urteil v. 2.4.2009, Rs. C-394/07, Gambazzi, Rn. 33, 28 ff.; daneben wiederum BVerfGE 140, 317 (361 f., Rn. 98 f.); BVerfG, Beschluss v. 23.1.2017, – 2 BvR 2584/12 –, Rn. 17; Schlussanträge GA *Sharpston,* Rs. C-396/11, Radu, Nr. 89; *Meyer,* in: v. d. Groeben/Schwarze/Hatje, Art. 82 AEUV Rn. 13; vgl. *Canor,* ZaöRV 73 (2013), 249 (278). Ohne solche Beschränkung *Becker,* Grundrechtsschutz, S. 132 ff., 155 ff.; *Kohler,* in: Baur/Mansel (Hrsg.), Systemwechsel im europäischen Kollisionsrecht, S. 147 (152 f.); *Kohler,* ZEuS 2016, 135 (143). Zur Auslegung des Art. 4a RB 2002/584/JI unter Wahrung von Art. 6 EMRK deutlich EuGH, Urteil v. 22.12.2017, Rs. C-571/17, Ardic, Rn. 74.

503 Im Einzelfall denkbar nach *Breitenmoser/Weyeneth,* in: v. d. Groeben/Schwarze/Hatje, Vor Art. 67 AEUV Rn. 95 (s. aber auch Rn. 99 f. und Art. 67 AEUV Rn. 58, 114); *Meyer,*

matisch dar, soweit bereits ein solcher die Achtung dieses Gehalts zu beeinträchtigen vermag; hierzu sind unterschiedliche Ansätze in der Rechtsprechung des EuGH zu verzeichnen.[504]

Ungeachtet dieser Frage wird im Falle systemischer Defizite im Schrifttum zum Teil auch weitergehend eine Versagung befürwortet;[505] auf Grundlage eines effektivitätsgestützten Ansatzes ist dies ebenfalls nachvollziehbar.

Die oben skizzierte Entscheidung im Fall *Aguirre Zarraga* dürfte jedenfalls weder Ausweis der Ablehnung einer Versagung zum Schutz anderer Grundrechte als der Menschenwürde sein noch Ausweis eines kategorischen Ausschlusses der Versagung in bloßen Einzelfällen.[506] Zwar mag sich im dortigen Fall mit der Bundesregierung an der Zumutbarkeit eines fortgesetzten Verwei-

---

in: v. d. Groeben/Schwarze/Hatje, Art. 82 AEUV Rn. 13; *Lübbe,* ZAR 2014, 105 (109 f.); weitergehend *Kohler,* ZEuS 2016, 135 (149). Für *Wischmeyer,* GLJ 17 (2016), 339 (379 f.) kommt bei „‚grave' violations" eine Versagung in Betracht, aber wohl nicht im bloßen Einzelfall; ein solcher Fall jeweils nicht ausreichend nach *Canor,* ZaöRV 73 (2013), 249 (253, 276 ff.), zumindest nach dortigem Verständnis der Rspr.; *v. Bogdandy/Ioannidis,* ZaöRV 74 (2014), 283 (319 f.), insoweit zum horizontalen Verhältnis deutlicher als *v. Bogdandy u. a.,* ZaöRV 72 (2012), 45 (66, 72).

504 Zum Wesensgehaltsschutz bereits unter den ungeschriebenen Grundrechten EuGH, Urteil v. 14.5.1974, Rs. 4/73, Nold, Rn. 14, auf eine Einzelfallentscheidung bezogen; EuGH, Urteil v. 13.12.1979, Rs. 44/79, Hauer, Rn. 23; EuGH, Urteil v. 6.12.1984, Rs. 59/83, Bovilac, Rn. 22, ebenfalls möglichen Wesensgehaltsverstoß im Einzelfall implizierend; EuGH, Urteil v. 8.10.1986, Rs. 234/85, Keller, Rn. 8; EuGH, Urteil v. 11.7.1989, Rs. 265/87, Schräder, Rn. 15 ff., wiederum auf den Einzelnen abstellend; EuGH, Urteil v. 5.7.1989, Rs. 5/88, Wachauf, Rn. 18; EuGH, Urteil v. 3.9.2008, verb. Rs. C-402/05 P und C-415/05 P, Kadi und Al Barakaat, Rn. 355 ff. erneut mögliche Antastung im Einzelfall implizierend; unter GRC abhebend darauf, ob der (einzelne) Grundrechtsberechtigte an der Ausübung seines Rechts als solchem gehindert werde, EuGH, Urteil v. 22.1.2013, Rs. C-283/11, Sky Österreich, Rn. 49 (nun von Verhältnismäßigkeitsprüfung getrennt, Rn. 50; hierzu *Jarass,* GRC, Art. 52 Rn. 28); so auch EuGH, Urteil v. 27.5.2014, Rs. C-129/14 PPU, Spasic, Rn. 58; sinngemäß EuGH, Urteil v. 4.5.2016, Rs. C-547/14, Philip Morris Brands u. a., Rn. 151; EuGH, Urteil v. 6.10.2015, Rs. C-362/14, Schrems, Rn. 94 f. Auf das Recht als solches abstellend EuGH, Urteil v. 6.10.2015, Rs. C-650/13, Delvigne, Rn. 48, dort aber vollständiger Entzug für den Einzelnen nicht ausreichend; so sinngemäß auch EuGH, Urteil v. 15.2.2016, Rs. C-601/15 PPU, J. N., Rn. 52. Dazu, dass nach dieser Rspr. ein absoluter Schutz nicht auszuschließen ist, auch *Kingreen,* in: Calliess/Ruffert, Art. 52 GRCh Rn. 64. S. erneut die Erläuterung zu Artikel 1 GRC, ABl. EU Nr. C 303 v. 14.12.2007, S. 17 (17), allerdings wenig ergiebig zu Art. 52, S. 32.

505 *Kokott/Dervisopoulos,* in: Leutheusser-Schnarrenberger (Hrsg.), Vom Recht auf Menschenwürde, S. 123 (129); wohl auch *Buchholtz,* NVwZ 2016, 1353 (1358).

506 In diesem Sinne *Britz,* JZ 2013, 105 (109 f.); ambivalent *Wischmeyer,* GLJ 17 (2016), 339 (379 f. mit Fn. 212). Jeweils a. A. *Canor,* ZaöRV 73 (2013), 249 (281); *Engel,* Der Beitritt der Europäischen Union zur EMRK, S. 118; so auch *Callewaert,* ZEuS 2014, 79 (84 f.) einerseits, aber differenzierter auf S. 86 f.; wohl auch *Schwarz,* Grundlinien der Anerkennung, S. 302; *Buchholtz,* NVwZ 2016, 1353 (1358); mit dieser Einordnung und kritisch *Meyer,* in: v. d. Groeben/Schwarze/Hatje, Art. 82 AEUV Rn. 12 f.

ses auf bereits vergeblich erstrebten Rechtsschutz im Ursprungsstaat zweifeln lassen.[507] Zumindest seitens des EuGH bestand aber erklärtermaßen die Erwartung, es werde erforderlichenfalls noch Abhilfe in diesem Staat geschaffen.[508]

dd) Ergebnis

Der EuGH hat bislang in aller Deutlichkeit lediglich dort eine Modifikation der Zusammenarbeit für geboten erachtet, wo bei systemischen Mängeln in Bezug auf die Einhaltung des absoluten Rechts aus Art. 4 GRC auch dem Betroffenen konkrete Gefahr drohte. Die jüngere Rechtsprechung legt zudem nahe, dass eine Versagung zum Schutz der Menschenwürde im Einzelfall geboten sein kann; besondere Bedeutung misst der Gerichtshof dabei der Belastbarkeit und Eindeutigkeit der Informationen bei, die solchen Einschätzungen zugrunde liegen. Angesichts der Verschränkung der Grundrechtecharta mit der EMRK liegt schließlich nahe, dass zumindest grundlegende Gehalte auch anderer Unionsgrundrechte einer Zusammenarbeit im Einzelfall entgegenstehen können.

d) (In-)Kohärenz in der Rechtsprechung?

Eine Orientierung in diesen Fragen wird dadurch erschwert, dass der Gerichtshof in seiner jüngeren Rechtsprechung mehrfach eine Versagung der Anerkennung zugelassen und dabei einen grundrechtlichen Bezug aufgezeigt, aber nicht problematisiert hat. Betroffen war wiederum der Rahmenbeschluss über den Europäischen Haftbefehl. Konkret ging es mit dem Tätigwerden einer Justizbehörde um eine sekundärrechtliche Anforderung, deren Bedeutung für den Grundrechtsschutz ausdrücklich hervorgehoben wird,[509] wie dies (weitergehend sogar) für eine gerichtliche Befassung auch in Zivilsachen mehrfach erfolgt ist.[510]

Auf Vorlage des Vollstreckungsstaats wurde nun bei Tätigwerden einer anderen als einer Justizbehörde, also bei Verfehlung der als besonders grundrechtsrelevant erachteten Anforderung, eine Versagung der Übergabe zugelassen,

---

[507] Vgl. die Wiedergabe in der Stellungnahme GA *Bot,* Rs. C-491/10 PPU, Aguirre Zarraga, Nr. 132 f. Zur Vollstreckungsaussetzung unter den vorbehaltlosen Verordnungen in Zivilsachen erneut Erster Teil bei Fn. 72, 73.

[508] Mit diesem Hinweis zu EuGH, Urteil v. 22.12.2010, Rs. C-491/10 PPU, Aguirre Zarraga, Rn. 71 ff. deutlich *Britz,* JZ 2013, 105 (110).

[509] EuGH, Urteil v. 10.11.2016, Rs. C-477/16 PPU, Kovalkovas, Rn. 37; vgl. bereits EuGH, Urteil v. 30.5.2013, Rs. C-168/13, F., Rn. 39 ff., 45.

[510] Jeweils auf Vorlage des Ursprungsstaats, zur VO (EU) Nr. 1215/2012 EuGH, Urteil v. 9.3.2017, Rs. C-551/15, Pula Parking, Rn. 53 f.; zur VO (EG) Nr. 805/2004 EuGH, Urteil v. 9.3.2017, Rs. C-484/15, Zulfikarpašić, Rn. 43; zuvor EuGH, Urteil v. 17.12.2015, Rs. C-300/14, Imtech Marine Belgium, Rn. 46 f.

weil der Haftbefehl in diesem Fall bereits nicht dem Rahmenbeschluss unterfalle bzw. ungültig sei.[511]

Für sich genommen, ist diese Erwägung gut nachvollziehbar. Auch in diesen Fällen klingt durchaus eine dem System zugrunde liegende Vermutung der Einhaltung der fraglichen sekundärrechtlichen Vorgabe an.[512] Trotz Verfehlung dieser Anforderung des Sekundärrechts zur Übergabe zu verpflichten, liefe seinerseits den Zielen des Haftbefehlsregimes, darunter dem Vertrauensgrundsatz, zuwider, schließt der Gerichtshof an.[513] Dennoch bleibt die Auseinandersetzung damit, in welchem Umfang hier die in jüngerer Rechtsprechung vielfach betonte Vermutung der Unionsrechtswahrung geboten, widerlegt oder auch nur maßgeblich relevant ist, recht knapp.

Hier seien zumindest einige Erwägungen dazu angestellt, was diese Fälle ausgezeichnet hat, und damit dazu, inwiefern sich diese (Grund-)Rechtsprechung stimmig in die übrige fügt. In den jüngeren Urteilen dürfte zunächst bedeutsam sein, dass es um Aspekte ging, denen der EuGH besondere Bedeutung dafür beimisst, ob eine Entscheidung dem in Rede stehenden Anerkennungsregime überhaupt unterfällt. Die Missachtung anderer sekundärrechtlicher Voraussetzungen mag hingegen die bloße Fehlerhaftigkeit einer vom anerkennungserleichternden Rechtsakt erfassten mitgliedstaatlichen Maßnahme nach sich ziehen.

Ein zweiter Ansatzpunkt für eine Zulassung der Versagung dürfte sein, ob es sich um eine Anforderung handelt, die Gegenstand der ursprungsstaatlichen Prüfung gewesen ist.[514] Dies war sie in diesen jüngeren Fällen jeweils nicht,

---

511 EuGH, Urteil v. 1.6.2016, Rs. C-241/15, Bob-Dogi, Rn. 64; EuGH, Urteil v. 10.11.2016, Rs. C-452/16 PPU, Poltorak, Rn. 28 ff.; EuGH, Urteil v. 10.11.2016, Rs. C-453/16 PPU, Özçelik, Rn. 32 ff.; EuGH, Urteil v. 10.11.2016, Rs. C-477/16 PPU, Kovalkovas, Rn. 33 ff.; vgl. darüber hinaus im Binnenmarktkontext EuGH, Urteil v. 26.4.2018, Rs. C-34/17, Donnellan, Rn. 57, 61.

512 EuGH, Urteil v. 10.11.2016, Rs. C-452/16 PPU, Poltorak, Rn. 44; EuGH, Urteil v. 10.11.2016, Rs. C-477/16 PPU, Kovalkovas, Rn. 43; s. auch EuGH, Urteil v. 1.6.2016, Rs. C-241/15, Bob-Dogi, Rn. 63.

513 EuGH, Urteil v. 10.11.2016, Rs. C-452/16 PPU, Poltorak, Rn. 28, 43 ff.; EuGH, Urteil v. 10.11.2016, Rs. C-477/16 PPU, Kovalkovas, Rn. 40 ff.; vgl. in Zivilsachen auf Vorlage des Ursprungsstaats EuGH, Urteil v. 9.3.2017, Rs. C-551/15, Pula Parking, Rn. 54; EuGH, Urteil v. 9.3.2017, Rs. C-484/15, Zulfikarpašić, Rn. 43. Mit ähnlicher Argumentation im Führerscheinkontext EuGH, Urteil v. 20.11.2008, Rs. C-1/07, Weber, Rn. 39; EuGH, Urteil v. 21.5.2015, Rs. C-339/14, Wittmann, Rn. 30; zu Art. 54 SDÜ EuGH, Urteil v. 29.6.2016, Rs. C-486/14, Kossowski, Rn. 42, 52 f.

514 Mit Unterscheidung hiernach *Kohler,* ZSR 124 (2005) II, 263 (294 mit Fn. 94); *Willer,* ZZP 127 (2014), 99 (118); in anderem Kontext *Leitmeier,* NZV 2010, 377 (379). Unterscheidung hiernach auch bei Differenzierung nach Vornahme einer Sachprüfung unter Art. 54 SDÜ (hierzu die Rspr. oben Erster Teil Fn. 156); ebenso bei Abheben unter Brüssel IIa dar-

während ein Kontrollverzicht im Übrigen oftmals mit einer Verlagerung der Prüfung in den Ursprungsstaat einhergeht.

Schließlich dürfte die Offensichtlichkeit der Verfehlung eine Rolle spielen. In etwas anderer Form handelt es sich um einen häufigen sekundärrechtlichen Versagungsgrund in der strafjustiziellen Zusammenarbeit.[515] Dies ist eine Erwägung, die den Gerichtshof auch jenseits des Raums, der Freiheit, der Sicherheit und des Rechts eine nicht ausdrücklich vorgesehene Versagung der Anerkennung für zulässig halten lassen hat.[516] Bereits früher hatte er betont, dass in einem solchen Ausnahmefall eine Reaktion umgekehrt auch nicht geeignet erscheine, das Vertrauen des *Erststaats* in die Rechtswahrung des *Zweitstaats* zu schädigen, nämlich in die grundsätzliche Einhaltung der Anerkennungspflicht.[517] Hierein dürfte sich die oben bereits aufgezeigte[518] Betonung der Belastbarkeit der Beurteilungsgrundlage für mögliche Versagungsgründe fügen.

Vom Gerichtshof werden diese Erwägungen aber nicht in ein Verhältnis zur übrigen Rechtsprechung gesetzt.

---

auf, ob sich der Entscheidung die Stützung auf eine Verordnungszuständigkeit entnehmen lasse, EuGH, Urteil v. 15.7.2010, Rs. C-256/09, Purrucker, Rn. 75.

[515] Bei der Entscheidung offensichtlich nicht entsprechender Bescheinigung etwa Art. 7 Abs. 1 RB 2005/214/JI; Art. 8 Abs. 1 RB 2006/783/JI; Art. 12 Abs. 4, Art. 15 Abs. 1 Buchst. a RB 2009/829/JI; Art. 8 Abs. 2, 11 Abs. 1 Buchst. a RB 2008/947/JI.

[516] So bei Fahrerlaubnissen EuGH, Urteil v. 26.6.2008, verb. Rs. C-329/06 und C-343/06, C-334/06 bis C-336/06, Wiedemann u.a., Rn. 72; EuGH, Urteil v. 19.5.2011, Rs. C-184/10, Grasser, Rn. 22 ff.; dieser Aspekt unter Vertrauensgesichtspunkten bedeutsam auch nach *Leitmeier,* NZV 2010, 377 (379). Zu Berufsqualifikationen EuGH, Urteil v. 27.9.1989, Rs. 130/88, C.C. van de Bijl, Rn. 25 f. S. nunmehr auch zu RB 2002/584/JI EuGH, Urteil v. 1.6.2016, Rs. C-241/15, Bob-Dogi, Rn. 64, wenn dort auch ebenso wenig von Offensichtlichkeit die Rede ist wie in EuGH, Urteil v. 16.5.2017, Rs. C-682/15, Berlioz Investment, Rn. 74, 78 im Kontext steuerbehördlicher Informationsersuchen. Daneben im Verhältnis nationaler Gerichte zum EuGH in der Frage der Entscheidungserheblichkeit EuGH, Urteil v. 26.2.2013, Rs. C-399/11, Melloni, Rn. 29. Angesichts dort noch ausstehenden Ausgangs des Rechtsschutzes im Ursprungsstaat steht die Verneinung einer Versagung in EuGH, Urteil v. 22.12.2010, Rs. C-491/10 PPU, Aguirre Zarraga, Rn. 68 hierzu nicht im Widerspruch; ebenso wenig EuGH, Urteil v. 27.4.2017, Rs. C-620/15, A-Rosa Flussschiff GmbH, Rn. 52 ff. und EuGH, Urteil v. 6.2.2018, Rs. C-359/16, Altun u.a., Rn. 46 (s. dort auch Rn. 54 f.) angesichts des im dortigen Kontext vorgesehenen speziellen Verfahrens zum Umgang mit Zweifeln an der Bescheinigung über den Anschluss an ein Sozialversicherungssystem. Vgl. zum Ganzen *Kahl,* in: Calliess/Ruffert, Art. 4 EUV Rn. 120.

[517] Vgl. jeweils EuGH, Urteil v. 19.5.2011, Rs. C-184/10, Grasser, Rn. 24 (mit Vertrauensbezug Schlussanträge GA *Bot,* Rs. C-184/10, Grasser, Nr. 43); *Leitmeier,* NZV 2010, 377 (379); wenn auch anders gelagert, EuGH, Urteil v. 7.6.2016, Rs. C-63/15, Ghezelbash, Rn. 55; noch einmal anders gelagert, EuGH, Urteil v. 16.2.2017, Rs. C-578/16 PPU, C.K. u.a., Rn. 95. Zur sich verstärkenden Tendenz von Misstrauen *Luhmann,* Vertrauen, S. 97 f. sowie ebd., S. 45.

[518] S. erneut oben S. 169 ff.

3. Ergebnis

Die Mitgliedstaaten sind durch den Loyalitätsgrundsatz auch zur Zusammenarbeit untereinander verpflichtet, um dem Unionsrecht praktische Wirksamkeit zu verschaffen. Dem lässt sich bei einer Prämisse rechtskonformen Verhaltens das Gebot entnehmen, bei Ausfüllung der eigenen unionsrechtlichen Stellung davon auszugehen, auch die anderen Mitgliedstaaten hielten ihre Verpflichtungen ein. Dies ist es, was der Europäische Gerichtshof als Grundsatz des gegenseitigen Vertrauens bezeichnet. Insbesondere dort, wo das Sekundärrecht die Prüfung bestimmter Aspekte in einem Staat konzentriert und mit dem Prüfungsverzicht in anderen Staaten verbindet, ist danach auch dieser Kontrollverzicht zu respektieren. Soweit es um die Wahrung der Unionsgrundrechte durch den Ursprungsstaat geht, stellt diese Ausprägung des Loyalitätsgrundsatzes somit ein Instrument zum effektivitätsorientierten Umgang mit der Bindung beider beteiligter Staaten an dieselbe Grundrechtsordnung dar. Soweit der Ursprungsstaat nicht an die Unionsgrundrechte gebunden ist, bestehen demgegenüber Zweifel, ob nach der Rechtsprechung ein Vertrauen auf die Wahrung eines hinreichenden Schutzes geboten sein soll. Zumindest ausdrücklich hat der Gerichtshof dies bislang nicht verlangt.

Dass das Vertrauen auf die Wahrung der Unionsgrundrechte nicht unwiderlegbar ist, hat der EuGH allerdings ebenso anerkannt. Bei einem effektivitätsgestützten Ansatz ergibt sich dies zwanglos und ist auch im bloßen Einzelfall nicht von vornherein ausgeschlossen. Insbesondere hier wird relevant, inwieweit im Ursprungsstaat noch effektive und zumutbare Rechtsbehelfe bestehen.

Die bei innerunionaler Zusammenarbeit durchzusetzenden Grundrechtsgehalte und damit die Grenzen des unionsrechtlichen Grundsatzes des gegenseitigen Vertrauens bedürfen noch weiterer Entfaltung. Nach der jüngeren Rechtsprechung dürfte eine Versagung im Einzelfall aber zumindest zum Würdeschutz in Betracht kommen. Auch zum Schutz anderer grundrechtlicher Gehalte kann sie nicht von vornherein ausgeschlossen werden. Soweit jene nicht bereits vom Würdeschutz erfasst sind, ist insoweit insbesondere an die elementaren Anforderungen an ein faires Verfahren zu denken, die auch unter der EMRK einer Zusammenarbeit zwischen Konventionsstaaten entgegenstehen können. Daneben lässt sich eine Durchsetzung des Wesensgehalts weiterer Grundrechte erwägen, die Möglichkeit seiner Verletzung im bloßen Einzelfall vorausgesetzt.

Es kann also der Annahme beigepflichtet werden, dass das Vertrauen auf die Grundrechtswahrung kein blindes ist oder sein kann.[519] Dass selbst kritische

---

[519] Dezidiert *Labayle,* in: FS Hailbronner, S. 153 (163); *Callewaert,* ZEuS 2014, 79 (90); sinngemäß *Canor,* ZaöRV 73 (2013), 249 (261); vgl. zur Brüssel IIa-VO Stellungnahme GA

Einzelfälle zwischen den Mitgliedstaaten der EU seltener auftreten mögen als im Verkehr mit Drittstaaten, ändert daran nichts.[520] Maßgeblich wird es jeweils auf die Anforderungen an eine Darlegung ankommen, die den Vollstreckungsstaat zumindest zu einer eingehenderen Prüfung verpflichtet.

Dabei sei zum einen betont, dass es um eine Reaktion in einem bloßen Einzelfall geht, ohne dass dadurch die sekundärrechtliche Verpflichtung zu Rechtshilfe im Übrigen berührt würde.[521] Zum anderen sei wie in der jüngeren Rechtsprechung[522] unterstrichen, dass nicht zwingend eine endgültige Versagung geboten sein muss, sondern etwa auch eine temporäre Aussetzung in Betracht kommen mag.

IV. Orientierung am effet utile für Abstufung des Vorgehens in kritischen Fällen

Für das in kritischen Fällen angezeigte Vorgehen dürfte auf dieser Grundlage wiederum die Rückbindung des Grundsatzes des gegenseitigen Vertrauens an den Grundsatz der loyalen Zusammenarbeit aus Art. 4 Abs. 3 UAbs. 1, 2 EUV zur Gewährleistung praktischer Wirksamkeit eine Rolle spielen. Dies legt für die Klärung und gegebenenfalls weitergehende Reaktion ein Vorgehen ausgehend von demjenigen Verhalten nahe, das den gebotenen Unionsgrundrechts-

---

Sharpston, Rs. C-195/08 PPU, Rinau, Nr. 96; jeweils zum RB 2002/584/JI Stellungnahme GA *Bot,* Rs. C-66/08, Kozłowski, Nr. 105 f.; Schlussanträge GA *Bot,* Rs. C-123/08, Wolzenburg, Nr. 145, 147; zu Art. 54 SDÜ Schlussanträge GA *Bot,* Rs. C-486/14, Kossowski, Nr. 76, 80; daneben Schlussanträge GA *Sharpston,* Rs. C-599/14 P, Rat / LTTE, Nr. 62. Vgl. *Luhmann,* Vertrauen, S. 46 zum unbedachten Verzicht auf Sanktionen; zur Komplementarität von Vertrauen und Kontrolle *Schmidt-Aßmann/Dimitropoulos,* in: Weingardt (Hrsg.), Vertrauen in der Krise, S. 129 (137 f.); *Pohl,* IPRax 2013, 109 (114); *Canor,* ZaöRV 73 (2013), 249 (272); *Wischmeyer,* GLJ 17 (2016), 339 (379);

[520] Vgl. mit Hinweis auf fehlende Praxisrelevanz des *ordre public*-Vorbehalts *Völker,* Zur Dogmatik des ordre public, S. 290; *Stein,* IPRax 2004, 181 (182, 184), zum materiellrechtlichen; KOM(2009) 175 endg., S. 2. Kritisch zu derart begründetem Vorbehaltsverzicht *Stadler,* IPRax 2004, 2 (8); *Becker,* Grundrechtsschutz, S. 173, 177; *Netzer,* Status quo und Konsolidierung des Europäischen Zivilverfahrensrechts, S. 211.

[521] Vgl. *Netzer,* Status quo und Konsolidierung des Europäischen Zivilverfahrensrechts, S. 242, Vertrauen auf verantwortungsvollen Umgang mit einem Vorbehalt; *Schwarz,* Grundlinien der Anerkennung, S. 300 mit Fn. 442. Der Ausschluss weiterreichender Folgen letztlich auch als Anliegen hinter der Ablehnung einer Übertragung von *N. S. u. a.* in den Schlussanträgen GA *Bot,* verb. Rs. C-404/15 und C-659/15 PPU, Aranyosi und Căldăraru, Nr. 43 ff., 65, und Heranziehung von Verhältnismäßigkeitserwägungen (nur) für den konkreten Einzelfall (Nr. 135 ff., Nr. 167).

[522] EuGH, Urteil v. 5.4.2016, verb. Rs. C-404/15 und C-659/15 PPU, Aranyosi und Căldăraru, Rn. 98; EuGH, Urteil v. 16.2.2017, Rs. C-578/16 PPU, C. K. u. a., Rn. 85, 88 f.

schutz mit einem Minimum an Beeinträchtigung für die übrigen Bindungen der Mitgliedstaaten durchsetzt.[523] Wenn auch wiederum ohne explizite derartige Rückbindung, tritt ein solcher Ansatz in der jüngeren Rechtsprechung deutlich zutage.[524] Mit Blick auf mögliche Reaktionen lassen sich über das bereits bei Betrachtung der Vertrauensgrenzen Gesagte hinaus abstrakt zumindest einige Orientierungspunkte benennen.

1. Sekundärrechtlicher Rahmen als Ausgangspunkt

Bereits angesichts der Anknüpfung an das konkret betroffene Sekundärrecht ist bei jeder Reaktion die Zwecksetzung dieses Regimes in Rechnung zu stellen.[525] In der justiziellen Zusammenarbeit ist es besonders häufig auf die Beschleunigung und Vereinfachung grenzüberschreitender Anerkennung und Vollstreckung gerichtet. Dann wird jede Reaktion in besonderem Maße das Zeitmoment im Auge zu behalten haben, dies zumal bei Beteiligung eines Vollstreckungsgläubigers mit Blick auf dessen Grundrechte, Grundfreiheiten und unter Umständen Freizügigkeit. Zudem gilt es die Auswirkung etwaiger Reaktionen auf die Rechtssicherheit zu berücksichtigen.

2. Verstärkte Kooperation für Klärung und Abhilfe

Ergeben sich aus dem Verhalten des anderen Mitgliedstaats Zweifel an der grundrechtlichen Zulässigkeit der Zusammenarbeit, ist zu versuchen, diese Bedenken durch Nachfrage bei und Kooperation mit dem betreffenden Staat auszuräumen.[526] Dabei dürfte im Vordergrund eine Klärung der Sach- und Rechts-

---

[523] S. auch *Schwarz,* Grundlinien der Anerkennung, S. 309; *ders.,* EuR 2016, 421 (422 f.).

[524] EuGH, Urteil v. 5.4.2016, verb. Rs. C-404/15 und C-659/15 PPU, Aranyosi und Căldăraru, Rn. 88 ff.; *Reinbacher/Wendel,* EuGRZ 2016, 333 (338 f.); mit Loyalitätsrückbindung *Meyer,* JZ 2016, 621 (621 f.), aber ohne Verankerung des Vertrauensgrundsatzes darin, S. 624; anders nachfolgend *ders.,* EuR 2017, 163 (182).

[525] So auch, wenn bei Pflicht zum Absehen von Dublin-Rückführung die Bestimmung des nach den VO-Kriterien als nächstes zuständigen Staats und Überstellung an diesen erfolgen soll, EuGH, Urteil v. 21.12.2011, verb. Rs. C-411/10 und C-493/10, N. S. u. a., Rn. 84; EuGH, Urteil v. 14.11.2013, Rs. C-4/11, Puid, Rn. 29 f., 32 f., 36, eine nicht ausdrücklich vorgesehene Rechtsfolge, die auf möglichst weitgehende praktische Wirksamkeit des Sekundärrechts zielt.

[526] Vgl. jenseits des grundrechtlichen Kontextes EuGH, Urteil v. 10.2.2000, Rs. C-202/97, FTS, Rn. 56 f.; EuGH, Urteil v. 30.3.2000, Rs. C-178/97, Banks u. a., Rn. 43 f.; EuGH, Urteil v. 26.1.2006, Rs. C-2/05, Herbosch Kiere, Rn. 27 f.; EuGH, Urteil v. 19.6.2003, Rs. C-110/01, Tennah-Durez, Rn. 78 f.; EuGH, Urteil v. 29.4.2004, Rs. C-476/01, Kapper, Rn. 48; EuGH, Urteil v. 14.1.1997, Rs. C-124/95, Centro-Com, Rn. 52; EuGH, Urteil v. 28.6.2007, Rs. C-73/06, Planzer Luxembourg, Rn. 48; EuGH, Urteil v. 3.3.2016, Rs. C-12/14, Kommission / Malta, Rn. 39 ff.; EuGH, Urteil v. 16.5.2017, Rs. C-682/15, Berlioz Investment, Rn. 81; vgl.

lage im Ursprungsstaat, des dort schon abgeschlossenen oder noch zu erwartenden Geschehens stehen. Dies ist zum Teil in der ziviljustiziellen[527] und in vielen Rechtsakten der strafjustiziellen Zusammenarbeit[528] ausdrücklich vorgesehen, wie im Übrigen auch in der hier nicht näher betrachteten Asylpolitik.[529] Von einer solchen Verpflichtung dürfte aber auch bei Fehlen einer diesbezüglichen Regelung im Sekundärrecht auszugehen sein.[530] Dies gilt vor allem dann, wenn sich die sekundärrechtliche Regelung von vornherein in besonderem Maße auf mitgliedstaatliche Kooperation gründet.[531] Auch jenseits des Raums der Freiheit, der Sicherheit und des Rechts finden sich Verweise auf eine Zusammenarbeit zur Ausräumung etwaiger Unklarheiten in der begrifflich vertrauensbezo-

---

EuGH, Urteil v. 27.4.2017, Rs. C-620/15, A-Rosa Flussschiff GmbH, Rn. 43 ff.; EuGH, Urteil v. 6.2.2018, Rs. C-359/16, Altun u.a., Rn. 43 ff. Aus der Literatur nur *Dutta/Schulz,* ZEuP 2012, 526 (557); *Söhne,* Die Rechtshilfe in der Europäischen Union, S. 191 f.; *Schwarz,* Grundlinien der Anerkennung, S. 316, 340 f., 369 f.; *Müller,* ZeuS 2016, 345 (367 f.); *Meyer,* in: v. d. Groeben/Schwarze/Hatje, Art. 82 AEUV Rn. 27; *Meyer,* JZ 2016, 621 (622 f.). Zum Kooperations- als Unterprinzip loyaler Zusammenarbeit *Kahl,* in: Calliess/Ruffert, Art. 4 EUV Rn. 39; zum Ganzen *Hatje,* Loyalität, S. 66 ff.; zu Nebenpflichten aus Gemeinschaftstreue bereits *Bleckmann,* DVBl. 1976, 483 (484).

[527] 25. ErwG, Art. 55 VO (EG) Nr. 2201/2003; Art. 14 Abs. 6, 25 Abs. 1 UAbs. 2 Buchst. a und Kapitel V des Vorschlags KOM(2016) 411 endg.; EuGH, Urteil v. 15.7.2010, Rs. C-256/09, Purrucker, Rn. 93; Urteil v. 26.4.2012, Rs. C-92/12 PPU, Health Service Executive, Rn. 83. Zudem Art. 50 Abs. 1 Buchst. b VO (EG) Nr. 4/2009.

[528] Hieraus nur exemplarisch die Bitte um zusätzliche Informationen nach Art. 15 Abs. 2 RB 2002/584/JI, dazu EuGH, Urteil v. 5.4.2016, verb. Rs. C-404/15 und C-659/15 PPU, Aranyosi und Căldăraru, Rn. 95 ff. (s. Rn. 97 zur Verpflichtung zu einer Antwort) sowie EuGH, Urteil v. 1.6.2016, Rs. C-241/15, Bob-Dogi, Rn. 65; beachte EuGH, Urteil v. 10.8.2017, Rs. C- 271/17 PPU, Zdziaszek, Rn. 103 ff. dazu, dass dies eine Verpflichtung zu (lediglich) einmaliger Nachfrage bedeutet; Nachfrage auch veranlasst in der EuGH, Urteil v. 10.11.2016, Rs. C-452/16 PPU, Poltorak, zugrunde liegenden Vorlage (Rn. 12); wie im Fall EuGH, Urteil v. 10.11.2016, Rs. C-453/16 PPU, Özçelik, Rn. 12. Nachfrage vor Versagung der Anerkennung nach Art. 7 Abs. 3 RB 2005/214/JI, wie in EuGH, Urteil v. 14.11.2013, Rs. C-60/12, Baláž, Rn. 31 relevant, wobei in diesem RB mit Art. 20 Abs. 3 ein allgemeiner Vorbehalt besteht.

[529] Art. 34 VO (EU) Nr. 604/2013 (s. auch Art. 46 des Vorschlags KOM[2016] 270 endg.); Art. 36 UAbs. 2 RL 2011/95/EU (Art. 40 UAbs. 2 des Vorschlags KOM[2016] 466 endg.); s. in diesem Kontext EuGH, Urteil v. 16.2.2017, Rs. C-578/16 PPU, C.K. u.a., Rn. 80 ff. S. allgemein Entscheidung des Rates zur Einrichtung eines Europäischen Migrationsnetzwerks 2008/381/EG, ABl. EU Nr. L 131 v. 21.5.2008 S. 7; VO (EU) Nr. 439/2010 sowie hierzu den Vorschlag KOM(2016) 271 endg.

[530] Etwa EuGH, Urteil v. 9.11.2010, Rs. C-296/10, Purrucker, Rn. 81. Vgl. EuGH, Urteil v. 19.6.2003, Rs. C-110/01, Tennah-Durez, Rn. 80; *Sydow,* Verwaltungskooperation in der Europäischen Union, S. 34, m.w.N.; *Söhne,* Die Rechtshilfe in der Europäischen Union, S. 191; *Kahl,* in: Calliess/Ruffert, Art. 4 EUV Rn. 39, 49, 117 f.

[531] S. erneut die Nachweise oben Zweiter Teil Fn. 194.

genen Rechtsprechung,[532] wie zudem mit Blick auf die vertikale Zusammenarbeit der Mitgliedstaaten mit der Kommission.[533] In den hier interessierenden Fällen der Kooperation zwischen den Mitgliedstaaten geht es dabei wiederum um eine horizontale Ausprägung des Grundsatzes loyaler Zusammenarbeit.

Vor Erwägungen zu einer weitergehenden Modifikation oder Versagung ist daher umgekehrt ein Versuch zu unternehmen, durch Steigerung der Kooperationsbemühungen den Unionsgrundrechten *und* den übrigen Verpflichtungen der Mitgliedstaaten zu praktischer Wirksamkeit zu verhelfen.[534]

3. Kein Ausschluss einer Bemühung um Zusicherung

Ob auch das Ersuchen um Zusicherungen unter den Mitgliedstaaten in Betracht kommt, wurde vom Gerichtshof bislang trotz entsprechender Vorlagefrage[535] nicht ausdrücklich beantwortet. Bei einem Streben nach bestmöglicher Verwirklichung aller unionsrechtlichen Bindungen dürften die unionsrechtliche Zulässigkeit und Gebotenheit eines solchen Ersuchens zu bejahen sein, soweit andere Reaktionsmöglichkeiten mit Blick auf die Grundrechtswahrung nicht hinreichend sind.[536] Auch wenn es darauf im konkreten Fall nicht entscheidend ankam, hat der EuGH in seiner jüngeren Rechtsprechung das Vorhandensein einer Zusicherung zumindest einbezogen.[537]

---

[532] So bei der Rspr. in Zweiter Teil Fn. 526; Schlussanträge GA *La Pergola,* Rs. C-336/94, Dafeki, Nr. 9; Schlussanträge GA *Sharpston,* Rs. C-467/04, Gasparini u. a., Nr. 117.

[533] Jeweils zur Beihilfenrückforderung EuGH, Urteil v. 15.1.1986, Rs. 52/84, Kommission / Belgien, Rn. 16; EuGH, Urteil v. 23.2.1995, Rs. C-349/93, Kommission / Italien, Rn. 13; in anderem Kontext EuGH, Urteil v. 10.7.1990, Rs. 217/88, Kommission / Deutschland, Rn. 33; *v. Bogdandy/Schill,* in: GHN, Art. 4 EUV Rn. 73; für den speziellen Fall der Abstimmung im Nachgang zu mitgliedstaatlichen Durchführungsberichten in der Strukturfondsverwaltung *Schöndorf-Haubold,* Die Strukturfonds der Europäischen Gemeinschaft, S. 292 ff.

[534] Vgl. etwa EuGH, Urteil v. 1.6.2016, Rs. C-241/15, Bob-Dogi, Rn. 65.

[535] Unbeantwortet in EuGH, Urteil v. 5.4.2016, verb. Rs. C-404/15 und C-659/15 PPU, Aranyosi und Căldăraru.

[536] Bleiben trotz Nachfrage gewichtige Bedenken, dürfte dies ungeachtet der mit Ersuchen um Zusicherung ausgedrückten Zweifel an der Einhaltung (ohnehin) bestehender Verpflichtungen gelten (vgl. hierzu BVerfGE 108, 129 [141]; sowie erneut *Luhmann,* Vertrauen, S. 45, 97 f.); *Breitenmoser/Weyeneth,* in: v. d. Groeben/Schwarze/Hatje, Vor Art. 67 AEUV Rn. 101; *Müller,* ZeuS 2016, 345 (358). Mit divergierendem Verständnis der jüngeren Rspr. *Brodowski,* JR 2016, 415 (429 f.) sowie *Meyer,* JZ 2016, 621 (622).

[537] EuGH, Urteil v. 16.2.2017, Rs. C-578/16 PPU, C. K. u. a., Rn. 71; vgl. EuGH, Urteil v. 10.8.2017, Rs. C- 271/17 PPU, Zdziaszek, Rn. 104, allerdings im Kontext rückblickender Betrachtung durch den Vollstreckungsstaat.

4. Vorerst erhöhte Relevanz des Vorabentscheidungsverfahrens

Sollte ein in Durchführung des Unionsrechts i.S.d. Art. 51 Abs. 1 S. 1 GRC handelndes Gericht des Zweitstaats auch nach Klärungsversuchen der Ansicht sein, der Schutz im Kooperationsstaat zeitige ein unionsgrundrechtliches Hindernis für die Rechtshilfe, kommt grundsätzlich eine Versagung der Zusammenarbeit in Betracht.

Angesichts der bislang noch ungeklärten Fragen zu dem unionsgrundrechtlich auch innerunional zwingend Durchzusetzenden wird derzeit allerdings nicht selten eine Vorlage nach Art. 267 Abs. 2, 3 AEUV zur Klärung durch den EuGH anstelle einer unilateralen Versagung angezeigt sein.[538] Fehlt es an einem sekundärrechtlichen Spielraum, dürfte sich bei Fehlen gesicherter EuGH-Rechtsprechung eine grundsätzliche Vorlagepflicht vor Versagung zur Sicherung der einheitlichen[539] Unionrechtsanwendung bereits aus der *Foto Frost*-Rechtsprechung auch für nicht letztinstanzliche Gerichte ergeben.[540]

Im Lichte der bislang ergangenen Entscheidungen dürfte hinsichtlich vieler der potenziell auftauchenden Einzelfragen in diesem Bereich nicht davon auszugehen sein, dass keinerlei Raum für vernünftigen Zweifel an ihrer Beantwortung im Sinne der *C.I.L.F.I.T.*-Rechtsprechung[541] besteht. Selbst wenn dies, etwa gestützt auf die Rechtssache *Aguirre Zarraga*, anders beurteilt wird,[542] machte dies die Vorlage nicht unzulässig, sondern nähme ihr lediglich den zwingenden Charakter.[543] Bei der Entscheidung über die Einleitung eines Vorlageverfahrens sind zugleich die möglichen Auswirkungen für die Beurteilung des vollstreckungsstaatlichen Verhaltens durch den EGMR im Blick zu behal-

---

538 Hierzu BVerfG, Beschluss v. 19.12.2017, – 2 BvR 424/17 –, Rn. 45ff.; s. bereits *Stürner,* in: FS 50 Jahre BGH, S. 677 (694), in Bezug auf die vorgeschlagene europäisierte Prüfung, S. 688f.; *Hess,* in: FS Jayme, S. 339 (357); vgl. *Franzius,* ZaöRV 75 (2015), 383 (409).

539 Zur Zwecksetzung die Entwicklung nicht gemeinschafts-, heute unionsrechtskonformer nationaler Rechtsprechung zu verhindern EuGH, Urteil v. 24.5.1977, Rs. 107/76, Hoffmann-La Roche, Rn. 5.

540 EuGH, Urteil v. 22.10.1987, Rs. 314/85, Foto Frost, Rn. 14ff.; EuGH, Urteil v. 11.9.2014, Rs. C-112/13, A., Rn. 41; *Weinzierl,* ZAR 2010, 260 (268); *N.S. u.a.* höhere Bedeutung als Vorlagedispens beimessend, *Canor,* ZaöRV 73 (2013), 249 (285f.), für systemische Mängel (S. 277f., 281); *Franzius,* ZaöRV 75 (2015), 383 (409).

541 Zu dieser Rechtsprechungslinie erneut die Nachweise oben Zweiter Teil Fn. 143.

542 Vgl. *Canor,* ZaöRV 73 (2013), 249 (281); *Engel,* Der Beitritt der Europäischen Union zur EMRK, S. 115f.

543 Hierzu nur EuGH, Urteil v. 6.10.1982, Rs. 283/81, C.I.L.F.I.T. / Ministero della Sanità, Rn. 15; EuGH, Urteil v. 2.4.2009, Rs. C-260/07, Pedro IV Servicios, Rn. 31; EuGH, Urteil v. 17.7.2014, verb. Rs. C-58/13 und C-59/13, Torresi, Rn. 32.

ten,[544] wie auch die unter Umständen verfassungsrechtliche Gebotenheit der Vorlage.[545]

Gestattet die eingeholte Vorabentscheidung des EuGH keine Abhilfe, ist dies im Grundsatz als Auslegung vor allem des betroffenen Chartagrundrechts hinzunehmen. Zu einem solchen Fall kann es bei prognostischer Beurteilung durch den Vollstreckungsstaat insbesondere dann kommen, wenn der Gerichtshof durch diesen Staat lediglich zu einem Zeitpunkt mit einer Vorlage befasst werden kann, in dem über Rechtsbehelfe im Ursprungsstaat noch nicht entschieden ist, und der Gerichtshof lediglich auf diese verweist.[546] Demgegenüber stellt es eine hiervon zu trennende – wenn auch vom Gerichtshof wohl gleichlaufend beantwortete – Frage dar, ob das Unionsrecht eine Reaktion unter Berufung auf *nationale* Grundrechte gestattet.[547]

V. Ergebnis

Auch die Unionsgrundrechte können in Abhängigkeit von dem im Ursprungsstaat bestehenden Schutz einer innerunionalen Kooperation entgegenstehen. Bei loyaler Zusammenarbeit der Mitgliedstaaten ist zur praktischen Wirksamkeit aller betroffenen Verpflichtungen aber zu berücksichtigen, dass die Unionsgrundrechte dort, wo der Ursprungsstaat Unionsrecht durchführt, diesen bereits zu ihrer Wahrung verpflichten. Bei Heranziehung einer Vermutung rechtskonformen Verhaltens ist davon auszugehen, dass sie dort auch in der Rechtswirklichkeit Schutz erfahren. Ist dies der Fall, bedarf es keines Abrückens des Vollstreckungsstaats von einer Anerkennungsverpflichtung zum Schutz der Grundrechte. Das grundsätzliche Gebot, rechtskonformes Verhalten auch der anderen Mitgliedstaaten zu vermuten, lässt sich damit als Ausprägung des Loyalitätsgrundsatzes ansehen; es ist diese Ausprägung, die der EuGH als Grundsatz des gegenseitigen Vertrauens bezeichnet. Dies gebietet zugleich, die Unionsrechtswahrung der anderen Mitgliedstaaten nicht systematisch einer erneuten Kontrolle zu unterziehen, sondern vor allem dort von einer solchen Prüfung Abstand zu nehmen, wo das Sekundärrecht die Zuständigkeit in nur einem bestimmten Staat konzentriert. Hieraus folgt zugleich, dass eine vom EuGH bislang nicht explizit thematisierte Abstandnahme von unionsgrundrechtlicher Prüfung eines höheren Begründungsaufwands bedürfte, soweit der Ursprungsstaat gar nicht an die Unionsgrundrechte gebunden ist.

---

[544] Hierzu oben S. 97 f.
[545] Hierzu unten bei Zweiter Teil Fn. 1100.
[546] Vgl. EuGH, Urteil v. 22.12.2010, Rs. C-491/10 PPU, Aguirre Zarraga, Rn. 75.
[547] Hierzu unten S. 286 ff.

Auch soweit grundsätzlich ein Prüfungsverzicht geboten ist, ist das Vertrauen auf die Grundrechtswahrung aber widerlegbar, und zwar bei einem von vornherein am *effet utile* orientierten Verständnis selbst im Einzelfall. Wann dies allerdings jenseits systemischer Schwächen eine Versagung gestattet und erfordert, ist bislang in der Rechtsprechung nicht vollumfänglich geklärt. Das Verhalten des Vollstreckungsstaats in potenziell kritischen Fällen wird sich seinerseits am *effet utile* und damit auch daran zu orientieren haben, welches Vorgehen die praktische Wirksamkeit des konkret betroffenen Sekundärrechtsregimes am wenigsten beeinträchtigt. Dies legt nahe, dass zunächst der Kooperationspartner um Klärung zu ersuchen ist, was sich ebenfalls als Ausprägung der horizontalen Loyalitätsverpflichtung darstellt. Vor einer Versagung kommt weiterhin die Einholung einer Zusicherung in Betracht. Die Frage, inwiefern bei dennoch fortbestehenden Anhaltspunkten hinreichender Deutlichkeit und hinreichenden Gewichts eine Versagung der Zusammenarbeit im Einzelfall zulässig ist, dürfte im Rahmen der sekundärrechtlich zwingend vorgegebenen Rechtshilfe zunächst weiterhin oftmals einer klärenden Vorlage zum EuGH bedürfen.

C. Innerunionale Zusammenarbeit aus Perspektive des Grundgesetzes

Schließlich sei betrachtet, welche Vorgaben und Grenzen sich unter dem Grundgesetz für ein unionsrechtlich zwingend angeordnetes Tätigwerden Deutschlands als „Vollstrecker“ der Entscheidung eines anderen Mitgliedstaats ergeben. Trotz weiter Öffnung der Verfassung für die zwischenstaatliche, zumal unionale Zusammenarbeit ist nicht auszuschließen, dass zum Schutz nationaler grundrechtlicher Gehalte eine Versagung auch dann geboten sein könnte, wenn sie dies unionsrechtlich nicht ist.

Hier wird zunächst für einige Bereiche zwischenstaatlicher Kooperation illustriert, welche grundrechtlichen Gehalte Durchsetzung beanspruchen, soweit die deutschen Vorgaben nicht durch Unionsrecht überlagert werden; einbezogen wird dabei die Rolle von Vertrauen (I.). In den betrachteten Fällen kommt es angesichts zwingender unionsrechtlicher Vorgaben aber grundsätzlich zu einer Rücknahme der Grundrechte des Grundgesetzes (II.), denn auch das Auftreten als „Vollstrecker“ einer mitgliedstaatlichen Entscheidung ist von der Ermächtigung in Art. 23 Abs. 1 S. 2 GG umfasst (III.). Anhand der auch in grundrechtlicher Hinsicht bestehenden Integrationsgrenzen (IV.) beurteilt, gilt es aber bei unionsrechtlich determinierter Kooperation mit anderen Mitgliedstaaten einige Besonderheiten zu berücksichtigen (V.).

I. Modifikationen im Grundrechtsschutz bei Auslandsbezug

Auch hier sei zunächst beispielhaft beleuchtet, welche originär grundgesetzlichen[548] Grundrechtserwägungen der zwischenstaatlichen Zusammenarbeit entgegenstehen können. Dabei wird berücksichtigt, inwieweit auch das Bundesverfassungsgericht mit dem Vertrauensbegriff arbeitet oder zumindest eine Vermutung rechtskonformen Verhaltens heranzieht, die schließlich auf Unionsebene eng mit dem Begriff verbunden ist.

1. Möglichkeit begrenzter grundrechtlicher Wirkkraft als Ausgangspunkt

Ausgangspunkt für das Verhalten deutscher Stellen in Sachverhalten mit Auslandsberührung ist Art. 1 Abs. 3 GG, der in der Anordnung der Bindung deutscher Gewalt an die Grundrechte nicht nach Bezügen zum Ausland differenziert und die Bindung damit bei solchen Bezügen nicht von vornherein zurücknimmt.[549] Sie besteht daher sowohl bei völkervertraglicher Erleichterung der Zusammenarbeit[550] als auch bei Anerkennung und Vollstreckung einer ausländischen Entscheidung im konkreten Fall.[551]

---

548 Ausgeklammert wird die Frage einer verfassungsrechtlichen Pflicht zur Nichtdurchsetzung völkerrechtswidriger Akte bzw. Pflicht, dazu keinen Beitrag zu leisten. Zu einer solchen BVerfGE 112, 1 (26 f.), mit Kritik hieran die abweichende Meinung der Richterin *Lübbe-Wolff,* S. 47 f.; BVerfGE 141, 1 (29, Rn. 70), s. aber auch S. 24 ff., Rn. 59, 64 ff., m. w. N., mit Kritik in der abweichenden Meinung der Richterin *König,* S. 44 ff., Rn. 3 ff. In Bezug auf Menschenrechtsverletzungen BVerfGE 141, 220 (345, Rn. 336); abweichende Meinung des Richters *Huber* in BVerfG, Beschluss v. 21.6.2016, – 2 BvR 637/09 –, Rn. 22. Anknüpfung in der Sache jeweils an die Rspr. zur Auslieferung aus BVerfGE 75, 1 (18 f.); BVerfG NJW 1988, 1462 (1463), m. w. N.; BVerfGE 109, 13 (26); BVerfGE 109, 38 (52); aus jüngerer Zeit BVerfG, Beschluss v. 24.3.2016, – 2 BvR 175/16 –, Rn. 40; BVerfG, Beschluss v. 17.5.2017, – 2 BvR 893/17 –, Rn. 27; BVerfG, Beschluss v. 26.2.2018, – 2 BvR 107/18 –, Rn. 25. Bislang offengelassen für Zustellung in Rechtshilfe BVerfGK 9, 203 (206 f.) sowie BVerfG JZ 2016, 796 (800, Rn. 50); hierzu noch zurückhaltender BVerfGE 63, 343 (371 f.).

549 Insbesondere BVerfGE 31, 58 (71 ff.); BVerfGE 141, 220 (342, Rn. 326); vgl. auch BVerfGE 100, 313 (362). Aus dem Schrifttum nur *Wengler,* JZ 1965, 100 (101 ff.); *Bernstein,* NJW 1965, 2273 (2275 f.); *Schröder,* in: FS Schlochauer, S. 137 (138, 141); *Elbing,* Zur Anwendbarkeit der Grundrechte bei Sachverhalten mit Auslandsbezug, *passim,* allerdings auch S. 72 ff., 183 f.; *Hofmann,* Grundrechte und grenzüberschreitende Sachverhalte, *passim,* insb. S. 13 ff., 72; zum Ganzen auch *Herdegen,* in: MD, Art. 1 Abs. 3 Rn. 71 ff. und *Payandeh,* DVBl. 2016, 1073 ff.

550 Hierzu nur BVerfGE 63, 343 (376 ff.).

551 BVerfGE 63, 343 (375); aus der Literatur etwa *Papier/Olschewski,* DVBl. 1976, 475 (478); *Völker,* Zur Dogmatik des ordre public, S. 117 f., m. w. N.; *Krebs,* in: v. Münch/Kunig, Art. 19 Rn. 59; *Jarass*/Pieroth, Art. 19 Rn. 47; vgl. *Happe,* Die grenzüberschreitende Wirkung von nationalen Verwaltungsakten, S. 66 f. Vgl. zur Bindung bei Anwendung ausländischen Rechts BVerfGE 31, 58 (72 ff.), vor allem hierzu bereits *Wengler,* JZ 1965, 100 (101);

Wie bereits angeklungen,[552] schließt dieser grundsätzliche Fortbestand der Bindung ihre Modifikation bei Auslandsbezügen aber nicht aus. Nach der Rechtsprechung des Bundesverfassungsgerichts kann sich in solchen Fällen aus dem jeweiligen Grundrecht ergeben, dass es nicht dieselben Anforderungen stellt wie in rein innerstaatlichen Sachverhalten.[553]

Besteht ein Bezug, der über die deutsche Rechtsordnung hinausweist, in Form der Betroffenheit einer natürlichen Person ohne deutsche Staatsangehörigkeit, sehen die Deutschengrundrechte ausdrücklich eine Einschränkung ihres persönlichen Schutzbereichs vor.[554] Eine Unterscheidung nach dem Auslandsbezug wird auch im Normtext des Art. 19 Abs. 3 GG mit der Voraussetzung der Inländereigenschaft juristischer Personen vorgenommen.[555] Nicht immer aber werden die Modifikationen, die sich aus dem Recht bei einem Auslandsbezug ergeben, bereits im Wortlaut abgebildet. Dies gilt etwa für das in Art. 103 Abs. 3 GG niedergelegte Doppelbestrafungsverbot; die Beschränkung dieses grundrechtsgleichen Rechts auf Schutz vor Verfolgung und Bestrafung jeweils durch inländische Stellen ergibt sich erst in der Auslegung der Norm durch das Bundesverfassungsgericht.[556]

Allgemein liegt einer Modifikation grundrechtlicher Anforderungen die Erwägung zugrunde, dass das jeweilige Grundrecht wesensgemäß eine gewisse Inlandsbeziehung erfordern mag, bei deren Fehlen die Durchsetzung des Rechts

---

Bernstein, NJW 1965, 2273 (2275 f.). Zur Bindung bei Auslieferung *Lagodny,* NJW 1988, 2146 (2147 f.); *Hofmann,* Grundrechte und grenzüberschreitende Sachverhalte, S. 274; *Graßhof/Backhaus,* EuGRZ 1996, 445 (447 f.); *Pohl,* Vorbehalt und Anerkennung, S. 103 f.; bei Entfernung vom Hoheitsgebiet *Höfling,* in: Sachs, Art. 1 Rn. 21.

[552] Oben S. 23.

[553] S. nur BVerfGE 31, 58 (73, 76 f.); Einzelfallabhängigkeit betonend *Schröder,* in: FS Schlochauer, S. 137 (140 f.) mit Überblick über die frühe Rspr., S. 139 ff.; *Hofmann,* Grundrechte und grenzüberschreitende Sachverhalte, S. 14 ff., 31 ff., auch zur Rspr.; *Rauser,* Die Übertragung von Hoheitsrechten auf ausländische Staaten, S. 293 ff. Auch bei *Elbing,* Zur Anwendbarkeit der Grundrechte bei Sachverhalten mit Auslandsbezug, S. 182 ff., 188 ff. sind es letztlich die sogleich folgenden Erwägungen, die das dort (S. 33 ff., 312, 314) so genannte, ebenfalls an das jeweilige Grundrecht rückgebundene (s. nur S. 37, 62) Grundrechtskollisionsrecht ausmachen.

[554] Vorbehaltlich unionsrechtlicher Modifikationen. Hierzu nur *Dreier,* in: ders., Vorb. Rn. 115 f., Art. 2 I Rn. 17.

[555] BVerfGE 31, 58 (77); *Schröder,* in: FS Schlochauer, S. 137 (141); *Elbing,* Zur Anwendbarkeit der Grundrechte bei Sachverhalten mit Auslandsbezug, S. 246.

[556] BVerfGE 75, 1 (15 f.); BVerfGK 13, 7 (11 f., 14); BVerfGK 19, 265 (272 f.); auch dies vorbehaltlich unionsrechtlicher Modifikationen durch Art. 54 SDÜ, Art. 50 GRC. Art. 4 Abs. 1 des von Deutschland unterschriebenen, aber nicht ratifizierten Protokolls Nr. 7 zur EMRK sieht nur ein solches Verbot für Maßnahmen desselben Staats vor (beachte hierzu EGMR, Entscheidung v. 20.2.2018, Krombach / Frankreich, Nr. 67521/14, §§ 34 ff.).

seinem Sinn nicht gerecht würde.[557] Auch ohne entsprechende Vorgabe im Wortlaut ist somit jeweils aus dem Grundrecht zu ermitteln, welche Anforderungen sich aus ihm bei einem Auslandsbezug an das Verhalten deutscher Gewalt ergeben.[558] Dabei kann relevant werden, ob der über die deutsche Rechtsordnung hinausweisende Bezug vom Betroffenen selbst geschaffen wurde.[559]

Solche Modifikationen bewirken, dass eine Zusammenarbeit deutscher Stellen mit einer ausländischen Gewalt unter dem Grundgesetz nicht nur dann zulässig ist, wenn alle grundrechtlichen Anforderungen gewahrt werden, die im rein innerstaatlichen Kontext bestehen.[560] Zurückgeführt wird dies vom Gericht maßgeblich auf die Völkerrechtsfreundlichkeit des Grundgesetzes[561] und das ihr entnommene Gebot der Achtung fremder Rechtsordnungen,[562] daneben auf

---

557 BVerfGE 31, 58 (77); zuvor *Wengler,* JZ 1965, 100 (101); *Bernstein,* NJW 1965, 2273 (2275 f.).

558 BVerfGE 31, 58 (73, 76 f.), im Anschluss insbesondere an *Wengler,* JZ 1965, 100 (101 mit Fn. 5); i.d.S. auch *Bernstein,* NJW 1965, 2273 (2275 f.); BVerfGE 76, 1 (41, 46); BVerfGE 92, 26 (41); BVerfGE 100, 313 (363); BVerfGK 2, 165 (171); BVerfGE 116, 243 (266); vgl. BVerfGK 9, 155 (158); zu drohender Todesstrafe BVerfGE 18, 112 (116), nachfolgend aber BVerfGE 60, 348 (354). Zur Zustellung BVerfGE 91, 335 (340); BVerfGE 108, 238 (246); BVerfG NJW 2013, 990 (990); BVerfGE 63, 343 (375 ff.); BVerfGE 141, 220 (341 ff., Rn. 324 ff.). Zustimmend *Schröder,* in: FS Schlochauer, S. 137 (140 ff.); für umfassenderen Ansatz *Stern,* Staatsrecht III/1, S. 1243.

559 BVerfGE 59, 63 (92); BVerfGE 63, 343 (379); BVerfGE 92, 26 (48); vgl. auch BVerfGK 8, 266 (269); BVerfGK 9, 203 (206); BVerfGK 10, 203 (205); zur Auslieferung Deutscher BVerfGE 113, 273 (302 f.); BVerfG, Beschluss v. 15.6.2016, – 2 BvR 468/16 –, Rn. 15 ff.; BVerfG, Beschluss v. 9.11.2016, – 2 BvR 545/16 –, Rn. 40; BVerfG, Beschluss v. 30.11.2016, – 2 BvR 1238/14 –, Rn. 22.

560 BVerfGE 141, 220 (341 f., Rn. 325; S. 344, Rn. 334); zur Anwendung ausländischen Rechts BVerfGE 31, 58 (76 f.); zur Wirksamkeit von Enteignungen BVerfGE 84, 90 (124); zur Klagezustellung BVerfGE 91, 335 (340); zur Auslieferung BVerfGE 75, 1 (16 f.); BVerfG NVwZ 2008, 71 (71); BVerfG, Beschluss v. 28.7.2016, – 2 BvR 1468/16 –, Rn. 44. Daneben nur *Dreier,* in: ders., Art. 1 III Rn. 48 f.

561 BVerfGE 58, 1 (41) unter Verweis auf *Vogel,* Die Verfassungsentscheidung des Grundgesetzes für eine internationale Zusammenarbeit, S. 33, 41 ff., der synonym vom eingeordneten Staat spricht, S. 26 ff. (vgl. vorangehend *Klein,* Die Übertragung von Hoheitsrechten, S. 33); daneben BVerfGE 63, 343 (379 f.); BVerfGE 75, 1 (17); BVerfGE 123, 267 (344 ff.); BVerfGE 128, 326 (369); BVerfGE 141, 220 (341, Rn. 325). Zur Einbeziehung der EMRK bei Auslegung der Grundrechte und rechtsstaatlichen Grundsätze aus der Rspr. oben Erster Teil Fn. 121 nur BVerfGE 111, 307 (317 f., 323 f., 329); jenseits der EMRK BVerfGE 141, 1 (29 f., Rn. 71 f.), m. w. N.; BVerfGK 9, 174 (189); BVerfG NVwZ 2015, 361 (364, Rn. 36).

562 Jeweils auch ausdrücklich zu dieser Rückbindung BVerfGE 18, 112 (120 f.); BVerfGE 31, 58 (76), vgl. auch ebd., S. 77, 86 f.; BVerfGE 75, 1 (17); BVerfGE 108, 129 (137); BVerfGE 108, 238 (247 f.); BVerfGE 113, 154 (162 f.). Daneben BVerfG, Beschluss v. 12.5.2015, – 2 BvR 2954/10 –, Rn. 29; BVerfG NVwZ-RR 2016, 201 (202, Rn. 25); BVerfG, Beschluss v. 21.6.2016, – 2 BvR 637/09 –, Rn. 33. Zur Vermeidung eines Grundrechtsoktrois aus Völkerrechtsfreundlichkeit vor allem *Stern,* Staatsrecht III/1, S. 1242 f.; *Hofmann,* Grundrechte und

das deutsche Interesse an gegenseitiger Rechtshilfe.[563] In unionsrechtlichen Zusammenhängen spielt zudem die Europarechtsfreundlichkeit des Grundgesetzes eine Rolle.[564]

Verfassungsrechtlich ist diese Offenheit für die internationale Zusammenarbeit allerdings von vornherein zur Wahrung der (übrigen) Grundentscheidungen des Grundgesetzes begrenzt[565] und bei Verfehlung letzterer die Kooperation zu versagen.[566] Soweit die Grundrechte trotz Auslandsbezugs eine solche Versagung fordern, kann dies insbesondere über *ordre public*-Vorbehalte im einfachen Recht bewerkstelligt werden, wie oben bereits illustriert.[567]

Soweit es um eine erst in Zukunft drohende Behandlung des Betroffenen im Ausland geht, ergibt sich dabei nicht ohne Weiteres eine grundrechtliche Verantwortlichkeit der deutschen Gewalt, wenn sie das ausländische Verhalten lediglich kausal ermöglicht.[568] Eine Grundrechtsverletzung durch deutsche Stellen ist aber denkbar, wenn nach deren Beitrag im konkreten Fall mit gewisser Wahrscheinlichkeit eine Beeinträchtigung solcher Gehalte droht, die auch bei Auslandsbezügen zu schützen sind, oder wenn eine solche Beeinträchtigung

---

grenzüberschreitende Sachverhalte, S. 69 f.; zurückhaltender *Payandeh,* DVBl. 2016, 1073 (1074 ff.).

[563] Zu diesem BVerfGE 31, 58 (76 f.); BVerfGE 63, 343 (366 f., 370, 377 ff.); BVerfGE 75, 1 (17); BVerfGE 91, 335 (339 f.); BVerfGE 108, 129 (137); BVerfGE 108, 238 (247 ff.); BVerfGE 113, 154 (162 f.); BVerfG NVwZ 2008, 71 (71); BVerfGK 16, 491 (496); BVerfG NVwZ-RR 2016, 201 (202, Rn. 25); BVerfGE 141, 220 (341 f., Rn. 324 f.; S. 344, Rn. 334), m. w. N.; BVerfG, Beschluss v. 21.6.2016, – 2 BvR 637/09 –, Rn. 33; BVerfG, Beschluss v. 28.7.2016, – 2 BvR 1468/16 –, Rn. 44. Daneben nur *Herdegen,* in: MD, Art. 1 Abs. 3 Rn. 78.

[564] S. bereits die abweichende Meinung der Richter *Rupp, Hirsch* und *Wand* in BVerfGE 37, 271 (296); BVerfGE 73, 339 (386); BVerfGE 89, 155 (183); terminologisch grundlegend dann BVerfGE 123, 267 (346 f.); *Streinz,* Bundesverfassungsgerichtlicher Grundrechtsschutz, S. 260 ff. Jeweils zur Einbeziehung unionsrechtlicher Wertungen in unionsrechtlichen Spielräumen BVerfG NJW 2016, 1714 (1715 f., Rn. 20, 24); BVerfG, Beschluss v. 15.6.2016, – 2 BvR 468/16 –, Rn. 19, 24; BVerfG, Beschluss v. 9.11.2016, – 2 BvR 545/16 –, Rn. 39; vgl. in anderem Kontext BVerfG, Beschluss v. 17.1.2017, – 2 BvR 2013/16 –, Rn. 19.

[565] BVerfGE 31, 58 (75 f.); BVerfGE 111, 307 (317 f.); BVerfGE 112, 1 (25 f.); BVerfGE 123, 267 (400 f.); BVerfGE 141, 1 (28 f., Rn. 69); BVerfG, Beschluss v. 21.6.2016, – 2 BvR 637/09 –, Rn. 21. Hierzu bereits § 73 IRG.

[566] S. nur BVerfGE 31, 58 (74 ff.); BVerfGK 3, 159 (163 f.); vgl. BVerfGE 141, 220 (342 ff., Rn. 327 ff.). Besonders deutlich *Herdegen,* in: MD, Art. 1 Abs. 3 Rn. 79.

[567] Erneut oben S. 19 ff.; zum kollisionsrechtlichen Vorbehalt BVerfGE 31, 58 (86); BVerfGE 84, 90 (123); BVerfGE 92, 26 (49); BVerfGE 116, 243 (266). Zu § 73 IRG im Kontext der Auslieferung BVerfGK 3, 159 (163 f.); s. bereits BVerfGE 37, 57 (65), m. w. N. Zu grundrechtskonformer Ausfüllung unionsrechtlicher Spielräume nur BVerfGE 113, 273 (300, 303 f.); BVerfG, Beschluss v. 15.6.2016, – 2 BvR 468/16 –, Rn. 12 ff.

[568] BVerfGE 57, 9 (23 f.); BVerfGE 66, 39 (62); BVerfGE 68, 1 (107); BVerfGE 92, 26 (47), m. w. N.; BVerfGE 100, 313 (362 f.); BVerfGE 84, 90 (122 f.), anders gelagert; abweichende Meinung des Richters *Huber* in BVerfG, Beschluss v. 21.6.2016, – 2 BvR 637/09 –, Rn. 21.

völkervertraglich ermöglicht wird.[569] Besonders sinnfällig kommt dies zum Ausdruck, wenn das Bundesverfassungsgericht ähnlich wie der EGMR betont, der deutsche Staat dürfe die Hand nicht zu Menschenwürdeverletzungen reichen. Insoweit geht es von einer „Gewährleistungsverantwortung" deutscher Stellen in Bezug auf das Verhalten des Kooperationsstaats aus.[570]

Aus Perspektive des Grundgesetzes betrachtet, ist die ausländische Gewalt nicht an dieselbe, nämlich die deutsche Grundrechtsordnung gebunden; dies stellt sich bei der grenzüberschreitenden Beurteilung des Schutzes aus Sicht des Konventions- und unter Umständen des Unionsrechts anders dar.[571] Die anderweitigen gleichlaufenden Verpflichtungen des Kooperationsstaats sind aber auch hier in Rechnung zu stellen.[572]

2. *Anerkennungserleichterungen im Lichte der Rechtsschutzgarantie*

Im Folgenden wird vor allem eingehender ergründet, welche sachgrundrechtlichen Gehalte eine Versagung der zwischenstaatlichen Zusammenarbeit gebieten können. Dennoch sei zunächst auf zwei Entscheidungen hingewiesen, in denen sich das Bundesverfassungsgericht vornehmlich unter der Rechtsschutzgarantie des Art. 19 Abs. 4 S. 1 GG mit der Anerkennung ausländischer Entscheidungen befasst hat.

Dabei geht es im Kontext völkervertraglicher Erleichterungen der Anerkennung und Vollstreckbarerklärung zunächst um den Beschluss zum deutsch-

---

569 BVerfGE 57, 9 (23); BVerfGK 3, 159 (163 f.); vgl. BVerfGE 6, 290 (295); plastisch *Kunig,* in: v. Münch/Kunig, Art. 1 Rn. 53 f.; *Graßhof/Backhaus,* EuGRZ 1996, 445 (448); *Höfling,* in: Sachs, Art. 1 Rn. 21; Abstufung nach Vorhersehbarkeit, *Schulze-Fielitz,* in: Dreier, Art. 2 II Rn. 44; nach beachtlicher Wahrscheinlichkeit, *Herdegen,* in: MD, Art. 1 Abs. 3 Rn. 79; *Payandeh,* DVBl. 2016, 1073 (1078 f.).

570 In diesem Sinne auch begrifflich BVerfGE 140, 317 (346 ff., Rn. 59 ff.); in der Sache BVerfGE 141, 220 (342, Rn. 327 f.); BVerfG, Beschluss v. 21.6.2016, – 2 BvR 637/09 –, Rn. 34 sowie hierzu die abweichende Meinung des Richters *Huber,* Rn. 22; im hiesigen Kontext geht es zumeist um eine eingriffsgleiche Grundrechtsgefährdung (hierzu nur BVerfGE 66, 39 [58]; BVerfG NJW 1998, 975 [976]; BVerfGE 52, 214 [220 f.]); s. auch *Herdegen,* in: MD, Art. 1 Abs. 3 Rn. 77. Zu einer „Gewährleistungsverantwortung" im Kontext des Art. 16 Abs. 2 S. 2 GG, rückgebunden in Art. 79 Abs. 3 i. V. m. Art. 1 GG, *Globke,* Die Auslieferung an den Internationalen Strafgerichtshof, S. 97 f. (Entfaltung auf S. 39 ff.; S. 46 f. zur Erfassung von Abwehr- und Schutzpflichtendimension). Zur Menschenwürde im GG nur BVerfGE 6, 32 (36, 40); BVerfGE 27, 1 (6); BVerfGE 45, 187 (227).

571 Vgl. BVerfGE 58, 1 (26), m. w. N.; BVerfGK 15, 570 (575); BVerfGE 141, 220 (342, Rn. 326); BVerfG, Beschluss v. 21.6.2016, – 2 BvR 637/09 –, Rn. 33 f. Anders bei funktionalem Verständnis deutscher Gewalt, wie etwa *Elbing,* Zur Anwendbarkeit der Grundrechte bei Sachverhalten mit Auslandsbezug, S. 150 ff.

572 Für die Verfolgungssicherheit etwa BVerfGE 94, 49 (88 ff.).

österreichischen Rechtshilfevertrag.[573] Den Rahmen bot eine Verfassungsbeschwerde gegen die Vollstreckbarerklärung österreichischer Abgabenbescheide, die dies bestätigenden gerichtlichen Entscheidungen sowie das Zustimmungsgesetz. Der Beschluss befasst sich unter verschiedenen Gesichtspunkten mit Anerkennungserleichterungen, die der Gesetzgeber im Wege des Zustimmungsgesetzes nach Art. 59 Abs. 2 S. 1 GG ermöglicht und die die Überprüfbarkeit eines im Inland zu vollstreckenden ausländischen Titels einschränken.

Trotz Betroffenheit einer ausländischen Entscheidung, hält das Gericht fest, beanspruche das Grundrecht aus Art. 19 Abs. 4 S. 1 GG Geltung für die Anerkennung und Vollstreckbarerklärung des fraglichen Titels durch deutsche Stellen; es setze zudem der gesetzgeberischen Beschränkung einer gerichtlichen Überprüfung des ausländischen Gesetzanwendungsvorgangs Grenzen.[574] Die Rechtsschutzgarantie gestatte eine solche Beschränkung aber, wenn dadurch einem gleichwertigen verfassungsrechtlichen Interesse gedient werde und Rechtsschutz anderweitig, nämlich bei Titelentstehung im Ausland gewährleistet sei.[575] Als ein solches verfassungsrechtliches Interesse wird dasjenige an der Aufrechterhaltung des Rechtshilfeverkehrs identifiziert.[576] Angesichts dessen seien die vom Gesetzgeber bei Ermöglichung inländischer Vollstreckbarkeit zu wahrenden Mindestanforderungen aus Art. 19 Abs. 4 S. 1 GG primär solche institutioneller und verfahrensrechtlicher Art; sie seien erfüllt,

> „wenn [...] ein Maß an Rechtsschutz im Ausland tatsächlich eröffnet war, das gewissen Mindestanforderungen an Rechtsstaatlichkeit genügt. [...] Wo dies nicht generell gewährleistet erscheint, wird es regelmäßig eines Vorbehalts der deutschen öffentlichen Ordnung bedürfen, um den Anforderungen aus Art. 19 Abs. 4 Satz 1 GG zu genügen."[577]

Im Falle der Erfüllung dieser Voraussetzungen aber sei ein Bemühen um Rechtsschutz im Ausland umgekehrt sowohl sachgerecht als auch zumutbar.[578]

Als Ausfluss des Rechtsstaatsprinzips werden zudem allgemeine Grenzen der Rechtshilfe aufgezeigt, nach denen jene nur zulässig sei, wenn das materielle ausländische Sachrecht nicht der verfassungsrechtlichen öffentlichen Ordnung entgegenstehe und zudem das bei Titelentstehung angewandte Verfah-

---

[573] BVerfGE 63, 343 zum Vertrag zwischen der Bundesrepublik Deutschland und der Republik Österreich über die Rechts- und Amtshilfe in Zoll-, Verbrauchssteuer- und Monopolangelegenheiten, BGBl. 1971 II S. 1002.

[574] BVerfGE 63, 343 (375 f.).

[575] BVerfGE 63, 343 (376 f., 379 f.); kritisch zuvor *Papier/Olschewski,* DVBl. 1976, 475 (482).

[576] S. neben BVerfGE 63, 343 (366 f.) auch die übrigen Nachweise oben Zweiter Teil Fn. 563.

[577] BVerfGE 63, 343 (377 f.), dort aber in Art. 4 des Vertrags vorhanden.

[578] BVerfGE 63, 343 (379); vgl. bereits BVerfGE 58, 1 (42).

rensrecht zumindest ein Minimum an Verfahrensgerechtigkeit verbürge.[579] Im konkreten Fall – und, soweit ersichtlich, auch seitdem – bedurften diese Anforderungen aber keiner näheren Bestimmung; zumindest das dort betroffene österreichische Recht wurde als unproblematisch angesehen, zudem schuf ein im Rechtshilfevertrag fortbestehender anerkennungsrechtlicher *ordre public*-Vorbehalt (völkerrechtskonforme) Abhilfemöglichkeiten.

Im Mittelpunkt stand damit, wie weitgehend auf innerdeutschen Rechtsschutz gegen die Anerkennung und Vollstreckbarerklärung ausländischer Titel verzichtet werden darf. Verständlicherweise spielt der Beschluss daher eine große Rolle in vielen Einschätzungen der Rechtsschutzeinschränkungen, die mit der unionsrechtlichen Erleichterung der Anerkennung zwischen den EU-Mitgliedstaaten einhergehen.[580] Auch hier wird darauf zurückzukommen sein.[581]

Stärker als zuvor[582] hat die Kammerrechtsprechung zudem in jüngerer Zeit die grundgesetzlichen Grenzen betont, die sich für den Prüfungsverzicht bei Eintragung einer ausländischen, selbst mitgliedstaatlichen Verurteilung in das Bundeszentralregister ergeben.

Gemessen an der Rechtsschutzgarantie wurde insoweit festgestellt, die im konkreten Fall hinsichtlich der Verurteilung in einem spanischen Schnellverfahren gerügte Verfehlung verfahrensrechtlicher Mindeststandards sei nicht hinreichend gewürdigt worden;[583] dem konkret Betroffenen seien zudem Rechtsbehelfe im Ursprungsstaat nicht zumutbar.[584] Von größerem Interesse als diese Prüfung sind allerdings die Ausführungen dazu, weshalb der Berücksichtigung dieses originär grundgesetzlichen Maßstabs der unionsrechtliche Anwendungsvorrang nicht entgegenstehe:[585] Im Vorgriff auf das Folgende sei an

---

[579] BVerfGE 63, 343 (366).

[580] Unmittelbare Heranziehung bei Beurteilung unmittelbarer Vollstreckbarkeit bei *Kohler,* in: Baur/Mansel (Hrsg.), Systemwechsel im europäischen Kollisionsrecht, S. 147 (160), wenn auch ohne Modifikationen auszuschließen; *Stadler,* IPRax 2004, 2 (9); wohl auch *Pfeiffer,* in: FS Jayme, S. 675 (680 ff.). Mit Folgerung auf Entbehrlichkeit eines Vorbehalts bei Erfüllung der Voraussetzungen im Beschluss *Portmann,* Die Verordnung (EG) 805/2004, S. 236, 238, 240; *Bach,* Grenzüberschreitende Vollstreckung in Europa, S. 404 f., wobei offenbleibt, inwieweit es sich um grundrechtlichen „Kerngehalt" handelt; mangels angenommener Maßstäblichkeit deutscher Grundrechte exkursweise *Becker,* Grundrechtsschutz, S. 77 ff., 83; ambivalent *Geimer,* ZfRV 1992, 321 (343 Fn. 229) einerseits sowie *ders.,* ZfRV 1992, 401 (407, 411) andererseits. *Weber,* Europäisches Zivilprozessrecht und Demokratieprinzip, S. 193, 211; *Hofmann,* Grundrechte und grenzüberschreitende Sachverhalte, S. 100 ff.; *Rauser,* Die Übertragung von Hoheitsrechten auf ausländische Staaten, S. 308.

[581] Unten S. 225 f. sowie S. 253 ff.

[582] BVerfG NJW 1988, 1462, mit Fokus auf völkerrechtliche Mindeststandards.

[583] BVerfG, Beschluss v. 23.1.2017, – 2 BvR 2584/12 –, Rn. 13.

[584] BVerfG, Beschluss v. 23.1.2017, – 2 BvR 2584/12 –, Rn. 20, 25.

[585] Betroffen dort Art. 5 Abs. 1 RB 2009/315/JI. Zum Ganzen unten S. 219 ff.

dieser Stelle nur bemerkt, dass die Kammer (nur) partiell bereits eine unionsrechtliche Determinierung verneint.[586] Daneben deutet sie eine Unzulässigkeit des im einschlägigen Rahmenbeschluss gebotenen Verhaltens bereits unter der Grundrechtecharta an, und „[i]m Übrigen“ zögen die änderungsfesten Grundsätze des Grundgesetzes dem Vorrang eine Grenze.[587] Für diese knüpft das Gericht in der Sache an eine Versagungsschwelle an, die ursprünglich vor allem im Kontext der Auslieferung Relevanz besaß und die sogleich näher beleuchtet wird.[588] Auf die Bedeutung, die die Schwelle erst in jüngerer Zeit allgemeiner als Integrationsgrenze erlangt, und die Aussagen in dieser Entscheidung wird an späterer Stelle zurückzukommen sein.[589]

3. Illustration auch im Übrigen hoher Versagungsschwelle

Erst ein Blick über die Rechtsschutzgarantie hinaus zeigt aber, welche übrigen Grundrechtsgehalte bei Auslandsbezügen nach der Rechtsprechung überhaupt Durchsetzung beanspruchen. Umgekehrt ausgedrückt, macht erst dies deutlich, wie weit die Offenheit des Grundgesetzes auch jenseits des Vollzugs zwingender Vorgaben der Europäischen Union reicht. Die Rechtsprechung der Zivilgerichte zum *ordre public*-Vorbehalt im Internationalen Zivilverfahrensrecht wurde bereits im Ersten Teil erörtert.[590] Diese Ausführungen seien hier ergänzt um eine Betrachtung der bundesverfassungsgerichtlichen Rechtsprechung zu weiteren beispielhaften Konstellationen der Zusammenarbeit.

a) Versagung deutscher Rechtshilfe durch Zustellung?

Dabei geht es zunächst um die Rechtshilfe durch Zustellung nach dem Regime des Haager Zustellungsübereinkommens.[591] Eine Heranziehung allein innerstaatlicher Maßstäbe bei Beurteilung der verfassungsrechtlichen Zulässigkeit der deutschen Rechtshilfe wurde vom Bundesverfassungsgericht ausdrücklich abgelehnt.[592] Dies erfolgt unter Verweis auf das Interesse am Rechtshilfeverkehr

586 Zu innerstaatlicher Datenverwendung jenseits der Speicherung BVerfG, Beschluss v. 23.1.2017, – 2 BvR 2584/12 –, Rn. 16.

587 Hinsichtlich zwingender Speicherung zur Beantwortung von Anfragen anderer Mitgliedstaaten BVerfG, Beschluss v. 23.1.2017, – 2 BvR 2584/12 –, Rn. 17.

588 Unten S. 194 ff.

589 Unten S. 251 ff., 278 ff.

590 Oben S. 19 ff.

591 Zwischen den teilnehmenden EU-Mitgliedstaaten ersetzt, Art. 20 Abs. 1 VO (EG) Nr. 1393/2007; zur Erfassung des HZÜ von der EU-Außenkompetenz 3. ErwG Beschluss (EU) 2016/414 des Rates, ABl. EU Nr. L 75 v. 22.3.2016, S. 1.

592 BVerfGE 91, 335 (340); BVerfGE 108, 238 (246 ff.); BVerfGK 10, 203 (205); BVerfGK 11, 312 (316 f.); BVerfG JZ 2016, 796 (798, Rn. 38).

und einen andernfalls drohenden Oktroi deutscher Anforderungen.[593] Zudem wird hervorgehoben, dass die deutsche öffentliche Gewalt nach einem Rechtshilferegime wie dem des HZÜ für einen anderen Staat tätig werde.[594] Mit der Feststellung, demjenigen Bürger, der sich im internationalen Rechtsverkehr bewege, werde kein Schutz vor einer Verantwortlichkeit nach ausländischem Recht gewährt,[595] wird dabei der Umstand eines selbst geschaffenen Auslandsbezugs relevant.

Aus diesen Erwägungen wurde in den bislang ergangenen Entscheidungen das Fehlen eines grundrechtsbezogenen Vorbehalts im Zustellungsübereinkommen für sich genommen nicht beanstandet.[596] Es ging allerdings um Situationen, in denen das ausländische Erkenntnisverfahren – jeweils ein US-amerikanisches – noch nicht abgeschlossen war, sondern vielmehr erst ermöglicht werden sollte. In diesen Fällen bestand bei möglicher erneuter Berührung der deutschen Rechtsordnung in nachfolgenden Verfahrensstadien – also insbesondere bei Auftreten Deutschlands als „Vollstrecker" – noch Raum für eine grundrechtlich motivierte Versagung weiterer Rechts- und insbesondere Vollstreckungshilfe.[597]

Ungeachtet etwaiger Versagungsmöglichkeiten gegenüber Ersuchen um Vollstreckung in Deutschland aber wird durch das Gericht nicht ausgeschlossen, dass ausnahmsweise bereits eine Versagung der Zustellung geboten sein kann. Aufgeworfen, wenn auch bislang offengelassen, wurde dies für den Fall eines Klageziels, das „offensichtlich gegen unverzichtbare Grundsätze eines freiheitlichen Rechtsstaats verstieße, wie sie auch in internationalen Menschenrechtsübereinkommen verankert sind".[598] Wird im konkreten Fall eine Verletzung wesentlicher Grundsätze der deutschen Rechtsordnung verneint,[599] klingt darin sogar eine über spezifisch rechtsstaatliche Erwägungen hinausgehende poten-

---

593 Erneut hierzu vor allem *Stern,* Staatsrecht III/1, S. 1242 f.

594 BVerfGE 108, 238 (248 f.); BVerfGK 11, 312 (320); BVerfG JZ 2016, 796 (799, Rn. 42).

595 BVerfGK 9, 203 (206); BVerfGK 10, 203 (205).

596 Zu Art. 13 HZÜ BVerfGE 91, 335 (340); BVerfGK 10, 203 (205); BVerfGK 11, 312 (316 f.); BVerfG JZ 2016, 796 (798, Rn. 38).

597 Mit Verweis auf den anerkennungsrechtlichen *ordre public* BVerfGE 91, 335 (345); BVerfGK 11, 312 (322), wie ebd., S. 319 für etwaige Beweisaufnahme; BVerfG JZ 2016, 796 (800, Rn. 48); s. aber auch BVerfGE 108, 238 (249).

598 Jeweils als Verletzung von Art. 2 Abs. 1 GG i. V. m. dem Rechtsstaatsprinzip in Erwägung gezogen, BVerfGE 91, 335 (343); BVerfGE 108, 238 (249); BVerfGK 10, 203 (206); BVerfGK 11, 312 (316 f.); BVerfGK 14, 202 (207 f.); BVerfG NJW 2013, 990 (990); BVerfG JZ 2016, 796 (798, Rn. 39), s. aber dort auch S. 800, Rn. 50 zu einer – ebenfalls offengelassenen – verfassungsrechtlichen Pflicht zur Versagung völkerrechtswidriger Zustellung (hierzu zuvor bereits BVerfGK 9, 203 [206 f.]).

599 BVerfGK 10, 203 (207); BVerfGK 11, 312 (319).

zielle Grenze an. Dies geschieht allerdings, soweit ersichtlich, bislang stets in Subsumtion unter die zuvor mit Blick auf rechtsstaatliche Grundsätze umrissenen Anforderungen.

Eine bisher im Rahmen der Rechtshilfe durch Zustellung lediglich angedachte Versagung kommt damit nach der Rechtsprechung erst ab einer hohen Schwelle in Betracht.

b) Insbesondere: Relevanz von Vertrauen für die (Un-)Zulässigkeit der Auslieferung

Aufschlussreich ist daneben vor allem die grundgesetzliche Grenze, ab der eine Auslieferung[600] zu versagen ist. Hierbei handelt es sich um eine Materie, für die im Verhältnis zu anderen EU-Mitgliedstaaten der in den Erwägungsgründen auf gegenseitiges Vertrauen gestützte Rahmenbeschluss über den Europäischen Haftbefehl Vorgaben enthält. Eine Betrachtung der Anforderungen an die Auslieferung ist zum einen hinsichtlich der Versagungsschwelle lohnend (aa), daneben aber mit Blick auf die in diesem Zusammenhang erfolgende Beurteilung des ausländischen Schutzes. Es ist dieser Kontext, in dem der Vertrauensbegriff maßgeblich Eingang in die verfassungsgerichtliche Rechtsprechung gefunden hat (bb). Den Rahmen hierfür hatte nicht das erst seit jüngerer Zeit einem Gesetzesvorbehalt unterliegende Auslieferungsverbot hinsichtlich Deutscher aus Art. 16 Abs. 2 S. 1 GG geboten,[601] sondern diejenigen grundrechtlichen Positionen, aus denen sich auch für Angehörige anderer Staaten eine Unzulässigkeit der Auslieferung ergeben kann.[602]

aa) Grenzziehung: Völkerrechtlicher Mindeststandard und unabdingbare Grundsätze der verfassungsrechtlichen Ordnung

Wenn auch nicht allein hieraus,[603] so können sich grundrechtliche Auslieferungshindernisse insbesondere aus einer im ersuchenden Staat drohenden Be-

---

600 Zum Begriffsverständnis nur BVerfGE 113, 273 (293), m. w. N.

601 Zur Verfassungsänderung BGBl. 2000 I S. 1633. Zur grds. Vereinbarkeit der eröffneten Auslieferung Deutscher mit Art. 79 Abs. 3 GG BVerfGE 113, 273 (296).

602 Insbesondere aus Art. 2 Abs. 2 S. 1, S. 2 (vgl. dazu, dass die hieraus fließenden Rechtspositionen insoweit dem Grundgedanken des Art. 16a Abs. 1 GG entsprechen, BVerfG, Beschluss v. 13.11.2017, – 2 BvR 1381/17 –, Rn. 29), Art. 1 Abs. 1, 16a Abs. 1 GG; Vorbehalt in § 73 S. 1 IRG gegenüber Drittstaaten, S. 2 bei innerunionaler Rechtshilfe und zu letzterer der Achte, Neunte und Zehnte Teil des IRG. Zum Ganzen *Lagodny,* NJW 1988, 2146 ff., *passim; Graßhof/Backhaus,* EuGRZ 1996, 445 (447 ff.); *Hofmann,* Grundrechte und grenzüberschreitende Sachverhalte, S. 264 ff., 277 ff.; daneben *Herdegen,* in: MD, Art. 1 Abs. 1 Rn. 77; *Schulze-Fielitz,* in: Dreier, Art. 2 II Rn. 44.

603 Etwa BVerfGE 37, 57 (66) bei labiler psychischer Verfassung.

handlung ergeben, also mit dem dortigen Grundrechtsschutz in Verbindung stehen. Dabei setzt nur der durch das Asylgrundrecht aus Art. 16a Abs. 1 GG gebotene Schutz vor politischer Verfolgung, der auch bei der Auslieferung zu beachten ist,[604] von vornherein einen Auslandsbezug voraus und erfährt durch diesen keine Veränderung.[605]

Im Übrigen aber geht das Gericht auch hier von modifizierten grundrechtlichen Anforderungen aus. Das Prüfprogramm des Auslieferungsgerichts[606] ist nicht daran orientiert, ob im ersuchenden Staat mit einer Behandlung zu rechnen ist, die nach innerstaatlichen Maßstäben verfassungsrechtlich zulässig wäre.[607] Eine solche Modifikation sei sowohl wegen der Achtung fremder Rechtsordnungen angezeigt als auch wegen des Interesses an einem auch hinsichtlich deutscher Ersuchen funktionierenden Auslieferungsverkehr, argumentiert das Bundesverfassungsgericht ähnlich wie in den bislang betrachteten Bereichen.[608]

Dessen ungeachtet ist die Zulässigkeit der Auslieferung von Amts wegen zu prüfen[609] und dafür auch festzustellen,

---

[604] Zum Teil zu Art. 16 Abs. 2 S. 2 GG a. F., BVerfGE 60, 348 (356 ff.); zuvor BVerfGE 9, 174 (191), ebd., S. 179 ff. zum Begriff politischer Verfolgung; BVerfGE 15, 249 (251 f.); BVerfGE 38, 398 (403 f.); zudem nur BVerfGE 63, 197 (206 ff.); BVerfGE 63, 215 (225 ff.); BVerfGE 64, 125 (132 ff.); BVerfG NVwZ 2015, 1204 (1204, Rn. 12); *Hofmann,* Grundrechte und grenzüberschreitende Sachverhalte, S. 280 ff.

[605] Etwa auch *Graßhof/Backhaus,* EuGRZ 1996, 445 (447 f.).

[606] Dabei nach klassischer Zweiteilung Unterscheidung dessen (überprüfbarer) Zulässigkeitsentscheidung von der Bewilligungsentscheidung, BVerfGE 113, 273 (312), dort aber auch S. 309 ff. und BVerfG, Beschluss v. 25.11.2008, – 2 BvR 2196/08 –, Rn. 9 f. zur Folge verrechtlichter Bewilligung (vgl. BVerfGE 63, 215 [225 ff.]).

[607] Deutlich BVerfGK 2, 165 (171); BVerfG NVwZ 2008, 71 (71); BVerfGK 13, 128 (133); BVerfG, Beschluss v. 9.12.2008, – 2 BvR 2386/08 –, Rn. 13. Sowie nur BVerfGE 18, 112 (116); BVerfGE 75, 1 (17); BVerfG NVwZ-RR 2016, 201 (202, Rn. 25); BVerfG, Beschluss v. 28.7.2016, – 2 BvR 1468/16 –, Rn. 44; BVerfG, Beschluss v. 26.2.2018, – 2 BvR 107/18 –, Rn. 23. Zur Kontrolldichte, soweit allein deutsches Verhalten betroffen, BVerfGK 15, 160 (165).

[608] S. nur BVerfGE 18, 112 (120 f.); BVerfGE 75, 1 (17); BVerfGE 108, 129 (137); BVerfGE 113, 154 (162 f.); BVerfGK 14, 372 (378); BVerfG NVwZ-RR 2016, 201 (202, Rn. 25); BVerfG, Beschluss v. 28.7.2016, – 2 BvR 1468/16 –, Rn. 44. Kritisch *Lagodny,* NJW 1988, 2146 (2150); zustimmend hingegen *Hofmann,* Grundrechte und grenzüberschreitende Sachverhalte, S. 273 f.; *Graßhof/Backhaus,* EuGRZ 1996, 445 (448); trotz abgelehnter Einbeziehung auf Schutzbereichsebene *Pohl,* Vorbehalt und Anerkennung, S. 107 ff., mit Berücksichtigung in der Rechtfertigung, S. 115 ff., 118 ff.

[609] Hierzu nur BVerfGE 8, 81 (84 f.); BVerfG NVwZ-RR 2016, 201 (202, Rn. 23); BVerfG NVwZ 2015, 1204 (1204, Rn. 12); BVerfGE 140, 317 (348, Rn. 65), auch S. 348 ff., Rn. 64 ff. zum variierenden Umfang der Aufklärungspflicht; BVerfG, Beschluss v. 9.3.2016, – 2 BvR 348/16 –, Rn. 12. Vgl. BVerfGE 63, 215 (225, 227).

„ob die Auslieferung und ihr zugrunde liegende Akte mit dem nach Art. 25 GG in der Bundesrepublik Deutschland verbindlichen völkerrechtlichen Mindeststandard und mit den unabdingbaren verfassungsrechtlichen Grundsätzen ihrer öffentlichen Ordnung vereinbar sind."[610]

Hinsichtlich entsprechender Anhaltspunkte unterliegt der Betroffene keiner Beweislast, wohl aber trifft ihn eine Darlegungslast, wie auch in Bezug auf die Frage drohender politischer Verfolgung.[611]

Ansatzpunkt für eine Versagung zum Schutz des nach Art. 25 GG im deutschen Recht verbindlichen völkerrechtlichen Mindeststandards ist, dass diese Norm nicht nur einen Rechtsanwendungsbefehl hinsichtlich der allgemeinen Regeln des Völkerrechts erteilt.[612] Seit geraumer Zeit entnimmt ihr das Gericht zudem ein Verbot, Maßnahmen anderer Staaten innerstaatliche Wirksamkeit zu verschaffen, die unter Verstoß gegen derartige Vorgaben vorgenommen werden, sowie ein Verbot, bestimmend an solchen Maßnahmen mitzuwirken.[613]

Von größerem Interesse sind hier aber die unabdingbaren verfassungsrechtlichen Grundsätze, die ebenso eine Auslieferung hindern können. Bereits der darin enthaltene Ausdruck der Indisponibilität wirft die Frage auf, inwieweit es sich möglicherweise nicht (lediglich) um Anforderungen einzelner Grundrechte handelt, die auch bei Auslandsberührung durchzusetzen sind. Das Gericht betont in ständiger Rechtsprechung, es gehe vielmehr nur um *Kern*anforderungen,

---

610 Grundlegend BVerfGE 63, 332 (337); zuvor nahezu wörtlich BVerfGE 59, 280 (282 f., 286 f.); s. nachfolgend nur BVerfG NJW 1987, 830 (830); BVerfG NJW 2001, 3112 (3113); BVerfGE 108, 129 (136); BVerfGK 2, 82 (84 f.); BVerfGK 3, 27 (31); BVerfG NVwZ-RR 2016, 201 (202, Rn. 23); BVerfG, Beschluss v. 2.2.2016, – 2 BvR 2486/15 –, Rn. 20; BVerfG, Beschluss v. 28.7.2016, – 2 BvR 1468/16 –, Rn. 42; BVerfG, Beschluss v. 26.2.2018, – 2 BvR 107/18 –, Rn. 26, 31, unter Bezug auf den Wesensgehalt von Art. 6 EMRK in Anknüpfung an EGMR, Urteil v. 17.1.2012, Othman (Abu Qatada) / Vereinigtes Königreich, Nr. 8139/09, § 260. Zur Rückwirkung ausländischen Verhaltens auf Beurteilung des deutschen deutlich BVerfG NJW 1994, 2884 (2884); BVerfG NJW 2001, 3110 (3110); BVerfGK 3, 159 (163); BVerfGE 140, 317 (346, Rn. 59; S. 347, Rn. 62). Vgl. in anderem Kontext BVerfG, Beschluss v. 12.5.2015, – 2 BvR 2954/10 –, Rn. 30; BVerfG, Beschluss v. 23.1.2017, – 2 BvR 2584/12 –, Rn. 17. Materienübergreifend bereits *Stern,* Staatsrecht III/1, S. 1243.

611 BVerfGE 15, 249 (253). Zuvor bereits zur Frage politischer Verfolgung BVerfGE 8, 81 (84); BVerfGE 52, 391 (406); BVerfGE 64, 46 (59); BVerfGE 140, 317 (349, Rn. 69); BVerfG, Beschluss v. 28.7.2016, – 2 BvR 1468/16 –, Rn. 49.

612 Etwa BVerfGE 31, 145 (177); BVerfGE 46, 342 (362 f.); BVerfGE 141, 1 (17, Rn. 39); daneben nur *Verdross/Simma,* Universelles Völkerrecht, §§ 852 ff.

613 BVerfGE 75, 1 (18 f.); zuvor anklingend in BVerfGE 59, 280 (287); BVerfGE 109, 13 (26); BVerfGE 109, 38 (52); BVerfG, Beschluss v. 24.3.2016, – 2 BvR 175/16 , Rn. 40, 56; BVerfG, Beschluss v. 17.5.2017, – 2 BvR 893/17 –, Rn. 27; BVerfG, Beschluss v. 26.2.2018, – 2 BvR 107/18 –, Rn. 25; dadurch zugleich Streben nach Kongruenz mit völkerrechtlichen Bindungen, *Graßhof/Backhaus,* EuGRZ 1996, 445 (448). Jenseits der Auslieferung erneut die Rspr. oben Zweiter Teil Fn. 548.

insbesondere rechtsstaatlicher Art.[614] Dann aber könnte es die in Art. 79 Abs. 3 GG geschützte Verfassungsidentität[615] sein, die die Wahrung solcher Gehalte gebietet.[616]

Deutlich in diese Richtung wies bereits die Konkretisierung, diese Grundsätze verpflichteten in Bezug auf ein im Ausland noch bevorstehendes Strafverfahren zur Prüfung, ob dieses in seiner Ausgestaltung „der elementaren rechtsstaatlichen Anforderung des Schutzes der Menschenwürde entspricht".[617] Die unabdingbaren Grundsätze der verfassungsrechtlichen Ordnung stehen einer Auslieferung zudem insbesondere dann entgegen, wenn eine grausame, unmenschliche oder erniedrigende Strafe zu erwarten ist.[618] Argumentativ besteht somit eine Nähe zu änderungsfesten Gehalten.

---

614 BVerfGE 63, 332 (338); BVerfGE 75, 1 (16); BVerfG NJW 1991, 1411 (1411); BVerfG, Beschluss v. 22.6.1992, – 2 BvR 1901/91 –, juris KVRE218829205, Rn. 10 (hierzu die Abschichtung in BVerfG JZ 2016, 1113 [1115, Rn. 36]); BVerfG NJW 1994, 2884 (2884); BVerfG, Beschluss v. 29.5.1996, – 2 BvR 66/96 –, juris KVRE267019601, Rn. 38; BVerfGE 108, 129 (136); BVerfGK 3, 27 (32); BVerfGK 3, 314 (317); BVerfGK 6, 13 (18); BVerfGE 113, 154 (162); BVerfGK 6, 334 (342); zu BVerfGE 140, 317 auch BVerfG, Beschluss v. 27.11.2014, – 2 BvR 2735/14 –, Rn. 12; BVerfG, Beschluss v. 26.2.2018, – 2 BvR 107/18 –, Rn. 23.

615 Prägend BVerfGE 123, 267 (340 ff.); zuvor bereits BVerfGE 37, 271 (279); BVerfGE 73, 339 (375 f.); BVerfGE 89, 155 (180, 212). Daneben nur BVerfGE 135, 317 (399, Rn. 159); BVerfGE 140, 317 (336 ff., Rn. 40 ff.); BVerfG NJW 2016, 2473 (2474 f., Rn. 120 f.; S. 2477, Rn. 137); BVerfG NJW 2016, 3583 (3587, Rn. 59).

616 Hierzu und unter ausdrücklicher Identitätsrückbindung befürwortend *Hofmann,* Grundrechte und grenzüberschreitende Sachverhalte, S. 61 ff., 265 ff., 274 (ebenfalls die Rspr.-Argumentation mit dem Unabdingbaren hervorhebend, S. 57 ff.); mit diesem Verständnis der Rspr. auch *Dreier,* in: Dreier, Art. 1 I Rn. 144 mit Fn. 609, s. auch Art. 1 III Rn. 49; *Pohl,* Vorbehalt und Anerkennung, S. 100 (vgl. S. 246 f.); implizit *Höfling,* in: Sachs, Art. 1 Rn. 21. Zu BVerfGE 140, 317 in diesem Kontext *Meyer,* HRRS 2016, 332 (336). Demgegenüber Anknüpfung an Art. 1 Abs. 2 GG ausmachend *Graßhof/Backhaus,* EuGRZ 1996, 445 (448); eine solche allgemein in der Rechtshilfe befürwortend *Herdegen,* in: MD, Art. 1 Abs. 3 Rn. 79 (s. auch Art. 1 Abs. 2 Rn. 45; Art. 1 Abs. 1 Rn. 77). Zum Ganzen *Globke,* Die Auslieferung an den Internationalen Strafgerichtshof, S. 51 ff.

617 BVerfG NJW 1994, 2883 (2883), prägnanter als zuvor BVerfGE 63, 332 (337); BVerfG, Beschluss v. 29.5.1996, – 2 BvR 66/96 –, juris KVRE267019601, Rn. 22, 38; BVerfGK 6, 334 (341); BVerfGE 113, 154 (162 f.); BVerfG, Beschluss v. 24.3.2016, – 2 BvR 175/16 –, Rn. 55; vgl. auch BVerfGE 113, 273 (296). Zu dieser Argumentation der Rspr. *Lagodny,* NJW 1988, 2146 (2149 f.); *Graßhof/Backhaus,* EuGRZ 1996, 445 (449), auch zu fehlender Kongruenz mit dem durch Art. 1 Abs. 1 GG innerstaatlich Gebotenen. Grundlegend zur Veranlassung genauerer Prüfung bei Abwesenheitsurteilen BVerfGE 63, 332 (337 f.); BVerfG NJW 1991, 1411 (1411); BVerfGK 3, 27 (31 f.); BVerfGK 6, 13 (17 f.); BVerfGE 140, 317 (346 f., Rn. 60; S. 349, Rn. 69). In diesem Kontext zu der der *Melloni*-Vorlage zugrunde liegenden und folgenden Rspr. des spanischen *Tribunal Constitucional Herzmann,* EuGRZ 2015, 445 (446, 449 f.).

618 BVerfGE 75, 1 (16 f.); zuvor offengelassen in BVerfG NJW 1984, 1293 (1295); BVerfGE 108, 129 (136); BVerfGE 113, 154 (162); Bezug auf Art. 3 EMRK in BVerfGK 3, 159 (163 f.) sowie BVerfG NVwZ 2008, 71 (71 f.); BVerfGK 16, 491 (496); BVerfG, Beschluss v.

Zu eingehenderen Ausführungen hinsichtlich einer möglichen Rückbindung an Art. 79 Abs. 3 GG hatte das Bundesverfassungsgericht lange keine Veranlassung; befasst war es zumeist mit der auslieferungsgerichtlichen Zulässigkeitserklärung, nicht aber gesetzgeberischem Verhalten, geschweige denn solchem des Integrationsgesetzgebers. Soweit ersichtlich, verhält sich zu diesem Fragenkreis erst die jüngere Karlsruher Rechtsprechung. Dies geschieht im Kontext auslieferungsgerichtlicher Entscheidungen in Vollzug des Umsetzungsgesetzes zum Rahmenbeschluss über den Europäischen Haftbefehl. So legt das Gericht im Beschluss BVerfGE 140, 317 (*Identitätskontrolle I*) in einem eigenständigen gedanklichen Schritt dar, dass der fragliche „unabdingbare" Grundsatz tatsächlich der Verfassungsidentität zuzurechnen, nämlich aus der Menschenwürde heraus geboten sei.[619] Der Zwischenschritt legt nahe, dass nicht alles für das Auslieferungsgericht im Verkehr mit Drittstaaten Unabdingbare dies auch bei unionsrechtlicher Determinierung sein muss.[620] Jedenfalls aber wird klargestellt, dass es ein von Art. 79 Abs. 3 GG geschützter Gehalt sein kann, der der Auslieferung entgegensteht.[621] In der Sache erfolgt bereits hier die Abstufung nach einem Menschenwürdekern,[622] die in der jüngeren Kammerrechtsprechung noch sehr viel deutlicher zu beobachten ist.

20.11.2014, – 2 BvR 1820/14 –, Rn. 25 (zu diesem Fall EGMR, Entscheidung v. 7.6.2016, Findikoglu / Deutschland, Nr. 20672/15, §§ 33 ff. mit verneinter Verletzung von Art. 3 EMRK); BVerfG, Beschluss v. 28.7.2016, – 2 BvR 1468/16 –, Rn. 43. Zur Todesstrafe erneut BVerfGE 18, 112 (116 ff.), später BVerfGE 60, 348 (354); BVerfGE 94, 115 (138).

619 BVerfGE 140, 317 (341, Rn. 48; S. 343 ff., Rn. 53 ff.) zum Schuldgrundsatz (s. zuvor BVerfGE 123, 267 [413]; daneben nur BVerfGE 45, 187 [259]; BVerfGE 50, 205 [214]), sowie S. 350, Rn. 72 und S. 352, Rn. 76, S. 367, Rn. 110 dazu, dass die Erwägungen insoweit ungeachtet unionsrechtlicher Determinierung Beachtung forderten (angesichts der Zuordnung verwundert *Nettesheim,* JZ 2016, 424 [427]; *Meyer,* HRRS 2016, 332 [336 f.]); mit diesem Zwischenschritt – und umgekehrtem Ergebnis – auch BVerfG JZ 2016, 1113 (1115, Rn. 36); s. auch bereits in BVerfG, Beschluss v. 12.5.2015, – 2 BvR 2954/10 –, Rn. 29, 34 die Verortung der Ausführungen zu unverzichtbaren Grundsätzen in der Prüfung an Art. 1 Abs. 1 GG (Rn. 24 f.).

620 *Graßhof/Backhaus,* EuGRZ 1996, 445 (449); vgl. zur Verteilung der Konkretisierungskompetenz *Bryde,* in: v. Münch/Kunig, Art. 79 Rn. 35.

621 I.d.S. auch die rückblickende Bezugnahme auf die Rspr. zur Auslieferung in BVerfGE 140, 317 (347, Rn. 62). Inwieweit die konkrete Einschätzung des Gerichts hinsichtlich der Notwendigkeit von Identitätserwägungen und der Zuordnung zum änderungsfesten Bereich geteilt wird, kann hier dahinstehen. Kritisch mangels unionsrechtlicher Überstellungspflicht im konkreten Fall *Reinbacher/Wendel,* EuGRZ 2016, 333 (336 f., 342 f.); *Sauer,* NJW 2016, 1134 (1135 f.); *Brodowski,* JR 2016, 415 (422 f.); *Schönberger,* JZ 2016, 422 (422 f.). Entgegen *Payandeh,* DVBl. 2016, 1073 (1079); *Nettesheim,* JZ 2016, 424 (427) aber zweifelhaft, inwiefern dies Verschärfung oder Ausdehnung gegenüber der bisherigen Rspr. bedeutet.

622 Mit dieser Einordnung von BVerfGE 140, 317 nachgehend BVerfG NJW 2016, 2473 (2477, Rn. 138).

Die Verankerung der zu wahrenden unabdingbaren Grundsätze der verfassungsrechtlichen Ordnung in deren änderungsfestem Gehalt wird in der jüngeren Kammerrechtsprechung nun auch deutlich zum Ausdruck gebracht und zudem die bisherige Judikatur ausdrücklich in diesem Sinne eingeordnet: So sei nach ständiger Rechtsprechung neben der Wahrung des nach Art. 25 GG verbindlichen völkerrechtlichen Mindeststandards

> „zu prüfen, ob die erbetene Auslieferung die (gemäß Art. 79 Abs. 3 GG in Verbindung mit Art. 1 und Art. 20 Abs. 3 GG) unabdingbaren verfassungsrechtlichen Grundsätze beziehungsweise das unabdingbare Maß an Grundrechtsschutz verletzt".[623]

Dabei handelt es sich um eine Rückbindung an Art. 79 Abs. 3 GG, die in dieser Deutlichkeit über die vorangehende Rechtsprechung beachtlich hinausgeht. Auch das hier mehrdeutig verknüpfte unabdingbare Maß an Grundrechtsschutz wurde in der jüngeren (wiederum Kammer-)Rechtsprechung vereinzelt seinerseits deutlich über Art. 1 GG als in der Verfassungsidentität verankert erachtet.[624] Vor dem Hintergrund dieser nun explizit gemachten Rückbindung des im Auslieferungsverkehr Durchzusetzenden sei aber hervorgehoben, dass auch in der Rechtsprechung aus jüngerer Zeit eine deutliche Abschichtung nach indisponiblem (Würde-)Kern- und einschränkbaren Randbereichen erfolgt, im konkreten Fall (selbst) hinsichtlich der Selbstbelastungsfreiheit.[625]

bb) Vertrauen bei Beurteilung des Schutzes im ersuchenden Staat

Obwohl diese nur an die deutsche Gewalt gerichtet sind, kann die Wahrung der verfassungsrechtlichen Vorgaben nicht ohne eine Einschätzung des Schutzes im ersuchenden Staat beurteilt werden. In diesem Zusammenhang hat der Vertrauensbegriff in die verfassungsgerichtliche Rechtsprechung mit Auslandsbezug Eingang gefunden.

---

[623] Zur Auslieferung an die Vereinigten Staaten von Amerika BVerfG, Beschluss v. 24.3.2016, – 2 BvR 175/16 –, Rn. 40 sowie BVerfG, Beschluss v. 17.5.2017, – 2 BvR 893/17 –, Rn. 27; zur Auslieferung an die Schweiz BVerfG, Beschluss v. 26.2.2018, – 2 BvR 107/18 –, Rn. 23, j. m. w. N. zur bisherigen Rspr.; s. vorangehend BVerfGE 140, 317 (349, Rn. 69); in anderem Kontext BVerfG, Beschluss v. 23.1.2017, – 2 BvR 2584/12 –, Rn. 17, zu „grundrechtliche[n] Mindeststandards".

[624] BVerfG, Beschluss v. 6.5.2016, – 2 BvR 890/16 –, Rn. 22; in der Hauptsache nicht thematisiert, der herangezogene verfassungsrechtlich geforderte Mindeststandard dort aber an Art. 1 GG rückgebunden, BVerfG JZ 2016, 1113 (1114, Rn. 33).

[625] BVerfG JZ 2016, 1113 (1115, Rn. 36), s. auch BVerfG, Beschluss v. 22.6.1992, – 2 BvR 1901/91 –, juris KVRE218829205, Rn. 10; BVerfGE 140, 317 (341, Rn. 48; S. 350, Rn. 72; S. 367, Rn. 110); begrüßt bei *Gärditz,* JZ 2016, 1116 (1117); mit dieser Feststellung bereits zur früheren Rspr. *Graßhof/Backhaus,* EuGRZ 1996, 445 (449). Zu solchen Abstufungen in der Änderungsfestigkeit die Literatur unten Zweiter Teil Fn. 980.

Begleitend zur sukzessiven Herausarbeitung der Identitätsverankerung des Prüfprogramms[626] wird in der jüngeren Kammerrechtsprechung Vertrauen „auf die Einhaltung der Grundsätze des unabdingbar gebotenen Grundrechtsschutzes sowie des Völkerrechts" für geboten erachtet.[627] Umgekehrt sei bei innerunionaler Überstellung die positive Feststellung entbehrlich, „dass dem um Auslieferung ersuchenden Mitgliedstaat hinsichtlich der Wahrung des von Art. 1 GG geforderten Mindeststandards vertraut werden kann".[628]

Zuvor war bereits seit Ende 2003 in ständiger Rechtsprechung davon ausgegangen worden, dem ersuchenden Staat sei bezüglich der „Einhaltung der Grundsätze der Rechtsstaatlichkeit und des Menschenrechtsschutzes grundsätzlich Vertrauen entgegenzubringen".[629] Dieser bereits in den ersten bestätigenden Senatsentscheidungen als solcher bezeichnete Grundsatz[630] firmiert in jüngerer Zeit wiederholt als Grundsatz des *gegenseitigen* Vertrauens.[631]

---

626 Oben S. 194 ff.

627 BVerfG, Beschluss v. 24.3.2016, – 2 BvR 175/16 –, Rn. 41, später wieder mit Bezug auf die Grundsätze der Rechtsstaatlichkeit und des Menschenrechtsschutzes; vgl. BVerfG, Beschluss v. 17.5.2017, – 2 BvR 893/17 –, Rn. 28.

628 BVerfG JZ 2016, 1113 (1114, Rn. 33); BVerfG, Beschluss v. 18.8.2017, – 2 BvR 424/17 –, Rn. 33; vgl. in anderem Kontext BVerfG, Beschluss v. 23.1.2017, – 2 BvR 2584/12 –, Rn. 17 f.

629 Erstmals BVerfGK 2, 82 (85 f.), zum vertraglichen Auslieferungsverkehr und nur „jedenfalls" für EU-Mitgliedstaaten. In dem in Bezug genommenen Senatsbeschluss BVerfGE 108, 129 ist begrifflich weder von Vertrauen noch von den Grundsätzen der Rechtsstaatlichkeit und des Menschenrechtsschutzes die Rede; dies durch den Senat erst nachfolgend in BVerfGE 109, 13 (35), nur „insbesondere" für den vertraglichen Verkehr, ohne Beschränkung auf EU-Mitgliedstaaten; BVerfGE 109, 38 (61), zu EU-Mitgliedstaaten. Daneben BVerfGK 16, 177 (187); BVerfG NVwZ-RR 2016, 201 (203, Rn. 29); BVerfGE 140, 317 (349, Rn. 68); trotz vereinzeltem Bezug unmittelbar auf die Wahrung des grundgesetzlich unabdingbaren Grundrechtsschutzes (BVerfG, Beschluss v. 24.3.2016, – 2 BvR 175/16 –, Rn. 41 f.) dies wieder die Formulierung in BVerfG, Beschluss v. 2.2.2016, – 2 BvR 2486/15 –, Rn. 22; BVerfG, Beschluss v. 9.3.2016, – 2 BvR 348/16 –, Rn. 10; BVerfG, Beschluss v. 28.7.2016, – 2 BvR 1468/16 , Rn. 49; BVerfG JZ 2016, 1113 (1114, Rn. 33); vgl. BVerfG, Beschluss v. 17.5.2017, – 2 BvR 893/17 –, Rn. 28; BVerfG, Beschluss v. 18.8.2017, – 2 BvR 424/17, Rn. 33. Zuvor BVerfGE 60, 348 (356) zur Begründung grds. Verzichts auf Tatverdachtsprüfung mit dem im Vertragsabschluss ausgedrückten „generellen Vertrauen in die Rechtsstaatlichkeit des Vertragspartners"; BVerfG, Beschluss v. 22.6.1992, – 2 BvR 1901/91 –, juris KVRE218829205, Rn. 13; ebenfalls früh *Graßhof/Backhaus,* EuGRZ 1996, 445 (446, 448). Vgl. erneut die Heranziehung in anderem Kontext, BVerfG, Beschluss v. 23.1.2017, – 2 BvR 2584/12 –, Rn. 17.

630 BVerfGE 109, 13 (35); BVerfGE 109, 38 (61).

631 BVerfGE 140, 317 (349, Rn. 67 f.), ohne Hervorhebung im Original; s. dort zum unionsrechtlichen Grundsatz des gegenseitigen Vertrauens S. 364 f., Rn. 105; BVerfG JZ 2016, 1113 (1114, Rn. 33); BVerfG, Beschluss v. 17.5.2017, – 2 BvR 893/17 –, Rn. 28; BVerfG, Beschluss v. 18.8.2017, – 2 BvR 424/17 –, Rn. 33; zu gegenseitigem Vertrauen zuvor BVerfGE

(1) Grundsätzliche Vermutung rechtskonformen Verhaltens

Bei eingehenderer Betrachtung zeigt sich, dass auch in der Rechtsprechung des Bundesverfassungsgerichts für solches Vertrauen eine Vermutung rechtskonformen Verhaltens eine maßgebliche Rolle spielt. So kommt noch vor ersten begrifflichen Vertrauensbezügen bereits in frühen Entscheidungen eine grundsätzliche Erwartung der Einhaltung bestehender rechtlicher Bindungen zum Ausdruck, die sich insbesondere auf völkerrechtlich gegenüber der Bundesrepublik eingegangene Verpflichtungen bezieht.[632] Ebenfalls seit geraumer Zeit und unabhängig von der Rechtsprechung des Europäischen Gerichtshofs findet sich diese Vermutung auch hier im Zusammenhang mit dem Vertrauensbegriff.[633] Beispielhaft sei insoweit auf die etwas verschachtelte Argumentation verwiesen, mit der Einhaltung der Verpflichtungen des ersuchenden Staats könne gerechnet werden, da dieser schließlich darum wisse, dass das Vertrauen Deutschlands im Auslieferungsverkehr bei deren Missachtung erschüttert würde.[634]

113, 273 (299); BVerfG, Beschluss v. 20.12.2007, – 2 BvQ 51/07 –, juris KVRE376380801, Rn. 28; BVerfG, Beschluss v. 9.12.2008, – 2 BvR 2386/08 –, Rn. 17.

632 BVerfGE 15, 249 (251 ff., 255 f.); BVerfGE 60, 348 (358), gegenüber Staaten mit freiheitlich-demokratischer Rechtsordnung und geordneten innerstaatlichen Verhältnissen; hierzu bereits BVerfGE 9, 174 (181 f.); BVerfGE 64, 46 (63 f.); BVerfGE 64, 125 (133); BVerfG, Beschluss v. 22.6.1992, – 2 BvR 1901/91 –, juris KVRE218829205, Rn. 11, 13 f.; BVerfG NJW 1994, 2883 (2883); BVerfG NJW 1995, 1667 (1667); BVerfG, Beschluss v. 29.5.1996, – 2 BvR 66/96 –, juris KVRE267019601, Rn. 34 ff.; BVerfG NJW 2001, 3110 (3111); BVerfG NStZ 2001, 446 (446); BVerfG NJW 2001, 3112 (3113); BVerfGE 108, 129 (140), wobei trotz nachfolgend häufigen Bezugs hierauf terminologisch nicht mit Vertrauen gearbeitet wird (s. aber auch die abweichende Meinung des Richters *Sommer* und der Richterin *Lübbe-Wolff* in BVerfGE 108, 129 [148 f.] sowie die abweichende Meinung der Richterin *Lübbe-Wolff* in BVerfGE 113, 273 [335]); BVerfGK 2, 82 (85); BVerfGK 3, 314 (318); BVerfGE 109, 13 (36); BVerfGE 109, 38 (62); BVerfGK 3, 159 (165); BVerfGK 6, 334 (343); BVerfGK 14, 372 (377 f.); BVerfGK 6, 13 (19); BVerfG NVwZ 2008, 71 (72); BVerfG, Beschluss v. 20.12.2007, – 2 BvQ 51/07 –, juris KVRE376380801, Rn. 27 f.; BVerfGK 13, 128 (135 f.); BVerfG, Beschluss v. 9.12.2008, – 2 BvR 2386/08 –, Rn. 16 f.; BVerfGE 140, 317 (350, Rn. 70); BVerfG, Beschluss v. 2.2.2016, – 2 BvR 2486/15 –, Rn. 22; BVerfG, Beschluss v. 9.3.2016, – 2 BvR 348/16 –, Rn. 10 f.; s. auch BVerfG, Beschluss v. 24.3.2016, – 2 BvR 175/16 –, Rn. 41 f., 49 ff. Umgekehrt BVerfGE 9, 174 (181 f.) und BVerfGE 15, 249 (251 f.) dazu, dass dies bei (bekanntermaßen) divergierenden Spezialitätsverständnissen etwa nicht gilt; in diesem Kontext auch BVerfG NVwZ 2015, 1204 (1205, Rn. 17).

633 BVerfGE 38, 398 (403 f.); BVerfGE 64, 46 (63); BVerfGK 2, 82 (85); BVerfGE 109, 13 (35 f.); BVerfGE 109, 38 (62 f.); BVerfGE 113, 273 (299); BVerfG NVwZ 2008, 71 (72); BVerfG, Beschluss v. 20.12.2007, – 2 BvQ 51/07 –, juris KVRE376380801, Rn. 28; BVerfGK 13, 128 (135); BVerfG, Beschluss v. 9.12.2008, – 2 BvR 2386/08 –, Rn. 17; BVerfG, Beschluss v. 24.3.2016, – 2 BvR 175/16 –, Rn. 49.

634 Hierzu nur BVerfGE 38, 398 (403); BVerfGE 64, 46 (63); BVerfG NJW 1994, 2883 (2883); BVerfG NJW 1995, 1667 (1667); BVerfG NVwZ 2008, 71 (72); BVerfGK 13, 128 (135); vgl. BVerfGE 108, 129 (140 f.) und BVerfG, Beschluss v. 17.5.2017, – 2 BvR 893/17 –,

Dabei werden Elemente der nationalen Rechtsordnung des ersuchenden Staats berücksichtigt;[635] daneben aber insbesondere seine völkervertraglichen[636] und übrigen völkerrechtlichen Bindungen, Zusicherungen eingeschlossen.[637]

Dass auch das Bundesverfassungsgericht mit einer Vermutung rechtskonformen Verhaltens arbeitet, erhellt, weshalb es in besonderem Maße von einer Vertrauensgrundlage gegenüber anderen Mitgliedstaaten der EU ausgeht.[638] Die bereits in der unionsrechtlichen Betrachtung in ihren Rechtsquellen aufgeschlüsselten Bindungen der Mitgliedstaaten[639] werden auch hier relevant: Es besteht eine Bindung des ersuchenden Staats an die Unionsgrundrechte im Umfang, in dem dieser Staat Unionsrecht i. S. d. Art. 51 Abs. 1 S. 1 GRC durchführt.[640] Daneben ist das Sekundärrecht zu beachten.[641] Schließlich hebt das Gericht immer wieder Art. 2 EUV, vormals Art. 6 Abs. 1 EUV (Amsterdam), hervor,[642] mit dem unabhängig von den Unionsgrundrechten ein abstraktes Be-

---

Rn. 28. Zur so erfolgenden Ergründung der Motivation des Gegenübers *Luhmann,* Vertrauen, S. 41, trotz Relativierung für Systemvertrauen auch zur Möglichkeit der Erschütterung durch Einzelfälle, S. 35 f., 75; *Schwarz,* Grundlinien der Anerkennung, S. 348 f.; vgl. auch *Verdross/Simma,* Universelles Völkerrecht, § 670.

635 BVerfGE 9, 174 (181 f.); BVerfGE 60, 348 (358); BVerfG NJW 1994, 2883 (2883); BVerfG, Beschluss v. 29.5.1996, – 2 BvR 66/96 –, juris KVRE267019601, Rn. 35; BVerfG NStZ 2001, 446 (446); BVerfGK 2, 82 (86); BVerfGK 6, 13 (19).

636 S. nur BVerfGE 15, 249 (251 f., 255 f.); BVerfGE 38, 398 (403); BVerfGE 64, 46 (63); BVerfG, Beschluss v. 22.6.1992, – 2 BvR 1901/91 –, juris KVRE218829205, Rn. 13 f.; BVerfG NJW 1994, 2883 (2883); BVerfG NJW 2001, 3110 (3111); BVerfGE 108, 129 (140 f.); BVerfGE 109, 13 (36); BVerfGE 109, 38 (62); BVerfGK 3, 314 (318); BVerfG NVwZ 2008, 71 (72); BVerfGK 13, 128 (135); BVerfG, Beschluss v. 24.3.2016, – 2 BvR 175/16 –, Rn. 41; BVerfG JZ 2016, 1113 (1114 f., Rn. 33, 35).

637 S. nur BVerfGE 60, 348 (358); BVerfGE 109, 13 (36); BVerfGE 109, 38 (62); BVerfGK 3, 159 (165); BVerfGK 6, 13 (19); BVerfGK 6, 334 (343). Dazu, dass ein Auslieferungsvertrag funktionell an die Stelle von Zusicherungen trete, BVerfGE 108, 129 (141); bei hinreichenden Zweifeln kann eine Zusicherung dennoch relevant werden, s. nur BVerfGK 13, 128 (135 f.); BVerfGK 14, 372 (377 f.); BVerfG, Beschluss v. 2.2.2016, – 2 BvR 2486/15 –, Rn. 22; BVerfG, Beschluss v. 9.3.2016, – 2 BvR 348/16 –, Rn. 10; BVerfG, Beschluss v. 28.7.2016, – 2 BvR 1468/16 –, Rn. 51 f.; BVerfG, Beschluss v. 17.5.2017, – 2 BvR 893/17 –, Rn. 30 ff.

638 Vor allem BVerfGK 2, 82 (86); BVerfGE 113, 273 (299); BVerfGK 16, 177 (187); BVerfGE 140, 317 (350 f., Rn. 73); BVerfG JZ 2016, 1113 (1114, Rn. 33); s. bereits BVerfG, Beschluss v. 29.5.1996, – 2 BvR 66/96 –, juris KVRE267019601, Rn. 21; BVerfG, Beschluss v. 24.3.2016, – 2 BvR 175/16 –, Rn. 41; BVerfG, Beschluss v. 18.8.2017, – 2 BvR 424/17 –, Rn. 33; vgl. in anderem Kontext BVerfG, Beschluss v. 23.1.2017, – 2 BvR 2584/12 –, Rn. 17.

639 Oben S. 118 ff., wenn auch mit Fokus auf Zivilsachen.

640 Vgl. BVerfGE 140, 317 (351, Rn. 73); BVerfG JZ 2016, 1113 (1114, Rn. 33); BVerfG, Beschluss v. 18.8.2017, – 2 BvR 424/17 –, Rn. 33; *Kokott,* in: Sachs, Art. 16 Rn. 50.

641 Vgl. BVerfGE 140, 317 (351 f., Rn. 73 f.).

642 BVerfGK 2, 82 (86); BVerfGE 113, 273 (299); BVerfG, Beschluss v. 24.3.2016, – 2 BvR 175/16 –, Rn. 41; vgl. auch BVerfGE 140, 317 (351, Rn. 73), allerdings bezogen auf die EU; mit

kenntnis zur Wahrung der Menschenrechte und Rechtsstaatlichkeit, seit dem Vertrag von Lissabon auch der Menschenwürde vorliegt.

Ebenso unabhängig von einer Bindung an die Unionsgrundrechte gilt es daneben wiederum die EMRK[643] zu beachten. Auch das Bundesverfassungsgericht misst in diesem Kontext mit dem Verweis auf das Individualbeschwerdeverfahren zum EGMR[644] völkerrechtlichen Durchsetzungsmechanismen Relevanz bei.

(2) Weitergehend: Vermutung hinreichenden Regelungsniveaus?

Das in der Auslieferungsrechtsprechung herangezogene Vertrauen könnte über eine Vermutung rechtskonformen Verhaltens allerdings hinausgehen und auch dem normativen Schutzniveau des Kooperationsstaats gelten.

Dies dürfte nicht bereits mit Blick auf die Einhaltung des nach Art. 25 GG verbindlichen völkerrechtlichen Mindeststandards der Fall sein. Allgemeine Regeln des Völkerrechts unter dieser Norm umfassen nach Ansicht des Gerichts universelles Völkergewohnheitsrecht und anerkannte allgemeine Rechtsgrundsätze.[645] Sie gelten folglich grundsätzlich auch in Ermangelung völkervertraglich oder unilateral begründeter Verpflichtungen.[646] Dann aber ist mit solchen Standards ihrem Inhalt nach bereits diejenige Bindung des ausländischen Staats identifiziert, von deren Wahrung die Zulässigkeit der Auslieferung (unter anderem) abhängt. So wird etwa der als Sicherung vor politischer Verfolgung (vgl. Art. 16a Abs. 1 GG) begriffene Spezialitätsgrundsatz[647] in der jüngeren Recht-

diesem Bezug auch BVerfG JZ 2016, 1113 (1114, Rn. 33) sowie BVerfG, Beschluss v. 18.8.2017, – 2 BvR 424/17 –, Rn. 33; *Pohl,* Vorbehalt und Anerkennung, S. 120; vgl. im Rahmen des Art. 16 Abs. 2 GG *v. Arnauld,* in: v. Münch/Kunig, Art. 16 Rn. 41 sowie *Kokott,* in: Sachs, Art. 16 Rn. 50.

643 Etwa BVerfGE 15, 249 (252, 255 f.), auch gegenüber Drittstaaten; BVerfG, Beschluss v. 22.6.1992, – 2 BvR 1901/91 –, juris KVRE218829205, Rn. 13 f.; BVerfG, Beschluss v. 29.5.1996, – 2 BvR 66/96 –, juris KVRE267019601, Rn. 21; BVerfG NJW 2001, 3110 (3111); BVerfG NVwZ 2008, 71 (72); BVerfGK 13, 128 (135); BVerfGE 140, 317 (351, Rn. 73); BVerfG, Beschluss v. 24.3.2016, – 2 BvR 175/16 –, Rn. 41; BVerfG JZ 2016, 1113 (1114 f., Rn. 33, 35); BVerfG, Beschluss v. 18.8.2017, – 2 BvR 424/17 –, Rn. 33; s. auch BVerfGE 113, 273 (316).

644 BVerfG, Beschluss v. 22.6.1992, – 2 BvR 1901/91 –, juris KVRE218829205, Rn. 13; BVerfG NJW 1994, 2883 (2883).

645 BVerfGE 109, 13 (27), m.w.N.; BVerfGE 109, 38 (53), jeweils unter Bezug nur auf universelles Gewohnheitsrecht; BVerfGK 13, 7 (11 f.); BVerfGE 141, 1 (17 f., Rn. 42). Im Kontrast zum Rechtsanwendungsbefehl für die EMRK aus Gesetz nach Art. 59 Abs. 2 S. 1 GG BVerfG NJW 1986, 1425 (1427); BVerfGE 111, 307 (316 f.).

646 Der Sonderfall fehlender Bindung eines *persistent objector* sei ausgeklammert.

647 BVerfGE 9, 174 (181); BVerfGE 15, 249 (251 f.); BVerfGE 38, 398 (403 f.); BVerfGE 60, 348 (358); BVerfG, Beschluss v. 28.7.2016, – 2 BvR 1468/16 –, Rn. 51; BVerfGE 63, 197 (209,

sprechung auch unabhängig von vertraglichen oder unilateralen Zusicherungen als eine solche allgemeine Regel des Völkerrechts angesehen.[648] Sowie die Wahrung jenes Rechtssatzes vermutet wird, wird also zugleich die Einhaltung dieses Teilelements des grundgesetzlich geforderten Regelungsniveaus vermutet.

Hinsichtlich des Schutzes, der zunächst als durch die unabdingbaren Grundsätze der verfassungsrechtlichen Ordnung und inzwischen auch als durch das unabdingbare Maß an Grundrechtsschutz geboten umschrieben wurde, erscheint die Antwort weniger klar. Hier ist zu beachten, dass die originär grundgesetzlichen Vorgaben im Gegensatz zum völkerrechtlichen Mindeststandard für den ersuchenden Staat nicht unmittelbar maßstäblich sind. Deshalb erlaubt allein die Annahme, der Kooperationspartner werde den für ihn maßgeblichen Bindungen genügen, hier keinen unmittelbaren Rückschluss auf die Wahrung des grundgesetzlich Gebotenen. Hinzukommen muss vielmehr die Einschätzung, dass die aus anderen Rechtsquellen für den ersuchenden Staat erwachsenden Verpflichtungen in ihrem normativen Niveau dem grundgesetzlich bei der Auslieferung zu wahrenden Minimum genügen.[649] Eine solche Annahme wird aber durch das Bundesverfassungsgericht mit ausgesprochen: Aus den Entscheidungen ergibt sich oftmals, dass bei Einhaltung der Grundsätze der Rechtsstaatlichkeit und des Menschenrechtsschutzes im ersuchenden Staat eine Auslieferung auch verfassungsrechtlich keinen Bedenken begegnete.[650]

Spätestens wenn in der Kammerrechtsprechung Vertrauen auf die Einhaltung der Grundsätze des unabdingbar (durch das Grundgesetz) gebotenen Grundrechtsschutzes verlangt wird,[651] ist hiermit ausdrücklich mehr als eine Vermu-

212), allein nicht ausreichend bei früheren Manipulationen des Tatverdachts; vgl. auch BVerfGE 64, 125 (132); BVerfG NStZ 2001, 446 (446).

[648] BVerfG NJW 1995, 1667 (1667) und BVerfG, Beschluss v. 24.3.2016, – 2 BvR 175/16 –, Rn. 45, jeweils m. w. N.

[649] Vgl. deutlich GA *Sharpston,* Rs. C-599/14 P, Rat / LTTE, Nr. 67.

[650] So in der Rspr. in Zweiter Teil Fn. 629 und implizit in der Erwägung, eine ständige Praxis von Menschenrechtsverletzungen begründe die Wahrscheinlichkeit einer (auch) unabdingbaren verfassungsrechtlichen Vorgaben widersprechenden Behandlung, BVerfGE 108, 129 (139); BVerfG NVwZ-RR 2016, 201 (203, Rn. 30); BVerfGE 140, 317 (350, Rn. 71); BVerfG, Beschluss v. 28.7.2016, – 2 BvR 1468/16 –, Rn. 50. Vgl. auch BVerfGK 13, 128 (136); BVerfG, Beschluss v. 2.2.2016, – 2 BvR 2486/15 –, Rn. 20 ff. Zu Art. 16 Abs. 2 S. 2 GG deutlich BVerfGE 113, 273 (341); BVerfG, Beschluss v. 9.11.2016, – 2 BvR 545/16 –, Rn. 38 f.; vgl. BVerfGE 141, 220 (342, Rn. 328). Hier und in anderen Kontexten für weitgehende Kongruenz des verfassungsrechtlich „Unabdingbaren“, verstanden als Wesensgehalt, mit dem völkerrechtlichen Mindeststandard *Hofmann,* Grundrechte und grenzüberschreitende Sachverhalte, S. 58 ff., 63 f., 100, 105 f.

[651] BVerfG, Beschluss v. 24.3.2016, – 2 BvR 175/16 –, Rn. 41, wobei später, Rn. 45 ff. (wie vom Auslieferungsgericht, Rn. 23), mit dem als allgemeine Regel des Völkerrechts eingeordneten Spezialitätsgrundsatz wieder auf Wahrung einer *völkerrechtlichen* Bindung abgestellt

tung der Einhaltung des *für den anderen Staat* unmittelbar Gebotenen angesprochen. Wird dabei nicht nach einer Bindung an die Unionsgrundrechte unterschieden,[652] impliziert dies die Annahme, die übrigen Bindungen der EU-Mitgliedstaaten, insbesondere an Art. 2 EUV, Art. 3 EMRK oder bereits völker(-gewohnheits-)rechtliche Verpflichtungen[653] genügten in ihrem Regelungsniveau dem verfassungsrechtlich Unabdingbaren.[654] Ein solcher Gleichlauf schon mit völkerrechtlichen Bindungen findet sich mitunter auch im Prüfprogramm angedeutet: Dort werden Ausführungen zum *Kern*gehalt rechtsstaatlicher Anforderungen zuweilen mit dem Zusatz versehen, dieser Gehalt gehöre gleichermaßen zum völkerrechtlichen Mindeststandard.[655]

Bezugspunkt von Vertrauen ist in der bundesverfassungsgerichtlichen Rechtsprechung also nicht allein eine Einhaltung der normativen Bindungen durch den Kooperationspartner, sondern auch eine durch dessen Bindungen hinreichende Absicherung des grundgesetzlich bei der Auslieferung Unabdingbaren. An diese Überlegungen wird später anzuknüpfen sein.[656]

(3) Widerlegbarkeit im Einzelfall

In der Auslieferungsrechtsprechung ist das Vertrauen aber nicht unwiderlegbar. Es kann bei hinreichenden Anhaltspunkten[657] für tatsächlich ungenügenden Schutz entkräftet werden. Vertrauen ist in dieser Karlsruher Rechtsprechungsli-

wird; s. zuvor bereits BVerfGE 140, 317 (356, Rn. 85); nachfolgend BVerfG JZ 2016, 1113 (1114, Rn. 33); vgl. BVerfG, Beschluss v. 18.8.2017, – 2 BvR 424/17 –, Rn. 33.

652 In der Rspr. in Zweiter Teil Fn. 638 nur in BVerfGE 140, 317 (351, Rn. 73) und BVerfG JZ 2016, 1113 (1114, Rn. 33), in BVerfG, Beschluss v. 18.8.2017, – 2 BvR 424/17 –, Rn. 33 ausdrücklich (auch) Grund für besonderes Vertrauen.

653 In der Sache *Graßhof/Backhaus,* EuGRZ 1996, 445 (448); auch *Herdegen,* in: MD, Art. 1 Abs. 2 Rn. 34, 45 sowie Art. 79 Rn. 121; daneben erneut *Hofmann,* Grundrechte und grenzüberschreitende Sachverhalte, S. 58 ff., 63 f., 100, 105 f.

654 Kritisch *Meyer,* HRRS 2016, 332 (336); vgl. BVerfG, Beschluss v. 26.2.2018, – 2 BvR 107/18 –, Rn. 26.

655 BVerfGE 63, 332 (338); BVerfG NJW 1991, 1411 (1411); BVerfGK 3, 27 (32); BVerfGK 3, 314 (317).

656 Hierzu unten S. 278 ff.

657 So ebenfalls bereits in BVerfGK 2, 82 (85 f.) und mit Nachdruck zur dort in Bezug genommenen Entscheidung die abweichende Meinung des Richters *Sommer* und der Richterin *Lübbe-Wolff* BVerfGE 108, 129 (149); BVerfGE 109, 13 (35 f.); BVerfGE 109, 38 (61 f.); BVerfGK 3, 159 (165); BVerfGK 13, 128 (135 f.); BVerfGK 14, 372 (377 f.); BVerfG, Beschluss v. 9.12.2008, – 2 BvR 2386/08 –, Rn. 16; BVerfGE 140, 317 (350, Rn. 70; S. 352, Rn. 75); BVerfG, Beschluss v. 2.2.2016, – 2 BvR 2486/15 –, Rn. 22; BVerfG, Beschluss v. 9.3.2016, – 2 BvR 348/16 –, Rn. 10; BVerfG, Beschluss v. 24.3.2016, – 2 BvR 175/16 –, Rn. 42; BVerfG, Beschluss v. 28.7.2016, – 2 BvR 1468/16 –, Rn. 50 f. Vgl. bereits BVerfGE 15, 249 (255 f.); BVerfGE 64, 46 (64); BVerfG NJW 1995, 1667 (1667); BVerfG, Beschluss v.

nie damit kein Instrument, um solche Anhaltspunkte im Einzelfall zu überspielen.

Kam dies lange nur implizit zum Ausdruck, stellt das Gericht diese Begrenzung inzwischen in ständiger Rechtsprechung klar heraus. Der (Vertrauens-) Grundsatz könne (nur) „so lange Geltung beanspruchen, wie er nicht durch entgegenstehende Tatsachen erschüttert wird",[658] und damit nur unter einer Art explizit einzelfallbezogenem *Solange*-Vorbehalt. Eine solche Erschütterung wird (insbesondere) dann angenommen, wenn die unabdingbaren verfassungsrechtlichen Grundsätze mit beachtlicher Wahrscheinlichkeit nicht eingehalten werden.[659] Soweit es sich um Gehalte handelt, die nach Art. 79 Abs. 3 GG änderungsfest sind, gilt diese Grenze gegenüber den anderen EU-Mitgliedstaaten auch bei Vollzug zwingenden Unionsrechts.[660]

Dies und die Relevanz für den Einzelfall gegebener Zusicherungen bei allgemein zweifelhafter Lage im ersuchenden Staat zeigen, dass maßgeblich für die Zulässigkeit der Auslieferung letztlich die zu erwartende Behandlung des im konkreten Fall Betroffenen ist,[661] für die eine Gefahrenprognose anzustellen ist. Eine Versagung ist danach dann geboten, wenn im Ergebnis trotz der bestehenden Bindungen von einer beachtlichen Wahrscheinlichkeit auszugehen ist, dass

---

29.5.1996, – 2 BvR 66/96 –, juris KVRE267019601, Rn. 34 ff.; BVerfG NJW 2001, 3110 (3111); BVerfG NJW 2001, 3112 (3113).

[658] Erstmalig in BVerfGE 109, 13 (35) sowie BVerfGE 109, 38 (61); ähnlich zuvor BVerfGK 2, 82 (85 f.); s. zudem die übrige Rspr. oben Zweiter Teil Fn. 629, darunter insbesondere BVerfG, Beschluss v. 23.1.2017, – 2 BvR 2584/12 –, Rn. 17 in anderem Kontext; vgl. in wiederum anderem Zusammenhang BVerfG, Beschluss v. 8.5.2017, – 2 BvR 157/17 –, Rn. 16; zuvor bereits BVerfGE 141, 220 (345 f., Rn. 337).

[659] BVerfG NVwZ-RR 2016, 201 (203, Rn. 30); BVerfG, Beschluss v. 24.3.2016, – 2 BvR 175/16 –, Rn. 42, unter Einschluss eines unabdingbaren Maßes an Grundrechtsschutz; BVerfG, Beschluss v. 28.7.2016, – 2 BvR 1468/16 –, Rn. 51.

[660] BVerfGK 2, 82 (85 f.); BVerfGE 140, 317 (349 ff., Rn. 67 f., 72 ff.), s. aber S. 350 f., Rn. 73 zur Entbehrlichkeit einer positiven Vertrauensfeststellung ihnen gegenüber; BVerfG, Beschluss v. 6.5.2016, – 2 BvR 890/16 –, Rn. 23, nachgehend BVerfG JZ 2016, 1113 (1114, Rn. 33), auch hier S. 1114 f., Rn. 34 zur Entbehrlichkeit positiver Feststellung; BVerfG, Beschluss v. 18.8.2017, – 2 BvR 424/17 –, Rn. 32 f.; vgl. auch BVerfGE 113, 273 (316); BVerfG, Beschluss v. 21.3.2018, – 2 BvR 237/18 –, Rn. 14 ff. und hinsichtlich eines Drittstaats BVerfG, Beschluss v. 24.3.2016, – 2 BvR 175/16 –, Rn. 42.

[661] Deutlich i.d.S. BVerfGK 14, 372 (377 f.); daneben zur Maßgeblichkeit des Einzelfalls nur BVerfGE 63, 197 (212); BVerfGE 64, 125 (133 f.); BVerfGE 108, 129 (138); BVerfG NVwZ-RR 2016, 201 (203, Rn. 30); BVerfGE 140, 317 (350, Rn. 70); BVerfG, Beschluss v. 2.2.2016, – 2 BvR 2486/15 –, Rn. 22; BVerfG, Beschluss v. 9.3.2016, – 2 BvR 348/16 –, Rn. 10; BVerfG, Beschluss v. 28.7.2016, – 2 BvR 1468/16 , Rn. 51; BVerfG JZ 2016, 1113 (1114, Rn. 33); BVerfG, Beschluss v. 17.5.2017, – 2 BvR 893/17 –, Rn. 29; beachte auch die Versagung in BVerfG, Beschluss v. 13.11.2017, – 2 BvR 1381/17 –, Rn. 34 f. trotz umfassender Zusicherungen.

der Betroffene in einer Weise behandelt werde, die dem grundgesetzlich Unabdingbaren nicht genügt.[662] Dies ist nicht etwa bei jeder Verletzung *irgend*einer völkerrechtlichen Verpflichtung der Fall.

Bei dieser Einschätzung hindern zwar – wie nach der Rechtsprechung des EGMR[663] – Verstöße in der Vergangenheit nicht unbedingt an der Annahme hinreichenden Schutzes.[664] Solche Verletzungen sind aber in Rechnung zu stellen.[665] Die auch im Übrigen berücksichtigte Rechtsstaatlichkeit bzw. die freiheitlich-demokratische Ordnung des ersuchenden Staats[666] mag insoweit für den Ausnahmecharakter vergangener Verstöße sprechen. Umgekehrt gestattet eine ständige Praxis „grober, offenkundiger oder massenhafter Verletzungen der Menschenrechte" im ersuchenden Staat,[667] frühere kritische Fälle als Ausdruck eines mit gewisser Regelhaftigkeit drohenden Risikos aufzufassen. Auch bei fehlenden Anhaltspunkten in Bezug auf den konkreten Fall kann dies zur

---

[662] S. nur BVerfGE 108, 129 (139); BVerfG NVwZ-RR 2016, 201 (203, Rn. 30); BVerfGE 140, 317 (352, Rn. 75); BVerfG, Beschluss v. 28.7.2016, – 2 BvR 1468/16 –, Rn. 50. Zuvor abhebend auf Gefahr menschenrechtswidriger Behandlung BVerfG, Beschluss v. 22.6.1992, – 2 BvR 1901/91 –, juris KVRE218829205, Rn. 12; s. auch BVerfGE 108, 129 (138); BVerfG NVwZ 2008, 71 (72); BVerfG, Beschluss v. 17.5.2017, – 2 BvR 893/17 –, Rn. 29; vgl. die einstweilige Anordnung BVerfG, Beschluss v. 18.8.2017, – 2 BvR 424/17 –, Rn. 29 ff. (vorausgesetzt auch in BVerfG, Beschluss v. 19.12.2017, – 2 BvR 424/17 –, Rn. 34). Jeweils zur Gefahr politischer Verfolgung BVerfGE 63, 197 (214); BVerfGE 63, 215 (227); BVerfG NVwZ 2015, 1204 (1204 f., Rn. 13); vgl. hierzu in anderem Kontext BVerfGE 76, 143 (167), m. w. N.

[663] Mit ausdrücklicher Orientierung hieran BVerfGE 108, 129 (138). Zu dieser Rspr. oben S. 72 f.

[664] S. jeweils BVerfGE 15, 249 (256); BVerfGE 64, 125 (133 f.); BVerfG, Beschluss v. 22.6.1992, – 2 BvR 1901/91 –, juris KVRE218829205, Rn. 8, 12 f.; BVerfG NJW 1994, 2883 (2883); BVerfG NVwZ-RR 2016, 201 (203, Rn. 30); BVerfGE 140, 317 (350, Rn. 71); BVerfG, Beschluss v. 28.7.2016, – 2 BvR 1468/16 –, Rn. 50 (aber auch Rn. 52).

[665] S. etwa BVerfGE 63, 197 (208 f.); vgl. umgekehrt BVerfGE 15, 249 (252); BVerfGE 38, 398 (403); ähnlich BVerfG NJW 2001, 3112 (3113).

[666] BVerfGE 60, 348 (358 f.); s. zuvor bereits BVerfGE 9, 174 (181 f.); BVerfGE 38, 398 (403 f.); BVerfGE 64, 46 (63); BVerfG, Beschluss v. 22.6.1992, – 2 BvR 1901/91 –, juris KVRE218829205, Rn. 12; BVerfG, Beschluss v. 29.5.1996, – 2 BvR 66/96 –, juris KVRE267019601, Rn. 21; BVerfG NJW 2001, 3112 (3113); BVerfGK 2, 82 (86); BVerfGK 3, 314 (318); BVerfG NVwZ 2008, 71 (72); vgl. auch BVerfGE 37, 57 (65). In anderem Kontext sehr deutlich BVerfGE 94, 49 (93). Zum Auslieferungsvertrag als Ausdruck des Vertrauens in die Rechtsstaatlichkeit des Vertragspartners BVerfGE 60, 348 (356); BVerfGE 108, 129 (140), hierzu aber auch die abweichende Meinung des Richters *Sommer* und der Richterin *Lübbe-Wolff*, S. 149; BVerfGE 109, 13 (36); BVerfGE 109, 38 (62). Vgl. *Kokott*, in: Sachs, Art. 16 Rn. 52.

[667] BVerfGE 108, 129 (138 f.), unter Bezug auf Art. 3 Antifolterkonvention; BVerfG NVwZ 2008, 71 (72); BVerfG NVwZ-RR 2016, 201 (203, Rn. 30); BVerfGE 140, 317 (350, Rn. 71); s. aber umgekehrt auch BVerfGE 15, 249 (253). Vgl. BVerfG, Beschluss v. 8.5.2017, – 2 BvR 157/17 –, Rn. 22 zur Abschiebung.

Bejahung einer mit hinreichender Wahrscheinlichkeit drohenden Gefahr[668] führen. Der Gedanke eines systemischen Defizits taucht damit auch hier auf, wie in der Rechtsprechung des EGMR[669] und in gewissem Kontrast zumindest zur früheren EuGH-Judikatur[670] aber lediglich als Hilfsüberlegung in Ermangelung auf den Betroffenen bezogener Anhaltspunkte.

Auch findet sich die Erwägung, dass bei Zweifeln an der Einhaltung bestehender Verpflichtungen die zugesicherte Möglichkeit eigener, deutscher Kontrolle ihrer Einhaltung relevant ist; so kann eine Auslieferung in Fällen ermöglicht werden, in denen sonst Zweifel an ihrer Zulässigkeit bestünden.[671] Dies illustriert nicht allein, dass durch verstärkte Kooperation eine Versagung verhindert werden kann, sondern auch, dass die Beurteilung eines hinreichenden Schutzes auch von deutschen Kontrollmöglichkeiten abhängen mag.

cc) Ergebnis

Auch an die zwischenstaatliche Kooperation durch Auslieferung stellt das Grundgesetz in seiner Auslegung durch das Bundesverfassungsgericht Anforderungen, die deutlich hinter dem zurückbleiben, was in rein nationalen Sachverhalten verfassungsrechtlich geboten ist. Zudem wird die Einhaltung dieser zurückgenommenen Anforderungen grundsätzlich vermutet. In einem engen Zusammenhang auch zu diesem verfassungsrechtlichen Vertrauen steht dabei die Vermutung, der Kooperationspartner werde insbesondere seinen völkerrechtlichen Bindungen grundsätzlich genügen. Das Vertrauen hierauf kann aber im Einzelfall widerlegt werden.

---

[668] Zunächst Folgerung auf die Wahrscheinlichkeit menschenrechtswidriger Behandlung (etwa BVerfG NVwZ 2008, 71 [72]); in jüngerer Rspr. zum Teil aus menschenrechtsverletzender Praxis Folgerung unmittelbar auf die Wahrscheinlichkeit einer den deutschen unabdingbaren Grundsätzen nicht genügenden Behandlung, so BVerfGE 108, 129 (139); BVerfG NVwZ-RR 2016, 201 (203, Rn. 30); BVerfGE 140, 317 (350, Rn. 71); BVerfG, Beschluss v. 28.7.2016, – 2 BvR 1468/16 –, Rn. 50.

[669] Oben S. 83 ff.

[670] Oben S. 165 ff.

[671] BVerfG, Beschluss v. 2.2.2016, – 2 BvR 2486/15 –, Rn. 23; BVerfG, Beschluss v. 9.3.2016, – 2 BvR 348/16 –, Rn. 11; BVerfG, Beschluss v. 28.7.2016, – 2 BvR 1468/16 –, Rn. 52, jeweils der zusätzlichen Zusicherung Relevanz beimessend, sich durch Botschaftspersonal der Haftbedingungen zu vergewissern, trotz vorliegender Zusicherung einer Art. 3 EMRK genügenden Behandlung; in diesem Sinne im Kontext einer Abschiebung BVerfG, Beschluss v. v. 24.7.2017, – 2 BvR 1487/17 –, Rn. 50.

c) Versagung des Datenaustausches mit dem Ausland

Eine hohe Versagungsschwelle kommt auch in der jüngeren Rechtsprechung des Bundesverfassungsgerichts zur Datenübermittlung an ausländische Stellen zum Ausdruck: Mit der aus Art. 1 Abs. 3 GG auch bei einer Übermittlung bestehenden Grundrechtsbindung als Ausgangspunkt[672] legt das Gericht dar, dass sich eine Verletzung verfassungsrechtlicher Anforderungen durch das Handeln deutscher Gewalt auch hier aus dem im Kooperationsstaat unzureichenden Grundrechtsschutz ergeben kann.[673] Zugleich werden aber wiederum die Achtung fremder Rechtsordnungen und das Interesse an der Pflege zwischenstaatlicher Beziehungen durch derartigen Austausch betont.[674]

Auszuschließen sei die Übermittlung nicht bereits dann, wenn der dortige Schutz nicht vollständig mit dem für das Inland verlangten übereinstimme.[675] Es dürften im Falle einer Übermittlung ins Ausland aber weder die „Grenzen der inländischen Datenerhebung und -verarbeitung [...] in ihrer Substanz unterlaufen werden“,[676] noch dürfe übermittelt werden, wenn bei der ausländischen Datennutzung eine Verletzung von Menschenrechten zu befürchten sei.[677] In Bezug auf letztere werden dabei grundlegende rechtsstaatliche Anforderungen einerseits sowie der Menschenwürdeschutz andererseits hervorgehoben.[678] Hinsichtlich ihrer wird – auch hier – eine Vergewisserung durch die deutschen Stellen vorausgesetzt.[679] Die Einschätzung des Schutzniveaus erfolgt wiederum unter Einbeziehung der Vorgaben des ausländischen innerstaatlichen und des

672 BVerfGE 141, 220 (342, Rn. 326).

673 BVerfGE 141, 220 (342, Rn. 327); s. wiederum den Vorbehalt in § 73 IRG. Aus der hier interessierenden Perspektive bereits *Schröder,* in: FS Schlochauer, S. 137 (148 f.); *Hofmann,* Grundrechte und grenzüberschreitende Sachverhalte, S. 201.

674 BVerfGE 141, 220 (341 f., Rn. 324 f.), m. w. N.; nachfolgend i.d.S. BVerfG, Beschluss v. 21.6.2016, – 2 BvR 637/09 –, Rn. 33.

675 BVerfGE 141, 220 (341 f., Rn. 324 f.; 344, Rn. 334); nachfolgend BVerfG, Beschluss v. 21.6.2016, – 2 BvR 637/09 –, Rn. 33 für den Datenzugriff aus dem Ausland; ebenfalls bereits *Schröder,* in: FS Schlochauer, S. 137 (149).

676 BVerfGE 141, 220 (342, Rn. 327); s. auch S. 344 f., Rn. 335 mit Verweis auf EuGH, Urteil v. 6.10.2015, Rs. C-362/14, Schrems, Rn. 73; BVerfG, Beschluss v. 21.6.2016, – 2 BvR 637/09 –, Rn. 34.

677 BVerfGE 141, 220 (342, Rn. 328), mit Verweis auf die Rspr. zur Auslieferung in BVerfGE 108, 129 (136 f.) und BVerfGE 140, 317 (347, Rn. 62); weitergehend vergleichbares Niveau *Schröder,* in: FS Schlochauer, S. 137 (149), m. w. N.

678 BVerfGE 141, 220 (342, Rn. 328); s. auch ebd., Rn. 120 zur Unverfügbarkeit des grundrechtlichen Menschenwürdekerns; vgl. BVerfG, Beschluss v. 21.6.2016, – 2 BvR 637/09 –, Rn. 34 (hierzu wiederum die abweichende Meinung des Richters *Huber,* Rn. 22, Hand nicht zu Menschen*rechts*verletzungen reichen).

679 BVerfGE 141, 220 (344 ff., Rn. 332, 336 f.), bezogen primär auf menschenrechtliche Gewährleistungen; BVerfG, Beschluss v. 21.6.2016, – 2 BvR 637/09 –, Rn. 34.

Völkerrechts sowie durch Würdigung deren tatsächlicher Anwendung im Kooperationsstaat.[680]

Bei der Prüfung einer als unzulässig erachteten Verfassungsbeschwerde gegen das Zustimmungsgesetz zum Übereinkommen des Europarats über Computerkriminalität wurde zumindest durch die Senatsmehrheit nachfolgend offengelassen, ob dieselben Grundsätze auch für eine Ermächtigung zum Daten*zugriff* aus dem Ausland gelten.[681]

Die Einhaltung der somit jedenfalls an die aktive Übermittlung gestellten Anforderungen könne dabei grundsätzlich durch eine generalisierende Einschätzung festgestellt werden.[682] Von einer Einzelfallprüfung vermag dies aber nicht vollkommen zu entbinden, könne diese Einschätzung doch nur „so lange Geltung beanspruchen, wie sie nicht durch entgegenstehende Tatsachen in besonders gelagerten Fällen erschüttert wird",[683] knüpft das Gericht an seine Auslieferungsrechtsprechung an. Dass letztlich die Umstände des Einzelfalls maßgeblich sind, wird auch deutlich, wenn bei Fehlen genereller Einschätzungen die Relevanz von Zusicherungen einerseits, andererseits aber die Grenzen deren Belastbarkeit hervorgehoben werden.[684]

d) Ergebnis

In den beispielhaft betrachteten Konstellationen der Zusammenarbeit ist es bereits jenseits unionsrechtlicher Determinierung eine hohe Schwelle, ab der aus grundrechtlichen Erwägungen erst eine Versagung der Kooperation geboten ist. Daneben fällt auf, dass maßgeblich in Bezug auf die Auslieferung auch das Bundesverfassungsgericht den Begriff des Vertrauens heranzieht. Dieses Vertrauen speist sich wiederum wesentlich aus einer grundsätzlichen Vermutung rechtmäßigen Verhaltens des ausländischen Kooperationspartners. Deutlicher als früher arbeitet vor allem die jüngere Kammerrechtsprechung als Bezugspunkt des Vertrauens die Einhaltung des grundrechtlich auch bei der Teilnahme am zwischenstaatlichen Verkehr zu sichernden Grundrechtsschutzes heraus. Das Vertrauen ist allerdings widerlegbar. Bei entsprechenden Anhaltspunkten entbindet es nicht von einer Einzelfallbetrachtung und gegebenenfalls Versagung, wie nunmehr auch jenseits des speziellen Kontextes der Auslieferung relevant geworden ist.

---

680 BVerfGE 141, 220 (345, Rn. 335).

681 BVerfG, Beschluss v. 21.6.2016, – 2 BvR 637/09 –, Rn. 35 f., mit Hinweis auf potenziell andere Beurteilung bei bereits völkergewohnheitsrechtlich gestattetem Zugriff; mit beachtlichen Gründen a. A. die abweichende Meinung des Richters *Huber*.

682 BVerfGE 141, 220 (345, Rn. 337).

683 BVerfGE 141, 220 (345 f., Rn. 337).

684 BVerfGE 141, 220 (345 f., Rn. 337 f.), m. w. N.

4. Seitenblick: Grundgesetzliche Regelung innerunionaler Auslandsbezüge

Von den bislang betrachteten Anforderungen unterscheiden sich das Auslieferungsverbot hinsichtlich Deutscher und das Asylgrundrecht. Beide setzen eine Auslandsberührung von vornherein voraus und stellen nicht bereits bei Bestehen einer solchen veränderte Anforderungen. Wohl aber kommt es zu einer Modifikation, wo es sich bei dem betroffenen Ausland um einen anderen Mitgliedstaat der Europäischen Union handelt. In diesen Fällen unterscheidet bereits der Normtext des Art. 16 Abs. 2 S. 2 GG (a) und der des Art. 16a Abs. 2 S. 1 GG (b).

a) Qualifizierter Gesetzesvorbehalt in Art. 16 Abs. 2 S. 2 GG

Für das Auslieferungsverbot hinsichtlich deutscher Staatsangehöriger[685] aus Art. 16 Abs. 2 S. 1 GG sieht S. 2 außer für die Auslieferung an internationale Gerichtshöfe[686] nur bezüglich einer solchen an andere EU-Mitgliedstaaten überhaupt einen Gesetzesvorbehalt vor. Selbst auf Ersuchen dieser Einheiten ist die Auslieferung Deutscher aber nach S. 2 durch eine Qualifikation des Vorbehalts[687] nur zulässig, soweit rechtsstaatliche Grundsätze gewahrt sind.

Nach dem Bundesverfassungsgericht umschreibt dies eine „Erwartung im Sinne einer Strukturentsprechung, wie sie auch Art. 23 Abs. 1 GG formuliert", hinsichtlich deren Erfüllung sich der Gesetzgeber versichern müsse; dies gilt auch, soweit es um die anderen Mitgliedstaaten der EU geht.[688]

Wie bei der Auslieferung anderer als deutscher Staatsangehöriger, wird auch hier relevant, dass gegenüber den jeweiligen[689] EU-Mitgliedstaaten eine Grundlage für gegenseitiges Vertrauen in die Rechtsstaatlichkeit ihrer Verfahrensbedingungen bestehe.[690] Dabei betont die Rechtsprechung in erster Linie die Verpflichtung dieser Staaten zur Achtung der vormals in Art. 6 Abs. 1 EUV (Amsterdam) enthaltenen Grundsätze, die nunmehr im Wertebekenntnis des

---

685 Auslieferungsverkehr mit Drittstaaten nicht im Anwendungsbereich des Unionsrechts, BVerfGK 14, 113 (117 f.); BVerfG NJW 2014, 1945 (1946); anders bei Freizügigkeitsgebrauch, EuGH, Urteil v. 6.9.2016, Rs. C-182/15, Petruhhin, Rn. 30 f., bekräftigt in EuGH, Urteil v. 6.9.2017, Rs. C473/15, Schotthöfer & Steiner, Rn. 19 ff.; EuGH, Urteil v. 10.4.2018, Rs. C-191/16, Pisciotti, Rn. 33 f.

686 Zum Begriffsverständnis BVerfGK 9, 174 (190); monographisch *Globke,* Die Auslieferung an den Internationalen Strafgerichtshof, *passim.*

687 Zu dieser Einordnung nur *v. Arnauld,* in: v. Münch/Kunig, Art. 16 Rn. 39; *Becker,* in: vMKS, Art. 16 Rn. 80; hierzu § 73 S. 2 IRG sowie der Achte Teil des IRG.

688 BVerfGE 113, 273 (299).

689 *Wittreck,* in: Dreier, Art. 16 Rn. 71; *v. Arnauld,* in: v. Münch/Kunig, Art. 16 Rn. 40.

690 BVerfGE 113, 273 (299); zuvor bereits BVerfGK 2, 82 (86); vgl. BVerfGK 16, 177 (187).

Art. 2 EUV n. F. aufgegriffen wird.[691] Mit diesem ersten Verweis auf gegenseitiges Vertrauen im Sommer 2005 knüpft das Gericht nicht explizit an die Erwägungsgründe des Rahmenbeschlusses über den Europäischen Haftbefehl an, dessen Umsetzungsgesetz hier zur Prüfung stand. Die Hervorhebung der Gegenseitigkeit dieses Vertrauens mag zwar im Sprachgebrauch auf Unionsebene ihren Grund finden. In der Sache greift das Gericht aber lediglich Erwägungen auf, die im Verfassungsrecht bereits zuvor und unabhängig von einem unionsrechtlichen Vertrauensgrundsatz Bedeutung erlangt hatten.[692]

Damit wurde in Art. 16 Abs. 2 S. 2 GG durch den verfassungsändernden Gesetzgeber als Anforderung für den Gebrauch dieses Gesetzesvorbehalts zwar nicht das Prüfprogramm der Vereinbarkeit mit den nach Art. 25 GG verbindlichen völkerrechtlichen Mindeststandards sowie den unabdingbaren Grundsätzen der deutschen verfassungsrechtlichen Ordnung aufgegriffen. Mit den rechtsstaatlichen Grundsätzen wird aber auf dasjenige Element verwiesen, das neben dem Menschenwürdeschutz maßgeblich zur Ausfüllung dieses Prüfungsmaßstabs relevant geworden war.[693] In der Rechtsprechung zur Auslieferung Deutscher wurden die nach Art. 16 Abs. 2 S. 2 GG zu wahrenden rechtsstaatlichen Grundsätze auch von vornherein und inzwischen noch etwas deutlicher an die unter Art. 79 Abs. 3 GG änderungsfesten Gehalte der Art. 1 und 20 GG rückgebunden.[694] Diesbezüglich steht das Vertrauen in die eigene Rechtsordnung im Vordergrund, wenn der Betroffene die deutsche Staatsangehörigkeit besitzt.[695]

Die Möglichkeit einer Widerlegung der Annahme, in den anderen Mitgliedstaaten seien rechtsstaatliche Grundsätze gewahrt, wird aber auch hier hervorgehoben. Eine gesetzgeberische Reaktion soll erst bei nachhaltiger Erschütterung des Vertrauens erforderlich werden.[696] Das Gericht lässt offen, wann ein

---

[691] BVerfGE 113, 273 (299) sowie S. 316 mit Verweis auf die EMRK. Vermutung der Wahrung rechtsstaatlicher Grundsätze in Anknüpfung an Art. 2 EUV bei *v. Arnauld,* in: v. Münch/Kunig, Art. 16 Rn. 41; vgl. *Kokott,* in: Sachs, Art. 16 Rn. 50.

[692] Oben S. 199 ff.

[693] Vgl. Kern an Verfahrensgarantien nach *v. Arnauld,* in: v. Münch/Kunig, Art. 16 Rn. 41; *Kokott,* in: Sachs, Art. 16 Rn. 51; *Becker,* in: vMKS, Art. 16 Rn. 83; vgl. *Wittreck,* in: Dreier, Art. 16 Rn. 74; im Ausgangspunkt weitergehend *Herdegen,* in: MD, Art. 1 Abs. 3 Rn. 81. Eingehend *Globke,* Die Auslieferung an den Internationalen Strafgerichtshof, S. 241 ff.; *Pohl,* Vorbehalt und Anerkennung, S. 242 ff.

[694] BVerfG, Beschluss v. 9.11.2016, – 2 BvR 545/16 –, Rn. 38 f.; zuvor BVerfGE 113, 273 (296, 303 f.). Auch hierzu *Globke,* Die Auslieferung an den Internationalen Strafgerichtshof, S. 241 ff., 257; *Pohl,* Vorbehalt und Anerkennung, S. 234, 246.

[695] BVerfGE 113, 273 (301 ff.); BVerfG NJW 2016, 1714 (1715, Rn. 15 ff.); BVerfG, Beschluss v. 15.6.2016, – 2 BvR 468/16 –, Rn. 14 ff.; BVerfG, Beschluss v. 9.11.2016, – 2 BvR 545/16 –, Rn. 40 ff.; BVerfG, Beschluss v. 30.11.2016, – 2 BvR 1238/14 –, Rn. 20 ff.

[696] BVerfGE 113, 273 (299).

solcher Fall vorläge. Am Rande sei bemerkt, dass eine nachhaltige Erschütterung in der übrigen Auslieferungsrechtsprechung als Konsequenz einer im Einzelfall unzureichenden Behandlung nicht ausgeschlossen wurde.[697]

Auch davon unabhängig bedürfe es aber trotz der generellen gesetzgeberischen Feststellung, wie inzwischen sehr deutlich gemacht wurde, im Einzelfall der „Prüfung, ob die in Art. 1 und Art. 20 GG verankerten rechtsstaatlichen Grundsätze gewahrt sind".[698] Hiermit nimmt das Gericht bislang primär eine Verhältnismäßigkeitsprüfung in den Blick, in deren Rahmen der hinsichtlich Deutscher betonte Schutz des Vertrauens in die eigene Rechtsordnung relevant wird.[699]

Vor allem angesprochen ist hier bislang die Prüfung und Berücksichtigung eines maßgeblichen Inlandsbezugs, die der Rahmenbeschluss über den Europäischen Haftbefehl gestattet.[700] Dabei ist denkbar, dass trotz Wahrung rechtsstaatlicher Grundsätze *im* ersuchenden Staat diese Grundsätze *bei* der Kooperation mit diesem verletzt werden können.[701] Ungeachtet der vordergründig völkerrechtlichen Perspektive ist es dies, worauf das Gericht in der Sache hinweist, wenn es die zurückhaltende völkerrechtliche Einhegung fremder Strafgewalt hervorhebt, der vielmehr in erster Linie durch die Kooperationsbereitschaft anderer Staaten Grenzen gesetzt würden.[702]

Seine Zurückhaltung gegenüber der Annahme, die Mitgliedstaaten seien in einer Weise rechtsstaatlich „synchronisiert", die von einer Einzelfallbetrach-

---

697 So etwa in BVerfG NVwZ 2008, 71 (72); BVerfG, Beschluss v. 9.12.2008, – 2 BvR 2386/08 –, Rn. 17; BVerfGK 13, 128 (135); BVerfGK 14, 372 (378); vgl. BVerfG NJW 1995, 1667 (1667). Hierzu erneut *Luhmann,* Vertrauen, S. 35 f. (aber auch S. 75).

698 BVerfG, Beschluss v. 9.11.2016, – 2 BvR 545/16 –, Rn. 39; in der Sache bereits der Senat in BVerfGE 113, 273 (303 f.); zustimmend *v. Arnauld,* in: v. Münch/Kunig, Art. 16 Rn. 41; *Kokott,* in: Sachs, Art. 16 Rn. 52.

699 Sehr deutlich BVerfG, Beschluss v. 9.11.2016, – 2 BvR 545/16 –, Rn. 38; *Wittreck,* in: Dreier, Art. 16 Rn. 72; kritisch gegenüber Argumentation mit Verhältnismäßigkeit, *Becker,* in: vMKS, Art. 16 Rn. 83; jeweils Vertrauensschutz betonend, *v. Arnauld,* in: v. Münch/Kunig, Art. 16 Rn. 41 ff.; *Herdegen,* in: MD, Art. 1 Abs. 3 Rn. 81; *Kokott,* in: Sachs, Art. 16 Rn. 45. Zum Ganzen *Globke,* Die Auslieferung an den Internationalen Strafgerichtshof, S. 262 ff.

700 Art. 4 Nr. 7 RB 2002/584/JI i. d. F. des RB 2009/299/JI; Inlandsbezug jeweils relevant in der Rspr. oben Zweiter Teil Fn. 695; s. auch BVerfG, Beschluss v. 1.9.2016, – 2 BvR 770/16 –, Rn. 16 ff.; selbst ohne solchen Bezug Subsidiarität problematisch nach der abweichenden Meinung des Richters *Broß* in BVerfGE 113, 273 (319 ff.).

701 Impliziert mit Hervorhebung von Rechtssicherheit und Vertrauensschutz, die vor Aburteilung nach fremder, nicht ohne Weiteres durchschaubarer (aber deshalb nicht *per se* nicht rechtsstaatlicher) Rechtsordnung schützten, BVerfGE 113, 273 (293 f.).

702 BVerfGE 113, 273 (304); BVerfG NJW 2016, 1714 (1715, Rn. 20), vgl. dort auch S. 1716, Rn. 24; BVerfG, Beschluss v. 15.6.2016, – 2 BvR 468/16 –, Rn. 19; BVerfG, Beschluss v. 9.11.2016, – 2 BvR 545/16 –, Rn. 39.

tung entbinde, formuliert das Gericht aber allgemeiner.[703] Dadurch wird nicht ausgeschlossen, dass eine Einzelfallprüfung auch durch das im konkreten Fall bestehende Schutzniveau des ersuchenden Mitgliedstaats veranlasst sein mag.[704]

Auch in diesem Zusammenhang sind der Zulässigkeit einer Erleichterung zwischenstaatlicher Kooperation somit Grenzen gesetzt, die eine Auseinandersetzung mit dem Grundrechtsschutz *im* und bei Zusammenarbeit *mit* dem Kooperationsstaat erforderlich machen. Diese Grenzen allerdings werden wiederum nicht durch vollumfängliche Projektion innerstaatlicher Anforderungen auf andere Mitgliedstaaten bestimmt. In Bezug auf die in Art. 16 Abs. 2 S. 2 GG verlangte Wahrung rechtsstaatlicher Grundsätze ist dabei in der Rechtsprechung ebenfalls von Vertrauen die Rede, für das das Gericht gegenüber anderen Mitgliedstaaten der Europäischen Union wiederum besondere Veranlassung sieht. Dieses auch dem gesetzgeberischen Gebrauch des Vorbehalts des Art. 16 Abs. 2 S. 2 GG zugrunde liegende Vertrauen entbindet aber auch hier nicht vollkommen von Einzelfallerwägungen.

b) Schutzbereichsausschluss in Art. 16a Abs. 2 S. 1 GG

Als zweite Norm, die ausdrücklich an Sachverhalte mit EU-Auslandsberührung anknüpft, verdient in diesem Zusammenhang das Grundrecht auf Asyl aus Art. 16a Abs. 1 GG mit der Eingrenzung seines persönlichen Schutzbereichs[705] in Abs. 2 S. 1 Aufmerksamkeit. Auch Art. 16a Abs. 1 GG nimmt die Situation im Ausland mit der Frage dort drohender politischer Verfolgung[706] unmittelbar in den Blick und erfährt nicht bereits durch das Bestehen eines Auslandsbezugs eine Modifikation.[707] Für den Umgang mit rechtlichen Bindungen des fraglichen Auslands bei der Beurteilung des dortigen Drohens politischer Verfolgung

---

[703] BVerfGE 113, 273 (316), noch deutlicher und bereits aus Gründen der Gewaltenteilung die abweichende Meinung der Richterin *Lübbe-Wolff,* S. 335.

[704] Dabei macht bislang die Betonung der Verhältnismäßigkeit eine Befassung mit potenziellem Missbrauch des Haftbefehlsregimes entbehrlich – ein solcher anklingend in BVerfG, Beschluss v. 9.11.2016, – 2 BvR 545/16 –, Rn. 46 (s. auch Rn. 29).

[705] Für die h.M. *Randelzhofer,* in: MD, Art. 16a Abs. 2 Rn. 1, 51; *Will,* in: Sachs, Art. 16a Rn. 10, 56; *Becker,* in: vMKS, Art. 16a Rn. 151; a.A. *v. Arnauld,* in: v. Münch/Kunig, Art. 16a Rn. 34; *Wittreck,* in: Dreier, Art. 16a Rn. 51.

[706] Zur politischen Verfolgung BVerfGE 9, 174 (179 ff.); zum abweichenden Verständnis in Art. 16a Abs. 3 S. 1 GG BVerfGE 94, 115 (134 f.). Vgl. zur fehlenden Bindung an die Anerkennung als politisch Verfolgter BVerfGE 52, 391 (404 ff.); unter umgekehrten Vorzeichen BVerfG, Beschluss v. 4.7.2017, – 2 BvR 1381/17 –, Rn. 23 f.

[707] Etwa auch *Graßhof/Backhaus,* EuGRZ 1996, 445 (447 f.). Zur Bedeutung im Auslieferungsverfahren erneut die Rspr. oben Zweiter Teil Fn. 604.

kann auf die im Zusammenhang der Auslieferung gemachten Ausführungen verwiesen werden.[708]

Art. 16a Abs. 2 S. 1 GG bestimmt, dass sich solche Personen auf das Asylgrundrecht aus Abs. 1 nicht berufen können, die aus einem anderen EU-Mitgliedstaat oder einem Drittstaat einreisen, in dem die Anwendung von GFK und EMRK sichergestellt ist; in S. 2 wird der Gesetzgeber zur Bestimmung solcher Staaten außerhalb der Europäischen Union ermächtigt, auf die dies zutrifft.[709]

Damit wird bereits dem Wortlaut nach anerkannt, dass eine normative Bindung an die genannten Instrumente nicht zwingend mit deren tatsächlicher Anwendung einhergehen muss.[710] Die Qualifizierung des Gesetzesvorbehalts in S. 2 durch diese Abschichtung allerdings beziehe sich nicht auch auf die anderen (damaligen) EG-Mitgliedstaaten; hinsichtlich ihrer habe sich der verfassungsändernde Gesetzgeber vielmehr selbst vergewissert.[711] Vor allem die Verfolgungssicherheit in den anderen Mitgliedstaaten stelle er fest und nehme die auf diesem Weg nach Deutschland einreisenden Personen vom persönlichen Schutzbereich aus.[712]

Wenngleich hier nicht begrifflich mit Vertrauen gearbeitet wird, führt das Gericht aus, Grundlage der verfassungsunmittelbaren Bestimmung zu sicheren Drittstaaten sei die Annahme eines auch in den anderen Mitgliedstaaten generell bestehenden Schutzes vor politischer Verfolgung.[713] Dieser Beurteilung wiederum liegt maßgeblich zum einen das Wissen um die normative Bindung an GFK und EMRK wie aber auch die Einschätzung zugrunde, die anderen Mitgliedstaaten wandten die Instrumente auch an.[714] Verschränkt wird diese Argumentation mit der Einwirkungsmöglichkeit Deutschlands auf den EU-Beitrittsprozess;[715] zudem verweist das Gericht auf die Gemeinschafts-

---

708 Oben S. 199 ff.; exemplarisch jenseits des dortigen Kontextes BVerfGE 93, 248 (256 ff.).

709 Zur Verfassungsmäßigkeit der Regelung BVerfGE 94, 49 (103 f.), sowie ebd., S. 86 zum Vorrang bereits der Art. 28–38 SDÜ als Abkommen i. S. d. Art. 16a Abs. 5 GG gegenüber Abs. 1; BVerfGK 1, 298 (303).

710 BVerfGE 94, 49 (88); vgl. BVerfGE 94, 115 (139); *Randelzhofer,* in: MD, Art. 16a Abs. 2 Rn. 12.

711 BVerfGE 94, 49 (88 f.), bezogen auf den jeweiligen Kreis der Mitgliedstaaten.

712 BVerfGE 94, 49 (95 f.); vgl. zuvor bereits BVerfG NVwZ 1992, 659 (659); s. aber auch BVerfG NVwZ 2015, 361 (363, Rn. 28 f.), hinsichtlich Griechenland.

713 BVerfGE 94, 49 (88); s. etwa auch *Becker,* in: vMKS, Art. 16a Rn. 160.

714 BVerfGE 94, 49 (88).

715 Hierzu BVerfGE 94, 49 (89), beachte auch hier die Berücksichtigung der ausländischen rechtsstaatlichen Ordnung, S. 93 (so auch die Rspr. oben Zweiter Teil Fn. 666).

grundrechte.[716] Der Schutzbereichsausschluss basiert damit auf der Vermutung der auch künftigen Einhaltung der im Normtext genannten Verträge.

Die Folge dieser verfassungsrechtlichen normativen Vergewisserung sei, dass der Einzelne sich grundsätzlich nicht darauf berufen könne, trotz genereller Einhaltung der in Art. 16a Abs. 2 S. 1 GG in Bezug genommenen Pflichten liege gerade in seinem Einzelfall ein Verstoß hiergegen vor.[717] Da sich die normative Vergewisserung auf die Wahrung der GFK und EMRK allgemein beziehe, sei von diesem Ausschluss zudem nicht allein das Asylgrundrecht erfasst, sondern darüber hinaus auch sonstige materielle Rechtspositionen.[718] Es handelt sich nach Auslegung des Gerichts bezüglich der übrigen EU-Mitgliedstaaten also um eine im Einzelfall grundsätzlich nicht widerlegbare Vermutung.[719]

Dies zeichnet die hier betrachtete im Gegensatz zu den zuvor beleuchteten Konstellationen aus. Dennoch wird dieser Befund relativiert durch den Vorbehalt einer Überschreitung der Grenzen des Konzepts normativer Vergewisserung: Seien sie überschritten, könne eine Prüfung des individuellen Schutzbegehrens im Ausnahmefall veranlasst sein;[720] hierfür müssten sich Hinderungsgründe aber aufdrängen.[721] Wenn und weil es sich, wie das Gericht annimmt, um Grenzen des Konzepts aus sich heraus handelt, kann auch eine durch den verfassungsändernden Gesetzgeber vorgenommene normative Vergewisserung sie nicht überspielen.[722]

---

[716] BVerfGE 94, 49 (89), Art. F Abs. 2 EUV (Maastricht); angesichts damals im Asylbereich weitgehend fehlender Bindung kritisch *Weinzierl,* ZAR 2010, 260 (263 f.). S. mit grds. Anerkennung mitgliedstaatlicher Bindung an Gemeinschaftsgrundrechte EuGH, Urteil v. 5.7.1989, Rs. 5/88, Wachauf, Rn. 19; EuGH, Urteil v. 18.6.1991, Rs. C-260/89, ERT, Rn. 42; vorangehend bereits EuGH, Urteil v. 15.6.1978, Rs. 149/77, Defrenne, Rn. 26/29, 30/32.

[717] BVerfGE 94, 49 (96, 98 f.); anders bei der Vermutung in Art. 16a Abs. 3 GG, BVerfGE 94, 115 (133 f., 142).

[718] BVerfGE 94, 49 (97 f.) zu den damaligen §§ 51 Abs. 1, 53 AuslG; damit grds. Ausscheiden einer Berufung auf Verstoß gegen EMRK oder *non-refoulement* im konkreten Fall (bereits insoweit kritisch *Lübbe-Wolff,* DVBl. 1996, 825 [827]). Vgl. BVerfGE 94, 115 (136 f., 145 ff.) zur begrenzteren Vermutung bei Art. 16a Abs. 3 GG.

[719] *Wittreck,* in: Dreier, Art. 16a Rn. 96; *v. Arnauld,* in: v. Münch/Kunig, Art. 16a Rn. 35, jeweils m. w. N. Beachte aber auch BVerfG NVwZ 2015, 361 (363, Rn. 28 f.).

[720] BVerfGE 94, 49 (99 f.), s. dort auch S. 102 zur Konsequenz für Rechtsbehelfe.

[721] BVerfGE 94, 49 (100); gesteigerter Darlegungsaufwand, *Randelzhofer,* in: MD, Art. 16a Abs. 2 Rn. 77 f.; gesteigerter Begründungsaufwand, aber keine erhöhte Darlegungslast, *v. Arnauld,* in: v. Münch/Kunig, Art. 16a Rn. 36.

[722] BVerfGE 94, 49 (99); dies hervorhebend auch *v. Arnauld,* in: v. Münch/Kunig, Art. 16a Rn. 36, letztlich Grund für Einordnung des Art. 16a Abs. 2 S. 1 GG als unmittelbare Schranke, Rn. 34; *Lübbe-Wolff,* DVBl. 1996, 825 (827 f.); *Hoppe,* Eilrechtsschutz gegen Dublin II-Überstellungen, S. 217 ff., m. w. N., auch zur Gegenansicht; s. dort ferner S. 270 ff. mit Vorschlag der „Neujustierung“ des Konzepts aufgrund Rückwirkung der unionsgrundrecht-

Als derart die Grenzen überschreitende Fallgruppen führt der Senat drohende Todesstrafe und eine schlagartige Umstandsänderung bei ausstehender Reaktion der Bundesregierung auf, daneben Situationen, in denen der fragliche Staat seinerseits politisch verfolgt oder unmenschlich behandelt, und schließlich die Möglichkeit, dass einem bestimmten Ausländer kein Schutz vor einem *refoulement* gewährt werde, also vor der Aus- und Zurückweisung in einen Verfolgerstaat.[723] Nicht alle Fallgruppen knüpfen damit an die generelle Situation im fraglichen Ausland an, so dass auch eine Überschreitung der Grenzen des Konzepts in einem bloßen Einzelfall nicht kategorisch ausgeschlossen ist.[724]

Bislang bleibt in der Rechtsprechung offen, wo die Grenze zwischen einer – nicht möglichen – Widerlegung und denjenigen Fällen zu ziehen ist, die das Konzept normativer Vergewisserung von vornherein nicht zu erfassen vermag.[725] Zumindest aber wird mit dem Bestehen solcher Grenzen auch in diesem Kontext anerkannt, dass durch abstrakt-generelle Feststellung der Wahrung rechtlicher Bindungen eine gewisse Restunsicherheit nicht beseitigt werden kann.

Dieser Art. 16a Abs. 2 GG entnommene Gehalt wurde mit Blick auf Art. 79 Abs. 3 GG nicht beanstandet, da das Asylgrundrecht insbesondere nicht zum Gewährleistungsinhalt von Art. 1 Abs. 1 GG gehöre.[726] Dessen Inhalt sei vielmehr jeweils eigenständig zu bestimmen.[727] Mit letzterem Zusatz wird wiederum nahegelegt, dass mit der Beurteilung des Asylgrundrechts als disponibel und der Vermutung des Art. 16a Abs. 2 S. 1 GG als unwiderlegbar nicht zu-

lichen Grenzen gegenseitigen Vertrauens, S. 195 ff.; beachte BVerfG, Beschluss v. 17.1.2017, – 2 BvR 2013/16 –, Rn. 17 ff.

723 BVerfGE 94, 49 (99 f.), hierzu Art. 33 GFK. Eingehend *Randelzhofer,* in: MD, Art. 16a Abs. 2 Rn. 62 ff.

724 *Lübbe-Wolff,* DVBl. 1996, 825 (827 f.); *Randelzhofer,* in: MD, Art. 16a Abs. 2 Rn. 75 f.; *Hoppe,* Eilrechtsschutz gegen Dublin II-Überstellungen, S. 217, m. w. N.

725 Zu Griechenland BVerfG NVwZ 2009, 1281 (1281), mit Einstellung der Hauptsache (BVerfGE 128, 224) nach Aussetzung der Überstellung durch das Bundesministerium des Innern am 13.1.2011 nach Art. 3 Abs. 2 VO (EG) Nr. 343/2003 (Art. 17 Abs. 1 UAbs. 1 VO [EU] Nr. 604/2013); daneben nur BVerfG, Beschluss v. 23.9.2009, – 2 BvQ 68/09 –, Rn. 4 f.; BVerfG EuGRZ 2009, 707 (708); BVerfG NVwZ 2010, 318 (318); BVerfG, Beschluss v. 15.7.2010, – 2 BvR 1460/10 –, juris KVRE389131001, Rn. 4 ff.; BVerfGK 18, 139 (140 f.). Ebenfalls neben weiteren in Bezug auf Italien eine mögliche Überschreitung des Konzepts durch systemische Mängel offenlassend, BVerfG NVwZ 2014, 1511 (1512, Rn. 9). Zum Ganzen nur *Lübbe-Wolff,* DVBl. 1996, 825 (827 f.); *v. Arnauld,* in: v. Münch/Kunig, Art. 16a Rn. 36; *Hoppe,* Eilrechtsschutz gegen Dublin II-Überstellungen, S. 272 ff.

726 BVerfGE 94, 49 (103 f.), und zwar trotz Einflusses des Würdeschutzes auf Asylvoraussetzungen und -umfang (BVerfGE 54, 341 [357]; BVerfGE 56, 216 [235]; BVerfGE 76, 143 [157 ff.]); dazu nur *Lübbe-Wolff,* DVBl. 1996, 825 (827, 833 f.).

727 BVerfGE 94, 49 (103).

gleich gesagt ist, dass einer Entfernung aus dem Bundesgebiet im Einzelfall nicht dennoch ein grundrechtliches Hindernis entgegenstehen kann. Dies ist bereits für Hindernisse relevant geworden, die nicht primär im Schutzniveau des Zielstaats begründet waren;[728] es dürfte aber ebenso für solche gelten, die dort ihren Grund finden.[729]

Zunächst im Kontext einer möglichen Überschreitung der Grenzen des Konzepts normativer Vergewisserung thematisiert,[730] zeichnet sich inzwischen auch darüber hinaus ab, dass eine Kontaktaufnahme und Kooperation mit dem Zielstaat zwecks Sachverhaltsklärung und Schutzvorkehrungen geboten sein kann.[731]

Trotz fehlender Vertrauensbezüge in der Rechtsprechung liegt damit auch dem Ausschluss über andere Mitgliedstaaten nach Deutschland Einreisender vom Schutz des Art. 16a Abs. 1 GG die Annahme zugrunde, die anderen Mitgliedstaaten wahrten ihre völkerrechtlichen Bindungen. Die diesen Staaten gegenüber durch den verfassungsändernden Gesetzgeber erfolgte normative Vergewisserung weist allerdings Grenzen auf, bei deren Überschreitung auch im Verhältnis zu anderen EU-Mitgliedstaaten grundgesetzlicher Schutz potenziell erforderlich werden kann.

Wie in Art. 16 Abs. 2 S. 2 GG liegt in Art. 16a Abs. 2 S. 1 GG als Vorschrift mit ausdrücklichem Bezug zum innerunionalen Ausland somit der Modifikation im grundrechtlichen Schutz die Annahme zugrunde, dem aus Perspektive des Grundgesetzes erforderlichen Maß an Schutz werde in den anderen Mitgliedstaaten der Europäischen Union grundsätzlich genügt.

5. Ergebnis

Die Schwelle, bei deren Überschreitung die Grundrechte des Grundgesetzes eine Versagung zwischenstaatlicher Zusammenarbeit anknüpfend an das Verhalten des Kooperationspartners gebieten, ist in den hier betrachteten Konstellationen hoch. Anders formuliert zeigt sich, dass die grundgesetzliche Ordnung

---

[728] Nach BVerfGE 94, 49 (95) mit Wiederholung der Verpflichtung zu amtswegiger Berücksichtigung gesundheitlicher Hindernisse BVerfG NVwZ 2014, 1511 (1512 f., Rn. 10 ff.); BVerfG, Beschluss v. 17.9.2014, – 2 BvR 732/14 –, Rn. 10 ff. (vgl. in diesem Kontext BVerfG, Beschluss v. 29.8.2017, – 2 BvR 863/17 –, Rn. 16). Hierzu etwa *Randelzhofer,* in: MD, Art. 16a Abs. 2 Rn. 60 f. Zur Relevanz von Zusicherungen etwa BVerfG NVwZ 2015, 810 (810 f.).

[729] Vgl. erneut BVerfGE 54, 341 (357); BVerfGE 76, 143 (158 ff.); BVerfGE 81, 58 (66). Daneben *Dreier,* in: Dreier, Art. 1 I Rn. 165; *Höfling,* in: Sachs, Art. 1 Rn. 21; *Lübbe-Wolff,* DVBl. 1996, 825 (833 f.); vgl. *Becker,* in: vMKS, Art. 16a Rn. 162.

[730] BVerfGE 94, 49 (100).

[731] BVerfG NVwZ 2014, 1511 (1512, Rn. 10); BVerfG, Beschluss v. 17.9.2014, – 2 BvR 732/14 –, Rn. 10; *Randelzhofer,* in: MD, Art. 16a Abs. 2 Rn. 86.

in ihrer Auslegung durch das Bundesverfassungsgericht auch für andere als unionsrechtlich zwingende Zusammenarbeit bereits weit geöffnet ist. Interessanterweise erlangt auch aus der (rein) verfassungsrechtlichen Perspektive der Vertrauensbegriff Bedeutung. Selbst dort, wo nicht mit ihm gearbeitet wird, spielt die bereits in der Rechtsprechung des EGMR wie der des EuGH aufgezeigte Vermutung rechtskonformen Verhaltens auch in der bundesverfassungsgerichtlichen Judikatur bei grenzüberschreitender Schutzbeurteilung eine maßgebliche Rolle. Dies erhellt, weshalb anderen EU-Mitgliedstaaten gegenüber von besonderer Veranlassung für Vertrauen ausgegangen wird, da diese Staaten einer Mehrzahl an Bindungen und Durchsetzungsmechanismen unterliegen, die das dortige Schutzniveau beeinflussen. Die Annahme, das grundgesetzlich bei grenzüberschreitendem Bezug Erforderliche werde gewahrt, ist allerdings auch gegenüber anderen Mitgliedstaaten nicht unwiderlegbar.

II. Modifikationen im Grundrechtsschutz bei unionsrechtlicher Determinierung

Ist die Wirkkraft eines Grundrechts aus sich heraus bei Sachverhalten mit Auslandsbezug unter Umständen modifiziert, sind hiervon Fälle zu unterscheiden, in denen deutsche Stellen in Umsetzung oder Vollzug supranationalen Rechts handeln, nachdem deutsche Hoheitsrechte übertragen worden sind.[732] In einem solchen Fall wird relevant, was die grundgesetzlichen Öffnungsklauseln in grundrechtlicher Hinsicht (1.), und zwar auch mit Blick auf verfassungsrechtliche Rechtsschutzgewährleistungen (2.) gestatten.

1. Rücknahme grundgesetzlichen Schutzes bei determiniertem Vollzug

Besteht ein über die grundgesetzliche Ordnung hinausweisender Bezug in der Übertragung von Hoheitsrechten, gestatten vor allem Art. 23 Abs. 1 S. 2 und Art. 24 Abs. 1 GG eine umfassendere Modifikation der grundrechtlichen Bindungen deutscher Stellen. Dies sei hier vor der Würdigung innerunionaler horizontaler Zusammenarbeit lediglich in seinen Eckpunkten festgehalten:

---

[732] Zur ursprünglichen Erfassung der damaligen EWG von Art. 24 Abs. 1 GG BVerfGE 22, 293 (296); BVerfGE 37, 271 (278). Zu Kontextualisierung der Norm nur *Vogel,* Die Verfassungsentscheidung des Grundgesetzes für eine internationale Zusammenarbeit, S. 10 ff., zu ihrer Relevanz für die Entscheidung für einen eingeordneten („offenen") Staat, S. 35 f.; *Schiffbauer,* AöR 141 (2016), 551 ff.

Unter der Voraussetzung der Wahrung der verfassungsrechtlichen Integrationsgrenzen[733] nimmt Art. 23 Abs. 1 S. 2 GG als *lex specialis*,[734] wie zuvor und jenseits der Europäischen Union weiterhin Art. 24 Abs. 1 GG, den Ausschließlichkeitsanspruch[735] der deutschen Rechtsordnung zurück; sie wird so geöffnet für eine unmittelbare Geltung und Anwendbarkeit von Recht nichtdeutschen Ursprungs.[736] Dabei ist es das Zustimmungsgesetz zum Primärrecht, mit dem der hoheitsrechtsübertragende Gesetzgeber den hierfür konstitutiven Rechtsanwendungsbefehl erteilt.[737] Dies geschieht gleichsam vorab, so dass es bei Gebrauch von den eingeräumten Befugnissen keiner weiteren nationalen Entscheidung zur Herbeiführung deren innerstaatlicher Geltung bedarf.[738] Geht es um Rechtssätze, geht damit bei unbedingtem und hinreichend bestimmtem Regelungsgehalt auch eine unmittelbare innerstaatliche Anwendbarkeit einher.[739]

Zugrunde liegende Erwägung ist, soweit es um die EU geht, das zumal aus Europarechtsfreundlichkeit[740] auch verfassungsrechtliche Interesse an der Funktionsfähigkeit der Organisation,[741] an der das Grundgesetz eine Beteiligung Deutschlands vorsieht (vgl. Art. 23 Abs. 1 S. 1 GG[742]). Diese Funktionsfä-

---

733 Vgl. zur Begrenzung der Öffnung nur BVerfGE 73, 339 (375); BVerfGE 123, 267 (354, 396 ff., 402); BVerfGE 129, 78 (99); BVerfGE 140, 317 (336, Rn. 40).

734 *Scholz,* in: MD, Art. 23 Rn. 4.

735 S. auch unten S. 238 ff.

736 BVerfGE 37, 271 (280) (vgl. zuvor bereits BVerfGE 31, 145 [173]); BVerfGE 58, 1 (28); BVerfGE 73, 339 (374); BVerfGE 89, 155 (187); dies ist Ausdruck des eingeordneten, offenen Staats nach *Vogel,* Die Verfassungsentscheidung des Grundgesetzes für eine internationale Zusammenarbeit, S. 26, 36 ff. Zum zugrunde liegenden dualistischen Verständnis BVerfGE 111, 307 (318 f.). Vgl. dagegen EuGH, Urteil v. 15.7.1964, Rs. 6/64, Costa / E.N.E.L., Slg. 1964, S. 1253 (1269 f.).

737 Hierzu nur BVerfGE 52, 187 (199); BVerfGE 59, 63 (90); BVerfGE 89, 155 (190); BVerfGE 123, 267 (398 ff.); vgl. BVerfGE 140, 317 (336, Rn. 40); BVerfG NJW 2016, 2473 (2474, Rn. 120); a. A. in jüngerer Zeit *Classen,* in: vMKS, Art. 24 Rn. 17 ff.

738 BVerfGE 22, 293 (296); BVerfGE 59, 63 (90); BVerfGE 73, 339 (375); BVerfGE 89, 155 (190); vgl. BVerfGE 31, 145 (174). Daneben nur *Tomuschat,* in: BK, Art. 24 Rn. 74; *Hobe,* in: Friauf/Höfling, Art. 24 Rn. 17.

739 Hierzu *Verdross/Simma,* Universelles Völkerrecht, §§ 863, 866; *Rauser,* Die Übertragung von Hoheitsrechten auf ausländische Staaten, S. 34. Vgl. jeweils zu völkerrechtlichen Verträgen BVerfGE 6, 290 (294 f.); BVerfG, Beschluss v. 21.6.2016, – 2 BvR 637/09 –, Rn. 13; zu Art. 25 S. 2 GG BVerfGE 46, 342 (362).

740 S. aus der Rspr. oben Zweiter Teil Fn. 564 nur BVerfGE 123, 267 (347); zudem die abweichende Meinung des Richters *Landau* in BVerfGE 126, 286 (321) dazu, dass dies Korrelat des unionsrechtlichen Loyalitätsgrundsatzes sei.

741 BVerfGE 126, 286 (302 f.); BVerfGE 129, 124 (172). Vgl. BVerfGE 58, 1 (28). *Streinz,* Bundesverfassungsgerichtlicher Grundrechtsschutz, S. 236 f.; *Rojahn,* in: v. Münch/Kunig, Art. 24 Rn. 76.

742 Zu dessen Charakter als Staatszielbestimmung BVerfGE 123, 267 (363 f.); daneben nur *Hobe,* in: Friauf/Höfling, Art. 23 Rn. 6.

higkeit hängt ihrerseits wesentlich von der praktischen Wirksamkeit des unionalen Rechts ab, an der damit auch ein verfassungsrechtliches Interesse besteht, und zu dessen Einhaltung das Bundesverfassungsgericht Träger deutscher Gewalt auch verfassungsrechtlich verpflichtet sieht.[743]

Aus diesen Erwägungen ist bei Beteiligung an der supranationalen Rechtsgemeinschaft eine Modifikation grundrechtlicher Bindungen gestattet: Zwar wird dies zumeist unter dem Aspekt der Ausübung bundesverfassungsgerichtlicher Zuständigkeit über Vollzugsmaßnahmen deutscher Gewalt betrachtet;[744] in jüngerer Zeit benennt das Gericht in einigen Entscheidungen aber klar, dass es ebenso darum geht, dass in bestimmten Situationen die Grundrechte des Grundgesetzes bereits für das Verhalten eines deutschen Hoheitsträgers nicht in vollem Umfang maßgeblich sind. Mit anderen Worten wird anerkannt, dass es sich nicht allein um eine Rücknahme der verfassungsgerichtlichen Überprüfung, sondern bereits der uneingeschränkten Maßstäblichkeit der nach Art. 1 Abs. 3 GG bestehenden Grundrechtsbindung handelt.[745]

---

[743] BVerfGE 129, 124 (172); BVerfG NJW 2016, 1436 (1438, Rn. 20). Vgl. aus der frühen Rspr. BVerfGE 22, 293 (298); s. erneut auch die Rspr. oben Zweiter Teil Fn. 564.

[744] S. nur BVerfG NJW 2001, 1267 (1268); BVerfGK 3, 331 (334); BVerfGE 118, 79 (95 f.); BVerfGE 129, 78 (90); BVerfGE 129, 186 (198 ff.); BVerfG JZ 2016, 1113 (1114, Rn. 32); BVerfG NVwZ 2016, 1171 (1172, Rn. 29); BVerfG NJW 2016, 2247 (2253, Rn. 116); kritisch *Streinz,* Bundesverfassungsgerichtlicher Grundrechtsschutz, S. 87 ff., 283, 285, 288 f.

[745] BVerfGE 140, 317 (335, Rn. 39), „von einer umfassenden Bindung [...] freistellen"; BVerfG NJW 2016, 2247 (2253, Rn. 112); BVerfG NJW 2016, 2473 (2474, Rn. 119). In der Sache für das Zustimmungsgesetz vorausgesetzt bei Prüfung an Art. 24 Abs. 1 GG statt der Grundrechte in BVerfGE 37, 271 (279); BVerfGE 58, 1 (27 f., 42); BVerfGE 73, 339 (373); BVerfG, Beschluss v. 12.5.2015, – 2 BvR 2954/10 –, Rn. 18, 23. Ebenso bei Anwendung supranationalen Rechts durch deutsche Stellen vorausgesetzt bei Hervorhebung der Beachtung des Anwendungsvorrangs, BVerfGE 31, 145 (173); BVerfGE 75, 223 (244); BVerfGE 85, 191 (204 f.); BVerfG, Beschluss v. 23.1.2017, – 2 BvR 2584/12 –, Rn. 14. Vorausgesetzt auch in BVerfG NJW 1987, 3077 (3077). Anklingend in BVerfG NJW 2001, 1267 (1268) sowie BVerfGK 3, 331 (334); BVerfGK 11, 268 (274 f.); BVerfGE 125, 260 (306 f.); BVerfGE 129, 78 (91, 102 f.). Aus dem Schrifttum in der Rspr. in Bezug genommen *Streinz,* Bundesverfassungsgerichtlicher Grundrechtsschutz, der bei einheitlichem Maßstab für Begründungs- und Vollzugsakte (S. 271) mit Ausgangspunkt nach Art. 1 Abs. 3, 20 Abs. 3 GG vollumfänglicher Bindung (S. 180, 190, 252 f.) eine Rücknahme bis zum Wesensgehalt für zulässig hält, S. 253 (beachte S. 90 f., 215 f.); ähnlich insbesondere *Huber,* AöR 116 (1991), 210 (225 ff., 233 f.) und *ders.,* in: vMKS, Art. 19 Rn. 186, 152. Mit Annahme modifizierter Bindung auch *Dreier,* in: Dreier, Vorb. Rn. 55, Art. 1 III Rn. 17 ff., Rn. 20; *Randelzhofer,* in: MD, 30. EL, Art. 24 Rn. 135; *Rojahn,* in: v. Münch/Kunig, Art. 24 Rn. 78; *Rauser,* Die Übertragung von Hoheitsrechten auf ausländische Staaten, S. 218, 220 f., 236 f.; *Stürner,* in: FS 50 Jahre BGH, S. 677 (694); vgl. *Tomuschat,* in: BK, Art. 24 Rn. 64.

Das in Art. 23 Abs. 1 GG enthaltene „Wirksamkeits- und Durchsetzungsversprechen“[746] umfasst, nahm die Karlsruher Rechtsprechung zumindest bislang an, damit zum einen die verfassungsrechtliche Ermächtigung, in Konfliktfällen unmittelbar anwendbare Vorgaben des Unionsrechts vorrangig auch gegenüber deutschen Grundrechten anzuwenden.[747] Es bedingt zum anderen eine Ermächtigung, mit dem Rechtsanwendungsbefehl von der vollumfänglichen Maßstäblichkeit der Grundrechte des Grundgesetzes abzurücken, soweit es um die Umsetzung anderer zwingender, keinen Spielraum belassender Vorgaben des Unionsrechts geht.[748] Umgekehrt seien allein die Grundrechte des Grundgesetzes maßstäblich, wo ein solcher Spielraum verbleibe.[749] Ob dies der Fall ist, ist nach Ansicht des Gerichts für die einzelnen Aspekte des konkret infrage stehenden Verhaltens jeweils eigenständig zu bestimmen.[750]

Dahinter steht der Gedanke, dass die praktische Wirksamkeit des Unionsrechts nicht allein bei unmittelbar anwendbaren, sondern allen zwingenden Vor-

---

746 BVerfGE 126, 286 (298 f., 302); BVerfGE 140, 317 (335, Rn. 37); BVerfG NJW 2016, 2473 (2474, Rn. 117).

747 Vorrang auch den Grundrechten gegenüber, BVerfGE 73, 339 (375) (anders, soweit es um Unionsgrundrechte geht, *Kirchhof,* NVwZ 2014, 1537 [1538, 1540 f.]); allgemeiner BVerfG NJW 2016, 2473 (2474, Rn. 117 f.). Vgl. bereits BVerfGE 31, 145 (174); zum Vorrang auch des Sekundärrechts BVerfGE 85, 191 (205); zum bloßen Anwendungsvorrang BVerfGE 129, 78 (99); BVerfGE 123, 267 (398).

748 Wiederum primär zur verfassungsgerichtlichen Überprüfbarkeit BVerfG NJW 2001, 1267 (1268); BVerfGK 3, 331 (334); BVerfGE 118, 79 (95 f.); BVerfGE 121, 1 (15); BVerfGE 122, 1 (20); BVerfGE 125, 260 (306). Etwas offener in Richtung bereits der grundrechtlichen Maßstäblichkeit z. B. BVerfGE 129, 78 (90 f., 102 f.); BVerfG NVwZ 2016, 1171 (1172, Rn. 29); BVerfG NJW 2016, 2473 (2474, Rn. 119); deutlicher BVerfG NJW 2016, 2247 (2253, Rn. 112, 115 f.). Zu dieser Ergänzung der *Solange*-Formel, titelgebend den Soweit-Aspekt betonend, *Augsberg,* DÖV 2010, 153 ff., *passim.* Zur Richtlinie und ihrer nicht stets geringeren Vorgabendichte *Bast,* in: v. Bogdandy/Bast (Hrsg.), Europäisches Verfassungsrecht, S. 489 (501 ff., 505).

749 S. bereits BVerfG NJW 1990, 974 (974); BVerfG NVwZ 1993, 883 (883); BVerfG NJW 2001, 1267 (1268); BVerfGK 3, 331 (334); BVerfGE 118, 79 (95 f.); BVerfGK 11, 268 (274 f.); BVerfGE 121, 1 (15); BVerfGE 133, 277 (313 f., Rn. 88); BVerfGE 125, 260 (306 ff.); BVerfGE 129, 78 (102 f.); BVerfGK 19, 89 (100); BVerfGE 140, 317 (335 f., Rn. 39); BVerfG NVwZ 2016, 1171 (1172, Rn. 30); BVerfG NJW 2016, 2247 (2253, Rn. 117); BVerfG NJW 2016, 2473 (2474, Rn. 119); BVerfG, Beschluss v. 23.1.2017, – 2 BvR 2584/12 –, Rn. 14, 16. Zudem aus der Rspr. oben Zweiter Teil Fn. 695 vor allem BVerfGE 113, 273 (300). Aus dem Schrifttum daneben nur *Britz,* EuGRZ 2015, 275 (279 f.), kumulative Bindung auf Grundlage effektivitätsorientierten Ansatzes ablehnend; für Abstufung *Ohler,* NVwZ 2013, 1433 (1436 f.); den Ansatz der Rspr. begrifflich als Trennungsthese beschreibend *Thym,* NVwZ 2013, 889 (892). Zur möglichen Änderung der Rspr. sogleich bei Zweiter Teil Fn. 755.

750 BVerfG NJW 2016, 2247 (2253, Rn. 117); vgl. BVerfG, Beschluss v. 23.1.2017, – 2 BvR 2584/12 –, Rn. 14 ff.

gaben in Rede steht.[751] Wurde dies vom Ersten Senat ausdrücklich auch dann angenommen, wenn die fraglichen zwingenden Vorgaben nicht unmittelbar anwendbar sind,[752] wählt der Zweite Senat nunmehr eine Kombinationsformulierung, nach der „mit Blick auf den Anwendungsvorrang“ zwingend determiniertes Verhalten nicht mehr geprüft werde.[753] Die Ermächtigung zu einer solchen Rücknahme aktualisiert sich nur, soweit das Unionsrecht auf den Rechtsanwendungsbefehl hin konfligierende unmittelbar anwendbare oder anderweitig zwingende Vorgaben ohne Spielraum macht.[754]

Die zuletzt mehrfach erfolgte Heranziehung der grundgesetzlichen Anforderungen *neben* denen der Unionsgrundrechte[755] beschränkt sich bislang auf den Bereich, in dem einer Rücknahme der grundgesetzlichen Bindungen von vornherein die Grenze des Art. 79 Abs. 3 GG entgegensteht, und bietet damit nicht unbedingt einen Anhaltspunkt für eine darüber hinausgehende Aufgabe der bislang praktizierten Unterscheidung.[756]

Hier werden Konstellationen betrachtet, in denen das Sekundärrecht hinsichtlich des „Ob“ der Anerkennung und Vollstreckung solch zwingende Vorgaben macht.[757] *Prima facie* kommt es beim Vollzug der sekundärrechtlichen Vor-

---

[751] Vgl. nur BVerfGE 140, 317 (335, Rn. 37); BVerfG NVwZ 2016, 1171 (1173, Rn. 36); deutlich herausgearbeitet bei *Britz,* EuGRZ 2015, 275 (278).

[752] BVerfGE 118, 79 (96 f.).

[753] BVerfGE 140, 317 (334, Rn. 36); BVerfG JZ 2016, 1113 (1114, Rn. 32); BVerfG NJW 2016, 2473 (2474, Rn. 115); BVerfG, Beschluss v. 18.8.2017, – 2 BvR 424/17 –, Rn. 32 (vgl. die Bejahung der Unionsgrundrechtsbindung in der Hauptsache, BVerfG, Beschluss v. 19.12.2017, – 2 BvR 424/17 –, Rn. 46).

[754] Vgl. BVerfGE 37, 271 (278); BVerfGE 75, 223 (244); BVerfG NJW 2016, 2473 (2474, Rn. 118); BVerfGE 123, 267 (398). Unter dem Aspekt einer *konfligierenden* Vorgabe kritisch gegenüber BVerfGE 140, 317 (s. dort S. 335, Rn. 38) *Sauer,* NJW 2016, 1134 (1135 f.); *Schönberger,* JZ 2016, 422 (422 f.); *Meyer,* HRRS 2016, 332 (333); *Reinbacher/Wendel,* EuGRZ 2016, 333 (336 f.); *Schmahl,* JZ 2016, 921 (924); *Brodowski,* JR 2016, 415 (422 f.).

[755] BVerfGE 140, 317 (355, Rn. 83); BVerfG, Beschluss v. 6.5.2016, – 2 BvR 890/16 –, Rn. 19 sowie die Hauptsache BVerfG JZ 2016, 1113 (1114, Rn. 32); BVerfG, Beschluss v. 23.1.2017, – 2 BvR 2584/12 –, Rn. 17; BVerfG, Beschluss v. 19.12.2017, – 2 BvR 424/17 –, Rn. 34, 46, 59.

[756] Anklingend bei *Reinbacher/Wendel,* EuGRZ 2016, 333 (336); a. A., Aufgabe der Trennungsthese, *Nettesheim,* JZ 2016, 424 (425); vgl. *Thym,* NVwZ 2013, 889 (894 f.).

[757] Zu den vorbehaltlosen Verordnungen in Zivilsachen oben S. 10 ff. Bei Verständnis der Versagungsgründe als abschließend (hierzu die Rspr. oben Erster Teil Fn. 168) gilt dies trotz dessen Art. 1 Abs. 3 auch für den RB 2002/584/JI. Beachte zu diesem Instrument den Wandel von verneintem Anwendungsvorrang in BVerfGE 113, 273 (300) zu dessen Bejahung in BVerfGE 140, 317 (352, Rn. 77). Dagegen weiter verneint von EuGH, Urteil v. 8.11.2016, Rs. C-554/14, Ognyanov, Rn. 56 f., dennoch unter Betonung rahmenbeschlusskonformer Auslegung, Rn. 58 f.; ebenso in EuGH, Urteil v. 29.6.2017, Rs. C-579/15, Popławski, Rn. 26 sowie Rn. 31 ff.

gaben damit zu der beschriebenen Rücknahme, wird die zunächst im *Solange II*-Beschluss formulierte,[758] später in Art. 23 Abs. 1 S. 1 GG aufgegriffene[759] grundrechtliche Strukturerwartung hinsichtlich der Europäischen Gemeinschaften und nunmehr Union[760] doch seit über 30 Jahren als erfüllt angesehen.[761] Dementsprechend wird auch im hier interessierenden Kontext häufig auf die Entscheidung *Solange II*[762] oder den Vorrang des Unionsrechts[763] verwiesen.

Hier sei die sekundärrechtlich zwingend angeordnete Zusammenarbeit sowohl mit Blick auf ihre grundsätzliche Erfassung von der Integrationsermächtigung als auch auf die Wahrung der Grenzen dieser Öffnung eingehender betrachtet. In der praktischen Rechtsanwendung entscheiden die folgenden Erwägungen freilich zum einen bereits darüber, inwieweit das Unionsrecht – unter Umständen die Unionsgrundrechte entgegen einer Kooperationspflicht des Sekundärrechts[764] – überhaupt eine Vorgabe enthält, die von der grundgesetzlichen abweicht. Von den folgenden Erwägungen hängt zum anderen ab, ob die unionsrechtliche Vorgabe in der deutschen Rechtsordnung möglicherweise im konkreten Fall deshalb keine (vorrangige) Anwendbarkeit beanspruchen kann, weil sonst die Integrationsgrenze überschritten würde.

---

758 BVerfGE 73, 339 (376, 387).

759 BVerfGE 102, 147 (163 f.). Darin Maßstab aus *Solange II, König,* Die Übertragung von Hoheitsrechten im Rahmen des europäischen Integrationsprozesses, S. 573 ff.; *Scholz,* in: MD, Art. 23 Rn. 80; *Wollenschläger,* in: Dreier, Bd. II, Art. 23 Rn. 81; *Huber,* in: vMKS, Art. 19 Rn. 191 (beachte Rn. 152); vgl. *Hobe,* in: Friauf/Höfling, Art. 23 Rn. 34. Höheres Maß an Schutz als in *Solange II* verlangt, *Everling,* DVBl. 1993, S. 936 (945); *Hofmann,* Grundrechte und grenzüberschreitende Sachverhalte, S. 58 mit Fn. 201, 93 f.; *Kischel,* Der Staat 39 (2000), 523 (525, 536); *Schorkopf,* in: BK, Art. 23 Rn. 36, m. w. N.; zumindest Wortlaut über Rspr. hinausgehend, *Streinz,* in: Sachs, Art. 23 Rn. 41.

760 Zur Rechtsnachfolge Art. 1 UAbs. 3 S. 3 EUV.

761 BVerfGE 73, 339 (378, 383 f., 386 f.); nachfolgend aus stRspr. nur BVerfGE 89, 155 (174 f.); BVerfGE 102, 147 (161 ff.); BVerfGE 118, 79 (95); BVerfGE 123, 267 (334); BVerfGE 129, 78 (90, 104); BVerfG NVwZ 2016, 1171 (1172, Rn. 29). S. auch *Brummund,* Kohärenter Grundrechtsschutz, S. 79.

762 *Stürner,* in: FS 50 Jahre BGH, S. 677 (694), selbst zum EuGVÜ; *Völker/Steinfatt,* FPR 2005, 415 (416); *Bach,* Grenzüberschreitende Vollstreckung in Europa, S. 366 f. (trotz S. 373 f.); *Becker,* Grundrechtsschutz, S. 74 (s. aber auch S. 280 f.); *Gerling,* Die Gleichstellung ausländischer mit inländischen Vollstreckungstiteln, S. 160 f., 166; *Portmann,* Die Verordnung (EG) 805/2004, S. 204, 238; *Netzer,* Status quo und Konsolidierung des Europäischen Zivilverfahrensrechts, S. 205 f. (trotz Zweifeln S. 212, 254 f.).

763 *Stein,* IPRax 2004, 181 (186); *Völker,* Zur Dogmatik des ordre public, S. 148.

764 Dies zu BVerfGE 140, 317 betont bei *Meyer,* HRRS 2016, 332 (333); s. auch BVerfG, Beschluss v. 23.1.2017, – 2 BvR 2584/12 –, Rn. 17.

2. Erfassung der Rechtsschutzdimension

Soweit die Grundrechtsbindung der deutschen Gewalt zurückgenommen ist, wirkt sich dies auch auf die oben (I.2.) in ihren Anforderungen an Anerkennungserleichterungen umrissene Rechtsschutzgarantie aus Art. 19 Abs. 4 S. 1 GG und den allgemeinen Justizgewährungsanspruch[765] aus: Die Rechtsposition, deren Durchsetzung gedient wird,[766] ist dann ihrerseits bereits nicht vollumfänglich maßstäblich. Von einer Rücknahme ist in diesem Fall auch die Rechtsschutzgarantie gegenüber formal deutscher bzw. die Justizgewährung durch deutsche Gewalt betroffen.[767] Auch soweit es um die Durchsetzung unionsrechtlicher Positionen geht,[768] deren Verwirklichung Rechtsschutzgarantie und Justizgewährungsanspruch dienlich sein können,[769] ergibt sich dort nichts anderes, wo das Unionsrecht Rechtsschutz ausschließt, denn dann sind sie dies gerade nicht. Soweit es schließlich um das Verhalten von Organen der EU[770] oder eines

---

765 Vgl. zur Kongruenz im Kern BVerfGE 107, 395 (403).

766 Zum akzessorischen Charakter nur BVerfGE 129, 1 (20); vgl. BVerfGE 63, 343 (376). Daneben nur *Schulze-Fielitz,* in: Dreier, Art. 19 IV Rn. 61, m. w. N. zur Rspr.

767 BVerfGE 58, 1 (27 f., 30 f., 41); vgl. BVerfGE 59, 63 (86); BVerfGE 73, 339 (373); aus jüngerer Zeit auch zu den Grenzen dieser Rücknahme BVerfG, Beschluss v. 12.5.2015, – 2 BvR 2954/10 –, Rn. 48 ff.; BVerfG, Beschluss v. 23.1.2017, – 2 BvR 2584/12 –, Rn. 14 ff. Aus dem Schrifttum nur *Huber,* in: vMKS, Art. 19 Rn. 421, 427 f., 525 ff.; *Rauser,* Die Übertragung von Hoheitsrechten auf ausländische Staaten, S. 236 f., 305 ff. Vgl. jeweils im Ergebnis auch *Becker,* Grundrechtsschutz, S. 70, 74 f., 82.; *Gerling,* Die Gleichstellung ausländischer mit inländischen Vollstreckungstiteln, S. 160 ff.; *Portmann,* Die Verordnung (EG) 805/2004, S. 204, 234 ff.

768 Vgl. *Sachs,* in: ders., Art. 19 Rn. 127.

769 Hierzu BVerfGE 118, 79 (97); BVerfG, Beschluss v. 17.1.2017, – 2 BvR 2013/16 –, Rn. 17 ff. (dazu EuGH, Urteil v. 7.6.2016, Rs. C-63/15, Ghezelbash, Rn. 34 ff., vor allem 46 ff., 53; im Anschluss EuGH, Urteil v. 26.7.2017, Rs. C-670/16, Mengesteab, Rn. 41 ff., 57; vgl. BVerfG, Beschluss v. 14.12.2017, – 2 BvR 1872/17 –, Rn. 19; *Hoppe,* Eilrechtsschutz gegen Dublin II-Überstellungen, *passim* sowie S. 69 ff.). Vgl. vor diesem Hintergrund unter Art. 101 Abs. 1 S. 2 GG BVerfGE 73, 339 (366 ff.); BVerfG, Beschluss v. 15.12.2016, – 2 BvR 221/11 –, Rn. 27 ff.; BVerfG, Beschluss v. 19.12.2017, – 2 BvR 424/17 –, Rn. 45 ff. sowie *Britz,* NJW 2012, 1313 ff., *passim.*

770 Nach BVerfGE 58, 1 (26 ff.) mehrdeutig BVerfGE 89, 155 (174 f.); BVerfGE 102, 147 (164). Nachgehend zu BVerfG NJW 2001, 2705 (2705) supranationale Maßnahmen als taugliche Beschwerdegegenstände nach Kammern des Zweiten Senats, BVerfGK 8, 266 (269); BVerfGK 16, 509 (513 f.); BVerfGK 17, 266 (269 ff.). Vgl. hingegen zurückhaltend BVerfGE 118, 79 (95); BVerfGE 122, 1 (20). Erst nunmehr ausdrücklich Untauglichkeit als unmittelbarer Prüfungsgegenstand nach dem Zweiten Senat, BVerfG, Urteil v. 21.6.2016, – 2 BvR 2728/13, 2 BvR 2729/13, 2 BvR 2730/13, 2 BvR 2731/13, 2 BvE 13/13 –, Rn. 96 f.

anderen Mitgliedstaats[771] geht, liegt bereits keine öffentliche Gewalt im Sinne des Art. 19 Abs. 4 S. 1 GG vor.

Sind auch Rechtsschutzgarantie und Justizgewährungsanspruch in ihrer Maßstäblichkeit zurückgenommen, können die hierfür in Sachverhalten mit Auslandsberührung entwickelten Anforderungen zumindest nicht unmittelbar herangezogen werden. Dies gilt, obwohl es dabei im Vergleich zu rein innerstaatlichen Sachverhalten um Vorgaben geht, die bereits durch den Auslandsbezug modifiziert sind: Der Entscheidung zum deutsch-österreichischen Rechtshilfevertrag lag ein Sachverhalt jenseits selbst eines großzügig bestimmten gemeinschaftsrechtlichen oder sonst supranationalen Zusammenhangs zugrunde. Dort wurden unmittelbar nur dem anerkennungserleichternden Zustimmungsgesetzgeber Grenzen aufgezeigt. Welchen Grenzen die Rücknahme der Maßstäblichkeit deutscher Grundrechte durch den hoheitsrechtsübertragenden Gesetzgeber unterliegt, stand nicht zur Entscheidung.[772] Erst unter diesem Blickwinkel der Integrationsgrenzen wird auf den Beschluss mit der Frage zurückzukommen sein, inwieweit er Rechtsschutzanforderungen umschreibt, von denen nicht einmal der Integrationsgesetzgeber entbinden kann.[773]

III. Übertragungsempfänger EU trotz mitgliedstaatlichen Beitrags zum Durchgriff

Im Fokus der bundesverfassungsgerichtlichen Rechtsprechung steht allerdings die Übertragung von Hoheitsrechten auf die Europäische Union, vormals auf die Gemeinschaften.[774] Hier hingegen rührt das Rechtsanwendungsergebnis,[775] um dessen Anerkennung und Vollstreckung es geht, von einem anderen Mitgliedstaat.[776] Dies lenkt den Blick auf das Moment der horizontalen Öffnung, das im Kontext der europäischen Integration insbesondere in Bezug auf den

---

[771] Vgl. BVerfGE 77, 170 (213, 220); BVerfGK 15, 570 (575). *Beyerlin,* Rechtsprobleme der lokalen grenzüberschreitenden Zusammenarbeit, S. 249.

[772] Anders etwa in BVerfGE 58, 1 (30 ff.); BVerfGE 59, 63 (86 ff.).

[773] Unten S. 253 ff.

[774] S. nur BVerfGE 37, 271 (285); BVerfGE 73, 339 (376, 378); BVerfGE 89, 155 (182), BVerfGE 123, 267 (331, 334 f., 347 f., 384); BVerfGE 140, 317 (335 ff., Rn. 38 f., 42); vgl. BVerfGE 141, 1 (15 f., Rn. 34); BVerfG NJW 2016, 2473 (2474, Rn. 118).

[775] Vgl. BVerfGE 63, 343 (376); *Schmidt-Aßmann,* DVBl. 1993, 924 (935 f.).

[776] *Weber,* Europäisches Zivilprozessrecht und Demokratieprinzip, S. 212; *Bach,* Grenzüberschreitende Vollstreckung in Europa, S. 373 f.; *Britz,* JZ 2013, 105 (108); in anderem Kontext bereits *dies.,* in: Gropp/Lipp/Steiger (Hrsg.), Rechtswissenschaft im Wandel, S. 115 (118). Vgl. zum Auftreten als Vollstrecker der *EU* BVerfG NJW 2014, 375 ff.; nachfolgend BVerfG NJW 2017, 149.

transnationalen, nämlich ebenfalls von einer mitgliedstaatlichen Rechtsordnung in eine andere überwirkenden Verwaltungsakt Aufmerksamkeit erfahren hat.[777]

Es ist das Bundesverfassungsgericht selbst, das mit seiner frühen Feststellung, nach einer Übertragung von Hoheitsrechten seien die in die Rechtsordnung hereinwirkenden Akte auch anzuerkennen,[778] hier die Frage nach dem Vorliegen einer Übertragung auch an die anderen Mitgliedstaaten aufwirft. Mit Blick allein auf den so knappen wie weiten Wortlaut der Integrationsermächtigung in Art. 23 Abs. 1 S. 2 GG stellte dies nicht unbedingt ein Problem dar.[779] Eine solche Übertragung lässt sich allerdings als materielle Verfassungsänderung einordnen[780] und wird überdies gegenüber ausländischen Staaten,[781] selbst anderen Mitgliedstaaten,[782] vielfach kritisch gesehen. Daher lässt das Auftreten

---

777 Grundlegend *Schmidt-Aßmann,* DVBl. 1993, 924 (935 f.); *Neßler,* Europäisches Richtlinienrecht wandelt deutsches Verwaltungsrecht, *passim* (nach EuGVÜ anzuerkennende Titel transnationale Hoheitsakte, S. 11); *ders.,* NVwZ 1995, 863 ff., *passim;* s. das Transnationalitätsmodell bei *Sydow,* Verwaltungskooperation in der Europäischen Union, S. 138 ff.; *Ruffert,* Die Verwaltung 34 (2001), 453 ff., *passim;* vgl. *Nettesheim,* EuR 2009, 24 (41 Fn. 71); *Hess,* EuZPR, § 3 Rn. 24.

778 BVerfGE 31, 145 (174).

779 Etwa auch *Ruffert,* Die Verwaltung 34 (2001), 453 (480 f.); *Weber,* Europäisches Zivilprozessrecht und Demokratieprinzip, S. 208. Vgl. *Schwarz,* Grundlinien der Anerkennung, S. 332 f. Ablehnend *Wollenschläger,* in: Dreier, Bd. II, Art. 23 Rn. 41.

780 BVerfGE 58, 1 (36); vgl. BVerfGE 68, 1 (96); BVerfGE 129, 78 (100), m. w. N. Aus unterschiedlichen Gesichtspunkten *Wollenschläger,* in: Dreier, Bd. II, Art. 24 Rn. 49; *Rojahn,* in: v. Münch/Kunig, Art. 24 Rn. 36; *Hobe,* in: Friauf/Höfling, Art. 24 Rn. 16; durch Art. 24 Abs. 1 GG Dispens von Verfassungsänderung nach *Tomuschat,* in: BK, Art. 24 Rn. 34. Unter stärkerer Betonung der Anlage im GG *Streinz,* Bundesverfassungsgerichtlicher Grundrechtsschutz, S. 250 f.; *Huber,* AöR 116 (1991), 210 (226); *Classen,* in: vMKS, Art. 24 Rn. 4a; ablehnend daher *Flint,* Die Übertragung von Hoheitsrechten, S. 137 ff., 177; *König,* Die Übertragung von Hoheitsrechten im Rahmen des europäischen Integrationsprozesses, S. 90 ff.

781 Zumeist in Annahme einer Sperrwirkung herauskristallisiert, hierfür etwa *Wollenschläger,* in: Dreier, Bd. II, Art. 24 Rn. 33, Art. 23 Rn. 41; sinngemäß *Tomuschat,* in: BK, Art. 24 Rn. 44; *Heintschel v. Heinegg,* in: Epping/Hillgruber, Art. 24 Rn. 14; in der Sache auch *Streinz,* in: Sachs, Art. 24 Rn. 19 f., s. aber Fn. 52; *Jarass*/Pieroth, Art. 24 Rn. 7; *Hobe,* in: Friauf/Höfling, Art. 24 Rn. 22. Gegen die Zulässigkeit einer Übertragung auf andere Staaten auch die abweichende Meinung des Richters *Huber* in BVerfG, Beschluss v. 21.6.2016, – 2 BvR 637/09 –, Rn. 14 ff., insb. Rn. 20. Sperrwirkung ablehnend dagegen etwa *Rauser,* Die Übertragung von Hoheitsrechten auf ausländische Staaten, S. 235 ff., 268 f.; *Neßler,* Europäisches Richtlinienrecht wandelt deutsches Verwaltungsrecht, S. 81; *Hofmann,* Grundrechte und grenzüberschreitende Sachverhalte, S. 98; *Hecker,* AöR 127 (2002), 291 (310 ff.); *Classen,* in: vMKS, Art. 23 Rn. 9, Art. 24 Rn. 66; *Weber,* Europäisches Zivilprozessrecht und Demokratieprinzip, S. 207 ff.; *Schmidt-Aßmann,* AöR 116 (1991), 330 (340 f.); *Cremer,* ZaöRV 60 (2000), 103 (127 ff.); wohl auch *Mosler,* HStR VII, § 175 Rn. 46.

782 *Wollenschläger,* in: Dreier, Bd. II, Art. 23 Rn. 41, Art. 24 Rn. 33; *Jarass*/Pieroth, Art. 23 Rn. 27; *Baldus,* Die Verwaltung 32 (1999), 481 (499 f., 502); nachdrücklich *Schorkopf,*

Deutschlands als „Vollstrecker" eines anderen Mitgliedstaats eine Vergewisserung über die Erfassung der hier betrachteten Fälle von der Ermächtigung angezeigt erscheinen.[783]

Dabei sei aus den im Rahmen dieser Arbeit betrachteten Konstellationen erneut exemplarisch das besonders stark vereinfachende Modell der vorbehaltlosen Anerkennung und Vollstreckbarkeit in Zivilsachen herausgegriffen. Hinsichtlich seiner wird zunächst skizziert, wie eine entsprechende Zusammenarbeit losgelöst vom unionsrechtlichen Kontext einzuordnen wäre (1.); anschließend wird dargelegt, inwiefern die unionale Einbettung Anlass zu einer abweichenden Beurteilung gibt (2.) und sich dabei die Bedenken verringern, die horizontalen Öffnungen hauptsächlich entgegengesetzt werden (3.).

1. Nähe zur Übertragung von Hoheitsrechten auf die Mitgliedstaaten: Schlaglicht auf Zivilsachen

Grundsätzlich werden die Wirkungen eines ausländischen Titels, eine etwaige Vollstreckungswirkung eingeschlossen, ohne deutsche Anerkennung und Vollstreckbarerklärung anhand der autonomen Voraussetzungen nicht auf die deutsche Rechtsordnung erstreckt.[784] Vielmehr beansprucht die deutsche Gewalt, darüber zu bestimmen, unter welchen Bedingungen und innerhalb welcher Grenzen ausländischen Entscheidungen in der deutschen Rechtsordnung Wirksamkeit für und gegen den Einzelnen verschafft wird.[785] Dies umfasst die abstrakt-generelle Regelung der Frage und die Beurteilung konkreter Entscheidungen anhand dieser Anforderungen.

Unter den vorbehaltlosen Rechtsakten der justiziellen Zusammenarbeit in Zivilsachen gestaltet sich dies anders: Dabei wurde die internationale Zuständigkeit und das anwendbare Recht zumindest nicht nach *deutschem* Recht bestimmt, wie auch nicht unbedingt deutsches Sachrecht zur Anwendung gekommen ist. Weder Erkenntnis- noch Vollstreckbarerklärungs- oder Bestätigungsverfahren werden nach deutschem Recht oder durch deutsche Amtsträger durchgeführt.

---

in: BK, Art. 23 Rn. 64; *Gramm,* DVBl. 1999, 1237 (1239); *Ohler,* DVBl. 2002, 880 (883, 888); *Schiffbauer,* AöR 141 (2016), 551 (567). Demgegenüber für Zulässigkeit *Ruffert,* Die Verwaltung 34 (2001), 453 (481); *Classen,* in: vMKS, Art. 23 Rn. 9; *Bach,* Grenzüberschreitende Vollstreckung in Europa, S. 401; *Hess,* EuZPR, § 10 Rn. 6.

783 S. auch *Bach,* Grenzüberschreitende Vollstreckung in Europa, S. 399 ff.

784 Die nur *vorbehaltlich Versagungsgründen* automatische Anerkennung (etwa § 328 ZPO) ändert hieran nichts. Vgl. BVerfGE 63, 343 (361); BVerfGE 64, 1 (19 f.). In anderem Kontext *Papier/Olschewski,* DVBl. 1976, 475 (476); *Happe,* Die grenzüberschreitende Wirkung von nationalen Verwaltungsakten, S. 67.

785 Sehr deutlich etwa *Pfeiffer,* in: FS Jayme, S. 675 (681).

Trotzdem kommt dem mit einer Bestätigung versehenen Titel nicht nur Wirkung im Mitgliedstaat seines Erlasses zu: Noch vom Ursprungsstaat mit einer entsprechenden Bescheinigung versehen, ist er anzuerkennen und besitzt Vollstreckungstitelqualität auch in der deutschen Rechtsordnung.[786] Die Beteiligten werden mit Vollstreckbarerklärung im Ursprungsstaat auf der einen Seite berechtigt, unmittelbar aus dem bestätigten Titel (auch) in Deutschland die Vollstreckung zu betreiben, und spiegelbildlich verpflichtet, sie hier zu erdulden. Von den deutschen Vollstreckungsorganen kann unmittelbar Durchsetzung im Wege der Zwangsvollstreckung verlangt werden, ohne dass die ursprünglich vorhandene Versagungsmöglichkeit für die deutschen Stellen fortbestünde.[787] Letztere treten bei Vornahme des Vollstreckungszugriffs lediglich als verlängerter Arm des anderen Mitgliedstaats auf.

Ist jedenfalls bei der Ermöglichung eines unmittelbaren rechtlichen Durchgriffs in die deutsche Rechtsordnung eine Übertragung von Hoheitsrechten zu bejahen,[788] läge bei hypothetischer Herauslösung aus dem unionalen Kontext also eine Übertragung von Hoheitsrechten auf andere Staaten nahe. Ein solcher Durchgriff zeichnet sich dadurch aus, dass durch eine fremde Gewalt nicht nur gegenüber der Bundesrepublik Deutschland als Völkerrechtssubjekt, sondern vielmehr auch innerhalb deren Rechtsordnung gegenüber staatlichen Organen

---

786 Vgl. *Neßler,* NVwZ 1995, 863 (865). Dies im Kontrast zu Entscheidungen belgischer Gerichte in Streitigkeiten zwischen Eurocontrol und seinen Nutzern. Dort lässt sich zwar bereits wegen der Zuständigkeit an eine Übertragung von Hoheitsrechten auf Belgien denken (i.d.S. und kritisch *Huber,* in: FS Hufen, S. 585 [594]; abweichende Meinung des Richters *Huber* in BVerfG, Beschluss v. 21.6.2016, – 2 BvR 637/09 –, Rn. 16), aber es bedarf der Anerkennung und Vollstreckbarerklärung mit Möglichkeit zur Versagung aufgrund des Vorbehalts im völkerrechtlichen Vertrag (BGBl. 1959 II S. 766), in BVerfGE 58, 1 (42 f.) angedeutet; deutlicher BVerwGE 54, 291 (304 f.).

787 Vgl. EuGH, Urteil v. 1.7.2010, Rs. C-211/10 PPU, Povse, Rn. 78; Stellungnahme GA *Bot,* Rs. C-491/10 PPU, Aguirre Zarraga, Nr. 3, 121; ähnlich *Helms,* FamRZ 2002, 1593 (1602); *Bach,* Grenzüberschreitende Vollstreckung in Europa, S. 358, 399; *Dutta/Schulz,* ZEuP 2012, 526 (547); *Siehr,* IPRax 2012, 316 (317).

788 In der Sache BVerfGE 31, 145 (173); BVerfGE 37, 271 (280); BVerfGE 58, 1 (28); BVerfGE 73, 339 (374); BVerfGE 89, 155 (187). Nach BVerfGE 68, 1 (94) nicht nur dann; sehr wohl wieder mit dieser Differenzierung BVerfGE 90, 286 (346 f.); BVerfG NJW 2001, 2705 (2705 f.); BVerfGK 8, 61 (63 f.); sehr deutlich auch BVerfGK 16, 509 (513 f.); BVerfGK 17, 266 (270 f.); s. auch, von der Senatsmehrheit nicht weiter verfolgt, BVerfG, Beschluss v. 21.6.2016, – 2 BvR 637/09 , Rn. 25. Aus der Literatur für Übertragung (jedenfalls) bei Ermöglichung eines Durchgriffs *Streinz,* in: Sachs, Art. 23 Rn. 56 f., Art. 24 Rn. 13; *Jarass*/Pieroth, Art. 24 Rn. 4; *Randelzhofer,* in: MD, 30. EL, Art. 24 Rn. 30, 40 ff. sowie *Calliess,* in: MD, Art. 24 Rn. 45, 52; *Rojahn,* in: v. Münch/Kunig, Art. 24 Rn. 25 f.; *Rauser,* Die Übertragung von Hoheitsrechten auf ausländische Staaten, S. 74 f., 79 f.; *Baldus,* Die Verwaltung 32 (1999), 481 (488 f.).

oder sogar dem Einzelnen rechtliche Beziehungen begründet werden können.[789] Dies ist hier der Fall.

Dass dies durch Einzelakte und nicht durch Rechtssetzung erfolgt, steht einer solchen Annahme nicht entgegen. Obwohl einwirkende Rechtsnormen zumindest in der Rechtsprechung das wohl größte Augenmerk beanspruchen,[790] kann ein Durchgriff durch Akte aller Gewalten erfolgen,[791] und damit auch durch Einzelfallentscheidungen,[792] auch der Judikative,[793] um die es hier häufig geht.

Als Grundlage für die sogleich nähere Betrachtung der unionsrechtlichen Einbettung sei bei einem Aspekt kurz verweilt. Wohl überwiegend wird für das Vorliegen eines Durchgriffs das Fehlen einer deutschen Interventionsmöglichkeit, eines deutschen Letztentscheidungsrechts gegenüber der Einwirkung im konkreten Fall verlangt[794] oder über die Verschaffung der bloßen Geltung im innerstaatlichen Raum hinaus die Einräumung eines Vorrangs für diese Einwirkung gegenüber dem deutschen Recht für erforderlich gehalten.[795]

Dabei geht es nicht um die Frage, ob noch ein Handeln formal deutscher Gewalt dem Einzelnen gegenüber hinzukommt.[796] Ebenso wenig steht das vom

[789] S. nur BVerfGE 58, 1 (36); aus der jüngeren Rspr. BVerfGK 16, 509 (514); BVerfGK 17, 266 (270 f.); BVerfGE 131, 152 (197); umgekehrt auch BVerfGK 8, 266 (270). Daneben nur *Tomuschat,* in: BK, Art. 24 Rn. 8. Zum Gemeinschaftsrecht grundlegend EuGH, Urteil v. 5.2.1963, Rs. 26/62, Van Gend & Loos, Slg. 1963, 3 (24 ff.); EuGH, Urteil v. 9.3.1978, Rs. 106/77, Simmenthal II, Rn. 14/16.

[790] S. nur BVerfGE 22, 293 (297); BVerfGE 37, 271 (280); BVerfGE 58, 1 (28).

[791] *Scholz,* in: MD, Art. 23 Rn. 65; *Tomuschat,* in: BK, Art. 24 Rn. 24.

[792] Vorausgesetzt in BVerfGE 58, 1 (35); BVerfGE 68, 1 (91); BVerfG NJW 2001, 2705 (2705 f.); s. zudem nur *Ohler,* DVBl. 2002, 880 (885).

[793] Für den EuGH BVerfGE 31, 145 (173 f.).

[794] *Classen,* in: vMKS, Art. 24 Rn. 6; *Gramm,* DVBl. 1999, 1237 (1242 f.); *Rauser,* Die Übertragung von Hoheitsrechten auf ausländische Staaten, S. 143 f., 218, 267; letztlich *Elbing,* Zur Anwendbarkeit der Grundrechte bei Sachverhalten mit Auslandsbezug, S. 157 f.; *Ruffert,* Die Verwaltung 34 (2001), 453 (474 f.). Vgl. BVerfGE 89, 155 (183). Dezidiert a. A. *Hecker,* AöR 127 (2002), 291 (303).

[795] Ambivalent BVerfGE 73, 339 (374 f.) sowie BVerfGK 16, 131 (133 f.); deutlicher in diese Richtung hingegen BVerfGE 31, 145 (173 f.); BVerfGE 126, 286 (302); BVerfGE 140, 317 (335, Rn. 37 f.); BVerfG NJW 2016, 2473 (2474, Rn. 117 f.). Aus zahlreichen Stellungnahmen der Literatur für Vorrang als Folge der Übertragung nur *Tomuschat,* in: BK, Art. 24 Rn. 75 ff. *Rauser,* Die Übertragung von Hoheitsrechten auf ausländische Staaten, S. 219 ff.; *Streinz,* in: Sachs, Art. 23 Rn. 61; *Hobe,* in: Friauf/Höfling, Art. 24 Rn. 16, 18; *Ohler,* DVBl. 2002, 880 (887 f.); abschichtend zwischen Entscheidungsrecht über die Einwirkung und Vorrang *Cremer,* ZaöRV 60 (2000), 103 (133 mit Fn. 152); anders *Wollenschläger,* in: Dreier, Bd. II, Art. 24 Rn. 48.

[796] *Rauser,* Die Übertragung von Hoheitsrechten auf ausländische Staaten, S. 145; *Elbing,* Zur Anwendbarkeit der Grundrechte bei Sachverhalten mit Auslandsbezug, S. 155, 158 f.; insoweit zustimmend *Hecker,* AöR 127 (2002), 291 (303).

Bundesverfassungsgericht hervorgehobene „letzte Wort" änderungsfester Verfassungsgehalte[797] in Rede.

Angesprochen ist vielmehr das Bestehen oder Fehlen eines Spielraums, um die fragliche rechtliche Einwirkung von vornherein zu unterbinden oder zumindest reaktiv zu beenden. Es geht also darum, ob der deutschen Gewalt rechtlich möglich ist, sich der Einwirkung intervenierend, schützend entgegenzustellen – oder umgekehrt deutsche Bedenken gegenüber der Einwirkung ohne Weiteres überspielt werden können. Speziell für den Bereich der Vollstreckungshilfe lässt sich dies durch das Kriterium einer fehlenden Versagungsmöglichkeit konkretisieren, wie sie ein *ordre public*-Vorbehalt bietet.[798] Dessen Fehlen führe hinsichtlich des „Ob" der innerstaatlichen Vollstreckung ausländischer Titel im Falle übertragener Hoheitsrechte zu einem Automatismus,[799] wie er in den hier herausgegriffenen Fällen der justiziellen Zusammenarbeit in Zivilsachen kennzeichnend ist.

In der Tat liegt nahe, nach Vorhandensein eines solchen – nicht mit dem „letzten Wort" des Art. 79 Abs. 3 GG zu verwechselnden – Letztentscheidungsrechts zu unterscheiden, da sein Bestehen einen Ansatzpunkt für die Zurechnung der konkreten Einwirkung zur deutschen Gewalt bietet.[800] Die inländische Gewalt nimmt zumindest bei wertender Betrachtung eine mediatisierende Stellung ein, wenn eine rechtliche Möglichkeit besteht, die Einwirkung zu verhindern, davon aber kein Gebrauch gemacht wird.[801] Dann lässt sich wertend davon sprechen, dass es einer *unmittelbaren* Beziehung zwischen dem einwirkenden Hoheitsakt und einem staatlichen Adressaten oder dem Einzelnen ermangelt.[802] Auch bei Abheben auf eine fehlende Verhinderungsmöglichkeit ist ein Durchgriff hier folglich zu bejahen.

---

797 Hierzu nur BVerfGE 111, 307 (318 f.); BVerfGE 123, 267 (400); BVerfGE 128, 326 (368 f.); vgl. BVerfGE 112, 1 (25 f.); BVerfGE 140, 317 (338, Rn. 44); BVerfGE 141, 1 (28 f., Rn. 68 f.; S. 15 ff., Rn. 34 ff.); BVerfG NJW 2016, 2473 (2474 f., Rn. 120; S. 2477 f., Rn. 141). Mit Differenzierung hiernach hingegen *Flint,* Die Übertragung von Hoheitsrechten, S. 186 f. (s. aber S. 135 ff., 154, 162 ff.).

798 *Classen,* in: vMKS, Art. 24 Rn. 6, 69; *Weber,* Europäisches Zivilprozessrecht und Demokratieprinzip, S. 182 (vgl. dort auch S. 168 f.); mit Relevanz des Vorbehalts trotz monistischen Ausgangspunkts *Bleckmann,* JZ 1985, 1072 (1074); Übertragung trotz Vorbehalts, *Neßler,* Europäisches Richtlinienrecht wandelt deutsches Verwaltungsrecht, S. 11, 80 mit Fn. 14. Vgl. in anderem Kontext *Papier/Olschewski,* DVBl. 1976, 475 (478); *Weber,* Europäisches Zivilprozessrecht und Demokratieprinzip, S. 168, 182.

799 *Gramm,* DVBl. 1999, 1237 (1243); vgl. auch *Elbing,* Zur Anwendbarkeit der Grundrechte bei Sachverhalten mit Auslandsbezug, S. 158.

800 Vor allem *Gramm,* DVBl. 1999, 1237 (1241 ff.); *Weber,* Europäisches Zivilprozessrecht und Demokratieprinzip, S. 181 f. (vgl. auch S. 169).

801 Sehr deutlich wiederum *Gramm,* DVBl. 1999, 1237 (1243).

802 Etwa auch *Baldus,* Die Verwaltung 32 (1999), 481 (498 f.).

Damit kann zugleich dahinstehen, ob über einen solchen rechtlichen Durchgriff hinaus etwa auch bei völkerrechtlicher Zustimmungsbedürftigkeit[803] oder in Abhängigkeit von Wesentlichkeitserwägungen[804] eine Übertragung von Hoheitsrechten vorliegen kann.

Jenseits des Unionskontexts wäre also naheliegend, die Ermöglichung der hier schlaglichtartig betrachteten vorbehaltlosen justiziellen Zusammenarbeit in Zivilsachen als Hoheitsrechtsübertragung an den Ursprungsstaat der Entscheidung zu qualifizieren.[805] Dass es in anderen „Vollstrecker"-Fällen noch einer formal deutschen Anerkennung bedarf, stünde auch dort einer solchen Annahme nicht entgegen.

2. *Qualifizierung unional vermittelter Einwirkungsmöglichkeit*

Die Zusammenarbeit erfolgt hier aber zur Mitwirkung an der Europäischen Union. Deren Rolle ist für den Durchgriff möglicherweise so bedeutsam, dass

---

[803] So bislang aus der Rspr. allein BVerfGE 68, 1 (90, 94); *Hobe,* in: Friauf/Höfling, Art. 24 Rn. 11; *Classen,* in: vMKS, Art. 24 Rn. 7; *Wollenschläger,* in: Dreier, Bd. II, Art. 23 Rn. 44 f., Art. 24 Rn. 25, 28 f.; vgl. *Deiseroth,* in: Umbach/Clemens, Art. 24 Rn. 41, 51 ff.; in der Sache auch *Jarass*/Pieroth, Art. 24 Rn. 4. Vgl. hierzu mangels Substanziierung von der Senatsmehrheit verworfen BVerfG, Beschluss v. 21.6.2016, – 2 BvR 637/09 –, Rn. 35 f. (kritisch die abweichende Meinung des Richters *Huber*).

[804] Als in BVerfGE 68, 1 (90, 94) maßgeblich identifiziert bei *Tomuschat,* in: BK, Art. 24 Rn. 113a; *Bryde,* Jura 1986, 363 (368); *Gramm,* DVBl. 1999, 1237 (1240), grds. zustimmend; kritischer *Heintschel v. Heinegg,* in: Epping/Hillgruber Art. 24 Rn. 8.1. Ausgehend von Wesentlichkeitsüberlegungen insbesondere *Rauser,* Die Übertragung von Hoheitsrechten auf ausländische Staaten, S. 100 ff., 146 f.; ähnlich *Ohler,* DVBl. 2002, 880 (885 f.); ablehnend *König,* Die Übertragung von Hoheitsrechten im Rahmen des europäischen Integrationsprozesses, S. 57 ff. sowie im Ergebnis *Rojahn,* in: v. Münch/Kunig, Art. 24 Rn. 26 f. Auf Grundrechtswesentlichkeit stellt letztlich auch die abweichende Meinung des Richters *Huber* in BVerfG, Beschluss v. 21.6.2016, – 2 BvR 637/09 –, Rn. 9, 13 ff. ab. Beachte aber auch den Hinweis etwa bei *Wollenschläger,* in: Dreier, Bd. II, Art. 24 Rn. 29 auf eine in BVerfGE 129, 124 (171) wieder verstärkt anklingende materielle Betrachtungsweise; so auch bei *Streinz,* in: Sachs, Art. 23 Rn. 56a; Art. 24 Rn. 16, mit Sympathien für Wesentlichkeitsansatz.

[805] Eine solche bejaht bei *Bach,* Grenzüberschreitende Vollstreckung in Europa, S. 401; *Weber,* Europäisches Zivilprozessrecht und Demokratieprinzip, S. 202 f., bereits für Brüssel I. Implizit *Hess,* IPRax 2001, 389 (394) und *ders.,* EuZPR, § 3 Rn. 29; *Wagner,* IPRax 2002, 75 (86); anklingend bei *Becker,* Grundrechtsschutz, S. 83; *Pfeiffer,* in: FS Jayme, S. 675 (689); *Nettesheim,* EuR 2009, 24 (36, 41); *Schwarz,* Grundlinien der Anerkennung, S. 330 f. In anderem Kontext *Neßler,* Europäisches Richtlinienrecht wandelt deutsches Verwaltungsrecht, S. 79 f.; *Röhl,* Akkreditierung und Zertifizierung im Produktsicherheitsrecht, S. 30 f.; *Ruffert,* Die Verwaltung 34 (2001), 453 (478 ff.); *Schmidt-Aßmann,* DVBl. 1993, 924 (936); *Ohler,* DVBl. 2002, 880 (883). Vgl. zur operativen Polizeikooperation *Schöndorf-Haubold,* Europäisches Sicherheitsverwaltungsrecht, Rn. 87. Anders *Schiffbauer,* AöR 141 (2016), 551 (569 f. mit Fn. 114) trotz S. 567 f.; s. auch S. 583 f.

trotz (auch) horizontaler Öffnung davon ausgegangen werden kann, allein der EU seien Hoheitsrechte übertragen worden. Ausgangspunkt ist, um weiter am Fall vorbehaltloser Anerkennung in der justiziellen Zusammenarbeit in Zivilsachen zu arbeiten, dass dem Ursprungsstaat erst durch Unionssekundärrecht der Erlass einer Vollstreckbarerklärung ermöglicht wird, die auch in anderen Mitgliedstaaten wirksam ist.

a) Keine ausschließliche Rückführbarkeit auf EU mangels Organleihe

Vor diesem Hintergrund lässt sich zunächst erwägen, ob sich trotz scheinbarem Einwirken zweier Gewalten tatsächlich lediglich die Europäische Union im Wege der Organleihe des Titelursprungsstaats zur Ausübung von Unionsgewalt bedient.[806]

Einen Anknüpfungspunkt für derartige Überlegungen bietet das bundesverfassungsgerichtliche Urteil zur Atomwaffenstationierung in Deutschland nach dem NATO-Doppelbeschluss, in dem die Frage einer Übertragung von Hoheitsrechten an andere Staaten zumindest gestreift wurde.[807] In der Entscheidung verneint das Gericht, dass solche Rechte dort „schlechthin"[808] auf den ausländischen Staat übertragen worden seien; die infrage stehende Stelle – im konkreten Fall der US-amerikanische Präsident bei der Entscheidung über den Einsatz in Deutschland stationierter Atomwaffen – handele angesichts ihrer Bindung an die Zwecke der zwischenstaatlichen Einrichtung und das völkerrechtliche Regime bei der Einsatzentscheidung vielmehr ausschließlich als besonderes Organ der Organisation.[809]

Erachtete man innerhalb der EU für diese Frage das Prinzip der begrenzten Einzelermächtigung,[810] daneben bei geteilten Kompetenzen insbesondere das

---

[806] Zur Nähe zwischen Organleihe und Übertragung bezeichnend BVerfGE 129, 124 (169ff.); BVerfGE 131, 152 (217f.). Unter dem Blickwinkel der Organleihe insbesondere *Röhl,* Akkreditierung und Zertifizierung im Produktsicherheitsrecht, S. 32f.; *Schwarz,* Grundlinien der Anerkennung, S. 330ff.; *Mosler,* HStR VII, § 175 Rn. 38; daneben *Classen,* in: vMKS, Art. 24 Rn. 20; *Jarass*/Pieroth, Art. 24 Rn. 7, Art. 23 Rn. 27; *Streinz,* in: Sachs, Art. 24 Rn. 20 mit Fn. 52. Zur umgekehrten Frage einer Organleihe von Agenturen für den Staat des Einsatzes im europäischen Sicherheitsverwaltungsrecht, *Schöndorf-Haubold,* Europäisches Sicherheitsverwaltungsrecht, Rn. 105ff., zum Rechtsschutz Rn. 170f.

[807] BVerfGE 68, 1 ff.; nicht ausdrücklich erörtert in BVerfGE 58, 1 (41 ff.) sowie BVerfGE 63, 343 trotz Vortrags des Beschwerdeführers, S. 350f. (s. aber S. 370).

[808] BVerfGE 68, 1 (91).

[809] BVerfGE 68, 1 (62, 92); nachdrücklich ablehnend *Bryde,* Jura 1986, 363 (368); kritisch auch etwa *Rauser,* Die Übertragung von Hoheitsrechten auf ausländische Staaten, S. 192f.; *Deiseroth,* in: Umbach/Clemens, Art. 24 Rn. 35; *Gramm,* DVBl. 1999, 1237 (1239); Organqualität implizit auch in BVerfGE 58, 1 (41 f.).

[810] Hierzu nur BVerfGE 123, 267 (350, 353, 397); BVerfGE 132, 195 (238f., Rn. 105);

Subsidiaritätsprinzip[811] für maßgeblich, erscheint allerdings zweifelhaft, die Mitgliedstaaten dort als bloße Organe der EU einzuordnen, wo sie Hoheitsrechte wahrnehmen, die von vornherein ihnen verblieben sind.[812]

Eine Betrachtung kann dabei nicht vollkommen losgelöst von dem Titel erfolgen, um dessen Vollstreckung es geht, ist es doch seine Wirkung, die auf die deutsche Rechtsordnung erstreckt wird. Die bei Titelerlass ausgeübte Gewalt ist aber auch im Rahmen der justiziellen Zusammenarbeit originär mitgliedstaatliche geblieben.[813]

Die Verleihung von Vollstreckungstitelqualität durch den Ursprungsstaat hingegen könnte mit Wirkung für andere Rechtsordnungen ohne deren Vollstreckungshilfe nicht erfolgen.[814] Es handelt sich bei der grenzüberschreitenden Vollstreckbarerklärung um eine dem Ursprungsstaat erst unionsrechtlich eingeräumte Zuständigkeit, nicht um eine ihm originär zukommende.[815] Dennoch könnte aus kompetenziellen Gründen die EU nicht statt seiner eine solche Vollstreckbarerklärung vornehmen: Wiederum bereits nach dem Prinzip der begrenzten Einzelermächtigung liegt auch die Zuständigkeit für den Vollzug des Unionsrechts von vornherein grundsätzlich bei den Mitgliedstaaten, wie nunmehr in Art. 291 Abs. 1 AEUV niedergelegt ist. In den hier betrachteten Fällen ist auch nicht ersichtlich, wie sich ein Vollzug durch die Union begründen ließe.

Stellte man statt auf die Kompetenzordnung im Innenverhältnis auf eine durch Vorgaben der zwischenstaatlichen Einrichtung rechtlich gebundene Wahrnehmung ab,[816] ist insoweit nur eine fragmentarische Determinierung des ursprungsstaatlichen Handelns festzustellen.[817] Überlegungen zu deren Erhö-

---

BVerfG NJW 2016, 2473 (2478, Rn. 144; S. 2484, Rn. 185). Zur Kodifikation in Art. 5 Abs. 1 S. 1, Abs. 2 EUV *Bast,* in: GHN, Art. 5 EUV Rn. 13 ff.

811 Auf grundgesetzlicher Ebene BVerfGE 123, 267 (359); vgl. *Scholz,* NJW 1992, 2593 (2599); zum Unionsrecht *Bast,* in: GHN, Art. 5 EUV Rn. 50 ff.

812 (Nur) Im Ausgangpunkt zweifelnd *Röhl,* Akkreditierung und Zertifizierung im Produktsicherheitsrecht, S. 33 f.; vgl. *Weber,* Europäisches Zivilprozessrecht und Demokratieprinzip, S. 204 f.; *Streinz,* Bundesverfassungsgerichtlicher Grundrechtsschutz, S. 197.

813 Vgl. zu Art. 81 Abs. 2 AEUV BVerfGE 123, 267 (415 f.). Auch dies jeweils nach dem Prinzip der begrenzten Einzelermächtigung. Vgl. in anderem Kontext *Schmidt-Aßmann,* DVBl. 1993, 924 (935 f.); *Ohler,* DVBl. 2002, 880 (884). Dasselbe gilt für das Sachrecht, s. hierzu auch BVerfGE 123, 267 (358); abweichende Meinung der Richterin *Lübbe-Wolff* in BVerfGE 113, 273 (330). Vgl. EuGH, Beschluss v. 13.12.2016, Rs. C-484/16, Semeraro, Rn. 37 ff.

814 BVerfGE 63, 343 (361); BVerfGE 64, 1 (19 f.).

815 Vgl. *Röhl,* Akkreditierung und Zertifizierung im Produktsicherheitsrecht, S. 34.

816 Vgl. BVerfGE 68, 1 (91 f.); anklingend bei *Rauser,* Die Übertragung von Hoheitsrechten auf ausländische Staaten, S. 192 f.; *Deiseroth,* in: Umbach/Clemens Art. 24 Rn. 3; *Tomuschat,* in: BK, Art. 24 Rn. 161.

817 Oben S. 121 ff.

hung führen im betrachteten Kontext notwendig zurück auf kompetenzielle Grenzen der EU.[818] Aus dieser Erwägung dürfte sich bei Einnahme einer völkerrechtlichen Perspektive für die Bestimmung des Vorliegens einer Organleihe[819] nichts anderes ergeben.[820]

Somit ist eine Übertragung von Hoheitsrechten an den jeweiligen Ursprungsstaat zumindest nicht deshalb zu verneinen, weil dieser lediglich als Organ der EU handelte.

b) Dennoch maßgebliche Rückführbarkeit auf EU angesichts unionaler Letztentscheidung über die Einwirkung

Es könnte aber aus einem anderen Grund davon auszugehen sein, selbst in den besonders weitreichenden „Vollstrecker"-Fällen der justiziellen Zusammenarbeit in Zivilsachen seien allein der EU Hoheitsrechte übertragen worden. Bereits bei der Frage des Vorliegens eines Durchgriffs wurde der Zuordnung eines Letztentscheidungsrechts über die Einwirkung Bedeutung beigemessen. Vor diesem Hintergrund wird im hier betrachteten Sonderfall der Einwirkung nicht lediglich einer, sondern zweier nichtdeutscher Gewalten aber nicht allein auf die Urheberschaft der Beiträge geblickt werden können; vielmehr ist einzubeziehen, in welchem Verhältnis die einwirkenden Gewalten zueinander stehen.

Die Europäische Union ist aus kompetenziellen Gründen nicht zum Titelerlass, zu dessen auch nur weitgehender Determinierung oder zur Verleihung unionsweiter Vollstreckbarkeit in der Lage. Dennoch spielt sie eine wichtige Rolle bei der Eröffnung und Begrenzung der Einwirkung anderer Staaten in die deutsche Rechtsordnung.[821]

Der Durchgriff des bestätigten ausländischen Titels erfolgt unter den vorbehaltlosen Verordnungen in der justiziellen Zusammenarbeit in Zivilsachen zwar in dem Sinne unmittelbar, dass die deutsche Gewalt die Entscheidung nicht mehr anerkennen und für vollstreckbar erklären muss, damit sie innerstaatliche

---

[818] *Weber,* Europäisches Zivilprozessrecht und Demokratieprinzip, S. 204 f.; *Schwarz,* Grundlinien der Anerkennung, S. 299 ff., 306 ff.

[819] Kritisch gegenüber verfassungsrechtlicher Beurteilung in BVerfGE 68, 1 (92) etwa *Bryde,* Jura 1986, 363 (368); für Ergänzung um Zurechnungsüberlegung nach den Draft Articles on State Responsibility (VN Dokument A/56/10) etwa *Rauser,* Die Übertragung von Hoheitsrechten auf ausländische Staaten, S. 192 f.; *Deiseroth,* in: Umbach/Clemens Art. 24 Rn. 35; *Tomuschat,* in: BK, Art. 24 Rn. 161.

[820] Vgl. Art. 6, 8, 11 Draft Articles on State Responsibility (VN Dokument A/56/10); Art. 7 Draft Articles on the Responsibility of International Organizations (VN Dokument A/66/10).

[821] Vgl. *Schmidt-Aßmann,* DVBl. 1993, 924 (935); *Ruffert,* Die Verwaltung 34 (2001), 453 (461); im Migrationsrecht *Bast,* Der Staat 46 (2007), 1 (11, 15), aber auch ebd., S. 27; zum Ganzen *Schwarz,* Grundlinien der Anerkennung, S. 95 ff., 299 ff., 330 ff.

Wirkungen entfaltet.[822] Zusätzlich zum Erlass des Titels und der zunächst nur im Ursprungsstaat wirkenden Vollstreckbarerklärung bedarf es aber noch eines hinzutretenden Aktes für diese Wirkung innerhalb der deutschen Rechtsordnung.[823] Für die Eröffnung der Einwirkung ist der Beitrag der EU unerlässlich, der mit Art. 81 Abs. 2 Buchst. a AEUV (i. V. m. Art. 288 Abs. 2 AEUV) die Kompetenz für eine Anerkennungserleichterung eingeräumt worden ist; nur auf dieser Grundlage ist dem Ursprungsstaat möglich, seine Titel mit Wirkung über die eigene Rechtsordnung hinaus für vollstreckbar zu erklären.[824] Der Durchgriff wird demnach erst durch das Sekundärrecht vermittelt.[825]

Dies schließt nicht aus, dass durch Zustimmung zur primärrechtlichen Kompetenz von deutscher Seite einer Art „Weiterübertragung" von Hoheitsrechten durch die EU an die anderen Mitgliedstaaten zugestimmt worden ist.[826] Umgekehrt ist es allerdings die Europäische Union, die die Voraussetzungen und Grenzen der Einwirkung bestimmt.[827] Dies wirft die Frage auf, ob das von der deutschen Rechtsordnung nicht mehr beanspruchte Letztentscheidungsrecht über solche Einwirkungen nicht nunmehr stattdessen bei der EU zu verorten ist. Beanspruchte ihre Rechtsordnung und nicht der Urteilsstaat die Entscheidung über wechselseitige Einwirkungen, spräche dies für die maßgebliche Rückführbarkeit der Einwirkung auf die Europäische Union.

---

822 Anders nach RB 2002/584/JI für Europäische Haftbefehle; auch dort aber stark eingeschränkte Versagungsgründe.

823 Vgl. *Sydow,* Verwaltungskooperation in der Europäischen Union, S. 143 f.; *Schwarz,* Grundlinien der Anerkennung, S. 330 f.

824 Vgl. *Happe,* Die grenzüberschreitende Wirkung von nationalen Verwaltungsakten, S. 28 f., 82 f.; *Schmidt-Aßmann,* DVBl. 1993, 924 (935); *Neßler,* Europäisches Richtlinienrecht wandelt deutsches Verwaltungsrecht, S. 85 f., 95; *ders.,* NVwZ 1995, 863 (865); *Sydow,* Verwaltungskooperation in der Europäischen Union, S. 143 f., 149; *Bach,* Grenzüberschreitende Vollstreckung in Europa, S. 373 f.; *Schwarz,* Grundlinien der Anerkennung, S. 331 ff.

825 *Schmidt-Aßmann,* DVBl. 1993, 924 (935 f.); *Ruffert,* Die Verwaltung 34 (2001), 453 (461); *Schwarz,* Grundlinien der Anerkennung, S. 99 ff., 106 ff., 330 f.; *Classen,* in: vMKS, Art. 23 Rn. 9.

826 Sinngemäß vor allem *Hecker,* AöR 127 (2002), 291 (297 f.). Vgl. *Pfeiffer,* in: FS Jayme, S. 675 (689); *Bach,* Grenzüberschreitende Vollstreckung in Europa, S. 374, 401; in der Sache abgelehnt bei *Bast,* Der Staat 46 (2007), 1 (15 f.); *Weber,* Europäisches Zivilprozessrecht und Demokratieprinzip, S. 202 f. In anderem Kontext anklingend in BVerfG NJW 2016, 3583 (3587, Rn. 58); eingehend *Schiffbauer,* AöR 141 (2016), 551 (581 ff.), aber mit Fokus auf das auswärtige Unionshandeln.

827 Anklingend bei *Wagner,* IPRax 2002, 75 (87); daneben insbesondere *Schwarz,* Grundlinien der Anerkennung, S. 330 f., zur Relevanz dieser Grenzen in Ermangelung kompetenzieller Möglichkeit zur umfassenden Bindung des Ursprungsstaats S. 299 ff.; im Ergebnis nicht maßgeblich bei *Weber,* Europäisches Zivilprozessrecht und Demokratieprinzip, S. 183, 203 f. Vgl. *Neßler,* Europäisches Richtlinienrecht wandelt deutsches Verwaltungsrecht, S. 85 f.; *Ruffert,* Die Verwaltung 34 (2001), 453 (464).

Das Sekundärrecht enthält neben fragmentarischen Anforderungen an das Zustandekommen des Titels im Ursprungsstaat zum einen Vorgaben für die Verleihung unionsweiter Vollstreckbarkeit. Zum anderen regelt es die vollstreckungsstaatliche Seite der grenzüberschreitenden Anerkennung und Vollstreckung. Die Beurteilung und gegebenenfalls Überprüfung der Wahrung des Sekundärrechts aber erfolgt in den hier herausgegriffenen Fällen in erster Linie durch den Ursprungsstaat.

Die EU kann ihren Mitgliedstaaten aber nur im Rahmen des primärrechtlich Zulässigen Einwirkungsmöglichkeiten untereinander eröffnen. Naheliegende Grenzen sind insoweit die Kompetenzordnung und die Unionsgrundrechte.

Die Regelungskompetenz für die Voraussetzungen und Grenzen der Einwirkung darf die EU nicht dem Ursprungsstaat überlassen. Dies allein hinderte freilich nicht an einer beliebig weiten Eröffnung einer Einwirkung durch das Unionsrecht, wohl aber, wie gesehen, die Unionsgrundrechte. Soweit der Ursprungsstaat nicht zur Durchführung des Unionsrechts i. S. d. Art. 51 Abs. 1 S. 1 GRC handelt, sind sie zwar für diesen nicht bindend.[828] Sie gelten aber für die Europäische Union,[829] wie auch bei sekundärrechtlich zwingender Anerkennung für den Vollstreckungsstaat. Ihnen unterfällt damit das „Ob“ der Einwirkung vollumfänglich,[830] und zwar auch dort, wo der Ursprungsstaat nicht an sie gebunden ist.

Hieran ändert sich auch durch den Grundsatz des gegenseitigen Vertrauens im Unionsrecht nichts, wenn ein Absehen von unionsgrundrechtlicher Prüfung effektivitätsgestützt konzipiert wird: Wie gesehen, können die Unionsgrundrechte eine Versagung oder zumindest Modifikation der Kooperation gebieten.[831] Trotz gegenseitigen Vertrauens darf der Unionsgrundrechtsschutz also nicht allein dem Ursprungsstaat überlassen werden.[832] Schließlich ist für den Vollstreckungsstaat im Verfahren nach Art. 267 Abs. 2, 3 AEUV stets eine Befassung des EuGH mit der Frage der Einhaltung der grundrechtlichen Grenzen möglich und unter Umständen geboten.[833]

---

[828] *Schwarz,* Grundlinien der Anerkennung, S. 299 ff.

[829] Auch dies betont bei *Schwarz,* Grundlinien der Anerkennung, S. 304 ff.

[830] Im Kontrast zur eingeschränkten Maßstäblichkeit des GG, hierzu S. 219 ff.

[831] Betont in BVerfGE 140, 317 (359 ff., Rn. 91 ff.); BVerfG, Beschluss v. 23.1.2017, – 2 BvR 2584/12 –, Rn. 17; s. aber auch bereits die abweichende Meinung des Richters *Gerhardt* in BVerfGE 113, 273 (341). Mit Hervorhebung unionsrechtlicher Öffnungsklauseln wiederum *Schwarz,* Grundlinien der Anerkennung, S. 313.

[832] BVerfGE 140, 317 (364 ff., Rn. 105 f.).

[833] Zur Rolle der Fachgerichtsbarkeit in der Durchsetzung der Unionsgrundrechte nur BVerfGE 118, 79 (97 f.); BVerfGE 129, 78 (102 ff.); BVerfG NJW 2016, 2247 (2253 f., Rn. 115, 121, 123); am Rande BVerfG, Beschluss v. 23.1.2017, – 2 BvR 2584/12 –, Rn. 17.

Unabhängig davon, wie weitgehend die Europäische Union den Titel zu determinieren vermag, determiniert sie auf diese Weise jedenfalls die Frage der Einwirkung und beansprucht damit nun ihrerseits das vormals deutsche Letztentscheidungsrecht darüber, ob es zu einer solchen kommt. Obwohl die grundgesetzliche Ordnung also gegenüber der unionalen und einer anderen mitgliedstaatlichen Rechtsordnung ihren Ausschließlichkeitsanspruch zurücknimmt, entscheidet das Recht der Europäischen Union darüber, ob die Einwirkung im Einzelfall erfolgt; dies gilt auch dort, wo der Ursprungsstaat nicht an die Unionsgrundrechte gebunden ist oder auch nur gebunden werden kann. Die Einbettung der Kooperation in die unionale Zusammenarbeit erfolgt somit dergestalt, dass sich maßgeblich auf die EU zurückführen lässt, ob es zu einer solchen Einwirkung kommt. Für den Durchgriff spielt die EU daher eine so bedeutende Rolle, dass von einer Hoheitsrechtsübertragung allein auf sie ausgegangen werden kann,[834] obwohl auch ein anderer Staat einen Einwirkungsbeitrag leistet.

3. Geringere Bedenken gegenüber unional vermittelter horizontaler Öffnung

Die somit auch für „Vollstrecker"-Fälle angenommene Übertragung von Hoheitsrechten allein auf die Europäische Union sei kurz mit Blick darauf abgesichert, dass ihr nicht von vornherein dieselben verfassungsrechtlichen Bedenken entgegenstehen wie einer Übertragung auf andere Staaten. Der eingehenderen Betrachtung der grundrechtlichen Integrationsgrenzen vorangestellt, sei mit anderen Worten kurz dargetan, weshalb keine Veranlassung für die Annahme besteht, selbst zur Mitwirkung an der europäischen Integration verbiete sich von vornherein jedwede, sogar eine unionsrechtlich vermittelte horizontale Öffnung der Rechtsordnung.[835] Eine solche Annahme wäre angezeigt, wenn sich horizontale Öffnungen von vornherein unter Art. 79 Abs. 3 GG als unzulässig darstellten.[836]

---

[834] Implizit *Wagner,* IPRax 2002, 75 (87); allgemeiner *v. Arnauld,* in: v. Münch/Kunig, Art. 16 Rn. 45; *Wollenschläger,* in: Dreier, Bd. II, Art. 23 Rn. 41, Art. 24 Rn. 33; *Jarass*/Pieroth, Art. 23 Rn. 27. In Bezug auf RB 2002/584/JI dürfte dies auch BVerfGE 140, 317 (355 ff., Rn. 84 ff.) zugrunde liegen. Hingegen Übertragung auf die anderen Mitgliedstaaten nach *Hess,* EuZPR, § 10 Rn. 6 (s. auch § 3 Rn. 28).

[835] Bei angenommener Übertragung auf die anderen Mitgliedstaaten dürften dieselben Gründe für die Zulässigkeit einer solchen bei unionaler Einbettung sprechen.

[836] In der Sache BVerfGE 37, 271 (279); BVerfGE 58, 1 (40); BVerfGE 59, 63 (89, 91); BVerfGE 68, 1 (96); BVerfGE 73, 339 (375 f.). Für Anwendung des Art. 79 Abs. 3 GG auf Übertragungen nach Art. 24 Abs. 1 GG *Erler,* VVDStRL 18 (1960), 7 (40 f.); *Hobe,* in: Friauf/Höfling, Art. 24 Rn. 40; *Wollenschläger,* in: Dreier, Bd. II, Art. 24 Rn. 40. Analogie bei *Tomuschat,* in: BK, Art. 24 Rn. 50 f.; *Sachs,* in: ders., Art. 79 Rn. 29; *Rojahn,* in: v. Münch/Kunig, Art. 24 Rn. 58.

Hier erfolgen keine anderen oder weitergehenden Verschiebungen im föderalen oder gewaltenteilenden Gefüge als bei der Eröffnung von Einwirkungsmöglichkeiten für die EU. Ebenso wenig geht es um eine Einwirkung frei von jedweder Grundrechtsbindung, wenn auch in dieser Hinsicht die Integrationsgrenzen sogleich noch genauer zu betrachten sein werden.[837]

Die Skepsis gegenüber horizontalen Öffnungen speist sich aber nicht allein aus grundrechtlichen Erwägungen: Der bislang nicht näher betrachtete Ausschließlichkeitsanspruch,[838] im Fall einer Hoheitsrechtsübertragung zugunsten der Einwirkung zurückgenommen, lässt sich auf das Erfordernis einer demokratischen Rückbindung der in Deutschland ausgeübten Hoheitsgewalt an das Volk aus Art. 20 Abs. 2 S. 1 GG zurückführen.[839]

Dabei spricht bereits der von Beginn an im Grundgesetz enthaltene Art. 24 Abs. 1 GG dagegen, dass unter der auf internationale Öffnung angelegten Verfassung[840] eine Rückführbarkeit der in Deutschland ausgeübten Gewalt *ausschließlich* auf das deutsche Volk den Schutz des Art. 79 Abs. 3 GG genösse.[841] Auch dies kommt zum Ausdruck, wenn im supranationalen Verbund andere Formen demokratischer Legitimation als im rein nationalen Kontext akzeptiert werden.[842]

Wohl aber schließt dies nicht aus, dass unter Art. 79 Abs. 3 GG eine Rückführbarkeit stets *auch* auf das deutsche Volk erforderlich ist, wie es der Zweite Senat des Bundesverfassungsgerichts, freilich in anderem Zusammenhang, inzwischen ausdrücklich angenommen hat.[843] Hierin wurzelt letztlich die häufig geäußerte Erwägung, die Einwirkung fremder Hoheitsakte, gleichsam das

---

[837] Unten S. 242 ff., 265 ff.

[838] Vorausgesetzt in BVerfGE 31, 145 (174); BVerfGE 37, 271 (280); BVerfGE 58, 1 (28 f.); BVerfGE 68, 1 (90, 94); BVerfGE 73, 339 (374). Daneben vor allem *Tomuschat,* in: BK, Art. 24 Rn. 34; zudem etwa *Heintschel v. Heinegg,* in: Epping/Hillgruber Art. 24 Rn. 2; a. A. *Flint,* Die Übertragung von Hoheitsrechten, S. 138.

[839] Deutlich BVerfG NJW 2016, 2473 (2475 f., Rn. 127); im Kontext der Übertragung zuvor insbesondere *Rauser,* Die Übertragung von Hoheitsrechten auf ausländische Staaten, S. 65 ff.; zum Ganzen *Schmidt-Aßmann,* AöR 116 (1991), 329 (338 ff.); *Weber,* Europäisches Zivilprozessrecht und Demokratieprinzip, S. 214 ff.

[840] S. erneut *Vogel,* Die Verfassungsentscheidung des Grundgesetzes für eine internationale Zusammenarbeit, S. 35 ff. sowie zuvor *Klein,* Die Übertragung von Hoheitsrechten, S. 33; aus der Rspr. BVerfGE 58, 1 (28); BVerfGE 63, 343 (369 f.).

[841] Vgl. BVerfGE 63, 343 (369 f.); BVerfGE 89, 155 (182 ff.); BVerfGE 113, 273 (302 f.); daneben nur *Tomuschat,* in: BK, Art. 24 Rn. 34; *Rauser,* Die Übertragung von Hoheitsrechten auf ausländische Staaten, S. 61 ff., 233 f., 265 f.; *Schmidt-Aßmann,* AöR 116 (1991), 329 (340); *Geimer,* ZfRV 1992, 401 (402 ff.).

[842] BVerfGE 89, 155 (182 f.); BVerfGE 123, 267 (344 ff., 365); vgl. Zweiter Teil Fn. 996.

[843] BVerfG NJW 2016, 2473 (2475 f., Rn. 127) sowie S. 2476 f., Rn. 129, 133 ff.; vgl. auch BVerfGE 89, 155 (183); BVerfGE 123, 267 (341); abweichende Meinung des Richters *Huber*

„Ausgeliefertsein“[844] gegenüber diesen innerhalb der eigenen Rechtsordnung, sei nur bei Bestehen einer deutschen Einflussmöglichkeit zulässig.[845]

Zwar ist stets auch eine Rückführung der Einwirkung auf das vom Bundesgesetzgeber erlassene Zustimmungsgesetz möglich, das gegebenenfalls nach Art. 23 Abs. 1 S. 3 i. V. m. Art. 79 Abs. 2 GG mit verfassungsändernder Mehrheit beschlossen wurde. In der Tat läge aber zumindest eine eingehendere Betrachtung nahe, wenn sich nach einmaliger Öffnung der Rechtsordnung die Einwirkung einer nichtdeutschen Stelle *allein* nach dem – grundsätzlich nicht beeinflussbaren – Recht eines anderen Staats richtete.[846]

Hier nun besteht in personeller Hinsicht keinerlei Einbindung deutscher Organe in das Zustandekommen der zu vollziehenden Entscheidung.[847] Allein bei deren Vollziehung in Deutschland tritt dem Einzelnen ein nach grundgesetzlichen Anforderungen personell demokratisch legitimierter Amtsträger gegenüber. Auch in sachlich-inhaltlicher Hinsicht besteht kein unmittelbarer deutscher Einfluss auf die Entscheidung oder Bestätigung;[848] insoweit unterscheidet

in BVerfG, Beschluss v. 21.6.2016, – 2 BvR 637/09 –, Rn. 17, 29; *Schiffbauer,* AöR 141 (2016), 551 (568).

844 Zur Charakterisierung des Durchgriffs *Tomuschat,* in: BK, Art. 24 Rn. 8, 69; ähnlich *Rauser,* Die Übertragung von Hoheitsrechten auf ausländische Staaten, S. 79 f., mit Rückbeziehung auf das Auslieferungsverbot, S. 239 ff., 310 ff.; „Unterwerfung“, *Gramm,* DVBl. 1999, 1237 (1239).

845 Vgl. BVerfGE 22, 293 (297); BVerfGE 58, 1 (29); BVerfGE 68, 1 (95); BVerfGE 89, 155 (182 ff.); BVerfGE 123, 267 (344 ff.); BVerfG NJW 2016, 2473 (2475 f., Rn. 127 ff.). Aus dem Schrifttum nur *Tomuschat,* in: BK, Art. 24 Rn. 10, 69 f.; *Beyerlin,* Rechtsprobleme der lokalen grenzüberschreitenden Zusammenarbeit, S. 247, insoweit noch zustimmend; *Rojahn,* in: v. Münch/Kunig, Art. 24 Rn. 18; *Schmidt-Aßmann,* AöR 116 (1991), 329 (340 f.); *Baldus,* Die Verwaltung 32 (1999), 481 (499 f.).

846 Bislang offengelassen in der Rspr., BVerfGE 2, 347 (374 f., 377 f.); BVerfGE 68, 1 (91). Aus dieser Erwägung horizontale Übertragung ablehnend *Tomuschat,* in: BK, Art. 24 Rn. 44, 69 f.; *Schmidt-Aßmann,* AöR 116 (1991), 329 (340 f.); *Baldus,* Die Verwaltung 32 (1999), 481 (499 f.); *Braum,* GA 2005, 681 (688 ff.); *Weber,* Europäisches Zivilprozessrecht und Demokratieprinzip, S. 183 f.; *Ohler,* DVBl. 2002, 880 (883 f.); kritisch speziell gegenüber Rechtsschutz durch ausländische Gerichte *Huber,* in: vMKS, Art. 19 Rn. 528 sowie *ders.,* in: FS Hufen, S. 585 (592, 594). Insoweit und insgesamt gegenüber horizontaler Übertragung aufgeschlossen *Classen,* in: vMKS, Art. 24 Rn. 20; scheinbar offener auch *Beyerlin,* Rechtsprobleme der lokalen grenzüberschreitenden Zusammenarbeit, S. 426 ff., aber Grenzziehung durch Grundrechte voraussetzend, S. 430; differenzierend *Rauser,* Die Übertragung von Hoheitsrechten auf ausländische Staaten, S. 266 f., 281 ff. Vgl. *Papier/Olschewski,* DVBl. 1976, 475 (477, 479).

847 Vgl. *Rauser,* Die Übertragung von Hoheitsrechten auf ausländische Staaten, S. 264; *Schmidt-Aßmann,* AöR 116 (1991), 329 (341); *Bruns,* JZ 1999, 278 (286); *Weber,* Europäisches Zivilprozessrecht und Demokratieprinzip, S. 167, 215.

848 *Weber,* Europäisches Zivilprozessrecht und Demokratieprinzip, S. 168. Vgl. *Schmidt-Aßmann,* DVBl. 1993, 924 (935 f.); *ders.,* AöR 116 (1991), 329 (341); *Röhl,* Akkreditierung

sich die hier betrachtete Situation nicht von einer Übertragung von Hoheitsrechten auf ausländische Staaten. Im Unterschied zu einer solchen besteht hier aber ein durch die Europäische Union vermittelter Einfluss Deutschlands: Über die abstrakt-generelle Eröffnung, die Voraussetzungen und Grenzen der Einwirkung hat neben dem Europäischen Parlament der deutsche Ratsvertreter mitbestimmt, und zwar angesichts Art. 81 Abs. 3 UAbs. 1, Art. 82 Abs. 3 UAbs. 1 AEUV mit weitreichender Verhinderungsmöglichkeit.[849] Im konkreten Fall kann zudem durch Vorlage nach Art. 267 AEUV und Entscheidung des ebenfalls mit-legitimierten EuGH geklärt werden, ob die unionsrechtlichen Grenzen gewahrt sind. Insoweit also ist jeweils deutscher Einfluss wirksam geworden.[850] Wiederum ist dies bereits unabhängig davon der Fall, ob noch eine unionsgrundrechtliche Bindung des Ursprungsstaats hinzutritt.

Trotz nur bedingter Determinierung des ursprungsstaatlichen Verhaltens unterscheidet sich die unionsrechtlich vermittelte Einwirkung deshalb im Umfang ihrer Beeinflussbarkeit von einer ausschließlich ausländischem Recht unterfallenden. Auch wenn die Zulässigkeit jedweder Einwirkung an ein Gegenseitigkeitserfordernis[851] oder das eines gleichberechtigten Gewichts des deutschen Einflusses[852] geknüpft wird, ist dies jeweils erfüllt.

---

und Zertifizierung im Produktsicherheitsrecht, S. 45 f.; *Sydow,* Verwaltungskooperation in der Europäischen Union, S. 242 f. Jenseits des GG *Canor,* in: FS Stein, S. 475 (484).

[849] Vgl. zur gebotenen engen Auslegung der Kompetenz in Art. 82 Abs. 1, 2 AEUV BVerfGE 123, 267 (411).

[850] Mit Hervorhebung dieses Aspekts bei horizontaler Öffnung *Pfeiffer,* in: FS Jayme, S. 675 (680, 689); *Portmann,* Die Verordnung (EG) 805/2004, S. 174; *Bach,* Grenzüberschreitende Vollstreckung in Europa, S. 407; *Classen,* in: FS Schwarze, S. 556 (559) sowie *Classen,* in: vMKS, Art. 24 Rn. 20. Jeweils verstärkt Vorbehalte einbeziehend, *Neßler,* Europäisches Richtlinienrecht wandelt deutsches Verwaltungsrecht, S. 83 ff., 122 f.; *Sydow,* Verwaltungskooperation in der Europäischen Union, S. 244 f.; *Weber,* Europäisches Zivilprozessrecht und Demokratieprinzip, S. 169 f., 215 ff. (beachte auch ebd., S. 172, 215, 227). Zur dennoch bestehenden Erforderlichkeit und Leistungsfähigkeit gegenseitigen Vertrauens unter legitimatorischen Gesichtspunkten *Röhl,* Akkreditierung und Zertifizierung im Produktsicherheitsrecht, S. 46 ff.; *Ruffert,* Die Verwaltung 34 (2001), 453 (483 f.); *Franzius,* HFR 2010, 159 ff.; *Schmidt-Aßmann/Dimitropoulos,* in: Weingardt (Hrsg.), Vertrauen in der Krise, S. 129 (147 f.); *Buchholtz,* NVwZ 2016, 1353 (1357 f.); *Schwarz,* Grundlinien der Anerkennung, S. 358 ff. (sowie S. 328); vgl. *Papier/Olschewski,* DVBl. 1976, 475 (477 ff.). Kritisch gegenüber der mit unionaler Eröffnung einhergehenden Legitimation *Bruns,* JZ 1999, 278 (286); *Braum,* GA 2005, 681 (688 ff.).

[851] Etwa *Randelzhofer,* in: MD, 30. EL, Art. 24 Rn. 51 und im Anschluss *Calliess,* in: MD, Art. 24 Rn. 37; a. A. *Classen,* in: vMKS, Art. 24 Rn. 21. Zum hiesigen Kontext *Pfeiffer,* in: FS Jayme, S. 675 (689); *Weber,* Europäisches Zivilprozessrecht und Demokratieprinzip, S. 219 ff.

[852] Vgl. BVerfGE 68, 1 (95); BVerfGE 123, 267 (341); BVerfG NJW 2016, 2473 (2476, Rn. 128); deutlich die abweichende Meinung des Richters *Huber* in BVerfG, Beschluss v.

Damit bleiben derartige Erwägungen als Integrationsgrenze bedeutsam; Bedenken, dass hieraus von vornherein jedwede horizontale Öffnung unzulässig sein sollte, sind aber durch die unionsrechtliche Vermittlung und Begrenzung verringert. Es sind somit letztlich die Erwägungen, die für eine Rückführbarkeit der Einwirkung auf die EU sprechen, die zugleich erlauben davon auszugehen, die Ermächtigung in Art. 23 Abs. 1 S. 2 GG decke grundsätzlich auch „Vollstrecker"-Fälle.

4. Ergebnis

In den betrachteten Konstellationen liegt zwar bei hypothetischer Lösung aus dem Unionskontext eine Qualifizierung als Hoheitsrechtsübertragung an andere Staaten nahe. Selbst die Einwirkungen durch besonders stark vereinfachende Regime lassen sich angesichts ihrer unionsrechtlichen Eröffnung und Begrenzung aber maßgeblich auf die Europäische Union zurückführen. Daher ist trotz des beachtlichen Beitrags eines anderen Mitgliedstaats zur Einwirkung in die deutsche Rechtsordnung davon auszugehen, es seien allein der EU nach Art. 23 Abs. 1 S. 2 GG Hoheitsrechte übertragen worden. Die Frage nach der Zulässigkeit einer Übertragung auf ausländische Staaten bedarf deshalb hier keiner Beantwortung.[853] Die unionsrechtliche Vermittlung und Begrenzung ist es, die zugleich die Annahme erlaubt, es stelle sich nicht von vornherein jedweder Einwirkungsbeitrag anderer Mitgliedstaaten in die deutsche Rechtsordnung als unzulässig dar. So sind auch die hier interessierenden Konstellationen grundsätzlich von der Ermächtigung in Art. 23 Abs. 1 S. 2 GG gedeckt.[854] Über die verfassungsrechtlichen Grenzen der Zulassung (auch) einer solchen Einwirkung ist damit im Übrigen keine Aussage getroffen.

IV. Unklarheiten in der Rechtsprechung zum Verlauf der grundrechtlichen Integrationsgrenze

Soweit deutsche Stellen unionsrechtlich zum Auftreten als „Vollstrecker" der Entscheidung aus einem anderen Mitgliedstaat verpflichtet sind, sind die Grundrechte des Grundgesetzes bereits nicht vollumfänglich maßstäblich. Auch ein

---

21.6.2016, – 2 BvR 637/09 –, Rn. 15, 17, 20. Daneben differenzierend *Mosler,* HStR VII, § 175 Rn. 47; *Tomuschat,* in: BK, Art. 24 Rn. 70.

853 Hierzu erneut das Schrifttum oben Zweiter Teil Fn. 781, 782.

854 Vgl. *Pfeiffer,* in: FS Jayme, S. 675 (689); *Bach,* Grenzüberschreitende Vollstreckung in Europa, S. 401; *Schwarz,* Grundlinien der Anerkennung, S. 331 ff.; in der Sache in anderem Kontext auch *Bast,* Der Staat 46 (2007), 1 (14 f.); vgl. a. A. *Gramm,* DVBl. 1999, 1237 (1239); *Ohler,* DVBl. 2002, 880 (883 f., 888); *Baldus,* Die Verwaltung 32 (1999), 481 (499, 504).

Grund für eine Versagung der Kooperation im konkreten Fall kann sich aus ihnen damit nicht ohne Weiteres ergeben.[855] Dies gilt jedenfalls bei kompetenzgemäßem Unionshandeln.[856]

Die Integrationsgrenze, die von vornherein die Offenheit des Grundgesetzes und damit gleichsam bereits das Übertragbare[857] beschränkt,[858] ist aber auch hier zu beachten. Bei ihrer Überschreitung wäre die Einwirkung nicht mehr vom deutschen Rechtsanwendungsbefehl gedeckt und das sie erst eröffnende Unionsrecht unanwendbar,[859] womit die Grundlage für die durchgreifende Wirkung der ausländischen Entscheidung wegfiele.[860]

Jahrzehnte nach der *Solange II*-Entscheidung sind in jüngerer Vergangenheit vor allem seit dem Beschluss BVerfGE 140, 317 neue Impulse in der Rechtsprechung zur grundrechtlichen Integrationsgrenze zu verzeichnen. Sie sind hier unabhängig davon relevant, ob eine Identitätskontrolle in jenem Fall veranlasst war.[861] Vor diesem Hintergrund sei ein kurzer Blick auf die übrige Judikatur zur europäischen Integration einerseits[862] und zu änderungsfesten Grundrechtsgehalten andererseits geworfen, um so Fragen aufzuzeigen, die bei der Behandlung von Einzelfällen jenseits des Menschenwürdeschutzes noch offen sind,

---

[855] S. erneut auch das Schrifttum oben Zweiter Teil Fn. 762, 763.

[856] Dazu, dass anderenfalls grds. (ebenfalls) eine Unanwendbarkeit in Betracht käme, s. BVerfGE 89, 155 (195); BVerfGE 123, 267 (355, 400); BVerfGE 126, 286 (302); BVerfGE 140, 317 (336, Rn. 40), jeweils unter Fokus auf die Überschreitung des Integrationsprogramms; nunmehr unter Rückbindung an die Verfassungsidentität BVerfG NJW 2016, 2473 (2475, Rn. 121; S. 2478 f., Rn. 145, 153), s. aber auch die vor diesem Hintergrund missverständlichen Ausführungen S. 2474 f., Rn. 116, 120; und zuvor bereits BVerfGE 134, 366 (397, Rn. 53).

[857] Anklingend in BVerfGE 37, 271 (279); BVerfGE 123, 267 (353 f.); BVerfGE 126, 286 (302); deutlicher BVerfGE 140, 317 (336 f., Rn. 42); BVerfG NJW 2016, 2473 (2477, Rn. 137, 139). Sinngemäß *Streinz,* Bundesverfassungsgerichtlicher Grundrechtsschutz, S. 216; ausdrücklich später etwa *ders.,* in: Sachs, Art. 23 Rn. 99; daneben nur *Rojahn,* in: v. Münch/Kunig, Art. 24 Rn. 79; *Dederer,* JZ 2014, 313 (315); a. A. *Sauer,* NJW 2016, 1134 (1136).

[858] Vgl. erneut BVerfGE 123, 267 (400 f.); BVerfGE 125, 260 (324); BVerfGE 140, 317 (336 f., Rn. 42; S. 341, Rn. 49); BVerfG NJW 2016, 2473 (2477 f., Rn. 137, 141); s. auch BVerfG JZ 2016, 1113 (1114, Rn. 32) sowie grundlegend BVerfGE 31, 58 (76).

[859] Erneut nur BVerfGE 89, 155 (190); BVerfGE 123, 267 (353 f., 400 f.); BVerfGE 140, 317 (336, Rn. 40; 337, Rn. 43); s. daneben BVerfGE 126, 286 (302); BVerfG JZ 2016, 1113 (1114, Rn. 32); BVerfG, Beschluss v. 23.1.2017, – 2 BvR 2584/12 –, Rn. 17; BVerfG, Beschluss v. 18.8.2017, – 2 BvR 424/17 –, Rn. 32. Zum Entscheidungsausspruch bereits *Streinz,* Bundesverfassungsgerichtlicher Grundrechtsschutz, S. 170 ff.; s. auch *Huber,* AöR 116 (1991), 210 (234 f.).

[860] Implizit BVerfG JZ 2016, 1113 (1114, Rn. 30 ff.); *Bach,* Grenzüberschreitende Vollstreckung in Europa, S. 401 f.; *Schwarz,* Grundlinien der Anerkennung, S. 106 ff.

[861] Zur Kritik s. Zweiter Teil Fn. 621. Zur „Neujustierung" *Sauer,* NJW 2016, 1134 (1136).

[862] Zum Ganzen aus jüngerer Zeit *Simon,* Grenzen des Bundesverfassungsgerichts im europäischen Integrationsprozess, *passim* sowie S. 54 ff.

und deren Auflösung auch bei horizontaler Zusammenarbeit relevant werden kann. Obwohl dies nicht trennscharf möglich erscheint, sei dabei zwischen Überlegungen zur Ziehung dieser Integrationsgrenze (1.) und solchen zu ihrer Überschreitung (2.) unterschieden:

1. Bestimmung geschützter Grundrechtsgehalte

Auch der supranationalen Einbindung zieht jedenfalls die in Art. 79 Abs. 3 GG geschützte Verfassungsidentität[863] Grenzen. Über diese hinaus kann ein Rechtsanwendungsbefehl zulässigerweise nicht erteilt werden und die einwirkende Gewalt nicht mehr denjenigen Vorrang beanspruchen, mit dem für die vollziehenden deutschen Stellen eine Rücknahme des grundgesetzlichen Schutzes einhergeht.[864] Dieser Vorbehalt des „letzten Wortes“,[865] wie das Gericht plastisch formuliert, geht seit Neufassung von Art. 23 GG auch aus dessen Abs. 1 S. 3 hervor.[866] Eine Vergewisserung über die grundrechtliche Integrationsgrenze rührt also daran, welche Gehalte hiernach in Verbindung mit Art. 79 Abs. 3 GG Schutz genießen. Je nach Beantwortung dieser Frage wird zudem relevant, ob sich daneben aus der in Abs. 1 S. 1 der Neufassung aufgenommenen Struktursicherungsklausel[867] eine weitere, möglicherweise anspruchsvollere Grenze ergibt.

a) Menschenwürde(-kern-)schutz durch Art. 79 Abs. 3 GG

Welche Gehalte unter Art. 79 Abs. 3 GG Änderungsfestigkeit beanspruchen, hängt im grundrechtlichen Zusammenhang davon ab, was als in Art. 1 bzw. 20 GG niedergelegter Grundsatz gelten kann.[868]

---

[863] S. zum verstärkten begrifflichen Arbeiten mit der Verfassungsidentität erneut BVerfGE 123, 267 (340 ff.), aus der jüngeren Rechtsprechung insbesondere zahlreiche Nennungen in BVerfGE 140, 317 (336 ff., Rn. 40 ff.); daneben erneut die übrigen Nachweise oben Zweiter Teil Fn. 615.

[864] Vgl. neben der Rspr. in Zweiter Teil Fn. 859 BVerfGE 37, 271 (279); BVerfGE 58, 1 (28, 30 f., 40); BVerfGE 59, 63 (86, 91); BVerfGE 73, 339 (372 f., 375); BVerfGE 75, 223 (240); BVerfGE 89, 155 (182).

[865] Hierzu aus der Rspr. oben Zweiter Teil Fn. 797 nur BVerfGE 123, 267 (400).

[866] Zur Integrationsfestigkeit des Änderungsfesten nur BVerfGE 123, 267 (348, 350, 353); BVerfGE 140, 317 (336, Rn. 41; S. 341, Rn. 49); BVerfG JZ 2016, 1113 (1114, Rn. 32); BVerfG NJW 2016, 2473 (2474 f., Rn. 120 f.). Zum insoweit deklaratorischen Charakter der Norm *Scholz,* NJW 1992, 2593 (2599). Zum Verhältnis der Art. 23 Abs. 1 S. 2 und 3 GG *König,* Die Übertragung von Hoheitsrechten im Rahmen des europäischen Integrationsprozesses, S. 295 ff.; *Scholz,* in: MD, Art. 23 Rn. 118 ff.

[867] Zu dieser Funktion *Scholz,* NJW 1992, 2593 (2598), auch für Satz 3, S. 2599.

[868] Vgl. jenseits dessen BVerfGE 94, 49 (85); BVerfGE 109, 279 (310).

Wie nunmehr auch im Kontext der europäischen Integration relevant geworden ist, zählt zumindest der Grundsatz der Achtung der Menschenwürde aus Art. 1 Abs. 1 GG zu den solchermaßen geschützten Verfassungsgehalten.[869] In diesem Zusammenhang ist bedeutsam, inwieweit auch andere Grundrechte[870] einen Menschenwürdekern aufweisen. Insbesondere das Bundesverfassungsgericht nimmt an, dass dies der Fall sein kann.[871] Wie im *Lissabon*-Urteil ausgeführt, sei auch bei Beteiligung an der EU neben den Strukturprinzipien des Art. 20 GG „die für die Achtung der Menschenwürde unentbehrliche Substanz elementarer Grundrechte in ihrer prinzipiellen Qualität jeder Änderung entzogen."[872] Dieser Ansatz hat implizit in BVerfGE 140, 317 Bestätigung gefunden[873] und nachfolgend in der Hauptsacheentscheidung zum OMT-Programm

[869] BVerfGE 123, 267 (343); BVerfGE 140, 317 (341, Rn. 49); BVerfG NJW 2016, 2473 (2477, Rn. 138); BVerfG JZ 2016, 1113 (1114, Rn. 32). Zur Bedeutung der Menschenwürde unter dem GG nur BVerfGE 6, 32 (36, 40 f.); BVerfGE 27, 1 (6); BVerfGE 37, 57 (65); BVerfGE 45, 187 (227); BVerfGE 109, 279 (311); BVerfG NJW 2017, 611 (619, Rn. 538); zur Frage absoluten Schutzes der Menschenwürde als Prinzip *Alexy,* Theorie der Grundrechte, S. 94 ff., andererseits *Reimer,* Verfassungsprinzipien, S. 215 f., 221 f. Zum absoluten Schutzanspruch daneben nur *Dreier,* in: ders., Art. 1 I Rn. 46, 115 f., 128, 130 sowie *Dreier,* in: ders., Bd. II, Art. 79 III Rn. 27; *Kunig,* in: v. Münch/Kunig, Art. 1 Rn. 4, 25 ff.; *Höfling,* in: Sachs, Art. 1 Rn. 11.

[870] Grundrechtsqualität des Art. 1 Abs. 1 GG annehmend etwa BVerfGE 140, 317 (342, Rn. 51); BVerfGE 15, 249 (255); daneben nur *Kunig,* in: v. Münch/Kunig, Art. 1 Rn. 3; *Herdegen,* in: MD, Art. 1 Abs. 1 Rn. 29; *Starck,* in: vMKS, Art. 1 Rn. 29 ff.; a. A. *Dreier,* in: ders., Art. 1 I Rn. 124 ff.; seinerzeit *Dürig,* AöR 81 (1956), 117 (122).

[871] BVerfGE 54, 341 (357); BVerfGE 76, 143 (158 ff.); BVerfGE 81, 58 (66); BVerfGE 102, 370 (392); BVerfGE 109, 279 (310 f., 313 f.); BVerfGE 113, 348 (391); BVerfGE 119, 1 (23, 34); BVerfGE 120, 274 (335); BVerfGE 125, 260 (322); BVerfGK 15, 93 (101); BVerfGE 141, 220 (276, Rn. 120); BVerfG JZ 2016, 1113 (1115, Rn. 36). Vgl. BVerfGE 93, 266 (293); BVerfG NJW 2001, 2957 (2959); BVerfGE 107, 275 (284). Für derartigen Gehalt eines jeden Grundrechts früh *Dürig,* AöR 81 (1956), 117 (121 ff., 136); so auch *Huber,* AöR 116 (1991), 210 (236), aber weitergehend für Kongruenz mit Wesensgehalt (deutlicher *ders.,* in: vMKS, Art. 19 Rn. 152). Unantastbarkeit der Grundrechte, soweit Menschenwürdegehalt reicht, *Bryde,* in: v. Münch/Kunig, Art. 79 Rn. 37. Stärker auf Art. 1 Abs. 1 GG fokussiert *Sachs,* in: ders., Art. 79 Rn. 51 ff.; *Kunig,* in: v. Münch/Kunig, Art. 1 Rn. 68 f.; zurückhaltender *Herdegen,* in: MD, Art. 1 Abs. 1 Rn. 22, 26 sowie Art. 79 Rn. 115 ff. Skeptisch *Dreier,* in: ders., Art. 1 I Rn. 162 f., Bd. II, Art. 79 III Rn. 28.

[872] BVerfGE 123, 267 (343).

[873] BVerfGE 140, 317 (341, Rn. 48; S. 367, Rn. 110). In der vorangehenden einstw. Anordnung BVerfG, Beschluss v. 27.11.2014, – 2 BvR 2735/14 , Rn. 12, m. w. N., stand mit der Frage nach Vereinbarkeit „mit dem Kern des von Art. 2 Abs. 1 in Verbindung mit Art. 20 Abs. 3 garantierten Rechts auf ein faires Verfahren" (vgl. erneut die Rspr. des EGMR Zweiter Teil Fn. 39) noch nicht im Fokus, ob es dabei um einen – auch in der Hauptsache unerwähnten – Menschenwürdekern gehen würde. Kritisch zum Ansatz bei der Menschenwürde anstelle des Rechts auf ein faires Verfahren *Nettesheim,* JZ 2016, 424 (427 f.); *Brodowski,* JR 2016, 415 (423 f., 427); *Meyer,* HRRS 2016, 332 (333, 336 f., 339 f.); *Schönberger,* JZ 2016, 422

der Europäischen Zentralbank mit ausdrücklichem terminologischen Bezug auf einen Menschenwürdekern,[874] wenngleich dort in Ausführungen zum Instrument der Identitätskontrolle.[875] Er wurde zudem in der innerunionalen Überstellung auf einen Europäischen Haftbefehl hin mit Blick auf die Selbstbelastungsfreiheit relevant; wie schon erwähnt, wurde die Kooperation dort allerdings als Ergebnis der Abschichtung zwischen einem integrationsfesten Menschenwürdekern- und einem bloßen Randbereich für zulässig erachtet.[876] Mit anderen Worten ging das Gericht im Gegensatz zu BVerfGE 140, 317 davon aus, der Menschenwürdekern sei nicht betroffen, und zwar trotz deutlichen Würdebezugs der infrage stehenden Selbstbelastungsfreiheit.[877]

Als normative Verankerungen änderungsfester grundrechtlicher Gehalte macht das Gericht verschiedene aus: So bezieht es sich bei Erörterung des Menschenwürdegehalts einzelner Grundrechte zum Teil unmittelbar auf Art. 1 Abs. 1 GG.[878] Daneben wird zur Begründung der Änderungsfestigkeit – wiederum auch ausdrücklich so genannter – *Kern*- oder *Grund*gehalte[879] hingegen festgestellt, dass durch die Grundsätze des Art. 1 Abs. 1 und 2 GG i. V. m.

> „der in Art. 1 Abs. 3 GG enthaltenen Verweisung auf die nachfolgenden Grundrechte [...] deren Verbürgungen insoweit einer Einschränkung grundsätzlich entzogen [sind], als sie zur Aufrechterhaltung einer dem Art. 1 Abs. 1 und 2 GG entsprechenden Ordnung unverzichtbar sind.“[880]

---

(424); *Schmahl,* JZ 2016, 921 (924); auch mit Blick auf die Kontrollinstrumente *Reinbacher/Wendel,* EuGRZ 2016, 333 (335).

[874] Begrifflich wohl erstmalig, in anderem Kontext BVerfGK 15, 93 (99); s. zuvor BVerfGE 93, 266 (293); BVerfG NJW 2001, 2957 (2959); BVerfGE 107, 275 (284).

[875] BVerfG NJW 2016, 2473 (2477, Rn. 138).

[876] BVerfG JZ 2016, 1113 (1115, Rn. 36) (nur anklingend in BVerfGE 140, 317 [350, Rn. 72; S. 367, Rn. 110]); begrüßt bei *Gärditz,* JZ 2016, 1116 (1117); s. erneut die Beobachtung bei *Graßhof/Backhaus,* EuGRZ 1996, 445 (449) und unten bei Zweiter Teil Fn. 980.

[877] Dazu nur BVerfGE 56, 37 (42).

[878] BVerfGE 102, 370 (392); BVerfGE 109, 279 (310); BVerfGE 75, 369 (380); BVerfGE 140, 317 (341, Rn. 48; S. 367, Rn. 110); BVerfG JZ 2016, 1113 (1115, Rn. 36); vgl. „i. V. m. Art. 1 Abs. 1 GG“, BVerfGE 141, 220 (276, Rn. 120).

[879] BVerfGE 84, 90 (126 f.); BVerfGE 94, 12 (34, 46); BVerfG NJW 1996, 2722 (2723); BVerfGE 95, 48 (60, 62); BVerfG NJW 1997, 450 (450); BVerfG VIZ 1997, 283 (283); BVerfG NJW 1998, 2583 (2584), jeweils ohne Hervorhebung im Original; mit Bezug auf grundrechtlichen Kernbestand die abweichende Meinung der Richter *Rupp, Hirsch* und *Wand* in BVerfGE 37, 271 (296).

[880] BVerfGE 84, 90 (121); BVerfGE 94, 49 (102 f.); BVerfGE 109, 279 (310); zur Änderungsfestigkeit auch des Grundsatzes aus Art. 1 Abs. 3 GG BVerfGE 3, 225 (229); vgl. BVerfGE 30, 1 (24). Jeweils mit Bezug auf „die Grundsätze des Art. 1“ in BVerfGE 140, 317 (334, Rn. 36; S. 339, Rn. 46; S. 341, Rn. 48); BVerfG, Beschluss v. 6.5.2016, – 2 BvR 890/16 –, Rn. 19; BVerfG JZ 2016, 1113 (1114, Rn. 32). Heranziehung der hier zitierten „Kombinationsformulierung“ im Kontext der Integration bei *Kischel,* Der Staat 39 (2000), 523 (535), al-

Letztere Formulierung ist im vorliegenden Zusammenhang insofern interessant, als sie zumindest etwas weitergehend als der Bezug allein auf Art. 1 Abs. 1 GG Raum für den änderungsfesten Schutz solcher Grundrechtsgehalte belässt, die über einen Würdekern hinausgehen.[881]

b) Wesensgehaltsschutz durch Art. 79 Abs. 3 GG?

Gerade insoweit aber steht diese Rechtsprechung zu änderungsfesten Kerngehalten bislang weitgehend unverbunden neben Ausführungen des Gerichts, die speziell für die supranationale Integration ebenfalls die Frage nach einer über den Menschenwürde(-kern-)schutz hinausgehenden Änderungsfestigkeit aufwerfen – oder vielmehr in der Vergangenheit aufgeworfen haben, zeigt sich die jüngere Rechtsprechung insoweit doch zumindest zurückhaltender.

aa) Unabdingbarkeit unter Solange II als Änderungsfestigkeit?

Im *Solange II*-Beschluss heißt es, die zum damaligen Zeitpunkt für die Beteiligung an den Europäischen Gemeinschaften noch einschlägige[882] Ermächtigung des Art. 24 Abs. 1 GG gestatte nicht, „die Identität der geltenden Verfassungsordnung [...] durch Einbruch in ihr Grundgefüge, in die sie konstituierenden Strukturen, aufzugeben“.[883] Daran wird die Feststellung geknüpft, „[e]in unverzichtbares, zum Grundgefüge der geltenden Verfassung gehörendes Essentiale sind jedenfalls die Rechtsprinzipien, die dem Grundrechtsteil des Grundgesetzes zugrunde liegen“.[884] Hiernach allein ist zwar nicht ausgeschlossen, dass das

lerdings gleichlaufend zum dortigen Ansatz zu Art. 23 Abs. 1 S. 1 GG (S. 533) auf „elementare[n] Kernbestand der Grundrechte *in ihrer Gesamtheit*“ abstellend (ohne Hervorhebung im Original) sowie bei *Huber,* in: vMKS, Art. 19 Rn. 186.

[881] Nur Menschenwürdegehalt umfasst, *Bryde,* in: v. Münch/Kunig, Art. 79 Rn. 36 f.; *Herdegen,* in: MD, Art. 79 Rn. 115; Menschenrechtskern, *Rubel,* in: Umbach/Clemens Art. 79 Rn. 41; „Grundbestand an Menschenrechten“ nach *Höfling,* in: Sachs, Art. 1 Rn. 73.

[882] S. nur BVerfGE 22, 293 (296); BVerfGE 37, 271 (278).

[883] BVerfGE 73, 339 (375 f.), m. w. N.; jeweils ähnlich BVerfGE 58, 1 (40); BVerfGE 37, 271 (279), wenn auch mehrdeutig bezogen darauf, dass dies ohne Verfassungsänderung nicht zulässig sei (hierzu *Randelzhofer,* in: MD, 30. EL, Art. 24 Rn. 70, 75); BVerfGK 16, 509 (513); vgl. BVerfGE 59, 63 (86, 89, 91); BVerfG NJW 1983, 1258 (1259). Zum Ganzen *Streinz,* Bundesverfassungsgerichtlicher Grundrechtsschutz, S. 220 ff., m. w. N.; *König,* Die Übertragung von Hoheitsrechten im Rahmen des europäischen Integrationsprozesses, S. 417 ff.

[884] BVerfGE 73, 339 (376), außer auf BVerfGE 58, 1 (30 f.) mit Verweis auf BVerfGE 37, 271 (279 f.), wo allerdings auf den Grundrechtsteil Bezug genommen worden war (dazu, dass hiermit eine Maßstabsänderung einhergehe, *Streinz,* Bundesverfassungsgerichtlicher Grundrechtsschutz, S. 69, S. 231 ff.; *König,* Die Übertragung von Hoheitsrechten im Rahmen des europäischen Integrationsprozesses, S. 418, 428 f.); BVerfG NJW 1983, 1258 (1259); nachfolgend nur BVerfG NJW 2001, 2705 (2706); BVerfGK 16, 509 (513 ff.); BVerfGK 17, 266

Gericht etwa nur diejenigen Gehalte in den Blick nimmt, an die es sich später in anderem Kontext über die oben zitierte „Kombinationsformulierung“ zu Art. 1 Abs. 1–3 GG angenähert hat.[885]

Direkt im Anschluss aber fordert der *Solange II*-Beschluss, „mithin“ – und damit wegen dieser identitätsbedingten Unverzichtbarkeit grundrechtlicher Grundprinzipien – müsse dort, wo für die supranationale Gewalt die Möglichkeit einer Beeinträchtigung des Wesensgehalts geschaffen werde, für den Wegfall des grundgesetzlichen Rechtsschutzes ein solcher gewährleistet sein, der dem grundgesetzlich unabdingbaren Schutz im Wesentlichen gleichkomme.[886] Für sich genommen, ließe sich diese Ausführung möglicherweise noch als allein auf die verfassungsprozessuale Durchsetzbarkeit bezogen ansehen, obwohl sie hierauf der Formulierung nach keineswegs beschränkt ist;[887] an späterer Stelle im selben Beschluss ordnet der Zweite Senat aber ausdrücklich auch den Wesensgehalt der Grundrechte als unabdingbar ein, so dass an diesem auch gegenüber der supranationalen Gewalt festzuhalten sei.[888] Die frühe Rechtsprechung wirft damit die Frage nach der Änderungsfestigkeit des Wesensgehalts auf.[889]

Bei der Einordnung des *Solange II*-Beschlusses ist zwar zu beachten, dass unmittelbar das Verhältnis der Grundrechte zum Sekundärrecht[890] infrage stand; die zur Bestimmung dieses Verhältnisses angestellte Erwägung, das ab-

---

(270 f.); hingegen BVerfGE 123, 267 (334 f.) mit Bezug auf die Grundrechte; BVerfG, Beschluss v. 12.5.2015, – 2 BvR 2954/10 –, Rn. 24 nur zu den Rechtsprinzipien. Vgl. früh *Klein,* Die Übertragung von Hoheitsrechten, S. 22 f.

[885] Erneut oben Zweiter Teil Fn. 880. Vgl. hierzu abweichende Meinung der Richter *Rupp, Hirsch* und *Wand* in BVerfGE 37, 271 (296); BVerfG NJW 1983, 1258 (1259).

[886] BVerfGE 73, 339 (376); vgl. auch BVerfGE 102, 147 (164); BVerfGE 118, 79 (95); BVerfGK 16, 509 (515).

[887] Mit Fokus hierauf etwa BVerfG NJW 2001, 2705 (2706); BVerfGK 16, 509 (513); dagegen BVerfGK 11, 268 (274 f.) zum Gleichlauf von Bindung und Kontrolle.

[888] BVerfGE 73, 339 (386 f.); vgl. auch BVerfG, Beschluss v. 5.9.1990, – 2 BvR 848/88 –, juris KVRE210969001, Rn. 13; BVerfGE 89, 155 (175); später abhebend auf den Wesensgehalt der *jeweiligen* Grundrechte, BVerfGE 118, 79 (95); BVerfGE 122, 1 (20); BVerfGE 125, 260 (306); und etwa BVerfG NVwZ 2016, 1171 (1172, Rn. 29).

[889] *Hofmann,* Grundrechte und grenzüberschreitende Sachverhalte, S. 85 f. und *passim;* im Ergebnis mit diesem Verständnis der Rspr. *König,* Die Übertragung von Hoheitsrechten im Rahmen des europäischen Integrationsprozesses, S. 429. S. erneut BVerfGE 102, 147 (163) dazu, dass Art. 23 Abs. 1 S. 1 GG dies bekräftigt habe, sowie die Literatur in Zweiter Teil Fn. 759 hierzu. Zur Erschließung des Wesensgehalts aus der jeweiligen Bedeutung des Grundrechts BVerfGE 22, 180 (219); BVerfGE 109, 133 (156); BVerfGE 117, 71 (96); jeweils mit relativen Ansätzen bei der Bestimmung BVerfGE 115, 118 (165); BVerfGE 109, 133 (156); BVerfGE 117, 71 (96).

[890] BVerfGE 73, 339 (376, 387), wie bereits BVerfGE 37, 271 (277); auch die spätere Rspr. zumeist zur (Gerichtsbarkeit über die) Anwendbarkeit des Sekundärrechts, so etwa BVerfGE 118, 79 (95).

geleitete Recht (und dessen Vollzug) dürfe nicht über das hinausgehen, was bereits für die Übertragung eine Grenze darstelle,[891] bezog sich nicht auf die Beschränkungen, denen der mit verfassungsändernder Mehrheit handelnde Gesetzgeber unterliegt. Vielmehr waren die Grenzen des nach Art. 24 Abs. 1 GG hoheitsrechtsübertragenden Gesetzgebers angesprochen.[892] Dass dieser von der Einhaltung des Wesensgehalts bei einer Übertragung nicht freistellen darf, erscheint nicht fernliegend.[893] Damit allein ist zunächst nicht gesagt, dass die vom Zweiten Senat angenommene Unabdingbarkeit sich auf einen Gehalt bezieht, der sogar der Disposition des mit verfassungsändernder Mehrheit beschließenden Gesetzgebers entzogen ist.[894] Bereits zuvor allerdings hatte auch das Gericht Hoheitsrechtsübertragungen als materielle Verfassungsänderungen[895] eingeordnet und in deren Kontext deutliche Modifikationen des grundrechtlichen Schutzes akzeptiert.[896] Zumal vor diesem Hintergrund legen die Ausführungen im *Solange II*-Beschluss mit ihrem Ausgangspunkt im Schutz der Identität der Verfassung nahe, dass das hier als unabdingbar Erachtete, und damit auch der Wesensgehalt, Schutz unter Art. 79 Abs. 3 GG genieße.[897]

---

[891] BVerfGE 73, 339 (375 f.); Rückbeziehung der Grenzen des Vorrangs auf die Grenzen des Übertragbaren deutlicher in BVerfGE 140, 317 (336 f., Rn. 42). Trotz Unterscheidung im Ausgangspunkt mit derartigem Gleichlauf im Ergebnis etwa auch *Rojahn,* in: v. Münch/Kunig, Art. 24 Rn. 60, 71, 79; *Randelzhofer,* in: MD, 30. EL, Art. 24 Rn. 68, 100 ff., 144.

[892] So auch bei Bezugnahme auf Unaufgebbarkeit in BVerfGE 58, 1 (40) (vgl. auch BVerfGE 59, 63 [86]); BVerfG NJW 2001, 2705 (2706); BVerfGK 16, 509 (513); BVerfGK 17, 266 (269 f.); BVerfG, Beschluss v. 12.5.2015, – 2 BvR 2954/10 –, Rn. 24.

[893] Vgl. mit Betonung der Bindung des nach Art. 59 Abs. 2 S. 1 GG handelnden Gesetzgebers an Art. 19 Abs. 2 GG BVerfGE 4, 157 (169 f.); vgl. Zweiter Teil Fn. 836 zur Anwendung des Art. 79 Abs. 3 auf Übertragungen nach Art. 24 Abs. 1 GG; sowie *Wollenschläger,* in: Dreier, Bd. II, Art. 24 Rn. 40.

[894] Jenseits Art. 79 Abs. 3 GG zu unabdingbarem oder unverzichtbarem Schutz nur etwa BVerfGE 92, 26 (48); zum HZÜ BVerfGE 91, 335 (343); BVerfGE 108, 238 (249); BVerfG JZ 2016, 796 (798, Rn. 39); zur Auslieferung BVerfGE 59, 280 (282 f.); BVerfGE 75, 1 (16); BVerfGE 63, 332 (337); BVerfGE 108, 129 (136).

[895] BVerfGE 58, 1 (36); vgl. aus der jüngeren Rspr. BVerfGE 129, 78 (100).

[896] BVerfGE 58, 1 (26 ff.); BVerfGE 59, 63 (85 ff.); nachdrücklich *Dreier,* in: ders., Art. 19 II Rn. 5, 11.

[897] S. erneut BVerfGE 73, 339 (386); vgl. BVerfG NJW 1983, 1258 (1259). Mit diesem Verständnis der Rspr. auch *Scholz,* NJW 1992, 2593 (2597 f.); *Dederer,* JZ 2014, 313 (316). S. auch die nun deutlichere Rückbindung der Feststellung, durch Zustimmungsgesetz dürfe keine Identitätsverletzung eröffnet werden, an Art. 79 Abs. 3 GG, BVerfGE 123, 267 (353, 400 f.); BVerfGE 140, 317 (335 ff., Rn. 39, 42); BVerfG NJW 2016, 2473 (2474, Rn. 119; S. 2477, Rn. 137). Für änderungsfesten Schutz des Wesensgehalts insbesondere *Streinz,* Bundesverfassungsgerichtlicher Grundrechtsschutz, S. 250 ff., 273 f.; *Huber,* AöR 116 (1991), 210 (226 f., 234); sowie *ders.,* in: FS Hufen, S. 585 (590, 595); im Anschluss wohl auch *Simon,* Grenzen des Bundesverfassungsgerichts im europäischen Integrationsprozess, S. 117; *Rauser,* Die Übertragung von Hoheitsrechten auf ausländische Staaten, S. 297 f.; *Hofmann,*

Mit Blick darauf, dass das Gericht einen etwaigen Menschenwürdekern nicht als unbedingt kongruent mit dem Wesensgehalt eines Grundrechts ansieht,[898] steht hier eine Änderungsfestigkeit über den Menschenwürdeschutz hinaus infrage. An anderer Stelle aber lehnt die Rechtsprechung eine Maßstäblichkeit des Wesensgehalts für Verfassungsänderungen im rein innerstaatlichen Kontext unter Hinweis (auch) auf die Entstehungsgeschichte ausdrücklich ab.[899]

bb) Anhaltspunkte in der Rechtsprechung zu Art. 24 Abs. 1 GG

Das Bundesverfassungsgericht erhellt auch in seiner späteren Rechtsprechung eine mögliche Integrationsfestigkeit des grundrechtlichen Wesensgehalts nicht (viel) weiter.

Im Zusammenhang des Art. 24 Abs. 1 GG wiederholt das Gericht auch in jüngerer Zeit unter Verweis auf die indisponible Grundstruktur der Verfassung die Formel, zu den unaufgebbaren Elementen des Grundgesetzes gehörten auch die in seinen Grundrechten anerkannten fundamentalen Rechtsgrundsätze.[900] Der wiederum nahegelegte Schutz unter Art. 79 Abs. 3 GG wird allerdings auch hier nicht vertieft, also insbesondere nicht geklärt, worin eine Identitätsverankerung bestehen könnte. Ein im Wesentlichen vergleichbarer Schutz hingegen findet sich in diesen Entscheidungen nicht in seiner materiellen Relevanz, son-

---

Grundrechte und grenzüberschreitende Sachverhalte, S. 57 ff., 85 f., 97, 100; *Heintschel v. Heinegg,* in: Epping/Hillgruber Art. 24 Rn. 20; noch umfassenderen Schutz implizierend, *Schiffbauer,* AöR 141 (2016), 551 (569); keine eindeutige Positionierung von *Tomuschat,* in: BK, Art. 24 Rn. 51, 61, 79; *Rojahn,* in: v. Münch/Kunig, Art. 24 Rn. 71, 79; *Bach,* Grenzüberschreitende Vollstreckung in Europa, S. 402 ff. Implizit Änderungsfestigkeit ablehnend durch Annahme engerer Grenzziehung in *Solange II* als durch Art. 79 Abs. 3 GG, diese engere aber als Grenze des Integrationsgesetzgebers annehmend, *Randelzhofer,* in: MD, 30. EL, Art. 24 Rn. 76 („Art. 79 III + x", Rn. 79, 95, 100, wobei x Art. 19 Abs. 2 markiere), im Ergebnis trotz Rn. 68 auch für einwirkendes Sekundärrecht, Rn. 144; Änderungsfestigkeit ablehnend *Rubel,* in: Umbach/Clemens Art. 79 Rn. 41; *Weber,* Europäisches Zivilprozessrecht und Demokratieprinzip, S. 187 ff.; in der Sache *Kischel,* Der Staat 39 (2000), 523 (535, 543); im Ergebnis auch *König,* Die Übertragung von Hoheitsrechten im Rahmen des europäischen Integrationsprozesses, S. 563 ff., 570.

898 BVerfGE 109, 279 (311); BVerfGE 27, 1 (6); BVerfGE 125, 260 (322); BVerfGE 94, 49 (103); vgl. aber auch BVerfG, Beschluss v. 12.5.2015, – 2 BvR 2954/10 –, Rn. 27 ff. sowie hierzu sogleich im Text. Keine Kongruenz auch nach *Bryde,* in: v. Münch/Kunig, Art. 79 Rn. 37; *Dreier,* in: ders., Art. 1 I Rn. 162, Art. 19 II Rn. 1, 17; *Remmert,* in: MD, Art. 19 Abs. 2 Rn. 44; *Herdegen,* in: MD, Art. 1 Abs. 1 Rn. 26, Art. 79 Rn. 115; tatsächlich aber auch *Dürig,* AöR 81 (1956), 117 (156 f.); a. A. *Huber,* AöR 116 (1991), 210 (236); deutlicher *ders.,* in: von vMKS, Art. 19 Rn. 130 f. (mit Rn. 125 zu Schnittmengen in der Rspr.).

899 BVerfGE 109, 279 (310 f.).

900 BVerfG NJW 2001, 2705 (2706); BVerfGK 16, 509 (513); BVerfGK 17, 266 (270).

dern allein in den Auswirkungen auf die Ausübung der bundesverfassungsgerichtlichen Zuständigkeit erörtert.[901]

In materieller Hinsicht greift etwas eingehender, soweit ersichtlich, nur eine einzige Entscheidung die *Solange II* zugrunde liegenden Überlegungen zum Wesensgehalt auf. Es geht um einen Beschluss im Zusammenhang der innerstaatlichen Vollstreckung einer Entscheidung des Internationalen Strafgerichtshofs für das ehemalige Jugoslawien. Wiederum ist Ausgangspunkt, die Ermächtigung des Art. 24 Abs. 1 GG gestatte nicht die Verfassungsidentität aufzugeben, wobei ein sonach unverzichtbares Essential die dem Grundrechtsteil zugrunde liegenden Rechtsprinzipien seien.[902] Wird im Anschluss auf Art. 1 Abs. 1 GG als einschlägigen Prüfungsmaßstab in der Strafrechtspflege verwiesen,[903] bewegt sich dies zunächst in einem Bereich, der in seiner Änderungsfestigkeit wenig problematisch ist.

Für die Beurteilung einer möglichen Überschreitung dieser verfassungsrechtlichen Grenze wird nun dem Fehlen eines Eingriffs in den Wesensgehalt Bedeutung beigemessen.[904] Sollte dem die Erwägung zugrunde liegen, bei Fehlen eines solchen liege erst recht auch keine Menschenwürdeverletzung vor, erschiene dies auch bei Inkongruenz von Wesens- und Menschenwürdegehalt plausibel.[905] Im Anschluss wird allerdings gerade das Fehlen eines Eingriffs in den Wesensgehalt seinerseits mit dem Fehlen eines Verstoßes gegen Art. 1 Abs. 1 GG begründet.[906] Dieses Vorgehen legt ein Verständnis der beiden als kongruent und damit eine Änderungsfestigkeit des Wesensgehalts nahe.

cc) Anhaltspunkte in der Rechtsprechung zu Art. 23 Abs. 1 GG

Soweit im Kontext der europäischen Integration in spezifisch grundrechtlicher Hinsicht überhaupt materiellrechtliche Fragen der Integrationsgrenzen und nicht allein deren prozessuale Überprüfung weiter beleuchtet werden, geschieht dies seit Neufassung des Art. 23 GG zumindest auch mit Blick auf die in Abs. 1 S. 1 nunmehr enthaltene Strukturanforderung eines im Wesentlichen vergleichbaren Grundrechtsschutzes.

---

[901] BVerfG NJW 2001, 2705 (2706); BVerfGE 125, 260 (306); BVerfGE 123, 267 (335); BVerfGK 16, 509 (513); BVerfGK 17, 266 (270); BVerfGK 17, 273 (281).

[902] BVerfG, Beschluss v. 12.5.2015, – 2 BvR 2954/10 –, Rn. 24, wie *Solange II*, im Gegensatz zu *Solange I* und *Lissabon* nicht auf den Grundrechtsteil selbst abstellend.

[903] BVerfG, Beschluss v. 12.5.2015, – 2 BvR 2954/10 –, Rn. 25.

[904] BVerfG, Beschluss v. 12.5.2015, – 2 BvR 2954/10 –, Rn. 27 ff.; s. auch Rn. 50.

[905] Vgl. BVerfGE 27, 1 (6); *Huber*, in: vMKS, Art. 19 Rn. 124.

[906] BVerfG, Beschluss v. 12.5.2015, – 2 BvR 2954/10 –, Rn. 28, 30 ff. zur Begründung des in Rn. 27 verneinten Wesensgehaltseingriffs.

Wird etwa im *Lissabon*-Urteil ausgeführt, die Norm

„begrenzt das in der Staatszielbestimmung angesprochene Mitwirkungsziel auf eine Europäische Union, die in ihren elementaren Strukturen den durch Art. 79 Abs. 3 GG auch vor Veränderungen durch den verfassungsändernden Gesetzgeber geschützten Kernprinzipien entspricht“,[907]

legt dies eine (weitgehende) Kongruenz von Bestandssicherung und Struktursicherungsklausel nahe. Wie in der *Solange*-Rechtsprechung wird so eine Verankerung auch des nun im Normtext genannten im Wesentlichen vergleichbaren Grundrechtsschutzes in der Verfassungsidentität impliziert.[908] Hierfür mag zudem die Annahme sprechen, die Grundrechte begrenzten wegen *ihrer* Zugehörigkeit zu Verfassungskerngehalten die Übertragung[909] – insofern erfolgt eine Anknüpfung an *Solange I*, nicht an die zurückhaltendere Bezugnahme auf die zugrunde liegenden Rechtsprinzipien in *Solange II*. Es bleibt aber offen, worin die Änderungsfestigkeit zu verankern sein könnte, soweit damit in grundrechtlicher Hinsicht eben nicht nur ein Menschenwürdekern in Bezug genommen ist. Ob ein solcher Ansatzpunkt durch den Zweiten Senat aber überhaupt gesehen wird, bleibt mit der Bezugnahme auf die Änderungsfestigkeit der für die Achtung der Menschenwürde unentbehrlichen (grundrechtlichen) Substanz in der bereits eingangs zitierten Passage[910] der *Lissabon*-Entscheidung letztlich zweifelhaft.[911]

Obwohl die Struktursicherungsklausel des Art. 23 Abs. 1 S. 1 GG also auch in grundrechtlicher Hinsicht mit der Verfassungsidentität in Verbindung gebracht wird, ist unklar, an welche Identitätsgehalte im Einzelnen dabei angeknüpft wird.

Schließlich sei erwähnt, dass sich die jüngere Rechtsprechung im Zusammenhang mit der Grenze des Art. 79 Abs. 3 GG wiederholt auf ein unabdingbares Maß an Grundrechtsschutz bezieht. Dies geschieht im Kontext der Auslieferung,[912] inzwischen aber auch jenseits davon.[913] Auch hier aber wird nicht the-

---

[907] BVerfGE 123, 267 (363 f.); vgl. auch BVerfGE 129, 124 (169); BVerfGE 133, 277 (316, Rn. 91); BVerfGE 102, 147 (163).

[908] Kongruenz hingegen nicht unbedingt nach BVerfGE 129, 124 (169).

[909] BVerfGE 123, 267 (334 f.), ohne Hervorhebung im Original.

[910] Oben bei Zweiter Teil Fn. 872.

[911] BVerfGE 123, 267 (343).

[912] BVerfG, Beschluss v. 24.3.2016, – 2 BvR 175/16 –, Rn. 40; BVerfG, Beschluss v. 6.5.2016, – 2 BvR 890/16 –, Rn. 22 (vgl. nachfolgend BVerfG JZ 2016, 1113 [1114, Rn. 33]); BVerfG, Beschluss v. 17.5.2017, – 2 BvR 893/17 –, Rn. 27; BVerfG, Beschluss v. 26.2.2018, – 2 BvR 107/18 –, Rn. 23.

[913] BVerfG, Beschluss v. 23.1.2017, – 2 BvR 2584/12 –, Rn. 17, mit Verweis auf derart rückgebundene „grundrechtliche Mindeststandards“ und BVerfGE 140, 317.

matisiert, inwieweit es sich dabei um mehr als den grundrechtlichen Menschenwürdegehalt handelt.

dd) Rechtsprechung zum Ansatzpunkt Rechtsstaatsprinzip

Anknüpfungspunkte für eine Änderungsfestigkeit des Wesensgehalts böten auch bei Inkongruenz mit dem Menschenwürdekern neben der oben aufgezeigten „Kombinationsformulierung" zu Art. 1 Abs. 1–3[914] jeweils Art. 1 Abs. 3 GG[915] sowie das Rechtsstaatsprinzip.[916] Allein letzteres hat das Gericht insofern bisher näher beleuchtet. Hinsichtlich des Rechtsstaatsprinzips ist allerdings auch im Blick zu behalten, dass lediglich die in Art. 1 und – rechtsstaatlich relevant insbesondere – Art. 20 GG niedergelegten Grundsätze Schutz unter Art. 79 Abs. 3 GG genießen.[917]

Dies ist zunächst bei Erwägungen zu Anforderungen an die *Rechtsdurchsetzung* zu berücksichtigen: Wie bereits erwähnt, verlangt das Gericht in seinem Beschluss zum deutsch-österreichischen Rechtshilfevertrag unter dem Gesichtspunkt des Art. 19 Abs. 4 S. 1 GG ausländischem Rechtsschutz ein Mindestmaß an Rechtsstaatlichkeit ab, damit der deutsche Rechtsschutz gegen die Vollstreckbarkeit der ausländischen Entscheidung eingeschränkt werden darf.[918] Hiermit allein ist aber eine Zugehörigkeit zu einem in Art. 1 oder 20 GG niedergelegten Grundsatz nicht begründet. Dasselbe gilt für das unmittelbar dem Rechtsstaatsprinzip entnommene Erfordernis eines Mindeststandards an (ausländischer) Verfahrensgerechtigkeit für die Eröffnung der inländischen Vollstreckbarkeit.[919]

---

914 S. die Nachweise oben Zweiter Teil Fn. 880.

915 Zur Änderungsfestigkeit dieses Grundsatzes BVerfGE 3, 225 (229); vgl. BVerfGE 31, 58 (72 f.); BVerfGK 8, 325 (328). Mit Anknüpfung hieran *Streinz,* Bundesverfassungsgerichtlicher Grundrechtsschutz, S. 179, 190, 197 f., m.w.N., zum Wesensgehalt S. 252 f.; *Huber,* AöR 116 (1991), 210 (225 ff., 233 f.); wohl auch *Dederer,* JZ 2014, 313 (316, 320 f.); vgl. *Kirchhof,* NVwZ 2014, 1537 (1539) für „Kerngehalt"; nicht eindeutig *Erler,* VVDStRL 18 (1960), 7 (44 f.); daneben statt vieler (nur) zur Unzulässigkeit ersatzloser Streichung des Grundrechtsteils *Sachs,* in: ders., Art. 79 Rn. 57; *Remmert,* in: MD, Art. 19 Abs. 2 Rn. 30, 32; *Herdegen,* in: MD, Art. 79 Rn. 124.

916 Vgl. mit diesem Ansatz *Tomuschat,* in: BK, Art. 24 Rn. 58, 61.

917 BVerfGE 30, 1 (24); BVerfGE 109, 279 (324); hierzu nur *Reimer,* Verfassungsprinzipien, S. 221 f., 242 ff.

918 BVerfGE 63, 343 (378); vgl. erneut BVerfGE 107, 395 (403).

919 BVerfGE 63, 343 (366); dies bei Heranziehung im hiesigen Kontext (Zweiter Teil Fn. 580) nicht immer erörtert; anklingend bei *Kohler,* in: Baur/Mansel (Hrsg.), Systemwechsel im europäischen Kollisionsrecht, S. 147 (160 f.). Vgl. zum Ganzen *Schmidt-Aßmann,* in: MD, Art. 19 Abs. 4 Rn. 15 ff.

Dass es sich um rechtsstaatliche Erwägungen handelt, die nicht beliebig disponibel sind, bestätigt das Gericht in anderem Zusammenhang, nämlich in Ausführungen zu den Grenzen, denen der hoheitsrechtsübertragende Gesetzgeber bei Rechtsschutzeinschränkungen gegenüber dem Verhalten zwischenstaatlicher Einrichtungen unterliegt.[920] Hier prüft es, ob „mit Blick auf die Grundprinzipien der Verfassung" die Ermächtigungsgrenzen des Art. 24 Abs. 1 GG überschritten sein können,[921] und erörtert wirksamen Rechtsschutz als ein Erfordernis aus dem Rechtsstaatsprinzip.[922] Angesichts der vom Gericht geteilten Einordung von Hoheitsrechtsübertragungen als materielle Verfassungsänderungen[923] wird also eine Rückbindung des betrachteten verfassungsrechtlichen Grundgefüges[924] an Art. 79 Abs. 3 GG impliziert.[925] Eindeutig um änderungsfeste Gehalte geht es in der jüngeren Rechtsprechung mit Blick auf eine unterbliebene Prüfung der Wahrung verfahrensrechtlicher Mindeststandards im innerunionalen Ausland ungeachtet der Determinierung durch Unionsrecht.[926]

Bei Annahme eines in gewissem Umfang änderungsfesten Individualrechtsschutzes ist aber über eine Verankerung auch des auf diese Weise *in der Sache* Durchzusetzenden im Rechtsstaatsgrundsatz keine Aussage getroffen. Insoweit

---

920 Dennoch auch insoweit mangels Maßstäblichkeit nur exkursweise bei *Becker,* Grundrechtsschutz, S. 75 ff.; vgl. *Beyerlin,* Rechtsprobleme der lokalen grenzüberschreitenden Zusammenarbeit, S. 248 f., 262, 449, aber auch S. 428 f.

921 BVerfGE 59, 63 (86); vgl. bereits BVerfGE 58, 1 (30 f.).

922 BVerfGE 59, 63 (86, 91); vgl. auch BVerfGE 58, 1 (30 f., 40 ff.), m. w. N.; BVerfGE 73, 339 (371 ff.), sowie zum EuGH ebd., S. 367 f.; BVerfG, Beschluss v. 23.1.2017, – 2 BvR 2584/12 –, Rn. 13, 17. S. aber auch die Ansicht der Senatsmehrheit in BVerfGE 30, 1 (25) „möglichst umfassender *Gerichts*schutz" (Hervorhebung im Original) gehöre nicht zu den änderungsfesten Grundsätzen (anders die abweichende Meinung der Richter *Geller, v. Schlabrendorff, Rupp* in BVerfGE 30, 1 [41]); für individuellen Rechtsschutz offenlassend BVerfGE 94, 49 (104). Erörterung als Grenze für den Hoheitsrechte übertragenden Gesetzgeber etwa bei *Rojahn,* in: v. Münch/Kunig, Art. 24 Rn. 73; jeweils für *gerichtlichen* Rechtsschutz *Scholz,* NJW 1990, 941 (943); als rechtsstaatliches Element der Struktursicherungsklausel, *ders.,* in: MD, Art. 23 Rn. 76.

923 BVerfGE 58, 1 (36).

924 BVerfGE 58, 1 (40).

925 Zur Änderungsfestigkeit wirksamen Rechtsschutzes *Tomuschat,* in: BK, Art. 24 Rn. 58; *Schmidt-Aßmann,* in: MD, Art. 19 Abs. 4 Rn. 30; *Hofmann,* Grundrechte und grenzüberschreitende Sachverhalte, S. 97; *Papier,* HStR³ VIII, § 176 Rn. 14, deutlicher *ders.,* HStR³ VIII, § 177 Rn. 97. Verankerung in Art. 1 Abs. 3 GG und Rechtsstaatsprinzip, *Dreier,* in: ders., Bd. II, Art. 79 III Rn. 32, 34, 51, 53; *Bryde,* in: v. Münch/Kunig, Art. 79 Rn. 38, 45; ergänzt um Art. 1 Abs. 1 GG, *Herdegen,* in: MD, Art. 79 Rn. 117, 154, 125. Wesensgehalt von Art. 19 Abs. 4 GG *Huber,* in: vMKS, Art. 19 Rn. 525 ff.; *ders.,* in: FS Hufen, S. 585 (590, 592). Zum Ganzen *Rauser,* Die Übertragung von Hoheitsrechten auf ausländische Staaten, S. 238 ff.

926 BVerfG, Beschluss v. 23.1.2017, – 2 BvR 2584/12 –, Rn. 13, 17.

taucht wiederum ein Wesensgehaltsbezug auf, wenn das Gericht, ebenfalls im Beschluss über den deutsch-österreichischen Rechtshilfevertrag, auf hinreichenden ausländischen Schutz zur Abwehr mit dem Wesensgehalt unvereinbarer ausländischer Forderungen hinweist.[927] Auch dies aber geschieht bei Prüfung an Art. 19 Abs. 4 S. 1 GG, dem Maßstab des nach Art. 59 Abs. 2 S. 1 GG handelnden Zustimmungs-, nicht des Integrationsgesetzgebers.

Dass das Gericht auch insoweit unmittelbar das Rechtsstaatsprinzip für bedeutsam hält, stellt es klar, wenn es diesem für eine deutsche Vollstreckbarerklärung die Voraussetzung der Widerspruchsfreiheit des ausländischen Sachrechts zur „verfassungsrechtlichen öffentlichen Ordnung (ordre public)“ entnimmt.[928] Ob der später genannte Wesensgehalt diesem verfassungsrechtlichen *ordre public* unterfällt,[929] bleibt unerörtert, ebenso wie die Änderungsfestigkeit des letzteren.

Schließlich sei erwähnt, dass inzwischen auch im Integrationskontext eine Bezugnahme auf materielle Gerechtigkeit als Forderung des Rechtsstaatsprinzips erfolgt.[930] Dies bietet einen weiteren Anhaltspunkt für änderungsfeste grundrechtliche Gehalte, ist für sich genommen aber ebenfalls wenig aussagekräftig.

Inwiefern Grundrechtsgehalte möglicherweise änderungsfesten Schutz als Ausprägungen des Rechtsstaatsprinzips genießen, wird also letztlich nicht deutlich.

ee) Ergebnis

Es bestehen damit unterschiedliche Ansatzpunkte für eine Änderungsfestigkeit des Wesensgehalts. Die Integrationsrechtsprechung hat einen solchen Schutz unter Art. 79 Abs. 3 GG vor allem mit dem *Solange II*-Beschluss nahegelegt, aber vollumfänglich bis heute nicht ausgeleuchtet.

c) Menschenrechtsschutz durch Art. 79 Abs. 3 GG

Nur am Rande sei bemerkt, dass sich selbstverständlich auch die Änderungsfestigkeit anderer grundrechtlicher Gehalte als des Wesensgehalts in Erwägung ziehen lässt. Bereits in *Solange II* war von einer Unabdingbarkeit zugleich, viel-

---

927 BVerfGE 63, 343 (379); mit Verweis hierauf auch *Beyerlin,* Rechtsprobleme der lokalen grenzüberschreitenden Zusammenarbeit, S. 252.

928 BVerfGE 63, 343 (366); vgl. *Pfeiffer,* in: FS Jayme, S. 675 (681).

929 BVerfGE 63, 343 (379). Befürwortend *Hofmann,* Grundrechte und grenzüberschreitende Sachverhalte, S. 100, s. auch ebd., S. 97.

930 BVerfGE 140, 317 (344, Rn. 55), m.w.N.; BVerfG, Beschluss v. 9.11.2016, – 2 BvR 545/16 –, Rn. 38.

mehr *zumal* des Wesensgehalts der *Menschenrechte* die Rede.[931] Auch mit Blick auf die jüngere Rechtsprechung stellt sich die Frage, inwieweit menschenrechtliche Gehalte über Art. 1 Abs. 2 GG dem Schutz des Art. 79 Abs. 3 GG unterfallen.[932] Relevant wird dies neben den vorstehenden Erwägungen freilich nur, soweit die damit infrage stehenden Mindeststandards nicht ohnehin mit dem originär grundgesetzlich Unabdingbaren korrelieren.[933]

d) Zusätzliche grundrechtliche Grenze in Art. 23 Abs. 1 S. 1 GG?

Zumal bei restriktiver Bestimmung der Änderungsfestigkeit verdient daneben Art. 23 Abs. 1 S. 1 GG Aufmerksamkeit. Mit ihrer Bezugnahme auf einen im Wesentlichen vergleichbaren Grundrechtsschutz[934] wirft die Norm die Frage auf, ob hierin eine (weitere, abweichende) spezifisch grundrechtliche Grenzziehung für die Erteilung eines Rechtsanwendungsbefehls zu erblicken ist, an der auch der Vorrang des Unionsrechts seine Grenze findet.[935]

Es lassen sich in der Rechtsprechung mitunter Anhaltspunkte für eine eigenständige Bedeutung der Struktursicherungsklausel als Grenzziehung erkennen. Der Erste Senat impliziert, eine weitere Bindung an zwingende Richtlinienvorgaben sei bei Verfehlung eines solchen Schutzniveaus nicht mehr in Konformi-

---

[931] BVerfGE 73, 339 (386), ohne Hervorhebung im Original; vgl. BVerfGE 31, 58 (76); BVerfGK 9, 155 (158).

[932] Zur Änderungsfestigkeit der in Art. 1 Abs. 2 GG in Bezug genommenen Rechte BVerfGE 141, 1 (15, Rn. 34), m. w. N., s. aber auch S. 20, Rn. 47; BVerfGE 141, 220 (342, Rn. 328; S. 345, Rn. 336); BVerfG, Beschluss v. 20.4.2016, – 2 BvR 1488/14 –, Rn. 13; vgl. BVerfGE 128, 326 (369 f.); BVerfGE 140, 317 (359, Rn. 92); abweichende Meinung des Richters *Huber* in BVerfG, Beschluss v. 21.6.2016, – 2 BvR 637/09 –, Rn. 22. Aus dem Schrifttum nur *Höfling,* in: Sachs, Art. 1 Rn. 73; *Sachs,* in: ders., Art. 79 Rn. 54; *Dreier,* in: ders., Art. 1 II Rn. 26, aber Rn. 19 f., 25 ablehnend zur EMRK, Bd. II, Art. 79 III Rn. 31; *Herdegen,* in: MD, Art. 1 Abs. 2 Rn. 22 ff., 39 ff., Art. 79 Rn. 121; *Starck,* in: vMKS, Art. 1 Rn. 132 f.

[933] Annahme in der Rspr. oben Zweiter Teil Fn. 629, 650 implizit, oben Zweiter Teil Fn. 655 ausdrücklich; vgl. BVerfGE 141, 220 (342, Rn. 328) sowie BVerfG, Beschluss v. 26.2.2018, – 2 BvR 107/18 –, Rn. 26, 31. Kongruenz nach *Hofmann,* Grundrechte und grenzüberschreitende Sachverhalte, etwa S. 58 ff., 63 f., 100, 105 f.; *Herdegen,* in: MD, Art. 1 Abs. 2 Rn. 34; vgl. *Graßhof/Backhaus,* EuGRZ 1996, 445 (448); *Kokott,* in: Sachs, Art. 16 Rn. 51. S. zum Ganzen den Vorschlag von *Nettesheim,* JZ 2016, 424 (428).

[934] Zuvor BVerfGE 73, 339 (375 f.); zum Normverständnis oben Zweiter Teil Fn. 759.

[935] So *Kischel,* Der Staat 39 (2000), 523 (535 f.); wohl auch *Dreier,* in: ders., Art. 19 II Rn. 5; *Bach,* Grenzüberschreitende Vollstreckung in Europa, S. 366; *Schiffbauer,* AöR 141 (2016), 551 (571); *Reinbacher/Wendel,* EuGRZ 2016, 333 (335); *Uerpmann-Wittzack,* in: v. Münch/Kunig, Art. 23 Rn. 28. Ablehnend *Scholz,* in: MD, Art. 23 Rn. 71, 113, 116, jenseits von Subsidiarität; *Flint,* Die Übertragung von Hoheitsrechten, S. 184 f. mit Fn. 2; letztlich wohl *Wollenschläger,* in: Dreier, Bd. II, Art. 23 Rn. 61, 81 ff.; *König,* Die Übertragung von Hoheitsrechten im Rahmen des europäischen Integrationsprozesses, S. 569 f., 573 ff. (trotz S. 291); *Huber,* in: vMKS, Art. 19 Rn. 191 (und erneut bereits Rn. 152).

tät mit den in Art. 23 Abs. 1 GG genannten Grundsätzen.[936] Zumindest in diese Richtung weist auch der Zweite Senat, wenn er im *Lissabon*-Urteil festhält, die in Art. 23 Abs. 1 S. 1 GG enthaltenen materiellen Erfordernisse zögen die Mitwirkungsgrenze,[937] und daneben zu einer Vorschrift der Grundrechtecharta ausführt, jene Norm habe auf verfassungsrechtlicher Ebene nur dort Bedeutung, wo der von der Struktursicherungsklausel geforderte Schutz verfehlt werde.[938]

Dabei dürfte in grundrechtlicher Hinsicht wegen des ermöglichten Durchgriffs eine klare Trennung zwischen Bestands- und Struktursicherungsanforderungen schwerfallen.[939] Wird in der Rechtsprechung aber weiter impliziert, Abs. 1 S. 1 greife lediglich das auf, was über Art. 23 Abs. 1 S. 3 i. V. m. Art. 79 Abs. 3 GG ohnehin Schutz genieße,[940] lässt dies eine eigenständige maßstäbliche Bedeutung für den Rechtsanwendungsbefehl anzweifeln. Dieser Eindruck wird verstärkt, wenn der Zweite Senat in seiner jüngeren Rechtsprechung als Integrationsgrenze wiederholt allein die Verfassungsidentität nennt.[941] Anderenfalls bedürfte es dort, wo es um eine Maßstäblichkeit von Art. 23 Abs. 1 S. 1 GG sogar für den mit verfassungsändernder Mehrheit (Art. 79 Abs. 2 GG) handelnden Integrationsgesetzgeber geht, auch zumindest einer Befassung damit, warum dieser sich nicht über diese Grenze sollte hinwegsetzen können.[942] Letztlich entbinden daher auch diese Überlegungen zu Art. 23 Abs. 1 S. 1 GG nicht von einer Beurteilung der Frage der Änderungsfestigkeit des Wesensgehalts unter Art. 79 Abs. 3 GG.

e) Ergebnis

In der Rechtsprechung hat somit Bestätigung gefunden, dass der Schutz der Menschenwürde aus Art. 1 Abs. 1 GG und etwaiger Menschenwürdekerne an-

---

936 BVerfGE 118, 79 (97).

937 BVerfGE 123, 267 (332); vgl. die abweichende Meinung des Richters *Broß* in BVerfGE 113, 273 (320 f.); BVerfGE 129, 124 (169); BVerfGK 16, 509 (515).

938 BVerfGE 123, 267 (334).

939 So auch *Scholz,* in: MD, Art. 23 Rn. 116; *Hobe,* in: Friauf/Höfling, Art. 23 Rn. 52.

940 BVerfGE 123, 267 (363 f.); vgl. BVerfGE 129, 124 (169); BVerfGE 133, 277 (316, Rn. 91); BVerfGE 102, 147 (163). Deutlich *Scholz,* in: MD, Art. 23 Rn. 71, 113, 116; bei änderungsfestem Wesensgehalt ohnehin (s. erneut Zweiter Teil Fn. 897).

941 Zumindest in grundrechtlicher Hinsicht, BVerfGE 140, 317 (336, Rn. 40); BVerfG, Beschluss v. 19.7.2016, – 2 BvR 2752/11 –, Rn. 17; BVerfG, Beschluss v. 23.1.2017, – 2 BvR 2584/12 –, Rn. 17; vgl. bereits BVerfGE 129, 124 (169 f.) und zu Kompetenzüberschreitungen erneut BVerfG NJW 2016, 2473 (2475, Rn. 121; S. 2478 f., Rn. 145, 153). Aus der Literatur *Dederer,* JZ 2014, 313 (315 f.).

942 Ein Abgehen von dem durch Art. 23 Abs. 1 S. 1 GG Gebotenen wird hingegen von *Uerpmann-Wittzack,* in: v. Münch/Kunig, Art. 23 Rn. 56 nicht für möglich gehalten, anklingend auch bei *Dreier,* in: ders., Art. 19 II Rn. 5.

derer Grundrechte unter Art. 79 Abs. 3 GG integrationsfest ist. Welche menschenrechtlichen Gehalte daneben über Art. 1 Abs. 2 GG diesem besonderen Schutz unterfallen, hat das Gericht bislang nicht eingehender erörtert. Eine Änderungsfestigkeit des grundrechtlichen Wesensgehalts schließlich hat es impliziert, aber bislang in kein Verhältnis zu seiner im Übrigen diesbezüglich restriktiven Rechtsprechung gesetzt. Dass Art. 23 Abs. 1 S. 1 GG daneben eine Grenze für Einwirkungen zöge, die sich in grundrechtlicher Hinsicht von der des Art. 79 Abs. 3 GG unterschiede, wird durch das Gericht allenfalls angedeutet, und in jüngerer Rechtsprechung implizit verneint.

2. Bestimmung der Grenzübertretung

Ebenfalls bereits in materieller Hinsicht und nicht erst für die prozessuale Behandlung wird relevant, ob eine unzulässige Überschreitung der Integrationsgrenze bereits in einem bloßen gravierenden Einzelfall vorliegen kann. Auch wenn sich dies kaum von den soeben erörterten Schwierigkeiten trennen lässt, sei die Frage der Grenzübertretung zum einen für die vom Zweiten Senat in den Raum gestellte Grenze des dem „als unabdingbar gebotenen Grundrechtsschutz im wesentlichen gleichzuachten[den]“[943] bzw. den im Wesentlichen vergleichbaren Grundrechtsschutz i. S. d. Art. 23 Abs. 1 S. 1 GG betrachtet (a), zum anderen mit Blick auf Gehalte untersucht, die Art. 79 Abs. 3 GG weniger problematisch unterfallen (b).

a) Infragestellung wesentlicher Schutzvergleichbarkeit im bloßen Einzelfall?

Bereits ohne Auslandsbezüge stellt sich die Frage, ob der Wesensgehaltsschutz nur einer Beeinträchtigung des Rechtskerns allgemein oder bereits bestimmten Eingriffen im Einzelfall entgegensteht.[944] Bei Maßstäblichkeit (auch) des Wesensgehaltsschutzes für den Rechtsanwendungsbefehl bedarf es auch bei Vollzug von Unionsrecht einer Vergewisserung, ob dieser Gehalt bereits bei Zurückbleiben des Schutzes in gravierenden Einzelfällen angetastet werden kann.

Die Rechtsprechung steht einem solchen Absinken im Einzelfall zurückhaltend gegenüber mit der häufig negativ gefassten Feststellung, das verfassungsrechtlich verlangte Maß an (Grund-)Rechtsschutz sei nicht generell und

---

943 BVerfGE 73, 339 (387), daneben S. 376, 384, 386.

944 Offengelassen in BVerfGE 2, 266 (285); s. auch BVerfGE 45, 187 (270).

offenkundig verfehlt.[945] Dabei mag auch das Offensichtlichkeitskriterium[946] Schwierigkeiten bereiten; vor dem Hintergrund horizontaler innerunionaler Zusammenarbeit wird hier aber allein der Umgang mit dem Erfordernis einer generellen Verfehlung näher beleuchtet.

So sei nicht dargelegt, führt das Gericht noch im *Solange II*-Beschluss aus, dass der EuGH seine Bindungen an die Gewährung rechtlichen Gehörs „allgemein und schlechthin mißachtete oder verkannte."[947] Es ist für den Zweiten Senat erst die solchermaßen charakterisierte Verfehlung, die ein generelles Zurückbleiben hinter dem aus deutscher Sicht Gebotenen zu begründen vermöchte; nur dann könne möglicherweise die Verfassungsmäßigkeit des Zustimmungsgesetzes angezweifelt werden.[948] Die Einordnung der möglichen materiellrechtlichen Bedeutung dieser Erwägungen erschwert, dass diese Ausführungen hier wie in der späteren Rechtsprechung bereits auf Zulässigkeitsebene angestellt werden.[949]

Zumindest auf der prozessualen Ebene aber geht der Zweite Senat auch in seiner späteren Rechtsprechung, insbesondere im Beschluss zur Bananenmarktordnung, davon aus, ein Einzelfall genüge zur Darlegung eines solch generellen Absinkens für den Eintritt in die Sachprüfung nicht: dort wird eine Betrachtung der europäischen Rechtsentwicklung unter Gegenüberstellung des supranationalen und grundgesetzlichen Grundrechtsschutzes verlangt.[950] In anderen Entscheidungen legt das Gericht ebenfalls nahe, um eine generelle Problematik

---

[945] S. bereits BVerfGE 73, 339 (371, 387); BVerfGE 102, 147 (161, 163 f.); daneben nur BVerfG NJW 2001, 2705 (2706); BVerfGK 6, 368 (370); BVerfGK 8, 15 (18 f.); BVerfGK 16, 509 (514 f.); BVerfGK 17, 266 (271 f.); BVerfG, Beschluss v. 23.11.2011, – 1 BvR 2682/11 –, juris KVRE396791101, Rn. 4.

[946] BVerfGE 73, 339 (387); Kriterium nicht in BVerfGE 59, 63 (91 f.); BVerfGE 102, 147 (161, 163 f.); vgl. umgekehrt aber BVerfGE 68, 1 (106 f.); BVerfGE 91, 335 (343); BVerfG JZ 2016, 796 (798, Rn. 39). Befürwortend *Scholz,* NJW 1990, 941 (945); *Dederer,* JZ 2014, 313 (320).

[947] BVerfGE 73, 339 (371 f.).

[948] BVerfGE 73, 339 (372).

[949] S. nur BVerfGE 102, 147 (161, 163); BVerfGE 118, 79 (95); BVerfGE 123, 267 (335); BVerfGE 129, 78 (90); BVerfG NVwZ 2016, 1171 (1172, Rn. 29); beachte umgekehrt aber BVerfGE 140, 317 (341 ff., Rn. 50 ff.); BVerfG JZ 2016, 1113 (1114 ff., Rn. 30 ff.); BVerfG, Beschluss v. 23.1.2017, – 2 BvR 2584/12 –, Rn. 12 ff. Statt vieler mit Hinweis auf prozessuale Lösung *Scholz,* NJW 1990, 941 (943); Hervorhebung materiellrechtlicher Rückbindung, *Randelzhofer,* in: MD, 30. EL, Art. 24 Rn. 157; daher kritisch zur Rspr. *Streinz,* Bundesverfassungsgerichtlicher Grundrechtsschutz, S. 283 f., 300 f.; zum Ganzen *Dederer,* JZ 2014, 313 (318 ff.).

[950] BVerfGE 102, 147 (161, 164), nun mit Bezug auf „den jeweils als unabdingbar gebotenen Grundrechtsschutz"; erstmals in BVerfGE 118, 79 (95) ergänzt um „den Wesensgehalt der jeweiligen Grundrechte", hierzu auch *Bäcker,* EuR 2011, 103 (119).

aufzuzeigen, sei die Auseinandersetzung mit einer Viel- oder doch Mehrzahl von Fällen erforderlich, in deren Ermangelung es mehrfach die Würdigung einzelner supranationaler Maßnahmen offengelassen hat: Dabei wird die Prüfung zum Teil lediglich unter Verweis auf die nicht mehr wahrgenommene Gerichtsbarkeit unterlassen,[951] zum Teil wiederum hinzugefügt, für eine Sachentscheidung bedürfe es der Auseinandersetzung mit dem Absinken des supranationalen Standards.[952] Dies dürfte auch in der Differenzierung des *Maastricht*-Urteils zwischen Einzelfallrechtsschutz durch den EuGH und genereller Sicherung des Unabdingbaren durch das Bundesverfassungsgericht zum Ausdruck kommen.[953] Der hier jeweils verfolgte Ansatz findet sich zudem in der Behandlung von Verfassungsbeschwerden gegen Entscheidungen der Beschwerdekammern des Europäischen Patentamts: Auch dort hat das Gericht mehrfach ausgeführt, statt bloßer Darlegungen allein zum konkreten Einzelfall hätte es vielmehr einer Auseinandersetzung auch mit Rechtsschutzmöglichkeiten und -regelungen innerhalb der Organisation sowie mit der Spruchpraxis der Beschwerdekammern bedurft.[954]

Am Rande sei auf eine Erwägung jenseits der Integrationsrechtsprechung hingewiesen, die dafür streiten könnte, dass auch *materiell*rechtlich nur das Bestehen eines generellen Schutzes überhaupt Relevanz besitzt. Es wurde bereits erwähnt, dass das Gericht Art. 19 Abs. 4 GG in der Entscheidung zum deutsch-österreichischen Rechtshilfevertrag die Anforderung eines Mindestmaßes an ausländischem Rechtsschutz entnimmt. Hier bislang ausgeklammert, schließt es diese Ausführungen mit der vielfach zitierten Feststellung, „[w]o dies nicht generell gewährleistet erscheint, wird es regelmäßig eines Vorbehalts der deutschen öffentlichen Ordnung bedürfen".[955] Zumindest unter der Rechtsschutzgarantie wird also selbst für den Zustimmungsgesetzgeber ein Vorbehaltsverzicht nicht ausgeschlossen. Ein solcher Verzicht erlaubt einen Durchgriff, wie ihn auch das Gericht als Charakteristikum einer Hoheitsrechtsübertragung ansieht.[956] Dennoch dürfte damit nur bestätigt sein, dass eine Übertragung allein zulässig ist, wenn sie nicht generell von einem Mindestmaß an (Rechts-)Schutz entbindet.[957] Dass sich ein bloßer gravierender Einzelfall bei

[951] Etwa BVerfG NJW 1987, 3077 (3077); BVerfGK 3, 331 (334).

[952] Beispielsweise BVerfG NJW 2001, 1267 (1267 f.); BVerfG, Beschluss v. 23.11.2011, – 1 BvR 2682/11 –, juris KVRE396791101, Rn. 4.

[953] BVerfGE 89, 155 (175).

[954] BVerfGK 16, 509 (515); BVerfGK 17, 266 (272); offener BVerfG NJW 2001, 2705 (2706).

[955] BVerfGE 63, 343 (378).

[956] S. erneut die Rspr. oben Zweiter Teil Fn. 788.

[957] In diesem Lichte erneut die Nachweise oben Zweiter Teil Fn. 580.

generell ausreichendem Niveau als kritisch darstellt, ist hingegen weder gesagt noch ausgeschlossen. Auch wenn man die Ausführungen des Gerichts auf den grundrechtlichen Wesensgehalt bezieht, hängt dies vielmehr davon ab, ob dieser Gehalt auch in einem bloßen Einzelfall angetastet[958] sein kann. Darüber hatte das Gericht aber nicht zu entscheiden.

Auch an die Integrationsrechtsprechung lässt sich allerdings die Frage herantragen, ob der Eintritt des Gerichts in die Sachprüfung und die Feststellung einer Überschreitung der Grenzen des Rechtsanwendungsbefehls in einem bloßen Einzelfall ausgeschlossen sind.[959] Der in Art. 23 Abs. 1 S. 1 GG aufgenommene Wortlaut bietet für derartige Überlegungen zumindest nicht weniger Raum, als dies bei dem Begriff „generell" der Fall ist.[960] Verschiedentlich schließt das Gericht jedenfalls bei der verfassungsprozessualen Erörterung nicht aus, dass auch in einem Einzelfall Veranlassung für den Eintritt in eine Sachprüfung bestehen könnte. Dies deutet sich in der Integrationsrechtsprechung im vereinzelten (bloßen) Verzicht beider Senate auf den Zusatz einer generellen Verbürgung des grundrechtlichen Wesensgehalts bei Wiederholung der *Solange*-Formel lediglich an.[961] Deutlicher in diese Richtung weist die Feststellung, eine generelle Infragestellung des gebotenen Schutzes durch ein bestimmtes EuGH-Urteil sei nicht ersichtlich;[962] ebenso wird dies impliziert, wenn für den Fall, dass vor dem

---

[958] Enges Verständnis bei *Streinz,* Bundesverfassungsgerichtlicher Grundrechtsschutz, S. 273 f.; „qualitativ-struktureller Ansatz" bei *Huber,* in: vMKS, Art. 19 Rn. 148 ff.; in Art. 23 Abs. 1 S. 1 GG aufgehend, *Kischel,* Der Staat 39 (2000), 523 (542 ff.), kritisch gegenüber absolutem Einzelfallschutz; relativer Ansatz auch bei *Dreier,* in: ders., Art. 19 II Rn. 17; zum subjektiven Gehalt auch *Krebs,* in: v. Münch/Kunig, Art. 19 Rn. 25 f.

[959] Nachdrücklich jedenfalls für Sachprüfung *Streinz,* Bundesverfassungsgerichtlicher Grundrechtsschutz, S. 283 ff., 296 f., 300 f.; *Randelzhofer,* in: MD, 30. EL, Art. 24 Rn. 161, aber mehr als Einzelfall für Begründetheit nötig; *Huber,* AöR 116 (1991), 210 (242 ff.), aber, später (*ders.,* in: vMKS, Art. 19 Rn. 183 f.) deutlicher, mit „qualitativ-strukturellem" Wesensgehaltsansatz ebenfalls in der Sachprüfung abschichtend; mit Vorschlag des Kriteriums der Typizität *Scholz,* NJW 1990, 941 (942, 945); weiterhin *ders.,* in: MD, Art. 23 Rn. 93. Einzelfall ausgeschlossen im Verständnis der Rspr. etwa bei *Uerpmann-Wittzack,* in: v. Münch/Kunig, Art. 23 Rn. 31; wohl auch *Augsberg,* DÖV 2010, 153 (155 f.). Mit Nachdruck gegen Einzelfallkontrolle etwa *Tomuschat,* in: BK, Art. 24 Rn. 65, 95 f.; *Kischel,* Der Staat 39 (2000), 523 (536 ff.); *Bäcker,* EuR 2011, 103 (118 f.), bereits in BVerfGE 125, 260 Abgehen des Gerichts von genereller Rücknahme erblickend (dies begrüßt bei *Dederer,* JZ 2014, 313 [317 f., 320 f.]).

[960] Deshalb kritisch *Hofmann,* Grundrechte und grenzüberschreitende Sachverhalte, S. 93 f.; „generell" implizit enthalten nach *Kischel,* Der Staat 39 (2000), 523 (536 f.).

[961] BVerfGE 123, 267 (335) unter Verweis auf *Solange II* und *Bananenmarktordnung,* in denen dieser Zusatz jeweils enthalten ist; BVerfGE 129, 78 (103); vgl. auch BVerfGK 2, 75 (77 f.) sowie die im Gegensatz zur Hauptsache stärker grundrechtsbezogene Argumentation in BVerfG, Beschluss v. 27.11.2014, – 2 BvR 2735/14 –, Rn. 12.

[962] BVerfG NJW 2001, 2323 (2323); s. auch BVerfGE 59, 63 (91 f.).

EuGH „der vom Grundgesetz als unabdingbar gebotene Grundrechtsstandard nicht verwirklicht werden sollte, [...] das Bundesverfassungsgericht angerufen werden [kann]."[963] Schließlich ist in diesem Sinne im Kontext der Europäischen Patentorganisation davon die Rede, selbst bei Vorliegen der vom Beschwerdeführer behaupteten Verletzung sei diese zumindest nicht von solchem „Gewicht, um Zweifel daran zu wecken, dass das Niveau des vom Grundgesetz gewährleisteten Grundrechtsschutzes strukturell erreicht werde."[964] Ist aber denkbar, die Zulässigkeitshürde in einem bloßen Einzelfall zu überwinden, erscheint eine auch materiellrechtliche Relevanz eines solchen Falls für die Integrationsgrenze nicht ausgeschlossen.[965] Ein vollkommen stimmiges Bild ergibt die bundesverfassungsgerichtliche Rechtsprechung auch mit Blick auf das Zurückbleiben hinter einem im Wesentlichen vergleichbaren Grundrechtsschutz im Einzelfall damit nicht.

b) Mögliche Berührung i. S. d. Art. 79 Abs. 3 GG im Einzelfall

Angesichts dieser Unklarheiten sei ungeachtet möglicher Überschneidungen hier für solche Gehalte bewusst getrennt angesetzt, die eindeutig dem Schutz des Art. 79 Abs. 3 GG unterfallen. Das danach Änderungsfeste darf ausweislich des Wortlauts nicht berührt werden.

Wiederum wird bereits im rein nationalen Kontext kontrovers beurteilt, ob von der Unzulässigkeit jeder Beeinträchtigung[966] einerseits oder aber einem Verbot allein der Beschränkung des prinzipiellen Gehalts[967] andererseits auszugehen ist. Dies ist auch hier bedeutsam. Jenseits von Integrationsfragen hat das Gericht letzteren, restriktiveren Ansatz bisher zumindest mehrheitlich verfolgt.[968] Dies dürfte auch zum Ausdruck kommen, wenn synonym zum Verbot

---

[963] BVerfG NJW 1990, 974 (974); BVerfG NVwZ 1993, 883 (883); *Scholz,* NJW 1990, 941 (942); *Huber,* AöR 116 (1991), 210 (245); Mehrdeutigkeit konzedierend *König,* Die Übertragung von Hoheitsrechten im Rahmen des europäischen Integrationsprozesses, S. 435 f.; *Randelzhofer,* in: MD, 30. EL, Art. 24 Rn. 160.

[964] BVerfGK 6, 368 (370); nahezu wortgleich BVerfGK 8, 15 (19); vgl. BVerfG, Beschluss v. 5.9.1990, – 2 BvR 848/88 –, juris KVRE210969001, Rn. 13; BVerfGE 140, 317 (356, Rn. 85).

[965] Vgl. erneut BVerfGK 11, 268 (274 f.); *Randelzhofer,* in: MD, 30. EL, Art. 24 Rn. 157.

[966] Abweichende Meinung der Richter *Geller, v. Schlabrendorff, Rupp* in BVerfGE 30, 1 (41 f.); s. auch die abweichende Meinung der Richterinnen *Jaeger* und *Hohmann-Dennhardt* in BVerfGE 109, 279 (386 f.); zustimmend bei restriktiver Bestimmung geschützter Grundsätze *Reimer,* Verfassungsprinzipien, S. 243 f.

[967] BVerfGE 30, 1 (24); BVerfGE 123, 267 (343); kritisch *Sachs,* in: ders., Art. 79 Rn. 36; vermittelnd *Dreier,* in: ders., Bd. II, Art. 79 III Rn. 19; *Bryde,* in: v. Münch/Kunig, Art. 79 Rn. 29; zustimmend *Herdegen,* in: MD, Art. 79 Rn. 110.

[968] BVerfGE 30, 1 (24); BVerfGE 84, 90 (121); BVerfGE 94, 12 (34); BVerfGE 94, 49 (103); BVerfGE 109, 279 (310).

einer Berührung der Grundsätze von der Unantastbarkeit allein des Kern- bzw. grundlegenden Gehalts von (einzelnen) Grundrechten,[969] Staatsstrukturprinzipien[970] oder allgemein der Verfassungsidentität[971] die Rede ist.[972] Im rein nationalen Kontext geht es dabei allerdings ausschließlich um die Tätigkeit des verfassungsändernden Gesetzgebers; im Fall einer Übertragung von Hoheitsrechten kann hingegen auch das Verhalten anderer Träger deutscher Gewalt in den Blick rücken.[973]

Im Zusammenhang der Integration hatte dieser Fragenkreis nachgehend zur verstärkt identitätsbezogenen Argumentation im *Lissabon*-Urteil zunächst primär mit Blick auf das Demokratieprinzip Aufmerksamkeit erfahren.[974] Es sei aber hervorgehoben, dass das Gericht zum Rechtsstaatsprinzip vereinzelt bereits deutlich früher die Möglichkeit einer unzulässigen Überschreitung der Integrationsgrenzen in einem bloßen Einzelfall impliziert hatte.[975] Im grundrechtlichen Kontext hat sich der Zweite Senat erst in jüngerer Zeit eingehender damit befasst. Im Beschluss BVerfGE 140, 317 wurde Ende 2015 erstmals ausdrücklich ausgeführt, dass das Integrationsfeste auch in einem bloßen Einzelfall keine Relativierung gestatte.[976] Dabei ging es zwar in erster Linie um den Menschen-

---

[969] Hierzu erneut die Rspr. oben Zweiter Teil Fn. 879; vgl. daneben die Rspr. Erster Teil Fn. 108 und Zweiter Teil Fn. 614.

[970] BVerfGE 95, 48 (62); BVerfGE 84, 90 (121, 126 f.); BVerfGE 109, 279 (310); BVerfG NJW 2016, 2473 (2475 ff., Rn. 121 ff.) sowie Rn. 127 zur Unantastbarkeit.

[971] BVerfGE 123, 267 (353 f.); BVerfGE 129, 124 (179); BVerfGE 131, 152 (217); BVerfG NJW 2016, 2473 (2488, Rn. 214); vgl. BVerfGE 140, 317 (337, Rn. 43).

[972] Grds. zustimmend *Herdegen,* in: MD, Art. 79 Rn. 110 f.; *Dreier,* in: ders., Bd. II, Art. 79 III Rn. 26; kritisch *Sachs,* in: ders., Art. 79 Rn. 36. S. erneut auch *Reimer,* Verfassungsprinzipien, S. 216, 221, 242 ff.

[973] Hierzu erneut oben S. 219 ff.

[974] BVerfGE 123, 267 (330 ff.) (S. 332 f. zum Sozialstaatsprinzip); in der Sache bereits BVerfGE 89, 155 (182); BVerfGE 97, 350 (368 f.); BVerfGE 129, 124 (168 f.); BVerfGE 134, 366 (396, Rn. 50 ff.) mit Kritik in der abweichenden Meinung des Richters *Gerhardt*, S. 432, Rn. 138; BVerfGE 135, 317 (399, Rn. 159); BVerfG NJW 2016, 2473 ff.

[975] BVerfGE 59, 63 (91 f.); BVerfGE 113, 273 (296, 303 f.); BVerfGE 140, 317 (344, Rn. 55); vgl. BVerfG, Beschluss v. 9.11.2016, – 2 BvR 545/16 –, Rn. 38 f.

[976] BVerfGE 140, 317 (341, Rn. 48 f.) m. w. N. (s. auch S. 367, Rn. 110), von denen allein BVerfGE 113, 273 (295 ff.), insb. S. 303 f. deutlich in Richtung eines Einzelfallschutzes weist; s. bereits vorangehend BVerfG, Beschluss v. 27.11.2014, – 2 BvR 2735/14 –, Rn. 12; BVerfG, Beschluss v. 12.5.2015, – 2 BvR 2954/10 –, Rn. 36 ff.; nachfolgend BVerfG, Beschluss v. 6.5.2016, – 2 BvR 890/16 –, Rn. 19 und die Hauptsache BVerfG JZ 2016, 1113 (1114, Rn. 32); BVerfG, Beschluss v. 18.8.2017, – 2 BvR 424/17 –, Rn. 32 f. (in der Hauptsache wegen Verletzung [bereits] von Art. 101 Abs. 1 S. 2 GG „derzeit" nicht relevant, BVerfG, Beschluss v. 19.12.2017, – 2 BvR 424/17 –, Rn. 59); BVerfG, Beschluss v. 14.12.2017, – 2 BvR 2655/17 –, Rn. 18; vgl. BVerfG, Beschluss v. 21.3.2018, – 2 BvR 237/18 –, Rn. 14 ff.; zu dieser Linie *Reinbacher/Wendel,* EuGRZ 2016, 333 (334). S. daneben erneut BVerfGE 30, 1 (25); BVerfGE

würdeschutz aus Art. 1 Abs. 1 GG, das Gericht bezieht aber in seine Äußerung die anderen Schutzgüter des Art. 79 Abs. 3 GG mit ein. Dieser Einzelfallschutz ist der Kontext, in dem auch die in jüngerer Zeit wiederholt gebrauchte Formulierung zu sehen ist, anderen Staaten dürfe nicht zu Menschenwürdeverletzungen die Hand gereicht werden.[977] In ein Verhältnis zur *Solange*-Rechtsprechung wird dies bislang nicht gesetzt.[978]

Wie schon erwähnt, hat dieser einzelfallbezogene Ansatz inzwischen ausdrücklich mit Blick auf die Wahrung grundrechtlicher Menschenwürdekerne Bestätigung gefunden.[979] Deutlicher als in BVerfGE 140, 317 ist in der nachfolgenden Rechtsprechung aber auch geworden, dass sogar bei engem Zusammenhang mit dem Würdeschutz zwischen einem einzelfallfesten Kern und nicht solchermaßen geschützten Gehalten differenziert wird.[980] Während also die Möglichkeit einer unzulässigen Berührung im Einzelfall anerkannt wird, wird wie in der übrigen Rechtsprechung zur Berührung i. S. d. Art. 79 Abs. 3 GG ein restriktiver Ansatz verfolgt.

31, 58 (77); BVerfGE 134, 366 (392, Rn. 37). Aus dem Schrifttum Einzelfallkontrolle bei Evidenz und Schwere mit Nachdruck befürwortend *Dederer,* JZ 2014, 313 (317 f., 320 f.); s. erneut auch *Streinz,* Bundesverfassungsgerichtlicher Grundrechtsschutz, S. 283 ff., 296 f., 300 f.; in grundrechtlicher Hinsicht auch *Huber,* AöR 116 (1991), 210 (236), s. zur Bestimmung des Wesensgehalts *ders.,* in: vMKS, Art. 19 Rn. 183 f.; kritisch *Sauer,* NJW 2016, 1134 (1136); bereits zuvor *König,* Die Übertragung von Hoheitsrechten im Rahmen des europäischen Integrationsprozesses, S. 434; *Bäcker,* EuR 2011, 103 (118 f.).

[977] BVerfGE 140, 317 (347, Rn. 62); BVerfG, Beschluss v. 21.6.2016, – 2 BvR 637/09 –, Rn. 34; s. aber auch die abweichende Meinung des Richters *Huber* in BVerfG, Beschluss v. 21.6.2016, – 2 BvR 637/09 –, Rn. 22.

[978] Stärker anklingend in der einstw. Anordnung BVerfG, Beschluss v. 27.11.2014, – 2 BvR 2735/14 –, Rn. 12. Naheliegend daher die etwa bei *Herzmann,* EuGRZ 2015, 445 (452) geäußerte Erwartung einer Auseinandersetzung mit dem *Solange II*-Vorbehalt in der mit BVerfGE 140, 317 (334, Rn. 34) insoweit äußerst knappen Hauptsache; hierzu insbesondere *Sauer,* NJW 2016, 1134 ff., *passim.*

[979] BVerfG NJW 2016, 2473 (2477, Rn. 138); zuvor in der Sache BVerfGE 140, 317 (341, Rn. 48; S. 367, Rn. 110); BVerfG JZ 2016, 1113 (1115, Rn. 36).

[980] Mit Abschichtung nach einem der Menschenwürde zugehörigen Kerngehalt der Selbstbelastungsfreiheit BVerfG JZ 2016, 1113 (1115, Rn. 36); weniger deutlich zuvor BVerfGE 140, 317 (350, Rn. 72; S. 367, Rn. 110). Hierzu bereits *Nettesheim,* JZ 2016, 424 (427). S. erneut die Rspr. oben Zweiter Teil Fn. 614. Aus dem Schrifttum bei Art. 1 Abs. 1 GG Abstufung nach Kerngehalten ablehnend *Dreier,* in: ders., Bd. II, Art. 79 III Rn. 27; *Sachs,* in: ders., Art. 79 Rn. 50. Trotz Abgrenzungsproblemen nicht für Kongruenz des von Art. 1 Abs. 1 GG Geschützen und des Änderungsfesten *Bryde,* in: v. Münch/Kunig, Art. 79 Rn. 34 (s. auch Rn. 35; hierzu *Reimer,* Verfassungsprinzipien, S. 460 ff.); *Herdegen,* in: MD, Art. 79 Rn. 114 f.; *Huber,* in: vMKS, Art. 19 Rn. 133; zum oftmals ähnlichen Ergebnis der Ansichten *Schöbener,* in: Friauf/Höfling, Art. 79 Rn. 115.

Soweit auch der grundrechtliche Wesensgehalt oder sonst ein vom Menschenwürdekern unterschiedener Grundrechtsgehalt als in der Verfassungsidentität verankert angesehen wird, erscheint eine Berührung in einem bloßen kritischen Einzelfall auch in dieser Hinsicht nicht von vornherein ausgeschlossen. In diese Richtung könnten die in jüngerer Zeit offen formulierten Bezüge auf (änderungsfeste) grundrechtliche Mindeststandards weisen.[981] Dass das Gericht hiervon ausgeht, erscheint allerdings im Lichte des Vorstehenden nicht zwingend.

3. Ergebnis

In Abhängigkeit von der Beantwortung der aufgezeigten Grundfragen kann die Integrationsgrenze in grundrechtlicher Hinsicht unterschiedlich restriktiv verstanden werden. Die jüngere Rechtsprechung des Zweiten Senats tendiert insofern zu einer Grenzziehung allein durch die Verfassungsidentität, stellt zugleich aber klar, dass es auch in einem bloßen Einzelfall zu einer unzulässigen Berührung integrationsfester Gehalte kommen kann; dies gilt allerdings nur, wenn der Kern eines nach Art. 79 Abs. 3 GG geschützten Grundsatzes betroffen ist. Mit anderen Worten muss insbesondere das nach Art. 1 Abs. 1 GG Unantastbare dies auch im Rahmen der Integration bleiben. Die durch den Zweiten Senat aufgeworfene Frage nach einer Änderungsfestigkeit grundrechtlicher Gehalte jenseits eines Menschenwürdekerns und ihres Einzelfallschutzes bleibt hingegen weiterhin offen.

V. Besonderheiten bei Beurteilung innerunionaler Zusammenarbeit

Unabhängig vom Verlauf der grundrechtlichen Integrationsgrenze – sie sei im Folgenden wie in der jüngeren Rechtsprechung nur als das unabdingbare Maß an Grundrechtsschutz bezeichnet – gibt es einige Aspekte, die bei Beurteilung ihrer Wahrung in „Vollstrecker"-Konstellationen besonderes Augenmerk verdienen. Bei Unterscheidung zwischen dem Inhalt und der Wirksamkeit grundrechtlichen Schutzes in Anlehnung an den *Solange II*-Beschluss[982] wird der Schutzinhalt als die Ebene der normativen Bindungen verstanden, die Wirksamkeit demgegenüber als Anwendungs- und Durchsetzungsebene.

---

[981] Hierzu erneut die Rspr. oben Zweiter Teil Fn. 912, 913.

[982] BVerfGE 73, 339 (372, 376); daneben nur BVerfGE 15, 249 (251 f., 255 f.); BVerfGE 94, 49 (88); BVerfGE 140, 317 (356, Rn. 85); BVerfG, Beschluss v. 24.3.2016, – 2 BvR 175/16 –, Rn. 52. Vgl. Art. 16a Abs. 2 S. 1, 16 Abs. 2 S. 2 GG.

1. Mögliche Integrationsgrenzüberschreitung bei unionaler Vermittlung mitgliedstaatlicher Einwirkung

Hier wurde davon ausgegangen, bei unionsrechtlicher Anordnung der Anerkennung und Vollziehung der Entscheidung eines anderen Mitgliedstaats handele es sich um einen Durchgriff in die deutsche Rechtsordnung, der wegen seiner unionsrechtlichen Eröffnung und Beschränkung maßgeblich auf die EU zurückzuführen sei. In der mit *Solange II* begründeten Rechtsprechungslinie wird allerdings ausschließlich der Grundrechtsschutz gegenüber einer (allein) einwirkenden supranationalen Gewalt thematisiert.[983] Auch in Ausführungen zu Identitätsverletzungen stehen Unionsmaßnahmen bislang im Fokus.[984] Daher soll hier über einen Verweis darauf, die grundrechtlichen Anforderungen würden seit nunmehr über 30 Jahren als erfüllt angesehen,[985] für einige weitere Erwägungen hinausgegangen werden.[986]

a) Keine Veranlassung abweichender Grenzziehung

Zunächst sei für eine Rückversicherung darüber innegehalten, dass bei Hinzukommen eines mitgliedstaatlichen Einwirkungsbeitrags in grundrechtlicher Hinsicht kein Grund für einen abweichenden Verlauf der Integrationsgrenze besteht.

Verlangt Art. 79 Abs. 3 GG absoluten Schutz der änderungsfesten Gehalte unter der grundgesetzlichen Ordnung,[987] kann die Urheberschaft der Bedrohung für die Unzulässigkeit der Berührung keine Rolle spielen.[988] Dies findet in der Rechtsprechung Niederschlag, wenn das Gericht den Schutz dieser Gehalte auch gegenüber supranationaler Gewalt verlangt,[989] wie auch dort, wo maßgeb-

---

[983] BVerfGE 73, 339 (378 ff., 383 f., 386 f.); daneben nur BVerfGE 89, 155 (174 ff., 182); BVerfGE 102, 147 (164); BVerfGE 118, 79 (95); BVerfGE 126, 286 (302); selbst BVerfGE 140, 317 (339, Rn. 46); etwas offener BVerfGK 2, 75 (77 f.); BVerfGE 123, 267 (334). Mit diesem Hinweis etwa *Britz,* JZ 2013, 105 (108).

[984] S. nur BVerfGE 123, 267 (354 f., 400, 413); BVerfGE 129, 78 (100); BVerfG NJW 2016, 2473 (2477, Rn. 137 f.); BVerfGE 140, 317 (336 ff., Rn. 42 f., 45).

[985] StRspr. seit BVerfGE 73, 339 (378, 383 f., 386 f.); allein dies auch Fokus in BVerfGE 140, 317 (339, Rn. 46).

[986] *Britz,* JZ 2013, 105 (108); *Weber,* Europäisches Zivilprozessrecht und Demokratieprinzip, S. 212; *Pfeiffer,* in: FS Jayme, S. 675 (689 f.); *Bach,* Grenzüberschreitende Vollstreckung in Europa, S. 402 ff.; *Netzer,* Status quo und Konsolidierung des Europäischen Zivilverfahrensrechts, S. 205 f.

[987] BVerfGE 123, 267 (343, 348); BVerfGE 140, 317 (341, Rn. 49); BVerfG NJW 2016, 2473 (2479, Rn. 153); sowie nur *Streinz,* in: Sachs, Art. 23 Rn. 90; a. A. *König,* Die Übertragung von Hoheitsrechten im Rahmen des europäischen Integrationsprozesses, S. 434.

[988] So etwa auch *Weber,* Europäisches Zivilprozessrecht und Demokratieprinzip, S. 209.

[989] BVerfGE 123, 267 (413); BVerfGE 140, 317 (341, Rn. 48; S. 343, Rn. 53).

lich auf die Entfaltung einer identitätskritischen *Wirkung* abgestellt wird.[990] Kann aber mit anderen Worten von vornherein keine so weitgehende Öffnung erfolgen, dass die änderungsfesten Grundsätze berührt würden,[991] hängt die verfassungsrechtliche Unzulässigkeit einer sie dennoch berührenden Maßnahme nicht davon ab, ob diese ausschließlich von der Europäischen Union herrührt oder die EU einen insoweit kritischen mitgliedstaatlichen Akt lediglich „passieren" lässt und Deutschland zu dessen Vollziehung verpflichtet.[992]

Wird in Art. 23 Abs. 1 S. 1 GG eine weitere, auch grundrechtliche Grenze erblickt, lässt sich eine gleichlaufende Überlegung anstellen: Auch der durch diese Norm verlangte Grundrechtsschutz würde zur Disposition gestellt, wenn die EU anderen Mitgliedstaaten Einwirkungen eröffnete, die sie selbst nicht vornehmen könnte, ohne dass dabei die Grenze des deutschen Rechtsanwendungsbefehls überschritten wäre.[993]

Wenn und weil es um den Schutz grundgesetzlich indisponibler Gehalte geht, beschränken die Integrationsgrenzen auch die Offenheit des Grundgesetzes für innerunionale Zusammenarbeit in Fällen wie den hier interessierenden. Dies gilt unabhängig davon, ob auch der grundrechtliche Wesensgehalt jenseits der Menschenwürde als von diesem Schutz umfasst angesehen wird. Maßgeblich dafür, dass der Grenzverlauf hier derselbe sein muss, ist also jeweils der Gedanke, dass anderenfalls auf Grundlage des Zustimmungsgesetzes zum Primärrecht die EU ihren Mitgliedstaaten eine qualitative Einwirkungsmöglichkeit in die deutsche Rechtsordnung eröffnen könnte, die der Union oder unmittelbar anderen Staaten einzuräumen deutschen Organen verfassungsrechtlich nicht gestattet wäre.[994] Damit ist möglich, dass das grundgesetzlich unabdingbare Grundrechtsschutzniveau bei unionaler Eröffnung einer diesem Niveau nicht ihrerseits genügenden mitgliedstaatlichen Einwirkung in die deutsche Rechtsordnung verfehlt wird.[995]

---

[990] Hierzu aus der Rspr. soeben Zweiter Teil Fn. 984 nur erneut BVerfGE 123, 267 (354), ohne Hervorhebung im Original; daneben etwa *Huber,* in: vMKS, Art. 19 Rn. 120, 179.

[991] S. nur BVerfGE 123, 267 (353); BVerfGE 140, 317 (336 f., Rn. 42); BVerfG NJW 2016, 2473 (2477, Rn. 137 ff.).

[992] Vorausgesetzt in BVerfGE 140, 317 (343, Rn. 53), der gegenüber supranationaler Gewalt nötige Schutz müsse „daher" auch horizontal zum Tragen kommen; BVerfG JZ 2016, 1113 ff.; BVerfG, Beschluss v. 23.1.2017, – 2 BvR 2584/12 –, Rn. 17; implizit *v. Arnauld,* in: v. Münch/Kunig, Art. 16 Rn. 45.

[993] Vgl. erneut BVerfGE 73, 339 (376).

[994] Vgl. vor Umgehung schützend BVerfGE 131, 152 (217).

[995] Vorausgesetzt in BVerfGE 140, 317 (355 ff., Rn. 84 ff.; S. 366, Rn. 107); *Wagner,* IPRax 2002, 75 (87); bei *Stein,* IPRax 2004, 181 (186) nur hypothetisch.

b) Differenzierter Umgang mit Strukturanforderungen bei Beurteilung der Grenzwahrung

Bei Beurteilung der Wahrung dieser Grenze können sodann die anderen Mitgliedstaaten nicht in derselben Weise in den Blick genommen werden, wie dies im Rahmen der vor allem unter dem jungen Grundgesetz kontrovers geführten Diskussion um Strukturanforderungen an zwischenstaatliche Einrichtungen i. S. d. Art. 24 Abs. 1 GG veranlasst war.[996] Dort ging es um einen mitgliedstaatlichen Einwirkungsbeitrag in Form der Mitwirkung an den Maßnahmen der Einrichtung. Selbst mit einem supranationalen Zusammenschluss geht über einen solchen Beitrag hinaus jedoch nicht zwingend eine wechselseitige Einwirkungsmöglichkeit der Mitgliedstaaten in ihre jeweiligen Rechtsordnungen einher.[997]

Schließlich aber dürfte umgekehrt ebenso wenig davon auszugehen sein, die grundrechtliche Integrationsgrenze sei in sekundärrechtlichen „Vollstrecker"-Fällen von vornherein nur dann gewahrt, wenn der grundgesetzlich unabdingbare Grundrechtsschutz in Inhalt und Wirksamkeit auch in den anderen Mitgliedstaaten besteht. Eine solche Übertragung der Anforderungen aus dem *Solange II*-Beschluss auf die anderen Mitgliedstaaten, wie sie als Voraussetzung einer horizontalen Hoheitsrechtsübertragung erörtert wird,[998] ginge über den Schutz des grundgesetzlich Indisponiblen hinaus, wenn die Einwirkung unionsrechtlich eröffnet und begrenzt ist; dasselbe gilt für eine Übertragung der Anforderungen aus dem Beschluss zum deutsch-österreichischen Rechtshilfevertrag.[999]

---

[996] Als Eckpunkte der Diskussion nur die frühe Forderung struktureller Kongruenz wegen Übertragung (nur) *tel quel* bei *Kraus,* in: Der Kampf um den Wehrbeitrag, S. 517 (550 ff., 553); Abmilderung durch Forderung von Homogenität der Wertvorstellungen bei *Erler,* VVDStRL 18 (1960), 7 (41 f.) und später etwa *Tomuschat,* in: BK, Art. 24 Rn. 54 ff., mit Anforderung auch an die Partnerstaaten, Rn. 52; schließlich die Ablehnung auch dieses Ansatzes etwa bei *Randelzhofer,* in: MD, 30. EL, Art. 24 Rn. 108 ff. wegen nur graduell gesenkter Anforderungen, deren Verfehlung erst großzügige Auslegung kompensiere, Rn. 110 ff., „erst recht" gegen Anforderung Art. 79 Abs. 3 GG homogener Strukturen in anderen Mitgliedstaaten, Rn. 114. Beachte auch das Art. 23 Abs. 1 GG als Anforderung entnommene „Mindestmaß an Verfassungshomogenität zwischen den Mitgliedstaaten", BVerfGE 94, 49 (89).

[997] Ähnlich *Schwarz,* Grundlinien der Anerkennung, S. 96; a. A. *Bach,* Grenzüberschreitende Vollstreckung in Europa, S. 374.

[998] In der Sache *Elbing,* Zur Anwendbarkeit der Grundrechte bei Sachverhalten mit Auslandsbezug, S. 298; vgl. mit Orientierung an Art. 28 Abs. 1 GG *Rauser,* Die Übertragung von Hoheitsrechten auf ausländische Staaten, S. 279 ff., 308; noch höhere Anforderungen bei *Baldus,* Die Verwaltung 32 (1999), 481 (501 ff.).

[999] S. erneut die Nachweise oben Zweiter Teil Fn. 580 sowie *Hess,* IPRax 2001, 389 (394 f.).

Nicht allein dann, wenn der Schutz im Ursprungsstaat dieses Niveau besitzt, ist der verlangte Grundrechtsschutz gewährleistet; er ist es auch dann, wenn das Unionsrecht – unter Umständen das Primärrecht entgegen einer sekundärrechtlichen Kooperationsverpflichtung – Deutschland nicht zur Zusammenarbeit zwingt, wo dieses Niveau sonst verfehlt würde.[1000]

Beanspruchen die Unionsgrundrechte zwar die Einwirkung zu regeln, gestatten sie in der Auslegung des EuGH dem Vollstreckungsstaat aber nur begrenzt eine Prüfung und Versagung, sind Überlegungen zum Schutzniveau im Ursprungsstaat aber ergänzend bedeutsam.[1001]

Maßgeblich dafür, ob die EU die von der deutschen Gewalt zum Teil übernommene „Gewährleistungsverantwortung"[1002] hinsichtlich der Einwirkung erfüllt, ist daher, welches Niveau sich in Zusammenschau des ursprungsstaatlichen Schutzes und der unionsrechtlichen Versagungsmöglichkeiten des Vollstreckungsstaats ergibt.[1003] Dieser Gedanke, dass zwar die Integrationsgrenze nicht anders zu ziehen, aber ihre Wahrung differenzierter zu beurteilen ist, leitet die folgenden Überlegungen.

[1000] Sehr deutlich bereits *Neßler,* Europäisches Richtlinienrecht wandelt deutsches Verwaltungsrecht, S. 122 f.; *Schwarz,* Grundlinien der Anerkennung, S. 313; *Müller,* ZeuS 2016, 345 (364); daneben *Satzger,* NStZ 2016, 514 (521 f.); *Pfeiffer,* in: FS Jayme, S. 675 (690); *Britz,* JZ 2013, 105 (109 f.); letztlich wohl *Wettner,* in: Schmidt-Aßmann/Schöndorf-Haubold (Hrsg.), Der Europäische Verwaltungsverbund, S. 181 (209 ff.); implizit *Gärditz,* JZ 2016, 1116 (1117). S. hierzu erneut den Vorbehalt in § 73 S. 2 IRG. Vgl. die deutschen Kontrollen beigemessene Relevanz, etwa in BVerfG, Beschluss v. 28.7.2016, – 2 BvR 1468/16 –, Rn. 52.

[1001] S. vor diesem Hintergrund *Britz,* JZ 2013, 105 (108 f.) (s. bereits *dies.,* in: Gropp/Lipp/Steiger [Hrsg.], Rechtswissenschaft im Wandel, S. 115 [118]); zum Unionsrecht erneut *Canor,* ZaöRV 73 (2013), 249 (253 f., 276 ff.) und *Schwarz,* Grundlinien der Anerkennung, S. 302. Von Relevanz dann auch die Art. 16 Abs. 2 S. 2 GG entnommene „Erwartung im Sinne einer Strukturentsprechung, wie sie auch Art. 23 Abs. 1 GG formuliert", erstmalig in BVerfGE 113, 273 (299).

[1002] *Vogel/Eisele,* in: GHN, Art. 82 AEUV Rn. 10, 86; *Dietz,* NVwZ 2016, 1383 (1384). Übernahme dieser Verantwortung zumindest im Umfang zulässiger Rücknahme der Maßstäblichkeit der Grundrechte; s. zum verbleibenden Bereich fortbestehender deutscher Verantwortung BVerfGE 140, 317 (346, Rn. 59).

[1003] Auf Unionsebene i.d.S. *Vogel/Eisele,* in: GHN, Art. 82 AEUV Rn. 86; *Meyer,* in: v. d. Groeben/Schwarze/Hatje, Art. 82 AEUV Rn. 56; vgl. *Schwarz,* Grundlinien der Anerkennung, S. 300.

2. Komplementarität verschiedener Schutzbeiträge

Für den Grundrechtsschutz in „Vollstrecker"-Konstellationen sind also die Bindungen des Ursprungsstaats relevant (a), daneben jedoch unionsrechtliche Versagungsmöglichkeiten des Vollstreckungsstaats (b).[1004]

a) Schutzbeitrag ursprungsstaatlicher Bindungen

Zum grundrechtlichen Schutz tragen zunächst Vorgaben bei, denen der Ursprungsstaat unterliegt.

aa) Beitrag der Vielfalt ursprungsstaatlicher Bindungen zum Schutzinhalt

Naheliegender Ausgangspunkt ist wiederum die Feststellung, dass die anderen Mitgliedstaaten unmittelbar nicht an das Grundgesetz gebunden sind.[1005] Da aber der in der Sache grundgesetzlich unabdingbare Schutz auch durch Verpflichtungen aus anderer Quelle gesichert werden kann,[1006] sind die anderweitigen gleichlaufenden Bindungen der Mitgliedstaaten auch hier relevant.[1007] Dass solche grundrechtlichen Bindungen überhaupt bestehen, erscheint für die Mitgliedstaaten selbstverständlich, während es dies für die supranationale Organisation in deren Ursprüngen nicht war.[1008] In Bezug auf die möglichen Rechtsquellen und die darin vorgesehenen Durchsetzungsmechanismen werden hier dieselben Erwägungen bedeutsam, wie sie aus unionsrechtlicher Perspektive bereits eingehender beleuchtet wurden. Hierauf sei im Wesentlichen verwiesen;[1009] daneben seien nur einige Aspekte hervorgehoben und Verbindungslinien zur deutschen Rechtsprechung gezogen.

(1) Schutzbeitrag unionalen Rechts

Auch hier wird relevant, dass bei innerunionaler Zusammenarbeit Grundrechtsschutz unmittelbar gegenüber dem Ursprungsstaat durch das Unionsrecht vorgesehen sein kann.

1004 Im konkreten Fall kann sich eine solche Möglichkeit bereits auf die Beurteilung der Rücknahme der Grundrechte auswirken (oben S. 219 ff.).

1005 S. hierzu erneut BVerfGE 141, 220 (342, Rn. 326); BVerfG, Beschluss v. 21.6.2016, – 2 BvR 637/09 –, Rn. 33 f.; vgl. BVerfGE 58, 1 (26), m. w. N.

1006 Deutlich für Verfolgungssicherheit BVerfGE 94, 49 (88 ff.).

1007 Vgl. etwa die Einbeziehung der im Folgenden erörterten Quellen bei *Britz,* in: Gropp/Lipp/Steiger (Hrsg.), Rechtswissenschaft im Wandel, S. 115 (118 ff.).

1008 Vgl. BVerfGE 73, 339 (379 f.); EuGH, Urteil v. 14.5.1974, Rs. 4/73, Nold, Rn. 13 bereits kurz vor BVerfGE 37, 271 (280, 285) ergangen.

1009 Oben S. 118 ff.

Unter grundrechtlichen Gesichtspunkten verdient erneut insbesondere die mitgliedstaatliche Bindung an die Grundrechtecharta Beachtung.[1010] Wiederum ist zu berücksichtigen, dass diese Grundrechtsordnung nach Art. 51 Abs. 1 S. 1 GRC nur insoweit Bindung für den Ursprungsmitgliedstaat entfaltet, als dieser in Durchführung des Unionsrechts handelt.[1011] Nicht nur für die Bindung deutscher Stellen, sondern auch für diejenige des Ursprungsstaats ist das im Vergleich zum EuGH tendenziell engere Verständnis des Bundesverfassungsgerichts von der Durchführung des Unionsrechts zu beachten; zumindest bis zu BVerfGE 140, 317 ging das Gericht von einer Bindung nur, aber stets bei Bestehen zwingender Vorgaben ohne Spielraum aus.[1012] Insbesondere bei einem solchen Verständnis bleiben angesichts fragmentarischer Determinierung in den hier interessierenden Konstellationen beachtliche Aspekte des ursprungsstaatlichen Verhaltens ohne Bindung an die Unionsgrundrechte.[1013] Im Gegensatz zur stets unionsgrundrechtsgebundenen EU erschwert dies Verallgemeinerungen über den unionalen Grundrechtsschutz gegenüber mitgliedstaatlichem Verhalten; zumindest die pauschale Annahme einer Bindung des Ursprungsstaats dürfte sich verbieten.[1014]

Soweit die Unionsgrundrechte aber den Ursprungsstaat binden, dürfte auf Grundlage der Rechtsprechung bereits zu den ungeschriebenen Gemeinschaftsgrundrechten[1015] naheliegen, dass die Grundrechtecharta ein Niveau normativen Schutzinhalts schafft, das dem grundgesetzlich Unabdingbaren genügt. Hinsichtlich der Wirksamkeit dieses Schutzes ist zu berücksichtigen, dass der Einzelne eine Befassung des EuGH nach dem Unionsrecht nicht erzwingen[1016] und der Gerichtshof auch im Falle seiner Befassung mitgliedstaatliche Maßnahmen nicht für nichtig erklären kann. In beiderlei Hinsicht wird aber relevant,

---

[1010] S. bereits BVerfGE 94, 49 (89); vgl. etwa *Neßler,* Europäisches Richtlinienrecht wandelt deutsches Verwaltungsrecht, S. 92 f.; *Stein,* IPRax 2004, 181 (186); *Gerling,* Die Gleichstellung ausländischer mit inländischen Vollstreckungstiteln, S. 210 f.; *Weber,* Europäisches Zivilprozessrecht und Demokratieprinzip, S. 174.

[1011] BVerfG JZ 2016, 1113 (1114, Rn. 33); ohne Differenzierung BVerfGE 140, 317 (361, Rn. 97). Nach Durchführung abschichtend *Weber,* Europäisches Zivilprozessrecht und Demokratieprinzip, S. 174 f., aber mit Blick auf die EMRK letztlich nicht maßgeblich; vor Inkrafttreten der GRC *Britz,* in: Gropp/Lipp/Steiger (Hrsg.), Rechtswissenschaft im Wandel, S. 115 (122 ff.).

[1012] Hierzu die Rspr. in Zweiter Teil Fn. 747 f. sowie der Text bei Zweiter Teil Fn. 755 f.

[1013] *Britz,* JZ 2013, 105 (106 f.); vgl. oben S. 121 ff.

[1014] I.d.S. auch *Britz,* JZ 2013, 105 (107), s. auch S. 109; ähnlich *Becker,* Grundrechtsschutz, S. 84; hingegen Unionsgrundrechtsbindung unterstellt bei *Wettner,* in: Schmidt-Aßmann/Schöndorf-Haubold (Hrsg.), Der Europäische Verwaltungsverbund, S. 181 (211). S. aber auch sogleich S. 278 ff.

[1015] BVerfGE 73, 339 (378).

[1016] S. erneut die Nachweise oben Zweiter Teil Fn. 308, 313.

dass eine deutsche Vorlage die Befassung des Gerichtshofs und unter Umständen eine deutsche Reaktion auch dort erlaubt, wo einer ursprungsstaatlichen Vorlagepflicht nicht nachgekommen worden sein sollte.

Auch aus verfassungsrechtlicher Perspektive ist daneben der Schutzbeitrag des Sekundärrechts relevant, das im Konfliktfall ebenfalls Vorrang beanspruchen kann.[1017] Dieser Schutz hat in der Sache auch in der Rechtsprechung des Bundesverfassungsgerichts Berücksichtigung gefunden.[1018]

Das Gericht stellt bei Beurteilung des Schutzes in anderen Mitgliedstaaten zudem und insbesondere das Bekenntnis in Art. 2 EUV in Rechnung.[1019] Dies ist bemerkenswert nicht allein im Lichte des im *Lissabon*-Urteil offengelassenen Rechtscharakters der darin enthaltenen Werte,[1020] sondern in Anbetracht des hohen Abstraktionsgrads selbst bei Bejahung einer Verpflichtung auf diese Werte; wiederum gilt, dass sich wegen der abstrakten Fassung eine Aussage über einen konkret gebotenen Schutz kaum folgern lässt.[1021] Dennoch ist es letztlich dieses Bekenntnis, das im innerunionalen Verhältnis jenseits unionsgrundrechtlicher Bindung bleibt.[1022]

(2) Schutzbeitrag nationalen Rechts

Auch aus verfassungsrechtlicher Perspektive wird der Beitrag relevant, den das jeweilige nationale Recht des Ursprungsstaats leistet,[1023] wenngleich die Karlsruher Rechtsprechung dessen Gewährleistungen zumindest in gewissen Bereichen in besonderem Maße als Ausdruck eines bestimmten kulturellen Vorverständnisses oder nationaler Tradition erachtet.[1024] Ebenso dürfte auch aus

---

[1017] Für die deutsche Rechtsordnung etwa BVerfGE 85, 191 (205).

[1018] BVerfGE 140, 317 (351 f., Rn. 74); zur dort betroffenen Materie nun auch Art. 9 RL (EU) 2016/343. Einbeziehung im Schrifttum etwa bei *Ruffert,* Die Verwaltung 34 (2001), 453 (464); *Weber,* Europäisches Zivilprozessrecht und Demokratieprinzip, S. 174; *Britz,* JZ 2013, 105 (106 f.).

[1019] Aus der Rspr. in Zweiter Teil Fn. 642 vor allem BVerfGE 113, 273 (299).

[1020] BVerfGE 123, 267 (397).

[1021] *Britz,* JZ 2013, 105 (107). Anders die bei *v. Bogdandy u. a.,* ZaöRV 72 (2012), 45 (68 f.) entnommene Verpflichtung aus Art. 2 EUV auf den unionsgrundrechtlichen Wesensgehalt. S. in diesem Kontext BVerfGE 123, 267 (345, 360, 363).

[1022] Hierzu auch unten S. 278 ff.

[1023] Vgl. BVerfGE 141, 220 (345, Rn. 335); BVerfG, Beschluss v. 21.6.2016, – 2 BvR 637/09 –, Rn. 34; BVerfGE 94, 49 (89); BVerfGE 123, 267 (345); bei Vorsicht gegenüber Verlass allein hierauf im Einzelfall *Britz,* JZ 2013, 105 (108); vgl. implizit *Hofmann,* Grundrechte und grenzüberschreitende Sachverhalte, S. 70 f.; und am Rande *Klein,* Die Übertragung von Hoheitsrechten, S. 23.

[1024] BVerfGE 123, 267 (360, 363) zu Straf- und Familienrecht; Schlussanträge GA *Bot,* C-399/11, Melloni, Nr. 109; *Pfeiffer,* in: FS Jayme, S. 675 (687).

grundgesetzlicher Sicht bedeutsam sein, dass die EU trotz Art. 2, 7 EUV auf dieses nationale Niveau nur bedingt Einfluss nehmen kann.

(3) Schutzbeitrag des Völkerrechts

Während für die Europäische Union eine völkerrechtliche Bindung an die EMRK weiterhin aussteht,[1025] kommen bezüglich der Mitgliedstaaten als klassischen Völkerrechtssubjekten hingegen von vornherein auch dieser Vertrag und andere völkerrechtliche Bindungen zur Sicherung des Schutzniveaus in Betracht. Insoweit besteht bei Fokus auf die Mitgliedstaaten ein grundlegender Unterschied zur Situation hinsichtlich der Europäischen Gemeinschaften zur Zeit des *Solange II*-Beschlusses; dort stellten die Gemeinschaftsgrundrechte als allgemeine Rechtsgrundsätze die einzige in Betracht kommende Grundrechtsbindung dar.

(a) Gewichtiger Beitrag individualbeschwerdebewehrter EMRK

Auch aus grundgesetzlicher Perspektive nimmt unter den völkerrechtlichen Bindungen die Europäische Konvention zum Schutz der Menschenrechte und Grundfreiheiten und das in ihr enthaltene Individualbeschwerderecht eine herausragende Stellung ein, wenn es um die Betrachtung des im Ursprungsstaat gegebenen Schutzniveaus geht.[1026] Besondere Bedeutung besitzt sie als eine Grundrechtsordnung, die einzuhalten alle EU-Mitgliedstaaten unabhängig vom Hinzutreten zwingender Unionsrechtsvorgaben oder einer unionsgrundrechtlichen Bindung verpflichtet sind.[1027] Die EMRK bindet mit anderen Worten also gerade dort zumindest an einen Mindeststandard, wo sich dem Unionsrecht keine konkretere Bindung als das Wertebekenntnis des Art. 2 EUV entnehmen lässt.

In der deutschen Rechtsprechung klingt bereits im *Solange II*-Beschluss an, dass auch dieses Niveau zum Schutz des grundgesetzlich Unabdingbaren grundsätzlich ausreiche,[1028] wie es das Gericht auch später in Bezug auf bestimmte Bereiche angenommen hat.[1029] Nicht adressiert wird dabei, soweit er-

[1025] S. erneut EuGH, Gutachten 2/13 v. 18.12.2014.

[1026] Exemplarisch für Einbeziehung gegenüber anderen EU-Mitgliedstaaten BVerfG, Beschluss v. 22.6.1992, 2 BvR 1901/91, juris KVRE218829205, Rn. 13; BVerfG NJW 1994, 2883 (2883); BVerfG, Beschluss v. 29.5.1996, – 2 BvR 66/96 –, juris KVRE267019601, Rn. 21; BVerfGE 94, 49 (88 ff.); BVerfGE 140, 317 (351, Rn. 73), umgekehrt aber S. 375, Rn. 124; BVerfG JZ 2016, 1113 (1114, Rn. 33) (vgl. die übrige Rspr. Zweiter Teil Fn. 643).

[1027] Etwa *Weber*, Europäisches Zivilprozessrecht und Demokratieprinzip, S. 174.

[1028] BVerfGE 73, 339 (381, 384 ff.).

[1029] S. BVerfGE 94, 49 (88 ff.); BVerfGK 13, 128 (136); BVerfG, Beschluss v. 2.2.2016, – 2 sichtlich, die größere Zurückhaltung des EGMR in Bezug auf Zweifel an der Erforderlichkeit eines Eingriffs in einer demokratischen Gesellschaft (vgl. jeweils Abs. 2 der Art. 8–11 EMRK), wo es an einem gemeinsamen Nenner zwischen den Vertragsstaaten fehlt.[1030] Dies eröffnet die Möglichkeit, dass die Konvention dort, wo sich die vertragsstaatlichen Rechtsordnungen deutlich unterscheiden, nur sehr zurückhaltende Vorgaben macht.

An anderer Stelle lehnt das Bundesverfassungsgericht ausdrücklich ab, allein dieses Mindeststandards wegen könne von einer Synchronisierung rechtsstaatlicher Strukturen ausgegangen werden.[1031] Dass es die grundrechtlichen Integrationsgrenzen stets bereits durch die EMRK gewahrt sähe, kann somit nicht eindeutig bejaht werden.[1032]

In Bezug auf die Durchsetzbarkeit dieses Schutzes können auch aus grundgesetzlicher Sicht die bereits unter der EMRK zu berücksichtigenden Bedenken[1033] relevant werden. Von diesen sei hier lediglich das Problem der Gewährleistung zeitnahen Rechtsschutzes[1034] erneut betont und zudem auf Folgendes hingewiesen: Im Lichte der Voraussetzung der Ausschöpfung nationaler Rechtsbehelfe

---

BvR 2486/15 –, Rn. 20 ff.; vgl. auch BVerfG, Beschluss v. 26.2.2018, – 2 BvR 107/18 –, Rn. 26.

1030 S. nur EGMR, Urteil v. 25.11.1994, Stjerna / Finnland, Nr. 18131/91, § 39; EGMR, Urteil v. 18.1.2001, Chapman / Vereinigtes Königreich, Nr. 27238/95, §§ 93 f.; EGMR, Urteil v. 13.2.2003, Odièvre / Frankreich, Nr. 42326/98, § 47; EGMR, Urteil v. 8.7.2004, Vo / Frankreich, Nr. 53924/00, §§ 82 ff.; vgl. EGMR, Urteil v. 27.6.2017, Satakunnan Markkinapörssi Oy und Satamedia Oy / Finnland, Nr. 931/13, §§ 192, 195; grundlegend zur *marge d'appréciation* angesichts subsidiären Charakters der EMRK, EGMR, Urteil v. 7.12.1976, Handyside / Vereinigtes Königreich, Nr. 5493/72, § 48; vgl. *Britz,* JZ 2013, 105 (108); *Pohl,* Vorbehalt und Anerkennung, S. 134.

1031 BVerfGE 113, 273 (316); s. erneut auch die Rspr. oben Zweiter Teil Fn. 430 zur unter Umständen unzureichenden Abbildung betroffener Positionen vor dem EGMR.

1032 Aus dem Schrifttum mit Annahme, die Gleichwertigkeitserfordernisse des Verfassungsrechts seien erfüllt, *Hess,* IPRax 2001, 389 (394 f.); *Classen,* in: FS Schwarze, S. 556 (574 f.); *Stein,* IPRax 2004, 181 (186); *Becker,* Grundrechtsschutz, S. 154; zumindest in Bezug auf Art. 6 Abs. 1 EMRK *Geimer,* ZfRV 1992, 401 (403); *Neßler,* Europäisches Richtlinienrecht wandelt deutsches Verwaltungsrecht, S. 88 ff., 92, 185; *Portmann,* Die Verordnung (EG) 805/2004, S. 238 ff.; *Bach,* Grenzüberschreitende Vollstreckung in Europa, S. 404, 406; wohl auch *Rauser,* Die Übertragung von Hoheitsrechten auf ausländische Staaten, S. 281. Vorsichtiger *Britz,* JZ 2013, 105 (108); *Streinz,* Bundesverfassungsgerichtlicher Grundrechtsschutz, S. 70; *Gerling,* Die Gleichstellung ausländischer mit inländischen Vollstreckungstiteln, S. 208 ff.; *Weber,* Europäisches Zivilprozessrecht und Demokratieprinzip, S. 174, 212 f. Vgl. mit Vergleichsmaßstab der GRC vorsichtig *Masing,* JZ 2015, 477 (486). Vgl. erneut *Klein,* Die Übertragung von Hoheitsrechten, S. 23; *Hofmann,* Grundrechte und grenzüberschreitende Sachverhalte, S. 70 f.

1033 Oben S. 86 ff.

1034 Zur besonderen Relevanz der Verfahrensdauer in Kindschaftssachen etwa BVerfGK 2, 140 (142); BVerfG NJW 2001, 961 (961 f.); BVerfGK 14, 38 (43).

(Art. 35 Abs. 1 EMRK) kann die vom Eintritt formeller Rechtskraft losgelöste unionsweite Zirkulationsfähigkeit bereits eintreten, bevor eine Individualbeschwerde gegen den Ursprungsstaat möglich ist.[1035] Es entscheidet dann die unionsrechtliche Zulässigkeit einer Verfahrensaussetzung im Vollstreckungsstaat darüber, ob Vollstreckungsmaßnahmen drohen, bevor eine Prüfung des ursprungsstaatlichen Verfahrens durch den EGMR erreicht werden kann.[1036] Anderenfalls dürfte Abhilfe nur über einstweilige Maßnahmen nach Regel 39 Abs. 1 der Verfahrensordnung des EGMR[1037] in Betracht kommen, deren verpflichtender Charakter nunmehr auch durch das Bundesverfassungsgericht angenommen wird.[1038] Der EGMR setzt dieses Mittel aber zumindest nicht ohne Weiteres ein.[1039]

Unabhängig von diesen Erwägungen gilt auch hier, dass die *Bosphorus*-Rechtsprechung der Schutzwirksamkeit dieses Verfahrens nicht von vornherein abträglich ist: Auf die EMRK als Mindestniveau kommt es maßgeblich vor allem bei Fehlen einer unionsgrundrechtlichen Bindung des Ursprungsstaats an. Soweit es an dieser fehlt, kann unabhängig von der Weite des zugrunde gelegten Durchführungsverständnisses (vgl. Art. 51 Abs. 1 S. 1 GRC) geschlossen werden, dass für den Ursprungsstaat keine unionsrechtliche Bindung ohne Spielraum vorliegt, bei der allein die *Bosphorus*-Vermutung zum Einsatz kommt. Auch hier wird also relevant, dass der konventions- und unionsrechtliche Schutz lückenlos komplementär zum Tragen kommen. Zudem ist auch hier bedeutsam, dass wegen der im Einzelfall möglichen Widerlegbarkeit der *Bosphorus*-Vermutung auch das Vorliegen einer unionsrechtlichen Bindung ohne Spielraum eine Prüfung und Verletzungsfeststellung durch den EGMR nicht ausschließt.[1040]

Schließlich ist erneut auf die Möglichkeit der Verstärkung unionsrechtlicher Bindungen im Konventionsrecht hinzuweisen. Sie tritt dann ein, wenn der EGMR vertragsstaatliches Verhalten im Lichte des *Unions*rechts würdigt, um zu klären, ob die *Bosphorus*-Vermutung überhaupt herangezogen wird.[1041] Zu

---

[1035] S. erneut die Nachweise oben Erster Teil Fn. 71.

[1036] Hierzu erneut die Literatur oben Zweiter Teil Fn. 459.

[1037] In anderem Kontext *Wagner,* IPRax 2005, 189 (200 mit Fn. 188).

[1038] BVerfGK 13, 390 (399), m. Bezug auf BVerfGE 111, 307 (316); zuvor ablehnend BVerfGE 94, 166 (219). S. zur Rspr. des EGMR erneut Zweiter Teil Fn. 91.

[1039] EGMR, Urteil v. 4.2.2005, Mamatkulov und Askarov / Türkei, Nr. 46827/99 und 46951/99, § 104; EGMR, Urteil v. 10.3.2009, Paladi / Moldau, Nr. 9806/05, §§ 86, 89; s. aber etwa auch den Einsatz im HKÜ-Fall EGMR, Urteil v. 6.7.2010, Neulinger und Shuruk / Schweiz, Nr. 41615/07, §§ 5, 10. S. auch *Netzer,* Status quo und Konsolidierung des Europäischen Zivilverfahrensrechts, S. 241.

[1040] Zum Ganzen oben S. 93 ff. sowie *mutatis mutandis* S. 134 ff., 162 ff.

[1041] Hierzu erneut die Rspr. oben Zweiter Teil Fn. 120.

einer konventionsrechtlichen Verstärkung kommt es jedenfalls aber in Bezug auf die Vorlagepflicht zum EuGH.[1042]

(b) Beitrag weiterer völkerrechtlicher Bindungen

Je nach betroffenem Sachbereich bestehen unter Umständen darüber hinaus weitere völkerrechtliche Bindungen der Mitgliedstaaten, soweit sie nicht unionsrechtlich überlagert sind.[1043] Diese können zunächst ebenfalls völkervertraglicher Art sein. Auch wenn sie nicht mit einem Durchsetzungsmechanismus verbunden sind, stellt das Bundesverfassungsgericht in Rechnung, dass sie zumindest das normative Niveau des Grundrechtsschutzes beeinflussen.[1044] Daneben mögen im Einzelfall weitere völkerrechtliche Bindungen in Form von Zusicherungen eingegangen worden sein, deren Schutzbeitrag ebenfalls von der Rechtsprechung berücksichtigt wird.[1045] Wenn und weil aber auf konkrete Fälle bezogen, bietet dieses Instrument keinen Ansatzpunkt für allgemeine Schlussfolgerungen zum Grundrechtsschutz, geschweige denn für eine mitgliedstaatenübergreifende Beurteilung.

Einen solchen Ansatzpunkt bieten demgegenüber die völker(-gewohnheits-) rechtlichen Mindeststandards. Hinsichtlich ihrer impliziert das Gericht vor allem im Zusammenhang der Auslieferung[1046] und der Rechtshilfe durch Zustellung[1047] eine Kongruenz mit dem in der jeweiligen Materie grundgesetzlich (für die Zustellung: möglicherweise) rechtsstaatlich Gebotenen.

(4) Ergebnis

Zum Schutz im Ursprungsstaat kann also eine Vielzahl von Verpflichtungen beitragen. Angesichts der Beschränkung der Bindung an die Unionsgrundrechte auf die Durchführung von Unionsrecht i. S. d. Art. 51 Abs. 1 S. 1 GRC kann aber nicht pauschal davon ausgegangen werden, bei Befassung mit der Entscheidung aus einem anderen Mitgliedstaat unterliege stets vollumfänglich auch die-

---

[1042] Oben S. 97 f.

[1043] Vgl. Art. 20 Abs. 1 VO (EG) Nr. 1393/2007; Art. 60 VO (EG) Nr. 2201/2003.

[1044] Hierzu erneut vor allem BVerfGE 94, 49 (88 ff.) zur GFK; zur Bedeutung eines Auslieferungsvertrags nur BVerfGE 60, 348 (356) sowie BVerfGE 108, 129 (140 f.) zu dessen Vorwirkungen; zur Antifolterkonvention BVerfG NJW 1994, 2883 (2883); jeweils auch zum IPbpR BVerfG, Beschluss v. 20.12.2007, 2 BvQ 51/07, juris KVRE376380801, Rn. 28; BVerfG, Beschluss v. 9.12.2008, 2 BvR 2386/08, juris KVRE380670901, Rn. 17; BVerfG NVwZ 2008, 71 (72); BVerfGK 13, 128 (135).

[1045] S. erneut die Nachweise oben Zweiter Teil Fn. 637.

[1046] Oben bei Zweiter Teil Fn. 629, 650, 655. sowie unten S. 278 ff.

[1047] Hierzu aus den Nachweisen oben Zweiter Teil Fn. 598 nur erneut BVerfGE 91, 335 (343).

ser einer unionsgrundrechtlichen Bindung. Soweit es an einer solchen fehlt, sorgen jedenfalls die Europäische Menschenrechtskonvention und völker(-gewohnheits-)rechtliche Mindeststandards den anderen Mitgliedstaaten gegenüber für ein Minimum an Schutz.

bb) Grundsätzliche Vermutung rechtskonformen Verhaltens bei Beurteilung der Schutzwirksamkeit

Bei Beurteilung der Wirksamkeit des im Ausland bestehenden Schutzes lässt sich ebenfalls an die unionsrechtlichen Ausführungen, daneben aber an die Betrachtung grundgesetzlicher Vorgaben in Sachverhalten mit Auslandsberührung anknüpfen. Primär im Zusammenhang von Auslieferungen wird bei der verfassungsrechtlichen Betrachtung wie im Unionsrecht mit Vertrauen gearbeitet, das wiederum in einer Nähebeziehung zu der auch verfassungsrechtlich relevanten grundsätzlichen Vermutung rechtskonformen Verhaltens steht.[1048] Obwohl sie über geraume Zeit jenseits der Beurteilung von Auslieferung oder politischer Verfolgung kaum begrifflich mit Vertrauen verbunden wurde,[1049] findet sich eine solche Vermutung in der Sache auch in der übrigen Rechtsprechung vielfach, und zwar in internationalen[1050] wie innerstaatlichen Zusammenhängen.[1051]

Geht es um die Beurteilung des in einem anderen Mitgliedstaat bestehenden Schutzes, ist nicht ersichtlich, weshalb in Bezug auf die Wirksamkeit des vorgegebenen Schutzinhalts nicht auch hier diese Vermutung zum Einsatz kommen sollte.[1052] Dann würde auch aus grundgesetzlicher Perspektive relevant, dass sich mit zunehmender Dichte und Konkretisierung der rechtlichen Bindungen und Bestehen einer Instanz für deren Auslegung auch die Einschätzung konkretisiert, welches Verhalten vom Kooperationspartner zu erwarten ist. Es kann nur erneut betont werden, dass dessen Verhalten unionsgrundrechtlich aber nur im Umfang der Durchführung des Unionsrechts determiniert ist. Daneben besteht keine Veranlassung, nicht auch von der Wahrung des Sekundärrechts auszugehen;[1053] umgekehrt gilt auch hier, dass die Verfehlung allein sekundärrechtlicher Anforderungen für die Wahrung der Integrationsgrenze kaum kritisch sein dürfte.

[1048] S. erneut die Nachweise oben Zweiter Teil Fn. 632.

[1049] Zur Aufgabenwahrnehmung durch den EuGH aber BVerfGE 123, 267 (399).

[1050] BVerfGE 59, 63 (91 f.); BVerfGE 68, 1 (107); BVerfGE 73, 339 (371); BVerfGE 94, 49 (93); BVerfGK 16, 509 (515); BVerfGK 17, 266 (272); BVerfGE 141, 220 (345 f., Rn. 338 f.); daneben BVerfGE 52, 391 (406); BVerfGE 60, 348 (355).

[1051] S. nur BVerfGE 5, 22 (24 f.); BVerfGE 25, 137 (140); BVerfGE 30, 1 (27); aus der jüngeren Rspr. etwa BVerfG EuGRZ 2016, 694 (695, Rn. 22).

[1052] So wohl auch *Bach,* Grenzüberschreitende Vollstreckung in Europa, S. 404.

[1053] Implizit BVerfGE 140, 317 (351 f., Rn. 73 f.).

Bei Einsatz einer solchen Vermutung werden auch aus grundgesetzlicher Sicht Rechtsbehelfe zur Durchsetzung der bestehenden Bindungen zu beachten sein, die Abhilfe dort erlauben, wo das Verhalten des Ursprungsstaats den an diesen gestellten Anforderungen unter Umständen zunächst nicht genügt.[1054] Die Annahme, es hätte durch Rechtsbehelfe noch eine Korrektur erzielt werden können, liegt in der Sache auch der Berücksichtigung eines Unterlassens entsprechender Bemühungen im Ursprungsstaat in der Prüfung fortbestehender *ordre public*-Vorbehalte[1055] zugrunde.

Wird davon ausgegangen, im Allgemeinen könne rechtskonformes Verhalten erwartet werden, dürfte diese Annahme auch verfassungsrechtlich grundsätzlich *geboten* sein. Selbst zur Durchsetzung des nach dem Grundgesetz grundrechtlich Unabdingbaren erscheint nicht erforderlich, die Wirksamkeit des Unionsrechts zu beeinträchtigen, wo davon ausgegangen werden kann, das integrationsfest gebotene Schutzniveau sei anderweitig gewährleistet.[1056] Soweit der Ursprungsstaat in Durchführung des Unionsrechts handelt, dürfte für eine solche Vermutung zudem eine aus der Europarechtsfreundlichkeit des Grundgesetzes[1057] gebotene Achtung der anderen mitgliedstaatlichen Rechtsordnungen[1058] in ihrer grundsätzlichen Fähigkeit streiten, die tatsächliche Einhaltung der gemeinsamen Grundrechtsordnung(-en) sicherzustellen.

cc) Unabdingbare Widerlegbarkeit eines Vertrauens auf Wahrung des grundrechtlich Unabdingbaren

(1) Verallgemeinerbarkeit eines verfassungsrechtlichen Grundsatzes des Vertrauens auf Wahrung des Unabdingbaren?

Unabhängig davon, ob deren grundsätzliche Gebotenheit unter dem Grundgesetz begründet werden kann, führt die Annahme, die anderen Mitgliedstaaten erfüllten ihre Verpflichtungen, allein aber nicht zur Schlussfolgerung, bereits im Ursprungsstaat sei das unter dem Grundgesetz grundrechtlich Unabdingbare ausreichend geschützt. Hinzukommen muss vielmehr, dass die Bindungen, deren Einhaltung grundsätzlich vermutet wird, dieses Niveau auch ausreichend schützen.[1059]

1054 So etwa BVerfGE 59, 63 (91 f.); BVerfGE 94, 49 (90 f.); BVerfGK 16, 509 (515); BVerfGK 17, 266 (272).

1055 S. die Rspr. oben Erster Teil Fn. 114; BVerwG NVwZ 2014, 457 (457 f., Rn. 18, 22).

1056 Vgl. *Britz,* JZ 2013, 105 (110).

1057 S. aus den Nachweisen oben Zweiter Teil Fn. 564 vor allem BVerfGE 123, 267 (346 f.).

1058 Hierzu nur erneut BVerfGE 18, 112 (120 f.); BVerfGE 31, 58 (76); BVerfGE 141, 220 (341, Rn. 324; S. 344, Rn. 334) aus den Nachweisen oben Zweiter Teil Fn. 562.

1059 Vgl. etwa BVerfGE 73, 339 (371) zu „entsprechenden Gewährleistungen".

In diese Richtung weist die Rechtsprechung:[1060] Es sei in Erinnerung gerufen, dass das Gericht mit Blick auf die Wahrung des nach Art. 25 GG verbindlichen völkerrechtlichen Mindeststandards sowie der unabdingbaren Grundsätze der verfassungsrechtlichen Ordnung ausführt, dass

> „dem ersuchenden Staat im Hinblick auf die Einhaltung der Grundsätze der Rechtsstaatlichkeit und des Menschenrechtsschutzes grundsätzlich Vertrauen entgegenzubringen ist. Dieser Grundsatz kann so lange Geltung beanspruchen, wie er nicht durch entgegenstehende Tatsachen erschüttert wird".[1061]

Wurde lange nicht thematisiert, inwiefern die – im nicht determinierten Auslieferungsverfahren – unabdingbaren Grundsätze der verfassungsrechtlichen Ordnung auch unter Art. 79 Abs. 3 GG änderungsfest sind, wurde inzwischen die Wahrung des in der Auslieferung Unabdingbaren in der Verfassungsidentität verankert gesehen und zugleich vom Vertrauen auf die Wahrung genau dieses Schutzes im Ausland ausgegangen.[1062] Bezogen auf die Einhaltung des von Art. 1 GG geforderten Mindeststandards führt das Gericht aus, das Vertrauen gegenüber anderen Mitgliedstaaten müsse nicht mehr positiv festgestellt werden.[1063]

Dabei wird weder kategorisch nach dem Bestehen einer Bindung an die Unionsgrundrechte[1064] noch dem Bestehen der EMRK-Bindung unterschieden.[1065] Hierein fügt sich die ausgedrückte Annahme, bereits der völker(-gewohnheits-)rechtliche Mindeststandard genüge zumindest oftmals auch dem im grundgesetzlichen Rechtsstaat Unabdingbaren.[1066] Sollte das Gericht daneben dem Ein-

---

[1060] Sehr deutlich *Hofmann,* Grundrechte und grenzüberschreitende Sachverhalte, S. 58 ff., 63 f.; zur jüngeren Rspr. kritisch *Meyer,* HRRS 2016, 332 (336).

[1061] Aus der Senatsrechtsprechung erstmalig BVerfGE 109, 13 (35); daneben etwa BVerfGE 140, 317 (349, Rn. 67 f.), s. aber auch die übrigen Nachweise oben Zweiter Teil Fn. 629.

[1062] BVerfG, Beschluss v. 24.3.2016, – 2 BvR 175/16 –, Rn. 40 f.; BVerfG, Beschluss v. 18.8.2017, – 2 BvR 424/17 –, Rn. 33; nicht ähnlich deutlich BVerfG, Beschluss v. 17.5.2017, – 2 BvR 893/17 –, Rn. 27 f.; vgl. BVerfGE 140, 317 (347, Rn. 62), S. 356, Rn. 85 zur Vermutung der Wahrung; BVerfG, Beschluss v. 23.1.2017, – 2 BvR 2584/12 –, Rn. 17.

[1063] BVerfG JZ 2016, 1113 (1114, Rn. 33); BVerfG, Beschluss v. 18.8.2017, – 2 BvR 424/17 –, Rn. 33; für die dort betroffene Frage bereits BVerfGE 140, 317 (350 f., Rn. 73 f.); kritisch *Meyer,* HRRS 2016, 332 (336).

[1064] Vgl. aber BVerfG JZ 2016, 1113 (1114, Rn. 33); Unterscheidung angesichts der damals im betroffenen Bereich seltener eingreifenden Bindung der Mitgliedstaaten (kritisch zum daher „blinden" Vertrauen des BVerfG *Weinzierl,* ZAR 2010, 260 [263 f.]) auch im Verweis auf Art. F Abs. 2 EUV (Maastricht) in BVerfGE 94, 49 (89) nicht.

[1065] BVerfG, Beschluss v. 23.1.2017, – 2 BvR 2584/12 –, Rn. 17 zur Bundeszentralregistereintragung; vgl. dagegen nach EMRK-Bindung unterscheidend *Bach,* Grenzüberschreitende Vollstreckung in Europa, S. 404.

[1066] S. erneut die in der Rspr. oben Zweiter Teil Fn. 629, 650 implizit, in der Rspr. oben Zweiter Teil Fn. 598, 655 ausdrücklich angenommene Kongruenz des dadurch Gebotenen mit greifen dieser Grundrechtsordnungen jeweils keine maßgebliche Bedeutung beimessen, bliebe zur Begründung des gegenüber EU-Mitgliedstaaten besonderen Vertrauens[1067] nur das Bekenntnis in Art. 2 EUV.[1068]

Da diese Ausführungen mit Bezug auf eine denkbar umfassende Aussetzung gegenüber fremder Gewalt durch Entfernung aus der eigenen Rechtsordnung erfolgen,[1069] dürfte einer Übertragbarkeit dieser Erwägungen der besondere Kontext ihrer Äußerung nicht entgegenstehen. Dafür spricht auch die nun explizit gemachte Rückbindung an änderungsfeste Gehalte. In der Sache hat dies in der jüngeren Rechtsprechung im bereits erwähnten Beschluss zur Eintragung einer im spanischen Schnellverfahren erfolgten Verurteilung in das Bundeszentralregister Anwendung gefunden, und damit jenseits des Auslieferungszusammenhangs, wenn auch bei bestehender Nähe hierzu.[1070]

Einer Übertragbarkeit könnte unabhängig davon eine mögliche Begrenzung dieser Vermutung auf prognostische Entscheidungssituationen entgegenstehen; sie bestehen bei der Auslieferung typischerweise,[1071] in innerunionalen „Vollstrecker"-Konstellationen aber nicht unbedingt. Eine Unsicherheit über die tatsächliche Behandlung liegt zumindest *objektiv* hinsichtlich bereits abgeschlossener Sachverhalte nicht vor, wie bereits im Konventions- und Unionsrecht relevant geworden ist.[1072] Geht das Gericht davon aus, die Wahrung des grundrechtlich Unabdingbaren müsse nicht positiv festgestellt werden, eröffnet dies aber auch hier die Möglichkeit, dass *subjektiv* bei rückblickender Betrachtung ein Unsicherheitsmoment aufrechterhalten wird, das der Vertrauensbegriff adäquat abbildet.[1073]

---

den unabdingbaren rechtsstaatlichen Grundsätzen des Grundgesetzes; sowie hierzu BVerfGE 141, 220 (342, Rn. 328); anklingend in BVerfGE 59, 63 (91). Aus dem Schrifttum mit der Annahme solcher Kongruenz, *Hofmann,* Grundrechte und grenzüberschreitende Sachverhalte, S. 58 ff., 63 f., 100, 105 f.; *Graßhof/Backhaus,* EuGRZ 1996, 445 (448); s. auch *Herdegen,* in: MD, Art. 1 Abs. 2 Rn. 45; vgl. *Kokott,* in: Sachs, Art. 16 Rn. 51.

[1067] Hierzu erneut die Nachweise oben Zweiter Teil Fn. 642.

[1068] Für grds. Vermutung der Rechtsstaatlichkeit *v. Arnauld,* in: v. Münch/Kunig, Art. 16 Rn. 41; *Kokott,* in: Sachs, Art. 16 Rn. 50; vorsichtig *Britz,* JZ 2013, 105 (107); vgl. erneut *v. Bogdandy u. a.,* ZaöRV 72 (2012), 45 (68 ff.); zum Wertebekenntnis *Calliess,* JZ 2004, 1033 ff., *passim.*

[1069] Mit Intensitätsabstufung *Herdegen,* in: MD, Art. 1 Abs. 3 Rn. 79.

[1070] BVerfG, Beschluss v. 23.1.2017, – 2 BvR 2584/12 –, Rn. 17.

[1071] Prognose deutlich in BVerfGE 38, 398 (403); BVerfGE 64, 125 (134); BVerfGE 76, 143 (167).

[1072] Vgl. erneut die abweichende Meinung des Richters *Sommer* und der Richterin *Lübbe-Wolff* in BVerfGE 108, 129 (149).

[1073] S. nun BVerfG, Beschluss v. 23.1.2017, – 2 BvR 2584/12 –, Rn. 17.

Die Betonung des Grundsatzcharakters[1074] schließlich spricht zugleich dafür, dass es sich um eine unterschiedlich stark ausgeprägte Vermutung handeln kann. Angesichts des auch hier festzustellenden Zusammenhangs mit einer Vermutung rechtskonformen Verhaltens ist dies wenig überraschend. Damit läge nahe, dass jedenfalls im innerunionalen Verkehr grundsätzlich eine Vermutung der Wahrung des grundrechtlich unabdingbaren Schutzes zum Einsatz kommt. Es wird folglich gegenüber anderen Mitgliedstaaten mit (gegenseitigem) Vertrauen gearbeitet, wo mit Blick auf die EU die *Solange*-Formel zum Einsatz kommt.[1075]

(2) Verallgemeinerbarkeit der Widerlegbarkeit?

Bei Darlegungen für einen unzureichenden Schutz jedoch entbindet dies bereits im Zusammenhang der Auslieferung ausländischer Staatsangehöriger nicht von einer Einzelfallprüfung, ob die unabdingbaren Grundsätze der verfassungsrechtlichen Ordnung gewahrt sind.[1076] Geht das Gericht zudem im Zusammenhang des Art. 16 Abs. 2 S. 2 GG von grundsätzlichem Vertrauen in die Wahrung der auch durch die Verfassungsidentität gebotenen[1077] rechtsstaatlichen Grundsätze bei Auslieferung Deutscher in die anderen Mitgliedstaaten aus,[1078] entbindet dies nicht und darf auch der einfache Gesetzgeber nicht von einer entsprechenden Einzelfallprüfung entbinden.[1079] Es geht trotz des bemühten Vertrauens bei entsprechenden Anhaltspunkten also jenseits unionsrechtlicher Determinierung jeweils nicht um einen Verzicht auf jede Prüfung im Einzelfall.[1080]

Die jüngere Rechtsprechung stellt klar, dass einer solchen Einzelfallwiderlegung der Vorrang des Unionsrechts nicht entgegensteht, soweit es um den

---

[1074] Erneut *Alexy,* Theorie der Grundrechte, S. 75 f., 87 f.; in der Offenheit der Rechtsfolge zustimmend *Reimer,* Verfassungsprinzipien, S. 181, 257 ff., 358 ff.

[1075] S. auch implizit die Einordnung der *Solange*-Formel in BVerfGE 73, 339 (387) als Vertrauen dem EuGH gegenüber, BVerfGE 123, 267 (399); mit dieser Einordnung auch *Tomuschat,* in: BK, Art. 24 Rn. 53, 95; *Kischel,* Der Staat 39 (2000), 523 (541). Vgl. mit Einordnung des *unions*rechtlichen Vertrauensgrundsatzes als „Solange II-Annahme der justiziellen Zusammenarbeit" früh *Britz,* JZ 2013, 105 (108 f.); zur Unionsebene ähnlich mit Einschätzung als „Solange horizontal" *Canor,* ZaöRV 73 (2013), 249 (253 f., 271 ff.); *Schwarz,* Grundlinien der Anerkennung, S. 302. S. *Solange*-Vorbehalte als Vertrauensvorschüsse, *Franzius,* HFR 2010, 159 (174).

[1076] S. erneut die Nachweise oben Zweiter Teil Fn. 657.

[1077] BVerfGE 113, 273 (296); BVerfG, Beschluss v. 9.11.2016, – 2 BvR 545/16 –, Rn. 38 f.

[1078] BVerfGE 113, 273 (299); BVerfGE 140, 317 (350 f., Rn. 73).

[1079] Mit Nachdruck BVerfGE 113, 273 (316); BVerfG, Beschluss v. 9.11.2016, – 2 BvR 545/16 –, Rn. 38 ff.

[1080] Vgl. *Herdegen,* in: MD, Art. 1 Abs. 3 Rn. 71, 81; allgemein *Schmidt-Aßmann/Dimitropoulos,* in: Weingardt (Hrsg.), Vertrauen in der Krise, S. 129 (137 f.).

Schutz änderungsfester Gehalte geht. Es wurde bereits erwähnt, dass eine unzulässige Berührung der nach Art. 79 Abs. 3 GG geschützten grundgesetzlichen Gehalte und unter ihnen insbesondere des Menschenwürdeschutzes nun ausdrücklich im Einzelfall für möglich gehalten wird.[1081] Darauf wird in der Sache durch den Zweiten Senat die ebenso ausdrücklich für erforderlich erachtete Möglichkeit der Vertrauenserschütterung im Einzelfall zurückgeführt, die auch nicht durch vorrangiges Unionsrecht ausgeschlossen werden könne.[1082] Dies wird inzwischen wiederum über den Zusammenhang der Auslieferung hinaus erstreckt.[1083] Es ist also die Integrationsfestigkeit, die dem völligen Ausschluss von Einzelfallerwägungen entgegensteht. Dass der „Grundsatz des gegenseitigen Vertrauens durch die Garantie der Menschenwürde in Art. 1 Abs. 1 GG begrenzt" ist,[1084] dürfte aus Sicht des Grundgesetzes damit nicht nur auf den unionsrechtlichen Vertrauensgrundsatz zutreffen, in dessen Kontext diese Aussage getroffen wird.

Auf dieser Grundlage muss eine Widerlegung des Vertrauens in kritischen Fällen auch bei unionsrechtlich determiniertem Handeln jedenfalls hinsichtlich änderungsfester Verfassungsgehalte möglich sein.[1085] Im Falle einer solchen Widerlegung sei dann zu prüfen, ob bei Kooperation im Einzelfall die Verletzung eines integrationsfesten Schutzguts drohe.[1086] Auch auf dieser Ebene be-

---

[1081] Aus der Rspr. in Zweiter Teil Fn. 976 erneut vor allem BVerfGE 140, 317 (341, Rn. 48 f.).

[1082] BVerfGE 140, 317 (351, Rn. 74), s. auch S. 356, Rn. 85, wobei der Verweis auf „gleichwertigen und wirksamen Schutz" eine Verbindung zu „Inhalt und Wirksamkeit" in der Terminologie von BVerfGE 73, 339 (376), wie zum Vertrauensgrundsatz des EuGH herstellt (s. erneut etwa EuGH, Urteil v. 22.12.2010, Rs. C-491/10 PPU, Aguirre Zarraga, Rn. 70); BVerfG JZ 2016, 1113 (1114, Rn. 33); BVerfG, Beschluss v. 18.8.2017, – 2 BvR 424/17 –, Rn. 32 f.

[1083] BVerfG, Beschluss v. 23.1.2017, – 2 BvR 2584/12 –, Rn. 17; vgl. BVerfGE 141, 220 (342, Rn. 328; S. 345 f., Rn. 336 f.), aber erneut auch BVerfGE 94, 49 (103).

[1084] BVerfGE 140, 317 (355, Rn. 83); vgl. BVerfG JZ 2016, 1113 (1114, Rn. 33); zustimmend *Gärditz,* JZ 2016, 1116 (1118 f.). Inzwischen wird durch BVerfG, Beschluss v. 19.12.2017, – 2 BvR 424/17 –, Rn. 58 aufgeworfen, ob dies nicht auch für den unionsrechtlichen Vertrauensgrundsatz gelten müsste.

[1085] BVerfGE 140, 317 (351, Rn. 74); BVerfG JZ 2016, 1113 (1114, Rn. 33); BVerfG, Beschluss v. 23.1.2017, – 2 BvR 2584/12 –, Rn. 17; BVerfG, Beschluss v. 18.8.2017, – 2 BvR 424/17 –, Rn. 32 f. (nachfolgend letztlich nicht entscheidend, BVerfG, Beschluss v. 19.12.2017, – 2 BvR 424/17 –, Rn. 45 ff., 59); vgl. BVerfG, Beschluss v. 14.12.2017, – 2 BvR 2655/17 –, Rn. 18; BVerfG, Beschluss v. 21.3.2018, – 2 BvR 237/18 –, Rn. 14 ff. S. zuvor im hiesigen Kontext bereits mit Vorschlag einer Prüfung auf „gravierende Grundrechtsverstöße" im Einzelfall *Britz,* JZ 2013, 105 (109); s. erneut auch *Herdegen,* in: MD, Art. 1 Abs. 3 Rn. 79, 81; mit anderem Ansatzpunkt erneut *Lübbe-Wolff,* DVBl. 1996, 825 (831) sowie die abweichende Meinung der Richterin *Lübbe-Wolff* in BVerfGE 113, 273 (335).

[1086] BVerfGE 140, 317 (351, Rn. 74; S. 355, Rn. 83); BVerfG, Beschluss v. 24.3.2016, – 2 BvR 175/16 –, Rn. 42; BVerfG JZ 2016, 1113 (1114, Rn. 33); BVerfG, Beschluss v. 18.8.2017, sitzt somit zugleich maßgebliche Relevanz, welcher Darlegungen es bedarf, um einen Prüfungseintritt zu veranlassen.[1087]

Verfassungsrechtlich hilft Vertrauen daher nicht über hinreichend gewichtige Anhaltspunkte hinweg, dass die Behandlung hinter dem grundgesetzlich unabdingbaren Maß an Grundrechtsschutz im Einzelfall zurückbleibt. Insoweit besteht vielmehr die deutsche „Gewährleistungsverantwortung"[1088] auch im Einzelfall im Verkehr mit dem innerunionalen Ausland fort.

b) Schutzbeitrag unionsrechtlicher Versagungsmöglichkeiten

Maßgeblich kommt es auf die Integrationsfestigkeit dieser fortbestehenden Verantwortung aber nur an, wenn bei unzureichendem Schutz im Ursprungsstaat nicht ohnehin das Unionsrecht Abhilfe zulässt.[1089] Auch die unionale Rechtsordnung kann eine Versagung der Kooperation vorsehen und so potenziell kritische Einwirkungen verhindern oder begrenzen.

Dies erlangt mit Blick auf das normative Schutzniveau besonders dort Bedeutung, wo eine unionsgrundrechtliche Bindung des Ursprungsstaats an den Kompetenzgrenzen der EU scheitert; es wird daneben relevant, wenn sich Zweifel an der Zulässigkeit der Zusammenarbeit unter dem Aspekt der tatsächlichen Einhaltung bestehender Bindungen des Ursprungsstaats ergeben.

– 2 BvR 424/17 –, Rn. 33; vgl. erneut BVerfG, Beschluss v. 9.11.2016, – 2 BvR 545/16 –, Rn. 38 f.

1087 Vgl. jeweils zum Einstieg in die Prüfung einer Überschreitung der Grenzen normativer Vergewisserung *Lübbe-Wolff,* DVBl. 1996, 825 (828); *Randelzhofer,* in: MD, Art. 16a Abs. 2 Rn. 77 f.; *v. Arnauld,* in: v. Münch/Kunig, Art. 16a Rn. 36; in anderem Kontext *Kokott,* in: Sachs, Art. 16 Rn. 52; zu BVerfGE 140, 317 insoweit kritisch *Meyer,* HRRS 2016, 332 (336); vgl. BVerfG, Beschluss v. 23.1.2017, – 2 BvR 2584/12 .

1088 BVerfGE 140, 317 (346, Rn. 59); *Reinbacher/Wendel,* EuGRZ 2016, 333 (340).

1089 Vgl. BVerfGE 140, 317 (355 ff., Rn. 84 ff.); BVerfG, Beschluss v. 6.5.2016, – 2 BvR 890/16 –, Rn. 19 und die Hauptsache BVerfG JZ 2016, 1113 (1114, Rn. 32); BVerfG, Beschluss v. 23.1.2017, – 2 BvR 2584/12 –, Rn. 17; BVerfG, Beschluss v. 18.8.2017, – 2 BvR 424/17 –, Rn. 34 (dazu, dass dies im dortigen Fall nicht durch Vorlage geklärt worden war, BVerfG, Beschluss v. 19.12.2017, – 2 BvR 424/17 –, Rn. 45 ff.); vgl. zuvor etwa zum Dublin-System BVerfGE 128, 224 (226); vgl. auch BVerfGE 126, 286 (302 f.). Anklingend bei *Becker,* Grundrechtsschutz, S. 154; *Gerling,* Die Gleichstellung ausländischer mit inländischen Vollstreckungstiteln, S. 169; wohl auch bei *Stadler,* IPRax 2004, 2 (9); *Schwarz,* Grundlinien der Anerkennung, S. 313; *Reinbacher/Wendel,* EuGRZ 2016, 333 (340, 342), ebenso mit Annahme der Verallgemeinerbarkeit; *Müller,* ZeuS 2016, 345 (364); *Satzger,* NStZ 2016, 514 (521 f.); *Dietz,* NVwZ 2016, 1383 (1385); im Anschluss an *Vogel/Eisele,* in: GHN, Art. 82 AEUV Rn. 10, 86 zu „Gewährleistungsverantwortung", sie aber auf (mitgliedstaatliche) Justizorgane beziehend, *Meyer,* in: v. d. Groeben/Schwarze/Hatje, Art. 82 AEUV Rn. 56.

aa) Versagung aus Unionsgrundrechten bei Überschreitung unionsrechtlicher Vertrauensgrenzen

Einzubeziehen ist vor allem der Beitrag, den die Bindung des *Vollstreckungsstaats* Deutschland an die unionalen Grundrechte leistet. Der zwingenden sekundärrechtlichen Vorgaben unterliegende Vollstreckungsstaat handelt hinsichtlich des „Ob" der Rechtshilfe in Durchführung des Unionsrechts i. S. d. Art. 51 Abs. 1 S. 1 GRC.[1090] Jedenfalls er ist in den hier interessierenden „Vollstrecker"-Konstellationen damit an die Unionsgrundrechte gebunden. Dies gilt unabhängig davon, in welchem Umfang auch der Ursprungsstaat einer solchen Bindung unterliegt.

Trotz des unionalen Vertrauensgrundsatzes können die Unionsgrundrechte ihrerseits eine Versagung der Zusammenarbeit zwischen den Mitgliedstaaten gebieten,[1091] und zwar auch dort, wo allein das Sekundärrecht dies nicht zuließe. Dies kann nach bisheriger Rechtsprechung des EuGH jedenfalls zur Durchsetzung des unionsgrundrechtlichen Schutzes vor unmenschlicher oder erniedrigender Behandlung geboten sein; dabei spricht der auch auf Unionsebene absolute Charakter des Rechts aus Art. 4 GRC für die Möglichkeit einer Versagung im bloßen Einzelfall.[1092] Zwar ist bislang unter der Grundrechtecharta das Verhältnis von Art. 1 GRC zu Art. 4 GRC oder den übrigen Grundrechten nicht vollständig geklärt;[1093] es ist zudem eine Divergenz zwischen unionalem und verfassungsrechtlichem Würdeschutz im Einzelfall nicht ausgeschlossen. Zumindest liegt aber nahe, dass das Unionsrecht eine Versagung dort fordert, wo diese sonst auch entgegen unionsrechtlicher Vorgaben wegen der Integrationsfestigkeit des Art. 1 Abs. 1 GG erforderlich würde.[1094] Für verfahrensrechtliche Mindestanforderungen hat eine Kammer des Zweiten Senats des Bundesverfassungsgerichts dies ebenfalls impliziert.[1095] Dass somit Unions- und Verfas-

---

[1090] Oben S. 16 ff., 219 ff. Hervorgehoben in BVerfG, Beschluss v. 19.12.2017, – 2 BvR 424/17 –, Rn. 46.

[1091] Vgl. mit Verweis auf Art. 1 Abs. 3 RB 2002/584/JI bereits die abweichende Meinung des Richters *Gerhardt* in BVerfGE 113, 273 (341); im Ergebnis *Pohl,* Vorbehalt und Anerkennung, S. 131 ff. Hiervon geht auch bereits § 73 S. 2 IRG aus.

[1092] Oben S. 168 ff.

[1093] Dazu, dass dies nicht dazu zwingt, ausreichenden Schutz auf Unionsebene in Zweifel zu ziehen, BVerfGE 73, 339 (383); BVerfGK 11, 189 (192).

[1094] So in BVerfGE 140, 317 (359 ff., Rn. 91 ff.), insbesondere S. 364 f., Rn. 105, sowie S. 361, Rn. 98 zur Rolle der EMRK; *Müller,* ZeuS 2016, 345 (364 f.); *Satzger,* NStZ 2016, 514 (521); *Dietz,* NVwZ 2016, 1383 (1384); vgl. *Meyer,* in: v. d. Groeben/Schwarze/Hatje, Art. 82 AEUV Rn. 56; *Reinbacher/Wendel,* EuGRZ 2016, 333 (337); weiterhin größere Divergenz hingegen nach *Meyer,* JZ 2016, 621 (624).

[1095] BVerfG, Beschluss v. 23.1.2017, – 2 BvR 2584/12 –, Rn. 17.

sungsrecht gleichlaufenden Schutz gebieten können,[1096] sollte nicht aus dem Blick geraten, wenngleich Art. 79 Abs. 3 GG nach jüngerer Rechtsprechung keine Relativierung seiner Schutzgüter im Einzelfall gestattet und es daher um einen Bereich geht, in dem die deutsche Rechtsordnung konfligierendem Unionsrecht ohnehin keinen Vorrang einräumen dürfte.

Aber auch über diesen Bereich des grundrechtlich Integrationsfesten hinaus ist denkbar, dass die unionsgrundrechtliche Vorgabe von vornherein nicht von dem abweicht, was die Grundrechte des Grundgesetzes geböten.[1097] Soweit danach die Unionsgrundrechte vom Vollstreckungsstaat eine Prüfung und gegebenenfalls eine Reaktion fordern, stellt dies auch kein Aufzwingen (ausschließlich) eigener Rechtsauffassungen dar.

Bereits mit Blick auf die Durchsetzung der ursprungsstaatlichen Bindungen ist ein mögliches Vorgehen Deutschlands im Wege des Vertragsverletzungsverfahrens nach Art. 259 AEUV im Blick zu behalten, aber wohl kaum für die Niveausicherung im Einzelfall tauglich. Soweit eine Versagung der Kooperation ausnahmsweise unionsgrundrechtlich geboten oder zulässig ist, liegt die Wirksamkeit des dadurch vermittelten Schutzes in deutscher Hand und nicht beim Ursprungsmitgliedstaat. Zudem kann die Klärung der unionsrechtlichen Grenzen, innerhalb deren (nur) geboten ist, von der Einhaltung grundrechtlicher Anforderungen durch die anderen Mitgliedstaaten auszugehen, durch deutsche Vorlage zum EuGH in einem Vorabentscheidungsverfahren herbeigeführt werden.[1098] Dies erlaubt eine Klärung auch dort, wo der Ursprungsstaat einer etwaigen Vorlagepflicht nicht gerecht geworden sein sollte. Hier ist also die Rolle der Fachgerichtsbarkeit bei Durchsetzung der Unionsgrundrechte zu beachten.[1099]

Kommt ohne unionsrechtliche Abhilfe eine Überschreitung der Grenzen des deutschen Rechtsanwendungsbefehls in Betracht, bedarf es einer Vorlage auch, bevor vor dem Bundesverfassungsgericht diese Frage aufgeworfen wird,[1100] da

[1096] Dies letztlich mit paralleler Heranziehung der Vorgaben betonend BVerfGE 140, 317 (352, Rn. 76; S. 359 ff., Rn. 91 ff.); BVerfG, Beschluss v. 23.1.2017, – 2 BvR 2584/12 –, Rn. 17; vgl. BVerfG, Beschluss v. 18.8.2017, – 2 BvR 424/17 –, Rn. 33 f. (vorausgesetzt auch in BVerfG, Beschluss v. 19.12.2017, – 2 BvR 424/17 –, Rn. 45 ff.).

[1097] Zur Relevanz des Rangverhältnisses nur bei Konflikt BVerfGE 37, 271 (278).

[1098] S. auch *Müller,* ZeuS 2016, 345 (364) sowie erneut die abweichende Meinung des Richters *Gerhardt* in BVerfGE 113, 273 (340 f.). Zur Bindung des vorlegenden Gerichts an die Vorabentscheidung nur BVerfGE 31, 145 (174); zur Überprüfung des Vollzugs im – so möglicherweise bestätigten – Spielraum die Rspr. oben Zweiter Teil Fn. 749. Vgl. BVerfG, Beschluss v. 19.12.2017, – 2 BvR 424/17 –, Rn. 45 ff.

[1099] Aus der Rspr. in Zweiter Teil Fn. 833 nur BVerfGE 129, 78 (103 f.).

[1100] BVerfGE 37, 271 (281); BVerfGE 129, 186 (198 ff.); allgemein zur Klärung des Bestehens eines Spielraums BVerfGE 118, 79 (97 f.); BVerfGE 129, 78 (102 ff.). Hierzu auch *Britz,* das Gericht für eine Entscheidung über die Unanwendbarkeit des Unionsrechts das Entscheidungsmonopol besitzt.[1101]

bb) Versagung in gestattetem Rückgriff auf das Grundgesetz?

Auch dort, wo sie nicht durch das Unionsrecht geboten ist, kann sich eine Versagung der Zusammenarbeit aber zumindest als mit diesem vereinbar darstellen. Zu denken ist an solche unionsrechtlichen Regelungen, die ihrerseits den Rückgriff auf Gehalte des nationalen Verfassungsrechts zulassen.[1102] Sie seien hier nur knapp aufgezeigt.

Konkretere Ansatzpunkte als die in der Achtung der verschiedenen Rechtsordnungen und -traditionen der Mitgliedstaaten in Art. 67 Abs. 1 AEUV zum Ausdruck kommende Sensibilität[1103] mögen entsprechende Verweise in den Erwägungsgründen des Sekundärrechtsakts bieten.[1104] Soweit allerdings dort nicht ausdrücklich ein höheres nationales Schutzniveau zugelassen wird, geht der Gerichtshof davon aus, ein Rückgriff darauf sei nur dann zulässig, wenn dadurch die praktische Wirksamkeit des operativen Teils des Sekundärrechts nicht vereitelt wird, das seinerseits die Kooperation anordnet.[1105]

Als primärrechtliche Grundlage kommen unabhängig davon aber sowohl Art. 4 Abs. 2 S. 1 EUV als auch Art. 53 GRC in Betracht, deren beider Auslegung die problematische Zuständigkeitsabgrenzung im Verfassungsgerichtsverbund[1106] versinnbildlicht.

NJW 2012, 1313 (1316); im Nachgang zu BVerfGE 140, 317 etwa *Sauer,* NJW 2016, 1134 (1137); *Meyer,* HRRS 2016, 332 (338).

1101 S. nur BVerfGE 37, 271 (284 f.); BVerfGE 140, 317 (337, Rn. 43).

1102 Dies hervorhebend *Franzius,* ZaöRV 75 (2015), 383 (401 f.); vgl. *Meyer,* HRRS 2016, 332 (334 f.).

1103 Anders bei Normverständnis als unmittelbare Schranke, die *ordre public*-Vorbehalt verlange, wie bei *Röben,* in: GHN, Art. 67 AEUV Rn. 92; Einordnung als Kompetenzausübungsregel in BVerfGE 123, 267 (383); *Breitenmoser/Weyeneth,* in: v. d. Groeben/Schwarze/Hatje, Art. 67 AEUV Rn. 79; vgl. weitergehend *Meyer,* in: v. d. Groeben/Schwarze/Hatje, Art. 82 AEUV Rn. 41.

1104 Höheres nationales Schutzniveau etwa uneingeschränkt zulässig nach Art. 8 und 32. ErwG RL 2010/64/EU; an anderer Stelle mit Einschränkung eines den sekundärrechtlichen Erleichterungen nicht zuwiderlaufenden Schutzes, so etwa Art. 14 und 54. ErwG RL 2013/48/EU. Ohne Klarstellung in die eine oder andere Richtung etwa 12. ErwG RB 2002/584/JI (unter Verweis hierauf BVerfGE 140, 317 [365, Rn. 106]); 6. ErwG RB 2005/214/JI; 14. ErwG RB 2006/783/JI.

1105 Zum RB 2002/584/JI EuGH, Urteil v. 30.5.2013, Rs. C-168/13, F., Rn. 53.

1106 Zu diesem erneut *Voßkuhle,* NVwZ 2010, 1 (3).

(1) EuGH: Effet utile-orientierte Auslegung des Art. 4 Abs. 2 S. 1 EUV

Hinsichtlich Art. 4 Abs. 2 S. 1 EUV ist zunächst darauf hinzuweisen, dass die Vorschrift nur insoweit von Interesse ist, als es um identitätsradizierte Gehalte geht. Soweit dies aber der Fall ist, sei daran erinnert, dass das Bundesverfassungsgericht in diesem Zusammenhang wiederholt angedeutet hat, dass es in der Norm ein Anerkenntnis dessen sieht, dass im Einzelfall die nationale Verfassungsidentität Vorrang gegenüber unionsrechtlichen Vorgaben beanspruchen können müsse.[1107] Ebenso hat es sich die Letztentscheidung darüber vorbehalten, ob die Identität Durchsetzung verlange.[1108] Zumindest in Bezug auf die Erforderlichkeit einer vorgängigen Vorabentscheidung dürfte der Gerichtshof der Europäischen Union allerdings anderer Ansicht sein.[1109]

(2) EuGH: Effet utile-orientierte Auslegung des Art. 53 GRC

Demgegenüber käme Art. 53 GRC[1110] für einen solchen Rückgriff auch insofern in Betracht, als es um die Durchsetzung anderer grundrechtlicher Anforderungen geht. Wie bereits auf Unionsebene erörtert, geht der EuGH zwar von einer parallelen Anwendbarkeit der mitgliedstaatlichen und der Unionsgrundrechte aus.[1111] Zugleich nimmt er aber an, bei Modifikation einer sekundärrechtlichen Anerkennungserleichterung durch Rückgriff auf nationale Grundrechte handele es sich um einen Fall der auch über Art. 53 GRC nicht zulässigen Beeinträchti-

---

1107 Mit Verweis auf Anlage in der Norm BVerfGE 140, 317 (337 f., Rn. 44), s. aber auch S. 366, Rn. 107; BVerfG NJW 2016, 2473 (2477, Rn. 140), daneben S. 2478, Rn. 144 sowie S. 2484, Rn. 185; mit impliziertem Gleichlauf des Art. 4 Abs. 2 S. 1 EUV Unterfallenden mit dem verfassungsrechtlich Gebotenen BVerfGE 123, 267 (354, 400 f.). Vgl. im hiesigen Kontext *Pfeiffer,* in: FS Jayme, S. 675 (687 f.); *Kohler,* ZEuS 2016, 135 (144); allgemein nur etwa *Streinz,* in: ders., Art. 4 EUV Rn. 14.

1108 Jeweils dazu, dass das Gericht hinsichtlich der Vereinbarkeit eines Rückgriffs auf die Verfassungsidentität ein Vorabentscheidungsverfahren nicht für geboten erachtet, BVerfGE 134, 366 (418 f., Rn. 103); BVerfGE 140, 317 (339, Rn. 46), mit Kritik bei *Meyer,* HRRS 2016, 332 (335); BVerfG NJW 2016, 2473 (2480, Rn. 156).

1109 Vgl. implizit EuGH, Urteil v. 22.12.2010, Rs. C-208/09, Sayn-Wittgenstein, Rn. 83 ff.; grundlegend bereits EuGH, Urteil v. 17.12.1970, Rs. 11/70, Internationale Handelsgesellschaft, Rn. 3; daneben Schlussanträge GA *Bot,* C-399/11, Melloni, Nr. 139, 141 f. Kritisch *Klein,* in: FS Magiera, S. 59 (67); unter Betonung des Potenzials einer Lösung über Art. 4 Abs. 2 S. 1 EUV *Franzius,* ZaöRV 75 (2015), 383 (401 f.); unter Betonung des Kooperationsverhältnisses *v. Bogdandy/Schill,* in: GHN, Art. 4 EUV Rn. 43 ff.; zum Verhältnis der Gerichte im Verbund erneut *Voßkuhle,* NVwZ 2010, 1 (5 ff.).

1110 Vgl. BVerfGE 37, 271 (282 f.); *Schwarz,* Grundlinien der Anerkennung, S. 312 ff., aber ohne Bezug zu den zu Recht betonten (S. 293 f.) Grenzen in multipolaren Verhältnissen; zu diesen erneut *Brummund,* Kohärenter Grundrechtsschutz, S. 115 ff.

1111 EuGH, Urteil v. 26.2.2013, Rs. C-617/10, Åkerberg Fransson, Rn. 29.

gung der Wirksamkeit des Unionsrechts.[1112] Ein solcher Rückgriff zur Anerkennungsversagung stellt sich zumindest in der Rechtsprechung des EuGH damit nicht als zulässig dar.

cc) Ergebnis

Neben Anforderungen an den Ursprungsstaat trägt also maßgeblich die Unionsgrundrechtsbindung des Vollstreckungsstaats zum Grundrechtsschutz in der horizontalen Zusammenarbeit bei. Diese Bindung des Vollstreckungsstaats kann die Versagung oder Modifikation der Kooperation gebieten. In der EuGH-Rechtsprechung ist geklärt, dass dies zum Würdeschutz der Fall sein kann, und es liegt nahe, dass dies auch im Einzelfall infrage kommt, ohne dass der unionsrechtliche Grundsatz des gegenseitigen Vertrauens dem entgegenstünde. Gebieten aber nicht die Unionsgrundrechte Abhilfe, dürften nach Ansicht des EuGH weder Art. 4 Abs. 2 S. 1 EUV noch Art. 53 GRC einen Rückgriff auf nationale Versagungsgründe ermöglichen.

3. Auch ohne Abhilfe auf Unionsebene jedenfalls grundgesetzlicher Würdeschutz im Einzelfall

Gestattet das Unionsrecht keine Abhilfe, wird maßgeblich relevant, dass ein Vertrauen auf die Wahrung des änderungsfest gebotenen Schutzes aus Sicht des Grundgesetzes im Einzelfall widerlegbar sein muss.[1113] Daran vermag auch der vom verfassungsrechtlichen zu unterscheidende unionsrechtliche Grundsatz des gegenseitigen Vertrauens nichts zu ändern, reicht doch das Durchsetzungsversprechen[1114] gegenüber dem Unionsrecht nicht über das verfassungsidentitär Zulässige hinaus.[1115]

Deutsche Stellen dürfen sich nicht am Vollzug von Maßnahmen beteiligen, die eine Identitätsverletzung zeitigten.[1116] Die hiervon zu trennende Frage einer

---

[1112] EuGH, Urteil v. 26.2.2013, Rs. C-399/11, Melloni, Rn. 62f. Vgl. die in BVerfGE 73, 339 (379, 383f.) relevanten Ausführungen in EuGH, Urteil v. 14.5.1974, Rs. 4/73, Nold, Rn. 13; aus der Wissenschaft erneut die Stimmen oben Zweiter Teil Fn. 402, 432.

[1113] Oben S. 281 ff.

[1114] S. nur BVerfGE 126, 286 (302); BVerfGE 140, 317 (335, Rn. 37); in diesem Kontext zur geringeren Abträglichkeit horizontaler Kontrolle *Britz,* JZ 2013, 105 (109).

[1115] BVerfGE 123, 267 (348, 400f.); BVerfGE 140, 317 (336f., Rn. 40ff.; S. 341, Rn. 49), begrüßt von *Nettesheim,* JZ 2016, 424 (426) angesichts allgemein fehlender Sensibilität des EuGH in grundrechtlichen Fragen der Anerkennung; BVerfG NJW 2016, 2473 (2474f., Rn. 117ff., 120; S. 2477, Rn. 137); vgl. BVerfGE 141, 1 (16, Rn. 36; S. 28f., Rn. 68f.) und BVerfG, Beschluss v. 18.8.2017, – 2 BvR 424/17 –, Rn. 33f.

[1116] BVerfGE 140, 317 (341, Rn. 49; S. 355, Rn. 83; S. 367, Rn. 110); BVerfG JZ 2016, 1113 (1114, Rn. 30ff.); BVerfG, Beschluss v. 23.1.2017, – 2 BvR 2584/12 –, Rn. 17; BVerfG, Beweiterreichenden Pflicht zu aktivem Tätigwerden der *Verfassungs*organe – oder gar anderer Stellen – aus ihrer Integrationsverantwortung[1117] kann in den hier betrachteten „Vollstrecker"-Fällen dahinstehen, in denen es jedenfalls noch eines hinzutretenden formal deutschen Akts zur Vollziehung bedarf.

Ist ein solcher notwendig, darf den anderen EU-Mitgliedstaaten selbst auf unionsrechtlich zwingende Anordnung hin und in einem bloßen Einzelfall nicht die Hand zu Menschenwürdeverletzungen gereicht werden.[1118] Jenseits eines Menschenwürdekerns und eines durch Art. 1 Abs. 2 GG geschützten menschenrechtlichen Gehalts bleibt demgegenüber unklar, was im Einzelnen für (Wesens-)Gehalte der übrigen Grundrechte gilt; sollte auch diesbezüglich ein Einzelfallschutz geboten sein, würde relevant, inwieweit auch die Unionsgrundrechte einen solchen im horizontalen Verhältnis angezeigt sein lassen.[1119]

Dabei seien noch einige Präzisierungen angebracht: Aus seiner Europarechtsfreundlichkeit dürfte sich auch unter dem Grundgesetz eine Verpflichtung ergeben, im Wege der Kooperation mit dem anderen Mitgliedstaat einen Versuch der Klärung zu unternehmen, ob tatsächlich eine solche Verletzung droht.[1120] Da auch auf Unionsebene eine Versagung kaum ohne vorangegangene Intensivierung der Kooperation(-sversuche) zulässig ist, werden diese Klärungen im konkreten Fall ohnehin auch nach dem Unionsrecht geboten sein. Zumindest aus verfassungsrechtlicher Sicht dürfte zum Schutz des *effet utile* des Unions-

---

schluss v. 18.7.2017, – 2 BvR 859/15, 2 BvR 1651/15, 2 BvR 2006/15, 2 BvR 980/16 –, Rn. 57; BVerfG, Beschluss v. 18.8.2017, – 2 BvR 424/17 –, Rn. 32 f.

[1117] Zu dieser grundlegend BVerfGE 123, 267 (353); mit Ausdifferenzierung zwischen Unterlassungspflicht aller Hoheitsträger und aus Integrationsverantwortung der Verfassungsorgane fließender Handlungspflicht BVerfGE 134, 366 (394 f., Rn. 45 ff.) sowie in der Hauptsache BVerfG NJW 2016, 2473 (2480, Rn. 162) einerseits, S. 2480 f., Rn. 163 ff. andererseits, dabei Integrationsverantwortung „den grundrechtlichen Schutzpflichten nicht unähnlich", S. 2481, Rn. 166 (Schutzpflicht nach der abweichenden Meinung des Richters *Huber* in BVerfG, Beschluss v. 21.6.2016, – 2 BvR 637/09 –, Rn. 23, 30); BVerfG, Beschluss v. 19.7.2016, – 2 BvR 2752/11 –, Rn. 20 sowie BVerfG, Beschluss v. 18.7.2017, – 2 BvR 859/15, 2 BvR 1651/15, 2 BvR 2006/15, 2 BvR 980/16 –, Rn. 47 ff., 72. Vgl. *Payandeh,* DVBl. 2016, 1073 (1079 f.).

[1118] BVerfGE 140, 317 (347, Rn. 62); BVerfGE 141, 220 (342, Rn. 328); sinngemäß bereits BVerfG, Beschluss v. 12.5.2015, – 2 BvR 2954/10 –, Rn. 24 f. BVerfGK 3, 159 (163 f.); BVerfGE 45, 187 (227); nachfolgend BVerfG JZ 2016, 1113 (1114, Rn. 33); vgl. BVerfGE 141, 220 (342, Rn. 328); BVerfG, Beschluss v. 21.6.2016, – 2 BvR 637/09 –, Rn. 34 (sowie die abweichende Meinung des Richters *Huber,* Rn. 22).

[1119] S. erneut *Britz,* JZ 2013, 105 (109).

[1120] Vgl. BVerfGE 140, 317 (348 f., Rn. 66), im zugrunde liegenden Fall war ohne zufriedenstellendes Ergebnis (Rn. 10 ff.) um Klärung ersucht worden (Rn. 4); BVerfG, Beschluss v. 9.11.2016, – 2 BvR 545/16 –, Rn. 48; BVerfG, Beschluss v. 18.8.2017, – 2 BvR 424/17 –, Rn. 3 ff. S. erneut auch BVerfGE 94, 49 (100); im dortigen Kontext *Randelzhofer,* in: MD, Art. 16a Abs. 2 Rn. 86.

rechts ein Versuch geboten sein, schwerwiegenden Bedenken durch das Einholen von Zusicherungen abzuhelfen, wenn bei prognostischen Entscheidungen sonst nur eine (temporäre) Versagung bliebe.[1121]

Zu berücksichtigen ist weiterhin, dass auch nach deutschem Verfassungsrecht die Sachnähe für die Zumutbarkeit eines Verweises auf Rechtsschutz im Ausland relevant ist.[1122] Wenn in nicht abgeschlossenen Sachverhalten „unkorrigiert“ eine Verletzung des grundrechtlich unabdingbaren Schutzes droht, dürften auch unter dem Grundgesetz grundsätzlich Rechtsbehelfe im Ursprungsstaat einzubeziehen sein. Dabei ist eine Prognoseentscheidung erforderlich, ob das grundgesetzlich selbst bei der Zusammenarbeit mit anderen EU-Mitgliedstaaten Durchzusetzende noch ausreichenden Schutz erfahren wird, gegebenenfalls durch Korrektur des ursprünglichen Verhaltens. Auch hier dürfte aber das Maß an Rechtsschutz, das Durchsetzungsmechanismen im Lichte der infrage stehenden Verletzung überhaupt bieten können, sowie die Zumutbarkeit ausländischen Rechtsschutzes eingehend zu würdigen sein.[1123]

Nicht vollkommen ausgeschlossen werden kann daneben, dass unter dem Grundgesetz eine Prüfung erforderlich sein mag, ob möglicherweise durch Zuwarten während einer Bemühung ausländischer, unions- oder konventionsrechtlicher Durchsetzungsmechanismen ein Verstoß gegen integrationsfeste grundrechtliche Verfassungsgehalte drohte.[1124]

Ist die Zumutbarkeit eines Verweises auf ausländischen Rechtsschutz zu bejahen,[1125] wird grundsätzlich auch verfassungsgerichtlich einbezogen, wenn um

---

[1121] Vgl. BVerfGE 140, 317 (323, Rn. 9); BVerfG, Beschluss v. 18.8.2017, – 2 BvR 424/17 –, Rn. 6; bei hinreichenden Zweifeln hat deren Ausräumung ungeachtet des im Erbitten einer Zusicherung ausgedrückten Misstrauens (vgl. BVerfGE 108, 129 [141]) Vorrang.

[1122] Im hiesigen Kontext *Becker,* Grundrechtsschutz, S. 84; vgl. BVerfGE 60, 348 (356), m. w. N.; BVerfGE 63, 343 (379); BVerfGE 92, 26 (48).

[1123] Vgl. für eine rückblickende Beurteilung BVerfG, Beschluss v. 23.1.2017, – 2 BvR 2584/12 –, Rn. 17, ohne Zumutbarkeit ausländischen Rechtsschutzes, Rn. 20, 25; bei bestehendem unionsrechtlichen Spielraum in prognostischer Entscheidungssituation BVerfG, Beschluss v. 14.12.2017, – 2 BvR 1872/17 –, Rn. 19.

[1124] Dem Schutz solcher Gehalte mögen Verzögerungen umgekehrt auch zugute kommen können. Beachte auch, dass die Dauer des Individualbeschwerdeverfahrens (auch) gegen den *Verbringungs*staat sich ungeachtet einer etwaigen Verurteilung durch Verfestigung des geschaffenen Zustands im Ergebnis zugunsten des entführenden Elternteils auswirken mag, hierzu etwa EGMR, Urteil v. 1.3.2016, K.J. / Polen, Nr. 30813/14, §§ 75 f.; EGMR, Urteil v. 19.7.2016, G.N. / Polen, Nr. 2171/14, §§ 71 f.; EGMR, Urteil v. 19.7.2016, E.S. / Rumänien und Bulgarien, Nr. 60281/11, § 82.

[1125] Vgl. mit anderen Zumutbarkeitserwägungen BVerfG, Beschluss v. 17.1.2017, – 2 BvR 2013/16 –, Rn. 19, 21; verneint in BVerfG, Beschluss v. 23.1.2017, – 2 BvR 2584/12 –, Rn. 20, 25.

dortigen Rechtsschutz nicht ersucht worden ist.[1126] Sind deutsche Stellen daher mit einem bereits im Ausland abgeschlossenen Sachverhalt befasst, dürfte auch ein Verstoß gegen den grundgesetzlich im Einzelfall unabdingbaren Schutz nicht zwingend stets zu bejahen sein, wenn Rechtsbehelfe im Ursprungsstaat nicht ergriffen worden sind. Weil es um den unter Art. 79 Abs. 3 GG gebotenen Schutz geht, wird aber wiederum zugleich die Zumutbarkeit des Verweises auf ausländischen Rechtsschutz eingehender Würdigung bedürfen.[1127]

Würde danach bei Kooperation der integrationsfest gebotene Schutz verfehlt oder bestehen hinreichende Anhaltspunkte dafür, dass dieser bei der noch ausstehenden Befassung des Ursprungsstaats verfehlt werden wird, ist jedenfalls in Bezug auf den Schutz änderungsfester Gehalte und hier insbesondere Art. 1 Abs. 1 GG nach der Rechtsprechung des Bundesverfassungsgerichts im Einzelfall kein Raum mehr für Vertrauen unter dem Grundgesetz.[1128]

4. Rückblende: Kooperationsoffenheit bis in Identitätsnähe

Schließlich sei vor diesem Hintergrund der Blick zurück auf die eingangs des verfassungsrechtlichen Teils skizzierten grundrechtlichen Schwellen für eine Versagung zwischenstaatlicher Zusammenarbeit jenseits unionsrechtlicher Determinierung gerichtet. Weder im Fokus der hiesigen Ausführungen noch der aufgearbeiteten Rechtsprechung stand, inwiefern es sich dabei um grundrechtliche Erwägungen handelt, von deren Berücksichtigung nicht einmal der verfassungsändernde Gesetzgeber freistellen kann.

Dennoch fällt auf, dass in den exemplarisch betrachteten Materien ein Maßstab für die Zulässigkeit der Kooperation herangezogen wird, der zu den änderungsfesten Gehalten des Art. 79 Abs. 3 GG stets eine gewisse Nähe besitzt.[1129]

[1126] BVerfG NJW 1988, 1462 (1464); vgl. auch BVerfGE 63, 343 (379); mit Hinweis hierauf auch *Geimer,* ZfRV 1992, 401 (412).

[1127] Vgl. ohne Erörterung einer Identitätsverletzung BVerfG, Beschluss v. 23.1.2017, – 2 BvR 2584/12 –, Rn. 20, 25.

[1128] BVerfGE 140, 317 (347 ff., Rn. 62 ff.), insb. S. 351, Rn. 74; S. 355, Rn. 83; BVerfG JZ 2016, 1113 (1114, Rn. 33); zur Begrenzung der Relevanz auf die Fälle, in denen das Unionsrecht keine Entsprechung enthält *Satzger,* NStZ 2016, 514 (522).

[1129] Ebenfalls ausgehend von der Auslieferung ausdrücklich *Hofmann,* Grundrechte und grenzüberschreitende Sachverhalte, S. 63 f., 175 f.; ausdrücklich und übergreifend für Rechtshilfe *Herdegen,* in: MD, Art. 1 Abs. 2 Rn. 45, Art. 1 Abs. 3 Rn. 79; *Dreier,* in: ders., Art. 1 I Rn. 144, Art. 1 III Rn. 49; für die Auslieferung *Graßhof/Backhaus,* EuGRZ 1996, 445 (448); *Globke,* Die Auslieferung an den Internationalen Strafgerichtshof, S. 241 ff., 257; anklingend bei *Pohl,* Vorbehalt und Anerkennung, S. 100, 246 f. In der Sache ausgedrückt auch mit Feststellung der Übereinstimmung der sich aus Art. 19 Abs. 4 S. 1 GG ergebenden Anerkennungsanforderungen mit den an eine Hoheitsrechtsübertragung gestellten, *Papier,* Justizgewähranspruch, in: HStR³ VIII, 2010, § 176 Rn. 14; *Wettner,* in: Schmidt-Aßmann/

Dies kann zumindest im konkreten Fall bedeuten, dass von dem grundrechtlich bei zwischenstaatlicher Zusammenarbeit (überhaupt nur) Gebotenen auch im Rahmen der innerunionalen Kooperation nicht viel weiter abgerückt werden darf. Diese Erwägung wird vor allem für den Bereich der Auslieferung seit dem Beschluss BVerfGE 140, 317 auch durch das Gericht impliziert.[1130]

Insofern sei schlaglichtartig resümiert: Selbst bevor dies bezüglich der Auslieferung ausdrücklich zur Sprache kam, erfolgte insbesondere eine Prüfung anhand einzelner Kernelemente des Rechtsstaatsprinzips und der Menschenwürde.[1131] Zumal in der BVerfGE 140, 317 nachfolgenden Rechtsprechung wird die (Möglichkeit einer) Zugehörigkeit der bei Auslieferung unabdingbaren Grundsätze der Verfassung zu deren änderungsfesten Gehalten durch normative Rückbindung an Art. 79 Abs. 3 GG explizit gemacht.[1132] Eine solche Nähe klingt unter Bezugnahme auf die Auslieferungsrechtsprechung auch an, wenn die Grenze für eine Datenübermittlung ins Ausland und die Ermöglichung dortiger Datennutzung jedenfalls bei drohender Verletzung elementarer rechtsstaatlicher Grundsätze bzw. Menschenrechts- und Menschenwürdeverletzungen gezogen wird.[1133] Ebenso klingt dies an, wenn Mindestanforderungen an die Rechtshilfe durch Vollstreckung unmittelbar an den Rechtsstaatsgrundsatz rückgebunden werden,[1134] wenn auch insbesondere insoweit eine Identitätszugehörigkeit nicht zwingend ist. Weiterhin wäre eine solche Nähe zu Art. 79 Abs. 3 GG nicht ausgeschlossen, wenn die mit Blick auf das HZÜ-Regime bislang offengelassene Frage verneint würde,

„[o]b die Zustellung einer Klage selbst dann mit Art. 2 Abs. 1 GG in Verbindung mit dem Rechtsstaatsprinzip vereinbar wäre, wenn das mit der Klage angestrebte Ziel offensichtlich

---

Schöndorf-Haubold (Hrsg.), Der Europäische Verwaltungsverbund, S. 181 (210 f.); exkursweise bei *Becker,* Grundrechtsschutz, S. 83; bei *Rauser,* Die Übertragung von Hoheitsrechten auf ausländische Staaten, S. 279, 306 f. Zurückhaltender *Völker,* Zur Dogmatik des ordre public, S. 62, 124 f. Jenseits des GG zum Ganzen *Canor,* in: FS Stein, S. 484, 487 ff.

1130 BVerfGE 140, 317 (349 f., Rn. 67, 72); s. auch S. 352, Rn. 76; S. 355, Rn. 83; S. 367, Rn. 110, nachdem auf S. 341, Rn. 48 bereits dessen Identitätszugehörigkeit festgestellt wurde (zur Kritik hieran erneut die Nachweise in Zweiter Teil Fn. 621); BVerfG JZ 2016, 1113 (1114 f., Rn. 32 ff.); in BVerfG, Beschluss v. 23.1.2017, – 2 BvR 2584/12 –, Rn. 17 unerwähnt.

1131 Hierzu erneut die Rspr. in Zweiter Teil Fn. 614; daneben BVerfGE 113, 273 (296).

1132 BVerfG, Beschluss v. 24.3.2016, – 2 BvR 175/16 –, Rn. 40; BVerfG, Beschluss v. 6.5.2016, – 2 BvR 890/16 –, Rn. 22, in der Hauptsache BVerfG JZ 2016, 1113 nur vorausgesetzt; BVerfG, Beschluss v. 17.5.2017, – 2 BvR 893/17 –, Rn. 27; BVerfG, Beschluss v. 26.2.2018, – 2 BvR 107/18 –, Rn. 23; vgl. zu Art. 16 Abs. 2 S. 2 GG BVerfG, Beschluss v. 9.11.2016, – 2 BvR 545/16 –, Rn. 38 f.; für eine Bundeszentralregistereintragung BVerfG, Beschluss v. 23.1.2017, – 2 BvR 2584/12 –, Rn. 17.

1133 BVerfGE 141, 220 (342, Rn. 328; S. 344, Rn. 332); s. nachfolgend BVerfG, Beschluss v. 21.6.2016, – 2 BvR 637/09 –, Rn. 33 ff.

1134 BVerfGE 63, 343 (366).

gegen unverzichtbare Grundsätze eines freiheitlichen Rechtsstaats verstieße, wie sie auch in internationalen Menschenrechtsübereinkommen verankert sind".[1135]

Schon für die hier betrachteten Materien bedürfte dies im konkreten Fall eingehenderer Prüfung. Dennoch lassen sich Anhaltspunkte dafür verzeichnen, dass das Grundgesetz nicht allein der unionalen, sondern auch anderen Formen und Foren zwischenstaatlicher Zusammenarbeit so weitgehend aufgeschlossen gegenübersteht, dass die grundrechtlichen Anforderungen bereits dort bis in die Nähe des Schutzes zurückgenommen sein können, der durch Art. 79 Abs. 3 GG geboten ist.[1136] Soweit es um solche Gehalte geht, ist auch im Wege der Hoheitsrechtsübertragung keine weitergehende Öffnung mehr gestattet und sind diese Gehalte auch in der innerunionalen Zusammenarbeit selbst entgegen anderslautender unionsrechtlicher Vorgabe durchzusetzen. Insofern deutet sich in der jüngeren Rechtsprechung eine Zusammenführung der Ansätze innerhalb und jenseits unionaler Einbettung und der einzelnen Materien an.

VI. Ergebnis

Auch in Sachverhalten mit Auslandsbezug bindet Art. 1 Abs. 3 GG die deutsche Gewalt an die Grundrechte. Bereits jenseits der Mitwirkung an der Europäischen Union kann sich aus dem betroffenen Grundrecht in seiner Auslegung durch das Bundesverfassungsgericht allerdings ergeben, dass es – mitunter sehr deutlich – modifizierte Vorgaben im Vergleich zu rein innerstaatlichen Sachverhalten stellt. Geht es in diesem Zusammenhang um die Beurteilung des im Ausland bestehenden Schutzes, wird auch in der Rechtsprechung des Bundesverfassungsgerichts begrifflich mit Vertrauen gearbeitet. Wenngleich inzwischen nicht mehr hierauf beschränkt, geschah dies zunächst im Kontext der Auslieferung. Bezugspunkt ist die Einhaltung der Grundsätze der Rechtsstaatlichkeit und des Menschenrechtsschutzes. Impliziert wird, bei deren Wahrung sei zugleich den verfassungsrechtlichen Anforderungen an eine Auslieferung genügt. Jenseits des unionsrechtlich determinierten Bereichs kann dieser verfassungsrechtliche Vertrauensgrundsatz aber erschüttert werden, wie auch im Übrigen unter dem Grundgesetz die Beurteilung der Zulässigkeit einer Zusammenarbeit mit ausländischen Staaten – auch anderen Mitgliedstaaten der Europäischen Union – nicht gänzlich losgelöst von Einzelfallerwägungen erfolgt.

[1135] Aus der Rspr. oben Zweiter Teil Fn. 598 nur BVerfGE 91, 335 (343); BVerfGK 10, 203 (206 f.); BVerfGK 11, 312 (317, 319).

[1136] I.d.S. und für Verallgemeinerbarkeit der Rspr. zur Auslieferung insbesondere bereits *Hofmann,* Grundrechte und grenzüberschreitende Sachverhalte, S. 63 f., 105 f., 175, 265, 274; zur Auslieferung *Graßhof/Backhaus,* EuGRZ 1996, 445 (448 f.).

Zur Beteiligung an der europäischen Integration gestattet Art. 23 Abs. 1 S. 2 GG mit der Übertragung von Hoheitsrechten die Rücknahme der grundrechtlichen Bindung im Umfang zwingender unionsrechtlicher Vorgaben. Eine solche liegt in den hier interessierenden „Vollstrecker"-Fällen sekundärrechtlich vor; auch in ihnen liegt damit zunächst nahe, sich auf die Annahme der Gewährleistung eines generell hinreichenden Grundrechtsschutzniveaus durch die EU zurückzuziehen. Blickt man über diese Feststellung hinaus, lassen sich einige Besonderheiten horizontaler Zusammenarbeit aufzeigen: So handelt es sich bei der Einwirkung einer mitgliedstaatlichen Entscheidung um einen Durchgriff in die deutsche Rechtsordnung, der zumindest jenseits des unionalen Rahmens das Vorliegen einer Übertragung von Hoheitsrechten an den ausländischen Staat nahelegte. Die unionsrechtliche Eröffnung und Begrenzung des Durchgriffs führen allerdings dazu, dass er sich maßgeblich auf die EU zurückführen lässt; ihre Rechtsordnung beansprucht nicht nur gegenüber der deutschen über die Einwirkung zu bestimmen, sondern auch gegenüber der des anderen Mitgliedstaats. Es kann daher davon ausgegangen werden, allein der EU seien Hoheitsrechte übertragen worden. Diese dennoch vom rein vertikalen Verhältnis Deutschlands zur Europäischen Union abweichende Situation ist auch grundsätzlich von der Ermächtigung des Art. 23 Abs. 1 S. 2 GG gedeckt, da sich den wesentlichen Bedenken gegenüber horizontalen Öffnungen in diesem Rahmen besser begegnen lässt.

Ebenso wenig wie sonst darf aber in „Vollstrecker"-Fällen bei Vollzug des Unionsrechts die verfassungsrechtliche Integrationsgrenze überschritten werden. Dass es zu einer solchen Überschreitung bereits in einem bloßen kritischen Einzelfall kommen kann, hat das Bundesverfassungsgericht inzwischen ausdrücklich bejaht. Welche grundrechtlichen Anforderungen jenseits des Schutzes der Menschenwürde integrationsfest sind, lässt sich der Rechtsprechung des Gerichts jedoch weiterhin nicht eindeutig entnehmen.

Unabhängig vom konkreten Verlauf der Integrationsgrenze kann es zu ihrer Überschreitung in den betrachteten Konstellationen auch dadurch kommen, dass die EU anderen Mitgliedstaaten eine Einwirkung eröffnet, die ihrerseits in grundrechtlicher Hinsicht nicht dem verfassungsrechtlich unabdingbaren Maß an Schutz genügt. Niveausichernde normative Bindungen des Ursprungsstaats können aber aus einer Mehrzahl an Rechtsquellen folgen und zumindest im Umfang einer Unionsgrundrechtsbindung der (anderen) Mitgliedstaaten dürfte ein Schutzinhalt verpflichtend sein, der dem grundgesetzlich in der unionalen Zusammenarbeit Geforderten genügt. Jenseits dieser Bindung unterliegt der Kooperationspartner neben den nationalen Grundrechten dem Wertebekenntnis in Art. 2 EUV, der EMRK und dem übrigen Völkerrecht. Im Hinblick auf die Wirksamkeit des im Ursprungsstaat gebotenen Schutzes wird die auch auf verfassungsrechtlicher Ebene herangezogene Vermutung rechtskonformen Verhaltens relevant, die ein wesentliches Element des grundgesetzlichen Vertrauensgrundsatzes ist. Das Bundesverfassungsgericht legt in seiner jüngeren Rechtsprechung darüber hinaus nahe, dass dieses Vertrauen weitergehend auch eine Vermutung beinhaltet, der sich aus anderen Rechtsquellen ergebende Schutz sei gemessen an dem grundgesetzlich integrationsfest Gebotenen hinreichend. Dabei wird nicht explizit nach unionsgrundrechtlicher Bindung des Kooperationspartners differenziert. Unter dem Grundgesetz kann gegenseitiges Vertrauen aber auch bei zwingender innerunionaler Kooperation zum Schutz der Verfassungsidentität im Einzelfall erschüttert werden.

Ist der Schutz im Ursprungsstaat unzureichend, ist zu berücksichtigten, dass eine Unterschreitung des grundgesetzlich Unabdingbaren in den hier betrachteten Konstellationen dennoch dadurch verhindert werden kann, dass das Unionsrecht Abhilfe ermöglicht. Vor allem können die Unionsgrundrechte ihrerseits die Versagung einer sekundärrechtlich (scheinbar) zwingend angeordneten Kooperation gebieten und auf diese Weise die Wahrung des aus deutscher Sicht erforderlichen Niveaus sicherstellen. Nach jüngerer Rechtsprechung des Europäischen Gerichtshofs zum unionsrechtlichen Grundsatz des gegenseitigen Vertrauens steht zu erwarten, dass zumindest unter dem Aspekt des Menschenwürdeschutzes die deutsche Verfassungsidentität nur selten eine Reaktion auf unzureichenden Schutz im Ursprungsstaat gebieten wird, ohne dass zugleich die Unionsgrundrechte vom Vollstreckungsstaat Abhilfe verlangen.

Sollte es aber ausnahmsweise hierzu kommen und das Unionsrecht überdies einen Rückgriff auf nationales Verfassungsrecht nicht zulassen, sind nach Art. 23 Abs. 1 S. 3 i. V. m. Art. 79 Abs. 3 GG integrationsfeste Gehalte und darunter vor allem der Schutz des Art. 1 Abs. 1 GG auch entgegen unionsrechtlicher Vorgaben im Einzelfall durchzusetzen. Da die grundgesetzliche Ordnung bereits für die außerunionale zwischenstaatliche Zusammenarbeit sehr weit geöffnet ist, dürfte sich die Einbindung in eine zwingend determinierte Kooperation in der EU gleichwohl nur begrenzt auf die Versagungsschwelle auswirken.

D. Ebenenübergreifend: Zumindest Würdeschutz als Vertrauensgrenze

Im europäischen Mehrebenensystem können die Vorgaben der EMRK, die Unions-, wie aber auch die nationalen Grundrechte der Kooperation mit einem anderen Mitgliedstaat in Abhängigkeit von der dortigen Behandlung des Einzelnen entgegenstehen. Der ausländische Schutz fließt damit in die Beurteilung der grundrechtlichen Zulässigkeit des eigenen staatlichen Verhaltens ein. Sieht das Unionsrecht eine innerunionale Zusammenarbeit zwingend vor, geht hiermit grundsätzlich eine Rücknahme des konventionsrechtlichen und grundgesetzlichen Schutzes einher.

Umso weitreichender erscheinen zunächst die Folgen, wenn der EuGH nahelegt, jenseits von Ausnahmefällen unterbinde der unionsrechtliche Grundsatz des gegenseitigen Vertrauens eine mitgliedstaatliche Prüfung, ob bei Zusammenarbeit mit einem anderen Mitgliedstaat die Unionsgrundrechte dort gewahrt würden. Eine nähere Betrachtung ergibt, dass Prämisse dieses Vertrauens im grundrechtlichen wie in den übrigen Zusammenhängen eine Vermutung rechtskonformen Verhaltens ist, die in der jüngeren Rechtsprechung auch in dieser abstrakten Fassung deutlich zum Ausdruck gebracht wird. Auf Grundlage einer solchen Vermutung lässt sich der Verzicht auf eine an das ausländische Verhalten anknüpfende unionsgrundrechtliche Prüfung als Ausprägung des Loyalitätsgrundsatzes zur Gewährleistung des *effet utile* begründen. Zugrunde liegt der Gedanke, dass eine Prüfung und Versagung der Kooperation unter Abweichung von einer sekundärrechtlichen Verpflichtung zum Schutz der Unionsgrundrechte dann nicht geboten ist, wenn der Schutz der primärrechtlichen Rechtsposition bereits anderweitig gewährleistet ist. Führt auch der andere Mitgliedstaat i. S. d. Art. 51 Abs. 1 S. 1 GRC Unionsrecht durch, besteht grundsätzlich ein solch anderweitiger Schutz. Zumindest aus Sicht des EuGH dürfte der Ursprungsstaat in vielerlei Hinsicht derart gebunden sein.

Im Umfang der Bindung beider Mitgliedstaaten an die Unionsgrundrechte dient gegenseitiges Vertrauen somit dem Umgang mit dieser Verpflichtung auf dieselbe Grundrechtsordnung und der Abstimmung deren Ineinandergreifens mit dem übrigen Unionsrecht. Soweit es an einer Chartabindung des Kooperationspartners fehlt, gebietet eine Orientierung am *effet utile,* auch andere Verpflichtungen jenes Staats zu berücksichtigen. Dies bietet einen Ansatzpunkt für Vertrauen in einen oftmals anderweitig gewährleisteten gleichwertigen Schutz, nicht aber in die *einheitliche* Wirksamkeit der Unionsgrundrechte, deren Bedeutung der EuGH stark hervorhebt.

Die im Zentrum der EuGH-Rechtsprechung stehende Vermutung rechtskonformen Verhaltens kommt sowohl in der Judikatur des EGMR als auch des Bundesverfassungsgerichts ebenfalls zum Einsatz, wenn es jenseits unionsrechtlicher Determinierung um die Einschätzung des im Ausland bestehenden Schutzniveaus geht. Der Europäische Gerichtshof für Menschenrechte zieht dabei ausdrücklich eine Parallele zum unionsrechtlichen gegenseitigen Vertrauen, arbeitet aber nicht selbst mit diesem Begriff. Eine solche Parallele zum Unionsrecht stellt inzwischen ebenso das Bundesverfassungsgericht her, das zudem in der eigenen Rechtsprechung einen (verfassungsrechtlichen) Grundsatz des Vertrauens zur Anwendung bringt. Relevant wird dies jeweils insbesondere bei Einschätzung der Wirksamkeit des normativ gebotenen Schutzes, bei dessen Bestimmung bezüglich der Mitgliedstaaten eine Mehrzahl an Bindungen und Durchsetzungsmechanismen zu beachten sind. Auch auf letztere erstreckt, erlaubt eine grundsätzliche Vermutung rechtskonformen Verhaltens die Annahme, es könne im Rechtsbehelfswege noch Abhilfe geschaffen werden – soweit wirksamer Grundrechtsschutz dadurch erzielt werden kann. Dies vermittelt bei innerunionaler Kooperation im Vergleich zu klassischer zwischenstaatlicher Zusammenarbeit eine verhältnismäßig klare Vorstellung des im anderen Staat bestehenden Schutzes. Mit dem verfassungsgerichtlich ausgehend vom Kontext der Auslieferung entwickelten Vertrauensgrundsatz wird darüber hinaus eine Vermutung der Einhaltung des grundgesetzlich änderungsfesten Schutzes bei der Kooperation angesprochen.

Im Konventionsrecht kann die Vermutung rechtskonformen Verhaltens widerlegt werden; dasselbe gilt unter dem Grundgesetz für Vertrauen. Unter der EMRK kann ein im Sinne der *Bosphorus*-Rechtsprechung offensichtlich unzureichender Schutz auch bei unionsrechtlich zwingend determinierter Zusammenarbeit vorliegen. Dürfen nach Ansicht des Bundesverfassungsgerichts die dem Schutz der Ewigkeitsklausel unterfallenden Gehalte auch im bloßen Einzelfall nicht relativiert werden, kann nach dem Grundgesetz in einem solchen Fall die Kooperation ebenso zu versagen sein.

In Bezug auf die Unionsgrundrechte ist dies bislang durch den EuGH zwar lediglich zum Schutz der Menschenwürde zugelassen worden, und selbst insoweit ist der Umgang mit bloßen Einzelfällen noch nicht endgültig geklärt; eine Versagung erscheint aber auch zum Schutz anderer unionsgrundrechtlicher Gehalte nicht von vornherein ausgeschlossen. Zur bestmöglichen Wahrung aller bei der Zusammenarbeit infrage stehenden unionsrechtlichen Bindungen ist bei entsprechendem Anlass nach dem Unionsrecht eine möglichst effektivitätswahrende, stufenweise zu steigernde Vorgehensweise angezeigt. Obwohl auf Ebene der EMRK wie des deutschen Verfassungsrechts somit eine Versagung der Zusammenarbeit mit einem anderen Mitgliedstaat auch entgegen zwingender unionsrechtlicher Vorgaben im Einzelfall erforderlich sein kann, liegt nahe, dass in kritischen Fällen bereits unter den Unionsgrundrechten eine Reaktion des Vollstreckungsstaats geboten ist, die ebenso Abhilfe schafft.

Dritter Teil

Ergebnisse

A. Zusammenfassung

Erster Teil

A. Der EuGH hat in seiner jüngeren Rechtsprechung an mehreren Berührungspunkten zwischen den mitgliedstaatlichen Rechtsordnungen im Raum der Freiheit, der Sicherheit und des Rechts einen Grundsatz des gegenseitigen Vertrauens zwischen den Mitgliedstaaten entfaltet. Bezugspunkt dieses Vertrauens ist jedenfalls die Wahrung des Unionsrechts, insbesondere der Unionsgrundrechte durch die jeweils anderen Mitgliedstaaten. Ein Vertrauen darauf ist nicht lediglich gestattet, sondern vielmehr geboten: Aus ihm verbiete sich dort, wo das Sekundärrecht keine Kontrolle mehr vorsehe, von Ausnahmefällen abgesehen, eine Überprüfung, ob ein anderer Mitgliedstaat die Unionsgrundrechte tatsächlich beachtet habe.[1]

B. I. 1. Explizit auf dieses Vertrauen in die Unionsgrundrechtswahrung gestützt, ist der Gerichtshof erstmals Ende 2010 in der Rechtssache *Aguirre Zarraga* dem Ansinnen einer grundrechtlich motivierten Versagung der sekundärrechtlich vorgesehenen Kooperation im Verhältnis zwischen den Mitgliedstaaten entgegengetreten.[2]

2. Den Entscheidungskontext bildete mit der sogenannten Brüssel IIa-Verordnung einer derjenigen Rechtsakte, die in der justiziellen Zusammenarbeit in Zivilsachen eine nahezu unionsweite unmittelbare Anerkennung und Vollstreckbarkeit bestimmter, noch im Ursprungsstaat für vollstreckbar erklärter Titel vorsehen. Der jeweilige Vollstreckungsstaat kann sich dem gestützt auf einen anerkennungsrechtlichen *ordre public*-Vorbehalt nicht mehr entgegenstel-

[1] Erster Teil A., S. 1 ff.

[2] Erster Teil B. I. 1., S. 8 ff.

len und kann derartige Erwägungen auch nicht ausweichend in das Vollstreckungsstadium verlagern.[3]

3. Sekundärrechtlich verzichtet wird damit im Kontrast zu autonomem Recht und vorangehenden Vereinfachungen der Titelanerkennung auf ein Instrument (auch) des Grundrechtsschutzes, wenngleich dieses ohnehin in geschützten Gehalten und Grenzen des Gebrauchs bereits europäisiert ist.[4]

4. Vor diesem Hintergrund tritt die volle Tragweite des Ansatzes des EuGH zutage: Nicht nur ist nach dem Sekundärrecht sogar ein offensichtlicher Verstoß gegen die wesentlichen Rechtsgrundsätze des Vollstreckungsstaats kein Grund mehr für eine Versagung der Anerkennung oder Vollstreckung; ebenso wenig soll eine Prüfung auf die Wahrung der Unionsgrundrechte zulässig sein.

II. Diese auf den Grundsatz des gegenseitigen Vertrauens gestützte Begründung einer Pflicht zum Absehen von grenzüberschreitender unionsgrundrechtlicher Beurteilung wurde seitdem auch an anderen Berührungspunkten der mitgliedstaatlichen Rechtsordnungen im Raum der Freiheit, der Sicherheit und des Rechts relevant: Dies betrifft zum einen die justizielle Zusammenarbeit in Strafsachen.[5]

III. Daneben ist gegenseitiges Vertrauen in die Grundrechtswahrung in der Rechtsprechung zum Dublin-System zur Bestimmung des für die Bearbeitung eines Asylantrags zuständigen Mitgliedstaats bedeutsam.[6]

C. In der Rechtsprechung tritt eine enge Verbindung zwischen gegenseitiger Anerkennung und gegenseitigem Vertrauen zutage: In den „Vollstrecker“-Konstellationen der justiziellen Zusammenarbeit geht es um das Vertrauen in den Grundrechtsschutz in demjenigen anderen Mitgliedstaat, dessen Entscheidungen nach dem Sekundärrecht anerkannt und vollstreckt werden sollen.

I. Vertrauen begleitet in diesen Kapiteln des Raums der Freiheit, der Sicherheit und des Rechts also das Arbeiten mit gegenseitiger Anerkennung, das im Zuge der Reform von Amsterdam aus dem Binnenmarkt auf diese Bereiche erstreckt wurde. Dies gilt gleichermaßen für die justizielle Zusammenarbeit in Zivilsachen wie für die justizielle Zusammenarbeit in Strafsachen, wenngleich letztere bis zum Vertrag von Lissabon noch intergouvernemental ausgestaltet blieb. Können als maßgeblicher, wenn auch nicht erster Impuls für die gegenseitige

[3] Erster Teil B.I. 2., S. 10 ff.
[4] Erster Teil B.I. 3., S. 18 ff.
[5] Erster Teil B. II., S. 30 ff.
[6] Erster Teil B. III., S. 34 ff.

Anerkennung im Raum der Freiheit, der Sicherheit und des Rechts die Schlussfolgerungen des Europäischen Rats von Tampere 1999 ausgemacht werden, ist es das jeweils nachfolgende Maßnahmenprogramm aus dem Jahr 2001, das eine wichtige Zäsur für die argumentative Verbindung solcher Anerkennungserleichterungen mit gegenseitigem Vertrauen darstellt.[7] An diese Programme knüpfen die daraufhin erlassenen Rechtsinstrumente, an diese wiederum die Rechtsprechung an.

II. Obwohl dies besonders sinnfällig erst nach Inkrafttreten des Vertrags von Lissabon mit grundrechtlichen Implikationen verbunden wird, offenbart eine Rückblende, dass Vertrauensbezüge in der Rechtsprechung bereits zuvor vielfältig waren und zum Teil weit zurückreichen. Noch auf den Gemeinsamen Markt bezogen, begleiteten diese Bezüge nicht lediglich die gegenseitige Anerkennung, sondern umschrieben dort vielmehr in der frühen Rechtsprechung eine aus Verhältnismäßigkeitsgründen gebotene Berücksichtigung in einem anderen Mitgliedstaat bereits erfüllter Marktzugangserfordernisse – und damit den heute durch den Gerichtshof auch im nichtharmonisierten Bereich so bezeichneten Grundsatz der gegenseitigen Anerkennung. Bezugspunkt des Vertrauens waren dort Marktzugangserfordernisse, die angesichts harmonisierter Vorgaben oder originär in allen mitgliedstaatlichen Systemen enthaltener Erfordernisse als gleichwertig angesehen wurden. Mit einem völligen Ausschluss jedweder Prüfungsmöglichkeit geht dieser Vertrauensbegriff bei seiner ursprünglichen Verwendung im Gemeinsamen Markt aber nicht unbedingt einher. Auch die gegenseitige Anerkennung im Raum der Freiheit, der Sicherheit und des Rechts wird maßgeblich mit der Annahme einer Gleichwertigkeit der mitgliedstaatlichen Rechtssysteme in Verbindung gebracht; sehr deutlich wird hier aber eine Reihe begleitender Maßnahmen für erforderlich gehalten, um ausreichenden, unter mehreren Betroffenen ausgeglichenen Grundrechtsschutz zu gewährleisten.[8]

III. Mit Fokus auf Zivilsachen ist festzustellen, dass sich die derzeitige Rechtslage und die aktuellen Bestrebungen im Gegensatz zur vormaligen Ausrichtung auf Abschaffung aller Anerkennungshindernisse durch zunehmende Vorbehalte gegenüber der Vorbehaltlosigkeit auszeichnen. Vertrauen hat mit der Reform von Lissabon nicht den noch im Verfassungsvertrag in Aussicht genommenen Niederschlag im Primärrecht gefunden. Sekundärrechtlich ist sukzessive immer deutlicher von der Vorbehaltlosigkeit Abstand genommen worden, so dass die

---

[7] Erster Teil C. I., S. 38 ff.

[8] Erster Teil C. II., S. 45 ff.

skizzierten Rechtsakte der justiziellen Zusammenarbeit in Zivilsachen die einzigen ohne allgemeinen *ordre public*-Vorbehalt geblieben sind. In den politischen Leitlinien schließlich wird auf Stärkung des Vertrauens gedrungen, das man zu Beginn des neuen Jahrtausends bereits für ausreichend erachtet hatte, um die Vorbehaltlosigkeit voranzutreiben. Sehr viel deutlicher werden in diesem Zusammenhang nun unionsrechtliche Mindestvorschriften hervorgehoben.[9]

Zweiter Teil

Umso eingehendere Aufmerksamkeit verdient damit, dass in der Rechtsprechung des EuGH dennoch ein Grundsatz des gegenseitigen Vertrauens als hinreichend erachtet wird, um auf seiner Grundlage die Abstandnahme von grundrechtlicher Prüfung zu begründen. Mit diesem Prüfungsverzicht wird im horizontalen Verhältnis der Mitgliedstaaten scheinbar von einer Durchsetzung derjenigen Grundrechtsordnung Abstand genommen, zu deren Gunsten die konventions- wie die verfassungsrechtliche Ordnung ihren Schutz jeweils zurückgenommen haben. Besonders mit Blick auf eine mögliche Überschreitung der Grenzen ihrer beider Rücknahme sind diese Grundrechtsregime einzubeziehen. Dies ist hier für „Vollstrecker"-Konstellationen in der justiziellen Zusammenarbeit geschehen und damit für Fälle, in denen ein Mitgliedstaat sekundärrechtlich zwingend zur Anerkennung und Vollziehung der Entscheidung aus einem anderen Mitgliedstaat verpflichtet wird. Die dabei angestellten Erwägungen werden grundsätzlich aber auch an anderen unionsrechtlich geregelten Berührungspunkten zwischen den mitgliedstaatlichen Rechtsordnungen und daher über die hier betrachteten Fälle hinaus relevant.

A. Für eine innerunionale Zusammenarbeit ergeben sich aus der Europäischen Konvention zum Schutz der Menschenrechte und Grundfreiheiten Anforderungen und Grenzen.[10]

I. Die EMRK kann grundsätzlich zwar einer solchen Zusammenarbeit wegen des im Kooperationsstaat unzureichenden Schutzes entgegenstehen, wenngleich die Versagungsschwelle hoch ist.[11]

II. 1. Bei seiner Einschätzung, ob eine Versagung geboten ist, arbeitet der Europäische Gerichtshof für Menschenrechte allerdings mit einer Vermutung rechtskonformen, insbesondere konventionskonformen Verhaltens und lässt zu, dass

[9] Erster Teil C. III., S. 55 ff.

[10] Zweiter Teil A., S. 68 ff.

[11] Zweiter Teil A. I., S. 68 ff.

auch die Vertragsstaaten untereinander von einer solchen Annahme ausgehen. In Sachverhalten zwischen EU-Mitglied- und damit stets auch EMRK-Vertragsstaaten bedeutet dies eine grundsätzliche Annahme, der durch die Konvention geforderte Schutz sei angesichts der Bindung des ausländischen Staats an dasselbe Instrument bereits dort gewährleistet.[12]

2. Diese Vermutung ist zwar im Einzelfall widerlegbar, wobei der Betroffene zunächst die Darlegungslast trägt, um den Zweitstaat zu einem Prüfungseintritt zu veranlassen.[13]

3. In der Straßburger Rechtsprechung werden allerdings Abhilfemöglichkeiten durch Durchsetzungsmechanismen im Ursprungsstaat einbezogen. Daher besteht die Annahme, für etwaige Konventionsverletzungen stelle der Ursprungsstaat den geforderten Rechtsbehelf bereit, vereitele nicht die wirksame Wahrnehmung des Individualbeschwerderechts und ergreife trotz bloßen Feststellungscharakters der Urteile etwaige ihm vom Gerichtshof aufgezeigte Maßnahmen zur Befolgung einer verletzungsfeststellenden Sachentscheidung. Die EMRK lässt in einer Zusammenarbeit zwischen ihren Vertragsstaaten also den Verweis auf Konventionsrechtsschutz im sachnäheren, präziser: verletzungsnäheren Staat zu. Unter welchen Umständen zwischen Konventionsstaaten die Zusammenarbeit zu versagen ist, ist noch in Klärung durch die Rechtsprechung begriffen. Der Europäische Gerichtshof für Menschenrechte geht mit einer Bezugnahme auf Natur und Schwere der Verletzung aber davon aus, dass der Verweis auf konventionsrechtlich vorgesehene Durchsetzungsmechanismen in manchen Fällen nicht genügen mag, sondern vielmehr ausnahmsweise die Kooperation unter Vertragsstaaten zu versagen ist.[14]

4. Im Grundsatz gilt dasselbe wie bei prognostischer Beurteilung, wenn der Vollstreckungsstaat umgekehrt rückblickend mit einem im Ursprungsstaat bereits vollkommen abgeschlossenen Sachverhalt befasst ist.[15]

III. 1. Erfolgt die innerunionale mitgliedstaatliche Kooperation aufgrund sekundärrechtlicher Anordnung ohne Spielraum, greift grundsätzlich die bereits vor einigen Jahren unkommentiert auf einen „Vollstrecker"-Fall angewandte *Bosphorus*-Vermutung konventionskonformen Verhaltens zugunsten des Vollstreckungsstaats.[16]

---

[12] Zweiter Teil A. II. 1., S. 79 ff.
[13] Zweiter Teil A. II. 2., S. 83 ff.
[14] Zweiter Teil A. II. 3., S. 86 ff.
[15] Zweiter Teil A. II. 4., S. 90 ff.
[16] Zweiter Teil A. III. 1., S. 93 ff.

2. Für deren Eingreifen besitzt das Vorabentscheidungsverfahren zum EuGH nach Art. 267 AEUV besondere Relevanz.[17]

3. Wie der Straßburger Gerichtshof inzwischen ausdrücklich bestätigt hat, ist diese Rechtfertigungsvermutung allerdings auch in ihrer Anwendung auf den Vollstreckungsstaat einer unionsrechtlich zwingenden mitgliedstaatlichen Zusammenarbeit widerlegbar. Sie ist dies für den hier interessierenden Fall einer originär im Ursprungsstaat drohenden Verletzung dann, wenn der Schutz dort im konkreten Fall offensichtlich unzureichend war und dennoch das Unionsrecht keine Prüfung und gegebenenfalls Versagung der Kooperation gestattet. Ist die *Bosphorus*-Vermutung zugunsten des Vollstreckungsstaats in Anknüpfung an ein Verhalten des Ursprungsstaats widerlegt und eine Prüfung am Maßstab der Konvention damit eröffnet und geboten, liegt nahe, dass der offensichtlich unzureichende Schutz im Ursprungsstaat zugleich dergestalt ist, dass nach der EMRK ausnahmsweise eine Versagung der Zusammenarbeit zwischen ihren Vertragsstaaten veranlasst ist.[18]

IV. Obwohl die EMRK von den EU-Mitgliedstaaten eine Kooperationsversagung in einem bloßen Einzelfall verlangen kann, dürfte nach der Rechtsprechung des EGMR angesichts einer Vermutung (konventions-)rechtskonformen Verhaltens die Zusammenarbeit zwischen Vertragsstaaten wohl nur selten unzulässig sein.

B. Bei Betrachtung der innerunionalen Zusammenarbeit aus Perspektive der Unionsgrundrechte ergibt sich ein differenziertes Bild.[19]

I., II. Dass im Falle der Bindung des Vollstreckungsstaats an die Unionsgrundrechte[20] bei unzureichendem Schutz im Kooperationsstaat auch diese eine Versagung, zumindest aber eine Modifikation der mitgliedstaatlichen Zusammenarbeit gebieten können, anerkennt der Gerichtshof der Europäischen Union inzwischen ausdrücklich. Der grundrechtliche Schutz im Kooperationsstaat besitzt damit mittelbare Relevanz.[21]

III. Jenseits von Ausnahmefällen gebiete aber der Grundsatz des gegenseitigen Vertrauens eine Abstandnahme von grundrechtlicher Prüfung des Verhaltens des Kooperationsstaats bei der Zusammenarbeit. Im Gegensatz zur grundlegen-

---

[17] Zweiter Teil A. III. 2., S. 97 f.

[18] Zweiter Teil A. III. 3., S. 99 ff.

[19] Zweiter Teil B., S. 104 ff.

[20] Zweiter Teil B. I., S. 104 f.

[21] Zweiter Teil B. II., S. 105 ff.

den Relevanz dieses Grundsatzes insbesondere für den Raum der Freiheit, der Sicherheit und des Rechts wird weniger deutlich, wie sich ein solcher Prüfungsverzicht im Einzelnen begründen lässt. Dies in Grund und Grenze zu erschließen, wurde hier auf Basis der EuGH-Rechtsprechung unternommen:[22]

1. a) Anknüpfen lässt sich hierfür an den Grundsatz der loyalen Zusammenarbeit, der eine solche nicht nur im vertikalen Verhältnis zur Europäischen Union, sondern auch zwischen den Mitgliedstaaten gebietet, wenn der *effet utile* des unionalen Rechts von deren Zusammenwirken abhängt. Eines Abweichens vom Sekundärrecht durch den Vollstreckungsstaat bedarf es zum Schutz der höherrangigen Unionsgrundrechte nicht, wenn diesen anderweitig zu praktischer Wirksamkeit verholfen wird. Hierzu kann bereits der Ursprungsstaat verpflichtet sein.[23]

b) Prämisse dafür, dass dies hinreichenden Grundrechtsschutz bietet, ist allerdings, dass das normativ Gebotene im Ursprungsstaat auch eingehalten wird. Eine solche Vermutung rechtskonformen Verhaltens tritt in der begrifflich vertrauensbezogenen Rechtsprechung des EuGH vielfach zutage, und zwar auch auf andere als unionsrechtliche Verpflichtungen, wie zudem auf Rechtsdurchsetzungsmechanismen bezogen. Letzteres bildet die Grundlage für die auch hier anzutreffende Annahme, es könne erforderlichenfalls noch im Ursprungsstaat für Abhilfe gesorgt werden.[24]

c) Kann, wie der Gerichtshof annimmt, auf rechtskonformes Verhalten vertraut werden, dürfte dies grundsätzlich auch geboten sein zur größtmöglichen praktischen Wirksamkeit aller betroffenen unionsrechtlichen Verpflichtungen; dies betrifft die primär- wie die sekundärrechtlichen Bindungen des Ursprungs- wie des Vollstreckungsstaats. Bei Erfüllung ihrer unionsrechtlichen Verpflichtungen haben die Mitgliedstaaten also grundsätzlich davon ausgehen, auch die anderen Mitgliedstaaten erfüllten die ihren. Zumindest dies ist es, was sich als normativer Gehalt des vom Gerichtshof sukzessive konturierten Grundsatzes des gegenseitigen Vertrauens ausmachen und als Ausprägung des Grundsatzes loyaler Zusammenarbeit zur Sicherung des *effet utile* begründen lässt: es geht um eine zur praktischen Wirksamkeit des Unionsrechts beim horizontalen Zusammenwirken gebotene Vermutung unionsrechtskonformen Verhaltens – und deshalb vorbehaltlich anderslautender Vorgaben zugleich um einen ebenso grundsätzlich gebotenen Verzicht auf eine Rechtmäßigkeitskontrolle des ursprungsstaatlichen Verhaltens. Bei einer solchen Herleitung dürfte zumindest im Grundsatz auch eine Vermutung der Wahrung von Bindungen aus nichtuni-

---

22 Zweiter Teil B. III., S. 107 ff.

23 Zweiter Teil B. III. 1. a), S. 110 ff.

24 Zweiter Teil B. III. 1. b), S. 115 ff.

onaler Quelle geboten sein; zudem dürfte ein derart verstandener Vertrauensgrundsatz in seiner Bedeutung nicht auf den Raum der Freiheit, der Sicherheit und des Rechts begrenzt sein.[25]

d) aa) Vor diesem Hintergrund ist die vielfach betonte Verbindung zwischen gegenseitiger Anerkennung und gegenseitigem Vertrauen zu sehen. Eine Anerkennung aufgrund des Vertrauens in die Wahrung bestimmter Anforderungen im Ursprungsstaat ist das „Paradebeispiel" für einen Prüfungsverzicht.[26]

bb) Zudem lässt sich in dem Umfang, in dem der Ursprungsstaat seinerseits an die Unionsgrundrechte gebunden ist, auf diese Weise begründen, weshalb eine unionsgrundrechtliche Prüfung ursprungsstaatlichen Verhaltens durch den Vollstreckungsstaat zumindest grundsätzlich zu unterbleiben hat. Dies ist umso mehr geboten, je stärker diese Bindung sekundärrechtlich konkretisiert wurde und je konkreter damit die Vorstellung von der Behandlung im Ursprungsstaat wird.[27]

cc) Demgegenüber hat sich der Gerichtshof noch nicht eindeutig dazu verhalten, ob ein Prüfungsverzicht aus gegenseitigem Vertrauen auch geboten ist, soweit der Erststaat nicht seinerseits an die Unionsgrundrechte gebunden ist. Die Ausführungen des EuGH implizieren trotz scheinbar fehlender Differenzierung nach der Unionsgrundrechtsbindung des Ursprungsstaats aber bei näherer Betrachtung, dass der Gerichtshof eine solche Bindung jeweils voraussetzt. Fehlt es hingegen daran, bieten Art. 2 EUV mit dem Bekenntnis zu Menschenrechten, Menschenwürde und Rechtsstaatlichkeit einerseits sowie die EMRK und nationale Grundrechte der Mitgliedstaaten andererseits durchaus Anhaltspunkte für die Annahme, für die Sicherung der praktischen Wirksamkeit der Unionsgrundrechte bedürfe es trotz fehlender Bindung des Ursprungsstaats keiner Prüfung dessen Verhaltens durch den Vollstreckungsstaat. Anderweitige Bindungen mögen hier für einen dem unionsgrundrechtlichen gleichwertigen Schutz sorgen. Die *Einheitlichkeit* des unionsgrundrechtlichen Schutzes, die vom EuGH betont wird, würde aber beeinträchtigt, müsste der Vollstreckungsstaat im Konfliktfall die Unionsgrundrechte vorrangig vor seinen eigenen anwenden, zugleich aber die Anwendung der Grundrechte eines anderen Mitgliedstaats ohne Prüfung darauf akzeptieren, inwieweit diese im konkreten Fall denselben Ausgleich widerstreitender Interessen herbeiführen wie die Unionsgrundrechte.

Bislang lässt sich der Rechtsprechung somit kein normativer Gehalt des Vertrauensgrundsatzes dahingehend entnehmen, über die Fähigkeit zu gleicherma-

---

[25] Zweiter Teil B. III. 1. c), S. 136 ff.

[26] Zweiter Teil B. III. 1. d) aa), S. 142 ff.

[27] Zweiter Teil B. III. 1. d) bb), S. 147 ff.

ßen kompetenter Rechtsanwendung hinaus sei zu vermuten, die Mitgliedstaaten gewährleisteten den unionsgrundrechtlich verlangten Schutz auch ohne an die Unionsgrundrechte gebunden zu sein, und daher sei auch dann die Abstandnahme von einer diesbezüglichen Prüfung geboten.[28]

2. Ist damit nachvollzogen, wie sich das Absehen von grundrechtlicher Prüfung durch den Vollstreckungsstaat zumindest im Umfang unionsgrundrechtlicher Bindung des Ursprungsstaats begründen lässt, rückt die Grenze in den Blick, bis zu der das Vertrauen in die Wahrung der Unionsgrundrechte tragfähig ist.[29]

a), b) Bei einem effektivitätsgestützten Ansatz, wie er hier als der Rechtsprechung zugrunde liegend ausgemacht wurde, scheidet eine Versagung der Zusammenarbeit im Einzelfall nicht aus,[30] auch wenn Abhilfemöglichkeiten im Ursprungstaat maßgeblich einzubeziehen sind.[31]

c) Die Fälle, in denen ausnahmsweise eine Prüfung zulässig und geboten sein soll, werden in der Rechtsprechung erst sukzessive konturiert. Eindeutig zugelassen wurde dies nur, wenn im innereuropäischen Ausland aufgrund bekannter systemischer Mängel Würdeverletzungen drohen. Im Übrigen hat sich der EuGH bislang nicht ähnlich klar positioniert, aber insbesondere in der jüngeren Rechtsprechung deutliche Ansätze in Richtung eines Würdeschutzes auch im Einzelfall erkennen lassen. Dass dasselbe jedenfalls für den Wesensgehalt der übrigen Unionsgrundrechte gelten könnte, liegt nicht fern.[32]

d) Dabei stehen die grundrechtsbezogenen Entscheidungen in ihren Vertrauensausführungen zum Teil unverbunden nebeneinander, was eine Beurteilung der (In-)Kohärenz der Rechtsprechung erschwert.[33]

IV. Die dogmatische Anknüpfung des Vertrauensgrundsatzes am *effet utile* dürfte sich in einem abgestuften Vorgehen in kritischen Fällen niederschlagen. Hat der Vollstreckungsstaat Anlass für hinreichend gewichtige Zweifel an der Zulässigkeit der Kooperation nach den Unionsgrundrechten, wird er in einer an der größtmöglichen praktischen Wirksamkeit aller betroffener Verpflichtungen ausgerichteten Weise zu reagieren haben. Angesichts bislang nicht ausgeleuchteter Kooperationsgrenzen, dürfte dies nach Bemühungen um Klärung mit dem betroffenen Staat oftmals eine Vorlage zum EuGH gebieten.[34]

---

[28] Zweiter Teil B. III. 1. d) cc), S. 150 ff.
[29] Zweiter Teil B. III. 2, S. 160 ff.
[30] Zweiter Teil B. III. 2. a), S. 160 ff.
[31] Zweiter Teil B. III. 2. b), S. 162 ff.
[32] Zweiter Teil B. III. 2. c), S. 165 ff.
[33] Zweiter Teil B. III. 2. d), S. 174 ff.
[34] Zweiter Teil B. IV., S. 178 ff.

C. Für die sekundärrechtlich zwingend angeordnete innerunionale Zusammenarbeit können sich auch unter dem Grundgesetz Grenzen ergeben.[35]

I. Die Grundrechte des Grundgesetzes in ihrer Auslegung durch das Bundesverfassungsgericht stellen im Lichte der Offenheit der Verfassung für die zwischenstaatliche Zusammenarbeit im Falle eines Auslandsbezugs unter Umständen nur modifizierte Anforderungen. So ist nach der Rechtsprechungspraxis deutschen Hoheitsträgern eine Kooperation mit dem Ausland nicht bereits dann untersagt, wenn dort nicht ein Schutzniveau herrscht, das dem innerstaatlichen vollumfänglich entspricht, sondern in den hier näher betrachteten Fällen vielmehr erst dann, wenn grundlegende Elemente des deutschen Verfassungsrechts bei der Zusammenarbeit mit dem Ausland nicht geschützt würden; die Versagungsschwelle ist jeweils hoch.[36]

Im hiesigen Zusammenhang ist von besonderem Interesse, dass vornehmlich im Auslieferungskontext auch durch das Bundesverfassungsgericht begrifflich seit geraumer Zeit mit Vertrauen gearbeitet wird. Auch hier liegt dem eine Vermutung rechtskonformen Verhaltens zugrunde, wie sie sich zudem in zahlreichen anderen Zusammenhängen findet. Impliziert wurde mit dem Vertrauensbegriff aber weitergehend bereits seit einiger Zeit auch eine Einschätzung, der im Ausland bestehende Schutz genüge dem bei der Auslieferung aus deutscher Sicht Durchzusetzenden. In der jüngeren Rechtsprechung wird dies deutlicher herausgearbeitet zu einer Vermutung, nicht allein der für das Ausland unmittelbar maßgebliche völkerrechtliche Mindeststandard, sondern auch die unabdingbaren Grundsätze der deutschen verfassungsrechtlichen Ordnung seien dort gewährleistet, obwohl letztere für ausländische Staaten keine Maßstabswirkung entfalten. Hierbei allerdings handelt es sich um eine im Einzelfall widerlegbare Annahme.[37] Ein Abrücken von der Zusammenarbeit mit anderen Mitgliedstaaten im Einzelfall schließen auch Art. 16 Abs. 2 S. 2, 16a Abs. 2 S. 1 GG als einzige Normen des Grundrechtsteils, die ausdrücklich einen Bezug zum innerunionalen Ausland herstellen, nicht aus.[38]

II. Eine noch umfänglichere Öffnung und Modifikation im Grundrechtsschutz gestattet Art. 23 Abs. 1 S. 2 GG zur Mitwirkung an der Europäischen Union, wobei die Ermächtigung unter anderem auch eine Rücknahme der grundrechtlichen Bindungen deutscher Hoheitsträger bei Vollzug zwingender unionsrecht-

---

[35] Zweiter Teil C., S. 184 ff.

[36] Zweiter Teil C. I., S. 185 ff.

[37] Zweiter Teil C. I. 3. b), S. 194 ff.

[38] Zweiter Teil C. I. 4., S. 211 ff.

licher Vorgaben erlaubt. Um solche Vorgaben geht es hier, weil das „Ob“ der Vollstreckung durch Sekundärrecht determiniert wird.[39]

III. Mit Blick auf den Übertragungsempfänger der infrage stehenden Hoheitsrechtsübertragung ist allerdings zu berücksichtigen, dass sich der Einzelne nicht allein der unionalen Hoheitsgewalt gegenübersieht, sondern auch derjenigen des Mitgliedstaates, aus dem der zu vollstreckende Titel stammt. Hier wird den anderen Mitgliedstaaten eine Einwirkungsmöglichkeit eingeräumt, die sich jenseits unionaler Zusammenhänge als Übertragung von Hoheitsrechten qualifizieren ließe. Da es in den betrachteten Fällen allerdings stets das Unionsrecht ist, das den ursprungsmitgliedstaatlichen Entscheidungen diese Wirkung beimisst und sie auch begrenzt, ist die Einwirkung maßgeblich auf die Europäische Union rückführbar. Damit ist davon auszugehen, dass allein der EU Hoheitsrechte übertragen werden. Der Annahme, dass auch eine horizontale Öffnung durch die EU von der Integrationsermächtigung gedeckt ist, stehen nicht diejenigen Erwägungen entgegen, die gegen die Zulässigkeit einer Hoheitsrechtsübertragung an andere Staaten sprechen mögen.[40]

IV. Relevant bleibt die grundgesetzliche Integrationsgrenze, zu deren Verlauf sich die Rechtsprechung in grundrechtlicher Hinsicht nicht in aller Deutlichkeit geäußert hat. Diesbezüglich ist zum einen relevant, welche grundrechtlichen Gehalte unter Art. 79 Abs. 3 GG änderungsfesten Schutz genießen und wann diese unzulässig berührt sind; zum anderen stellt sich die Frage, ob Art. 23 Abs. 1 S. 1 GG eine hiervon zu trennende und unter Umständen strengere Grenze in grundrechtlicher Hinsicht aufstellt. In der Integrationsrechtsprechung ist inzwischen geklärt, dass die Art. 79 Abs. 3 GG unterfallenden Gehalte, insbesondere die Menschenwürde, Schutz im Einzelfall genießen, und dies auch für den Menschenwürdekern der Grundrechte gilt. Vor allem, ob daneben auch der grundrechtliche Wesensgehalt der Ewigkeitsklausel unterfällt, ist nicht ganz geklärt. Dass in grundrechtlicher Hinsicht neben Art. 79 Abs. 3 GG auch Art. 23 Abs. 1 S. 1 GG dem Rechtsanwendungsbefehl eine eigenständige Grenze zöge, dürfte nach der Rechtsprechung nicht anzunehmen sein.[41]

V. 1. Bei Beurteilung innerunionaler Zusammenarbeit sind einige Besonderheiten zu berücksichtigen. Unabhängig davon, wo die Integrationsgrenze im Einzelnen verläuft, kann sie in den interessierenden Konstellationen auch dadurch

[39] Zweiter Teil C. II., S. 219 ff.
[40] Zweiter Teil C. III., S. 226 ff.
[41] Zweiter Teil C. IV., S. 242 ff.

überschritten werden, dass die EU anderen Mitgliedstaaten eine Einwirkung in die deutsche Rechtsordnung eröffnet, die nicht ihrerseits denjenigen grundrechtlichen Anforderungen genügt, die aus deutscher Sicht selbst beim Vollzug keinen Spielraum belassenden Unionsrechts gewahrt sein müssen. Der Schutz im Ursprungsstaat kann aber durch Schutz in Form von unionsrechtlichen Abhilfemöglichkeiten für den Vollstreckungsstaat ergänzt werden; es wirken also mehrere Schutzbeiträge komplementär.[42]

2. a) aa) Bei Betrachtung des gegenüber der einwirkenden ursprungsstaatlichen Gewalt bestehenden Grundrechtsschutzes ist zu berücksichtigen, dass sich ein normativ hinreichendes Schutzniveau aus einer Vielfalt von Rechtsquellen ergeben kann. Darunter sind die Unionsgrundrechte hervorzuheben, die den Ursprungsstaat allerdings nur bei Durchführung des Unionsrechts binden. Soweit diese Bindung reicht, ist der Kooperationsstaat auf ein Schutzniveau verpflichtet, das dem grundgesetzlichen im Wesentlichen gleichzuachten ist. Bei einer Bindung allein an die EMRK und völkerrechtliche Mindeststandards fällt diese Beurteilung nicht ähnlich eindeutig aus; die Rechtsprechung des Bundesverfassungsgerichts impliziert aber, dass bereits damit ein Niveau verpflichtend ist, das dem Schutz des unter dem Grundgesetz grundrechtlich Unabdingbaren genügt.[43]

bb) Bei Beurteilung der Schutzwirksamkeit dürfte grundsätzlich mit der Vermutung rechtskonformen Verhaltens gearbeitet werden können, die gegenüber anderen Staaten lange vornehmlich in der Rechtsprechung zur Auslieferung Bedeutung besaß. Diese Vermutung erstreckt sich auch auf Durchsetzungsmechanismen und damit darauf, dass bei ursprünglicher Verfehlung des durch die Bindung Gebotenen im Wege vorgesehener Rechtsbehelfe noch eine Korrektur erfolgen kann und wird.[44]

cc) Vor allem wo es an einer unionsgrundrechtlichen Bindung fehlt, wird relevant, dass das Bundesverfassungsgericht zunächst im Rahmen der Auslieferung, nunmehr aber auch darüber hinaus davon ausgeht, dem Ausland könne Vertrauen hinsichtlich der Wahrung der Grundsätze der Rechtsstaatlichkeit und des Menschenrechtsschutzes entgegengebracht werden. Hiermit wurde inzwischen vereinzelt in der Kammerrechtsprechung auch ausdrücklich die Vermutung verbunden, das nach Art. 79 Abs. 3 GG unabdingbare Maß an Grundrechtsschutz werde im Ausland gewahrt.[45] Ebenfalls über den besonderen Kontext der Auslieferung hinaus wurde aber erstreckt, dass es sich hierbei um ein im Einzelfall erschütterbares Vertrauen handelt, und zwar, soweit es um den

---

42 Zweiter Teil C. V. 1., S. 266 ff.

43 Zweiter Teil C. V. 2. a) aa), S. 270 ff.

44 Zweiter Teil C. V. 2. a) bb), S. 277 f.

45 Zweiter Teil C. V. 2. a) cc) (1), S. 278 ff.

Schutz änderungsfester Verfassungsgehalte geht, auch in der unionsrechtlich zwingend vorgesehenen Kooperation.[46]

b) Einen Schutzbeitrag bei unionaler Eröffnung horizontaler Einwirkung leisten neben dem im Ursprungsstaat bestehenden Schutz allerdings auch Abhilfemöglichkeiten, die das Unionsrecht dem Vollstreckungsstaat Deutschland ausnahmsweise einräumt.

aa) Diese sind noch in der Entfaltung begriffen. Dennoch lässt sich festhalten, dass eine Versagung der Zusammenarbeit durch die Unionsgrundrechte bei Überschreitung der Grenze des unionsrechtlichen Vertrauens jedenfalls zum Würdeschutz geboten sein kann; in der Rechtsprechung des EuGH deutet sich zunehmend an, dass dies auch in einem bloßen Einzelfall nicht von vornherein ausgeschlossen ist. Obwohl sich die Rechtsprechung hiermit noch nicht eingehender befasst hat, könnte ähnliches für den Wesensgehalt der Unionsgrundrechte oder sogar weitergehend gelten. Dies kann im konkreten Fall bewirken, dass sich die Vorgaben der Unionsgrundrechte und der Grundrechte des Grundgesetzes für das Verhalten der deutschen Stellen von vornherein nicht unterscheiden. Zumindest aber wird nahegelegt, dass der Menschenwürdeschutz erforderlichenfalls durch eine unionsrechtliche Versagungsmöglichkeit gewahrt wird.[47]

bb) Gebieten die Unionsgrundrechte keine solche, ist nach der Rechtsprechung des EuGH hingegen nicht davon auszugehen, dass Abhilfe unionsrechtskonform durch einen Rückgriff auf nationales Verfassungsrecht gestattet sei.[48]

3. Auch wenn das Unionsrecht keine Abhilfe gestattet, muss nach der jüngeren Rechtsprechung des Bundesverfassungsgerichts zum Schutz änderungsfester grundrechtlicher Gehalte, insbesondere zum Schutz der Menschenwürde, auch im Einzelfall eine Modifikation oder Versagung der Zusammenarbeit erfolgen.[49]

4. Das Grundgesetz ist bereits jenseits unionsrechtlicher Determinierung bis in Identitätsnähe kooperationsoffen. Daher wird jeweils eingehender Prüfung bedürfen, inwiefern bei unionsrechtlich zwingend angeordneter Kooperation eine noch weitgehendere Rücknahme der grundgesetzlichen Vorgaben im Lichte des Art. 79 Abs. 3 GG zulässig ist.[50]

Inzwischen ist in der Rechtsprechung geklärt, dass sowohl die EMRK als auch das Grundgesetz eine Versagung der innerunionalen Zusammenarbeit in einem

---

46 Zweiter Teil C. V. 2. a) cc) (2), S. 281 ff.

47 Zweiter Teil C. V. 2. b) aa), S. 284 ff.

48 Zweiter Teil C. V. 2. b) bb), S. 286 ff.

49 Zweiter Teil C. V. 3., S. 288 ff.

50 Zweiter Teil C. V. 4., S. 291 ff.

bloßen Einzelfall gebieten können; die Judikatur des EuGH legt nahe, dass dies auch unter der Grundrechtecharta nicht ausgeschlossen ist. Auf allen Ebenen bedarf allerdings noch eingehenderer Entfaltung, wie weitgehend ein Verweis auf Grundrechtsschutz in einem anderen Mitgliedstaat zulässig ist. Dies gilt insbesondere, soweit es nicht unmittelbar um den Schutz der Menschenwürde, sondern um andere Grundrechte und deren Wesensgehalte geht. Zumal im Lichte jüngeren Sekundärrechts, das ausdrücklich eine Versagung zum Schutz der Unionsgrundrechte vorsieht, steht eine weitergehende Ausdifferenzierung des unionsrechtlichen Vertrauensgrundsatzes durch den EuGH zu erwarten.

Aus Perspektive der einzelnen Grundrechtsebenen wurden bereits erste Orientierungspunkte für den Umgang mit kritischen Fällen aufgezeigt. Diese Überlegungen ebenenübergreifend zu einem „Fahrplan" zusammenzuführen, würde der Komplexität des Ineinandergreifens grundrechtlichen Schutzes im Mehrebenensystem kaum gerecht, zumal angesichts vieler noch offener Fragen. Wohl aber lässt sich festhalten, dass der erste Schritt in potenziell kritischen Situationen ebenenübergreifend derselbe sein dürfte: Bevor bei Unklarheiten oder unvollständigen Angaben eine Einschränkung der innerunional vorgesehenen Kooperation in Betracht kommt, ist der Versuch einer Nachfrage und Klärung im Zusammenwirken mit dem anderen Mitgliedstaat geboten, womit sich zumindest in einem Teil der Fälle Zweifel an der grundrechtlichen Zulässigkeit ausräumen lassen dürften. Bevor eine Versagung der Kooperation mit einem anderen EU-Mitgliedstaat auf irgendeiner der grundrechtlichen Ebenen infrage kommt, ist zwecks einer solchen Klärung somit auf allen Ebenen die Zusammenarbeit zu intensivieren.

B. Thesen

1. Bei der Frage, ob Grundrechte der verschiedenen europäischen Ebenen eine Versagung innerunionaler mitgliedstaatlicher Zusammenarbeit in Anknüpfung an die Behandlung des Betroffenen im Kooperationsstaat gebieten, ist zu beachten, dass mit diesem Staat zumindest die Bindung an eine gemeinsame Grundrechtsordnung geteilt wird, nämlich die der EMRK. Im Umfang, in dem beide Staaten Unionsrecht durchführen, ist ihnen zudem die Bindung an die Unionsgrundrechte gemein. Beide dieser Grundrechtsordnungen sind mit Durchsetzungsmechanismen versehene Regime, über deren Auslegung jeweils eine gemeinsame, neutrale Instanz wacht. Die unionsgrundrechtliche Verpflichtung kann darüber hinaus durch Sekundärrecht stark konkretisiert sein. Aus Perspektive des Grundgesetzes hingegen besteht zwar keine Bindung des Kooperat-

tionsstaats an dieselbe Grundrechtsordnung, doch besitzen auch insoweit die EMRK und die Unionsgrundrechte Bedeutung.

2. In der Rechtsprechung von EuGH, EGMR und Bundesverfassungsgericht tritt eine Vermutung rechtskonformen Verhaltens zutage, die auf den Kooperationspartner einer zwischenstaatlichen Zusammenarbeit angewandt wird. Eine solche Vermutung erlaubt die Annahme, der für den Kooperationsstaat jeweils normativ verbindliche Schutz werde wirksam werden, sei dies bereits geworden oder hätte es doch zumindest bei Ergreifen zumutbarer Rechtsbehelfe werden können. Das verglichen mit klassischer zwischenstaatlicher Zusammenarbeit verdichtete Netz rechtlicher Bindungen und Durchsetzungsmechanismen im europäischen Mehrebenensystem vermittelt damit oftmals eine verhältnismäßig klare Vorstellung des grenzüberschreitend bestehenden Schutzes.

3. Da die Unionsgrundrechte einen Teil der umfassenderen Unionsrechtsordnung bilden, kann eine zum Schutz dieser Grundrechte vorgenommene Prüfung und gegebenenfalls Versagung durch einen der beteiligten Staaten die praktische Wirksamkeit anderer Verpflichtungen aus dieser Rechtsordnung infrage stellen – und zwar potenziell über das Maß hinaus, das zum Grundrechtsschutz erforderlich ist. Kann, wie der EuGH annimmt, bei Bindung des Ursprungsstaats an die Unionsgrundrechte von deren Einhaltung ausgegangen werden, so ist zur größtmöglichen praktischen Wirksamkeit aller betroffenen unionsrechtlichen Verpflichtungen eine solche Annahme auch geboten. Dann ist ebenso geboten, von einer an das Verhalten des Kooperationsstaats anknüpfenden unionsgrundrechtlichen Prüfung grundsätzlich Abstand zu nehmen. Allgemeiner gefasst, ist bei Wahrung der eigenen unionsrechtlichen Bindungen davon auszugehen, auch die anderen Mitgliedstaaten verhielten sich rechts-, insbesondere unionsrechtskonform. Dies ist es, was der EuGH dem in der jüngeren Rechtsprechung außerordentlich relevanten Grundsatz des gegenseitigen Vertrauens entnimmt; dieser Grundsatz stellt sich als Ausprägung des Grundsatzes der loyalen Zusammenarbeit zur Sicherung des *effet utile* dar. Entgegen manchen Gleichwertigkeitspostulats entnimmt der Gerichtshof dem Vertrauensgrundsatz, soweit ersichtlich, demgegenüber keinen normativen Gehalt dahingehend, ein Absehen von grundrechtlichen Erwägungen sei auch bei fehlender unionsgrundrechtlicher Bindung des Kooperationsstaats geboten. Trotz bestehender Anhaltspunkte für anderweitig gewährleisteten ausreichenden Schutz sind diese nach hiesigem Verständnis auch nicht in einer Weise verdichtet, dass dies einen Verzicht auf unionsgrundrechtliche Prüfung ähnlich deutlich geböte.

4. Mit Betonung des absoluten Würdeschutzes legt der EuGH nahe, dass eine Widerlegung der Vermutung rechtskonformen Verhaltens und eine Versagung der Zusammenarbeit zu diesem Zweck auch im Einzelfall in Betracht kommt. Erwägen lässt sich dies auch für den Schutz unionsgrundrechtlicher Wesensgehalte. Damit aber ist jedenfalls nach der jüngeren Rechtsprechung die Diskrepanz zur zwar im Einzelfall, aber ebenfalls nur im Ausnahmefall unter der EMRK gebotenen Versagung der Zusammenarbeit geringer, als der EuGH in der Vergangenheit impliziert hat. Unter beiden Rechtsordnungen dürfte vielmehr eine Reaktion in Abhängigkeit davon geboten sein, inwiefern möglich war oder noch ist, gemessen an der infrage stehenden Verletzung wirksamen und zumutbaren Rechtsschutz im anderen Mitgliedstaat zu erlangen. Treten diesbezüglich hinreichend starke Bedenken zutage, dürfte im Unionsrecht auf Klärung und gegebenenfalls Sicherstellung der Einhaltung der unionsgrundrechtlichen Anforderungen in einer Weise zu dringen sein, die auf größtmögliche praktische Wirksamkeit auch der ursprünglichen Kooperationsverpflichtung bedacht ist. Ist dies nicht hinreichend, kommt eine Versagung in Betracht.

5. Auch in der Rechtsprechung des Bundesverfassungsgerichts wird in Bezug auf die zwischenstaatliche Kooperation mit Vertrauen gearbeitet. Dies war ursprünglich maßgeblich bezogen auf die Einschätzung der bei Auslieferung zu erwartenden Behandlung des Betroffenen im Ausland der Fall, dabei aber nicht auf das Verhältnis zu anderen EU-Mitgliedstaaten begrenzt. Bezugspunkt dieses Vertrauens war zunächst unmittelbar die Wahrung der Grundsätze der Rechtsstaatlichkeit und des Menschenrechtsschutzes, während nur impliziert wurde, damit würde zugleich den auch bei der Auslieferung zu wahrenden unabdingbaren Grundsätzen der deutschen verfassungsrechtlichen Ordnung Genüge getan. Die Vermutung, letzteres sei der Fall, wird in der jüngeren Rechtsprechung vereinzelt auch ausdrücklich als Bezugspunkt formuliert, und dabei gegenüber den anderen Mitgliedstaaten nicht von deren Unionsgrundrechtsbindung abhängig gemacht. Dieses Vertrauen sowie die im Einzelfall mögliche Widerlegung wurden inzwischen auch in anderen Bereichen fruchtbar gemacht. Das Vertrauen ist allerdings im regulären zwischenstaatlichen Verkehr widerlegbar und muss dies im Umfang, in dem es um den Schutz nach Art. 23 Abs. 1 S. 3 GG i. V. m. Art. 79 Abs. 3 GG integrationsfester Gehalte geht, auch bei der zwingend angeordneten innerunionalen Zusammenarbeit sein.

6. Eine Überschreitung der grundgesetzlichen Integrationsgrenzen ist dadurch denkbar, dass die Europäische Union den Entscheidungen anderer Mitgliedstaaten eine Einwirkung in die deutsche Rechtsordnung eröffnet, ohne dass dabei hinreichender Schutz besteht. Bei der Beurteilung, ob eine solche Überschrei-

tung vorliegt, ist allerdings einzubeziehen, dass neben dem im und gegenüber dem Ursprungsmitgliedstaat bestehenden Schutz die Einräumung einer (ausnahmsweisen) unionsrechtlichen Versagungsmöglichkeit ergänzend niveausichernd wirkt. Kann der integrationsfest gebotene Schutz hierdurch nicht gewährleistet werden, ist eine Modifikation oder Versagung auch der zwingend ohne Spielraum vorgesehenen Zusammenarbeit im Einzelfall geboten. Dies betrifft nach der jüngeren Rechtsprechung des Bundesverfassungsgerichts jedenfalls den Schutz der Menschenwürde und des Menschenwürdekerns anderer Grundrechte; die Behandlung grundrechtlicher Wesensgehalte ist nicht eindeutig geklärt.

7. Auch jenseits der Mitwirkung an der Europäischen Union steht das Grundgesetz in seiner Auslegung durch das Bundesverfassungsgericht internationaler Zusammenarbeit sehr weit aufgeschlossen gegenüber. In den exemplarisch betrachteten Bereichen verlangen bei der Kooperation nur grundlegende grundrechtliche Vorgaben Durchsetzung, die in ihrer Rückbindung an Menschenwürdeschutz und rechtsstaatliche Kernanforderungen bereits eine deutliche Nähe zu den nach Art. 79 Abs. 3 GG änderungsfesten Gehalten erkennen lassen. Hinter diese ohnehin bereits zurückgenommenen Anforderungen darf damit unter Umständen auch bei unionsrechtlich determinierter Zusammenarbeit nicht oder nicht viel weiter zurückgegangen werden.

Verzeichnisse

A. Verzeichnis abgekürzt zitierten Völker- und Unionsrechts

I. Völkerrechtliche Verträge

Antifolterkonvention	Übereinkommen vom 10. Dezember 1984 gegen Folter und andere grausame, unmenschliche oder erniedrigende Behandlung oder Strafe, BGBl. 1990 II S. 247 (zum Inkrafttreten BGBl. 1993 II S. 715).
DÜ	Übereinkommen über die Bestimmung des zuständigen Staates für die Prüfung eines in einem Mitgliedstaat der Europäischen Gemeinschaften gestellten Asylantrags (Dubliner Übereinkommen), BGBl. 1994 II S. 792 (zum Inkrafttreten BGBl. 1997 II S. 1452).
EMRK	Konvention zum Schutze der Menschenrechte und Grundfreiheiten, BGBl. 1952 II S. 686 (zum Inkrafttreten BGBl. 1954 II S. 14); Neubekanntmachung BGBl. 2002 II S. 1055.
ESÜ	Europäisches Übereinkommen vom 20. Mai 1980 über die Anerkennung und Vollstreckung von Entscheidungen über das Sorgerecht für Kinder und die Wiederherstellung des Sorgeverhältnisses (Luxemburger Übereinkommen), BGBl. 1990 II S. 220 (zu Inkrafttreten und Vorbehalten BGBl. 1991 II S. 392).
EuGVÜ	Brüsseler Übereinkommen vom 27. September 1968 über die gerichtliche Zuständigkeit und die Vollstreckung gerichtlicher Entscheidungen in Zivil- und Handelssachen, BGBl. 1972 II S. 774 (zum Inkrafttreten BGBl. 1973 II S. 60). Mit Protokoll vom 3. Juni 1971 betreffend die Auslegung des Übereinkommens vom 27. September 1968 über die gerichtliche Zuständigkeit und die Vollstreckung gerichtlicher Entscheidungen in Zivil- und Handelssachen durch den Gerichtshof, BGBl. 1972 II S. 846.
GFK	Abkommen über die Rechtsstellung der Flüchtlinge, BGBl. 1953 II S. 560 (zum Inkrafttreten BGBl. 1954 II S. 619). Mit Protokoll über die Rechtsstellung der Flüchtlinge, BGBl. 1969 II S. 1293 (zum Inkrafttreten BGBl. 1970 II S. 194).

HKÜ	Haager Übereinkommen vom 25. Oktober 1980 über die zivilrechtlichen Aspekte internationaler Kindesentführung, BGBl. 1990 II S. 207 (zum Inkrafttreten BGBl. 1991 II S. 329).
HZÜ	Haager Übereinkommen vom 15. November 1965 über die Zustellung gerichtlicher und außergerichtlicher Schriftstücke im Ausland in Zivil- oder Handelssachen, BGBl. 1977 II S. 1453 (zum Inkrafttreten BGBl. 1979 II S. 779).
IGH-Statut	Statut des Internationalen Gerichtshofs, BGBl. 1973 II S. 505 (auch zum Inkrafttreten).
IPbpR	Internationaler Pakt vom 19. Dezember 1966 über Bürgerliche und Politische Rechte, BGBl. 1973 II S. 1534 (zum Inkrafttreten BGBl. 1976 II S. 1068).
KSÜ	Übereinkommen vom 19. Oktober 1996 über die Zuständigkeit, das anzuwendende Recht, die Anerkennung, Vollstreckung und Zusammenarbeit auf dem Gebiet der elterlichen Verantwortung und der Maßnahmen zum Schutz von Kindern, BGBl. 2009 II S. 603 (zum Inkrafttreten BGBl. 2010 II S. 1527).
MSA	Übereinkommen vom 5. Oktober 1961 über die Zuständigkeit der Behörden und das anzuwendende Recht auf dem Gebiet des Schutzes von Minderjährigen, BGBl. 1971 II S. 219 (zum Inkrafttreten BGBl. 1971 II S. 1150).
SDÜ	Übereinkommen zur Durchführung des Übereinkommens von Schengen vom 14. Juni 1985 zwischen den Regierungen der Staaten der Benelux-Wirtschaftsunion, der Bundesrepublik Deutschland und der Französischen Republik betreffend den schrittweisen Abbau der Kontrollen an den gemeinsamen Grenzen, BGBl. 1993 II S. 1013 (zum Inkrafttreten und Vorbehalt BGBl. 1994 II S. 631).
WVK	Wiener Übereinkommen vom 23. Mai 1969 über das Recht der Verträge, BGBl. 1985 II S. 927 (zum Inkrafttreten BGBl. 1987 II S. 757).

II. Recht der Europäischen Union

1. Primärrecht der Europäischen Union

AEUV	Vertrag über die Arbeitsweise der Europäischen Union (konsolidierte Fassung), ABl. EU Nr. C 202 v. 7.6.2016, S. 47.
EAGV	Vertrag zur Gründung der Europäischen Atomgemeinschaft, BGBl. 1957 II S. 1014.
EGKSV	Vertrag über die Gründung der Europäischen Gemeinschaft für Kohle und Stahl, BGBl. 1952 II S. 447.
EGV (Amsterdam)	Vertrag zur Gründung der Europäischen Gemeinschaft (konsolidierte Fassung), ABl. EG Nr. C 340 v. 10.11.1997, S. 173.

EGV (Maastricht)	Vertrag zur Gründung der Europäischen Gemeinschaft (konsolidierte Fassung), ABl. EG Nr. C 224 v. 31.8.1992, S. 6.
EUV	Vertrag über die Europäische Union (konsolidierte Fassung), ABl. EU Nr. C 202 v. 7.6.2016, S. 13.
EUV (Amsterdam)	Vertrag über die Europäische Union (konsolidierte Fassung), ABl. EG Nr. C 340 v. 10.11.1997, S. 145.
EUV (Maastricht)	Vertrag über die Europäische Union, ABl. EG Nr. C 224 v. 31.8.1992, S. 2.
EWGV	Vertrag zur Gründung der Europäischen Wirtschaftsgemeinschaft, BGBl. 1957 II S. 753.
GRC	Charta der Grundrechte der Europäischen Union, ABl. EU Nr. C 202 v. 7.6.2016, S. 389.

2. Durch die Europäische Union abgeschlossene Verträge

HUP 2007	Haager Protokoll vom 23. November 2007 über das auf Unterhaltspflichten anzuwendende Recht, ABl. EU Nr. L 331 v. 16.12.2009, S. 19.
HUÜ 2007	Haager Übereinkommen vom 23. November 2007 über die internationale Geltendmachung der Unterhaltsansprüche von Kindern und anderen Familienangehörigen, ABl. EU Nr. L 192 v. 22.7.2011, S. 51.

3. Sekundärrecht der Europäischen Union

RB 2002/584/JI	Rahmenbeschluss 2002/584/JI des Rates vom 13. Juni 2002 über den Europäischen Haftbefehl und die Übergabeverfahren zwischen den Mitgliedstaaten, ABl. EG Nr. L 190 v. 18.7.2002, S. 1.
RB 2003/577/JI	Rahmenbeschluss 2003/577/JI des Rates vom 22. Juli 2003 über die Vollstreckung von Entscheidungen über die Sicherstellung von Vermögensgegenständen oder Beweismitteln in der Europäischen Union, ABl. EU Nr. L 196 v. 2.8.2003, S. 45.
RB 2005/214/JI	Rahmenbeschluss 2005/214/JI des Rates vom 24. Februar 2005 über die Anwendung des Grundsatzes der gegenseitigen Anerkennung von Geldstrafen und Geldbußen, ABl. EU Nr. L 76 v. 22.3.2005, S. 16.
RB 2006/783/JI	Rahmenbeschluss 2006/783/JI des Rates vom 6. Oktober 2006 über die Anwendung des Grundsatzes der gegenseitigen Anerkennung auf Einziehungsentscheidungen, ABl. EU Nr. L 328 v. 24.11.2006, S. 59.

RB 2008/675/JI	Rahmenbeschluss 2008/675/JI des Rates vom 24. Juli 2008 zur Berücksichtigung der in anderen Mitgliedstaaten der Europäischen Union ergangenen Verurteilungen in einem neuen Strafverfahren, ABl. EU Nr. L 220 v. 15.8.2008, S. 32.
RB 2008/909/JI	Rahmenbeschluss 2008/909/JI des Rates vom 27. November 2008 über die Anwendung des Grundsatzes der gegenseitigen Anerkennung auf Urteile in Strafsachen, durch die eine freiheitsentziehende Strafe oder Maßnahme verhängt wird, für die Zwecke ihrer Vollstreckung in der Europäischen Union, ABl. EU Nr. L 327 v. 5.12.2008, S. 27.
RB 2008/947/JI	Rahmenbeschluss 2008/947/JI des Rates vom 27. November 2008 über die Anwendung des Grundsatzes der gegenseitigen Anerkennung auf Urteile und Bewährungsentscheidungen im Hinblick auf die Überwachung von Bewährungsmaßnahmen und alternativen Sanktionen, ABl. EU Nr. L 337 v. 16.12.2008, S. 102.
RB 2008/978/JI	Rahmenbeschluss 2008/978/JI des Rates vom 18. Dezember 2008 über die Europäische Beweisanordnung zur Erlangung von Sachen, Schriftstücken und Daten zur Verwendung in Strafsachen, ABl. EU Nr. L 350 v. 30.12.2008, S. 72.
RB 2009/299/JI	Rahmenbeschluss 2009/299/JI des Rates vom 26. Februar 2009 zur Änderung der Rahmenbeschlüsse 2002/584/JI, 2005/214/JI, 2006/783/JI, 2008/909/JI und 2008/947/JI, zur Stärkung der Verfahrensrechte von Personen und zur Förderung der Anwendung des Grundsatzes der gegenseitigen Anerkennung auf Entscheidungen, die im Anschluss an eine Verhandlung ergangen sind, zu der die betroffene Person nicht erschienen ist, ABl. EU Nr. L 81 v. 27.3.2009, S. 24.
RB 2009/829/JI	Rahmenbeschluss 2009/829/JI des Rates vom 23. Oktober 2009 über die Anwendung – zwischen den Mitgliedstaaten der Europäischen Union – des Grundsatzes der gegenseitigen Anerkennung auf Entscheidungen über Überwachungsmaßnahmen als Alternative zur Untersuchungshaft, ABl. EU Nr. L 294 v. 11.11.2009, S. 20.
RL 77/93/EWG	Richtlinie 77/93/EWG des Rates vom 21. Dezember 1976 über Maßnahmen zum Schutz gegen das Verbringen von Schadorganismen der Pflanzen oder Pflanzenerzeugnisse in die Mitgliedstaaten, ABl. EG Nr. L 26 v. 31.1.1977, S. 20.
RL 89/662/EWG	Richtlinie 89/662/EWG des Rates vom 11. Dezember 1989 zur Regelung der veterinärrechtlichen Kontrollen im innergemeinschaftlichen Handel im Hinblick auf den gemeinsamen Binnenmarkt, ABl. EG Nr. L 395 v. 30.12.1989, S. 13.
RL 90/531/EWG	Richtlinie 90/531/EWG des Rates vom 17. September 1990 betreffend die Auftragsvergabe durch Auftraggeber im Bereich der Wasser-, Energie- und Verkehrsversorgung sowie im Telekommunikationssektor, ABl. EG Nr. L 297 v. 29.10.1990, S. 1.

RL 93/38/EWG	Richtlinie 93/38/EWG des Rates vom 14. Juni 1993 zur Koordinierung der Auftragsvergabe durch Auftraggeber im Bereich der Wasser-, Energie- und Verkehrsversorgung sowie im Telekommunikationssektor, ABl. EG Nr. L 199 v. 9.8.1993, S. 84.
RL 2000/29/EG	Richtlinie 2000/29/EG des Rates vom 8. Mai 2000 über Maßnahmen zum Schutz der Gemeinschaft gegen die Einschleppung und Ausbreitung von Schadorganismen der Pflanzen und Pflanzenerzeugnisse, ABl. EG Nr. L 169 v. 10.7.2000, S. 1.
RL 2002/8/EG	Richtlinie 2002/8/EG des Rates vom 27. Januar 2003 zur Verbesserung des Zugangs zum Recht bei Streitsachen mit grenzüberschreitendem Bezug durch Festlegung gemeinsamer Mindestvorschriften für die Prozesskostenhilfe in derartigen Streitsachen, ABl. EG Nr. L 26 v. 31.1.2003, S. 41.
RL 2003/109/EG	Richtlinie 2003/109/EG des Rates vom 25. November 2003 betreffend die Rechtsstellung der langfristig aufenthaltsberechtigten Drittstaatsangehörigen, ABl. EU Nr. L 16 v. 23.1.2004, S. 44.
RL 2004/17/EG	Richtlinie 2004/17/EG des Europäischen Parlaments und des Rates vom 31. März 2004 zur Koordinierung der Zuschlagsverteilung durch Auftraggeber im Bereich der Wasser-, Energie- und Verkehrsversorgung sowie der Postdienste, ABl. EU Nr. L 134 v. 30.4.2004, S. 1.
RL 2008/52/EG	Richtlinie 2008/52/EG des Europäischen Parlaments und des Rates vom 21. Mai 2008 über bestimmte Aspekte der Mediation in Zivil- und Handelssachen, ABl. Nr. L 136 v. 24.5.2008, S. 3.
RL 2010/64/EU	Richtlinie 2010/64/EU des Europäischen Parlaments und des Rates vom 20. Oktober 2010 über das Recht auf Dolmetschleistungen und Übersetzungen in Strafverfahren, ABl. EU Nr. L 280 v. 26.10.2010, S. 1.
RL 2011/95/EU	Richtlinie 2011/95/EU des Europäischen Parlaments und des Rates vom 13. Dezember 2011 über Normen für die Anerkennung von Drittstaatsangehörigen oder Staatenlosen als Personen mit Anspruch auf internationalen Schutz, für einen einheitlichen Status für Flüchtlinge oder für Personen mit Anrecht auf subsidiären Schutz und für den Inhalt des zu gewährenden Schutzes (Neufassung), ABl. EU Nr. L 337 v. 20.12.2011, S. 9.
RL 2011/99/EU	Richtlinie 2011/99/EU des Europäischen Parlaments und des Rates vom 13. Dezember 2011 über die Europäische Schutzanordnung, ABl. EU Nr. L 338 v. 21.12.2011, S. 2.
RL 2012/13/EU	Richtlinie 2012/13/EU des Europäischen Parlaments und des Rates vom 22. Mai 2012 über das Recht auf Belehrung und Unterrichtung in Strafverfahren, ABl. EU Nr. L 142 v. 1.6.2012, S. 1.

RL 2013/32/EU	Richtlinie 2013/32/EU des Europäischen Parlaments und des Rates vom 26. Juni 2013 zu gemeinsamen Verfahren für die Zuerkennung und Aberkennung des internationalen Schutzes (Neufassung), ABl. EU Nr. L 180 v. 29.6.2013, S. 60.
RL 2013/33/EU	Richtlinie 2013/33/EU des Europäischen Parlaments und des Rates vom 26. Juni 2013 zur Festlegung von Normen für die Aufnahme von Personen, die internationalen Schutz beantragen (Neufassung), ABl. EU Nr. L 180 v. 29.6.2013, S. 96.
RL 2013/48/EU	Richtlinie 2013/48/EU des Europäischen Parlaments und des Rates vom 22. Oktober 2013 über das Recht auf Zugang zu einem Rechtsbeistand in Strafverfahren und in Verfahren zur Vollstreckung des Europäischen Haftbefehls sowie über das Recht auf Benachrichtigung eines Dritten bei Freiheitsentzug und das Recht auf Kommunikation mit Dritten und mit Konsularbehörden während des Freiheitsentzugs, ABl. EU Nr. L 294 v. 6.11.2013, S. 1.
RL 2014/41/EU	Richtlinie 2014/41/EU des Europäischen Parlaments und des Rates vom 3. April 2014 über die Europäische Ermittlungsanordnung in Strafsachen, ABl. EU Nr. L 130 v. 1.5.2014, S. 1.
RL 2014/42/EU	Richtlinie 2014/42/EU des Europäischen Parlaments und des Rates vom 3. April 2014 über die Sicherstellung und Einziehung von Tatwerkzeugen und Erträgen aus Straftaten in der Europäischen Union, ABl. EU Nr. L 127 v. 29.4.2014, S. 9.
RL (EU) 2016/343	Richtlinie (EU) 2016/343 des Europäischen Parlaments und des Rates vom 9. März 2016 über die Stärkung bestimmter Aspekte der Unschuldsvermutung und des Rechts auf Anwesenheit in der Verhandlung in Strafverfahren, ABl. EU Nr. L 65 v. 11.3.2016, S. 1.
RL (EU) 2016/800	Richtlinie (EU) 2016/800 des Europäischen Parlaments und des Rates vom 11. Mai 2016 über Verfahrensgarantien in Strafverfahren für Kinder, die Verdächtige oder beschuldigte Personen in Strafverfahren sind, ABl. EU Nr. L 132 v. 21.5.2016, S. 1.
RL (EU) 2016/1919	Richtlinie (EU) 2016/1919 des Europäischen Parlaments und des Rates vom 26. Oktober 2016 über Prozesskostenhilfe für Verdächtige und beschuldigte Personen in Strafverfahren sowie für gesuchte Personen in Verfahren zur Vollstreckung eines Europäischen Haftbefehls, ABl. EU Nr. L 297 v. 4.11.2016, S. 1.
VO (EG) Nr. 1346/2000, InsVO	Verordnung (EG) Nr. 1346/2000 des Rates vom 29. Mai 2000 über Insolvenzverfahren, ABl. EG Nr. L 160 v. 30.6.2000, S. 1.
VO (EG) Nr. 1347/2000, Brüssel II-VO	Verordnung (EG) Nr. 1347/2000 des Rates vom 29. Mai 2000 über die Zuständigkeit und die Anerkennung und Vollstreckung von Entscheidungen in Ehesachen und in Verfahren betreffend die elterliche Verantwortung für die gemeinsamen Kinder der Ehegatten, ABl. EG Nr. L 160 v. 30.6.2000, S. 19.

VO (EG) Nr. 44/2001, Brüssel I-VO	Verordnung (EG) Nr. 44/2001 des Rates vom 22. Dezember 2000 über die gerichtliche Zuständigkeit und die Anerkennung und Vollstreckung von Entscheidungen in Zivil- und Handelssachen, ABl. EG Nr. L 12 v. 16.1.2001, S. 1.
VO (EG) Nr. 1206/2001, BeweisVO	Verordnung (EG) Nr. 1206/2001 des Rates vom 28. Mai 2001 über die Zusammenarbeit zwischen den Gerichten der Mitgliedstaaten auf dem Gebiet der Beweisaufnahme in Zivil- oder Handelssachen, ABl. EG Nr. L 174 v. 27.6.2001, S. 1.
VO (EG) Nr. 343/2003, Dublin II-VO	Verordnung (EG) Nr. 343/2003 des Rates vom 18. Februar 2003 zur Festlegung der Kriterien und Verfahren zur Bestimmung des Mitgliedstaats, der für die Prüfung eines von einem Drittstaatsangehörigen in einem Mitgliedstaat gestellten Asylantrags zuständig ist, ABl. EU Nr. L 50 v. 25.2.2003, S. 1.
VO (EG) Nr. 2201/2003, Brüssel IIa-VO	Verordnung (EG) Nr. 2201/2003 des Rates vom 27. November 2003 über die Zuständigkeit und die Anerkennung und Vollstreckung von Entscheidungen in Ehesachen und in Verfahren betreffend die elterliche Verantwortung und zur Aufhebung der VO (EG) Nr. 1347/2000, ABl. EU Nr. L 338 v. 23.12.2003, S. 1.
VO (EG) Nr. 805/2004, VTVO	Verordnung (EG) Nr. 805/2004 des Europäischen Parlaments und des Rates vom 21. April 2004 zur Einführung eines europäischen Vollstreckungstitels für unbestrittene Forderungen, ABl. EU Nr. L 143 v. 30.4.2004, S. 15.
VO (EG) Nr. 1896/2006, MahnVO	Verordnung (EG) Nr. 1896/2006 des Europäischen Parlaments und des Rates vom 12. Dezember 2006 zur Einführung eines Europäischen Mahnverfahrens, ABl. EU Nr. L 399 v. 30.12.2006, S. 1.
VO (EG) Nr. 861/2007, BagatellVO	Verordnung (EG) Nr. 861/2007 des Europäischen Parlaments und des Rates vom 11. Juli 2007 zur Einführung eines europäischen Verfahrens für geringfügige Forderungen, ABl. EU Nr. L 199 v. 31.7.2007, S. 1.
VO (EG) Nr. 864/2007, Rom II-VO	Verordnung (EG) Nr. 864/2007 des Europäischen Parlaments und des Rates vom 11. Juli 2007 über das auf außervertragliche Schuldverhältnisse anzuwendende Recht, ABl. EU Nr. L 199 v. 31.7.2007, S. 40.
VO (EG) Nr. 1393/2007, ZustellVO	Verordnung (EG) Nr. 1393/2007 des Europäischen Parlaments und des Rates vom 13. November 2007 über die Zustellung gerichtlicher und außergerichtlicher Schriftstücke in Zivil- oder Handelssachen in den Mitgliedstaaten („Zustellung von Schriftstücken") und zur Aufhebung der Verordnung (EG) Nr. 1348/2000 des Rates, ABl. EU Nr. L 324 v. 10.12.2007, S. 79.
VO (EG) Nr. 593/2008, Rom I-VO	Verordnung (EG) Nr. 593/2008 des Europäischen Parlaments und des Rates vom 17. Juni 2008 über das auf vertragliche Schuldverhältnisse anzuwendende Recht, ABl. EU Nr. L 177 v. 4.7.2008, S. 6.

VO (EG) Nr. 4/2009, UntVO	Verordnung (EG) Nr. 4/2009 des Rates vom 18. Dezember 2008 über die Zuständigkeit, das anwendbare Recht, die Anerkennung und Vollstreckung von Entscheidungen und die Zusammenarbeit in Unterhaltssachen, ABl. EU Nr. L 7 v. 10.1.2009, S. 1.
VO (EU) Nr. 439/2010	Verordnung (EU) Nr. 439/2010 des Europäischen Parlaments und des Rates vom 19. Mai 2010 zur Einrichtung eines Europäischen Unterstützungsbüros für Asylfragen, ABl. EU Nr. L 132 v. 29.5.2010, S. 11.
VO (EU) Nr. 1259/2010, Rom III-VO	Verordnung (EU) Nr. 1259/2010 des Rates vom 20. Dezember 2010 zur Durchführung einer Verstärkten Zusammenarbeit im Bereich des auf die Ehescheidung und Trennung ohne Auflösung des Ehebandes anzuwendenden Rechts, ABl. EU Nr. L 343 v. 29.12.2010, S. 10.
VO (EU) Nr. 650/2012	Verordnung (EU) Nr. 650/2012 des Europäischen Parlaments und des Rates vom 4. Juli 2012 über die Zuständigkeit, das anzuwendende Recht, die Anerkennung und Vollstreckung von Entscheidungen und die Annahme und Vollstreckung öffentlicher Urkunden in Erbsachen sowie zur Einführung eines Europäischen Nachlasszeugnisses, ABl. EU Nr. L 201 v. 27.7.2012, S. 107.
VO (EU) Nr. 1215/2012, Brüssel Ia-VO	Verordnung (EU) Nr. 1215/2012 des Europäischen Parlaments und des Rates vom 12. Dezember 2012 über die gerichtliche Zuständigkeit und die Anerkennung und Vollstreckung von Entscheidungen in Zivil- und Handelssachen (Neufassung), ABl. EU Nr. L 351 v. 20.12.2012, S. 1.
VO (EU) Nr. 604/2013, Dublin III-VO	Verordnung (EU) Nr. 604/2013 des Europäischen Parlaments und des Rates vom 26. Juni 2013 zur Festlegung der Kriterien und Verfahren zur Bestimmung des Mitgliedstaats, der für die Prüfung eines von einem Drittstaatsangehörigen oder Staatenlosen in einem Mitgliedstaat gestellten Antrags auf internationalen Schutz zuständig ist (Neufassung), ABl. EU Nr. L 180 v. 29.6.2013, S. 31.
VO (EU) Nr. 606/2013	Verordnung (EU) Nr. 606/2013 des Europäischen Parlaments und des Rates vom 12. Juni 2013 über die gegenseitige Anerkennung von Schutzmaßnahmen in Zivilsachen, ABl. EU Nr. L 181 v. 29.6.2013, S. 4.
VO (EU) Nr. 1053/2013	Verordnung (EU) Nr. 1053/2013 des Rates vom 7. Oktober 2013, zur Einführung eines Evaluierungs- und Überwachungsmechanismus für die Überprüfung der Anwendung des Schengen-Besitzstands und zur Aufhebung des Beschlusses des Exekutivausschusses vom 16. September 1998 bezüglich der Errichtung des Ständigen Ausschusses Schengener Durchführungsübereinkommen, ABl. EU Nr. L 295 v. 6.11.2013, S. 27.
VO (EU) Nr. 1382/2013	Verordnung (EU) Nr. 1382/2013 des Europäischen Parlaments und des Rates vom 17. Dezember 2013 zur Einrichtung des Programms „Justiz“ für den Zeitraum 2014 bis 2020, ABl. EU Nr. L 354 v. 28.12.2013, S. 73.

VO (EU) 2015/848	Verordnung (EU) 2015/848 des Europäischen Parlaments und des Rates vom 20. Mai 2015 über Insolvenzverfahren (Neufassung), ABl. EU Nr. L 141 v. 5.6.2015, S. 19.
VO (EU) 2015/2421	Verordnung (EU) 2015/2421 des Europäischen Parlaments und des Rates vom 16. Dezember 2015 zur Änderung der Verordnung (EG) Nr. 861/2007 zur Einführung eines europäischen Verfahrens für geringfügige Forderungen und der Verordnung (EG) Nr. 1896/2006 zur Einführung eines Europäischen Mahnverfahrens, ABl. EU Nr. L 341 v. 24.12.2015, S. 1.
VO (EU) 2016/1103	Verordnung (EU) 2016/1103 des Rates vom 24. Juni 2016 zur Durchführung einer Verstärken Zusammenarbeit im Bereich der Zuständigkeit, des anzuwendenden Rechts und der Anerkennung und Vollstreckung von Entscheidungen in Fragen des ehelichen Güterstands, ABl. EU Nr. L 183 v. 8.7.2016, S. 1.
VO (EU) 2016/1104	Verordnung (EU) 2016/1104 des Rates vom 24. Juni 2016 zur Durchführung der Verstärken Zusammenarbeit im Bereich der Zuständigkeit, des anzuwendenden Rechts und der Anerkennung und Vollstreckung von Entscheidungen in Fragen güterrechtlicher Wirkungen eingetragener Partnerschaften, ABl. EU Nr. L 183 v. 8.7.2016, S. 30.

Im Übrigen wird für Abkürzungen verwiesen auf *Kirchner, Hildebert/Böttcher, Eike,* Abkürzungsverzeichnis der Rechtssprache, 8. Auflage, Berlin u. a. 2015.

B. Literaturverzeichnis

Adolphsen, Jens, Europäisches Zivilprozessrecht im einheitlichen europäischen Justizraum, in: Gropp, Walter/Lipp, Martin/Steiger, Heinhard (Hrsg.), Rechtswissenschaft im Wandel. Festschrift des Fachbereichs Rechtswissenschaft zum 400jährigen Gründungsjubiläum der Justus-Liebig-Universität Gießen, Tübingen 2007, S. 87–100.

ders., Konsolidierung des Europäischen Zivilverfahrensrechts, in: Geimer, Reinhold/Schütze, Rolf A. (Hrsg.), Recht ohne Grenzen. Festschrift für Athanassios Kaissis zum 65. Geburtstag, München 2012, S. 1–13 (zitiert als: *Adolphsen,* in: FS Kaissis).

ders., Perspektive der Europäischen Union – Gegenwartsfragen der Anerkennung im Internationalen Zivilverfahrensrecht, in: Hess, Burkhard (Hrsg.), Die Anerkennung im Internationalen Zivilprozessrecht – Europäisches Vollstreckungsrecht, Bielefeld 2014, S. 1–24.

Alexy, Robert, Theorie der Grundrechte (zugleich Habilitationsschrift Universität Göttingen 1984), 1. Auflage, Baden-Baden 1985.

Augsberg, Steffen, Von der Solange- zur Soweit-Rechtsprechung: Zum Prüfungsumfang des Bundesverfassungsgerichts bei richtlinienumsetzenden Gesetzen, in: Die Öffentliche Verwaltung 2010, S. 153–160.

Bach, Ivo, Grenzüberschreitende Vollstreckung in Europa. Darstellung und Entwicklung, Vergleich, Bewertung (zugleich Dissertation Universität Mainz 2007/2008), Tübingen 2008.

Bäcker, Matthias, Solange IIa oder Basta I? Das Vorratsdaten-Urteil des Bundesverfassungsgerichts aus europarechtlicher Sicht, in: Europarecht 2011, S. 103–120.

Baldus, Manfred, Übertragung von Hoheitsrechten auf ausländische Staaten im Bereich der Sicherheitsverwaltung, in: Die Verwaltung 32 (1999), S. 481–504.

Bast, Jürgen, Transnationale Verwaltung des europäischen Migrationsraums. Zur horizontalen Öffnung der EU-Mitgliedstaaten, in: Der Staat 46 (2007), S. 1–32.

ders., Handlungsformen und Rechtsschutz, in: von Bogdandy, Armin/Bast, Jürgen (Hrsg.), Europäisches Verfassungsrecht. Theoretische und dogmatische Grundzüge, 2. Auflage, Berlin/Heidelberg 2009, S. 489–557.

ders., Ursprünge der Europäisierung des Migrationsrechts, in: Jochum, Georg/Fritzemeyer, Wolfgang/Kau, Marcel (Hrsg.), Grenzüberschreitendes Recht – Crossing Frontiers. Festschrift für Kay Hailbronner, Heidelberg u.a. 2013, S. 3–10 (zitiert als: *Bast,* in: FS Hailbronner).

ders., 2. Bericht zum Beratungsgegenstand Völker- und unionsrechtliche Anstöße zur Entterritorialisierung des Rechts, in: Veröffentlichungen der Vereinigung der Deutschen Staatsrechtslehrer 76 (2017), S. 277–314.

Beaumont, Paul/Johnston, Emma, Abolition of the Exequatur in Brussels I: Is a Public Policy Defence Necessary for the Protection of Human Rights?, in: Praxis des Internationalen Privat- und Verfahrensrechts 2010, S. 105–110.

Becker, Ulrich, Grundrechtsschutz bei der Anerkennung und Vollstreckbarerklärung im europäischen Zivilverfahrensrecht. Bestimmung der Grenzen für die Einführung eines europäischen Vollstreckungstitels (zugleich Dissertation Universität Köln 2004), Frankfurt am Main u.a. 2004 (zitiert als: *Becker,* Grundrechtsschutz).

Benicke, Christoph, Ordre-public-Verstoß ausländischer Adoptionsentscheidungen bei ungenügender Prüfung des Kindeswohls, in: Kronke, Herbert/Thorn, Karsten (Hrsg.), Grenzen überwinden – Prinzipien bewahren. Festschrift für Bernd von Hoffmann zum 70. Geburtstag am 28. Dezember 2011, Bielefeld 2011, S. 545–560 (zitiert als: *Benicke,* in: FS v. Hoffmann).

Beyerlin, Ulrich, Rechtsprobleme der lokalen grenzüberschreitenden Zusammenarbeit (zugleich Habilitationsschrift Universität Heidelberg 1986), Berlin u.a. 1988.

Bernstein, Herbert, Ein Kollisionsrecht für die Verfassung, in: Neue Juristische Wochenschrift 1965, S. 2273–2276.

Bleckmann, Albert, Art. 5 EWG-Vertrag und die Gemeinschaftstreue, in: Deutsches Verwaltungsblatt 1976, S. 483–487.

ders., Zur Anerkennung ausländischer Verwaltungsakte im Europäischen Gemeinschaftsrecht, in: JuristenZeitung 1985, S. 1072–1077.

von Bogdandy, Armin/Ioannidis, Michael, Das systemische Defizit. Merkmale, Instrumente und Probleme am Beispiel der Rechtsstaatlichkeit und des neuen Rechtsstaatlichkeitsaufsichtsverfahrens, in: Zeitschrift für ausländisches öffentliches Recht und Völkerrecht 74 (2014), S. 283–328.

von Bogdandy, Armin/Kottmann, Matthias/Antpöhler, Carlino/Dickschen, Johanna/Hentrei, Simon/Smrkolj, Maja, Ein Rettungsschirm für europäische Grundrechte. Grundlagen einer unionsrechtlichen Solange-Doktrin gegenüber Mitgliedstaaten, in: Zeitschrift für ausländisches öffentliches Recht und Völkerrecht 72 (2012), S. 45–78.

Braum, Stefan, Das Prinzip der gegenseitigen Anerkennung. Historische Grundlagen und Perspektiven Europäischer Strafrechtsentwicklung, in: Goltdammer's Archiv für Strafrecht 2005, S. 681–699.

Britz, Gabriele, Transnationale Effekte im kartellbehördlichen Verwaltungsverfahren und europäische Verfahrens(grund)rechte, in: Gropp, Walter/Lipp, Martin/Steiger, Heinhard (Hrsg.), Rechtswissenschaft im Wandel. Festschrift des Fachbereichs Rechtswissenschaft zum 400jährigen Gründungsjubiläum der Justus-Liebig-Universität Gießen, Tübingen 2007, S. 115–125.

dies., Verfassungsrechtliche Effektuierung des Vorabentscheidungsverfahrens, in: Neue Juristische Wochenschrift 2012, S. 1313–1317.

dies., Grundrechtsschutz in der justiziellen Zusammenarbeit – zur Titelfreizügigkeit in Familiensachen, in: JuristenZeitung 2013, S. 105–111.

dies., Grundrechtsschutz durch das Bundesverfassungsgericht und den Europäischen Gerichtshof, in: Europäische Grundrechte-Zeitschrift 2015, S. 275–281.

Brodowski, Dominik, Die drohende Verletzung von Menschenrechten bei der Anerkennung Europäischer Haftbefehle auf dem Prüfstand. Die zweifelhafte Aktivierung der Verfassungsidentität durch das BVerfG und eine Kurskorrektur in der Rechtsprechung des EuGH. Zugleich Besprechung von BVerfG, Beschl. v. 15.12.2015 – 2 BvR 2735/14 – („Identitätskontrolle") und von EuGH, Urt. v. 5.4.2016 – verbundene Rs. C-404/15 und C-669/15 PPU (Pál Aranyosi und Robert Căldăraru), in: Juristische Rundschau 2016, S. 415–432.

Bruha, Thomas, Rechtsangleichung in der Europäischen Wirtschaftsgemeinschaft. Deregulierung durch Neue Strategie?, in: Zeitschrift für ausländisches öffentliches Recht und Völkerrecht 46 (1986), S. 1–33.

Brummund, Fabian, Kohärenter Grundrechtsschutz im Raum der Freiheit, der Sicherheit und des Rechts. Einordnung von Titel V AEUV in das grundrechtliche Mehrebenensystem des Europäischen Verfassungsverbundes (zugleich Dissertation Universität Hamburg 2010/2011), Baden-Baden 2011.

Bruns, Alexander, Der anerkennungsrechtliche ordre public in Europa und den USA, in: JuristenZeitung 1999, S. 278–287.

Bryde, Brun-Otto, Sicherheitspolitik zwischen Regierung und Parlament – BVerfG v. 18. 12. 84 – 2 BVE 13/83 –, in: Juristische Ausbildung 1986, S. 363–369.

Buchholtz, Gabriele, Entterritorialisierung des Öffentlichen Rechts. Legitimation „anerkennungsbasierter" Transnationalität in der EU, in: Neue Zeitschrift für Verwaltungsrecht 2016, S. 1353–1358.

Callewaert, Johan, Grundrechtsschutz und gegenseitige Anerkennung im Raum der Freiheit, der Sicherheit und des Rechts, in: Zeitschrift für Europarechtliche Studien 2014, S. 79–90.

Calliess, Christian, Europa als Wertegemeinschaft – Integration und Identität durch europäisches Verfassungsrecht?, in: JuristenZeitung 2004, S. 1033–1045.

ders./Ruffert, Matthias (Hrsg.), EUV/AEUV. Das Verfassungsrecht der Europäischen Union mit Europäischer Grundrechtecharta, Kommentar, 5. Auflage, München 2016 (zitiert als: *Bearbeiter,* in: Calliess/Ruffert).

Canor, Iris, – Solange horizontal – Der Schutz der EU-Grundrechte zwischen den Mitgliedstaaten, in: Zeitschrift für ausländisches öffentliches Recht und Völkerrecht 73 (2013), S. 249–294.

dies., National Constitutional Identity and Ordre public: An Intradisciplinary Analysis of European Constitutional Law and European Private International Law, in: Calliess, Christian (Hrsg.), Herausforderungen an Staat und Verfassung. Völkerrecht – Europarecht – Menschenrechte. Liber Amicorum für Torsten Stein zum 70. Geburtstag, Baden-Baden 2015, S. 475–498 (zitiert als: *Canor,* in: FS Stein).

Classen, Claus Dieter, Gegenseitige Anerkennung und gegenseitiges Vertrauen im europäischen Rechtsraum, in: Becker, Ulrich/Hatje, Armin/Potacs, Michael/Wunderlich, Nina

(Hrsg.), Verfassung und Verwaltung in Europa. Festschrift für Jürgen Schwarze zum 70. Geburtstag, Baden-Baden 2014, S. 556–576 (zitiert als: *Classen,* in: FS Schwarze).

Cremer, Hans-Joachim, Der grenzüberschreitende Einsatz von Polizeibeamten nach dem deutsch-schweizerischen Polizeivertrag: ein Vorbild für die Kooperation der Mitgliedstaaten der Europäischen Union auf dem Gebiet der Verbrechensbekämpfung?, in: Zeitschrift für ausländisches öffentliches Recht und Völkerrecht 60 (2000), S. 103–149.

Dederer, Hans-Georg, Die Grenzen des Vorrangs des Unionsrechts – Zur Vereinheitlichung von Grundrechts-, Ultra-vires- und Identitätskontrolle, in: JuristenZeitung 2014, S. 313–322.

Dietz, Sara, Die Menschenwürde im Diskurs zwischen BVerfG und EuGH. Fundament für einen effektiven Individualschutz in einem konfliktfreien Unionsgerichtsverbund, in: Neue Zeitschrift für Verwaltungsrecht 2016, S. 1383–1385.

Dreier, Horst (Hrsg.), Grundgesetz, Kommentar, Band I. Präambel, Artikel 1–19, 3. Auflage, Tübingen 2013 (zitiert als: *Bearbeiter,* in: Dreier).

ders. (Hrsg.), Grundgesetz, Kommentar, Band II. Artikel 20–82, 3. Auflage, Tübingen 2015 (zitiert als: *Bearbeiter,* in: Dreier, Bd. II).

Dürig, Günter, Der Grundrechtssatz von der Menschenwürde. Entwurf eines praktikablen Wertsystems der Grundrechte aus Art. 1 Abs. I in Verbindung mit Art. 19 Abs. II des Grundgesetzes, in: Archiv des öffentlichen Rechts 81 (1956), S. 117–157.

Dutta, Anatol/Schulz, Andrea, Erste Meilensteine im europäischen Kindschaftsverfahrensrecht: Die Rechtsprechung des Europäischen Gerichtshofs zur Brüssel-IIa-Verordnung von C bis Mercredi, in: Zeitschrift für Europäisches Privatrecht 2012, S. 526–559.

Elbing, Gunther, Zur Anwendbarkeit der Grundrechte bei Sachverhalten mit Auslandsbezug (zugleich Dissertation Universität München 1991), Berlin 1992.

Engel, Daniel, Der Beitritt der Europäischen Union zur EMRK. Vom defizitären Kooperationsverhältnis zum umfassenden EMRK-Rechtsschutz durch den EGMR? (zugleich Dissertation Universität Augsburg 2014), Tübingen 2015.

Epping, Volker/Hillgruber, Christian (Hrsg.), Beck'scher Online-Kommentar GG, 37. Edition, Stand: 15.5.2018, München (zitiert als: *Bearbeiter,* in: Epping/Hillgruber).

Erler, Georg, 1. Bericht zum Beratungsgegenstand Das Grundgesetz und die öffentliche Gewalt internationaler Staatengemeinschaften, in: Veröffentlichungen der Vereinigung der Deutschen Staatsrechtslehrer 18 (1960), S. 7–49.

Everling, Ulrich, Überlegungen zur Struktur der Europäischen Union und zum neuen Europa-Artikel des Grundgesetzes, in: Deutsches Verwaltungsblatt 1993, S. 936–947.

Flint, Thomas, Die Übertragung von Hoheitsrechten. Zur Auslegung der Art. 23 Abs. 1 Satz 2 und Art. 24 Abs. 1 GG (zugleich Dissertation Humboldt-Universität Berlin 1997/1998), Berlin 1998.

Franzius, Claudio, Europäisches Vertrauen? Eine Skizze, in: Humboldt Forum Recht 2010, S. 159–176.

ders., Grundrechtsschutz in Europa. Zwischen Selbstbehauptungen und Selbstbeschränkungen der Rechtsordnungen und ihrer Gerichte, in: Zeitschrift für ausländisches öffentliches Recht und Völkerrecht 75 (2015), S. 383–412.

Friauf, Karl Heinrich/Höfling, Wolfram (Hrsg.), Berliner Kommentar zum Grundgesetz, Aktualisierung 1/17, Stand: 9/2017, Berlin (zitiert als: *Bearbeiter,* in: Friauf/Höfling).

Gaede, Karsten, Minimalistischer EU-Grundrechtsschutz bei der Kooperation im Strafverfahren, in: Neue Juristische Wochenschrift 2013, S. 1279–1282.

Gärditz, Klaus Ferdinand, Anmerkung zu BVerfG, Beschluss der 2. Kammer des Zweiten Senats v. 6.9.2016, -2 BvR 890/16 –, in: JuristenZeitung 2016, S. 1116–1119.

Geimer, Reinhold, Anmerkung zu BayObLG, Beschluss v. 3.10.1973 – BReg. 2 Z 29/73, Neue Juristische Wochenschrift 1974, S. 419–420.

ders., Verfassung, Völkerrecht und Internationales Zivilverfahrensrecht, in: Zeitschrift für Rechtsvergleichung 1992, S. 321–347.

ders., Verfassung, Völkerrecht und Internationales Zivilverfahrensrecht, in: Zeitschrift für Rechtsvergleichung 1992, S. 401–420.

Gerling, Sarah, Die Gleichstellung ausländischer mit inländischen Vollstreckungstiteln durch die Verordnung zur Einführung eines Europäischen Vollstreckungstitels für unbestrittene Forderungen. Im Vergleich zum bisherigen Recht und zur Rechtslage in den USA (zugleich Dissertation Universität Köln 2004), Frankfurt am Main/New York 2006 (zitiert als: *Gerling,* Die Gleichstellung ausländischer mit inländischen Vollstreckungstiteln).

Grabitz, Eberhard/Hilf, Meinhard/Nettesheim, Martin (Hrsg.), Das Recht der Europäischen Union, 63. Ergänzungslieferung, Stand: Dezember 2017, München (zitiert als: *Bearbeiter,* in: GHN).

Glaser, Andreas, Mindeststandards und Verfahrensgrundsätze im Verwaltungsverfahren unter europäischem Einfluss, in: Weller, Matthias/Althammer, Christoph (Hrsg.), Mindeststandards im europäischen Zivilprozessrecht. Grundvoraussetzung für gegenseitiges Vertrauen, Tübingen 2015, S. 149–171.

Globke, Christina, Die Auslieferung an den Internationalen Strafgerichtshof. Ein Beitrag zur Dogmatik des Art. 16 Abs. 2 GG (zugleich Dissertation Universität Mainz 2008/2009), Tübingen 2009.

Gramm, Christof, Verfassungsrechtliche Grenzen der Zusammenarbeit mit auswärtigen Staaten im Hoheitsbereich – Insbesondere bei der polizeilichen Zusammenarbeit und beim Grenzregime –, in: Deutsches Verwaltungsblatt 1999, S. 1237–1244.

Gsell, Beate/Netzer, Felix, Vom grenzüberschreitenden zum potenziell grenzüberschreitenden Sachverhalt – Art. 19 EuUnterhVO als Paradigmenwechsel im Europäischen Zivilverfahrensrecht, in: Praxis des Internationalen Privat- und Verfahrensrechts 2010, S. 403–409.

Gundel, Jörg, Der einheitliche Grundrechtsraum Europa und seine Grenzen: Zur EMRK-konformen Interpretation des Ordre-public-Vorbehalts des EuGVÜ durch den EuGH. Zugleich Besprechung des EuGH-Urteils vom 28.3.2000 – Rs. C-7/98, Dieter Krombach/André Bamberski, in: Europäisches Wirtschafts- und Steuerrecht 2000, S. 442–448.

Graßhof, Karin/Backhaus, Ralph, Verfassungsrechtliche Gewährleistungen im Auslieferungsverfahren, in: Europäische Grundrechte-Zeitschrift 1996, S. 445–449.

von der Groeben, Hans/Schwarze, Jürgen/Hatje, Armin (Hrsg.), Europäisches Unionsrecht. Vertrag über die Europäische Union, Vertrag über die Arbeitsweise der Europäischen Union, Charta der Grundrechte der Europäischen Union, 7. Auflage, Baden-Baden 2015 (zitiert als: *Bearbeiter,* in: v. d. Groeben/Schwarze/Hatje).

Hahne, Meo-Micaela/Schlögel, Jürgen/Schlünder, Rolf (Hrsg.), Beck'scher Online Kommentar FamFG, 26. Edition, Stand: 2.4.2018, München (zitiert als: *Bearbeiter,* in: BeckOK FamFG).

Hailbronner, Kay/Thym, Daniel, Vertrauen im europäischen Asylsystem, in: Neue Zeitschrift für Verwaltungsrecht 2012, S. 406–413.

Happe, Claus-Michael, Die grenzüberschreitende Wirkung von nationalen Verwaltungsakten. Zugleich ein Beitrag zur Anerkennungsproblematik nach der Cassis de Dijon-Rechtsprechung des Europäischen Gerichtshofes (zugleich Dissertation Universität Münster 1986/1987), Frankfurt u. a. 1987.

Hatje, Armin, Loyalität als Rechtsprinzip in der Europäischen Union, Baden-Baden 2001 (zitiert als: *Hatje,* Loyalität).

Hecker, Jan, Grundgesetz und horizontale Öffnungen, in: Archiv des öffentlichen Rechts 127 (2002), S. 291–322.

Helms, Tobias, Internationales Verfahrensrecht für Familiensachen in der Europäischen Union, in: Zeitschrift für das gesamte Familienrecht 2002, S. 1593–1602.

Herzmann, Karsten, Das spanische Verfassungsgericht und der Fall Melloni. Konsequenzen des EuGH-Urteils aus Sicht seines Adressaten – zugleich Anmerkung zu Tribunal Constitucional de España, STC 26/2014, v. 13.2.2014, in: Europäische Grundrechte-Zeitschrift 2015, S. 445–453.

Hess, Burkhard, Urteilsfreizügigkeit und ordre public-Vorbehalt bei Verstößen gegen Verfahrensgrundrechte und Marktfreiheiten (zu EuGH, 11.5.2000 – Rs. C-38/98 – Régie Nationale des Usines Renault SA / Maxicar SpA und Orazio Formento), in: Praxis des Internationalen Privat- und Verfahrensrechts 2001, S. 301–306.

ders., Die Integrationsfunktion des Europäischen Zivilverfahrensrechts, in: Praxis des Internationalen Privat- und Verfahrensrechts 2001, S. 389–396.

ders., EMRK, Grundrechte-Charta und europäisches Zivilverfahrensrecht, in: Mansel, Heinz-Peter/Pfeiffer, Thomas/Kronke, Herbert/Kohler, Christian/Hausmann, Rainer (Hrsg.), Festschrift für Erik Jayme, Band I, München 2004, S. 339–359 (zitiert als: *Hess,* in: FS Jayme).

ders., Europäisches Zivilprozessrecht. Ein Lehrbuch, Heidelberg 2010 (zitiert als: *Hess,* EuZPR).

ders., Unionsrechtliche Synthese: Mindeststandards und Verfahrensgrundsätze im acquis communautaire/Schlussfolgerungen für European Principles of Civil Procedure, in: Weller, Matthias/Althammer, Christoph (Hrsg.), Mindeststandards im europäischen Zivilprozessrecht. Grundvoraussetzung für gegenseitiges Vertrauen, Tübingen 2015, S. 221–235.

Hofmann, Rainer, Grundrechte und grenzüberschreitende Sachverhalte (zugleich Habilitationsschrift Universität Heidelberg 1993), Berlin u. a. 1994.

Hoppe, Michael, Eilrechtsschutz gegen Dublin II-Überstellungen. Zugleich eine Neujustierung des Konzepts der normativen Vergewisserung gemäß Art. 16a GG (zugleich Dissertation Universität des Saarlandes 2012/2013), Baden-Baden 2013.

Huber, Peter M., Bundesverfassungsgericht und Europäischer Gerichtshof als Hüter der Gemeinschaftsrechtlichen Kompetenzordnung, in: Archiv des öffentlichen Rechts 116 (1991), S. 210–251.

ders., Wirkungsvoller Rechtsschutz bei Supranationalisierung, in: Geis, Max-Emanuel/Winkler, Markus/Bickenbach, Christian (Hrsg.), Kultur der Verfassung. Festschrift für Friedhelm Hufen zum 70. Geburtstag, München 2015, S. 585–595 (zitiert als: *Huber,* in: FS Hufen).

Hüßtege, Rainer, Braucht die Verordnung über den europäischen Vollstreckungstitel eine ordre-public-Klausel?, in: Mansel, Heinz-Peter/Pfeiffer, Thomas/Kronke, Herbert/Kohler, Christian/Hausmann, Rainer (Hrsg.), Festschrift für Erik Jayme, Band I, München 2004, S. 371–385 (zitiert als: *Hüßtege,* in: FS Jayme).

Jarass, Hans D., Charta der Grundrechte der Europäischen Union unter Einbeziehung der vom EuGH entwickelten Grundrechte, der Grundrechtsregelungen der Verträge und der EMRK, Kommentar, 3. Auflage, München 2016.

ders./Pieroth, Bodo, Grundgesetz für die Bundesrepublik Deutschland, Kommentar, 15. Auflage, München 2018.

Kahl, Wolfgang/Waldhoff, Christian/Walter, Christian (Hrsg.), Bonner Kommentar zum Grundgesetz, 191. Ergänzungslieferung, Stand: Juni 2018, Heidelberg (zitiert als: *Bearbeiter,* in: BK).

Kaufhold, Ann-Katrin, Gegenseitiges Vertrauen. Wirksamkeitsbedingung und Rechtsprinzip der justiziellen Zusammenarbeit im Raum der Freiheit, der Sicherheit und des Rechts, in: Europarecht 2012, S. 408–431.

dies., Vertrauen als Voraussetzung, Inhalt und Gegenstand von Recht, in: Baberowski, Jörg (Hrsg.), Was ist Vertrauen? Ein interdisziplinäres Gespräch, Frankfurt 2014, S. 101–125.

Kirchhof, Ferdinand, Nationale Grundrechte und Unionsgrundrechte. Die Wiederkehr der Frage eines Anwendungsvorrangs unter anderer Perspektive, in: Neue Zeitschrift für Verwaltungsrecht 2014, S. 1537–1541.

Kischel, Uwe, Der unabdingbare grundrechtliche Mindeststandard in der Europäischen Union. Zur Auslegung des Art. 23 Abs. 1 Satz 1 GG, in: Der Staat 39 (2000), S. 523–545.

Klein, Eckart, Europäischer Grundrechtsschutz und nationale Identität, in: Niedobitek, Matthias/Sommermann, Karl-Peter (Hrsg.), Die Europäische Union als Wertegemeinschaft. Forschungssymposium zu Ehren von Siegfried Magiera, Berlin 2013, S. 59–75 (zitiert als: *Klein,* in: FS Magiera).

Klein, Karl Heinz, Die Übertragung von Hoheitsrechten, Berlin 1952.

Kloska, Ewa, Das Prinzip der gegenseitigen Anerkennung im Europäischen Strafrecht (zugleich Dissertation Humboldt-Universität Berlin 2014), Baden-Baden 2016.

Kohler, Christian, Systemwechsel im europäischen Anerkennungsrecht: Von der EuGVVO zur Abschaffung des Exequaturs, in: Baur, Jürgen F./Mansel, Heinz-Peter (Hrsg./Wissenschaftliche Leitung), Systemwechsel im europäischen Kollisionsrecht. Fachtagung der Bayer-Stiftung für deutsches und internationales Arbeits- und Wirtschaftsrecht am 17. und 18. Mai 2001, S. 147–163.

ders., Der europäische Justizraum für Zivilsachen und das Gemeinschaftskollisionsrecht, in: Praxis des Internationalen Privat- und Verfahrensrechts 2003, S. 401–412.

ders., Von der EuGVVO zum Europäischen Vollstreckungstitel – Entwicklungen und Tendenzen im Recht der Anerkennung und Vollstreckung ausländischer Entscheidungen –, in: Reichelt, Gerte/Rechberg, Walter H. (Hrsg.), Europäisches Kollisionsrecht, Wien 2004, S. 63–80.

ders., Das Prinzip der gegenseitigen Anerkennung in Zivilsachen im europäischen Justizraum, in: Zeitschrift für Schweizerisches Recht 124 (2005) II, S. 263–299.

ders., Vertrauen und Kontrolle im europäischen Justizraum für Zivilsachen, in: Zeitschrift für Europarechtliche Studien 2016, S. 135–151.

Kokott, Juliane/Dervisopoulos, Ioanna, Grundrechtsvorbehalt bei gegenseitiger Anerkennung und gegenseitigem Vertrauen – oder: wer ist zuständig für den Grundrechtsschutz?, in: Leutheusser-Schnarrenberger, Sabine (Hrsg.), Vom Recht auf Menschenwürde. 60 Jahre Europäische Menschenrechtskonvention, Tübingen 2013, S. 123–131.

König, Doris, Die Übertragung von Hoheitsrechten im Rahmen des europäischen Integrationsprozesses – Anwendungsbereich und Schranken des Art. 23 des Grundgesetzes (zugleich Habilitationsschrift Universität Kiel 1998/1999), Berlin 2000.

Kraus, Herbert, Gutachten vom 5. Juli, 7. Oktober und die ergänzenden Äußerungen vom 9. und 20. November 1952, in: Institut für Staatslehre und Politik e. V. (Hrsg.), Der Kampf um den Wehrbeitrag. 2. Halbband. Das Gutachtenverfahren (30.7.–15.12.1952), München 1953, S. 517–558 (zitiert als: *Kraus,* in: Der Kampf um den Wehrbeitrag).

Labayle, Henri, La confiance mutuelle dans l'Espace de liberté, sécurité et justice, in: Jochum, Georg/Fritzemeyer, Wolfgang/Kau, Marcel (Hrsg.), Grenzüberschreitendes Recht

– Crossing Frontiers. Festschrift für Kay Hailbronner, Heidelberg u. a. 2013, S. 153–168 (zitiert als: *Labayle,* in: FS Hailbronner).

Lagodny, Otto, Grundrechte als Auslieferungs-Gegenrechte, in: Neue Juristische Wochenschrift 1988, S. 2146–2150.

Laukemann, Björn, Der ordre public im europäischen Insolvenzverfahren, in: Praxis des Internationalen Privat- und Verfahrensrechts 2012, S. 207–215.

Leipold, Dieter, Neuere Erkenntnisse des EuGH und des BGH zum anerkennungsrechtlichen ordre public, in: Hohloch, Gerhard/Frank, Rainer/Schlechtriem, Peter (Hrsg.), Festschrift für Hans Stoll zum 75. Geburtstag, Tübingen 2001, S. 625–646 (zitiert als: *Leipold,* in: FS Stoll).

Leitmeier, Lorenz, § 28 IV 1 Nr. 2 FeV – endlich europarechtskonform!, in: Neue Zeitschrift für Verkehrsrecht 2010, S. 377–380.

Leutheusser-Schnarrenberger, Sabine, Der Europäische Beschuldigte, in: Strafverteidiger-Forum 2007, S. 267–277.

Lübbe, Anna, „Systemische Mängel" in Dublin-Verfahren, in: Zeitschrift für Ausländerrecht und Ausländerpolitik 2014, S. 105–111.

Lübbe-Wolff, Gertrude, Das Asylgrundrecht nach den Entscheidungen des Bundesverfassungsgerichts vom 14. Mai 1996, in: Deutsches Verwaltungsblatt 1996, S. 825–841.

Luhmann, Niklas, Vertrauen. Ein Mechanismus der Reduktion sozialer Komplexität, 5. Auflage, Konstanz/München 2014.

Majone, Giandomenico, Mutual Trust, Credible Commitments and the Evolution of Rules for a Single European Market, EUI Working Paper RSC No. 95/1, Europäisches Hochschulinstitut Florenz 1995 (zitiert als: *Majone,* Mutual Trust).

von Mangoldt, Hermann (Begr.)/*Klein, Friedrich/Starck, Christian* (Fortführung), *Huber, Peter M./Voßkuhle, Andreas* (Hrsg.), Grundgesetz, Kommentar, Band 1: Präambel, Artikel 1–19, 7. Auflage, München 2018 (zitiert als: *Bearbeiter,* in: vMKS).

dies. (Hrsg.), Grundgesetz, Kommentar, Band 2: Artikel 20–82, 7. Auflage, München 2018 (zitiert als: *Bearbeiter,* in: vMKS).

Mansel, Heinz-Peter/Thorn, Karsten/Wagner, Rolf, Europäisches Kollisionsrecht 2011: Gegenläufige Entwicklungen, in: Praxis des Internationalen Privat- und Verfahrensrechts 2012, S. 1–31.

Marauhn, Thilo, § 7 Unionstreue, in: Schulze, Reiner/Zuleeg, Manfred/Kadelbach, Stefan (Hrsg.), Europarecht. Handbuch für die deutsche Rechtspraxis, 3. Auflage, Baden-Baden 2015, S. 317–337 (zitiert als: *Marauhn,* in: Schulze/Zuleeg/Kadelbach).

Marx, Reinhard, Solidarität im grundrechtskonformen europäischen Asylsystem, in: Neue Zeitschrift für Verwaltungsrecht 2012, S. 409–413.

Masing, Johannes, Einheit und Vielfalt des Europäischen Grundrechtsschutzes, in: Juristen-Zeitung 2015, S. 477–487.

Matscher, Franz, IPR und IZVR vor den Organen der EMRK – Eine Skizze –, in: Barfuß, Werner/Dutoit, Bernard/Forkel, Hans/Immenga, Ulrich/Majoros, Ferenc (Hrsg.), Festschrift für Karl H. Neumayer zum 65. Geburtstag, Baden-Baden 1985, S. 459–478 (zitiert als: *Matscher,* in: FS Neumayer).

ders., Die indirekte Wirkung des Art. 6 EMRK bei der Anerkennung und Vollstreckung ausländischer Entscheidungen, in: Bork, Reinhard/Hoeren, Thomas/Pohlmann, Petra (Hrsg.), Recht und Risiko. Festschrift für Helmut Kollhosser zum 70. Geburtstag, Band II Zivilrecht, Karlsruhe 2004, S. 427–445 (zitiert als: *Matscher,* in: FS Kollhosser).

Maunz, Theodor/Dürig, Günter/Herzog, Roman/Scholz, Rupert/Lerche, Peter/Papier, Hans-Jürgen/Randelzhofer, Albrecht/Schmidt-Aßmann, Eberhard, Grundgesetz, Kommentar, 30. Ergänzungslieferung, Stand: Dezember 1992, München (zitiert als: *Bearbeiter,* in: MD, 30. EL).

Maunz, Theodor/Dürig, Günter (Begr.), *Herzog, Roman/Herdegen, Matthias/Scholz, Rupert/ Klein, Hans H.* (Hrsg.), Grundgesetz, Kommentar, 82. Ergänzungslieferung, Stand: Januar 2018, München (zitiert als: *Bearbeiter,* in: MD).

Meyer, Frank, Das BVerfG und der Europäische Haftbefehl – ein Gericht auf Identitätssuche, in: Onlinezeitschrift für Höchstrichterliche Rechtsprechung zum Strafrecht 2016, S. 332–340.

ders., Anmerkung zum Urteil des EuGH vom 05.04.2016 (Az: C-404/15) – „Zur Frage der Auslegung des Rahmenbeschlusses zum Europäischen Haftbefehl", in: JuristenZeitung 2016, S. 621–624.

ders., Der Grundsatz gegenseitigen Vertrauens – Konzeptualisierung und Zukunftsperspektiven eines neuen Verfassungsprinzips, in: Europarecht 2017, S. 163–185.

Meyer-Ladewig, Jens/Nettesheim, Martin/von Raumer, Stefan (Hrsg.), Europäische Menschenrechtskonvention, Handkommentar, 4. Auflage, Baden-Baden 2017 (zitiert als: *Bearbeiter,* in: Meyer-Ladewig/Nettesheim/v. Raumer).

Mitsilegas, Valsamis, The Limits of Mutual Trust in Europe's Area of Freedom, Security and Justice: From Automatic Inter-State Cooperation to the Slow Emergence of the Individual, in: Yearbook of European Law 31 (2012), S. 319–372.

Mosler, Hermann, § 175 Die Übertragung von Hoheitsgewalt, in: Isensee, Josef/Kirchhof, Paul (Hrsg.), Handbuch des Staatsrechts der Bundesrepublik Deutschland, Band VII – Normativität und Schutz der Verfassung – Internationale Beziehungen, Heidelberg 1992, S. 599–646.

Möstl, Markus, Preconditions and Limits of Mutual Recognition, in: Common Market Law Review 47 (2010), S. 405–436.

Müller, Kristina, Vertrauen ist gut, Kontrolle ist besser. Einordnung des neuen EuGH-Urteils zum Europäischen Haftbefehl in das grundrechtliche Mehrebenensystem in Europa, in: Zeitschrift für Europarechtliche Studien 2016, S. 345–368.

von Münch, Ingo/Kunig, Philip (Hrsg.), Grundgesetz, Kommentar, Band 1: Präambel bis Art. 69, 6. Auflage, München 2012 (zitiert als: *Bearbeiter,* in: v. Münch/Kunig).

dies. (Hrsg.), Grundgesetz, Kommentar, Band 2: Art. 70 bis 146, 6. Auflage, München 2012 (zitiert als: *Bearbeiter,* in: v. Münch/Kunig).

Musielak, Hans-Joachim/Voit, Wolfgang (Hrsg.), Zivilprozessordnung mit Gerichtsverfassungsgesetz, Kommentar, 15. Auflage, München 2018 (zitiert als: *Bearbeiter,* in: Musielak/ Voit).

Neßler, Volker, Der transnationale Verwaltungsakt – Zur Dogmatik eines neuen Rechtsinstituts, in: Neue Zeitschrift für Verwaltungsrecht 1995, S. 863–866.

ders., Europäisches Richtlinienrecht wandelt deutsches Verwaltungsrecht. Ein Beitrag zur Europäisierung des deutschen Rechts (zugleich Dissertation Universität Heidelberg 1993/1994), Berlin 1994.

Nettesheim, Martin, Grundrechtskonzeptionen des EuGH im Raum der Freiheit, der Sicherheit und des Rechts, in: Europarecht 2009, S. 24–43.

ders., Anmerkung zu der Entscheidung des BVerfG vom 15.12.2015 (2 BvR 2735/14), in: JuristenZeitung 2016, S. 424–428.

Netzer, Felix, Status quo und Konsolidierung des Europäischen Zivilverfahrensrechts – Vorschlag zum Erlass einer EuZPO (zugleich Dissertation Universität Augsburg 2010/2011), Tübingen 2011.

Oberhammer, Paul, Der Europäische Vollstreckungstitel: Rechtspolitische Ziele und Methoden, in: Juristische Blätter 2006, S. 477–503.

Odersky, Walter, Vertrauen in die Rechtsordnungen der Europäischen Union und ihrer Mitgliedstaaten, in: Due, Ole/Lutter, Marcus/Schwarze, Jürgen (Hrsg.), Festschrift für Ulrich Everling, Band II, Baden-Baden 1995, S. 1001–1015 (zitiert als: *Odersky,* in: FS Everling).

Ohler, Christoph, Hoheitsrechtsbeschränkungen im Rahmen grenzüberschreitender Verwaltungszusammenarbeit, in: Deutsches Verwaltungsblatt 2002, S. 880–890.

ders., Grundrechtliche Bindungen der Mitgliedstaaten nach Art. 51 GRCh, in: Neue Zeitschrift für Verwaltungsrecht 2013, S. 1433–1438.

Papier, Hans-Jürgen, § 176 Justizgewähranspruch, in: Isensee, Josef/Kirchhof, Paul (Hrsg.), Handbuch des Staatsrechts der Bundesrepublik Deutschland, Band VIII – Grundrechte: Wirtschaft, Verfahren, Gleichheit, 3. Auflage, Heidelberg 2010, S. 491–505.

ders., § 177 Rechtsschutzgarantie gegen die öffentliche Gewalt, in: Isensee, Josef/Kirchhof, Paul (Hrsg.), Handbuch des Staatsrechts der Bundesrepublik Deutschland, Band VIII – Grundrechte: Wirtschaft, Verfahren, Gleichheit, 3. Auflage, Heidelberg 2010, S. 507–553.

ders./Olschewski, Bernd-Dietrich, Vollziehung ausländischer Verwaltungsakte – Unter besonderer Berücksichtigung der Abgabenbescheide –, in: Deutsches Verwaltungsblatt 1976, S. 475–482.

Payandeh, Mehrdad, Entterritorialisierung des Öffentlichen Rechts: Transnationale Individualrechtsverletzungen zwischen Verfassungsrecht und Völkerrecht, in: Deutsches Verwaltungsblatt 2016, S. 1073–1080.

Peiffer, Max Christoph, Grenzüberschreitende Titelgeltung in der Europäischen Union. Die Wirkungen der Anerkennung, Vollstreckbarerklärung und Vollstreckbarkeit ausländischer Entscheidungen und gemeinschaftsweiter Titel (zugleich Dissertation Universität München 2010/2011), Berlin 2012.

Pernice, Ingolf, 1. Bericht zum Beratungsgegenstand Europäisches und nationales Verfassungsrecht, in: Veröffentlichungen der Vereinigung der Deutschen Staatsrechtslehrer 60 (2001), S. 148–193.

Pescatore, Pierre, Das Zusammenwirken der Gemeinschaftsrechtsordnung mit den nationalen Rechtsordnungen, in: Europarecht 1970, S. 307–323.

Pfeiffer, Thomas, Einheitliche unmittelbare und unbedingte Urteilsgeltung in Europa, in: Mansel, Heinz-Peter/Pfeiffer, Thomas/Kronke, Herbert/Kohler, Christian/Hausmann, Rainer (Hrsg.), Festschrift für Erik Jayme, Band I, München 2004, S. 675–690 (zitiert als: *Pfeiffer,* in: FS Jayme).

Pohl, Miriam, Die Neufassung der EuGVVO – im Spannungsfeld zwischen Vertrauen und Kontrolle, in: Praxis des Internationalen Privat- und Verfahrensrechts 2013, S. 109–114.

Pohl, Tobias, Vorbehalt und Anerkennung. Der Europäische Haftbefehl zwischen Grundgesetz und europäischem Primärrecht (zugleich Dissertation Universität München), Baden-Baden 2009.

Portmann, Friederike, Die Verordnung (EG) 805/2004 zur Einführung eines europäischen Vollstreckungstitels für unbestrittene Forderungen (EuVTVO) und ihre Konsequenzen für den Schuldnerschutz (zugleich Dissertation Universität Münster 2007), 2007.

Raum, Rolf/Lindner, Nicola, Rechtsangleichung im Delikts- und Vollstreckungsrecht mit Blick auf die EU-Osterweiterung. Erkenntnisse aus der „Zweiten Internationalen Dresdner Prozeßsimulation", in: Neue Juristische Wochenschrift 1999, S. 465–470.

Rauscher, Thomas/Krüger, Wolfgang (Hrsg.), Münchener Kommentar zum Gesetz über das Verfahren in Familiensachen und in den Angelegenheiten der freiwilligen Gerichtsbarkeit

(FamFG) mit Internationalem und Europäischem Zivilverfahrensrecht in Familiensachen, 2. Auflage, München 2013 (zitiert als: *Bearbeiter,* in: MüKo FamFG).
dies. (Hrsg.), Münchener Kommentar zur Zivilprozessordnung, Band 1: §§ 1–354, 5. Auflage, München 2016 (zitiert als: *Bearbeiter,* in: MüKo ZPO).
Rauser, Karl Theodor, Die Übertragung von Hoheitsrechten auf ausländische Staaten. Zugleich ein Beitrag zur Dogmatik des Art. 24 I GG (zugleich Dissertation Universität München 1989/1990), München 1991.
Reimer, Franz, Verfassungsprinzipien. Ein Normtyp im Grundgesetz (zugleich Dissertation Universität Freiburg 2000), Berlin 2001.
Reinbacher, Tobias/Wendel, Matthias, Menschenwürde und Europäischer Haftbefehl – Zum ebenenübergreifenden Schutz grundrechtlicher Elementargarantien im europäischen Auslieferungsverfahren, in: Europäische Grundrechte-Zeitschrift 2016, S. 333–343.
Reith, Claudia, Titelfreizügigkeit auf dem Prüfstand der EMRK, in: Zeitschrift für Europarecht, Internationales Privatrecht und Rechtsvergleichung 2016, S. 218–223.
Röhl, Hans Christian, Akkreditierung und Zertifizierung im Produktsicherheitsrecht. Zur Entwicklung einer neuen Europäischen Verwaltungsstruktur, Berlin u. a. 2000.
Ruffert, Matthias, Der transnationale Verwaltungsakt, in: Die Verwaltung 34 (2001), S. 453–485.
Sachs, Michael (Hrsg.), Grundgesetz, Kommentar, 8. Auflage, München 2018 (zitiert als: *Bearbeiter,* in: Sachs).
Saenger, Ingo (Hrsg.), Zivilprozessordnung. Familienverfahren, Gerichtsverfassung, Europäisches Verfahrensrecht, Handkommentar, 7. Auflage, Baden-Baden 2017 (zitiert als: *Bearbeiter,* in: Saenger).
Satzger, Helmut, Grund- und menschenrechtliche Grenzen für die Vollstreckung eines Europäischen Haftbefehls? – „Verfassungsgerichtliche Identitätskontrolle" durch das BVerfG vs. Vollstreckungsaufschub bei „außergewöhnlichen Umständen" nach dem EuGH, in: Neue Zeitschrift für Strafrecht 2016, S. 514–522.
Sauer, Heiko, „Solange" geht in Altersteilzeit – Der unbedingte Vorrang der Menschenwürde vor dem Unionsrecht, in: Neue Juristische Wochenschrift 2016, S. 1134–1138.
Schiffbauer, Björn, Über Hoheitsrechte und deren „Übertragbarkeit", in: Archiv des öffentlichen Rechts 141 (2016), S. 551–593.
Schilling, Theodor, Das Exequatur und die EMRK, in: Praxis des Internationalen Privat- und Verfahrensrechts 2011, S. 31–40.
Schlauß, Stefan, Fehlende persönliche Anhörung des Kindes durch den ausländischen Richter – ein Anerkennungshindernis?, in: Familie Partnerschaft Recht 2006, S. 228–231.
Schlosser, Peter F., The Abolition of Exequatur Proceedings – Including Public Policy Review?, in: Praxis des Internationalen Privat- und Verfahrensrechts 2010, S. 101–104.
Schmahl, Stefanie, Der Beitritt der EU zur Europäischen Menschenrechtskonvention. Wo liegt das Problem?, in: JuristenZeitung 2016, S. 921–928.
Schmidt-Aßmann, Eberhard, Verwaltungslegitimation als Rechtsbegriff, in: Archiv des öffentlichen Rechts 116 (1991), S. 329–390.
ders., Deutsches und Europäisches Verwaltungsrecht – Wechselseitige Einwirkungen –, in: Deutsches Verwaltungsblatt 1993, S. 924–936.
ders., Einleitung: Der Europäische Verwaltungsverbund und die Rolle des Europäischen Verwaltungsrechts, in: Schmidt-Aßmann, Eberhard/Schöndorf-Haubold, Bettina (Hrsg.), Der Europäische Verwaltungsverbund. Formen und Verfahren der Verwaltungszusammenarbeit in der EU, Tübingen 2005, S. 1–23.

ders., Das allgemeine Verwaltungsrecht als Ordnungsidee. Grundlagen und Aufgaben der verwaltungsrechtlichen Systembildung, 2. Auflage, Berlin u. a. 2006.

ders./Dimitropoulos, Georgios, Vertrauen in und durch Recht, in: Weingardt, Markus (Hrsg.), Vertrauen in der Krise, Zugänge verschiedener Wissenschaften, Baden-Baden 2011, S. 129–149.

Scholz, Rupert, Wie lange bis „Solange III“?, in: Neue Juristische Wochenschrift 1990, S. 941–946.

ders., Grundgesetz und europäische Einigung. Zu den reformpolitischen Empfehlungen der Gemeinsamen Verfassungskommission, in: Neue Juristische Wochenschrift 1992, S. 2593–2601.

Schöndorf-Haubold, Bettina, Die Strukturfonds der Europäischen Gemeinschaft. Rechtsformen und Verfahren europäischer Verbundverwaltung (zugleich Dissertation Universität Heidelberg 2003/2004), München 2005.

dies., Europäisches Sicherheitsverwaltungsrecht, Baden-Baden 2010.

Schönberger, Christoph, Anmerkung zu der Entscheidung des BVerfG vom 15.12.2015 (2 BvR 2735/14), in: JuristenZeitung 2016, S. 422–424.

Schröder, Meinhard, Zur Wirkkraft der Grundrechte bei Sachverhalten mit grenzüberschreitenden Elementen, in: von Münch, Ingo (Hrsg.), Staatsrecht – Völkerrecht – Europarecht. Festschrift für Hans-Jürgen Schlochauer zum 75. Geburtstag am 28. März 1981, Berlin/New York 1981, S. 137–150 (zitiert als: *Schröder,* in: FS Schlochauer).

Schwarz, Michael, Grundlinien der Anerkennung im Raum der Freiheit, der Sicherheit und des Rechts (zugleich Dissertation Humboldt-Universität Berlin 2014/2015), Tübingen 2016.

ders., Der Europäische Gerichtshof bestätigt die Sollbruchstellen der Anerkennung. Anmerkung zum Urteil des EuGH vom 5. April 2016, verb. Rs. C-404/15 und C-659/15 PPU (Aranyosi und Căldăraru), in: Europarecht 2016, S. 421–430.

Schwarze, Jürgen (Hrsg.) *mit Becker, Ulrich/Hatje, Armin/Schoo, Johann* (Mithrsg.), EU-Kommentar, 3. Auflage, Baden-Baden 2012 (zitiert als: *Bearbeiter,* in: Schwarze/Becker/Hatje/Schoo).

Siehr, Kurt, Kindesentführung und EuEheVO. Vorfragen und gewöhnlicher Aufenthalt im Europäischen Kollisionsrecht (zu EuGH, 22.10.2010 – Rs. C-497/10 PPU – Barbara Mercredi ./. Richard Chaffe, und 5.10.2010 – Rs. C-400/10 PPU – J. McB. ./. L.E. sowie OGH, 16.11.2010, 5 Ob 194/10f), in: Praxis des Internationalen Privat- und Verfahrensrechts 2012, S. 316–320.

Simon, Sven, Grenzen des Bundesverfassungsgerichts im europäischen Integrationsprozess (zugleich Habilitationsschrift Universität Gießen 2015), Tübingen 2016.

Söhne, Miriam, Die Rechtshilfe in der Europäischen Union – eine kritische Bestandsaufnahme am Beispiel der Verwaltungssachen. Grundlagen und Stellenwert der Rechtshilfe vor dem Hintergrund fortschreitender Europäischer Integration (zugleich Dissertation Universität Bielefeld 2012), Baden-Baden 2013.

Solomon, Dennis, „Brüssel IIa“ – Die neuen europäischen Regeln zum internationalen Verfahrensrecht in Fragen der elterlichen Verantwortung, in: Zeitschrift für das gesamte Familienrecht 2004, S. 1409–1419.

Stadler, Astrid, Das Europäische Zivilprozessrecht – Wie viel Beschleunigung verträgt Europa?, Kritisches zur Verordnung über den Europäischen Vollstreckungstitel und ihrer Grundidee, in: Praxis des Internationalen Privat- und Verfahrensrechts 2004, S. 2–11.

dies., Kritische Anmerkungen zum Europäischen Vollstreckungstitel, Recht der Internationalen Wirtschaft 2004, S. 801–808.

Stein, Andreas, Der Europäische Vollstreckungstitel für unbestrittene Forderungen tritt in Kraft – Aufruf zu einer nüchternen Betrachtung, in: Praxis des Internationalen Privat- und Verfahrensrechts 2004, S. 181–191.

Stern, Klaus, Das Staatsrecht der Bundesrepublik Deutschland, Band III Allgemeine Lehren der Grundrechte, 1. Halbband, München 1988.

Streinz, Rudolf, Bundesverfassungsgerichtlicher Grundrechtsschutz und europäisches Gemeinschaftsrecht. Die Überprüfung grundrechtsbeschränkender deutscher Begründungs- und Vollzugsakte von europäischem Gemeinschaftsrecht durch das Bundesverfassungsgericht (zugleich Habilitationsschrift Universität Passau 1987), Baden-Baden 1989 (zitiert als: *Streinz,* Bundesverfassungsgerichtlicher Grundrechtsschutz).

ders. (Hrsg.), EUV/AEUV. Vertrag über die Europäische Union, Vertrag über die Arbeitsweise der Europäischen Union, Kommentar, 2. Auflage, München 2012 (zitiert als: *Bearbeiter,* in: Streinz).

Stürner, Rolf, Anerkennungsrechtlicher und europäischer Ordre Public als Schranke der Vollstreckbarerklärung – der Bundesgerichtshof und die Staatlichkeit in der Europäischen Union, in: Schmidt, Karsten (Hrsg.), 50 Jahre Bundesgerichtshof. Festgabe aus der Wissenschaft, Band III. Zivilprozess, Insolvenz, Öffentliches Recht, München 2000, S. 677–697 (zitiert als: *Stürner,* in: FS 50 Jahre BGH).

Sydow, Gernot, Verwaltungskooperation in der Europäischen Union. Zur horizontalen und vertikalen Zusammenarbeit der europäischen Verwaltungen am Beispiel des Produktzulassungsrechts (zugleich Habilitationsschrift Universität Freiburg 2004), Tübingen 2004.

Sujecki, Bartosz, Abschaffung des ordre public-Vorbehalts im Europäischen Zivilprozessrecht, in: Zeitschrift für Europäisches Privatrecht 2008, S. 458–479.

Thoma, Ioanna, Die Europäisierung und die Vergemeinschaftung des nationalen ordre public (zugleich Dissertation Universität Hamburg 2005), Tübingen 2007.

Thym, Daniel, Die Reichweite der EU-Grundrechte-Charta – Zu viel Grundrechtsschutz?, in: Neue Zeitschrift für Verwaltungsrecht 2013, S. 889–896.

ders., Zulässigkeit von Dublin-Überstellungen nach Italien, in: Zeitschrift für Ausländerrecht und Ausländerpolitik 2013, S. 331–334.

Umbach, Dieter C./Clemens, Thomas (Hrsg.), Grundgesetz. Mitarbeiterkommentar und Handbuch, Band I, Art. 1–37 GG, Heidelberg 2002 (zitiert als: *Bearbeiter,* in: Umbach/Clemens).

dies. (Hrsg.), Grundgesetz. Mitarbeiterkommentar und Handbuch, Band II, Art. 38–146 GG, Heidelberg 2002 (zitiert als: *Bearbeiter,* in: Umbach/Clemens).

Vedder, Christoph/Heintschel von Heinegg, Wolff (Hrsg.), Europäischer Verfassungsvertrag, Kommentar, Baden-Baden 2007 (zitiert als: *Bearbeiter,* in: Vedder/Heintschel v. Heinegg, EVV).

Verdross, Alfred/Simma, Bruno, Universelles Völkerrecht. Theorie und Praxis, 3. Auflage, Berlin 2010 (unveränderter Nachdruck der 3. Auflage von 1984).

Vogel, Klaus, Die Verfassungsentscheidung des Grundgesetzes für eine internationale Zusammenarbeit. Ein Diskussionsbeitrag zu einer Frage der Staatstheorie sowie des geltenden deutschen Staatsrechts, Tübingen 1964.

Völker, Christian, Zur Dogmatik des ordre public. Die Vorbehaltsklauseln bei der Anerkennung fremder gerichtlicher Entscheidungen und ihr Verhältnis zum ordre public des Kollisionsrechts (zugleich Dissertation Universität Tübingen 1995/1996), Berlin 1998.

Völker, Mallory, Die wesentlichen Aussagen des Bundesverfassungsgerichts zum Haager Kindesentführungsübereinkommen – zugleich ein Überblick über die Neuerungen im

HKÜ-Verfahren aufgrund der Brüssel IIa-Verordnung, in: Zeitschrift für das gesamte Familienrecht 2010, S. 157–166.
ders./Steinfatt, Gabriele, Die Kindesanhörung als Fallstrick bei der Anwendung der Brüssel IIa-Verordnung, in: Familie Partnerschaft Recht 2005, S. 415–419.
Vorwerk, Volker/Wolf, Christian (Hrsg.), Beck'scher Online-Kommentar ZPO, 28. Edition, Stand: 1.3.2018, München (zitiert als: *Bearbeiter,* in: BeckOK ZPO).
Voßkuhle, Andreas, Der europäische Verfassungsgerichtsverbund, in: Neue Zeitschrift für Verwaltungsrecht 2010, S. 1–8.
Wagner, Rolf, Vom Brüsseler Übereinkommen über die Brüssel I-Verordnung zum Europäischen Vollstreckungstitel, in: Praxis des Internationalen Privat- und Verfahrensrechts 2002, S. 75–95.
ders., Die neue EG-Verordnung zum Europäischen Vollstreckungstitel, in: Praxis des Internationalen Privat- und Verfahrensrechts 2005, S. 189–200.
ders., Das Gesetz zur Durchführung der Verordnung (EG) Nr. 805/2004 zum Europäischen Vollstreckungstitel – unter besonderer Berücksichtigung der Vollstreckungsabwehrklage, in: Praxis des Internationalen Privat- und Verfahrensrechts 2005, S. 401–410.
ders./Beckmann, Martina, Beibehaltung oder Abschaffung des Vollstreckbarerklärungsverfahrens in der EuGVVO?, in: Recht der Internationalen Wirtschaft 2011, S. 44–53.
Weber, Michael, Europäisches Zivilprozessrecht und Demokratieprinzip. Internationale Zuständigkeit und gegenseitige Anerkennung im Gerichtssystem der Europäischen Union und der USA (zugleich Dissertation Universität Freiburg 2008/2009), Tübingen 2009.
Weinzierl, Ruth, Deutsche und europäische Grundrechte im Raum der Freiheit, der Sicherheit und des Rechts. Das Asylrecht als Testfall für den kooperativen Grundrechtsschutz in Europa, in: Zeitschrift für Ausländerrecht und Ausländerpolitik 2010, S. 260–270.
Wengler, Wilhelm, Anmerkung zu BGH, Urteil v. 29.4.1964 – IV ZR 93/63, in: JuristenZeitung 1965, S. 100–103.
Wettner, Florian, Das allgemeine Verfahrensrecht der gemeinschaftsrechtlichen Amtshilfe, in: Schmidt-Aßmann, Eberhard/Schöndorf-Haubold, Bettina (Hrsg.), Der Europäische Verwaltungsverbund. Formen und Verfahren der Verwaltungszusammenarbeit in der EU, Tübingen 2005, S. 181–212.
Willer, Ralf, Gegenseitiges Vertrauen in die Rechtspflege der Mitgliedstaaten als hinreichende Bedingung für die Anerkennung von Entscheidungen nach der EuGVVO? Zur Notwendigkeit, sich mit ausländischem Recht auseinanderzusetzen, um seine Lösungen anerkennen zu können, beispielhaft veranschaulicht am französischen in futurum-Beschluss, in: Zeitschrift für Zivilprozess 127 (2014), S. 99–124.
Wischmeyer, Thomas, Generating Trust Through Law? Judicial Cooperation in the European Union and the „Principle of Mutual Trust“, in: German Law Journal 17 (2016), S. 339–382.
Zöller, Richard (Begr.), Zivilprozessordnung mit FamFG (§§ 1–185, 200–270, 433–484) und Gerichtsverfassungsgesetz, den Einführungsgesetzen, mit Internationalem Zivilprozessrecht, EU-Verordnungen, Kostenanmerkungen, Kommentar, 32. Auflage, Köln 2018 (zitiert als: *Bearbeiter,* in: Zöller).

C. Verzeichnis erläuternder Berichte

Borrás, Alegría, Erläuternder Bericht zu dem Übereinkommen aufgrund von Artikel K.3 des Vertrags über die Europäische Union über die Zuständigkeit und die Anerkennung und Vollstreckung von Entscheidungen in Ehesachen, ABl. EG Nr. C 221 v. 16.7.1998, S. 27 (Übereinkommen nicht in Kraft getreten; zitiert als: *Borrás*-Bericht).

Jenard, Paul, Bericht zu dem Übereinkommen über die gerichtliche Zuständigkeit und die Vollstreckung gerichtlicher Entscheidungen in Zivil- und Handelssachen, ABl. EG Nr. C 59 v. 5.3.1979, S. 1 (zitiert als: *Jenard*-Bericht).

Pérez-Vera, Elisa, Rapport explicatif sur la Convention de La Haye de 1980 sur l'enlèvement international d'enfants, Den Haag 1982 (zitiert als: *Pérez-Vera*-Bericht).

Schlosser, Peter, Bericht zu dem Übereinkommen des Königreichs Dänemark, Irlands und des Vereinigten Königreichs Großbritannien und Nordirland über den Beitritt zum Übereinkommen über die gerichtliche Zuständigkeit und die Vollstreckung gerichtlicher Entscheidungen in Zivil- und Handelssachen sowie zum Protokoll betreffend die Auslegung dieses Übereinkommens durch den Gerichtshof, ABl. EG C Nr. 59 v. 5.3.1979, S. 71 (zitiert als: *Schlosser*-Bericht).

Sachregister

Jus Internationale et Europaeum

herausgegeben von
Thilo Marauhn und Christian Walter

Die Einwirkung des internationalen und des europäischen Rechts auf die nationalen Rechtsordnungen nimmt beständig zu. Diese Entwicklung stellt eine gewaltige Herausforderung dar, weil es heute nicht mehr nur um die Umsetzung völker- und europarechtlicher Vorgaben geht, sondern darüber hinausgehende Anpassungsnotwendigkeiten in den nationalen Rechtsordnungen verarbeitet werden müssen. Abgesehen von den praktischen Schwierigkeiten, die häufig damit verbunden sind, verlangt dieser Prozess nach einer theoretischen Verarbeitung, welche im öffentlichen Recht, das nach wie vor ein ambivalentes Verhältnis zum Völker- und Europarecht hat, weitgehend noch am Anfang steht. Die Schriftenreihe soll zur theoretischen und dogmatischen Durchdringung der Internationalisierung und Europäisierung des öffentlichen Rechts beitragen und Lösungsvorschläge für damit einhergehende praktische Probleme unterbreiten. In der Reihe erscheinen herausragende Arbeiten, die sich mit Rechtsfragen an der Schnittstelle zwischen nationalem öffentlichen Recht und internationalem Recht beschäftigen oder genuin völker- bzw. europarechtliche Themen behandeln. Besonderes Interesse liegt dabei auf Arbeiten, die eine Brücke zwischen Grundlagenfragen und praktischer Rechtsanwendung schlagen.

ISSN: 1861-1893
Zitiervorschlag: JusIntEu

Alle lieferbaren Bände finden Sie unter *www.mohrsiebeck.com/jusinteu*

Mohr Siebeck
www.mohrsiebeck.com